Drahomír Jančík, Eduard Kubů, Jiří Šouša

Arisierungsgewinnler

# Studien zur Sozial- und Wirtschaftsgeschichte Ostmitteleuropas

Herausgegeben von
Werner Benecke, Christoph Boyer, Ulf Brunnbauer,
Uwe Müller, Alexander Nützenadel und Philipp Ther

Band 21

2011
Harrassowitz Verlag · Wiesbaden

Drahomír Jančík, Eduard Kubů, Jiří Šouša

# Arisierungsgewinnler

## Die Rolle der deutschen Banken bei der „Arisierung“ und Konfiskation jüdischer Vermögen im Protektorat Böhmen und Mähren (1939–1945)

Unter Mitarbeit von Jiří Novotný

2011
Harrassowitz Verlag · Wiesbaden

Die Serie setzt die Reihe »Frankfurter Studien zur Wirtschafts- und Sozialgeschichte Ostmitteleuropas« fort, deren Bände 1–16 im *Berliner Wissenschaftsverlag* erschienen sind.



Umschlag: Titelseite eines Jahresberichtes der Kreditanstalt der Deutschen, die eine exklusive Stellung bei der Enteignung von jüdischem Vermögen im Protektorat einnahm, mit Abbildungen ihrer Bankgebäude in Prag und Reichenberg.
Umschlagsgestaltung: Vojtěch Kaiser.

Übersetzung aus dem Tschechischen: Jürgen Ostmeyer.
Sprachliche und redaktionelle Bearbeitung: Dr. Torsten Lorenz und Iris Engemann.

Das vorliegende Werk ist das Ergebnis des Forschungsprojekts RB 35/19/00 „Die Rolle der Banken im Prozess von ‚Arisierung' und Konfiskation feindlicher Vermögen in den Jahren 1939–1945", das vom Ministerium für Auswärtige Angelegenheiten der Tschechischen Republik in Auftrag gegeben wurde.
Gedruckt mit Unterstützung des Ministeriums für Auswärtige Angelegenheiten der Tschechischen Republik.

DEUTSCH-TSCHECHISCHER ZUKUNFTSFONDS
ČESKO-NĚMECKÝ FOND BUDOUCNOSTI

Die sprachliche Redaktion wurde vom »Deutsch-Tschechischen Zukunftsfonds« finanziell gefördert.

Bibliografische Information der Deutschen Nationalbibliothek
Die Deutsche Nationalbibliothek verzeichnet diese Publikation in der Deutschen Nationalbibliografie; detaillierte bibliografische Daten sind im Internet über http://dnb.d-nb.de abrufbar.

Bibliographic information published by the Deutsche Nationalbibliothek
The Deutsche Nationalbibliothek lists this publication in the Deutsche Nationalbibliografie; detailed bibliographic data are available in the internet at http://dnb.d-nb.de.

Informationen zum Verlagsprogramm finden Sie unter
http://www.harrassowitz-verlag.de

Gedruckt auf alterungsbeständigem Papier.
Verarbeitung: Albis International, Ústí nad Labem
Druck: V&H Print Hlávko s.r.o., Nové Město nad Metují
Printed in Czech Republic

ISSN 1867-6596
ISBN 978-3-447-06432-3

# Inhalt

# Danksagung

Die vorliegende Monographie ist das Ergebnis langjähriger Forschungen der Autoren und hätte ohne die freundliche Unterstützung einer Vielzahl von Archivaren in Deutschland wie in Tschechien nicht abgeschlossen und publiziert werden können – ihnen gebührt unser aufrichtiger Dank. Unser Dank gilt ebenfalls den Herausgebern der „Studien zur Wirtschafts- und Sozialgeschichte Ostmitteleuropas" für die Aufnahme unseres Werkes in Ihre Reihe, insbesondere den Kollegen Prof. Dr. Christoph Boyer, Prof. Dr. Philipp Ther, Prof. Dr. Alexander Nützenadel und Dr. Uwe Müller, sowie Doz. PhDr. Kristina Kaiserová und Dipl. Ver. Wiss. Halgard Stolte die uns mit hilfreichen Anregungen und Bemerkungen zur Seite standen. Schließlich möchten wir Dr. Torsten Lorenz und Frau Iris Engemann unseren Dank aussprechen, die bei der redaktionellen Bearbeitung sowie der sprachlichen Korrektur des Manuskripts perfekte Arbeit geleistet haben.

Prag den 26. August 2010

# 1 Fragestellung, Literatur und Quellen

Beim vorliegenden Werk handelt es sich um eine zusammenfassende Darstellung der „Arisierungs"-Tätigkeit deutscher Bankinstitute im Protektorat Böhmen und Mähren. Unter einem „deutschen Bankinstitut" verstehen wir hier keineswegs eine Bank mit deutschsprachiger Verwaltung in dem wertneutralen Sinne der ersten Tschechoslowakischen Republik.[1] Stattdessen bezeichnet der Begriff Bankhäuser mit NS-Orientierung, wie sie von den Besatzungsbehörden verstanden wurden. Kennzeichnend für sie war ihre große Bereitschaft zur Kollaboration mit dem Regime. Eine Schlüsselrolle spielten die ab 1911 in den böhmischen Ländern akkreditierte Kreditanstalt der Deutschen sowie die „rassisch gesäuberte" Böhmische Escompte-Bank und die Böhmische Union-Bank. Sie wurden im Lauf des Jahres 1939 zu Tochterinstituten der führenden Berliner Großbanken Dresdner Bank und Deutsche Bank.

Eines der Attribute der NS-Ideologie war der Antisemitismus, den das Dritte Reich zu einem festen Bestandteil seiner Staatsdoktrin erhoben hatte. Die Exklusion von Juden und Personen jüdischer Herkunft (die Autoren werden sie im Folgenden nur als „Juden" bezeichnen) aus dem öffentlichen und vor allem wirtschaftlichen Leben gehörte zu den Forderungen der NS-Politik. Zum wichtigsten Werkzeug ihrer Umsetzung im Alltagsbetrieb der nationalsozialistischen Verwaltungsmaschinerie wurde die „Arisierung". Dabei handelte es sich im weiteren Sinne um die Einführung einer „arischen" Wirtschaftsordnung sowie die Unterdrückung und existentielle Vernichtung der jüdischen Bevölkerung. Diese umfasste neben der Zwangsaussiedlung und Vertreibung aus dem deutschen Reichsgebiet, der Beschneidung klassischer Eigentumsrechte (Verfügungs- und Nutzungsverbot von Besitz und Eigentum), der Konfiskation und einer Reihe weiterer Arten von Enteignung, vor allem den Zwangsverkauf, die Aufhebung von Pensionen, Miet- und Pachtverträgen, Annullierung und Zwangsaufkauf von Versicherungen, die Auferlegung besonderer Abgaben und Steuern sowie die Verhinderung fachlicher Ausbildung bzw. das Verbot von Fachabschlüssen. Die angedeuteten NS-Maßnahmen hatten weitreichende soziale Folgen, vor allem die umfassende Einschränkung und Abschaffung von Bürger- und Menschenrechten, Freiheitsverlust, soziale Segregation, Terror und physische, psychische oder auch symbolische Benachteiligungen, die in spontane und organisierte Pogrome umschlugen. Von hier war es nur noch ein kleiner Schritt bis zur Einrichtung von Ghettos sowie der anschließenden Deportation an die Orte der

1 In der ersten Tschechoslowakischen Republik wurden Geldinstitute gewöhnlich in Bankhäuser mit tschechischsprachiger, deutschsprachiger oder gemischt tschechisch-deutschsprachiger Verwaltung eingeteilt; letztere wurden auch utraquistisch genannt. Im Rahmen der ersten beiden Gruppen gab es auch Institute mit einem stark nationalistischen Profil, von denen sich einige schon vor der NS-Machtergreifung durch Antisemitismus auszeichneten, besonders ausgeprägt die Kreditanstalt der Deutschen.

Massenvernichtung. Im engeren Sinne des Wortes verstand man unter „Arisierung“ die Überführung von jüdischem Vermögen in die Hand von „Ariern“. Im März 1939 forderte das Reichswirtschaftsministerium zwar, den Terminus „Arisierung“ künftig durch den Ausdruck „Entjudung“ zu ersetzen, doch hat sich die neue Bezeichnung in der Praxis nicht durchgesetzt, wie auch die Dokumente zeigen,[2] die im Alltagsbetrieb der Protektoratswirtschaft entstanden. Die Bemühungen der NS-Dienststellen, das Prinzip des Vermögenstransfers zu verschleiern und den vorgeblich „reinigenden“ Charakter einer Verdrängung der Juden aus der Wirtschaft in den Vordergrund zu rücken, liefen ins Leere. Die Interessierten sprachen auch weiterhin vorwiegend von „Arisierung“. An diesem Terminus hält heute auch die schon relativ umfangreiche historische Literatur fest.[3]

Die Verfolgung der jüdischen Bevölkerung und die Verdrängung aus ihren exklusiven Wirtschaftspositionen setzten unmittelbar nach der Machtergreifung durch die Nationalsozialisten ein und gingen häufig Hand in Hand mit der Drangsalierung von Ausländern und der Vertreibung von ausländischem Kapital. Die erste „Arisierungs“-Phase hatte formal einen freiwilligen Charakter. In Wirklichkeit wurden die Juden jedoch durch Boykott (die Meidung von jüdischen Geschäften wurde bei NSDAP-Mitgliedern und – Sympathisanten zur „Ehrensache“ stilisiert), gewalttätige Übergriffe auf den Straßen, Devisenmaßnahmen, die Auslandsgeschäfte erschwerten oder verhinderten, Entzug von öffentlichen Aufträgen, Schikanen im Verwaltungsbereich (verschiedenste Kontrollen, Verhöre, Schutzhaft) und schließlich Kriminalisierung und Verhaftung zur „Arisierung“ genötigt. So ordnete beispielsweise der Oberbürgermeister

2 Näher Bajohr, Frank: „Arisierung“ als gesellschaftlicher Prozess. Verhalten, Strategien und Handlungsspielräume jüdischer Eigentümer und „arischer“ Erwerber, in: Wojak, Irmtrud (Hg.): „Arisierung“ im Nationalsozialismus. Volksgemeinschaft, Raub und Gedächtnis, Frankfurt am Main / New York: Campus-Verlag 2000, S. 15.

3 Wenn die Verfasser von einer relativ umfangreichen Literatur sprechen, denken sie dabei freilich an die nicht-tschechische Literatur. Einen Überblick bietet eine vom Studien- und Dokumentationszentrum zur Geschichte und Wirkung des Holocaust des Fritz Bauer Instituts herausgegebene Spezialbibliographie: Vgl. Wirtz, Stephan / Kolbe, Christian: Enteignung der jüdischen Bevölkerung in Deutschland und nationalsozialistische Wirtschaftspolitik 1933–1945. Annotierte Bibliographie, Frankfurt am Main: Fritz-Bauer-Institut 2000. Die tschechische Literatur hat bislang noch keine umfangreichen Studien über die „Arisierung“ hervorgebracht. Das reichhaltigste Kompendium liefert im Kapitel „Arizace a totální expropriace“ [Arisierung und totale Enteignung] die Monographie von Miroslav Kárný: „Konečné řešení“. Genocida českých židů v německé protektorátní politice [„Endlösung“. Der Genozid an den böhmischen Juden in der deutschen Protektoratspolitik], Praha: Academia 1991, S. 60–68. Das Institut Theresienstädter Initiative veröffentlichte die Arbeit von Petrův, Helena: Postavení židů v Protektorátu Čechy a Morava [Die Stellung der Juden in Protektorat Böhmen und Mähren] (1939–1941), Praha: Nakladatelství Sefer / Institut Terezínské iniciativy 2000, welche die normativen Aspekte der „Arisierung“ reflektiert. Außerdem liegen die Forschungsergebnisse eines Expertenteams über das jüdische Gold vor: Milotová, Jaroslava und Kollektiv: Jewish Gold and other Precious Metals, Precious Stones and Objects made of such Materials – Situation in the Czech Lands in the Years 1939 to 1945. Unlawful Infringement of Property Rights and its Scope, Subsequent Fate of the Jewish Assets Affected by this Infringement. Report by a Team of Experts Created by the Joint Task Force based on Decision No. 773 of the Czech Government of November 25, 1998, Prague: Publishing House Sefer / Terezin Initiative Institute 2001.

von München, Karl Fiedler, schon am 20. März 1933 an, dass künftig keine Aufträge an jüdische oder jegliche nichtdeutsche Firmen erteilt werden dürften. Alle Lieferanten mussten in der Folge Erklärungen abgeben, ein „rein deutscher Betrieb" zu sein.[4] Boykotte und Schikanen wurden nicht nur von der NSDAP und ihren Formationen sowie von Organen der staatlichen und öffentlichen Verwaltung, sondern auch von den Standes- und Interessenverbänden der Groß- und Kleinunternehmer sowie verschiedenen Vereinigungen angewendet. Traurigen Ruhm erwarben dabei beispielsweise die Arbeitsgemeinschaft deutsch-arischer Fabrikanten der Bekleidungsindustrie oder der Kampfbund für den gewerblichen Mittelstand.[5]

Hierzu baute man systematischen und umfassenden Druck auf. So wurden Schaufenster mit Wagenschmiere besudelt, mit beleidigenden Bildern oder Aufschriften beklebt oder bemalt, und die SA provozierte durch Posten an Haus- und Ladeneingängen. Daneben wurden Firmen durch Krawalle, aber auch administrative Maßnahmen zu Arbeitsunterbrechungen gezwungen. Diesem Druck konnte faktisch niemand langfristig standhalten. Das Opfer der Schikanen erfüllte schließlich die Erwartungen seiner Peiniger. Es suchte einen Ausweg aus seiner verzweifelten Lage und versuchte zu retten, was zu retten war, wenigstens einen Teil seines Eigentums. Diese Methode empfahl Hermann Göring auf der berüchtigten Besprechung über die „Judenfrage" am 12. November 1938 als wirkungsvoll, indem er erklärte: „Hier ist dafür Sorge zu tragen, dass sie [die Juden] freiwillig durch sanften oder stärkeren Druck, durch geschickte Manöver [aus der Wirtschaft] hinausmanövriert werden."[6]

Die formal freiwillige „Arisierung" wurde gegen Ende 1938 von einer normativ festgelegten „Zwangsarisierung" abgelöst. Die Durchführung der „Arisierung" brachte beträchtliche Gelder in die Staatskasse, anfangs vor allem über Sondergebühren und – auflagen (Gebühren für die Ausstellung von Ausreisedokumenten für Emigrationswillige, eine mehrfach erhöhte Auswanderungsabgabe, die „Sühnesteuer" von 1938, die „Reichsarisierungsabgabe" u. a.). Später verfiel das als „feindlich" bezeichnete jüdische Vermögen als Ganzes dem Staat. Die „Arisierung" von Firmen erweiterte sowohl den Wirkungsbereich der Hermann-Göring-Werke – des größten NS-Industriekonzerns – als auch den des SS-Industriekonzerns sowie der Dresdner und der Deutschen Bank, um wenigstens die zwei bedeutendsten deutschen Großbanken zu nennen. Daneben diente sie auch der Großindustrie, Mittel- und Kleinunternehmern oder Angehörigen des Mittelstands, denen sie einen Eigentumszuwachs zu außerordentlich günstigen Bedingungen bescherte. Sie konnten die Ankäufe weit unter dem realen Marktwert tätigen. Dabei wurde auch

4 Rappl, Marian: „Arisierungen" in München. Die Verdrängung der jüdischen Gewerbetreibenden aus dem Wirtschaftsleben der Stadt 1933–1939, in: Zeitschrift für bayerische Landesgeschichte 63 (2000), Heft 1, S. 130–131.

5 Ebd., S. 135; van Laak, Dirk: Die Mitwirkenden bei der „Arisierung", in: Büttner, Ursula (Hg.): Die Deutschen und die Judenverfolgung im Dritten Reich, Hamburg: Christians 1992, S. 241.

6 Stenographische Niederschrift eines Teils der Besprechung über die Judenfrage unter dem Vorsitz von Feldmarschall Göring im RLM am 12.11.1938, in: Mendelsohn, John / Detweiler, Donald S. (Hg.): The Holocaust. Selected Documents in Eighteen Volumes, vol. 3, The Crystal Night Pogrom, New York / London: Garland 1982, S. 95.

nicht der ideelle Wert der Betriebe, das so genannte *goodwill*, in Betracht gezogen, der Herstellungsgeheimnis, Marktposition, Kundenkreis usw. einschloss. Die Differenz zwischen dem willkürlich festgelegten Kaufpreis, der auf das Konto des jüdischen Besitzers gezahlt wurde, und dem reellen Marktwert suchte der Staat in Form der „Arisierungsabgabe" zu besteuern. Diese wurde NS-Größen freilich sehr niedrig bemessen und in manchen Fällen überhaupt nicht erhoben. Insgesamt diente die „Arisierung" NS-Funktionären aller Ebenen zur Bereicherung; die „Arisierer" in ihrer Gesamtheit waren in ihrer erdrückenden Mehrheit aufs Engste mit den NS-Strukturen verfilzt.

Die Verfasser legen ihrer Bearbeitung des Themas eine breitere Definition von „Arisierungs"-Tätigkeiten zugrunde. Wir sehen die „Arisierung" nicht nur als eine Eigentumsüberführung aus jüdischen in „arische" Hände, sondern als einen umfangreichen Komplex von Aktivitäten mit dem Ziel, jüdische Wirtschaftssubjekte – natürliche und juristische Personen – aus dem Wirtschaftsleben der Gesellschaft zu verdrängen. Als „Arisierungs"-Tätigkeit betrachten wir alle Aktivitäten, die den Geldinstituten, ihren Angestellten und Kunden einen außerordentlichen ökonomischen und nicht selten damit verbundenen sozialen Profit (sozialen Aufstieg) einbrachten, der mit der Verdrängung der Juden aus dem wirtschaftlichen und sozialen Leben des Landes verknüpft war. Die „Arisierung" wird nicht nur als mikroökonomisches Phänomen betrachtet, das heißt als ein Phänomen, das nur unternehmerisches Handeln und Gewinnbildung des jeweiligen Bankhauses betraf, sondern auch als ein makroökonomisches und politisches Phänomen, das sich in den alltäglichen Wirtschaftsabläufen im gesellschaftlichen Leben fortsetzte.

Die „Arisierungs"-Tätigkeiten werden in drei Hauptgruppen gegliedert. Die erste Gruppe der „Arisierungs"-Aktivitäten der Banken stellt deren *personelle „Arisierung"* dar, die auch als „innere" Säuberung bzw. „Entjudung" des Bankapparats bezeichnet wurde. Diese innere „Arisierung" brachte in der Anfangsphase die Entlassung aller Personen jüdischer Abstammung aus den Leitungsgremien der Banken (Verwaltungsrat, Aufsichtsrat, Vorstand, Direktorium) und ihre Ablösung durch „Arier" mit sich, die in der Regel der NSDAP und der NS-Verwaltung angehörten. Eine weitere Entlassungswelle traf außer den Spitzenvertretern des Bankmanagements in einem gewissen Zeitabstand auch die übrigen jüdischen Angestellten.

Bei der zweiten Gruppe der „Arisierungs"-Tätigkeiten handelt es sich um Maßnahmen der *direkten „Arisierung"*, das heißt der „Arisierung" im engeren, gebräuchlichen Sinne des Wortes. Hierbei brachten die Geldinstitute jüdisches Vermögen in ihren direkten Besitz. Die Banken argumentierten häufig damit, sie selbst seien nicht in der Rolle von „Arisierern" aufgetreten. Im Zusammenhang mit den Vorbereitungen auf den Nürnberger Prozess erklärte Walter Teichmann, einer der Direktoren der Berliner Zentrale der Deutschen Bank, die Böhmische Escompte-Bank habe als eine große volksdeutsche Bank im Protektorat keinerlei „Arisierungs"-Tätigkeiten des Typs entwickelt, für den sich das Tribunal interessierte.[7] Die vorliegende Arbeit möchte jedoch den Beweis erbringen, dass

7 Archiv des Instituts für Zeitgeschichte München (im Weiteren AIfZ München), Sammlung Nürnberger Prozesse, Film Nr. MA 1558/58, Dok. Sign. NID 7316, Erklärung von Walter Teichmann vom 2.6.1946, S. 1.

es solche Aktivitäten durchaus gab, auch wenn sie hinsichtlich des „Arisierungs"-Profits für die Banken keine Schlüsselbedeutung hatten, und das nicht nur in den Geschäften der Böhmischen Escompte-Bank, sondern bei allen großen deutschen Bankhäusern des Protektorats.

Die dritte Gruppe von „Arisierungs"-Aktivitäten beruht auf einem *indirekten „Arisierungs"-Profit.* Diese Gruppe war hinsichtlich der Bereiche, in denen „Arisierungs"-Profit erzielt wurde, am umfangreichsten und – betrachtet man die Höhe des Profits – ausschlaggebend. Auf eben diesem Gebiet liegt der Schwerpunkt der vorliegenden Arbeit. Hierunter fallen relativ bekannte, aber nicht im Detail erforschte Aktivitäten, zu denen man die Maklerrolle der Banken bei der Entwendung von jüdischem Vermögen oder bei der Vergabe von „Arisierungs"-Krediten zählen kann. Daneben wurde in den letzten Jahren in der internationalen sowie in der tschechischen Historiographie die Frage nach der Enteignung von jüdischem Gold aufgegriffen. Darüber hinaus konzentriert sich diese Arbeit auch auf vollkommen neue Bereiche.[8] Hierzu gehört an erster Stelle die Institution der „Treuhand", also die Vermögensverwaltung zu treuen Händen. Dabei bleibt unerheblich, ob es sich um die Verwaltung von Vermögen handelte, das in die Sphäre der klassischen Bankgeschäfte fiel (Konten, Sparbücher, Guthaben, Versicherungen, Wertpapiere) oder um einen nahezu unbekannten Bereich, wie ihn die Verwaltung verschiedenster Firmen sowie hauptsächlich von Immobilien darstellt. Dabei darf freilich eine vermeintlich marginale, aus der Sicht des finanziellen Gewinns wohl bescheidene und schwer definierbare, jedoch für das Funktionieren des „Arisierungs"-Mechanismus überaus bedeutsame Funktion der Bankhäuser nicht übersehen werden: ihre Funktion als ein Endglied, das Informationen über das von ihnen verwaltete jüdische Eigentum lieferte. Neben dieser Rolle wirkten sie außerdem auch bei der Übertragung von jüdischem Vermögen an den NS-Staat mit.

Aus der umrissenen Grundstruktur der „Arisierungs"-Prozesse ergibt sich die Struktur des vorliegenden Werks, die sich grundlegend von allen im In- und Ausland publizierten Arbeiten abhebt. Seine Achse besteht aus Kapiteln, die diesen wesentlichen Segmenten des „Arisierungs"-Profits gewidmet sind. Einleitend zu jedem Teil haben die Verfasser versucht, einen Überblick über die normativen Grundlagen für die Enteignungsmaßnahmen des nationalsozialistischen Regimes zu liefern, um in der Folge Wesen und Funktion des „Arisierungs"-Mechanismus in jedem einzelnen „Arisierungs"-Segment aufzuklären und dabei die von den Banken eingenommene Rolle zu untersuchen. Die Verfasser haben sich dabei auch die sehr schwer zu beantwortende Frage gestellt, inwieweit die „Arisierungs"-Gewinne für die Geldinstitute wesentlich waren und inwieweit „Arisierungs"-Gewinne an der Entstehung ihrer Aktiva beteiligt waren. Den Hintergrund der Untersuchung bildet die sich aus der Analyse der Ergebnisse der Nürnberger Prozesse und der Nachkriegshistoriographie herauskristallisierende Kardinalfrage, ob die Banken Opfer

8 Vgl. die den Forschungsstand zum Thema Banken und „Arisierung" zusammenfassende methodologische Studie von H. James. James, Harold: Die Rolle der Banken im Nationalsozialismus, in: Gall Lothar / Pohl, Manfred (Hg): Unternehmen im Nationalsozialismus, München: C. H. Beck 1998, S. 30–31.

der nationalsozialistischen Aggression oder ein aktives und bereitwilliges Glied in der antijüdischen Kampagne von nationalsozialistischer Partei und NS-Staat waren.

Gleichzeitig sind sich die Verfasser bewusst, dass die Verdrängung der Juden aus dem Wirtschaftsleben nicht aus dem breiteren historischen Kontext herausgelöst werden kann, der in den böhmischen Ländern mit dem Schicksal der übrigen nichtdeutschen ethnischen und nationalen Gruppen verbunden war. Dieser Umstand wird übrigens auch von der Funktionsweise der NS-Verwaltung bestätigt. Diese hat nicht selten den aus rassischen und völkischen Gründen enteigneten Besitz unterschiedslos mit dem wegen Teilnahme am Widerstand, Aufenthalt im „feindlichen Ausland" usw. konfiszierten Eigentum in einen Topf geworfen. In jedem Fall lässt sich aber sagen, dass der weitaus größte Teil der enteigneten bzw. sequestrierten und unter Bankverwaltung gestellten Vermögen jüdisches Eigentum war.

Ein wesentlicher Teil der deutschen Geschichtsschreibung umgeht und verschweigt die Frage nach der Rolle der Sudetendeutschen im „Arisierungs"-Prozess oder beschränkt infolgedessen den aus der „Arisierung" gezogenen Nutzen sowie die „Schuld" daran auf einen eng begrenzten, sich vorwiegend aus dem „Altreich" rekrutierenden Kreis von Vertretern der NS-Verwaltung.[9] Das vorliegende Werk konfrontiert diese These mit Dokumenten, die den Verlauf der „Arisierung" im Bereich des Bankwesens widerspiegeln.

Die speziell die Problematik der „Arisierung" von jüdischem Vermögen im Protektorat Böhmen und Mähren behandelnde Historiographie ist in der Tat recht karg. Zur Verfügung stehen die ideologisch einseitigen Arbeiten von Václav Král aus den fünfziger Jahren des vorigen Jahrhunderts, die zwar eine für ihre Zeit gewiss beachtliche heuristische Grundlage aufweisen, gleichzeitig aber an vielen Stellen ein geringes, ja vereinfachendes Verständnis der Materie verraten.[10] Die bisher kompakteste allgemeine Darstellung des Problems bleibt bis heute das entsprechende Kapitel in der Arbeit von Miroslav Kárný aus den frühen neunziger Jahren.[11] Eine Teilansicht zum Stand der „Arisierung" in den Jahren 1942–1943 liefert ein vom Institut für Zeitgeschichte herausgegebener Sammelband.[12] Einen grundlegenden Beitrag, der in entscheidendem Maße

9 Braumandl, Wolfgang: Die Wirtschafts- und Sozialpolitik des Deutschen Reiches im Sudetenland 1938–45, Nürnberg: Preußler 1985; Zimmermann, Volker: Die Sudetendeutschen im NS-Staat. Politik und Stimmung der Bevölkerung im Reichsgau Sudetenland (1938–1945), Essen: Klartext-Verlag 1995; Gebel, Ralf: „Heim ins Reich!" Konrad Henlein und der Reichsgau Sudetenland 1938–1945, München: Oldenbourg 1999. Das Problem der Beteiligung der Sudetendeutschen wird analytisch erst in der Studie von Volker Zimmermann erschlossen: Zimmermann, Volker: Täter und Zuschauer. Die Judenverfolgung im „Sudetengau" 1938–1945, in: Kárný, Miroslav / Kemper, Raimund (Hg.): Theresienstädter Studien und Dokumente 1999, Praha: Akademia 1999, S. 180–203.

10 Král, Václav: Otázky hospodářského a sociálního vývoje v českých zemích v letech 1938–1945, I–III [Fragen der wirtschaftlichen und sozialen Entwicklung in den böhmischen Ländern in den Jahren 1938–1945], Praha: Nakladatelství Československé akademie věd 1957–59.

11 Kárný, Anm. 3.

12 Krejčová, Helena / Svobodová, Jana / Hyndráková, Anna (Hg.): Židé v protektorátu. Hlášení židovské náboženské obce v roce 1942 [Die Juden im Protektorat. Meldungen der jüdischen Glaubensgemeinde im Jahr 1942] Dokumente, Praha: Academia 1997.

zu einer Erweiterung der Perspektive auf den die jüdische Bevölkerung ruinierenden Mechanismus beitrug, stellt die Studie von Jaroslava Milotová dar.[13]

Die neunziger Jahre des vorigen Jahrhunderts brachten eine Institutionalisierung der Forschung zum „Arisierungs"-Prozess. Hierzu kam es unter dem koordinierten Druck der öffentlichen Meinung, die mit der Tätigkeit des World Jewish Congress sympathisierte, des US-Kongresses und der Administration von Präsident Bill Clinton. Das erforschte Territorium umfasste nicht nur das ehemalige Dritte Reich, sondern auch die von ihm eroberten und besetzten Gebiete. Sogar die neutrale Schweiz setzte eine eigene unabhängige Kommission ein, die sich mit dem Profit von Unternehmern in Zusammenhang mit dem Vorgehen gegen die Juden befasst.

Der Schweizer Bericht konzentriert sich auf das zweifelhafte Vorgehen von Schweizer Banken und Unternehmern, die mit Gold-und Kunstgegenständen handelten. Diesen gelang es nämlich, beträchtlichen Profit aus dem Unglück der Juden zu ziehen. Dieser Profit resultierte aus Geschäften mit dem Deutschen Reich und der Verwaltung von jüdischem Vermögen, das nach Kriegsende den ursprünglichen Besitzern bzw. deren Erben nicht zurückerstattet wurde. Die Tatsache, dass auch Sendungen von Gold und Goldgegenständen aus dem Protektorat Böhmen und Mähren in die Schweiz wanderten, berücksichtigte die Schweizer Kommission nicht.[14] Diese Lücke wurde erst nachträglich durch die seriöse und fundierte Arbeit von Daniel C. Schmidt geschlossen.[15]

Die Historikerkommission der Republik Österreich hat mit einem umfassenden Ansatz das unbestritten breiteste und gründlichste Projekt begonnen, das seine Ergebnisse in über dreißig Bänden präsentieren wird. Sie konzentriert sich nicht nur auf die Verfolgung der Juden und Roma, sondern auch auf weitere Minderheiten, Widerstandskämpfer und zur Zwangsarbeit eingesetzte Personen. Dabei werden auch Organisationen, Vereinigungen und Institutionen betrachtet, unter denen an erster Stelle kirchliche Institutionen zu nennen sind. Ihr grundlegender Beitrag besteht im Bestreben, die Schäden, aber auch Restitutionen und Entschädigungen in Zahlen zu fassen. Der Schlussbericht reflektiert auch indirekte Schäden in Form von Berufsverbot und Arbeitsverlust, Bildungsvorenthalt, Aussiedlung usw. Die Konzeption beruht auf der Untersuchung des Verwaltungsmechanismus bei der Vermögenskonfiskation sowie des Mechanismus von Restitutionen und Entschädigungen, sie zielt also unmittelbar auf die Geschädigten ab. Der österreichische Bericht wird durch den Umstand beschränkt, dass die Nutznießer der NS-Verfolgungen nicht genügend Beachtung gefunden haben.[16] Das Bankwesen wird vor

13 Milotová, Jaroslava: Die Zentralstelle für jüdische Auswanderung in Prag. Genese und Tätigkeit bis zum Anfang des Jahres 1940, in: Kárný, Miroslav / Kárná, Margita / Kemper, Raimund (Hg.): Theresienstädter Studien und Dokumente 1997, Praha: Academia / Institut Theresienstädter Initiative 1997, S. 7–30.

14 Die Schweiz, der Nationalsozialismus und der Zweite Weltkrieg. Schlussbericht, Zürich: Chronos-Verlag 2001.

15 Schmid, Daniel C.: Dreiecksgeschichten. Die Schweizer Diplomatie, das „Dritte Reich" und die böhmischen Länder 1938–45, Zürich: Chronos-Verlag 2004.

16 Schlussbericht der Historikerkommission der Republik Österreich. Vermögensentzug während der NS-Zeit sowie Rückstellung und Entschädigungen seit 1945 in Österreich. Zusammenfassungen und Entschädigungen, Wien, München: Oldenbourg Verlag 2003.

allem im Hinblick auf seine Reorganisation im Kontext des Vordringens reichsdeutscher Großbanken mit anschließender „Arisierung" und Liquidation von Bankhäusern und Geldinstituten betrachtet.[17] Was das angedeutete Konzept angeht, bietet der österreichische Bericht nur beschränkte Vergleichsmöglichkeiten für die „Arisierungs"-Aktivitäten reichsdeutscher Banken und deren Profit.

Institutionalisierte Kommissionen wurden sowohl in der Tschechischen als auch der Slowakischen Republik eingesetzt. Die aus Historikern bestehenden Expertenteams erhielten konkrete, eng umrissene Aufgaben. Ihre Arbeitsresultate sollten der Staatsverwaltung als Unterlagen für eine Entschädigung noch lebender Opfer bzw. deren Nachfahren dienen. Das vom Außenministerium zusammengestellte tschechische Expertenteam befasste sich mit der Problematik der „schlafenden Konten" in Schweizer Geldinstituten. Anschließend wurde eine Regierungskommission eingesetzt, die vier spezialisierte Expertengruppen mit der Problematik jüdischer Versicherungen, jüdischen Goldes, jüdischer Kunstgegenstände und Immobilienbesitzes jüdischer Vereinigungen betraute. Nach Abschluss der Arbeiten wurde der Öffentlichkeit ein Auszug aus dem Bericht über die „schlafenden Konten" und ein Bericht über das jüdische Gold vorgelegt[18] Dieser öffnete grundsätzlich den Weg zu weiteren Forschungen über die nationalsozialistische Verfolgung von Vermögen und die Rolle der Instrumentalisierung deutscher Geldinstitute.[19] Er enthüllt eine Reihe von Spezifika der „Arisierung" im Protektorat und verweist auf den bisher in der wissenschaftlichen Forschung noch nicht behandelten „Arisierungs"-Gewinn der Banken.[20]

In Deutschland brachte das zunehmende Interesse an der Geschichte des Bankwesens mehrere Monographien und Spezialstudien hervor. Diese widmeten sich den reichsdeutschen Großbanken und deren Aktivitäten in den böhmischen Ländern, insbesondere dem Aufbau des Filialennetzes im abgetrennten Grenzland (Sudetengau) und der Umformung von zwei großen traditionellen deutschböhmischen Banken zu ihren Tochterunternehmen im Protektorat. Auf die „Reorganisation" des deutschen Bankwesens und den Aufbau von Tochterunternehmen reichsdeutscher Großbanken in den besetzten Gebieten

17 Melichar, Peter: Neuordnung im Bankwesen. Die NS-Maßnahmen und die Problematik der Restitution, Wien / München: Oldenbourg Verlag 2004.

18 Milotová, Anm. 3; Jančík, Drahomír / Kubů, Eduard / Kuklík, Jan jun. / Novotný, Jiří / Šouša, Jiří: „Spící konta" ve švýcarských bankách za znárodněný majetek v Československu? Československo-švýcarská jednání o tzv. náhradových otázkách (1945–1967) [„Schlafende Konten" in Schweizer Banken für verstaatlichten Besitz in der Tschechoslowakei? Tschechoslowakisch-Schweizerische Verhandlungen über sog. Erstattungsfragen], in: Harna, Josef / Prokš, Petr (Hg.): Studie k moderním dějinám [Studien zur modernen Geschichte]. Sborník prací k 70. narozeninám Vlastislava Laciny, Praha: Historický ústav AV ČR 2001, S. 445–462.

19 Jančík, Drahomír / Kubů, Eduard / Novotný, Jiří / Šouša, Jiří: Der Mechanismus der Enteignung des jüdischen Goldes im „Protektorat Böhmen und Mähren" und seine Funktionsweise (1939–1945), in: Zeitschrift für Unternehmensgeschichte 46 (2001), Nr. 1, S. 58–76.

20 Jančík, Drahomír / Kubů, Eduard / Novotný, Jiří / Šouša, Jiří: Ein abartiges Monopol. „Hadega" Handelsgesellschaft m.b.H. und ihr Geschäft mit Edelmetallen und Edelsteinen während des Zweiten Weltkriegs, in: Theresienstädter Studien und Dokumente 2001, Kárný, Miroslav / Milotová, Jaroslava / Kemper, Raimund / Wögerbauer, Michael (Hg.), Praha: Akademia 2001, S. 305–373.

konzentriert sich die Arbeit von Christopher Kopper. Die Passage zur NS-Zeit in seiner zusammenfassenden Abhandlung über Geschichte und Entwicklung der Deutschen Bank konzentriert sich auf die Probleme des Instituts bei der Anpassung an die gewandelten sozialökonomischen Bedingungen und auf das Bestreben seines Managements, der Umklammerung durch die NS-Ideologie zu widerstehen, die sich spürbar auch auf die wirtschaftliche Praxis niederschlug.[21] Als Ausweg bot sich eine von den Interessen bestimmte Koexistenz, die in eine zweckgerichtete Zusammenarbeit mit dem nationalsozialistischen Regime überging. Diese ermöglichte dann am Ende der dreißiger Jahre die Expansion der Bank auf die neu okkupierten Territorien.[22] Die Autoren widmen sich besonders eingehend sowohl Österreich als auch den nach dem Münchner Abkommen abgetretenen Gebieten und dem Protektorat Böhmen und Mähren. Die „Arisierungs“-Aktivitäten der Deutschen Bank sind hier nur in groben Zügen angedeutet.[23]

Die durch ihre Kollaboration mit dem NS-Regime und vor allem durch die hieraus resultierende Mitschuld an der ethnischen und rassischen Verfolgung belasteten deutschen Großbanken öffneten gegen Ende der neunziger Jahre ihre bislang verschlossenen Archivbestände für die wissenschaftliche Forschung. Unter dem Druck der internationalen öffentlichen Meinung, im Streben nach Selbstreflexion und zweifellos auch mit dem Ziel, die harten Urteile des Nürnberger Tribunals sowie der amerikanischen Besatzungsbehörden aus der Nachkriegszeit zu überprüfen,[24] bestellten sie Gremien von Fachhistorikern, welche die nationalsozialistische Periode in ihrer Geschäftstätigkeit erneut und aus zeitlichem Abstand einer eingehenden Analyse unterziehen sollten. Eine der wichtigsten Leistungen der aus fünf renommierten Historikern (Avraham Barkai, Gerald D. Feldman, Lothar Gall, Harold James und Jonathan Steinberg) bestehenden Historikerkommission zur Erforschung der Geschichte der Deutschen Bank in der NS-Zeit war die Monographie von Harold James „Die Deutsche Bank und die ‚Arisierung'“. Ein Kapitel dieser Arbeit ist den „Arisierungs“-Aktivitäten der Bank im Ausland gewidmet. James arbeitete detailliert die nationalsozialistische Reorganisation des Finanzwesens der böhmischen Länder und die Umformung der Böhmischen Union-Bank in ein Tochterunternehmen der Deutschen Bank heraus. Anschließend zeigte er auf, welchen Anteil diese neuen Tochterunternehmen an der „Arisierung“ der auf dem Gebiet des Protektorats befindlichen Unternehmen hatten. Den Ertrag der „Arisierungs“-Geschäfte behandelt James bewusst nicht summarisch, sondern lediglich anhand von ausgewählten Fällen, die er für symptomatisch hält. Indirekten „Arisierungs“-Gewinn arbeitet er

---

21 Kopper, Christopher: Zwischen Marktwirtschaft und Dirigismus. Bankenpolitik im „Dritten Reich“ 1933–1939, Bonn: Bouvier 1995, S. 278.

22 Ders.: Die „Arisierung“ der deutsch-böhmischen Aktienbanken, in: Barth, Boris / Faltus, Josef / Křen, Jan / Kubů, Eduard (Hg.): Konkurrenzpartnerschaft. Die deutsche und tschechoslowakische Wirtschaft in der Zwischenkriegszeit, Essen: Klartext 1999, S. 236–245.

23 Gall, Lothar / Feldman, Gerald D. / James, Harold / Holtfrerich, Carl-Ludwig / Büschgen, Hans E.: Die Deutsche Bank 1870–1995, München: C. H. Beck 1995, S. 348.

24 Vgl. Ermittlungen gegen die Deutsche Bank 1946/47. Übersetzt und bearbeitet von der Dokumentationsstelle zur NS-Politik Hamburg, Nördlingen: Franz Greno 1985; Ermittlungen gegen die Dresdner Bank 1946. Übersetzt und bearbeitet von der Hamburger Stiftung für Sozialgeschichte des 20. Jahrhunderts, Nördlingen: Franz Greno 1986.

nicht näher heraus, und einige der Kategorien, wie z. B. die Treuhand, erwähnt er nicht einmal.[25] Ein gewisses Pendant zur genannten Publikation, das die Darstellung des breiteren Kontexts der Entwicklung der Deutschen Bank nach der NS-Machtergreifung versucht, stellt James' Monographie aus dem Jahr 2003 dar. Darin befasst er sich eingehend mit dem Problem des Antisemitismus in deutschen Bankunternehmen und der Interessenverflechtung von Politik und Banken, die in geschäftliche Aktivitäten einmündeten, unter anderem auch in die Auslandsexpansion. Die Erforschung der „Arisierung" im Protektorat Böhmen und Mähren wurde darin nicht vertieft.[26]

Auf Veranlassung der Commerzbank wurde an der Berliner Humboldt-Universität ein Projekt mit der Aufgabe akkreditiert, die Rolle dieses Geldinstituts im NS-Finanzwesen und insbesondere bei der „Arisierung" aufzuklären. Eine Arbeitsgruppe aus sieben Historikern unter der Leitung von Ludolf Herbst und Thomas Weihe erarbeitete die Kollektiv-Monographie „Die Commerzbank und die Juden". Die durchdacht strukturierte Arbeit befasst sich mit der Verdrängung jüdischer Angestellter und Geschäftspartner aus den Aktivitäten der Bank und analysiert eingehend den Anteil der Commerzbank an der Ausschaltung des jüdischen Unternehmertums. Auch das Verhältnis des Instituts zum Betrieb des Konzentrations- und Vernichtungslagers Auschwitz-Birkenau wird untersucht. Der Versuch der Commerzbank, ins Ausland zu expandieren, wird durch die Gegenüberstellung ihrer Aktivitäten in den besetzten Gebieten dokumentiert, und zwar in den böhmischen Ländern, den Niederlanden und in Polen. Auf Grund der relativ beschränkten und verglichen mit der Deutschen und der Dresdner Bank nicht besonders großen geschäftlichen Erfolge konnte diese Arbeit ungeachtet der unstrittigen heuristischen Gründlichkeit ihrer Autoren keine grundlegend neuen Erkenntnisse über den „Arisierungs"-Prozess in den böhmischen Ländern liefern.[27]

Auch die Dresdner Bank setzte eine Historikerkommission unter der Leitung von Klaus-Dietmar Henke ein, die ein Bild von der Tätigkeit des Instituts im Nationalsozialismus liefern sollte. Dieses Projekt wurde – anders als die beiden zuvor erwähnten – breiter konzipiert; den böhmischen Ländern wurden zwei Bände gewidmet. Autor des ersten Bandes ist Harald Wixforth. Dessen Monographie beruht auf sehr gründlichen Forschungen in den Archiven und befasst sich mit dem kurzen Zeitraum der Expansion der Dresdner Bank in das böhmische Grenzland während der Jahre 1938–39. Die „Arisierung" befand damals in ihrer ersten Phase und konnte daher nur teilweise untersucht werden.[28] Der von Jörg Osterloh bearbeitete zweite Band ist der nationalsozialistischen Judenverfolgung im

25 James, Harold: Die Deutsche Bank und die „Arisierung", München: C. H. Beck 2001.

26 Ders.: Die Deutsche Bank im Dritten Reich, München: C. H. Beck 2003.

27 Herbst, Ludolf/Weihe, Thomas (Hg.): Die Commerzbank und die Juden 1933–1945, München: C. H. Beck 2004.

28 Wixforth, Harald: Auftakt zur Ostexpansion. Die Dresdner Bank und die Umgestaltung des Bankwesens im Sudetenland 1938/39. Dresden: Hannah Arendt-Institut für Totalitarismusforschung e. V. an der Technischen Universität Dresden 2001.

„Reichsgau Sudetenland" 1938–1945 gewidmet und knüpft unmittelbar an Wixforths Arbeit an.[29]

Im Februar 2006 wurde der Öffentlichkeit ein sowohl in seinem Umfang als auch in der Zahl der aufgearbeiteten Quellen bemerkenswertes vierbändiges Werk vorgestellt, das die Geschicke der Dresdner Bank im Drittem Reich aufarbeitet und den Schlussbericht der Historikerkommission dieser Großbank darstellt.[30] Im Gegensatz zu den vorigen Arbeiten bestand das Hauptziel der Arbeit darin, die Unternehmenspolitik des damals zweitgrößten deutschen Geldinstituts in der NS-Zeit zu präsentieren. Die Ausbildung der Unternehmenspolitik und ihre Umsetzung wurden einerseits unter dem Blickwinkel der ökonomischen Rationalität und andererseits dem der Regimenähe sowie der Mittäterschaft der Dresdner Bank an den Verbrechen des NS-Regimes erforscht. In diesem Zusammenhang reflektiert das Werk gewissenhaft das Problem der Verdrängung der Juden aus dem öffentlichen und wirtschaftlichen Leben sowie die „Arisierung" des jüdischen Vermögens, sowie die Verbrechen des Holocausts und der Germanisierung Mitteleuropas unter Zurückdrängung der slawischen Völker.

Den böhmischen Ländern wurde in dieser Studie eine außergewöhnliche Aufmerksamkeit gewidmet; der Grund hierfür liegt wohl darin, dass die Autoren Böhmen und Mähren als ein gutes Beispiel zur Demonstration der offensiven Wirtschaftspolitik der Dresdner Bank ansahen, die nach einer Expansion in den neuen vom nationalsoztialistischen Deutschland beherrschten Gebieten strebte. Ein Nachteil dieser Arbeit besteht in dem Umstand, dass die bisherigen Forschungsergebnisse der tschechischen Geschichtsschreibung, insbesondere die Arbeiten von Miroslav Kárný, kaum Beachtung fanden; auffällig ist auch das Ungleichgewicht bei der Aufarbeitung der einzelnen Typen von Unternehmenstätigkeiten im Protektorat. Es dominieren die von der Berliner Zentrale gesteuerten Aktivitäten (die Beherrschung von Großunternehmen aus den Sektoren Rüstung und Bergbau), während die alltäglichen „Arisierungs"-Aktivitäten wie die treuhänderische Verwaltung von jüdischem Vermögen, Transaktionen mit jüdischen Wertpapieren, Konten usw. nur geringe Beachtung finden, obgleich sie einen unübersehbaren Bestandteil der sittenwidrigen Kriegsprofite ausmachten.

Die aus den bisher herausgegebenen Bänden ersichtliche Arbeitsmethode aller drei Historikerkommissionen der deutschen Großbanken weist eine Reihe von übereinstimmenden Zügen auf – sie sucht sowohl den Druck des NS-Regimes auf das Bankwesen zu erfassen, als auch dessen Anpassung an die neuen Bedingungen und die Expansion seiner Geschäftstätigkeit im Deutschen Reich sowie in den besetzen Gebieten. Ein

29 Osterloh, Jörg: Nationalsozialistische Judenverfolgung im Reichsgau Sudetenland 1938–1945, München: R. Oldenbourg Verlag 2006.

30 Henke, Klaus-Dietmar (Hg.): Die Dresdner Bank im Dritten Reich, Bd. 1: Bähr, Johannes und Kollektiv: Die Dresdner Bank in der Wirtschaft des Dritten Reichs; Bd. 2: Ziegler, Dieter und Kollektiv: Die Dresdner Bank und die deutschen Juden; Bd. 3: Wixforth, Harald und Kollektiv: Die Expansion der Dresdner Bank in Europa; Bd. 4: Henke, Klaus-Dietmar: Die Dresdner Bank 1933–1945. Ökonomische Realität, Regimenähe, Mittäterschaft, München: R. Oldenbourg Verlag 2006.

Schlüsselthema in diesem Zusammenhang ist das Verhältnis dieser Institute und ihrer Führungen zur Judenfrage und „Arisierung". Den Kommissionen ging es weniger darum, die entstandenen Gewinne und Schäden zu erfassen, als markante Entwicklungsmerkmale in den Unternehmensstrategien und Aktivitäten der einzelnen Institute und deren Tochterunternehmen aufzuzeigen. Ihr Ziel bestand auch nicht in der Analyse der einzelnen Typen von „Arisierungs"-Profit. Hierfür gibt es mehrere Gründe. Einer besteht in der nur fragmentarisch erhaltenen Dokumentation über die Geschäfte der Großbanken in der Zeit des Nationalsozialismus. Zudem bestanden wohl verschiedene Ansichten darüber, wo die Grenze zu ziehen sei zwischen einem grob sittenwidrigen „Arisierungs"-Geschäft einerseits, das sich durch extreme Gewinne für Geldinstitut und „Arisierer" auszeichnete und faktisch nur einen Raub jüdischen Vermögens darstellte, und andererseits einer Manipulation mit dem Vermögen unter dem Druck der rassischen und völkischen Verfolgung. Diese konnte allerdings den formalen Merkmalen eines Standardgeschäfts entsprechen („business as usual"). Darüber hinaus sind Fälle bekannt, in denen die freiwillige „Arisierung" einen Dienst an jüdischen Unternehmern darstellte, die sich um ihre Auswanderung bemühten. Es handelt sich nicht um ein rein methodologisches, sondern auch juristisches, ethisches und allgemein menschliches Problem. Wie eine Wiener Konferenz im Frühjahr 2003,[31] auf der unter anderem auch Teilergebnisse der Forschungen der oben genannten Historikerkommissionen präsentiert wurden, gezeigt hat, unterscheiden sich die Ausgangspunkte der einzelnen Forscher. Nach Ansicht der Verfasser des vorliegenden Werkes müssen Geschäfte, die unter dem Druck der rassischen und völkischen Verfolgung zustande kamen und einen offensichtlichen Verlust und Nachteil für den Verkäufer mit sich brachten, also Geschäfte, die unter „normalen Bedingungen"[32] nie getätigt worden wären, zu „Arisierungs"-Geschäften und – Gewinnen zählen.[33] Gleichzeitig sind die Autoren der vorliegenden Publikation der Ansicht, dass die formelle Übereinstimmung mancher Handlungen aus der Kriegszeit mit den damals gültigen Rechtsnormen nichts an deren sittenwidrigem Charakter ändern kann, der von den interessierten Unternehmern ohne Skrupel in Kauf genommen wurde. Moralische und allgemein menschliche Werte stehen nach Ansicht der Verfasser in jedem Fall über dem Buchstaben des Gesetzes, welches den Missbrauch der Rechtslage ermöglicht.[34]

31 Die wirtschaftliche „Neuordnung" Österreichs nach dem Anschluss 5.–6.6.2003.

32 Unter „normalen Umständen" verstehen wir Marktbedingungen, gleich, ob konjunktur – oder krisenbedingt, ohne irgendwelchen Druck durch rassische oder völkische Verfolgung, die in eine politische, wirtschaftliche und soziale Diskriminierung überging (diese nahm die völlige rassische und völkische Vernichtung vorweg).

33 Zu den genannten Ausgangspunkten vgl. den Beitrag unseres Autorenkollektivs, der für die Konferenz „Die wirtschaftliche Neuordnung Österreichs nach dem Anschluss" am 5./6.6.2003 verfasst wurde: Jančík, Drahomír/Kubů, Eduard/Novotný, Jiří/Šouša, Jiří: Zusammenhänge und Analogie der NS-„Arisierungs"- und Germanisierungspolitik in Österreich und Protektorat Böhmen und Mähren, in: Prager Wirtschafts- und sozialhistorische Mitteilungen/Prague Economic and Social History Papers, Bd. 9, 2009, S. 93–110.

34 Um einen solchen Akt handelte es sich beispielsweise bei der Senkung und anschließenden Aufstockung des BEB-Aktienkapitals, die als Instrument zur „Ausmanövrierung" unliebsamer tschechischer Aktionäre dienen sollte. In dieser Hinsicht geht unsere Meinung mit der des

Die aktuelle Forschung über die Rolle des Bankwesens bei der „Arisierung" von jüdischem Eigentum wird vor allem von einem um das Institut für Wirtschafts- und Sozialgeschichte an der Philosophischen Fakultät der Karls-Universität gruppierten Forscherteam betrieben.[35] Das Novum ihres Vorgehens besteht in einer Analyse der einzelnen Typen von „Arisierungs"-Aktivitäten der Geldinstitute sowie in der Suche nach der Rolle der Geldinstitute im „Arisierungs"-Mechanismus der NS-Verwaltung im Protektorat Böhmen und Mähren. Der hier vorgelegte Text bringt somit die Bemühungen um eine komplexe Analyse des „Arisierungs"-Profits der deutschen Banken zum Abschluss. Er liefert die erste systematische Analyse eines Problems, die sich ausschließlich auf archivalisches Primärmaterial stützt.[36]

Die letzte Synthese über die Konfiskation jüdischen Vermögens in Europa aus der Feder von Martin Dean widmete den böhmischen Ländern, verglichen mit anderen europäischen Regionen, nur sehr begrenzten Raum, und zwar zwei kurze Unterkapitel. Eines skizziert die normative Regelung der Enteignung der jüdischen Bevölkerung, das andere befasst sich mit ihrer Umsetzung. Der Autor stützt seine Erkenntnisse auf einen Dokumententorso, der im Bundesarchiv Berlin aufbewahrt wird. Die relativ umfangreiche Literatur wurde vom Autor kaum zur Kenntnis genommen. Er versteht den Mechanismus der Enteignung nicht, übergeht die Rolle der Banken und verwechselt die

---

Verfassers des dritten Bandes des zitierten Werks über die Dresdner Bank auseinander. Vgl. Henke, Anm. 30, Bd. 3, S. 224–225.

35 Novotný Jiří / Šouša Jiří: Die Nationalbank in den Jahren 1939–1945 und die „Arisierung" im Protektorat Böhmen und Mähren, in: Ziegler, Dieter (Hg.): Banken und „Arisierung" in Mitteleuropa während des Nationalsozialismus, Geld und Kapital. Jahrbuch der Gesellschaft für mitteleuropäische Banken- und Sparkassengeschichte, Bd. 5 (2001), Stuttgart: Steiner Verlag 2002, S. 119–142; Jančík, Drahomír: Die „Arisierungsaktivitäten" der Böhmischen Escompte-Bank im Protektorat Böhmen und Mähren 1939–1945, ebd., S. 143–173; Kubů, Eduard: Die Verwaltung von konfisziertem und sequestriertem Vermögen – eine spezifische Kategorie des „Arisierungs"-Profits: Die Kreditanstalt der Deutschen und ihre Abteilung „F", ebd., S. 175–210; Ders.: Příspěvek k expanzi Dresdner Bank do střední Evropy. Nucená likvidace filiálky Živnostenské banky ve Vídni po „rakouském anšlusu" [Ein Beitrag zur Expansion der Dresdner Bank nach Mitteleuropa. Die Zwangsliquidierung der Filiale der Živnostenská banka in Wien nach dem Anschluss Österreichs], in: Pocta profesoru Zdeňkovi Jindrovi. Acta Universitatis Carolinae, Philosophica et historica 3 / 1998, Studia historica L, Praha: Karolinum 2003, S. 261–282; Jančík, Drahomír / Kubů, Eduard / Kuklík, Jan jun.: „Arizace" a restituce židovského majetku v českých zemích (1939–2000) [„Arisierung" und Restitution von jüdischem Eigentum in den böhmischen Ländern (1939–2000)], Praha: Universita Karlova – Filozofická fakulta 2003; Jančík, Drahomír / Kubů, Eduard: „Arizace na úvěr". Příspěvek Kreditanstalt der Deutschen ke germanizaci hospodářského života v Protektorátu Čechy a Morava [„Arisierung auf Kredit". Der Beitrag Kreditanstalt der Deutschen zur Germanisierung des Wirtschaftslebens im Protektorat Böhmen und Mähren], Studie Národohospodářského ústavu Josefa Hlávky, Praha: Národohospodářský ústav Josefa-Hlávky 2003.

36 Dies.: „Arizace" a arizátoři. Drobný a střední židovský majetek v úvěrech Kreditanstalt der Deutschen (1939–45) [„Arisierung" und Arisierer. Das jüdische kleinere und mittlere Kapital in den Krediten der Kreditanstalt der Deutschen (1939–1945)], Praha: Karolinum 2005. Diese Publikation fasst im ersten Kapitel umfassend die Forschungsergebnisse über die „Arisierung" in Mitteleuropa zusammen.

Funktion von Gestapo, SS und Sicherheitspolizei. Enteignete Werte verengt er auf mittelständisches Vermögen und widmet den Großunternehmern keine Aufmerksamkeit. Aus der Perspektive der aktuellen Forschung über die „Arisierung" in den böhmischen Ländern ist die Arbeit nach Meinung der Verfasser nicht kompetent.[37]

Die Quellenlage zur Rolle der Banken bei der „Arisierung" im Protektorat ist zwar – im Vergleich zum so genannten Altreich – außerordentlich ergiebig, aber dennoch an wichtigen Stellen unvollständig. Die umfangreichen Registraturen der deutschen Geldinstitute befinden sich teils in einem vom Finanzministerium der Tschechischen Republik verwalteten Zwischenarchiv, teils bereits im Nationalarchiv in Prag und sind nicht durch Findmittel erschlossen. Die vorliegenden Findbücher verhindern infolge häufiger Umzüge und Verluste, die eine Folge der unsachgemäßen Lagerung nach dem Krieg sind, das Auffinden der für eine grundlegende quantitative Auswertung relevanten Dokumente. Außerdem fehlen ausführliche Jahresbilanzen, Dokumente, die in kompletten Zahlenreihen die Kredittätigkeit sowie die Aktivitäten einiger Sonderformationen der Banken widerspiegeln, die mit den Aktivitäten befasst waren, die indirekten „Arisierungs"-Profit produzierten. Fehlstellen und Unordnung in den Aktenbeständen der Banken wurden durch Quellen kompensiert, die infolge der Tätigkeit der NS-Verwaltung in Politik und Wirtschaft entstanden. Ungeachtet ihrer Streuung und empfindlicher Verluste lassen sich diese dank ihrer sachgerechten Archivierung gut nutzen. Hier ist vor allem Quellenmaterial der Zentralbehörden hervorzuheben, das im Nationalarchiv in Prag, im Mährischen Landesarchiv in Brünn sowie dem Bundesarchiv in Berlin gelagert wird (insbesondere Akten aus dem Amt des Reichsprotektors und den Reichsministerien). Als wertvolle Ergänzung erwiesen sich die Akten und Dokumente aus dem Nürnberger Prozess, der Deutschen Reichsbank, der Deutschen Bank, der Dresdner Bank, der Tschechischen Nationalbank (Česká národní banka) u. a., die in Zentral – aber auch Regional- und Sonderarchiven aufbewahrt werden. Der aktuelle Forschungsstand und der Umfang des Archivmaterials erlaubten nach Meinung der Verfasser dennoch eine zuverlässige und eingehende Analyse der betrachteten Probleme. Ergänzend dazu haben die Autoren versucht, überall, wo es nur irgend möglich war, eine Quantifizierung des „Arisierungs"-Profits der Banken vorzunehmen, mit anderen Worten, deren Anteil bei der sittenwidrigen Aneignung jüdischen Vermögens herauszuarbeiten.

Um die gesetzten Ziele zu erreichen, das heißt die Erstellung einer ersten systematischen Abhandlung über die „Arisierungs"-Tätigkeit deutscher Banken in einem weiteren sozialhistorischen Kontext sowie über deren Position im „Arisierungs"-Prozess, griffen die Verfasser zu „klassischen" wirtschaftshistorischen Methoden. Die Erstellung von Querschnittsanalysen beruht in erster Linie auf statistischen Materialien und gezielten Stichproben. Die Ergänzung fehlender Angaben und Handlungen wurde per Analogie, Induktion und Deduktion gelöst. Es ging den Verfassern nicht um die Beschreibung einer fast unendlichen Serie einzelner Leidensgeschichten von Verfolgten. Die konkreten Fälle, Geschichten, Schicksale und „Arisierungs"-Aktionen dienen in erster Linie zur

37 Dean, Martin: Robbing the Jews: The confiscation of Jewish property in the Holocaust, 1933–1945, Cambridge: Cambridge University Press 2008, S. 136–138, 253–254.

Erläuterung der praktischen Funktion des von den Nationalsozialisten im Protektorat aufgebauten Mechanismus der Enteignung und dem unterschiedlichen Engagement der Banken darin. Die Arbeit ist auch keine ausführliche Studie zur Geschichte der politischen und wirtschaftlichen Verwaltung des Protektorats Böhmen und Mähren, obgleich sie selbstverständlich auch dazu einen neuen Beitrag leistet. Sie befasst sich auch nicht detailliert mit den „Arisierern", von denen die Dienstleistungen der Banken bei ihren „Arisierungs"-Aktivitäten in Anspruch genommen wurden. Sie konzentriert sich vor allem auf die Banktätigkeit, und das auf zwei grundsätzlichen Ebenen: auf der mikroökonomischen Ebene (Bankprofit) und auf der makroökonomischen Ebene (der Anteil der Banken an der „Arisierung" des gesamten jüdischen Vermögens). Die Arbeit will zeigen, wie das Unternehmertum, insbesondere dessen führende Gruppe, zu welcher die Großbanken gehören, in seiner Tätigkeit von einer ideologisierten politischen Macht zu Repressionen gegen rassisch und völkisch ausgegrenzte Bevölkerungsgruppen instrumentalisiert werden konnte. Die vorliegende Monographie stellt die Frage, ob und in welchem Maße die mit der Zwangsenteignung verbundenen, vielfach moralisch und menschlich verwerflichen Geschäftspraktiken einen festen Platz in der Aktivität der deutschen Geldinstitute im Protektorat hatten und in welchem Maße sie an der Schaffung von Gewinnen beteiligt waren. Mit anderen Worten: Sie stellt die Frage, ob die „Arisierungs"-Aktivitäten eine willkommene Erweiterung des traditionellen, das heißt Standardgeschäfts der Banken waren, oder ob diese auch aus wirtschaftlicher Sicht für sie eine problematische Belastung darstellten. Damit hängt die Frage zusammen, wie weit die Banken in der nationalsozialistischen Enteignungsmaschinerie nur passives Funktionsglied waren und wie weit sie als initiatives bzw. aktives Kettenglied fungierten.

Von einem analytischen Vergleich der „Arisierungs"-Mechanismen im Protektorat Böhmen und Mähren mit dem „Engagement" der Banken in anderen besetzten Gebieten, gleich ob Österreich („Ostmark"), Belgien, den Niederlanden oder schließlich auch mit dem Reichsgau Sudetenland, wurde bewusst abgesehen. Hierfür gab es mehrere Gründe. Neben dem ohnehin beträchtlichen Umfang der Publikation ließen sich die Verfasser vor allem vom Umstand leiten, dass die „Arisierung" im Protektorat eine spezifische Form hatte und im Gegensatz zu anderen Ländern zutiefst mit dem Germanisierungsprozess in den okkupierten böhmischen Ländern und mit Projekten zur Liquidierung der tschechischen Nation als eines „minderwertigen" slawischen Volks verquickt war. Das oben Gesagte bedeutet begreiflicherweise nicht, dass es hier keine wesentlichen Zusammenhänge gegeben hätte. Wie bekannt, stützte sich die NS-Verwaltung beim Aufbau ihres gegen die Juden gerichteten Enteignungs- und Vernichtungsapparats im Protektorat auf österreichische Erfahrungen. Diese konzentrierten sich allerdings auf die Schaffung der Zentralstelle für jüdische Auswanderung.[38]

Im Zusammenhang mit den „Arisierungs"-Aktivitäten von Volksdeutschen stellt sich auf den ersten Blick ganz logisch die Frage nach dem Engagement von Tschechen bei der „Arisierung", gleich, ob es sich nun um Individuen oder Gruppen von Individuen handelte. Dieser Schluss ergibt sich aus den „Arisierungs"-Aktivitäten in den westeuropäischen

38 Vgl. näher Milotová, Anm. 13, S. 7–30.

Ländern. Gerade in dieser Frage besteht freilich ein zweites Spezifikum der böhmischen Länder, denn dem tschechischen Element wurde der Zugang zur „Arisierung“ jüdischen Eigentums nur in sehr beschränktem Umfang ermöglicht. Es war prinzipiell von der so genannten „großen Arisierung“ ausgeschlossen. Dieser Umstand ist durch die mangelnde Aufarbeitung (oder faktische Nichtaufarbeitung) des Themas „Arisierung“ und ihrer Verbindung mit der tschechischen Kollaboration kaum oder gar nicht bekannt.

Die Wirtschaftsabteilung beim Amt des Reichsprotektors definierte den Begriff „Arisierung“ folgendermaßen: „Die ‚Arisierung‘ bezweckt die Überleitung jüdischen Besitzes, der von den Tschechen bisher größtenteils als deutscher angesehen wurde, in deutsch-arische Hände.“[39] Dies war auch Inhalt der dritten Ergänzung zur Verordnung des Reichsprotektors über das Verfahren mit jüdischem Vermögen in der Verordnung vom 21. Juni 1939, die am 6. Februar 1940 erlassen wurde. In Teil 6 wird festgelegt: „Protektoratsangehörige“[40] können als Erwerber oder Treuhänder berücksichtigt werden, wenn keine volksdeutschen Interessen geschädigt werden – es handelt sich also um Unternehmen, die in einem rein tschechischen Gebiet liegen – oder wenn durch geeignete Maßnahmen, Einbau volks – oder reichsdeutscher Personen in verantwortliche Stellung (Gesellschafter, Vorstandsmitglied usw.) Vorsorge getroffen ist, dass den deutschen Belangen jederzeit Rechnung getragen wird“.[41] Ein nach Berlin erstattete Bericht des Reichsprotektors über die Situation im Protektorat vom 13. November 1941, der auch den untergeordneten Dienststellen bekannt gemacht wurde, betonte: „Abgesehen von wenigen Einzelfällen, in denen kleinere Geschäfte in rein tschechischen Gegenden, die für das Deutschtum ohne Interesse sind, an Tschechen veräußert wurden, werden für die Entjudung nur deutsche Bewerber zugelassen“.[42] Auch wenn die Steuerung des „Arisierungs“-Prozesses voll und ganz in den Händen der deutschen Besatzungsbehörden lag, die konsequent auf die Wahrung deutscher und die Schwächung tschechischer Positionen achteten, waren weder tschechischstämmige „Arisierer“ noch solche, die sich zum Tschechentum bekannten, völlig ausgeschlossen. Von Juni 1939 bis April 1940 erteilte allein der Prager Oberlandrat seine Zustimmung zur „Arisierung“ von sechsunddreißig

39 Moravský zemský archiv Brno [Mährisches Landesarchiv Brünn] (im Weiteren MZA Brno), Bestand B 251 (Říšský protektor v Čechách a na Moravě, služebna pro zemi Moravu v Brně) [Reichsprotektor für Böhmen und Mähren, Dienststelle für das Land Mähren in Brünn], Kart. 116, Mappe Nr. 1118, Bl. 332, Aufzeichnungen des Referenten der Dienststelle im Amt des Reichsprotektors in Brünn, Marini, über ein Gespräch mit dem Referenten für „Arisierung“ im Amt des Reichsprotektors in Prag, Stier, vom 12.10.1940.

40 Die Protektoratsangehörigkeit war nur Tschechen und nichtdeutschen Nationalitäten vorbehalten; die Deutschen im Protektorat Böhmen und Mähren wurden zu Staatsangehörigen des Deutschen Reichs.

41 Židovské muzeum Praha [Jüdisches Museum Prag], Archiv – Abteilung Holocaust (im Weiteren ŽM Praha), Inv. Nr. 22/2. Dritte Ergänzung zur Verordnung über die „Handhabung der Verordnung des Reichsprotektors in Böhmen und Mähren über das jüdische Vermögen vom 21. Juni 1939“, 6.2.1940.

42 MZA Brno, Bestand B 251, Kart. 2, Mappe Nr. 41, Bl. 156, Verwaltungsbericht für Monat Oktober 1941, 13.11.1941 (Dr. Fuchs).

jüdischen Gewerbebetrieben durch tschechische „Arisierer", zu denen im Mai 1940 noch dreizehn weitere hinzukamen.[43]

Einige Oberlandratsämter, z. B. in Jičín oder Klatovy vereinbarten mit den zuständigen NSDAP-Stellen, dass kleine, unbedeutende jüdische Unternehmen, insbesondere kleine Einzelhandelsläden zur „Arisierung" tschechischen Personen überlassen werden konnten, sofern sie in der betreffenden Region keine Bedeutung für das „Deutschtum" hatten.[44] Die größten Aussichten auf Toleranz von Seiten der deutschen Behörden hatten die Mitglieder des tschechischen Bundes für Zusammenarbeit mit den Deutschen. Dr. Emil Sobota, ein sachkundiger Zeitgenosse, der von den Nationalsozialisten nur zwei Wochen vor Kriegsende im Gefängnis Pankrác umgebracht wurde, schrieb, dass „in tschechischen Kreisen kein großes Interesse an einer Beteiligung an der ‚Arisierung' herrschte und dass der tschechische Bund für Zusammenarbeit mit den Deutschen, der sich unter anderem das Ziel gesetzt hatte, tschechische ‚Arisierungsanwärter' zu organisieren, eine große Enttäuschung hinnehmen musste". Von seinen Empfehlungen an die deutschen Behörden wurde angeblich „nur ein verschwindend geringer Prozentanteil zufriedenstellend erledigt."[45] Sobotas Beobachtung wird auch in der Arbeit von Detlef Brandes, einem führenden Kenner der deutschen Besatzungspolitik im Protektorat, bestätigt, der mit dem Verweis auf einen SD-Bericht von 1940 anmerkt, dass in tschechischen Kreisen galt: „Wer sich bei der Arisierung an jüdischem Vermögen bereichert, ist ein Volksverräter".[46] Im Fall von tschechischen „Arisierungen" handelte es sich um marginalen, kleinen Besitz, der zweifellos nur einen Bruchteil des von „deutsch-arischen" Subjekten „arisierten" Eigentums ausmachte. Summa summarum, die tschechische Beteiligung am Raub jüdischen Vermögens war im europäischen Kontext verschwindend gering.[47]

Was die tschechischen Banken anbelangt, so können die Autoren vorläufig nur feststellen, dass sie sich nicht bei der „Arisierung" von jüdischem Eigentum nach Bildung des Protektorats Böhmen und Mähren engagierten. Andererseits ist bekannt, dass sie während der ab Frühjahr 1938 einsetzenden jüdischen Kapitalflucht aus der Tschechoslowakei bereitwillig Firmen und Immobilien von solchen jüdischen Unternehmern aufkauften,

43 Národní archiv Praha [Nationalarchiv Prag] (im Weiteren NA Praha), Bestand Úřad říšského protektora [Amt des Reichsprotektors – ARP] (im Weiteren ÚŘP Praha), Kart. 279, Sign. I-1a-1803, Bl. 299, Monatsbericht der Abteilung Wirtschaft des Oberlandrates für Prag für Monat Mai 1940.

44 Ebd., Bl. 187, Verwaltungsbericht für Januar 1940 (Volckert).

45 Sobota, Emil: Co to byl Protektorát [Was war das Protektorat], Praha: Kvasnička a Hampl 1946, S. 154.

46 Brandes, Detlef: Die Tschechen unter deutschem Protektorat, Teil I, Besatzungspolitik, Kollaboration und Widerstand im Protektorat Böhmen und Mähren bis Heydrichs Tod 1939–1942, München / Wien: Oldenbourg Verlag 1969, S. 79.

47 Zur Thematisierung des Problems der „Arisierungs"-Partizipation der einheimischen Bevölkerung in den von Deutschland besetzten Gebieten vgl. Goschler, Constantin / Ther, Philipp: Eine entgrenzte Geschichte. Raub und Rückerstattung jüdischen Eigentums in Europa, in: Dies. (Hg): Raub und Restitution. „Arisierung" und Rückerstattung jüdischen Eigentums in Europa, Frankfurt am Main: Fischer Taschenbuch Verlag 2003, S. 15–17.

welche die gewaltsame NS-Expansion nach Mitteleuropa voraussahen. Am bekanntesten ist der Fall der Živnostenská banka (Gewerbebank), die einen Teil des Familienkonzerns von Julius Petschek übernahm.[48] Aus dem Gesagten geht hervor, dass tschechische Banken, obwohl sie sich offensichtlich gern an der Zerfledderung des jüdischen Eigentums durch die „Arisierung" beteiligt hätten, nicht zu Mittätern der „Arisierungs"-Verbrechen an den Juden wurden. Sie wurden im Gegenteil selbst bald Opfer des beutegierigen Germanisierungszugs von Seiten der volksdeutschen Banken. Am Ende der Besatzung befand sich nur noch eine einzige Bank, nämlich die Živnostenská banka, in tschechischer Hand, doch war auch sie der Aufsicht eines deutschen Bevollmächtigten unterworfen, dessen Amt vom NS-Parteigenossen und alten Kämpfer Karl Hartmann bekleidet wurde.[49]

48 Vgl. näher Kubů, Eduard / Novotný, Jiří / Šouša, Jiří: Under Threat of Nazi Occupation: The Fate of Multinationals in the Czech Lands, 1939 / 1945, in: Kobrak, Christopher / Hansen, Per H. (Hg.): European Business, Dictatorship, and Political Risk, 1920–1945, New York / Oxford, Berghahn Books 2004, S. 206–222.

49 Vencovský, František (Hg.): Dějiny bankovnictví v českých zemích [Die Geschichte des Bankwesens in den böhmischen Ländern], Praha: Bankovní institut a.s. 1999, S. 256–265.

# 2 Die Reorganisation des Bankensystems als Voraussetzung einer Nutzung zur „Arisierung" von jüdischem Vermögen

## 2.1 Die Nationalbank für Böhmen und Mähren 1939–1945

Nach der Besetzung der verbliebenen böhmischen Länder am 15. März 1939 begannen die deutschen Organe, deren Wirtschaft auch mithilfe der Währungspolitik den Bedürfnissen des Deutschen Reiches anzupassen. Hitlers Erlass vom 16. März 1939 über die Errichtung des Protektorats Böhmen und Mähren legte auf dessen Territorium einen Devisenkurs im Verhältnis von zehn Kronen zu einer Reichsmark fest. Es handelte sich dabei um einen Anschlag auf die Kaufkraft der Krone gegenüber der Reichsmark, denn das faktische Verhältnis beider Währungen hatte zuvor sechs bis sieben Kronen für eine Reichsmark betragen. Die befohlene Kursänderung traf das eigentliche Wesen der Nationalbank-Währungspolitik. Die Abwertung der Krone bedeutete, dass Reichsdeutsche im Protektorat Böhmen und Mähren Waren um ein Drittel günstiger kaufen konnten.

Darauf folgten weitere zielstrebige Schritte der Nationalsozialisten. Noch in den Märztagen des Jahres 1939 machten sich die deutschen Behörden an die Erfassung von Gold und Devisen bei den Geldinstituten im Protektorat, vor allem bei der Nationalbank. Diese musste bald darauf das in London deponierte Gold auf die Reichsbank umdisponieren. Im Jahr 1940 wurde die Nationalbank gezwungen, auch das Gold aus ihren Beständen in den Škoda-Werken in Pilsen und den Waffenwerken in Brünn für Reichsmark zu verkaufen, die auf dem internationalen Devisenmarkt praktisch wertlos waren. Weitere Überschreibungen ließen nicht lange auf sich warten. Insgesamt brachten die Deutschen so auf dem Territorium des so genannten Protektorats 42.899 Kilogramm Feingold an sich. Damit waren die Gold-und Devisenreserven der tschechischen Notenbank schwer angeschlagen. Auch weitere deutsche Maßnahmen untergruben die Währungs-, Finanz- und Wirtschaftsstabilität im Protektorat. Die Nationalbank war gezwungen, von Wehrmachtsangehörigen Reichsmark anzunehmen, die dann nicht mehr in weiteren Umlauf kamen, sondern unverzüglich gegen Kronen eingetauscht wurden. Diese Reichsmarkbeträge wurden an die Reichsbank abgeführt, die den Gegenwert auf einem so genannten Interimskonto gutschrieb (ein Sonderkonto, das als Überblick über das Guthaben der Nationalbank für Böhmen und Mähren in Prag bei der Reichsbank in Berlin diente; Kontostand gegen Kriegsende circa 135 Milliarden Kronen). Außerdem musste die Notenbank des Protektorats Schecks der deutschen Behörden und Polizeiorgane gegen bar einlösen. Die sich daraus ergebenden Forderungen zahlte die Reichsbank jedoch faktisch nie zurück.[50]

In institutioneller Perspektive war in den Jahren 1939–1945 für die Nationalbank ihre Beziehung zur Reichsbank in Berlin äußerst wichtig. Erste Erwägungen über Stellung und Rolle der Prager Nationalbank (damals noch Tschechoslovakische Nationalbank) in einem „deutschen Mitteleuropa" wurden im November 1938 angestellt. Das ergibt sich aus den auf den 28. November 1938 datierten Unterlagen, die von den Abteilungen für Volkswirtschaft und Statistik der Reichsbank zur Frage einer Währungsunion mit der Tschechoslowakei ausgearbeitet worden waren. Dieser Währungsunion sollte eine Zollunion vorangehen. Die Zoll- und Währungsunion sollten der völligen Unterwerfung der Wirtschaft unter die deutsche Herrschaft dienen und dazu, die Tschechoslowakei für die deutschen Bedürfnisse auszubeuten. Im Text vom 28. November wird klar gesagt, dass die Nationalbank in Prag im Falle einer Währungsunion mit Deutschland „einer mehr oder weniger weitgehenden Kontrolle durch die Reichsbank unterstellt werden" sollte.[51]

Nach Errichtung des Protektorats Böhmen und Mähren wurden diese Vorstellungen präzisiert und umgesetzt. Maßgebliche reichsdeutsche Wirtschaftskreise und vor allem die Reichsbank trafen Ende März 1939 Entscheidungen darüber, wie Währung und Notenbankwesen im Protektorat auszugestalten wären. Gegenstand der Verhandlungen war die Grundsatzfrage, ob auf dem Gebiet des Protektorats Böhmen und Mähren die Krone als Währung belassen oder durch die deutsche Reichsmark ersetzt werden sollte. Ein vordringliches Ziel der deutschen Wirtschaftsverwaltung war eine möglichst zweckdienliche Transformation des tschechischen Notenbankwesens zum Nutzen des Reiches.

Die Nationalbank sollte unter der konsequenten Kontrolle deutscher Beamter stehen. Hierzu setzte die Reichsbank in Berlin zunächst Bevollmächtigte und in einer weiteren Phase Angestellte in der Prager Nationalbank ein. Bereits im März 1939 wurde der Sonderbevollmächtigte Dr. Friedrich Müller nach Prag delegiert. Selbständige Entscheidungen der Nationalbank wurden zudem durch den Umstand unterbunden, dass außerdem Dr. Herbert Winkler als Bevollmächtigter des Reichsprotektors eingesetzt wurde, dem das ausschlaggebende Devisenressort anvertraut wurde. So kam es zu einer

---

50 Chmela, Leopold: Hospodářská okupace Československa, její metody a důsledky [Die wirtschaftliche Okkupation der Tschechoslowakei, ihre Methoden und Folgen], Praha: Orbis 1946; Novotný, Jiří: Národní banka Československá 1919–1950 [Die Tschechoslowakische Nationalbank 1919–1950], in: Československé bankovky, státovky a mince 1919–1992, Praha: Lunarion 1993, S. 24–26; Novotný, Jiří / Šouša, Jiří: Ústřední peněžní ústavy meziválečného Československa [Die zentralen Geldinstitute der Zwischenkriegs-Tschechoslowakei], in: Vencovský, Anm. 49, S. 278ff. Bisher am ausführlichsten zur gegebenen Thematik Novotný / Šouša, Anm. 35, S. 119–142. Vgl. auch Kubů, Eduard: Czechoslovak Gold reserves and their surrender to Nazi Germany, in: Nazi Gold. The London Conference 2.–4. December 1997 [Foreign and Commonwealth Office], London: Stationery Office 1998, S. 245–248.

51 Bundesarchiv Berlin (im Weiteren BA Berlin), Bestand R 2501 (Deutsche Reichsbank), Bd. 6958, Bl. 501–507, Zur Frage einer Währungsunion mit der Tschechoslowakei und Ungarn vom 28.11.1938.

dualen Lenkung der Notenbank, wobei die Agenda der deutschen Verantwortlichen für deren operative Tätigkeit entscheidend war.[52] Die faktische Stellung des Reichsbank-Bevollmächtigten hatte die dortige Abteilung für Volkswirtschaft und Statistik bereits am 18. April 1939 mit folgenden Worten definiert: „Die Befugnisse des Kommissars müssen auf alle Fälle sehr weitgehend sein. Er müsste vor Abschluss aller wichtigen Geschäfte der Nationalbank seine Zustimmung geben und auch eine laufende Kontrolle über die Tätigkeit ausüben."[53] Die satzungsgemäßen Organe und die Geschäftsleitung der Nationalbank waren im Wesentlichen auf die Rolle von Ausführenden der Entscheidungen der deutschen Organe beschränkt. Diese beherrschten die Bank und verwandelten sie in eine unmittelbar von der Reichsbank abhängige und vom Amt des Reichsprotektors kontrollierte Institution.

Insbesondere die Position des Reichsbank-Bevollmächtigten Friedrich Müller erwies sich als außerordentlich stark. Dieser herrschte vor allem über den Währungsbereich sowie über Organisation und Gesamttätigkeit der Bank. Er griff jedoch auch in die personelle Besetzung der Anstalt ein. Zu Anfang betraf dies das Spitzenmanagement, später aber auch die einfachen Bankbeamten. Ohne Müllers Wissen und Billigung konnte nicht einmal ein Kommuniqué über die Verhandlungen des Bankrats erscheinen. Die Aufsicht der deutschen Beamten über die Nationalbank wurde mit der Zeit immer mehr ausgeweitet. Das Amt des Reichsprotektors schuf sich in Form der II. Abteilung („Wirtschaft und Finanzen") eine wichtige Stütze in der Nationalbank.

Weitere Eingriffe in den Bankenorganismus begannen mit Heydrichs Verwaltungsreform. Am Anfang standen Pflichtprüfungen in der deutschen Sprache vor einer Sonderkommission, die das Amt des Reichsprotektors genehmigt hatte. Auch dieser Kommission stand Müller vor. Die deutsche Sprache setzte sich in der Amtsführung der Nationalbank immer stärker durch. Die Protokolle des Spitzenorgans – des Bankrats – wurden in den Anfangszeiten noch auf Tschechisch geführt, später zweisprachig und ab

52 Archiv České národní banky Praha [Archiv der Tschechischen Nationalbank Prag] (im Weiteren AČNB Praha), Bestand Národní banka Československá [Tschechoslowakische Nationalbank] (im Weiteren NBČ), IV. Sitzungsprotokolle des Bankrats der Nationalbank vom 24.7., 24.10. und 24.11.1939; 24.6.1940; 25.8., 24.9. und 24.10.1941; VIII. Sitzungsprotokolle des Valutaressorts der Nationalbank vom 24.8. und 20.12.1940; 24.5.1941, 25.9.1944. Vgl. BA Berlin, Bestand R 2501, Bd. 6960, Bl. 371, 413.

53 Ebd., Bl. 371. Zur Frage der Neuordnung des Notenbankwesens im Protektorat Böhmen und Mähren vom 18.4.1939. Die Abteilung für Volkswirtschaft und Statistik der Deutschen Reichsbank präzisierte diese Angelegenheit in ihrer Antwort auf die Anmerkungen von Dr. Kadghienh aus dem Amt für den Vierjahresplan vom 5.4.1939. Im Zusammenhang damit wirkt die Stellungnahme des Gouverneurs F. L. Dvořák auf der Sitzung des Bankrats für Böhmen und Mähren vom 24.7.1939 recht naiv: „Die Grundlage, auf der bislang das Wirken der Reichsbankvertreter [...] uns gegenüber verlief, war die, dass ich beim Antritt der Herren aus der Reichsbank bei uns erklärt habe, dass für uns die bisherigen Gesetze richtungsweisend sind und dass wir die Stellung der Reichsbankvertreter hier für zweckdienlich halten, da es laut der neuen Verfassung des Protektorats Böhmen und Mähren erforderlich ist, in speziellen Angelegenheiten die Interessen des Deutschen Reiches zu berücksichtigen", AČNB Praha, Bestand NBČ, IV. Sitzungsprotokoll der Nationalbank vom 24.7.1939.

der zweiten Kriegshälfte bereits ausschließlich auf Deutsch.[54] Nach deutschem Vorbild wurden auch die inneren Normen der Nationalbank abgeändert, beispielsweise die Devisenordnung.[55]

Die deutsche Verwaltung missbrauchte außerdem die ihr unterstellte Nationalbank für Böhmen und Mähren bei der Konfiskation von jüdischem Vermögen, jüdischen Unternehmen und Vereinigungen, insbesondere bei der Beschlagnahme von Gegenständen aus Edelmetallen, Gold, Silber und Platin.[56]

Mithilfe der Aufsicht deutscher Vertreter in der Nationalbank und anderen Geldinstituten verschaffte sich die deutsche Besatzungsverwaltung einen vollkommenen Überblick über die Wertgegenstände im Besitz von Personen jüdischer Abstammung. Aufgrund der Verordnung des Reichsprotektors für Böhmen und Mähren vom 21. Juni 1939 über jüdisches Vermögen[57] nämlich mussten die Juden der Nationalbank und anderen hierfür vorgesehenen Stellen eine namentliche Meldung mit einem Verzeichnis von Gegenständen aus Edelmetallen und Edelsteinen vorlegen. Diese enthielten Angaben über Bruttogewicht, Feingewicht und annähernden Wert in Protektoratskronen. Bei Verheimlichung von Wertgegenständen waren die Juden harten Sanktionen seitens der Gestapo ausgesetzt, ebenso so genannte arische Personen, die diese in Verwahrung genommen hatten. Konkret wurde diese Verordnung anhand so genannter Meldeblätter durchgeführt, für die ein Sonderformular vorgeschrieben war. Der Text war in deutscher Sprache verfasst und berief sich in der Einleitung auf Paragraph vier der Verordnung vom 21. Juni 1939. Es folgten Name, Adresse und Staatsangehörigkeit der Person jüdischer Abstammung, die zur Abgabe der Wertsachen verpflichtet war. Ferner enthielt die Meldung:

a) Ein Verzeichnis von Gegenständen aus Edelmetallen, Edelsteinen und Perlen;

b) Ein analoges Verzeichnis sonstiger Schmuckstücke und Kunstgegenstände, deren Wert im Falle von Einzelstücken oder Kollektionen 10.000 Kronen überstieg.[58]

Juden mussten das ausgefüllte Formular an ihrem Wohnort abgeben – in Prag beim Devisenausschuss bei der Zentralstelle der Nationalbank, außerhalb von Prag bei der jeweiligen Filiale der Nationalbank. Die zuständige Bankdienststelle quittierte die Meldung und nahm sie in ihre Zusammenstellungen auf, was für eine Kontrolle der bis zum 31. Juli 1939 festgesetzten Meldefrist von besonderer Wichtigkeit war. Eine bestätigte Kopie wurde der von der rassischen Verfolgung betroffenen Person ausgehändigt. Einigen gelang es, diese Meldeformularkopien aufzubewahren und auf ihrer Grundlage in den neunziger

54 Ebd., vom 24.11.1941, 24.1. und 24.7.1942.

55 AČNB Praha, Bestand NBČ, VIII. Sitzungsprotokolle des Valutenausschusses der Nationalbank vom 24.5. und 24.6.1939; P XVII-103 / 18, 23, Hauptbuchhaltung (Präsidium); P XVII-334, Zentralbuchhaltung Nationalbank

56 Milotová, Anm. 3, S. 36–40, 98–106.

57 Verordnungsblatt des Reichsprotektors in Böhmen und Mähren (im Weiteren VOBl RP), Praha 1939, S. 45–48.

58 AČNB Praha, Bestand Česká národní banka [Tschechische Nationalbank], Restitutionsansprüche von aus Rassengründen verfolgten Personen, Korrespondenz Aktenzeichen 2381 / 97.

Jahren Restitutionsansprüche geltend zu machen. Das Studium dieser Meldeformulare, die in der Vergangenheit leider größtenteils kassiert wurden und im Reißwolf landeten, zeigt die Brutalität des nationalsozialistischen Regimes gegenüber der jüdischen Bevölkerung im Protektorat Böhmen und Mähren in ihrem vollen Ausmaß. Als Beispiele zu nennen wären ein gewisser Arnošt P. aus Prag, Foch-Straße (heute Vinohradská, Praha 2), der ein Goldkettchen, einen Ehering und eine silberne Taschenuhr im Gesamtwert von 550 K registrierte; eine gewisse Helena T. aus Brünn, die eine goldene Armbanduhr und zwei Ringe im Wert von insgesamt 650 Kronen anmeldete, sowie ein gewisser Max K. aus Ungarisch Hradisch, der drei goldene Ringe, ein silbernes Uhrenetui, drei Münzen aus demselben Metall, ein Silberkörbchen, ein paar Manschettenknöpfe und Silberbesteck registrieren ließ, was zusammen auf 840 Kronen geschätzt wurde.[59] In dem Fall, dass ein Einwohner jüdischer Abstammung strafrechtlich verfolgt wurde und sich bei ihm Wertsachen fanden, war laut Anweisung des Prager Devisenschutz-Sonderkommandos zu überprüfen, ob diese bei der Nationalbank registriert waren.[60] Sofern jüdische Wertsachen von der deutschen Kriminal – bzw. Schutzpolizei außerhalb der Protektoratshauptstadt sichergestellt wurden, ließ diese sie bei der gebietsmäßig zuständigen Nationalbankfiliale hinterlegen, von der sie an die Hauptkasse nach Prag geliefert wurden. Diese vergütete dann offiziell die Goldgegenstände oder – münzen und überführte das Geld auf ein Sperrkonto der verfolgten Person, wobei der Aufkauf von Wertsachen durch die Behörde des Reichsprotektors zu genehmigen war.

Die deutschen Besatzungsbehörden und die Reichsbank wählten die Nationalbank für Böhmen und Mähren als geeignete Stelle für den Umgang mit dem den jüdischen Bürgern abgenötigten Gold-unter anderem auch deshalb, weil sie über Fachpersonal und sichere Tresore verfügte. Die Nationalbank bewirtschaftete die aus jüdischen Händen stammenden Edelmetalle nach Anweisungen und Verfügungen der zuständigen deutschen Organe der politischen und wirtschaftlichen Verwaltung aus Reich und Protektorat. Dabei handelte es sich um die Reichsbank und die Reichsstelle für Edelmetalle in Berlin sowie die Gruppe Wirtschaft im Amt des Reichsprotektors und das Devisenschutz-Sonderkommando in Prag.[61]

Unter dem Druck der Besatzungsverwaltung musste die Nationalbank die Rolle einer Verrechnungsstelle für den Aufkauf von Gold, Silber und Platin von der Firma Hadega übernehmen, ab 1942 auch vom Zentralamt für die Regelung der Judenfrage und dem Auswanderungsfonds für Böhmen und Mähren. Die Hadega hatte sich auf den Ankauf von Gegenständen aus Edelmetallen (sowie Edelsteinen und Perlen) von Juden, jüdischen Unternehmen und Vereinigungen mit anschließendem Verkauf spezialisiert. Während der

59 Ebd.

60 Z. B. fragte im November 1940 das Devisenschutzkommando nach Wertsachen, die ein Emil L. aus Prag, Italienische Straße, angemeldet hatte und erhielt die Antwort, dass zum 31.7.1939 ein Ehering und eine silberne Tabaksdose angemeldet worden waren, Gesamtwert 400 K. AČNB Praha, Bestand NBČ, Sign. P XXV-254 (121–1), Schreiben des Devisenschutz-Sonderkommandos an die Nationalbank vom 18.11.1940 und Antwort der Nationalbank vom 29.11.1940.

61 Milotová, Anm. 3, S. 42–43. Vgl. AČNB Praha, Bestand NBČ, Sign. P XXV-257/123-II), Schreiben von F. Müller an die Leitung der Nationalbank vom 18.6.1942.

Massendeportationen von Juden in die Konzentrationslager wurde in der Nationalbank Barrengold eingelagert, das aus der „Verwertung“ von Goldschmuck aus jüdischem Besitz bei der Hadega und dem Auswanderungsfonds stammte. Das Verfügungsrecht über dieses Gold lag bei der Überwachungsstelle des Ministeriums für Arbeit und Wirtschaft in Prag, die als Aufsichtsorgan auftrat, in Wirklichkeit aber das führende Organ in diesem ausschließlich in deutscher Hand befindlichen Ministerium des Protektorats war. An der Spitze dieses Ministeriums stand der aus Württemberg stammende Reichsdeutsche Walter Bertsch. Von der Hadega und dem Auswanderungsfond musste die Nationalbank auch konfisziertes jüdisches Silber in Barrenform übernehmen, das der Verfügungsgewalt der Reichsstelle für Edelmetalle in Berlin unterlag. Das dem Auswanderungsfonds von der Nationalbank abgekaufte Gold wurde den so genannten Währungsgoldzugängen zugeführt. Diese wurden zwar von der Nationalbank verwaltet, doch die Verfügungsgewalt über sie lag ausschließlich bei der Reichsbank in Berlin.[62]

Die Registrierung und Einlagerung der den Juden im Protektorat Böhmen und Mähren widerrechtlich abgenommenen Wertgegenstände gehörte im Zuge der „Arisierung" zu den augenfälligsten Aktivitäten, die der Nationalbank von den Besatzungsbehörden auferlegt wurden. Die Notenbank war mit diesem Prozess aber auch in weiteren Bereichen konfrontiert. So nahm sie beispielsweise schon im April 1939 zum Moratorium auf das Abheben von Geldern von so genannten nichtarischen Konten Stellung. Dieses Moratorium schränkte seit seiner Verhängung den Kapitalfluss im Protektorat ein. Der entscheidende Faktor beim bargeldlosen Zahlungsverkehr im Land war die Postsparkasse. Sie zeigte sich als übereifrige Vollstreckerin der genannten Anordnung und begann laut Anweisung der Behörde des Reichsprotektors bei Anweisungen über Finanztransaktionen einen arischen Abstammungsnachweis bis ins dritte Glied (das heißt bis zur Generation der Großeltern) zu verlangen. Die Nationalbank erblickte in dieser Anordnung und ihrer Umsetzung eine Gefahr für normale Geschäftsabläufe und eine mögliche Destabilisierung der Wirtschaft. Paradoxerweise verließ sie sich auf das Eintreffen des Reichsprotektors, der nach ihrer Vorstellung die Situation stabilisieren und die Sicherheit für die Unternehmen im entstehenden Protektorat heben sollte. Laut Dokumentation der Nationalbank beliefen sich die durch das Moratorium eingefrorenen Guthaben auf 43 Milliarden Kronen, die eingefrorenen Staatspapiere (so genannte Staatsobligationen) wurden auf 30 Milliarden Kronen geschätzt.[63] Diese Schätzungen der Nationalbank sind auf den ersten Blick zu hoch gegriffen, doch stellt sich die Situation anders dar, wenn man bedenkt, dass es sich auch um Konten und Aktienanteile von juristischen Personen handelte, an denen Bürger jüdischer Abstammung Minderheitsanteile hielten oder in denen sie lediglich Managerfunktionen bekleideten. Auf diese Weise wurde nämlich auch tschechisches Eigentum „arisiert“, und das in Milliardenhöhe. Daneben betonte man, dass es sich in der Welt von Finanzen und Industrie vorwiegend um große Vermögen handelte, deren Einfrierung Misstrauen in Unternehmerkreisen sowie bei ausländischen Partnern hervorgerufen und die eigentliche

62 Milotová, Anm. 3, S. 39–40. Vgl. AČNB Praha, Bestand NBČ, Sign. P XXV-258 (123a), Schreiben von F. Müller an die Nationalbank vom 15.4.1943.

63 AČNB Praha, Bestand NBČ, IV. Sitzungsprotokoll des Bankrats vom 24.4.1939.

wirtschaftliche Grundlage des Protektorats erschüttert hätte. Die Nationalbank hatte jedoch im spezifischen Milieu des Protektorats keinerlei Möglichkeiten, wirksam einzugreifen und den Umgang mit diesem Vermögen zu beeinflussen. Die Pläne der maßgeblichen deutschen Kreise sahen ganz anders aus. Die Deutschen betrachteten das jüdische Vermögen als eine verlockende und lukrative Beute, die sie ohne größere Probleme an sich bringen konnten.

Im Rahmen weiterer die jüdische Bevölkerung betreffenden Aktivitäten teilte die Nationalbank bis September 1940 ausreisewilligen Juden Devisen zu. Die finanzielle Grundlage dieser Aktion stellte ein Betrag von 424.000 Pfund Sterling zur Unterstützung der jüdischen Auswanderung nach Palästina dar. Dieser Betrag war von der britischen Anleihe abgezweigt worden, die im Herbst 1938 nach dem Münchner Abkommen der tschechoslowakischen Regierung gewährt worden war. Das Geld wurde auf einem Konto der Nationalbank bei der Lloyds Bank in London deponiert. Gleichzeitig wurde bei diesem Institut ein Sonderkonto eingerichtet, von welchem Geldmittel an Auswanderer ausgezahlt wurden, und zwar bis zur Höhe des deponierten Gesamtbetrags. Der Gegenwert sollte der Nationalbank von jüdischen Konten im Protektorat erstattet werden.[64] Die britische Regierung und die Lloyds Bank erfüllten die Bedingungen dieses Darlehens auch noch nach dem 15. März 1939. Obwohl wegen der veränderten staatsrechtlichen Verhältnisse der Aktion die formale Grundlage entzogen war, blieb sie immer noch offen, und jüdische Auswanderer erhielten faktisch auch weiterhin Beträge von dem genannten Konto. Im Protektorat traten allerdings Probleme auf. Hier hatten die jüdischen Emigranten Konten bei den Handels- und Aktienbanken sowie bei der Prager Stadtsparkasse. Somit erhielt die Nationalbank keinen direkten Gegenwert für die Zahlungen von dem Londoner Konto. Der Vertreter der Jewish Agency in Prag, Dr. Friedmann, gab daher (auf Veranlassung der Zentralbank im Protektorat) Anweisung an die Geldinstitute, zu diesem Zweck von den jüdischen Konten 58.951.000 Kronen an die Nationalbank zu überführen. Dieser Betrag konnte der Nationalbank jedoch nicht gutgeschrieben werden, da die jüdischen Konten im Protektorat eingefroren waren. Grundsätzlich aber akzeptierte sie nach Absprache mit dem Finanzministerium des Protektorats die Anweisung Friedmanns als Gegenleistung. Das Konto der Nationalbank bei der Lloyds Bank wurde im Sommer 1940 aufgelöst, und im Rahmen der buchhalterischen Liquidierung der englischen Anleihe sollte das Prager Finanzministerium um den genannten Betrag (58.951.000 Kronen) kleinere Verbindlichkeiten gegenüber der Nationalbank haben.[65]

Einige jüdische Emigranten führten bei englischen Gerichten Klage gegen die Nationalbank auf Auszahlung der bislang auf dem besetzten Gebiet Böhmen und Mähren deponierten Geldmittel. So versuchte beispielsweise Anfang 1940 die so genannte Weinmann-Gruppe (das heißt eine Unternehmensgruppe um die bedeutende mitteleuropäische jüdische Unternehmerfamilie Weinmann), mittels Klage in London einen Ersatz von 14.400 Britischen Pfund für Kassenanweisungen in Höhe von 150 Millionen

64 Ebd., VIII. Sitzungsprotokoll des Devisenausschusses der Nationalbank vom 25.7.1939; vom 24.2., 24.6. und 24.9.1940.

65 Ebd.

tschechoslowakischer Vorkriegskronen bei einer Verzinsung von 3 ¾ Prozent zu erzielen. Diese wurden aufgrund einer Vereinbarung mit dem Finanzministerium der ČSR mit der Familie Weinmann bei der Landesbank (Zemská banka) in Prag hinterlegt.[66] Auf dem Gerichtsweg versuchten Juden aus dem Protektorat Böhmen und Mähren auch die Herausgabe von Wertpapieren zu erzwingen, die bei ausländischen Banken hinterlegt waren, wobei das Verfügungsrecht an Prager Banken übertragen worden war. Solche Klagen, die vorwiegend bei amerikanischen Gerichten erhoben wurden, hatten größtenteils Erfolg. Aufgrund von Gerichtsurteilen wurden die Wertpapiere der jüdischen Besitzer freigegeben, und die Prager Banken hatten zudem erhebliche Prozesskosten zu tragen. Daher erwies es sich als kostengünstiger, die Wertpapiere in solchen Fällen ohne Gerichtsverfahren herauszugeben. Darüber hinaus beantragte die Nationalbank für Böhmen und Mähren, die diese Freigaben aufgrund geltender Vorschriften zu genehmigen hatte, ihr aus dem Eigentum der Juden im Protektorat 200 Prozent des Kurswerts der herausgegebenen Wertpapiere auszuzahlen, was die deutschen Okkupationsorgane aber strikt zurückwiesen.[67]

Die Nationalbank versuchte auch den Export vom Protektorat ins devisenfreie Ausland mithilfe des Transfers jüdischen Eigentums zu fördern. An dieser Aktion waren auch Reichsbeamte, in einigen Fällen sogar Treuhänder beteiligt. Im Sommer 1939 hielten sich zwei Beamte (ein Reichsbank- und ein Nationalbankbeamter) in London auf und verhandelten hier mit Besitzern jüdischer Firmen, die sich auf dem Protektoratsgebiet befanden. Der konkrete Mechanismus eines solchen „Vernunftkonsenses" lässt sich am Beispiel des Unternehmens Esspi – V. Spitz, Prag, einer Lederhandschuhfabrik aufzeigen. In diesem Fall gelang es, eine Übereinkunft zwischen dem Besitzer V. Spitz, dem deutschen Zwangsverwalter Wanke und dem Sonderbevollmächtigten des Reichswirtschaftsministeriums, Dr. Kraus, auszuhandeln. Diese bestand im Wesentlichen darin, dass Spitz von den eingetriebenen Auslandsaußenständen 3,23 Millionen Kronen behielt. Dabei wurde festgestellt: „Er ist in England und hat die Summe bereits in Händen. Selbstverständlich will und wird er nichts herausgeben. Mit ihm wurde ein Arrangement in dem Sinne getroffen, dass dieser einkassierte Betrag ihm schrittweise als 2,5 Prozent Provision für die neu durchgeführten Auslandsexporte abgeschrieben wird. Er bleibt auch ferner Mittelsmann zwischen der Firma Esspi in London, wo diese bereits ein Verkaufsnetz hat. Für diese neuen Lieferungen gehen 80 Prozent an uns und 20 Prozent bleiben Herrn Spitz für einen allmählichen Transfer seines Eigentums, für den er hier sorgt. Wenn der Betrag von 3,23 Mio. Kronen mittels Abschreibungen in Höhe von 2,5 Prozent Provision abgegolten ist, behält Spitz aus den weiteren Exporten

66 Ebd., VIII. Sitzungsprotokoll des Devisenausschusses der Nationalbank vom 24.2.1940.

67 NA Praha, Bestand 109 (Státní tajemník při říšském protektoru) [Staatssekretär beim Reichsprotektor], Kart. 1346, Sign. 109–4, Bericht über die Tätigkeit der Staatspolizeistelle Prag bezüglich der Beschlagnahme und Entziehung reichsfeindlichen Vermögens und Zusammenstellung der bis zum 1. Juli 1942 beschlagnahmten und eingezogenen Vermögenswerte vom 1.12.1942.

75 Prozent Devisen auf seinem Konto im Protektorat und 25 Prozent gehen an die Nationalbank."[68]

So versuchte die Nationalbank, das Risiko zu vermeiden, dass Juden in London, deren Besitz auf dem Gebiet der besetzten böhmischen Länder verblieben war, dazu übergingen, Exportforderungen der Betriebe pfänden zu lassen und so den Export aus dem Protektorat zu erschweren bzw. zu unterbinden. Juden, denen die Flucht nach Großbritannien geglückt war, versuchten offensichtlich, auf diese Weise wenigstens einen Teil ihres Eigentums zu retten. Wäre beispielsweise der Besitz von Spitz im Protektorat auf 10 Mio. Kronen geschätzt worden, wäre der Betrag von 3,23 Mio. Kronen gar nicht so klein gewesen. Die Abtretung von Devisen an Juden in Zusammenhang mit der Exportförderung von Unternehmen im Protektorat, dem so genannten Wirtschaftstransfer, wurde aufgrund eines Entscheids des Reichsprotektors vom 22. Juni 1940 eingestellt.[69]

Die Rolle der Nationalbank im „Arisierungs"-Prozess des jüdischen Eigentums im Protektorat Böhmen und Mähren entsprach ihrer Gesamtposition im damaligen Macht- und Institutionensystem. Die Nationalbank wurde schon kurz nach dem 15. März 1939 unter die Aufsicht deutscher Bevollmächtigter und der Militärverwaltung gestellt, die später von den zivilen Besatzungsbehörden und der Reichsverwaltung abgelöst wurde.[70] Die Schlüsselpositionen auf dem Gebiet von Geldumlauf, Devisenverwaltung und Währungs-Goldreserven wurden mit deutschen Beamten besetzt, die ohne jede Rücksichtnahme auf die tschechische Bankleitung handelten. Ihr skrupelloses Eintreten auf diesen Posten für die Interessen des Reiches lässt sich auch an der Zahl der verliehenen Verdienstkreuze ablesen.

Die Nationalbank für Böhmen und Mähren befand sich in den Jahren 1939–1945 in einer untergeordneten Stellung gegenüber den deutschen Organen, sowohl den Reichsinstitutionen, insbesondere der Reichsbank, als auch und vor allem gegenüber den Institutionen der deutschen Besatzungsverwaltung, dem Reichsprotektor bzw. dem Deutschen Staatsminister für Böhmen und Mähren. Das Einsetzen von Bevollmächtigten, die Kontrolle seitens der obersten Besatzungsinstanzen, die Beschneidung wichtiger Rechtsbefugnisse und die Zwangseinsetzung von deutschen Beamten auf wichtige Posten in der Notenbank führten zu einer Situation, die kaum als üblich gelten kann. Deutsche

68 AČNB Praha, Bestand NBČ, VIII. Sitzungsprotokoll des Valuta-Ausschuss der Nationalbank vom 25.10.1939.

69 Ebd., Sitzungsprotokoll vom 24.9.1940

70 Die Leitung der Nationalbank suchte nur immer wieder gewisse (eher formale) Möglichkeiten zur Verbesserung ihrer Stellung als Notenbank im Wirtschaftsorganismus des Protektorats Böhmen und Mähren zu nutzen. Das geht beispielsweise aus dem Auftreten ihres Gouverneurs F. L. Dvořák auf der Februar-Vollversammlung von 1940 hervor, als er in seiner Ansprache auch nachdrücklich auf die Erhaltung, gegebenenfalls Stärkung der Autonomie des Wirtschaftslebens in den böhmischen Ländern drang. Damit brachte er wohl die Ansichten des tschechischen Managements der Nationalbank zum Ausdruck, die jedoch nicht den realen Gegebenheiten der Zeit entsprachen. AČNB Praha, Bestand NBČ, Sign. P XVI-I / 1939, Protokoll der 14. ordentlichen Vollversammlung vom 24.2.1940. Ansprache des Gouverneurs Dr. Fr. L. Dvořák.

Historiker,[71] die auf einige formale Merkmale oder Details verweisen, um eine „korrekte Haltung" der Deutschen zu belegen oder die „Möglichkeiten", die tschechischen Institutionen in der Kriegszeit angeblich offen gestanden hätten, vergessen allzu oft folgende grundlegenden Tatsachen: Die böhmischen Länder waren besetzt; die Tschechen waren als Slawen für die Nationalsozialisten inakzeptabel. Die Absichten Adolf Hitlers und des Deutschen Reiches gegenüber den Slawen sind sattsam bekannt, so dass sie nicht in Erinnerung gebracht werden müssen.[72]

Über den Umgang mit Edelmetallen und Devisen entschieden grundsätzlich deutsche Organe außerhalb der Nationalbank. Sie missbrauchten auch die Notenbank bei der ersten Aktion zur Erfassung von jüdischen Wertgegenständen, in der die Nationalbank quasi die Rolle eines Informationsdienstes zu spielen hatte. Die Tresore der Nationalbank eigneten sich gut für die Einlagerung von Gold-, Platin- und Silbergegenständen. Das meiste Material hatte in den Scheideanstalten seine ursprüngliche Form verloren und wurde als anonymes Metall für die Zwecke der Rüstungsproduktion oder als Bereitschafts-Goldreserve der Nationalbank verwendet. Dieses Gold wurde autonom registriert, und der verbleibende Rest wurde nach 1945 als Kriegsbeute in die UdSSR gebracht.

Von der „Arisierung" der Konten, Aktien und Depositen (Staats-, Landes- und Kommunalanleihen) hatte die Nationalbank Kenntnis. Sie versuchte anfangs, auf die Risiken einer völligen Einfrierung hinzuweisen. Hierauf konnte sie allerdings keinen Einfluss nehmen. Erich Sturm, einer der führenden Manager, die von der NS-Besatzungsbehörde in die Leitung der Nationalbank für Böhmen und Mähren eingesetzt worden waren, sagte in seiner Zeugenaussage für den Restitutionssenat beim Landesgericht in Berlin 1962: „Die Nationalbank war … über Geschehnisse bei deutschen Stellen betreffs Judenvermögen offiziell nicht informiert."[73] Die rassische Verfolgung betraf auch Funktionäre und Beamte der Nationalbank, die jüdischer Abstammung waren oder in einem Verwandtschaftsverhältnis zu Juden standen. Sie mussten aus dem Dienst entlassen werden, da die Zusammensetzung des Personals dieses Instituts der Genehmigung durch die Behörde des Reichsprotektors unterlag.

---

71 Siehe Harald Wixforth, Die Expansion der Dresdner Bank in Europa, in: Henke, Klaus-Dietmar (Hg.): Die Dresdner Bank im Drittem Reich, Bd. 3, München: R. Oldenburg Verlag 2006, S. 203–212.

72 Für die „Lösung der tschechischen Frage" ist die Antrittsrede von Reinhard Heydrich außerordentlich aufschlussreich, der im Herbst 1941 die Funktion des stellvertretenden Reichsprotektors antrat. Worte wie „…daß dieser Raum einmal deutsch werden muß, und daß der Tscheche in diesem Raum letzten Endes nichts mehr verloren hat" sind ebenso eindeutig wie die Aussage über die Aufgaben der Deutschen (d. h. einschließlich der deutschen Beamten, die in die Nationalbank delegiert worden waren) als: „…daß auch nicht ein einziger Deutscher dem Tschechen etwas vergibt, etwa in derselben Art wie im Reich beim Judentum, daß es keinen Deutschen gibt, der sagt, der Tscheche ist aber anständig…". Kárný, Miroslav / Milotová, Jaroslava / Kárná, Margita (Hg): Deutsche Politik im Protektorat Böhmen und Mähren unter Reinhard Heydrich 1941–1942. Eine Dokumentation, Berlin: Metropol 1997, S. 115–116.

73 Landesarchiv Berlin, Bestand Landgericht Berlin – Zivilkammer (BRep. 039–01), Nr. 104, Bl. 19, Böhmen und Mähren, Brief von E. Sturm an das Landgericht in Berlin vom 28.10.1962.

Die Nationalbank wurde als Institution schon 1939 in den „Arisierungs"-Prozess verwickelt, indem sie von den deutschen Besatzungsbehörden vor allem zu Evidenz, Einlagerung sowie teilweise auch der Distribution von Edelmetallen aus jüdischem Besitz herangezogen wurde. Der Reichsbankbevollmächtigte in der Nationalbank, Friedrich Müller, hatte den deutschen Nachrichtendiensten und Repressionsorganen auf verschiedene Sachfragen zu antworten, zum Beispiel über den Wert konfiszierter Aktien, und er verfügte über den Verlauf der „Arisierungs" im Protektorat zweifellos noch über weitere Informationen.

Die Interaktion der tschechischen Vertretung in der Nationalbank für Böhmen und Mähren sowie im Bankenverband (der Wirtschaftsgruppe Bankwesen) mit der deutschen Besatzungsverwaltung wirft eine ganze Reihe von Fragen auf, die von der tschechischen Geschichtsschreibung bisher nur in einem sehr geringen Maße beantwortet wurden. Das unsichere Verhalten, die dilatorischen Taktiken und Fragen hinsichtlich der Reichweite der Richtlinien belegen eine deutliche „Unlust", „ihre Rolle" bei der „Arisierung" jüdischen Vermögens zu spielen. Offensichtlich ging es nicht um eine Rolle, von der sie profitiert hätte, die von den Banken selbst ausgegangen wäre, wenngleich sie den Banken einen gewissen Gewinn in Form der Standardgebühren für Bankoperationen brachte. Jedenfalls war diese Rolle ein wichtiges Glied bei der Enteignung jüdischen Vermögens. Die aufgezwungene Rolle des Erfassungsorgans, die die tschechischen Geldinstitute zu einer verlängerten Hand der Besatzungsverwaltung machte, gab dem „Arisierungs"-Apparat wesentliche Informationen über Charakter und Umfang des jüdischen Vermögens in Wertpapieren, in von den Banken aufbewahrtem und verwaltetem beweglichem Vermögen u. ä. in die Hand. Es stellt sich die Frage, in welchem Maße diese Haltung als Kollaboration angesehen werden kann und in welchem Maße die Vertreter der tschechischen Geldinstitute die Möglichkeit hatten, straffrei jüdisches Vermögen zu verleugnen. Die frustrierten, nicht selten durch deutsche Repressalien in die Enge getriebenen und zu einem Großteil unter deutscher Kuratel[74] handelnden Bankangestellten verhielten sich nach der pragmatischen Formel „leben und überleben". Sie unterwarfen sich dem Unausweichlichen und taten mit mehr oder weniger Abscheu das, was von ihnen verlangt wurde.

74 Erinnert werden muss beispielsweise an deutsche Vertrauensmänner, die in der Nationalbank für Böhmen und Mähren eingesetzt wurden, wo sie in der Funktion von leitenden Konzeptenbeamten, Treuhändern in der Živnostenská banka [Gewerbebank] usw. weiter eingesetzt wurden. Diese Kuratel unterband auf wesentliche Art und Weise die Möglichkeiten eines effektiven Widerstandes oder einer Sabotage.

## 2.2 Der Bankenverband und die Wirtschaftsgruppe „Privatbankwesen" (einschließlich der Aktienhandelsbanken und der Postsparkasse)

Der Bankenverband entstand als Dachverband der tschechischen Geschäftsbanken. (Nach der Gründung der ČSR änderte er seinen Namen in „Verband der Tschechoslowakischen Banken".) Sein anfänglich ausschließlich tschechischer Charakter wandelte sich in dem Augenblick, als auch Anstalten mit einer so genannten tschechisch-deutschen Verwaltung, einheimische deutsche Bankinstitute und eine slowakische Bank in die Organisation aufgenommen wurden. Auch einige Privatbankhäuser traten dem Verband bei, vor allem die Firma B. Fuchs oder inoffiziell auch das Bankhaus J. Petschek.

Der Verband der tschechoslowakischen Banken war in der Zwischenkriegszeit eine Organisation, die die Kredit- und Debet-Zinssätze koordinierte, Fragen der sozialen und arbeitsrechtlichen Stellung der Beamtenschaft regelte, die Interessen der Bankensphäre gegenüber Staatsorganen vertrat, usw.[75]

Im Zusammenhang mit dem Systemwandel in der Zeit der Zweiten Republik gingen die Regierungsorgane teilweise zu einer Steuerung der ausschlaggebenden Sektoren der Volkswirtschaft über. Sie waren bemüht, Autonomie und Liberalismus im tschechoslowakischen Geldwesen einzudämmen und für eine Regulierung durch eine einzige Stelle zu sorgen. Diese Bemühungen schlugen sich in der Regierungserklärung Nr. 61 vom 2. März 1939 nieder,[76] in der die Tätigkeit von Geldinstituten, Unternehmen und Verbänden ab dem 1. Juni 1939 dem Finanzministerium unterstellt wurde. Die Regierungsverordnung vom 2. März 1939 berechtigte das Ministerium, zwecks Aufsicht über Geldinstitute Kommissare zu bestellen, die deren Tätigkeit beaufsichtigen und kontrollieren sollten. Ferner waren die Geldinstitute verpflichtet, dem Finanzministerium oder den von diesem bestimmten Organen Nachweise und Berichte über ihre Wirtschaftstätigkeit vorzulegen.[77]

Die angesprochene Verordnung der Regierung unter Rudolf Beran wurde nach dem 15. März 1939 von den deutschen Besatzungsbehörden ausgenutzt. Die bis dato umfangreichen Strukturen des tschechischen Finanzwesens entsprachen nämlich nicht den auf Anforderungen von Kriegsvorbereitung und Kriegsführung der deutschen Direktivwirtschaft. Daher übten die deutschen Institutionen Druck aus, um eine Vereinfachung des tschechischen Geldsystems, den Umbau seiner Organisation und die Unterordnung des ganzen Systems unter die autonomen und Besatzungsbehörden des Protektorats zu erreichen.

---

75 Kubů, Eduard: The Association of Czechoslovak Banks. Professional Interest Group or Kartel? In: Prager Wirtschafts- und Sozialhistorische Mitteilungen / Prague Economic and Social History Papers 1 (1994), S. 99–104; ders.: Svaz českých (československých) bank v Praze [Der Verband der tschechischen (tschechoslowakischen) Banken], in: Vencovský, Anm. 49 , S. 357–360.

76 Sbírka zákonů a nařízení státu Československého (im Weiteren Sb.z. a n.) [Gesetzes- und Verordnungssammlung des tschechoslowakischen Staates], Praha 1939, Nr. 61 vom 2.3.1939, S. 358–361.

77 Ebd. Vgl. Plecháček, Ivo: Vývoj českého lidového peněžnictví [Entwicklung des tschechischen Volksbankwesens], Karls Universität Prag, Diss., Praha 1978, S. 413.

Nach einer einleitenden Phase von Veränderungen, die zu einer Konzentration im Bankwesen führten, wurde die Tätigkeit des Geldwesens durch die Regierungsverordnungen Nr. 113 und 114 vom 13. März 1941 reguliert.[78] Die erste erweiterte die Kompetenzen des Finanzministeriums im Bank- und Sparkassenwesen. Alle Institute dieser Branche mit Ausnahme der Nationalbank für Böhmen und Mähren und der Postsparkasse wurden seiner unmittelbaren Aufsicht unterstellt. Einen bedeutenden Einschnitt in der Gesamtstruktur des tschechischen Geldwesens brachte die zweite Regierungsverordnung vom März 1941, zu deren Folgen auch die Entstehung des Zentralverbands für Geldwesen gehörte. Dieser entstand zum Jahresende als Pflichtorganisation, die für eine zuverlässige Aufsicht über sämtliche Tätigkeiten der Institutionen im Kreditsystem sorgen und sie entsprechend den Bedürfnissen der deutschen Kriegswirtschaft lenken sollte. Die Beschlüsse des Zentralverbands für Geldwesen waren für alle beteiligten Institutionen verbindlich. In die neue Organisation wurde am Jahresende 1941 auch der Bankenverband eingebunden, der sich zur Wirtschaftsgruppe „Privatbankwesen" umgestaltete. Diese war weiter untergliedert in: a) die Fachgruppe I/1 Aktienbanken, zu der alle Aktienhandelsbanken und Kommanditgesellschaften für Aktien mit Ausnahme der Zentralbank der böhmischen Sparkassen gehörten, b) die Fachgruppe I/2, in die Geldinstitute mit beschränkter Haftung fielen, die Bank- und Finanztransaktionen durchführten, und die Fachgruppe I/3), in die Makler gehörten, die mit Wertpapieren und ähnlichen Finanzprodukten handelten.[79]

Die Wirtschaftsgruppe II bestand aus Geldinstituten mit öffentlichen Aufgaben und umfasste auch die übrigen Institute des Kreditsystems auf einer anderen als genossenschaftlichen Grundlage. Auch diese Gruppe war weiter untergliedert. So waren in der Abteilung II/1 unter anderem Landesbanken, die Re-Eskompt- und Lombardanstalt, die Zentralbank der böhmischen Sparkassen und der Gemeinfond der Geldinstitute organisiert. In der dritten Wirtschaftsgruppe wurden die Kreditgenossenschaften zusammengefasst.

Das so geschaffene Modell eines einheitlichen und zentralisierten Geldsystems wurde zudem durch die Regierungsverordnung Nr. 208 aus dem Jahr 1942 – mit Ausnahme der Aufsicht über die Nationalbank – dem Ministerium für Wirtschaft und Arbeit unterstellt, das im Januar 1942 gebildet wurde; an ihrer Spitze stand Walter Bertsch. (Beim Finanzministerium verblieb nur die Aufsicht über die Nationalbank.) Insgesamt entstand auf diese Weise ein Komplex, in dem deutsche Beamte das Sagen hatte; den tschechischen Organen fiel nur eine untergeordnete Rolle zu.

Im Laufe des Jahres 1941 traten auch in der Besetzung der Führungspositionen in den Zentralorganisationen des Geldwesens Veränderungen ein. Vorsitzender des Bankenverbands blieb bis zur Einstellung seiner Tätigkeit Karl Svoboda, der sich bemühte, seine Stellung für den Erhalt eines größtmöglichen Handlungsspielraums für die Institutionen des tschechischen Banksystems zu nutzen. Bei Forderungen deutscher

78 Sbírka zákonů a nařízení Protektorátu Čechy a Morava 1941 [Gesetz- und Verordnungssammlung des Protektorats Böhmen und Mähren], Praha 1941, Nr. 113 vom 13.3.1941, S. 397–408; Nr. 114 vom 13.3.1941, S. 408–420.

79 Plecháček, Anm. 77, S. 421ff.

Institutionen brachte er immer eine Reihe „objektiver" Einwände und Schwierigkeiten vor, die einer schnellen Durchführung nach den Vorstellungen der Besatzungsbehörden im Weg standen. Er betonte vor allem die knappe Zeit, die Schwierigkeiten der erteilten Aufgaben und den Mangel an qualifiziertem Personal, dessen jüngere Jahrgänge von den Deutschen zur Zwangsarbeit eingesetzt wurden. In der Praxis musste er sich zwar den deutschen Anweisungen unterwerfen, doch verfügte er auch über seine eigenen Ansichten und scheute sich nicht, für diese einzutreten. Svoboda beharrte auch bei Diskussionen mit Vertretern deutscher Banken im Verband (Böhmische Escompte-Bank, Böhmische Union-Bank) auf seinem Standpunkt. Diese wiederum betonten die Notwendigkeit einer Koordination der einzelnen Aktivitäten mit dem Deutschen Reich.[80] Betrachtet man sein Wirken an der Spitze des Bankenverbands, so verwundert es kaum, dass sich die Person von Karl Svoboda nach den Veränderungen von 1941 in der Wirtschaftsgruppe „Privatbankwesen" des Zentralverbands für Geldwesen nicht mehr wiederfand. Der unabhängig denkende Svoboda, der die Autonomie des Protektorats und die Eigenständigkeit seiner Geldinstitute betonte, konnte ganz entschieden nicht den Absichten der deutschen Vertreter mit der Wirtschaft der okkupierten böhmischen Länder entsprechen. Er wurde vom flexibleren und gefügigeren Ingenieur Jan Dvořáček abgelöst, der ohne größeren Widerstand die Anordnungen der Besatzungsbehörden und der deutschen Beamten allgemein akzeptierte.[81]

Eine wichtige Amtsperson im Exekutivbereich des Bankenverbandes und auch der Wirtschaftsgruppe „Privatbankwesen" beim Zentralverband für Geldwesen war deren Direktor JUDr. Jaroslav Lepař. Dieser nahm in der Praxis die Instruktionen und Schreiben vom Amt des Reichsprotektors, den einzelnen Ministerien, der Gestapo usw. entgegen und bearbeitete deren Angaben zu Konzepten für Verbandsrundschreiben. Verwaltungskräfte (z. B. JUDr. Suchánek) fertigten die Reinschriften an, die K. Svoboda und später Dr. J. Dvořáček zur Unterschrift vorgelegt wurden. Nach ihrer Unterzeichnung wurden die Rundschreiben vervielfältigt und an die Verbandsbanken versandt. Sofern sie eine Antwort erforderten, war es wieder J. Lepař, der die Unterlagen bewertete und eine offizielle Stellungnahme für die Besatzungsbehörden und die autonomen Institutionen vorbereitete.[82]

Die eigentliche Tätigkeit des Bankenverbands verlagerte sich allmählich. Schon die Ergebnisse des Münchener Diktats hatten neue Probleme mit sich gebracht, vor allem im Zusammenhang mit der Auflösung der Bankfilialen in den besetzten Gebieten und dem entsprechenden Vermögensausgleich. Nach der Besetzung der restlichen Landesteile

80 AČNB Praha, Bestand Svaz československých bank [Verband der tschechoslowakischen Banken] (im Weiteren SČB), I. Protokoll von der Versammlung des Verbandskomitees des Bankenverbands und der Bankreferenten vom 13.4., 17.4., 12.9.1941.

81 Ebd., I. Versammlung der Wirtschaftsgruppe „Privatbankwesen" vom 16.4., 14.9. und 7.10.1942; 19.2.1943.

82 AČNB Praha, Bestand Živnostenská banka [Gewerbebank] (im Weiteren ŽB), Sign. S VII/h, Rundschreiben des Verbands tschechoslowakischer Banken aus den Jahren 1939–1941; ebd., Bestand SČB, Sign. S II-1, Bankiers und Bankfirmen 1941–1944; Bestand Svaz Bank [Bankverband], Sign. S II-1/17–12, Organisationen im Geldwesen des Protektorats 1940–1941.

vertrat der Bankenverband die Interessen der Mitgliedsbanken in der Slowakei und wurde auch in die Aktivitäten der Organe der deutschen Besatzung verstrickt, einschließlich der Verfügungsbeschränkungen, der Erfassung und dem Entzug von jüdischem Besitz sowie dem Eigentum reichsfeindlicher Personen. Der Spielraum für eine selbständige Finanzpolitik verengte sich dabei selbstverständlich.

Anfang 1940 wurde der Bankenverband bereits direkt vom Amt des Reichsprotektors aufgerufen, die Kredit- und Anlagebedingungen im Protektorat den Sätzen im Reich anzugleichen. Die neuen Konditionen waren nur noch eine Kopie der Zinssätze in Deutschland, die niedriger lagen; diese Angleichung war von der Reichsbank erzwungen worden. Unvorteilhaft war auch die Übernahme der deutschen und österreichischen Clearingkonten durch die Nationalbank, für die sich der Reichsbankbevollmächtigte in der Nationalbank, Friedrich Müller, einsetzte. So wurde der Bankenverband allmählich zum Transmissionsriemen für die Weisungen deutscher Wirtschaftsorgane in das tschechische Geldwesen.[83] Dieser Trend verstärkte sich noch, nachdem der Verband durch die gleichgeschaltete Wirtschaftsgruppe „Privatbankwesen“ für Böhmen und Mähren abgelöst wurde, deren Gründungsversammlung im Dezember 1941 stattfand.[84]

Die Wirtschaftsgruppe „Privatbankwesen“ war eindeutig nur noch ein Transmissionsriemen für die deutschen Bemühungen im Kreditwesen des Protektorats. Von den früheren Funktionen des Bankenverbands war ihr im Wesentlichen nur noch die Aushandlung von Gehalts- und Personalfragen geblieben. Auf allen übrigen Gebieten kam es nur noch auf die Entscheidungen des Amts des Reichsprotektors (im Folgenden nur noch ARP), bzw. ab 1943 des Deutschen Staatsministeriums, Finanzministeriums und ab 1942 auf die des Wirtschaftsministeriums unter Bertschs Leitung an. Weitere Aufgaben erteilte ihr der Beauftragte der Deutschen Reichsbank in der Nationalbank, F. Müller.[85]

Eine der neuen, dem Bankenverband und dann der Wirtschaftsgruppe „Privatbankwesen“ von den deutschen Organen zugewiesenen Aufgaben bestand in Informationsdienstleitungen im „Arisierungs“-Prozess des jüdischen Vermögens, das in den Verbandsbanken und seit Gründung des Zentralverbands für Geldwesen in den Institutionen des Kreditwesens allgemein hinterlegt war. (Neben jüdischem Vermögen handelte es sich auch um das Eigentum führender Vertreter des tschechoslowakischen Widerstands im Ausland, einheimischer Widerstandskämpfer und solcher Organisationen, die klar für die demokratische ČSR eingetreten waren, wie z. B. die tschechoslowakische Legionärsgemeinde, der Sportbund Sokol usw.

Die Rolle des Bankenverbands bzw. der Wirtschaftsgruppe „Privatbankwesen“ als Informanten wurde auf zwei Hauptwegen realisiert. Auf einer verbalen Ebene wurden auf den Versammlungen der Bankreferenten die vom Reichsprotektor zum jüdischen Besitz herausgegebenen Vorschriften besprochen. Die einzelnen Normen wurden zum

83 Kubů, Eduard: Svaz českých (československých) bank [Der Verband der tschechischen (tschechoslowakischen) Banken], in: Vencovský, Anm. 49, S. 360.

84 AČNB Praha, Bestand SČB, I. Protokoll von der Leitungssitzung der Wirtschaftsgruppe „Privatbankwesen“ vom 5.12.1941.

85 Ebd., Protokoll von der Leitungssitzung der Wirtschaftsgruppe „Privatbankwesen“ vom 27.7.1939, 9.2. und 9.10.1940.

Zweck ihrer „adäquaten“ Interpretation und Anwendung eingehend diskutiert, denn es ging hier um Direktivverfahren, die bislang im tschechischen Raum nicht üblich waren. Auf diesen Versammlungen wurde auch eine Reihe von Anfragen vorgebracht, auf die meistens die Vertreter des Finanzministeriums (aus dem Revisionsressort) antworteten, gelegentlich auch Leute aus den deutschen Instituten, der Böhmischen Escompte-Bank und der Böhmischen Union-Bank.

Die erste Versammlung zu dieser Problematik wurde am 23. Juni 1939 einberufen. Ihr Thema war die Verordnung des Reichsprotektors für Böhmen und Mähren vom 21. Juni 1939 über das jüdische Eigentum. Nach Abhandlung der einzelnen Paragraphen wurde festgestellt, dass „… gewisse Zweifel aufgetreten sind, deren schnelle Aufklärung im Interesse der Rechtssicherheit und eines geordneten Wirtschaftsablaufs liegt“.[86] Die Bankreferenten einigten sich daher auf ein Memorandum, in dem sie eine nähere Erklärung zu einigen Bestimmungen oder deren Teilen verlangten. Die meisten Anmerkungen bezogen sich auf Paragraph eins. Konkret betrafen sie z. B. den Umstand, dass in der Verordnung nicht näher ausgeführt war, ob Sparbücher als Wertpapiere und Kupons gelten sollten und ob deren Auszahlung an jüdische Halter bis zu 1500 Kronen wöchentlich genehmigungspflichtig war. Die Verordnung bezog sich nicht auf mobiles Eigentum und Guthaben. Die Bankenvertreter waren daher der Ansicht, dass Warenlombard und die Abtretung von Forderungen von jüdischem Vermögen im Grunde ohne Genehmigung zulässig seien. Außerdem war nicht geklärt, ob sich die Verordnung auch auf Juden mit fremder Staatsangehörigkeit erstreckte. Für die Geldinstitute bestand ein weiteres Problem darin, wie sie schlüssig überprüfen sollten, ob ein Klient jüdischer Abstammung war, denn „Ahnenpässe“ wie in Deutschland gab es im Protektorat nicht. Der Bankenverband schlug daher in seinem Memorandum vor, es bei einer vom Kommittenten unterzeichneten bloßen Erklärung bewenden zu lassen. In Paragraph vier wurde Juden die Geschäftsübernahme und – neugründung verboten. Den Geldinstituten war aber nicht klar, ob damit die Umformung jüdischer öffentlicher Gesellschaften in Aktiengesellschaften unmöglich oder nur genehmigungspflichtig war. Eine weitere offene Frage bezog sich auf den Immobilien- und Wertpapiererwerb durch jüdische Unternehmen beim Eintreiben von Außenständen, wobei unklar blieb, ob eine solche Akquisition verboten oder nach Genehmigung durch die zuständigen Behörden zulässig war. In Paragraph fünf wurde eine genauere Definition des Begriffs ‚Sammlung‘ verlangt. In diesem Fall wurde gleichzeitig der Verkauf von Schmuck untersagt, doch wurde auf Paragraph fünf nicht in dem Teil der Verordnung Bezug genommen, in dem von ihrer rückwirkenden Geltung die Rede war. Die Frage zielte daher auf den Umstand ab, ob der Verkauf von Schmuck aus jüdischem Besitz, der vor Inkrafttreten der Verordnung des Reichsprotektors vom 21. Juni 1939 getätigt worden war, gültig war oder nicht. Zu Komplikationen konnte auch Paragraph sieben führen. In der Praxis galt nämlich die Annahme, dass ein Unternehmen, in dessen Verwaltungsorganen bis zum 17. März 1939 keine Juden gesessen hatten, nicht als jüdisch betrachtet werden konnte. Im Frühjahr 1939 wurden freilich (wie das Memorandum des Bankenverbands behauptete) zahlreiche

86 Ebd., Protokoll der Versammlung der Bankreferenten des Bankenverbands vom 23.6.1939.

Firmen einfach dadurch „arisiert", dass die Juden aus ihren Verwaltungsorganen austraten. Der Bankenverband legte daher nahe, dass solche Unternehmen „als arisch betrachtet werden können, ohne untersuchen zu müssen, ob Juden vielleicht an Kapital oder Stimmrecht an der betreffenden Gesellschaft in entscheidendem Maße beteiligt sind".[87] Das Memorandum verwies auf die möglichen Schwierigkeiten bei den Ermittlungen, ob es sich um ein jüdisches Unternehmen mit gesplittetem Aktienkapitalbesitz handelte, was bei tschechischen Firmen – im Hinblick auf die Spezifika der wirtschaftlichen Entwicklung auf dem Protektoratsgebiet – keine seltene Erscheinung war. Indirekt wurden auch Schwierigkeiten aufgezeigt, die daraus resultierten, dass die Geldinstitute gezwungen waren, von allen Gesellschaften im Kreise ihrer Kunden eine Bestätigung einzuholen, dass es sich nicht um jüdische Unternehmen handelte. Der Verordnungstext ließ auch nicht hinreichend deutlich werden, ob die im Protektorat gelegene Filiale eines jüdischen Unternehmens aus dem Ausland als jüdisches Unternehmen zu gelten hatte, auch wenn sie von einem Nichtjuden geleitet wurde.

In Paragraph zwölf, dem zufolge ein Teil der Verordnung rückwirkend ab 17. März 1939 in Kraft treten sollte, wurde angeordnet, dass Geschäfte mit jüdischem Eigentum einer nachträglichen Genehmigung bedurften. Als zulässig galten freilich Transaktionen, die von den Chefs der Zivilverwaltung in Prag und Brünn abgesegnet waren. Ungeklärt blieben jedoch Situationen, in denen die Genehmigung bereits durch die Protektoratsbehörden erteilt worden war und ob solche Genehmigungen gleichrangig mit einer Zustimmung seitens der Zivilverwaltungschefs waren. Die zuletzt angeführte Anmerkung beruhte auf der Problematik, dass die Geldinstitute zwischen dem 17. März und dem 21. Juni 1939 eine ganze Reihe von Geschäften getätigt hatten, die laut Verordnung des Reichsprotektors über jüdischen Besitz einer nachträglichen Genehmigung bedurften. Eine Wiederherstellung des Ausgangszustands (bei Nichtgenehmigung solcher Transaktionen) wäre – insbesondere bei Wertpapieren – nicht mehr möglich gewesen, denn solche Werte waren Objekte eines regen Handels und hatten ihre Besitzer bereits gewechselt. Viele Transaktionen wurden auch im Rahmen von Handelskontakten und dem „Normalbetrieb" der jüdischen Unternehmen durchgeführt. Daher machte der Bankenverband den Vorschlag, den Banken eine generelle Erlaubnis für diese Geschäfte zu erteilen. Außerdem wurde vorgeschlagen, dass der Genehmigungsantrag für Werttransfers nicht nur vom ehemaligen jüdischen, sondern auch vom neuen Besitzer eingereicht werden konnte.[88]

Das Memorandum des Bankenverbands zeichnet sich durch die Diktion eines versierten Juristen aus. Die Endfassung dürfte zweifellos von J. Lepař erstellt worden sein. Eine Reihe von Empfehlungen, vor allem bei der „Arisierung" von Unternehmen und der Generalgenehmigung für Transaktionen von jüdischem Besitz vom Frühjahr 1939 war günstig für die Banken. Diesen wäre so ein breiterer Handlungsspielraum bei der Überführung solcher Werte eingeräumt worden. Es war daher nicht gerade realistisch

87 Ebd.
88 Ebd.

zu erwarten, dass die Empfehlungen von den deutschen Besatzungsbehörden akzeptiert würden, insbesondere bei Unternehmen, an denen „deutsches Interesse" bestand.

Auf der Sitzung des Bankenverbands vom 23. Juni 1939 wurde ebenfalls klar, dass sich die Banken – offenbar aufgrund vorausgegangener Weisungen von den Devisenschutz-Sonderkommandos und Erlassen der Revisionsabteilung des Finanzministeriums – ein Verzeichnis ihrer jüdischen Kunden erstellt hatten. Dies erwies sich aber infolge der Verordnung des Reichsprotektors vom 21.6.1939 als „überflüssig".[89]

Ähnlich wurde auf der Versammlung der Bankreferenten im Bankenverband am 20. März 1940 die Fünfte Durchführungsverordnung des Reichsprotektors vom 2. März 1940 beraten. Die Verhandlungen zeigen, dass Informationen nicht mehr mündlich weitergegeben wurden. Dies erfolgte jetzt per Rundschreiben, deren Inhalt jedoch bei den wichtigsten Fragen vorher mit dem Bankenverband konsultiert wurde. Der Text des Rundschreibens zur Fünften Verordnung wurde nicht kommentarlos hingenommen, denn die anwesenden Vertreter der Institute verlangten weitere Erläuterungen zu Problemen, welche die betriebliche Praxis mit sich brachte, vor allem bei der Annahme von „Wertpaketen" jüdischer Eigentümer. Hier beriefen sie sich auf Forderungen der deutschen Schutzpolizei, denen zufolge es nötig war, dass der Besitzer zunächst den Paketinhalt einem Sachverständigen vorzulegen hatte, der ihn taxierte und anschließend versiegelte. Dabei hatte der Regierungsassessor Herbert Schmerling von der Dienststelle II 1/3 F (W. Utermöhle) eine solche Taxierung nicht generell verlangt.

Die weitere Diskussion konzentrierte sich auf die Haftung der Banken bei einer Beschädigung des Siegels oder des Paketinhalts im Allgemeinen. Die Bankreferenten führten an, ihre Institute könnten nicht den Inhalt eines Depots garantieren, sondern nur die darin befindliche Stückzahl. Die Aufmerksamkeit richtete sich außerdem auf Frist für die Meldung sowie die Höhe der Depotgebühren, die für die Banken außerordentlich interessant waren. Während der gesamten Verhandlungen wurden eine ganze Reihe konkreter Anfragen insbesondere an Schmerling gerichtet, die sich auf die Sicherstellung jüdischer Wertgegenstände, aber auch von Sparbüchern, Baulosen und Versicherungen bezogen.[90]

Auf jüdisches Vermögen bezog sich indirekt der am 17. April 1940 im Bankenverband beratene Antrag des Reichsbevollmächtigten bei der Nationalbank,[91] dass Wertpapiere

89 Ebd. Vgl. MZA Brno, Bestand D 25 (Celní pátrací služebna, pobočka Brno) [Dienststelle Zollfahndung, Zweigstelle Brünn], Kart. 222, Devisenschutz-Sonderkommando in Prag vom 27.6.1939. In den Rundschreiben Nr. 857 vom 6.11.1939 und Nr. 916 vom 29.11.1939 erhielten die Banken Angaben zur Verfügung über jüdische Konten, insbesondere unter Hinweis auf den Erlass des Reichsprotektors vom 26.10.1939, in dem erlaubt wurde, jüdischen Kontoinhabern die für ihre staatlichen Kassenanweisungen ausgezahlte Barschaft auf Sperrkonten gutzuschreiben. AČNB Praha, Bestand SČB, I. Protokoll von der Versammlung der Bankreferenten des Bankenverbands vom 1.12.1939.

90 AČNB Praha, Bestand SČB, Protokoll von der Versammlung der Bankreferenten des Bankenverbands vom 20.3.1940. Die Anmerkungen und Anfragen des Bankenverbands waren mutmaßlich auch einer der Anlässe, die zur Entstehung der von Walter Utermöhle und Herbert Schmerling ausgearbeiteten eingehenden schriftlichen Erläuterungen geführt haben.

91 Ebd., I. Versammlungsprotokoll des Bankenverband-Komitees vom 17.4.1940.

nicht länger anonym gehandelt, sondern registriert und der Handel unter Angabe von Namen durchgeführt werden sollte. Diesen Vorschlag lehnte vor allem Karel Svoboda ab, mit der Begründung, damit werde faktisch das Bankgeheimnis verletzt, wodurch der Wertpapierhandel empfindlich behindert werde. Damit war das Thema freilich nicht erledigt; im Herbst des Jahres stand es zum zweiten Mal auf der Agenda.

Am 12. September 1940 wurde auf der Sitzung des Bankenverbands erneut über die Auflistung der bei den Banken aufbewahrten Wertpapiere verhandelt. Die Forderung wurde diesmal direkt von der Nationalbank an die Geldinstitute herangetragen. Deren Vertreter, der Kontrolleur Karel Brabec, musste anerkennen, dass auf die Banken „eine beträchtliche und sehr unangenehme Arbeit“ zukomme und der festgesetzte Termin praktisch nicht eingehalten werden könne, doch würde eine Fristverlängerung nur in Einzelfällen genehmigt, und zwar höchstens um fünf Tage. Es sei nötig, solche Wertpapiere zu melden, die den Charakter wirklicher Devisen – oder Dividendenwerte hätten, also Anteilsscheine, Wechsel usw. Einzeltitel und Kupons unterlagen nicht der Meldepflicht, nur die Wertpapiermäntel. Bei dieser Gelegenheit wurde auch festgelegt, dass die in Safes und zu Hause aufbewahrten Wertpapiere später gemeldet werden müssten. Die Nationalbank erklärte ebenfalls ihr Interesse daran, den Wertpapierhandel nicht ins Stocken geraten zu lassen und die zum Verkauf angebotenen Werte auf Eigenkonten der entsprechenden Anstalten übernehmen zu können. Die eigentlichen Verzeichnisse würden die Banken auf Grundlage der Depotbücher erstellen.[92] (Es besteht im Grunde kein Zweifel daran, dass die deutschen Besatzungsbehörden das größte Interesse an einer Übersicht über die Devisen- und Dividendenwerte aus Eigenkonten und in Bankdepots oder Depotkonten hatten, da ihnen diese Informationen bei der Vorbereitung und Umsetzung des weiteren Vordringens in die Wirtschaft des Protektorats von Nutzen waren.)

Es waren auch die tschechischen Institute, die sich der Forderung nach einer Wertpapier-Konskription entgegenstellten und eine Reihe von „objektiven Schwierigkeiten“ eines solchen Vorhabens vorbrachten. Am schärfsten verwahrten sich die Vertreter von Postsparkasse, die selbst über rund 1,5 Millionen solcher Wertpapiere verfügte, Landesbank, die zwei Millionen Stück Wertpapiere verteilt auf 960 Arten verwaltete, und der Zentralbank der Sparkassen mit einer Million Stück Depot- und Dividendenwerten. Der Arbeitsumfang der mit der Auflistung verbunden war, wurde auf tausende von Stunden, das heißt auf Monate und Jahre angesetzt. Gegen diese Skepsis opponierte der Vertreter der Böhmischen Union-Bank, der erklärte, ein solches Verzeichnis sei im Reich einschließlich des Sudetengebietes ohne größere Schwierigkeiten angelegt worden.[93]

Im Anschluss daran, nämlich am 20. September 1940, befasste sich der Bankenverband mit der Beteiligung der Geldinstitute an der Registrierung von Wertgegenständen aus jüdischem Besitz. Die dabei diskutierte Grundlage, welcher auch die Anfragen der Banken galten, war der Erlass der Revisionsabteilung beim Finanzministerium vom September

92 Ebd., Protokoll der Bankreferentenversammlung des Bankenverbands vom 12.9.1940.
93 Ebd. Die Wertpapierverzeichnisse sollten der Nationalbank bis zum 20. September 1940 eingereicht werden, und das laut Stand vom 14.9.1940.

1940, ausgearbeitet von Regierungsassessor Herbert Schmerling. Aus der Diskussion geht hervor, dass die Banken mit den Safes die größten Schwierigkeiten hatten. Solange es sich um „alte“ Depots handelte, war ihr Inhalt nicht kontrolliert worden und die Bank kannte ihn im Grunde gar nicht. Eine Reihe der neuen Sicherheitsfächer wurde für die Gestapo oder die Devisenschutzkommandos versiegelt, gegebenenfalls handelte es sich um anonyme Fächer, bei denen die Anstalt keine Informationen darüber hatte, ob der Eigner Arier oder Nichtarier war. Außerdem verwahrten die Banken auch Nachlassabschlüsse.[94]

Gegen die Einwände der tschechischen Banken und ihren Hinweis auf faktische sowie mögliche Komplikationen opponierte der Vertreter der Böhmischen Escompte-Bank, der erklärte, es sei ausreichend, wenn die Bank mitteile, was sie über das Depot oder Bankschließfach wisse und wohin diese Werte gehörten; im Weiteren sei es Angelegenheit der Revisionsabteilung im Finanzministerium, eine Kontrolle vorzunehmen. Der Delegierte der Böhmischen Union-Bank forderte dann noch eine Wertangabe über die hinterlegten Sachen, die bei den meisten Depots fehlten. Vor diesem Hintergrund kam es mehrfach zu Meinungsverschiedenheiten mit den tschechischen Banken hinsichtlich des zeitlichen und finanziellen Aufwands eines solchen Vorgehens. Bemerkenswert sind auch die Anfragen von Seiten der Živnostenská banka, die darauf abzielten, ob die von der Gestapo konfiszierten Depots und Sicherheitsfächer zu melden seien, wie gegen jüdische Eigentümer mit fremder Staatsangehörigkeit vorzugehen und wie jüdische Emigranten einzustufen seien. Aufgrund der Besprechung vom 20. September sollten die Banken Wertgegenstände aus eigener Initiative melden, ohne die Anzeige der jüdischen Besitzer abzuwarten, und das einschließlich eines Gesamtverzeichnisses ihrer Werte.[95]

In Zusammenhang mit den jüdischen Bankschließfächern zeigten die Geldinstitute größtes Interesse an den Depotgebühren. So schlossen sie auf der Bankenverbandstagung vom 15. Januar 1941 ein hierauf abzielendes, erneuertes Sonderabkommen. Diese Innovation sah beispielsweise vor, die Sätze für Effektenkupons auf ein Prozent des Betrags (mindestens zwei Kronen) festzusetzen, bei nachträglichen Meldungen von jüdischem Vermögen einer Krone pro Posten (mit einer Untergrenze von zehn Kronen) und bei der Überführung von eingezogenen Geldeinlagen ein Entgelt in Höhe von fünf Kronen.[96] Den Banken war offenbar daran gelegen, einen gewissen Profit zu machen, doch entsprachen ihre Sätze insgesamt dem üblichen Standard. Eine Gebühr von fünf Kronen wurde beim Auflösen jedes Sparbuchs erhoben.

Was die Behandlung von „Arisierungs“-Fragen in den Bankverbandsorganen angeht, so wurden vor allem bei den Besprechungen der Bankreferenten die vom Reichsprotektor herausgegebenen Normen und Erlasse der Revisionsabteilung beim Finanzministerium beraten. Die Aufmerksamkeit der einzelnen Bankvertreter konzentrierte sich auf die Bewältigung der Aufgaben, die sich den Geldinstituten mittelbar oder unmittelbar stellten und die ihnen Probleme bereiteten. So wurden z. B. hinsichtlich der Verordnung über jüdischen Besitz vom 21. Juni 1939 gegenüber dem Finanzministerium Fragen zu deren

94 Ebd., I. Versammlungsprotokoll der Bankenverband-Bankreferenten vom 20.9.1940.
95 Ebd.
96 Ebd., Versammlungsprotokoll der Bankenverband-Bankreferenten vom 15.1.1941.

Interpretation und Anwendung geäußert. Die Ergebnisse der Gespräche wurden mündlich an die Geldinstitute weitergeleitet. Was die Erlasse betrifft, welche die Verordnung vom 21. Juni 1939 präzisierten, so handelte es sich mehr oder weniger um Vorgespräche für die Herausgabe von Rundschreiben für die Verbandsbanken. Diese wurden dann zu grundlegenden Informationsquellen für die Umsetzung der einzelnen Schritte in Richtung auf eine Verfügungsbeschränkung, Erfassung und zuletzt den Verkauf der bei den Banken deponierten Werte aus dem Besitz natürlicher und juristischer Personen jüdischer Herkunft.

Die Rundschreiben umfassten zweierlei Informationen. Allgemein übermittelten sie die Aufgaben, die sich für die Banken aus den vom Spitzenorgan der deutschen Besatzungsbehörden herausgegebenen Rechtsvorschriften ergaben. Konkret stellten die Geldinstitute dann für Gestapo und Devisenschutz-Kommandos das Vermögen bestimmter Personen fest, das von den genannten deutschen Organisationen eingefroren und konfisziert werden sollte.

Als Beispiele für die allgemein gehaltenen Rundschreiben können die Nummern 181 vom 18. März 1940 und 185 vom 20. März 1940 dienen,[97] die sich auf die Fünfte Durchführungsverordnung zur Verordnung des Reichsprotektors über die Sicherstellung von jüdischem Besitz bezogen. Das erste Rundschreiben führte die genannte Verordnung des Reichsprotektors näher aus, das zweite enthielt die Erläuterungen dazu. Laut diesen Rundschreiben bestand der Zweck der Verordnung darin, jüdische Wertpapiere und Wertgegenstände aus Gold, Edelmetallen, Edelsteinen und Perlen, die privat aufbewahrt wurden, in die Depots der Devisenbanken zu bringen. Unter einer solchen Aufbewahrung war ein offenes Depot zu verstehen. Die Werte mussten nicht mehr in Safes untergebracht werden. Hatte ein jüdischer Besitzer bereits ein Sicherheitsfach gemietet, konnte er seine Wertpapiere und – sachen ohne weitere Genehmigung dort unterbringen.[98]

Einen ähnlichen Charakter trugen die Bankenverbands-Rundschreiben Nr. 600 vom 30. September 1940 und Nr. 634 von 5. Oktober desselben Jahres. Inhaltlich präzisierten sie die Angaben aus dem Verzeichnis der Wertpapiere in Bankverwahrung, wobei ihr wichtigster Teil in der Information bestand, welche Dividenden- und Depotwerte der Registrierung unterlagen und welche nicht. Es sollten nämlich auch im Ausland herausgegebene Wertpapiere registriert werden, die jedoch an der Prager Börse gezeichnet waren. Außerdem handelte es sich noch um Anleihen der Stadt Karlsbad, der StEG (Aktien der Staatsbahnen), Obligationen der Škoda-Werke in fremden Währungen, ein Darlehen an die Stadt Prag und ein britisches Darlehen (den so genannten Czecholoan), beide aus dem Jahr 1922. Von der Registrationspflicht ausgenommen waren dagegen nicht Protektorats-Staatspapiere, staatliche Baulose, Rot-Kreuz-Lose, drei-dreiviertelprozentige Anweisungen der Postsparkasse, dreiprozentige Obligationen der Zentralbank

97 Ebd., I. Beilage – Rundschreiben Nr. 185 über die Sicherstellung von jüdischem Vermögen zur Besprechung der Bankreferenten des Bankenverbands vom 20.3.1940.

98 Ebd.

der tschechischen Sparkassen, Pfandbriefe des Gemein- und Sonderfonds und Vorkriegs-Hundertkronen – sowie österreichische Nonvaleurs.[99]

So zeigte die deutsche Besatzungsverwaltung ein reges Interesse an wertvollen Wertpapieren und solchen Papieren, die relativ leicht auch auf Auslandsmärkten, z. B. in der Schweiz oder in den USA zu veräußern waren. Interessanterweise werden im folgenden Rundschreiben Nr. 634a vom 7. Oktober 1940 bereits Eingriffe des Reichswirtschaftsministeriums in Berlin in den Prozess der Registrierung von Wertpapieren in Protektorats-Bankdepots deutlich. Nach Absprache mit einem Vertreter des Reichswirtschaftsministeriums teilte die Nationalbank für Böhmen und Mähren dem Bankenverband nämlich mit, dass sie „von einem Affidavit bei der Herausgabe von Wertpapieren aus dem Depot absehe."[100]

Die ausführenden Organe des Bankenverbands erteilten den einzelnen Geldinstituten auch Informationen über die Beschlagnahmung von Eigentum juristischer oder natürlicher Personen, über die sie von den deutschen Repressivorganen in Kenntnis gesetzt wurden. Unter den natürlichen Personen betraf dies vor allem Exilanten, Widerstandskämpfer und Juden, wobei die Namen konkreter Personen genannt wurden, deren Eigentum eingezogen worden war. Unter den Organisationen, deren Vermögen eingezogen wurde, sind in erster Linie die Legionärsgemeinde und der Turnerbund Sokol zu nennen.[101] Auf die Bankenverbands-Rundschreiben folgten regelmäßige Rundschreiben und vertrauliche Mitteilungen des Zentralverbands für Geldwesen mit einer Reihe von Maßnahmen der Gestapo zum Verfall des Vermögens Inhaftierter – unter ihnen auch Juden –, die bis Frühjahr 1945 herausgegeben wurden.[102]

Die Wirtschaftsgruppe „Privatbankwesen" setzte ab 1942 auch die Weitergabe allgemeiner und konkreter Informationen an die Verbandsinstitute fort. Inhaltlich befasste sie sich z. B. 1943 mit Fragen im Zusammenhang mit der Liquidation des Eigentums verschleppter Juden, dem Verkauf ungarischer Wertpapiere und der Eintreibung getilgter Baulose aus jüdischem Besitz, der Verrechnung von Überbesteuerungen, die sich für die Konten „arisierter" Unternehmen ergaben, dem Aktienverkauf der Poldi-Hütte und der Česká průmyslová banka (Böhmische Industriebank) aus jüdischem Besitz sowie Aktien der Firma Škoda in jüdischen Depots.[103]

Außer vom Bankenverband und der Wirtschaftsgruppe „Privatbankwesen" forderte die Gestapo-Leitstelle in Prag auch von anderen bedeutenden Banken Mitteilungen über

99 Ebd., Anlage – Rundschreiben Nr. 634 vom 5.10.1940. In einigen Fällen druckte der Bankenverband nur die in den Amtsblättern publizierten Vorschriften nach, wie aus Rundbrief Nr. 733 vom 2.11.1940 ersichtlich ist, in dem die Auslegung der §§ 5 und 6 der zweiten Durchführungsverordnung zur Verordnung des Reichsprotektors über jüdischen Besitz, publiziert im Amtsblatt des Justizministeriums Nr. 9 vom 30.9.1940 unter Nr. 37 284/40 abgedruckt wurde. AČNB Praha, Bestand ŽB, Kart. 136, Sign. S VII/h, Rundschreiben des Bankenverbands.

100 AČNB Praha, Bestand SČB, I. Anlage – Rundschreiben Nr. 634 vom 5.10.1940.

101 AČNB Praha, Bestand ŽB, Sign. S VII/h, Rundschreiben des Bankenverbands vom 26.9.1940.

102 Ebd., Sign. S VII/h-1, Mitteilung des Zentralverbands für Geldwesen, Kart. 10/1177.

103 Ebd., Sign. S VII/h-1, Rundschreiben der Wirtschaftsgruppe „Privatbankwesen" Nr. 455, 458, 472, 478, 527, 582, 587, 591, 611, 617, 655, 659, 672, 676, 677, 702, 771 und 826 aus dem Jahr 1943.

Konten, Bankdepots und Bankschließfächer von Personen, gegen die Ermittlungen liefen – darunter auch Juden. Als konkretes Beispiel kann man die Živnostenská banka nennen, deren Zentrale regelmäßig von der Prager Staatspolizeileitstelle Mitteilungen mit Listen von Personen erhielt, deren Besitz von der Gestapo konfisziert worden war.

In der Zentrale der Živnostenská banka wurden die Mitteilungen der Gestapo an die Rechtsabteilung weitergereicht, die auf dieser Grundlage interne Rundscheiben an die einzelnen Abteilungen der Zentrale und Filialen versandte mit der Aufforderung, das beigefügte alphabetische Verzeichnis durchzugehen. Im Fall, dass eine der angeführten Personen bei der jeweiligen Abteilung ein laufendes oder Depotkonto bzw. ein Schließfach hatte, war die Zentrale darüber zu unterrichten. Daneben wurden Angaben darüber verlangt, ob nicht ein Nichtarier im betreffenden Verzeichnis Eigner oder Teilhaber einer Firma war, mit der die entsprechende Abteilung in geschäftlicher Verbindung stand. Sofern es sich dabei um eine Kreditsache handelte, sollten Informationen darüber beigefügt werden, wann das Darlehen gewährt und unter welchem Aktenzeichen es vom Finanzministerium gebilligt worden war.[104] Nach Mitteilung der angeforderten Angaben arbeitete die Zentrale der Živnostenská banka eine Antwort aus und schickte diese an die Gestapo.

Die Postsparkasse nahm im „Arisierungs"-Mechanismus eine gewisse Sonderstellung ein. Sie war neben den gängigen Geschäften im Postscheckdienst und dem bargeldlosem Zahlungsverkehr von der Protektoratsverwaltung mit der Vermittlung verschiedener Darlehen sowie der Regulierung der Binnenverschuldung betraut. Die Besatzungsbehörden ließen bei der Postsparkasse zudem zwangsweise die Werte von Personen jüdischer Abstammung deponieren, die ihren Wohnsitz außerhalb des Protektorats hatten, gegebenenfalls auch das Eigentum jüdischer Unternehmen mit Sitz im Reich einschließlich der Sudeten. Es handelte sich vor allem um Konten, die letztlich gemeinsam auf das Umsiedlungskonto des Vermögensamtes Nr. 1003 bei der Böhmischen Escompte-Bank und das Umsiedlungskonto des Vermögensamtes Nr. 1118 bei der Böhmischen Union-Bank überführt wurden.[105]

Das Vermögensamt gehörte gleichzeitig zu den Kunden der Postsparkasse. Seine Zentralkasse verfügte hier über das Konto Nr. 98 578, auf das einige von der Gestapo beschlagnahmte jüdische Konten überführt wurden. Von diesem Konto wurde bei der Befreiung im Mai 1945 ein Teil der konfiszierten und an die Postsparkasse übertragenen jüdischen Konten ihren ursprünglichen Besitzern zurückerstattet, sofern diese darum anhangig wurden.[106] (Die Postsparkasse führte zudem auch das Konto Nr. 98 500 der Oberkasse des Staatsministeriums für Böhmen und Mähren.)[107]

104 Ebd., Sign. S VII/g-1, Rundschreiben aus den Jahren 1940–1941. In den Verzeichnissen wurden Vor- und Zuname, Adresse und Nummer des Konfiskationsbescheids angeführt.

105 AČNB Praha, Poštovní spořitelna Praha [Postsparkasse Prag] (im Weiteren PSP), Sign. I-144/3, Übersicht der eingezogenen Konten – an BUB und BEB in Prag abgegebene Beträge.

106 Brief der Tschechischen Nationalbank, Sektion Verwaltung, Abteilung Dienstleistungen an Andrew Wending Holocaust Claims, Processing Office Banking Department, New York, NY 10006–1894 vom 14.9.2001

107 AČNB Praha, Bestand PSP, Sign. I-147/4, Buch Nr. 17.

# 3 Die personelle („innere") „Arisierung" der Banken

Jüdische Unternehmer und Manager stellten traditionsgemäß einen integralen und respektierten Bestandteil im böhmischen und tschechoslowakischen Wirtschaftsleben dar. Die Schätzungen über ihre Rolle hierin und über den jüdischen Anteil am Volksvermögen gehen auseinander, doch ist unstrittig, dass das jüdische Vermögen auf Milliarden von Kronen geschätzt werden muss. Jüdische Firmen repräsentierten nicht nur einen wesentlichen Anteil des Klein- und mittelständischen Unternehmertums, vor allem im Handel, sondern auch einen unübersehbaren Teil der einheimischen Unternehmerelite im Bereich von Industrie und Finanzwesen. Eine Reihe von Personen jüdischer Abstammung stand an der Spitze der größten Unternehmen und Gesellschaften in Industrie und Bankwesen. Obwohl der tschechoslowakische Staat, die tschechische Gesellschaft insgesamt und auch das Unternehmertum keine bedeutenderen Anzeichen von Antisemitismus zeigten (der am Rande der politischen Szene dahinvegetierende Rechtsextremismus mit seinem Antisemitismus fand in der Mehrheit der tschechischen Gesellschaft keinen Widerhall), wurden jüdische Unternehmer und Manager von einem Gefühl der Unsicherheit und Bedrohung erfasst. Dieses rührte vor allem von der Situation in Deutschland her. Eine Rolle könnte aber auch die Befürchtung gespielt haben, der sich auf den traditionellen wirtschaftlichen Nationalismus des 19. Jahrhunderts stützende Antisemitismus der Tschechen könne wiederaufleben.

Schon gegen Ende der dreißiger Jahre war unter dem Druck der sichtbaren Bedrohung der Republik durch das nationalsozialistische Deutschland eine zunächst unauffällige, im Lauf des Jahres 1938 aber bereits deutliche jüdische Kapitalflucht ins Ausland zu verzeichnen. Typische Beispiele für eine außergewöhnliche Voraussicht sind die Aktivitäten der Familien Rothschild und Petschek. Erstere überführte ihren Besitz formal in britische Hand, die zweite entschloss sich, ihren Konzern völlig zu liquidieren, und zwar einschließlich des riesigen Bankhauses.[108] Eine solche Voraussicht war aber nicht der gesamten jüdischen Gemeinde zueigen. Zahlreiche jüdische Manager brachten es nicht fertig, rechtzeitig ihre herausgehobene Stellung in der Unternehmenswelt aufzugeben und sich in die Ungewissheit der Emigration zu begeben. Die große Emigrationswelle brach erst in der Agonie der Tschechoslowakischen Republik um die Jahreswende 1938/39 los. Sogar zu diesem Zeitpunkt wollten viele nicht glauben, dass die Tschechoslowakei als eine Insel der Demokratie in Mitteleuropa von NS-Deutschland geschluckt werden könnte. Auf das beschnittene Staatsgebiet der Tschechoslowakischen Republik strömten nicht nur Juden aus den abgetretenen Grenzgebieten, sondern auch aus Deutschland und Österreich. Dazu ist anzumerken, dass die meisten dieser Menschen die tschechoslowakische Staatsangehörigkeit besaßen und in Deutschland oder Österreich nur ihrer

108 Vgl. Kubů / Novotný / Šouša, Anm. 48, S. 211–213, 218–220.

Unternehmertätigkeit nachgegangen waren. Im Banksektor blieben die meisten jüdischen Angestellten auf mittleren und höheren Posten an ihren Stellen. Von den bedeutenden jüdischen Bankiers haben nur wenige den Weggang geschafft, z. B. Otto Feilchenfeld und Ernst Ziegler, leitende Direktoren in der Böhmischen Escompte-Bank.[109]

Die Folgen des aufgezwungenen Münchener Abkommens mit dem Gebietsverlust, der anschließende Niedergang der tschechoslowakischen Demokratie und das Aufkommen rechtsextremistischer, bis dato in der tschechoslowakischen Gesellschaft nur ganz am Rande existierender politischer Kräfte sowie der unübersehbar zunehmende Druck des nationalsozialistischen Deutschlands gab all jenen Mitgliedern der jüdische Minderheit Recht, die sich rechtzeitig zum Verlassen der Tschechoslowakei durchgerungen hatten. Die drückende Atmosphäre der Zweiten Republik gab den antisemitischen Radikalen Raum, die bislang nur eine Randgruppe des tschechischen politischen Spektrums dargestellt hatten.[110] In einigen berufsständischen Fachverbänden (Rechtsanwälte, Ärzte) gab es Bestrebungen, das jüdische Element in ihrem Wirkungsbereich zurückzudrängen.[111] Die deutsche Forderung, per Erlass normativer Rechtsakte Juden aus dem politischen, wirtschaftlichen und kulturellen Leben zu verdrängen, wurde unter anderem auch offiziell Außenminister František Chvalkovský bei seinem Berlinbesuch vorgelegt.[112] Im Oktober 1938 begannen die Behörden mit der Herausgabe provisorischer, die jüdische Bevölkerung in der Wirtschaft diskriminierender Vorschriften, und die Staatsverwaltung machte sich an die Vorbereitung einer tschechoslowakischen Entsprechung zu den Nürnberger Gesetzen, allerdings in einer etwas abgemilderten Form.[113] Darin waren

---

109 Kašpar, Josef (Hg.): Československé burzovní papíry. Příručka pro kapitalisty a burzovní interesenty 1938–1939 [Tschechoslowakische Börsenpapiere. Handbuch für Kapitalisten und Börseninteressenten]. Jahrg. XIV, Praha: Nakladatelství Josef Kašpar 1938, S. 106; derselbe (Hg.): Pražské burzovní papíry 1940–1941 [Prager Börsenpapiere 1940–1941] Jahrg. XVI, Praha: Nakladatelství Josef Kašpar, 1940, S. 100.

110 Zur Atmosphäre in der Zweiten Republik vgl. die grundlegende Monographie Gebhart, Jan / Kuklík, Jan: Druhá republika 1938–1939. Svár demokracie a totality v politickém, společenském a kulturním životě [Die Zweite Republik 1938–1939. Der Kampf zwischen Demokratie und Totalität im politischen, gesellschaftlichen und kulturellen Leben], Litomyšl: Paseka 2004.

111 Kárný, Anm. 3; Rataj, Jan: O autorativní národní stát. Ideologické proměny české politiky v druhé republice 1938–1939 [Vom autoritativen Nationalstaat. Der Ideologiewandel der tschechischen Politik in der Zweiten Republik 1938–1939], Praha: Karolinum 1997, S. 105–119.

112 Dejmek, Jindřich: Československá diplomacie v době Druhé republiky (říjen 1938 – březen 1939) [Die tschechoslowakische Diplomatie in der Zeit der Zweiten Republik Oktober 1938 – März 1939], in: Acta Universitatis Carolinae – Philosophica et Historica 1 – 1998. Studia Historica XLVIII, Praha: Karolinum 2000, S. 15.

113 Sb.z. a n. 1938, Regierungsverordnung Nr. 218 / 1938 Sb über die vorübergehende Beschränkung von Veräußerung und Verpachtung bestimmter Immobilien, Regierungsverordnung Nr. 265 / 1938 Sb. über zeitweilige Beschränkung in Gewerbe und anderer Erwerbstätigkeit; Sb.z. a n. 1939, Regierungsverordnung Nr. 9 / 1939 Sb. über einige Maßnahmen in Bezug auf Erwerbs- und Wirtschaftsgemeinschaften.

nicht nur eine „Arisierung“, sondern auch Beschränkungen für jüdische Arbeitnehmer vorgesehen.[114]

Nach der Besetzung der restlichen Landesteile am 15. März 1939 begann eine relativ kurze, verwaltungstechnisch turbulente Übergangszeit, in der sich die Umsetzung von Vorschriften der tschechischen Protektoratsregierung mit den Maßnahmen und Eingriffen verschiedener deutscher Organe – anfangs der provisorischen Militärverwaltung, dann schließlich der sich formierenden Besatzungsverwaltung – überschnitten. Die Situation wurde darüber hinaus auch von den Aktivitäten höherer reichsdeutscher Organe erschwert. Nach kurzem Zögern Berlins, das anfangs der tschechischen Verwaltung eine gewisse Rolle bei der „Arisierung” zugestand, nahm die jüdische Problematik eine radikale Wende. Die Deutschen rissen ganz eindeutig die Führung an sich, und die tschechischen Organe fanden sich in untergeordneten Stellungen wieder.[115] Die neue Situation fand ihren Ausdruck in der Verordnung des Reichsprotektors in Böhmen und Mähren über das jüdische Vermögen vom 21. Juni 1939.[116]

Bereits seit dem Frühjahr 1938 begann die Dresdner Bank in den Übernahmeprojekten für die Böhmische Escompte-Bank die „Säuberung“ der Institution von „jüdischen Elementen“ vorzubereiten, um diese unmittelbar nach der Übernahme der Anstalt kompromisslos umzusetzen. In dem von der Deutschen Bank übernommenen Konkurrenzbetrieb Böhmische Union-Bank war die Sachlage nicht anders. In diesen beiden Anstalten, die seit dem letzten Viertel des 19. Jahrhunderts im deutsch-böhmischen Wirtschaftsleben Führungspositionen eingenommen hatten, waren Personen jüdischer Herkunft in höchst bedeutendem Maß am Management beteiligt und stellten auch einen wesentlichen Teil der Belegschaft. Die Zentralen der Berliner Großbanken empfanden das „nichtarische“ Element in den Bankstrukturen als gefährlich und kompromittierend, schlicht als ein Problem, das nach einer schnellen Lösung rief.

Die innere „Arisierung“ dieser neuen Tochterunternehmen der reichsdeutschen Großbanken war freilich keine ausschließlich von den Berliner Bankzentralen gesteuerte Einzelaktion. Sie war Bestandteil einer protektoratsweiten Aktion zur Verdrängung der Juden aus dem öffentlichen Wirtschaftsleben. Man kann sie parallel an mehreren Abschnitten verfolgen, begreiflicherweise jeweils mit partiellen Spezifika. In tschechischen

114 Kárný, Anm. 3, S. 50. Der konkrete Text aus der Regierungssitzung lautete: „Es wurde beschlossen, dass die Zentralbehörden in ihren Wirkungsbereichen Sorge dafür tragen, welche Staatsbeamten väter- und mütterlicherseits jüdischer Abstammung sind und dann je nach Beschaffenheit der konkreten Fälle Maßnahmen zu deren Eliminierung ergreifen (Pensionierung, Anwendung von § 73 des Dienstreglements) oder wenigstens deren Kontakt mit der Öffentlichkeit verhindern.“ NA Praha, Bestand Prezídium ministerské rady [Ministerrats-Präsidium], Kart. 4146, 20–13, Protokoll der Regierungssitzung vom 27.1.1939, XIV. Der Regierungsbeschluss wurde durch ein Rundschreiben des Ministerratspräsidiums vom 31.1.1939, Nr. 2687/39 zur Kenntnis gegeben und im Justizressort durch die Erlasse des Justizministeriums vom 2.2.1939, Nr. 5104/39–4, vom 10.2.1939 Nr. 7001/39-4 und 23.2.1939, Nr. 8832/39-4 umgesetzt.

115 Milotová, Jaroslava/Kárný, Miroslav: Od Neuratha k Heydrichovi. Dokumenty [Von Neurath zu Heydrich. Dokumente], in: Sborník archivních prací, XXXIX (1989), Bd. 2, S. 281–394.

116 Verordnung des Reichsprotektors in Böhmen und Mähren über das jüdische Vermögen, in: VOBl RP 1939, S. 45–48.

Institutionen verlief die innere „Arisierung" auf die eine Art und Weise, in volksdeutschen auf die andere – nämlich unbestreitbar schärfer und kompromissloser.

Die erste Phase der „Bankensäuberung" verlief autonom, das heißt nach einem von der Bank selbst erarbeiteten Plan; von der Bank hing auch die Regelung der Bezüge für die entlassenen Personen ab. Mit anderen Worten: die Bankensäuberung vollzog sich unter der Regie der jeweiligen Anstaltsleitung, die freilich bei den Kündigungen, die sie Personen jüdischer Abstammung aushändigten, die in den bestehenden Tarif – sowie Arbeitsverträgen der einzelnen Mitarbeiter festgeschriebenen Bedingungen respektieren musste. Das betraf die Länge der Kündigungsfristen, insbesondere aber auch die Abfindungs- und Pensionsansprüche. Die Normen der Rentenversicherung wurden eingehalten, Pensionen sollten in voller Höhe gezahlt werden. Formal sollte der rechtliche Rahmen der Entlassung gewahrt bleiben. Über diese Aktion wachte freilich die auch als Konsultant fungierende NSDAP, namentlich deren Kreiswirtschaftsberater.[117]

Die zweite „Säuberungsphase" der Banken wurde von der Verordnung des Reichsprotektors in Böhmen und Mähren über die Entlassung jüdischer Angestellter vom 23. Oktober 1939 gestartet und in der Durchführung vereinheitlicht.[118] Darin wurde festgelegt, dass jeder beliebige Arbeitsvertrag mit jüdischen Beschäftigten unter Einhaltung einer sechswöchigen Kündigungsfrist jeweils zum Monatsersten gekündigt werden konnte. Neu war die Anordnung, dass nach Verstreichen der Kündigungsfrist sämtliche Anrechte des Angestellten auf Versorgungsbezüge und Abfindungen hinfällig wurden. Paragraph zwei ließ jedoch zu (und gab so dem Arbeitgeber die Möglichkeit), eine einmalige Abfindung in der Höhe von maximal einem halben Jahresgehalt auszuzahlen. Sofern der Angestellte Beiträge in die betriebseigene Rentenkasse geleistet hatte, sollten ihm diese zurückgezahlt werden. Andere gesetzlich oder vertraglich festgelegte Abmachungen als die oben genannten bezüglich Pension, Abfindungen und anderen Bezügen oder weitere einmalige Entschädigungen wurden für rechtsungültig erklärt. In der zweiten Phase übernahm also die NS-Verwaltung die Initiative und regelte die Behandlung jüdischer Angestellter „einheitlich". In diesem Zusammenhang ist zu betonen, dass diese neue Regelung zwar die Arbeitgeber einschränkte, ihnen zweifelsohne aber nicht ungelegen kam, da sie die Betriebskosten senkte. Diese Einsparungen erreichten Millionenhöhe. Bankhäuser mit einer größeren Anzahl jüdischer Angestellter gerieten aber in ernste Schwierigkeiten; das galt insbesondere für die Böhmische Escompte-Bank, der zunehmend qualifiziertes Personal abhanden kam. Daher bemühte sich diese

---

117 AČNB Praha, Bestand Böhmische Escompte-Bank und Creditanstalt (im Weiteren BEB), Personalakten (unbearbeitet), Umschlag Angelegenheiten der Nichtarier 1939–1940, Aktennotiz 6.6.1939 – Personalkündigungen.

118 Verordnung des Reichsprotektors in Böhmen und Mähren vom 23.10.1939 über die Entlassung jüdischer Angestellter im Protektorat Böhmen und Mähren, in: VOBl RP 1939, S. 281. Vgl. Veselý, Vilém: Říšské právo v Čechách a na Moravě. Soubor říšských právních norem platných v Protektorátu Čechy a Morava a souvisejících a příbuzných předpisů protektorátních [Reichsdeutsches Recht in Böhmen und Mähren. Sammlung reichsdeutscher Rechtsnormen mit Gültigkeit im Protektorat Böhmen und Mähren nebst zusammenhängenden und verwandten Protektoratsbestimmungen], Praha: Právnické a knihkupectví a nakladatelství Linhart 1940, S. 203.

ausgesprochen deutschnationale Bank paradoxerweise wenigstens vorübergehend darum, mit Hilfe einmonatiger Arbeitsverträge qualifizierte Angestellte zu halten.

## 3.1 Die Entlassung von jüdischen Angestellten und Angehörigen der Führungsgremien der Nationalbank für Böhmen und Mähren

In der Nationalbank, einem Bankinstitut, von dem die Finanzwelt des Protektorats ganz wesentlich abhing, nahm die Verdrängung der Juden aus dem Wirtschaftsleben eine ganz spezifische Form an. Dies vollzog sich unter Mithilfe der deutschen Besatzungsverwaltung und aufgrund der von ihr herausgegebenen Vorschriften. Friedrich Müller, der Sonderbeauftragte der Deutschen Reichbank und Mitarbeiter der obersten Besatzungsbehörde, des Amts des Reichsprotektors, wurde unmittelbar nach der militärischen Besetzung des restlichen Gebiets des Tschechoslowakischen Staates in der Nationalbank eingesetzt. Bereits am 20. März 1939 musste deren langjähriges Bankratsmitglied Robert Mandelík, Unternehmer in der Zuckerindustrie, aus rassischen Gründen sein Amt niederlegen. Der Beginn der deutschen Herrschaft im Protektorat, in dem die Brutalität des Besatzungsregimes noch nicht so hervortrat, verleitete den Gouverneur, František Ladislav Dvořák, zu einer offenen Sympathiebekundung für Mandelík. Hierzu kam es auf der offiziellen Bankratssitzung vom 4. April 1939, auf der Dvořák erklärte: „Dem Herrn Fabrikanten Mandelík habe ich in meinem Namen sowie im Namen der Geschäftsleitung für seine langjährige Mitarbeit Dank ausgesprochen. Ich habe betont, dass wir alle seinen außerordentlichen Weitblick, seine reichen Erfahrungen und außerordentliche Hochherzigkeit zu schätzen wussten. Ich habe ihm versichert, dass wir immer mit schönen Gefühlen an ihn zurückdenken werden und dass ihm in der Geschichte der Nationalbank eine dauernde Erinnerung gebührt.“[119] In Anbetracht der deutschen Ansichten über die Juden, die laut den Kriterien der Nationalsozialisten nicht als vollwertige Menschen galten, war dies auf dem offiziellen Forum einer Protektoratsinstitution eine ungewöhnliche und mutige Äußerung. Ähnlich wie Mandelík wurde auch der Zensor in der Olmützer Nationalbank-Filiale, Otto Zweig, zum Rücktritt gezwungen.[120]

Im Jahr 1942 betrafen die Repressionen auch Halbjuden und Lebenspartner von Frauen, die laut den Nürnberger Rassengesetzen als Jüdinnen bzw. Halbjüdinnen galten. Insgesamt wurden so acht Beamte entlassen.[121] Überdies wurden auch ehemalige Legionäre entlassen.

119 AČNB Praha, Bestand NBČ, IV. Protokoll der außerordentlichen Bankratssitzung vom 4.4.1939.

120 Ebd., IV. Anlage Ch zur Bankratssitzung der Nationalbank vom 20.12.1939. Die Kreditabteilung der Nationalbank hat in diesem Fall vorgeschlagen, Zweig für seine Arbeit ein Dankesschreiben zu übersenden. Dies erfolgte im Dezember 1939, als die rassische Verfolgung der jüdischen Bevölkerung bereits offenkundig war.

121 Laut den Nürnberger Rassegesetzen galten als „Judenmischlinge“: der Kontrolleur Karel Koperský, die Revidenten Rudolf Štorch und František Šrámek sowie die Beamtin Marie Katanská. In Ehe mit einer Jüdin bzw. einer Halbjüdin lebten: die Oberkontrolleure Josef Kožíšek und Antonín Beran

Die deutschen Stellen einschließlich der Reichsbank gingen bei den Bankratsmitgliedern der Nationalbank sowie bei Personen aus der Geschäftsführung nicht nur der rassischen Herkunft nach, sondern auch deren Loyalität gegenüber dem Reich und ihrer professionellen Tüchtigkeit. Sie zogen dabei auch deren amtliches Wirken aus der Zeit Österreich-Ungarns sowie der Ersten und Zweiten Tschechoslowakischen Republik in Betracht. So betonte ein Bericht vom 18. September 1941 über den Oberdirektor der Nationalbank, František Peroutka, er sei Beamter des österreichischen Handelsministeriums und im Ersten Weltkrieg Kontaktmann dieses Ministeriums zum Reichswirtschaftsministerium in Berlin gewesen. Ferner wurde festgestellt, er sei sehr klug und loyal. Bei seinem Stellvertreter Václav Vaněk hingegen verwiesen die Verfasser der Information auf den Umstand, es handele sich um einen tschechischen Nationalisten, allerdings um einen persönlich integeren Mann, der früher im Privatbankwesen gearbeitet habe – konkret als Manager der Prager Kreditbank (Pražská úvěrní banka). Beamte der ehemaligen Österreichisch-Ungarischen Bank waren: der Direktor der Nationalbank-Zentrale, Eduard Čáp, der Direktor der Revisionsabteilung, Otakar Zeidler, und Nationalbank-Personalchef Prokop Svoboda. Zeidler war den Deutschen gegenüber loyal und freundschaftlich. Svoboda hatte zwar von der Österreichisch-Ungarischen Bank ein gutes Zeugnis erhalten, wurde aber im erwähnten Bericht vom September 1941 als „großer tschechischer Nationalist" bezeichnet. Unannehmbar für die Deutschen war der Leiter der Studienabteilung der Nationalbank, Miloš Horna. Dieser wurde bis Ende 1942 im Dienst belassen, obwohl seine Vergangenheit als Legionär Anstoß erregte.[122] Die „Entjudung" der Nationalbank verschmolz also für die deutsche Protektoratsverwaltung – genau wie in den übrigen Bereichen des Wirtsaftslebens – mit der Forderung nach Germanisierung und Gewährleistung eines ausschlaggebenden deutschen Einflusses.[123]

---

sowie der Revident Ing. Otakar Kilinger. Aus dem gleichen Grund wurde auch Dr. jur. Arnošt Štěpán entlassen. Anschließend (im Juni 1942) wurde diesbezüglich auch die Dienstordnung für Angestellte der Nationalbank und die Dienstordnung für Büropersonal der Nationalbank um entsprechende Bestimmungen ergänzt.

122 BA Berlin, Bestand R 2501, Bd. 6060, Auszug aus Fernschreiben Nr. 192 vom 18. September 1941.

123 Kárný, Miroslav / Milotová, Jaroslava (Hg.): Anatomie okupační politiky hitlerovského Německa v „Protektorátu Čechy a Morava". Dokumenty z období říšského protektora Konstantina von Neuratha [Anatomie der Besatzungspolitk Hitlerdeutschlands im „Protektorat Böhmen und Mähren". Dokumente aus der Zeit des Reichsprotektors Konstantin von Neurath], in: Sborník k problematice dějin imperialismu 21 (1987), Dokument 70, Brief K. von Neuraths an den Gauleiter Fritz Wächtler vom 20.6.1940, S. 166; Jančík / Kubů, Anm. 36, S. 147–153.

## 3.2 Die „innere Arisierung" der Böhmischen Escompte-Bank[124], der Böhmischen Union-Bank und der Bank für Handel und Gewerbe (vormals Länderbank)

Es ist geradezu symptomatisch, dass die beiden ältesten und auch bedeutendsten Bankinstitute mit deutschsprachiger Leitung in Böhmen, die Böhmische Escompte-Bank (BEB) und die Böhmische Union-Bank (BUB) sowie die nostrifizierte[125] Prager Filiale der Wiener Länderbank (die in der Tschechoslowakischen Republik unter dem Namen „Bank für Handel und Gewerbe, vormals Länderbank" arbeitete) vom Reichswirtschaftsministerium im Januar 1938 als „jüdische Unternehmen" eingestuft wurden.[126] Vier von sechs Vorstandsmitgliedern der BEB und fünf von sechs Vorstandsmitgliedern der BUB waren jüdischer Abstammung. Im zweiundzwanzigköpfigen BUB-Verwaltungsrat saßen elf „Nichtarier".[127] Daneben ist auch noch die Gruppe der mittleren und unteren Bankangestellten dieser Banken zu betrachten. Die einzigartige, nachträglich für das Protektoratsgebiet erstellte Statistik der BEB führte über den Stand zum 2. Januar 1938 an, dass in dieser Anstalt Personen jüdischer Abstammung 61 Prozent der Manager stellten und 32 Prozent der mittleren Beamtenschaft. Unter den niederen Beamten und Bediensteten befanden sich dagegen überhaupt keine Juden.[128] Die „Arisierung" dieser Geldinstitute wurden den Berliner Großbanken Deutsche Bank und Dresdner Bank aufgetragen, die im Protektorat begreiflicherweise ihre eigenen Interessen verfolgten und sich auf diese Rolle langfristig vorbereitet hatten.[129] Beide Großbanken erstellten im Laufe des Jahres 1938 eigene Analysen des unternehmerischen Milieus in den böhmischen Ländern, die aufgrund langfristiger Beobachtungen bedeutender

124 Vgl. Kubů, Eduard / Novotný, Jiří / Šouša, Jiří: Proces „odžidovštění" v Böhmische Escompte-Bank und Credit-Anstalt v Praze 1939–1940 [Der „Entjudungsprozess" in der Böhmischen Escompte-Bank und Creditanstalt in Prag 1939–1940], in: Dvořák, Tomáš / Vlček, Radomír / Vykoupil, Libor (Hg.): Milý Bore ...Profesoru Ctiboru Nečasovi k jeho sedmdesátým narozeninám, Brno: Matice Moravská 2003, S. 89–97; dies.: The Process of „Dejewification" of the Böhmische Escompte-Bank und Credit-Anstalt in Prague (1939–1940), The Dismissal of Jewish Employees and Expulsion of Jews from Statuary Bodies following the creation of the Protectorate of Bohemia and Moravia, in: Prager wirtschafts- und sozialhistorische Mitteilungen / Prague Economic and Social History Papers Bd. / Vol. 7 (2004 / 2005), Prag 2005, S. 134–153.

125 Auf Veranlassung des Ministeriums für Industrie, Handel und Gewerbe erfolgte in den Jahren 1919–1929 die Nostrifikation von Firmen, die auf dem Gebiet der ČSR tätig waren. Firmen mit Sitz im Ausland mussten diesen in die ČSR verlegen. Näheres vgl. Lacina, Vlastislav: Nostrifikace podniků a bank v prvním desetiletí Československé republiky [Die Nostrifikation von Unternehmen und Banken im ersten Jahrzehnt der Tschechoslowakischen Republik], in: Český časopis historický 92 (1994), S. 77–93.

126 Zur Bezeichnung als „jüdisches Unternehmen" genügte es ohne Weiteres, wenn sich mindestens 25 % des Stammkapitals in jüdischem Besitz befanden oder wenigstens ein Vorstands – oder Aufsichtsratsmitglied Jude war (im Sinne der sog. Nürnberger Rassengesetze).

127 Gall / Feldman / James / Holtfrerich / Büschgen, Anm. 23, S. 369; Kopper, Anm. 22, S. 236–237.

128 AČNB Praha, Anm. 117.

129 Vgl. eingehender Kopper, Anm. 21, S. 315–348; James, Harold: The Deutsche Bank and the Nazi Economic War against the Jews, Cambridge: University Press 2001, S. 149–180.

Unternehmen aus der tschechischen und tschechoslowakischen Industrie und dem Finanzwesen über ein solides Fundament verfügten. Die Anfänge dieser Arbeit fallen sogar noch in die Zeit der ehemaligen österreichisch-ungarischen Monarchie. Die Anzahl der beobachteten Firmen und im Handel befindlichen Wertpapiere nahm im Lauf der Zeit immer weiter zu.

Schon bei der vertraulichen Besprechung mit bedeutenden Vertretern des sudetendeutschen Wirtschaftslebens, die in den Verwaltungsräten von BEB und BUB vertreten waren (unter ihnen auch der Vorsitzende des Deutschen Hauptverbands der Industrie, Theodor Liebieg aus Liberec), vom 25. Juli 1938 in Dolný Polubný umriss der Direktor der Dresdner Filiale der Dresdner Bank, Reinhold Freiherr v. Lüdinghausen, die geplante „Arisierung“ und Verdrängung des tschechischen Kapitals aus beiden genannten Banken.[130] In der ersten Etappe brachten die beiden Berliner Großbanken das komplette Filialnetz von BEB und BUB in den nach München an Hitlerdeutschland abgetretenen Gebieten unter ihre Kontrolle.[131] Die jüdischen Angestellten in diesen Filialen stellten 65 Prozent aller Direktoren und 48 Prozent des Gesamtpersonals. All diese wurden mit dem Einfall der Wehrmacht ins Grenzgebiet augenblicklich entlassen.[132] Allein dieser Umstand schuf einen psychologischen Druck auf die „nichtarischen“ Angestellten und Angehörigen der Leitungsgremien in den Prager Zentralen. Viele sahen die bevorstehende Entwicklung kommen und gaben ihre Posten auf. Ende 1938 waren die Projekte zur Bildung von Tochtergesellschaften der Dresdner und der Deutschen Bank in Prag so weit gediehen, dass der Generalreferent im Reichswirtschaftsministerium, Hans Kehrl, mit den Spitzenvertretern der beiden Bankgiganten, Hermann Abs und Walter Pohle, über die Ambitionen ihrer Institute auf dem Gebet der formal noch souveränen Tschecho-Slowakischen Republik verhandelte. Die Einflusssphären waren bereits verteilt. Der Deutschen Bank blieb die Übernahme der BUB vorbehalten, der Dresdner Bank hingegen die der BEB.[133] Eine weitere Präzisierung dieser Vorhaben erfolgte auf der anschließenden Besprechung beider Spitzenbanker unmittelbar vor der Besetzung am 8. Februar 1939.[134]

Die zweite innere „Arisierungs“-Welle bei der BEB folgte schon am Tag der Besetzung der Rest-Tschechoslowakei, also am 15. März 1939. Von Lüdinghausen betrat in Offiziersuniform die Bankzentrale und nötigte persönlich die jüdischen Vorstandsmitglieder zum Rücktritt. Diese gaben seinem Druck nach. Auch bei der „Arisierung” der BUB machte man kurzen Prozess – mit unverhülltem Druck und Drohungen. Die Vertreter der Berliner Großbanken, die in Zusammenarbeit mit dem Reichwirtschaftsministerium die innere „Arisierung” eingeleitet hatten und die

130 Wixforth, Anm. 28, S. 39–47.

131 Ebd., S. 54–107.

132 Kopper, Anm. 22, S. 239.

133 Historisches Archiv der Deutschen Bank Frankfurt am Main (im Weiteren HADB Frankfurt am Main), Bd. B 153, Aufzeichnung über die Verhandlung von Hermann Abs und Walter Pohl mit Hans Kehrl am 15.12.1938.

134 Ebd., Aufzeichnung über die Verhandlung von H. Abs und W. Pohl mit H. Kehrl vom 8.2.1939.

Einverleibung dieser traditionell deutschen Banken auf böhmischem Territorium in die Wirtschaftsstrukturen des Dritten Reichs in die Wege leiteten, gewannen entscheidenden Einfluss. Kaum eine Woche nach der Besetzung Prags durch die deutschen Truppen kamen die Vertreter von Dresdner Bank, Deutscher Bank und Kreditanstalt der Deutschen überein, die drei jüdisch kontrollierten Banken untereinander aufzuteilen (21. März 1939): Die Dresdner Bank erwarb die BEB, die Deutsche Bank übernahm die BUB und die Kreditanstalt der Deutschen erhielt die Länderbank.[135]

Die sudetendeutschen Industriellen kamen ungeachtet ihrer „Arisierungs“-Ambitionen in gewisser Weise zu kurz. Mit Rücksicht auf den hohen Prozentsatz der jüdischen Belegschaft befanden sich BEB und BUB in ernsthaften Schwierigkeiten, ihnen fehlten die so dringend erforderlichen qualifizierte Fachleute. Und da nun die Beschäftigung einer größeren Anzahl von Tschechen auf der mittleren und höheren Führungsebene „aus nationalpolitischen Gründen“ unannehmbar war, verlief die „Arisierung“ beim Personal viel langsamer, als der Reichsprotektor und Berlin verlangten.[136] Die BUB plante die Entlassung aller jüdischen Angestellten bis Ende Oktober 1939. Anfang Juni 1939 war die „Arisierung” der Anstalt soweit fortgeschritten, dass die Juden aus Leitungsgremien und Management ausgeschlossen waren, was der Deutschen Bank erlaubte, den Reichsprotektor zu ersuchen, ihr Prager Konzernunternehmen zum „judenfreien Unternehmen“ zu erklären.[137] Trotzdem wies der Personalstand in der BUB noch Ende August 1939 eine für die „Arisierer“ höchst unbefriedigende Anzahl jüdischer Angestellter auf: Von 759 Angestellten waren lediglich 218 Personen deutscher Nationalität, daneben wurden 309 Tschechen und 217 Juden sowie 15 Halbjuden beschäftigt. Also stellten Juden immer noch 30,8 Prozent der Gesamtbelegschaft. Diese „schwierige Situation“ führte zu einer ganzen Reihe Lösungen, die den Standards zuwiderliefen; es handelte sich vor allem um die „Ausleihe“ von 40 Reichsdeutschen, die aus der Deutschen Bank und anderen fusionierenden Anstalten hierher dirigiert wurden. Auch einheimische Quellen wurden nicht übergangen. Bereits im Verlauf des Sommers 1939 übernahm die BUB einen Teil des Managements der volksdeutschen, wirtschaftlich erfolglosen und in der Vergangenheit bereits aus dem Reich sanierten Deutschen Agrar- und Industriebank, obwohl die offizielle Fusion erst ein Jahr später erfolgte. Bezeichnend ist, dass diese Fusion für das Geldinstitut weniger eine Erweiterung ihrer Kundschaft als vielmehr ihres Personals darstellte,[138] nämlich um insgesamt 110 Personen.[139] In der BEB ging die innere „Arisierung“ langsamer vor sich. Noch Ende November 1939 beschäftigte

135 Hilberg, Raul: Die Vernichtung der europäischen Juden, Bd. 1, Frankfurt am Main: Fischer Taschenbuch Verlag 1991, S. 105. Gespräch am 21.3.1939 im Gebäude des tschechischen Handelsministeriums in Prag.

136 Kopper, Anm. 22, S. 284., vgl auch Wixforth, Anm. 71, S. 205–206.

137 HADB Frankfurt am Main, Bd. B 167, Doppel des Schreibens vom Amt des Reichsprotektors vom 5.7.1939, adressiert an die BUB.

138 Ebd., Bd. B 203, Schreiben von Walter Pohl an Hermann Abs vom 29.8.1939; ebd., Schreiben der BUB an die Deutsche Bank vom 29.8.1939.

139 Ebd., Bd. B 195, Bericht von Dr. Hauptmann von der BUB-Pensionsanstalt vom 15.3.1943.

sie qualifiziertes jüdisches Personal in relativ großer Zahl, das in einigen Fällen paradoxerweise auch an Vorbereitung und Realisierung der „Arisierung“ mitwirkte.

Der Januar 1940 hat die „arischen“ Säuberungen offensichtlich beschleunigt. Die in den Augen der tschechischen Finanziers als typisch jüdische Handels-Großbanken geltenden Häuser BEB und BUB waren innerlich „arisiert“. Die innere „Arisierung" hatte allen Anstalten mit einem Großteil jüdischer Angestellter neben betrieblichen Problemen auch einen gewissen Profit eingetragen. Es handelte sich um beträchtliche Einsparungen von Betriebskosten, die an Gehältern, Rentenversicherungen und Abfindungen in die Millionen gingen. Sie betrugen bei der BEB jährlich 5,6 Millionen Kronen[140] und bei der BUB 1.639.000 Kronen.[141] Die Banken gingen hierbei nicht nur von der genannten Vorschrift des ARP aus, sondern nahmen auf eigene Initiative auch eine Ausweitung auf die so genannten Altpensionäre vor, also auf Personen, die bereits vor dem 15. März 1939 in Pension gegangen waren. Dieser extensiven Auslegung ist das ARP höchst bereitwillig entgegen gekommen.[142]

Die Betriebskosteneinsparungen zu Ungunsten jüdischer Angestellter erfolgten bei der BEB in drei Phasen. Die erste setzte im März 1939 ein: Kurz nach Besetzung der restlichen böhmischen Länder wurde ein Sparprojekt für die Pensionen aller ehemaligen jüdischen Angestellten ausgearbeitet, und zwar ohne Berücksichtigung ihrer Zuordnung zu den entsprechenden Pensionsklassen. Diese Kürzung war spürbar, sie bewegte sich zwischen 10 und 25 Prozent. Zu diesem Zweck wurden Sondertabellen erstellt. Pensionären mit einer Jahresrente bis zu 40.000 Kronen wurde die Pension nicht gekürzt, Pensionären mit bis zu 50.000 Kronen Jahresrente mussten eine Kürzung um zehn Prozent hinnehmen, ferner erfolgte eine progressive Pensionskürzung. So wurden z. B. Pensionen zwischen 90.000 und 100.000 Kronen um 20 Prozent gekürzt. Dem ehemaligen Direktor, Dr. Viktor Landesmann, der bis März 1939 eine Pension in Höhe von 160.000 Kronen bezogen hatte, wurde diese ab dem 1. April 1939 auf 120.000 Kronen gekürzt, also um 25 Prozent. Diese Kürzungen wurden formal nicht als Aktion gegen jüdische Angestellte begründet, sondern als wirtschaftliche Notwendigkeit zwecks Erhaltung der inneren Stabilität der Bank, nachdem die Abtretung ihrer Filialen im Grenzgebiet die Anstalt um einen beträchtlichen Teil ihrer Geschäfte gebracht hatte. In den Schreiben an die betroffenen Personen wurde direkt an ihr „Verständnis“ für diese Maßnahme appelliert.[143] Dazu muss freilich gesagt werden, dass die Pensionen von „arischen“ Angestellten in diesem Zusammenhang unangetastet blieben. Die Einsparungen in der angedeuteten ersten Phase beliefen sich laut Berechnungen der Personalabteilung auf einen Betrag von 744.130 Kronen.[144] Auf die Pensionskürzung folgte eine Einsparungsphase bei den Gehältern jüdischer Angestellter, die eine befristete Kündigung erhalten hatten. Hier fie-

140 AČNB Praha, Anm. 117, Personalbüro BEB-Aktennotiz vom 11.12.1939.

141 Anm. 139.

142 AČNB Praha, Anm. 117, Vermerk des BEB-Personalbüros über die Beratung mit Dr. Greven vom 13.11.1939.

143 Ebd., Tabelle mit den Gehaltskürungen, datiert 25.3.1939; ebd., Personalakte Dr. Viktor Landesmann.

144 Ebd., Tabelle Kürzung der Bezüge der jüdischen Funktionäre ab 1.4.1939.

len die Kürzungen noch drastischer aus und hielten sich nicht an ein festes Muster. Im Durchschnitt wurden die Gehälter auf 50 Prozent gesenkt. Diese Einsparung brachte einen Betrag von 385 799 Kronen.[145] Am meisten sparte die BEB-Leitung in der dritten Phase bei der Ruhegehaltkürzung ein. Wenn die Gesamtkosten für die Pensionen aller 538 ehemaligen Angestellten einen Betrag von 10.175.000 Kronen ausmachten, so konnten nach der Verordnung des Reichsprotektors vom 23. Oktober 1939, in der die Pensionsansprüche ehemaliger jüdischer Angestellter aufgehoben und lediglich die Auszahlung einer einmaligen Abfindung gestattet wurde, über 50 Prozent, also insgesamt 5,64 Millionen Kronen, an Pensionen für 251 „Nichtarier“ auf der Kostenseite – Posten Ruhegehälter – eingespart werden.[146] Aus der Sicht des seinerzeit von der Bank erwirtschafteten Profits handelte es sich nicht um wesentliche Einsparungen, die sich im Endeffekt auf die Wirtschaft der Bank niedergeschlagen hätten. Wie die folgenden Kapitel zeigen, haben die meisten „Arisierungs“-Aktivitäten, die ab Mitte 1939 fieberhaft anliefen, diese Einsparungen um ein Vielfaches überschritten. Provisionen in mehrfacher Millionenhöhe bei der Vermittlung von „Arisierungen“ waren da keine Ausnahme. Betrachtet man aber auf der anderen Seite die erwähnten Einsparungen über einen Zeitraum von etwa zehn Jahren, über den hinweg diese Bezüge an ehemalige jüdische Angestellte gezahlt worden wären und zieht dabei den Umstand in Betracht, dass früher oder später die meisten „Arisierungs“-Geschäfte nur eine vorübergehende Gelegenheit zu außerordentlichen Gewinnen darstellten, hat es sich doch nicht um einen völlig unerheblichen Betrag gehandelt. Auch dann nicht, wenn man bedenkt, dass anstelle der jüdischen Angestellten neues Personal eingestellt werden musste.

Das sich aus Entlassung und Pensionskürzungen für Personen jüdischer Abstammung ergebende Bild von den Folgen für die Entwicklung der inneren Strukturen der BEB und ihr Funktionieren war komplizierter. An die Stelle entlassener jüdischer Angestellter, die in höhere Qualifikationsklassen fielen, rückten „deutsch-arische“ Personen aus niedrigeren Gehaltsgruppen nach, die einen systematischen Druck auf die Durchführung der inneren „Arisierung“ ausgeübt hatten, da sie sich davon zu Recht einen Aufstieg erhofften. Ihre Gehälter stiegen freilich langsamer, auch dürfen die beträchtlichen Ruhegehalt-Einsparungen nicht übersehen werden. Wenn man die Initiatoren der angedeuteten Veränderungen näher betrachtet, stellt sich heraus, dass die Schlüsselrollen von Personen besetzt waren, die von der Dresdner Bank aus Berlin hierher versetzt worden waren und ihre dortigen Stellen behalten hatten. Aus der Zentrale stammten z. B. Dr. Franz Rössler, Leonhard Stitz-Ulrici oder Walter Hartung. Eine gewisse die Regel bestätigende Ausnahme, aber auch Ausdruck einer unentbehrlichen Kontinuität stellt Karl Nowotny dar, der bereits vor dem Münchner Abkommen als Mann der Dresdner Bank im BEB-Management fungiert hatte.[147]

145 Ebd., Vermerk der Personalabteilung, Kürzung der Bezüge nichtarischer Suspendierter vom 28.5.1939.

146 Ebd., Protokoll des BEB-Personalbüros vom 11.12.1939

147 Ebd., Schreiben der BEB an das ARP vom 15.11.1939 mit Aufzählung der Personen, die die „Entjudung“ der Bank leiten.

Ein kontraproduktiver Effekt der inneren „Arisierung" und Einsparungen waren die Schwierigkeiten im alltäglichen Geschäftsablauf der Bank. Die unerfahrenen und häufig schlecht qualifizierten Angestellten bewältigten nur unter Mühen die Aufgaben, vor die sie sich in der neuen Unternehmenswelt gestellt sahen. Daher beschäftigte die BEB bis März 1940 gegen Tagegeld knapp drei Dutzend qualifizierte jüdische Fachkräfte.[148] Außerdem wurden mit dem fortschreitenden Krieg die Deutschen an die Front einberufen, und deshalb mussten bei dieser ausgesprochen deutschnationalen Bank immer mehr Tschechen eingestellt werden.

Neben der sprachlich deutschen BUB und der utraquistischen[149] BEB gab es auch ein weiteres traditionelles Bankhaus mit tschechisch-deutscher Verwaltung – die Bank für Handel und Gewerbe, vormals Länderbank, die kurz nach der Besetzung in die Hände der Dresdner Bank fiel, die deren Geschäfte und Personal in die BEB eingegliederte. Laut Bericht der Direktoren der Dresdner Bank, Otto Herbeck und Walter Teichmann, vom 23. April 1939 waren in der Länderbank 245 Tschechen, 48 Deutsche und 164 „Nichtarier" tätig. Die Entlassung der jüdischen Funktionäre und Angestellten sollte der Bank eine wesentliche Senkung der Betriebskosten bringen. Dem entspricht die Tatsache, dass ganze 50 Personen der insgesamt 164 „Nichtarier" in die höhere Funktionärskategorie fielen.[150] Die „Entjudung" begann mit der Pensionierung älterer Angestellter und ging mit der Entlassung jüngerer Mitarbeiter weiter, die eine Abstandszahlung erhalten sollten. Obwohl keine näheren Angaben über den Verlauf dieser Aktion und deren finanziellen Effekt vorliegen, geht aus den Dokumenten der Dresdner Bank hervor, dass das Management darauf achtete, den „Entjudungsprozess" der Länderbank so ähnlich wie die „Entjudung" in der BEB durchzuführen.[151]

## 3.3 Die „Entjudung" der tschechischen Handelsbanken und die Schwierigkeiten bei der Germanisierung der tschechischen Unternehmen

Eine bedeutende, bislang nicht aufgearbeitete Frage an die Forschung bleibt, wie die innere „Arisierung" in tschechischen Banken vor sich ging, inwieweit die „Arisierungs"-Vorschriften der deutschen Verwaltung und die „Arisierungs"-Aktivitäten deutscher Banken in den böhmischen Ländern die innere „Arisierung" tschechischer Banken beeinflusst haben könnte und inwieweit es den Nationalsozialisten gelang, die Entlassung jüdischer Mitarbeiter zur Germanisierung der tschechischen Banken zu instrumentalisieren.

---

148 Ebd., Nichtarische Beamte, die nach dem 1.4.1940 gegen Tagegeld beschäftigt sind.

149 Der Begriff „utraqistisches Geldinstitut" bezeichnete in der damaligen Bankenterminologie ein Geldinstitut mit gemischter tschechisch-deutscher Geschäftsführung. Der Begriff geht auf den Utraquismus aus Mittelalter und früher Neuzeit zurück, das heißt auf den Empfang des Abendmahls in beiderlei Gestalt – communio utriusque speciei.

150 Wixforth, Anm. 28, S. 226–227.

151 Ebd., S. 230.

Das Thema „Verdrängung der Juden aus dem tschechischen Bankwesen“ soll anhand des bedeutendsten tschechischen Geldinstituts, der Živnostenská banka (Gewerbebank), abgehandelt werden, eines Instituts, das traditionsgemäß im In- und Ausland (wobei vor allem die Filiale in Wien zu nennen ist) auf breiter und langfristiger Grundlage die Zusammenarbeit mit jüdischem Kapital, Firmen und Einzelpersonen pflegte. Im übrigen galt die Živnostenská banka nicht einmal in jüdischen Kreisen als antisemitisch, und viele ihrer jüdischen Klienten boten ihr kurz nach der Besetzung auf eigene Initiative den Aufkauf ihrer Betriebe an, als sie nach einem Weg zu deren Rettung suchten. Dabei betonten sie ihr Interesse, ihr Vermögen nicht in deutsche, sondern in tschechische Hände zu übergeben.[152] Der Verwaltungsratsvorsitzende der Živnostenská banka und namhafte tschechische Bankier der Zwischenkriegszeit, Jaroslav Preiss, wurde daher auf der Vollversammlung der Aktionäre am 25. März 1939 von dem tschechischen Faschisten O. Doležal wegen „Paktierens mit Juden“ attackiert.[153]

Die gesamte Zwischenkriegszeit über zeigte die Personalpolitik der Anstalt keinerlei Elemente von Antisemitismus. Die Bank interessierte sich nicht für die Konfession oder ethnische Herkunft ihrer Beamten oder sonstigen Angestellten. Aufgrund von Aktenmaterial der Leitungsgremien lässt sich für das ganze Jahr 1939 seit der Besetzung auf keine systematischen Entlassungen schließen, also auf keine bedeutende Entlassungswelle, wie man sie in allen größeren reichsdeutschen Geldinstituten nach der Machtergreifung der Nationalsozialisten und in der Folge auch in den von reichsdeutschen Anstalten übernommenen böhmischen Banken entdecken kann.[154] Sofern es zu Entlassungen kam, geschah dies anfänglich auf dem Weg der Pensionierung oder auf eine andere diskrete Weise, die sich aus dem Archivmaterial nicht erkennen lässt. Interessant ist, dass eine Reihe von Personen jüdischer Abstammung, vor allem die besser situierten wie das Bankpersonal, die künftige Entwicklung kommen sah und so während der Zweiten Republik und zu Beginn der Okkupationszeit aus eigenem Antrieb Beruf, Vermögen und Gewerbe aufgab und in die Emigration ging.

Unsere Untersuchung zeigt, dass der jüdische Anteil an Management und weiterer Bankbelegschaft nicht groß war. Das Gros der Bevölkerung jüdischer Abstammung in Böhmen und Mähren hatte sich kulturell und sprachlich dem deutschen Milieu

152 AČNB Praha, Bestand ŽB, Sign. S VII / a-6 / 8, vgl. z. B. Das Übernahmeangebot der Firma Moric Arndt, a.s., Prag bzw. Übernahme der Firma Julius Basch, Farbenherstellung, beide vom Mai 1939, Unternehmens-„Arisierung“. Anfang Oktober 1938 bot Leopold Pilzer, der Generaldirektor der bekannten Schweizer Holding Thonet-Mundus A. G. Zürich, deren Werke in der ČSR unter den nationalsozialistischen Begriff „jüdisches Unternehmen“ gefallen wären, dem leitenden Direktor der Živnostenská banka, Preiss, deren Überführung in die ausschließliche Interessensphäre seiner Bank an. (Ebd., Sign. S VII / i-1-I / 670, Brief von L. Pilzer an J. Preiss vom 4.10.1938).

153 Ebd., Sign. S IX / b-1938, Protokoll von der 71. Vollversammlung am 25.3.1939.

154 Zu Entlassungen von jüdischen Angestellten der Großbanken im Reich näher Ziegler, Dieter: Die deutschen Großbanken im „Altreich“ 1933–1939, in: Stiefel, Dieter, (Hg.): Die politische Ökonomie des Holocaust. Zur wirtschaftlichen Logik von Verfolgung und „Wiedergutmachung“, Wien / München: Verlag für Geschichte und Politik / Oldenbourg 2001, S. 124–129; Weihe, Thomas: Die Verdrängung jüdischer Mitarbeiter und der Wettbewerb um Kunden im Nationalsozialismus, in: Herbst / Weihe, Anm. 27, S. 43–73.

zugewandt, und nur ein kleiner Teil hatte sich ins tschechische Umfeld eingefügt. Die Živnostenská banka konnte so per Handelsregisterauszug problemlos bis zum 15. März 1939 rückwirkend nachweisen, dass in keinem ihrer Leitungsorgane, das heißt weder in Vorstand, Verwaltungsrat noch im Aufsichtsrat, auch nur ein einziges jüdisches Mitglied vertreten war.[155] Dieser Umstand verhinderte es, dass die deutsche Verwaltung die „Arisierung“ zur Zurückdrängung des tschechischen Einflusses nicht nur in der Bank, sondern auch in den größten tschechischen Firmen nutzen konnte, die zu deren Konzern gehörten. Das bedeutet freilich nicht, dass die NS-Verwaltung das „Arisierungs“-Prinzip nicht als Mittel zu deren Germanisierung und Lösung aus der Einflusssphäre der Živnostenská banka nutzen konnte bzw. nicht angewendet hätte: Eine ganze Reihe solcher Konzernunternehmen wurde als jüdisch bezeichnet und „arisiert“.

Zwar waren keine Personen jüdischer Herkunft an den höchsten Stellen der Hierarchie zu finden, doch waren sie auf der mittleren und unteren Beamtenebene keine Ausnahme. Nach der Veröffentlichung der Verordnung des Reichsprotektors vom 26. Januar 1940 über die Verdrängung der Juden aus der Wirtschaft des Protektorats Böhmen und Mähren sowie den ergänzenden Folgebestimmungen veränderte sich die Lage. Die Živnostenská banka respektierte die gültigen Anordnungen, sie legte ihren Mitarbeitern „Erklärungen über arische Herkunft“ zur Unterschrift vor und entliess Personen jüdischer Abstammung aus ihren Diensten.[156] Die neue Leitung der Bank wies eine deutliche Kontinuität zum Management aus der zweiten Hälfte der dreißiger Jahre auf, sie war national tschechisch, und ihr Hauptziel bestand darin, den tschechischen Charakter der Bank zu wahren. Sie hoffte, dieses Ziel durch zurückhaltende Loyalität gegenüber den Besatzern erreichen zu können. In einer Situation, in der die Besatzungsbehörden dieser führenden tschechischen Anstalt besondere Aufmerksamkeit widmeten (im Februar 1942 setzte sie dort sogar ihren Beauftragten ein – den Reichsdeutschen und alten NSDAP-Kämpfer Karl Hartmann), dürfte eine solche Verhaltensweise gegenüber den jüdischen Angestellten kaum überraschen.

Aus dem oben Gesagten geht hervor, dass es sehr schwierig ist, die Verdrängung der Juden aus der Živnostenská banka zu verfolgen. Um das Problem näher zu illustrieren, sei daran erinnert, dass 14 jüdische Angestellte der Živnostenská banka in den Konzentrationslagern der Nationalsozialisten umgekommen sind.[157] Die Situation in der Agrární banka (Agrarbank), die von den Autoren detailliert erforscht wurde,[158] war sehr ähnlich.

155 AČNB Praha, Bestand ŽB, Sign. S VII/h–a-7, Schreiben der Handels- und Gewerbekammer in Prag an die Živnostenská banka in Prag vom 27.9.1939, Umschlag – Ariererklärung zur ŽB, Anlage zu Nr. 10/631.

156 VOBl RP, 1940, S. 41–43; AČNB Praha, Bestand ŽB, Sign. S VII/g-1, Rundschreiben der Živnostenská banka Nr. 78 und 80 vom 8. und 11.3.1940, Buch 1146 – Rundschreiben.

157 Die Gedenktafel befindet sich im ehemaligen Gebäude der Živnostenská banka, Na Příkopech 28, Prag 1. Schriftliche Belege s. AČNB Praha, Bestand ŽB, Sign. S VII/a-209/41, Angestellte der Živnostenská banka.

158 Novotný, Jiří/Šouša, Jiří: Banka ve znamení zeleného čtyřlístku. Agrární banka 1911–1938 (1948) [Eine Bank im Zeichen des vierblättrigen Kleeblatts. Die Agrarbank 1911–1938 (1948)], Praha: Karolinum 1996.

Die einzige tschechische Bank, die aufgrund ihrer jüdischen Belegschaft und ihres jüdischen Managements in Gefahr geriet, war die Anglo-československá a Pražská úvěrní banka (Anglo-tschechoslowakische und Prager Kreditbank – Anglo-Pragobanka). Dieser Bank kam im tschechoslowakischen Finanzwesen eine Sonderrolle zu. Die Anglo-československá banka war aufgrund eines Abkommens mit Großbritannien und unter Mitwirkung des Staates entstanden. Der staatliche Einfluss in diesem Institut nahm nach 1927 und vor allem nach Sanierungen und Fusionen mit der Pražská úvěrní banka und der Česká komerční banka im Jahr 1930 noch zu, als sie aus der Sicht der staatlichen Institutionen als ein Gegengewicht zur Živnostenská banka aufgebaut werden sollte. Der tschechoslowakische Staat investierte wiederholt beträchtliche finanzielle Mittel in diese Bank. In diesem Zusammenhang sicherte er sich auch Einfluss in ihrer Leitung, wobei er aber nur einen geringfügigen Aktienanteil hielt. Ein weiteres Spezifikum war – neben dem staatlichen Einfluss – das Vorhandensein einer Zweigstelle in London und einer Agentur in New York. In diesen Länden unterhielten die anderen tschechoslowakischen Banken keine Zweigstellen. Die Anglo-Pragobanka stellte so das einzige „Fenster" zur angelsächsischen Welt dar, woran der tschechoslowakische Staat ein besonderes Interesse hatte. Die dritte Besonderheit dieser Bank war ihre recht zahlreiche jüdische Belegschaft. Die meisten jüdischen Angestellten waren aufgrund der Nostrifizierung und Überführung einer Zweigstelle der ehemaligen Anglo-österreichischen Bank in Prag zu Mitarbeitern der Bank geworden. Eine ganze Reihe von ihnen war zudem deutschsprachig und bekannte sich zur deutschen Nationalität.

Die Erfahrung der Anglo-československá a Pražská úvěrní banka mit dem Zwangsverkauf ihrer Filialen in den abgetretenen Grenzgebieten nach dem Münchner Abkommen sowie der Umstand, dass die Bank ein sachkundig aufgebautes Filialennetz auf dem Balkan besaß – Belgrad, Sofia, Bukarest –, also in einer Region, in die Hitlerdeutschland zu diesem Zeitpunkt wirtschaftlich und politisch zu expandieren versuchte, um dort seinen Einfluss zu verstärken, verursachte bei der Institutsleitung sowie in Regierungskreisen im Moment der Besatzung ernsthafte Sorgen über das künftige Schicksal der Bank. Das Vorgehen der NS-Verwaltung und der selbsternannten „Arisierer" bei der „Entjudung" der österreichischen Wirtschaft waren noch in frischer Erinnerung. Die geradezu panische Angst, dass die Bank im Hinblick auf ihre zahlreiche jüdische Belegschaft, die nahezu zweihundert Personen umfasste, als jüdisches Unternehmen bezeichnet, enteignet und direkt einer deutschen Leitung unterstellt werden könnte, führte das Management zu einer blitzschnellen, von keiner Anordnung erzwungenen Präventivaktion. Diese bestand darin, dass unmittelbar nach der Besetzung, bereits am 17. März 1939, die Bankverwaltung allen „nichtarischen" Beschäftigten kündigte und sie aufforderte unverzüglich den Arbeitsplatz zu verlassen, wobei sämtliche aus Arbeits- und Tarifverträgen erwachsenden Ansprüche bewahrt blieben. Mit dieser Kündigungswelle wurde eine antisemitische Säuberungsaktion in einem Institut gestartet, in dem während der Zweiten Tschechoslowakischen Republik im Gegensatz zu den volksdeutschen und auch einigen tschechischen Bankhäusern keinerlei Antisemitismus zu spüren war.

Diese Entlassungswelle war aber nicht nur die spontane Aktion von panisch und kurzschlussartig handelnden verantwortlichen Bankiers. Laut Aussagen von Funktionären dieser Bank war am Tag der Besetzung, also am 15. März 1939, der Wehrmachtsmajor Rotter in der Bank erschienen und hatte erklärt, „dass unter persönlicher Verantwortung der Funktionäre nicht mit jüdischen Konten oder Safes disponiert werden dürfe und dass alle „nichtarischen“ Funktionäre der Bank augenblicklich zu entfernen seien und den übrigen „nichtarischen“ Beschäftigten gekündigt werden müsse.“[159] Diese Aussage wirkt im Ganzen recht glaubwürdig, sie wird auch von weiteren Funktionären der Bank bestätigt. Tatsache ist, dass deutsche Militärdienststellen den Chefs tschechoslowakischer Organe und Institutionen bis hinauf zu den Kreishauptleuten direkte Befehle erteilten,[160] ohne dass darüber detaillierte amtliche Aufzeichnungen vorliegen. Ein weiterer Anstoß zu dieser Entlassungswelle kam sogar von der tschechischen Verwaltung. Der Bankdirektor Bohuslav Kučera wurde zusammen mit dem einflussreichen Verwaltungsratsmitglied Dr. Karl Trapl ins Finanzministerium einberufen, wo ihm ausdrücklich mitgeteilt wurde, dass „die Bank unter allen Umständen erhalten bleiben muss und in erster Linie ihre Leitung alles daran zu setzen habe, dass in die Bank kein Treuhänder eingesetzt wird, da sonst sämtliche Transaktionen und Finanzierungen unseres Widerstands im Ausland ungeheuer erschwert würden“. In diesem Zusammenhang berief sich Kučera auf eine Anweisung des damaligen Verkehrsministers und späteren Regierungsvorsitzenden Alois Eliáš,[161] der ihm persönlich und ausdrücklich auftrug, einen Weg für Finanztransfer und Flucht von Personen ins Ausland anzulegen.[162] Neben der Entlassung von jüdischen Mitarbeitern der Anstalt unternahm die Bank weitere Schritte, von denen sie sich eine Rettung erhoffte. Die Mehrheit der in Staatshand befindlichen Aktien wurde – mit

---

159 Archiv hlavního města Prahy [Archiv der Hauptstadt Prag] (im Weiteren AMP Praha), Trestní komise nalézací Ústředního národního výboru hlavního města Prahy [Straf-Spruchkammer beim Zentral-Volksausschuss der Hauptstadt Prag], Nr. 14 322, Aussageprotokoll des Generalsekretärs der Anglo-Pragabanka Dr. Miloslav Poš vom 6.12.1948, S. 4. Ryba, Jan: Antisemitské delikty ve spisech trestních komisí nalézajících Ústředního národního výboru hlavního města Prahy (typologie, metodické problémy, otevřené otázky) [Antisemitische Delikte in den Akten der Straf-Spruchkammern beim Zentral-Volksausschuss der Hauptstadt Prag], in: Retribuce v ČSR a národní podoby antisemitismu. Židovská problematika a antisemitismus ve spisech mimořádných lidových soudů a trestních komisí ONV v letech 1945–1948, Praha: Ústav pro soudobé dějiny 2002, S. 111–120.

160 Vgl. Pasák, Tomáš: Pod ochranou říše [Unter dem Schutz des Reiches], Praha: Práh 1998, S. 52.

161 Alois Eliáš (1890–1942), tschechischer Politiker und General, Legionär in Russland und Frankreich während des Ersten Weltkriegs, bekleidete in der Zwischenkriegszeit verschiedene Kommandoposten in der Tschechoslowakischen Armee vom Regiments – bis zum Armeekorpskommandeur. Er trat 1938 in die Regierung ein. Nach der Besetzung der restlichen tschechischen Gebiete durch Nazideutschland und der Bildung des Protektorats wurde er am 27. April 1939 zum Ministerpräsidenten der Protektoratsregierung ernannt. In dieser Funktion täuschte er Loyalität gegenüber Deutschland vor, beteiligte sich jedoch an der Formierung des einheimischen tschechischen Widerstands und hielt Kontakt zum tschechoslowakischen Exil in London unter der Führung von E. Beneš. Nach dem Eintreffen von R. Heydrich im Protektorat wurde Eliáš erhaftet, zum Tode verurteilt und im Juni 1942 hingerichtet.

162 AMP Praha, Anm. 159, Aussageprotokoll des ehem. Generaldirektors der Anglo-Pragobank, Bohuslav Kučera, vom 10.12.1948, S. 3. Die gleiche Argumentation taucht auch in den Aussagen weiterer Funktionäre dieser Bank auf, z. B. beim Vizepräsident des Verwaltungsrats, Ing. Ferdinand Klindera.

vordatierten Übereinkünften – in die Aktienportfolios von Großunternehmen unter staatlichem Einfluss überführt (Škodawerke Pilsen, Waffenwerke Brünn, Bank Slávie). Es ging dabei darum, das Bankhaus nicht als Staatseigentum in die Hände des Reichs fallen zu lassen.

Obwohl keine Fachliteratur zu dieser Problematik vorliegt, wagen die Autoren aufgrund ihrer Quellenkenntnisse die Behauptung, dass in den übrigen tschechischen Aktienbanken die Frage ihrer „inneren Arisierung“ kein wesentliches, breiter behandeltes Problem darstellt, nicht einmal in den damaligen Dokumenten der Bankhäuser und deren gemeinsamen Institutionen. An erster Stelle wäre der Verband der tschechoslowakischen Banken zu nennen, der als Koordinationsorgan fungierte (nach dem 15. März 1939 nannte er sich Bankenverband). Erwähnt wurde er weder in Memoiren noch in der damaligen Presse. Zeitgenössische Publikationen, in denen die Verwaltungsratsmitglieder genannt wurden, verraten, dass die jüdische Teilhabe an den Führungsorganen offenkundig soweit beschränkt war, dass sie der NS-Verwaltung nicht gestatteten, in Übereinstimmung mit den eigenen Vorschriften unter dem Vorwand der „Entjudung“ das heißt Verdrängung der Juden aus ihren Positionen, in diese Banken einzudringen und deren Germanisierung zu betreiben. Auch überstieg der jüdische Kapitalanteil in den tschechischen Aktien-Handelsbanken nicht die Mindesthöhe von 25 Prozent, was als Grund gereicht hätte, um die Firma als Unternehmen unter jüdischem Einfluss zu bezeichnen.

Einen Sonderfall stellte – wie oben dargelegt – die Anglo-tschechoslowakische und Prager Kreditbank dar. Diese „entjudete“ sich vorauseilend aus Furcht vor „Arisierung“ und Germanisierung, die vonseiten der Besatzungsbehörden zu erwarten war, im letzten Augenblick selbst. Aber auch diese Bank konnte – wie die übrigen tschechischen Handelsbanken (mit Ausnahme der Živnostenská banka, die lediglich mit der Einsetzung eines deutschen Treuhänders „davonkam“) – den deutschen Germanisierungsversuchen und habgierigen Ambitionen der deutsch-böhmischen und reichsdeutschen Institute nicht entgehen. Im Rahmen der Konzentration des tschechischen Bankwesens wurde die unter ihrer neuen Bezeichnung Pragobanka funktionierende Anstalt 1943 liquidiert, wobei ihre Geschäfte und Filialen deutschen Banken übertragen wurden. Der NS-Verwaltungsapparat griff also nicht direkt in die „Entjudung“ der tschechischen Handelsbanken ein; nichtsdestoweniger sind die Zusammenhänge mit der „Entjudung“ in der Anglo-tschechoslowakischen und Prager Kreditbank mit der Germanisierungstätigkeit, die zweifellos einen Druck von außen darstellte, offenkundig. Aber nicht einmal diese Umstände können die „Entjudung“ moralisch rechtfertigen.

Die innere „Entjudung“ der Protektoratsbanken kündigte die Ära des „Arisierungs“-Profits an. Dieser war zum gegeben Zeitpunkt in seiner Höhe noch beschränkt. Die Rolle der Banken als Nervensystem des „Arisierungs“-Prozesses machte jedoch aus ihrer „Entjudung“ eine der wichtigen Voraussetzungen für die erfolgreiche Entfaltung einer flächendeckenden Verdrängung der Juden aus dem öffentlichen und wirtschaftlichen Leben und für den Raub des jüdischen Vermögens mittels der von der NS-Verwaltung aufgebauten „Arisierungs-Maschinerie“. Damit eröffneten sich für die deutschen Banken neue Möglichkeiten für eine ganze Serie weiterer außerordentlicher, ihrem Wesen nach unvergleichlich größerer „Arisierungs"-Profite. Im so genannten Altreich erstreckte sich die „Entjudung" der Banken über einen relativ langen Zeitraum und nahm nur langsam an Intensität zu, was mit der Festigung der NS-Macht zusammenhing. Im Gegensatz dazu stellte die „Entjudung" der Bankapparate im Protektorat Böhmen und Mähren einen viel kürzeren Prozess mit einer hohen Entwicklungsdynamik dar, die aus der sich beschleunigenden „Zwangsarisierung" resultierte. Auch so war die „Entjudung" keine kurze verwaltungstechnische Episode. Die relativ schleppende Entlassung der jüdischen Angestellten im Reich und Protektorat hatte jedoch jeweils andere Motive. Während sich die Banken im Reich bei der Begründung für „Verzögerungen" bei der inneren „Arisierung" auf den geschäftlichen Aspekt des Problems beriefen, das heißt auf ihre in hohem Maße jüdische Kundschaft[163] und die Berliner Großbanken ihre Kampagne gegen die Juden sogar zeitlich koordinierten, erwies sich die „Entjudung" einiger Institute im Protektorat als Problem bei der Aufrechterhaltung eines reibungslosen Geschäftsablaufs, da die Banken mit einem Mangel an qualifiziertem deutschem Personal konfrontiert waren.

163 Thomas Weihe kam in seiner Analyse der „Entjudung" in der Commerzbank zum Schluss, dass die von ihm untersuchte Anstalt zwar offiziell dieses Argument vorbrachte, dessen Wirklichkeitsnähe allerdings weder im Schriftmaterial der Zentrale noch der Filialen nachweisbar war. Weihe, Anm. 154, S. 72–73.

# 4 Die Treuhandverwaltung

Bei dem Begriff „Arisierungs"-Profit denken die meisten Zeitgenossen gewöhnlich an die Enteignung und Überführung von jüdischen Vermögen in „arische" Hände. Dabei findet in der Regel der indirekte Profit keine Beachtung. Das ist nicht verwunderlich. Er verbarg sich nämlich nach außen hin unter dem Deckmantel eines gewöhnlichen, formal ehrenhaften Geschäfts, doch war er nicht weniger unmoralisch als der direkte „Arisierungs"-Profit, denn auch er war ein Resultat der Gräuel des Holocausts. Aus ihm zogen natürliche und juristische Personen Nutzen, sogar ganze Gruppen. Dabei geht es nicht um jene Kategorie von Interessengemeinschaften und einzelnen Wirtschaftssubjekten, die stillschweigend und bereitwillig die bloße Tatsache der Verdrängung jüdischer Personen aus dem Wirtschaftsleben begrüßten, also jene, die ihre Umsätze und Unternehmertätigkeit infolge der Liquidierung der einst starken und erfolgreichen jüdischen Konkurrenz auf dem Markt steigen sahen. Es geht uns hier um einen indirekten „Arisierungs"-Profit anderer Art, der sich ausgehend von der gezielten direkten Zusammenarbeit des profitierenden Subjekts mit der NS-Verwaltung entwickelte und sich hinter der unscheinbaren Bezeichnung „Treuhandverwaltung" verbarg. In dieser Richtung entwickelten die Banken und anderen Geldinstitute ein ganz besonderes Engagement.

Die treuhänderische Vermögensverwaltung ist eine sehr alte Einrichtung. Sie fußt auf dem Vertrauen einer (gleich, ob juristischen oder natürlichen) Person (Treugeber) in die Fähigkeiten, Sachkenntnis und Ehrlichkeit eines Verwalters (Treunehmer, der gleichfalls eine juristische oder natürliche Person sein kann), dem sie die Sorge für ihr Vermögen überträgt. Sie ist ein Abbild des festen Glaubens daran, dass der Verwalter zugunsten des Eigentümers nach bestem Wissen und Gewissen handelt. Die Treuhandverwaltung, der wir uns hier zuwenden wollen, lässt sich auf zwei Grundkategorien zurückführen. Die erste Kategorie bilden solche Vermögen, die dem Verwalter direkt von ihren Besitzern anvertraut wurden, und zwar freiwillig. In der überwiegenden Mehrzahl aller Fälle handelt es sich jedoch, wie im Folgenden an ausgewählten Beispielen demonstriert werden soll, um indirekt erzwungene Handlungen, denen sich die Besitzer angesichts massiven, von Institutionen planmäßig erzeugten Drucks (von Seiten der Behörden oder Korporationen) und folglich nur formal freiwillig unterwarfen.

Die zweite Kategorie umfasst Vermögen, die dem Treuhänder unmittelbar von der Staatsverwaltung als unter Zwangsverwaltung gestelltes oder sogar enteignetes, konfisziertes Gut anvertraut wurden. Da die erste Kategorie im Folgenden restlos in die bedeutendere Kategorie zwei überführt wurde, geht es in der folgenden Darstellung zunächst um diese zweite Kategorie.

## 4.1 Die Treuhand als amtliche Zwangsverwaltung

### 4.1.1 Treuhänder und Zwangsverwalter von „feindlichem Vermögen"

Das Prinzip, eine Zwangsverwaltung für Privatvermögen einzurichten, findet sich – mit einer offenkundig judenfeindlichen Zielrichtung – bereits in der Verordnung der ersten Protektoratsregierung vom 21. März 1939.[164] Auf ihrer Grundlage konnten die zuständigen Ministerien in verlassene Unternehmen oder solche Unternehmen, in denen es das „öffentliche Interesse erforderte", ihren Vertrauensmann oder sogar Zwangsverwalter einsetzen. Die Regierungsverordnung sprach nicht ausdrücklich von jüdischen Unternehmen, doch wie Miroslav Kárný richtig herausstellt, ging aus dem Kontext klar hervor, dass die Bestimmungen der Regierungsverordnung gerade auf diese abzielten und diese Verordnung gewissermaßen den Weg für die „Arisierung" durch tschechische Subjekte freimachte.[165] Der zu Lasten des Unternehmens arbeitende Zwangsverwalter sollte die Verantwortung für solche Schäden tragen, die infolge von Pflichtverletzungen seinerseits entstanden. Seine rechtlichen Befugnisse waren sehr eingeschränkt. Für wichtige Maßnahmen im Unternehmen wie etwa Veräußerung, Vermietung, Verpachtung oder jedwede Maßnahme, die einen Betrag von 200.000 Kronen überstieg, musste er die ausdrückliche Genehmigung des Ministeriums einholen. Zwangsverwalter konnte nur eine Person werden, die für die Tätigkeit der Unternehmensführung „praktische und fachliche Kenntnisse" und die Staatsangehörigkeit des Protektorats besaß. Im Grundsatz sollte der Zwangsverwalter aus den Angestellten des Unternehmens oder dem einschlägigen Berufsverband ausgewählt werden. Bedingung für seine Bestellung war die persönliche Ausübung der Funktion.

Die Fachliteratur führt an, dass die acht Tage später herausgegebene Verordnung des Chefs der NS-Zivilverwaltung über Maßnahmen hinsichtlich jüdischen Vermögens aller Art eine breitere Umsetzung der Regierungsverordnung torpedierte, denn sie knüpfte jegliche Verfügung über jüdisches Vermögen an die Zustimmung der Besatzungsbehörden.[166] Diese Ansicht ist nicht ganz korrekt, denn die Anzahl der Zwangsverwalter auf der Grundlage der Protektoratsnormen war nicht völlig unerheblich: Allein im Zuständigkeitsbereich des Oberlandrats in Prostějov/Proßnitz lassen sich 16 solcher Unternehmen ausfindig machen.[167] Gleichzeitig begann der Chef der Zivilverwaltung mit der Einsetzung von Zwangsverwaltern in einige Unternehmen. Die Zwangsverwalter

164 Regierungsverordnung Nr. 87/1939 der Gesetz- und Verordnungssammlung, betreffend Verwaltung und Aufsicht über Wirtschaftsunternehmungen. Vgl. Petrův, Anm. 3, S. 49–50, 55; Archiv Kanceláře prezidenta republiky Praha [Archiv der Kanzlei des Präsidenten der Republik Prag] (im Weiteren AKPR Praha), Nr. 2639, Sign. L 772/1939, Entwurf der Regierungsverordnung; Krejčová/Svobodová, Anm. 12, Dokument Nr. 15: Franz Friedmann: Rechtsstellung der Juden im Protektorat Böhmen und Mähren. Stand am 31.7.1942, Teil – Ausschaltung der Juden aus der Wirtschaft, Praha: Academia 1997, S. 251–252.

165 Kárný, Anm. 3, S. 24.

166 Petrův, Anm. 3, S. 50.

167 MZA Brno, Bestand B 257 (Oberlandrát Prostějov) [Oberlandrat Proßnitz], Kart. 21, Verzeichnis zum 13.6.1939.

tschechischer Nationalität in jüdischen Unternehmen wurden bald auf verschiedenste Weise durch NS-Organe von ihren Stellen abberufen bzw. zum Rücktritt gezwungen. Dabei handelte es sich freilich nicht um eine systematische und zentral gesteuerte Aktion. In Deutsch Brod wurde die Bestellung des Verwalters bei der Firma F. Lang einfach vom Oberlandrat annulliert. Die Bestellung des Zwangsverwalters E. Horský durch den Handelsminister des Protektorats, Šádek, für die Leitung einer Textilfirma in Kuttenberg wurde vom Reichswirtschaftsministerium aufgehoben. Die Zwangsverwaltung in der Fassfabrik in Frauenberg/Hluboká nad Vltavou wurde von der Gestapo beendet, indem dem Zwangsverwalter, Oberstleutnant Q. Matoušek, schlicht das Dekret über seine Ernennung abgenommen und angedeutet wurde, dass ihm „Unannehmlichkeiten" bevorstünden, wenn er seine Arbeit nicht einstelle. Der Oberlandrat in Olmütz, Molsen, schließlich forderte den Kreishauptmann von Prerau auf, alle Zwangsverwalter in seinem Bezirk zusammenzurufen und sie anzuweisen, ihre Tätigkeit einzustellen, verbunden mit der Ankündigung, dass sie im Fall der Gehorsamsverweigerung mit einer Anzeige bei der Gestapo und ihrer anschließenden Festnahme zu rechnen hätten.[168]

Die Anweisung des ARP für die Oberlandräte vom 4. Juli 1939, die die Aufstellung einer Übersicht aller Treuhänder, Vertrauensmänner, Kommissarischen Leiter, Verwalter und Kuratoren verlangte, gibt darüber Auskunft, dass eine ganze Reihe von Personen mit einem solchen oder ähnlich lautenden Titel unmittelbar nach der Besetzung von den verschiedensten Stellen in jüdische Unternehmen eingesetzt wurden. Unter den Auftraggebern finden sich neben dem Chef der Zivilverwaltung, den Oberlandräten und Protektoratsministerien (laut der angeführten Regierungsverordnung) auch die Gestapo, die NSDAP und sogar deutsche Privatvereine, deren Vorgehen in diesem Sinne als „Revolutionsakte" bezeichnet wurden.[169] Die unplanmäßig ernannten Zwangsverwalter wurden dann im Lauf des Sommers nachträglich durch Vorschriften der Besatzungsbehörden mit ihrem Amt betraut oder abberufen. In diesem Zusammenhang muss an die im allgemeinen unübersichtliche Situation erinnert werden, als sich die in den ersten Tagen von den Besatzungsbehörden herausgegebenen Anordnungen offensichtlich überschnitten, vielfach nicht in Kraft traten oder nicht allgemein zur Kenntnis genommen wurden. So kreuzte sich beispielsweise die Verordnung der ersten Protektoratsregierung vom 21. März 1939, die eine Einsetzung von Vertrauensleuten und Zwangsverwaltern vorsah, mit der einen Tag früher erlassenen Verordnung des Chefs der Zivilverwaltung in Mähren, die in Paragraph eins die Bestellung jeglicher kommissarischer Verwalter oder Treuhänder in jüdischen Unternehmen ausdrücklich verbot.[170]

Endgültige Klarheit in die Kompetenzfragen von Protektorats- und Besatzungsorganen in Sachen jüdischer Unternehmen und Vereinigungen brachte erst die Verordnung des

168 Zur Problematik der tschechischen Verwalter vgl. Kárný, Anm. 3, S. 29.

169 MZA Brno, Bestand 251, Kart. 21, Brief an alle mährischen Oberlandräte vom 4.7.1939.

170 Ebd., Bestand B 276 (Šéf civilní správy Brno 1939) [Chef der Zivilverwaltung Brünn 1939], Kart. 1, Verordnung betreffend Unterlassung unzulässiger Eingriffe in die Wirtschaft im Lande Mähren, Brünn 20.3.1939, § 1. Die Bestellung von kommissarischen Treuhändern oder Verwaltern in jüdischen Betrieben wurde untersagt.

Reichsprotektors vom 21. Juni.[171] Juden, jüdischen Unternehmen und Vereinigungen wurde in der zitierten Verordnung nur mit besonderer, vom Reichsprotektor oder einem von diesem damit beauftragten Amt erteilter schriftlicher Genehmigung erlaubt, über ihr mobiles und immobiles Vermögen zu verfügen (Paragraphen eins und zwei). Gleichzeitig waren jüdische Besitzer verpflichtet, bis zum 31. Juli 1939 ihren gesamten Grundbesitz zu melden (Paragraph drei). Der Reichsprotektor behielt sich auch vor, „in geeigneten Fällen" Treuhänder einzusetzen (Paragraph neun), die seiner Aufsicht und Weisung unterstellt waren.[172] Dem Protektor war zudem die Regelung von deren Rechten und Pflichten vorbehalten. Die Verordnung hatte auch mögliche Kollisionen mit den Protektoratsnormen bedacht. In Paragraph neun, Absatz eins wurde ausdrücklich festgelegt, dass der Protektor „Vertrauensmänner und Zwangsverwalter abberufen kann, die laut Protektoratsvorschriften bestellt wurden". Diese wurden tatsächlich nach und nach durch deutsche Treuhänder abgelöst. Ein schneller Austausch war angesichts des Mangels an geeigneten Personen problematisch. Daher wurden manche tschechischen Zwangsverwalter von kleineren Vermögen vorübergehend in ihrer Funktion belassen, doch hatten sie nicht die gleichen Rechte wie die ordentlich bestellten deutschen Treuhänder.[173]

Der von Regierungsrat Rudolf Stier und Assessor Helmuth Schmidt, den Beamten im Referat für jüdisches Vermögen, welche die Bestimmungen umzusetzen hatten, ausgearbeitete Kommentar fügt hinzu, dass die Treuhänder in Böhmen vom Reichsprotektor, in Mähren von der Dienststelle des Reichsprotektors für das Land Mähren in Brünn nach freiem Ermessen und ohne Kontrolle eingesetzt werden sollten.[174] Treuhänder waren laut Kommentar nicht nur zur Führung, sondern auch zum Verkauf von Unternehmen, von verwalteten Immobilien sowie aller von ihnen verwalteten Wertpapiere berechtigt. Hier wurde angeführt, dass ein Treuhänder auch zur Verwaltung von nichtjüdischem Vermögen bestellt werden könne. Wie ein umfangreiches Aktenkonvolut im Archiv der Kanzlei des Präsidenten der Republik belegt, wurde diese Bestimmung – meist ohne

171 Verordnung des Reichsprotektors in Böhmen und Mähren über das jüdische Vermögen vom 21.6.1939, in: VOBl RP 1939, S. 45–48.

172 Die normative Regelung der Institution des Treuhänders erhielt so im Protektorat ein spezifisches Gepräge und unterschied sich von der Regelung im sog. Altreich. Vgl. dazu Verordnung über den Einsatz des jüdischen Vermögens vom 3. Dezember 1938, Reichgesetzblatt (im Weiteren RGBl) 1938, Teil II, S. 1709–1712.

173 Der Chef der „Arisierungsabteilung" im ARP führte im Juni 1940 an, dass auch noch tschechische Zwangsverwalter tätig seien, die Vermögen allerdings nur verwalten, aber nicht veräußern dürften. Vgl. BA Berlin, Bestand R 87 (Reichskommissar für feindliches Vermögen), Bd. 9318, Nr. 6875 / 1940, Protokoll des Reichskommissars für feindliches Vermögen, Ernst, von der Besprechung am 26.6.1940.

174 Stier, Rudolf / Schmidt, Helmuth: Sicherstellung des jüdischen Vermögens. 7. Teil. Die Ausschaltung der Juden aus der Wirtschaft des Protektorats Böhmen und Mähren. Kommentar zu den Verordnungen des Reichsprotektors über das jüdische Vermögen und zur Ausschaltung der Juden aus der Wirtschaft des Protektorats. Zusammenstellung der übrigen ergangenen Verordnungen nach dem Stande vom 15. März 1941, Prag 1941, S. 50–51.

nähere Begründung – auch auf das Vermögen von Personen tschechischer Nationalität angewendet.[175]

Von der Gestapo eingesetzte Vermögensverwalter waren keine Treuhänder im Sinne der oben genannten Bestimmung, ebenso wenig wie die vom Reichskommissar für die Behandlung feindlichen Vermögens eingesetzten Verwalter jüdischer Vermögen.[176] Genau wie die von Juden selbst zur Verwaltung ihrer Vermögen bestellten Personen, konnten diese erst nach einem entsprechenden Verfahren beim ARP, Gruppe „Wirtschaft", Treuhänder werden. Die von Beamten im ARP formulierte Definition von Treuhändern aus dem Jahr 1940 besagte: „Treuhänder sind nur die vom Herrn Reichsprotektor und keineswegs die von anderer Stelle als Verwalter zu treuen Händen eingesetzten Personen."[177] Die Kompetenzen der vom NS-Staatsapparat bestellten verschiedenen Typen von Verwaltern jüdischen Vermögens wurden im Wesentlichen erst im Frühjahr 1940 einheitlich geregelt. Die von der Gruppe „Ernährung und Landwirtschaft" beim ARP bestellten Zwangsverwalter wurden, was ihre Kompetenzen betraf, auf eine Stufe mit den von der Gruppe „Wirtschaft" aus demselben Amt bestellten Treuhändern gestellt. Anschließend wurden auch die von der Gestapo eingesetzten Zwangsverwalter von jüdischen Vermögen hinsichtlich ihrer Kompetenzen gleichgestellt.[178]

Die zweite Durchführungsverordnung zur Verordnung des Reichsprotektors in Böhmen und Mähren über das jüdische Vermögen vom 8. Dezember 1939 übertrug bei

175 Aufgrund von Beschwerden der tschechischen Protektoratsverwaltung erstellte Verzeichnisse von tschechischen Vermögen, AKPR Praha, Bestand KPR, Kart. 208, Inv. Nr. 1277/B, Nr. D 4798/40; Sádlová-Burgerová, Lenka: Využívání předpisu o vyřazování židů z hospodářského života v Protektorátu Čechy a Morava proti národnostně českým hospodářským subjektům [Die Anwendung der Vorschrift über die Verdrängung der Juden aus dem Wirtschaftsleben im Protektorat Böhmen und Mähren gegen tschechische wirtschaftliche Subjekte], Diplomarbeit an der Karls-Universität/Philosophische Fakultät Praha 2005.

176 Der Reichskommissar hatte die Verwaltung von sequestriertem „feindlichem Vermögen" sicherzustellen, d. h. von Vermögen natürlicher Personen mit der Staatsangehörigkeit von Ländern, mit denen sich Deutschland im Krieg befand, sowie von Vermögen juristischer Personen, die in solchen Staaten ihren ständigen Sitz hatten. Den wesentlichen Teil dieser zwangsverwalteten Vermögen stellten jüdische Vermögen dar, deren Besitzer in Palästina oder einzelnen Staaten der Anti-Hitler-Koalition lebende Emigranten waren. Einschlägige zeitgenössische Auslegung von Aufgaben und Kompetenzen: Krüger, Karl: Reichskommissar für die Behandlung feindlichen Vermögens, in: Bank-Archiv. Zeitschrift für Bank- und Börsenwesen, 1949/6, 15.3.1940, S. 93–96. Näher zur Tätigkeit des Amts: Lindner, Stephan H.: Das Reichskommissariat für die Behandlung feindlichen Vermögens im Zweiten Weltkrieg. Eine Studie zur Verwaltungs-, Rechts- und Wirtschaftsgeschichte des nationalsozialistischen Deutschlands. Zeitschrift für Unternehmensgeschichte, Beiheft 76, Stuttgart 1997.

177 Utermöhle, Walter/Schmerling, Herbert: Zajištění židovského majetku. Vysvětlivky k vyhlášce ministerstva financí ze dne 23. ledna 1940, čj. 25761/39-VI [Die Sicherstellung von jüdischem Vermögen. Erläuterungen zum Erlass des Finanzministeriums vom 23. Januar 1940, Az 25761/39-VI], Praha: Ústavy lidového peněžnictví a Ústřední svaz bankovních činností 1940, S. 11.

178 Erlass vom 30.3.1940, Nr. II 1/3 F 2227/40 und Erlass vom 7.5.1940, Nr. II 1/3 F 4350/40, vgl. Zajištění židovského majetku, II. dodatek, III. díl [Sicherstellung von jüdischen Vermögen, II. Ergänzung, III. Teil], Ústavy lidového peněžnictví a Ústřední svaz bankovních živností, Praha: 1940, S. 14.

Wirtschaftsbetrieben mit weniger als 100 Angestellten oder einem Jahresumsatz unter drei Millionen Kronen das Recht zur Bestellung eines Treuhänders auf die Oberlandräte.[179] Sie regelte auch die rechtliche Stellung der bevollmächtigten Verwalter. Der Treuhänder war berechtigt, im eigenen Namen auf Kosten des Unternehmens oder des Betroffenen sämtliche gerichtlichen und außergerichtlichen Rechtshandlungen zu vollziehen. Seine Bestellung ersetzte dabei alle anderen Vollmachten. Und nicht nur das: Laut Paragraph 15 der zitierten Verordnung hatte der Treuhänder das Recht, Prokuristen einzusetzen und auch andere darin festgelegte Vollmachten zu erteilen. Die Weisungen und Entscheidungen der vom Treuhänder bestellten Bevollmächtigten sollten im Rahmen ihrer Vollmachten die gleiche Gültigkeit haben wie solche, die vom Treuhänder persönlich erteilt wurden.[180] Dies ermöglichte künftig eine mehrstufige Vermögensverwaltung; ein Treuhänder konnte auch mehrere Vertrauensleute für ein geographisch relativ weit verstreutes Vermögen haben und dieses so aus der Ferne verwalten.

Die siebte Durchführungsverordnung zur Verordnung des Reichsprotektors über jüdisches Vermögen vom 21. Juni 1939, herausgegeben am 10. Juli 1940, führte die so genannte Zulassung für Personen ein, welche die Verwaltung von jüdischem Vermögen übernahmen. Diese Zulassung war unentbehrlich für die Verwaltung von Vermögenswerten über 100.000 Protektoratskronen und erfolgte durch Eintrag in das beim Amt des Reichsprotektors geführte Verzeichnis.[181]

Die normativ nur grob festgelegte, jedoch in der Praxis des ARP präzisierte Zusammenfassung aller Rechte und Pflichten der Treuhänder wurde in den von federführenden Beamten der Gruppe „Wirtschaft" zum 15. August 1940 ausgearbeiteten Kommentar über die Rechtsstellung der Juden im Protektorat einbezogen.[182] Einem ordnungsgemäß bestellten Treuhänder stand das Recht zu, die Interessen des verwalteten Vermögens in Rechtsstreitigkeiten bis in alle Konsequenzen zu vertreten. Der Treuhänder sollte ein gewissenhafter Wirtschafter sein. Die ersten Erfahrungen mit aus Deutschland berufenen Personen waren jedoch „sehr schlecht". Diese Leute waren nicht mit den örtlichen Verhältnissen vertraut, verfügten nicht immer über ausreichende Sachkenntnis, waren vielfach nachlässig und wirtschafteten in die eigene Tasche. Eine Reihe von ihnen musste daher bald wieder abberufen werden.[183] Die Situation hätte sich jedoch bei Weitem nicht so zuspitzen müssen. Wie das ARP in der Begründung seines Rufs nach einem höheren Tempo des „Arisierungs"-Prozesses anführte, steigerte die Treuhand die Gefahr, dass die Aktiva eines Unternehmens infolge von Schwierigkeiten

179 VOBl RP 1939, S. 318.

180 Vgl. Erläuterungen zum Kommentar der Verordnung des Finanzministeriums vom 23. Januar 1940, Nr. 25761/39-VI, in: Anm. 178, S. 15.

181 7. Durchführungsverordnung zur Verordnung des Reichsprotektors für Böhmen und Mähren über jüdisches Vermögen vom 21.6.1939, VOBl RP, 1940, S. 299.

182 Walter Utermöhle/Herbert Schmerling: Die Rechtsstellung der Juden im Protektorat Böhmen und Mähren, Stand 15. August 1940, Prag: Reichsprotektor in Böhmen und Mähren 1940, S. 24–25.

183 NA Praha, Anm. 67, Bl. 75 b.

bei der Materialbeschaffung und abwandernder Kundschaft aufgezehrt werden könnten und als Gesamtresultat ein Wertverlust des Betriebs entstehe.[184]

Im Bestreben, dem befürchteten Wertverlust entgegen zu treten, richteten die Besatzungsbehörden eine insgesamt funktionierende Kontrolle über die Amtsausübung von Treuhändern und Zwangsverwaltern ein. Schon der erste Zusatz zur Verordnung des Reichsprotektors vom 21. Juni 1939 über die Behandlung von jüdischem Vermögen vom 14. September desselben Jahres machte den Oberlandräten zur Auflage, bei der Bestellung eines Treuhänders auch einen geeigneten Sachverständigen zu benennen, der dessen Tätigkeit überwachen und als Berater bzw. Hilfsorgan des Oberlandrats wirken sollte. Die Kosten für dessen Tätigkeit hatte gleichfalls der unter Zwangsverwaltung gestellte Betrieb zu tragen.[185] Auf der beschriebenen Grundlage entstand dann die Funktion eines General – oder Obertreuhänders, die jedoch infolge ihrer geringen Effektivität im Lauf des Jahres 1940 durch ein neues System ersetzt wurde.[186] Dieses bestand aus der Bestellung einer kaufmännischen Aufsicht, mit der normalerweise eine natürliche Person aus der Branche betraut wurde, sowie einer behördlichen Aufsicht, die vom Oberlandrat ausgeübt wurde. Das ermöglichte diesem, Beauftragte für die Treuhänderüberwachung einzusetzen. Die Beauftragten waren berechtigt, auch in Bezug auf die vom Reichsprotektor bestellten Treuhänder für große Vermögen Personalkontrollen vorzunehmen.[187] Es handelte sich um „politisch besonders geeignete Personen", deren Einsetzung von der NSDAP genehmigt werden musste. Zu einer besseren Funktionserfüllung der Treuhänder sollten auch verschiedene Beratungen dienen. Um beispielsweise die Probleme zu beheben, die sich infolge mangelnder Fachkenntnisse der Treuhänder in der Branche „Häute und Federn" einstellten, berief die zuständige Fachgruppe „Häute und Federn" im Zentralverband des Handels monatlich die Treuhänder aus ihrer Branche zu regelmäßigen Besprechungen ein, deren Besuch vom ARP zur Pflicht erklärt wurde.[188]

Zu jeder ordnungsgemäßen Ernennung eines Treuhänders wurden zugleich auch fachkundige Revisionsunternehmen bestellt, die mit den anstehenden Wirtschaftsprüfungen in den verwalteten Objekten betraut wurden.[189] Die Revisionstätigkeit in zwangs-

184 MZA Brno, Anm. 39, Schreiben des ARP in Prag an die Dienststelle Brünn vom 12.12.1940.

185 ŽM Praha, Anm. 41, 1. Ergänzung zu den Richtlinien über die „Handhabung der Verordnung des Reichsprotektors in Böhmen und Mähren über das jüdische Vermögen vom 21. Juni 1939". Das Jüdische Museum in Prag bewahrt unter der Inventarnummer 22, ungenau als Treuhandstelle bezeichnet, eine einzigartige und sonst nirgendwo in diesem Umfang erhaltene Kollektion von Richtlinien und Verordnungen bezüglich der „Arisierung" im Protektorat auf. Diese legte ein gewisser Pritzel, Referent der Abteilung I / 1 ARP, die sich mit der „Arisierung" von Gewerbebetrieben befasste, für den Dienstgebrauch an. In der Folge wird dieses Aktenkonvolut als Handakten Pritzel bezeichnet.

186 Ebd. Die Einrichtung des General – bzw. Obertreuhänders wurde durch Richtlinie 3 der Ergänzung zu den Richtlinien über die Handhabung der Verordnung des Reichsprotektors in Böhmen und Mähren über das jüdische Vermögen vom 21. Juni 1939 vom 2.2.1940 abgeschafft.

187 MZA Brno, Anm. 39, Rundschreiben des ARP vom 16.9.1940.

188 Ebd., Inv. Nr. 1135, Schreiben des ARP in Prag an die Dienststelle in Brünn vom 26.2.1941.

189 Die Akten des ARP enthalten ganze Stöße von Dokumenten über die Ernennung von Treuhändern, die auf vervielfältigten Einheitsformularen bearbeitet wurden. So weist etwa das Ernennungsdekret eines Josef Pohl zum Treuhänder der Firma „Marie Pešek, Zuckerwarenerzeugung, Prag XIII,

verwalteten Betrieben bedeutete eine Konjunktur für Wirtschaftsprüfungs- und Verwaltungsunternehmen; sie brachte ausgezeichnete Gewinne und stellte einen Typ des indirekten „Arisierungs"-Profits dar. Manche Firmen traten in Doppelrollen auf – als Treuhänder einerseits und als Wirtschaftsprüfer andererseits. Zu den bekanntesten und am häufigsten mit dem ARP zusammenarbeitenden Firmen gehörten die Deutsche Wirtschaftsprüfungs- und Treuhandgesellschaft m.b.H., Berlin,[190] die Treuhand- und Revisionsgesellschaft m.b.H. München mit Zweigstellen in Prag und Brünn, die „Retog", Revisions- und Organisations-Gesellschaft m.b.H., Prag, die Deutsche Revisions- und Treuhand A.G. Berlin, die Omnia, Gesellschaft zur Leitung und Revision industrieller Organisationen m.b.H., Prag und die zum Konzern der Prager BEB gehörende Allgemeine Treuhandgesellschaft Aktien-Gesellschaft. Neben diesen großen zog auch noch eine Reihe kleinerer Firmen Gewinn aus der Zusammenarbeit mit der NS-Verwaltung, wie z. B. die Nordböhmische Treuhandgesellschaft, A.G., Troppau, das Revisions-, Organisations- und Buchhaltungsbüro L. Passer, Prag, die Treuhand & Revisionsgesellschaft m.b.H., Prag und der Diplomsteuersachverständige Georg Niethammer, Wirtschaftsprüfer und Steuerberater, Berlin.[191]

Einen beträchtlichen Anteil an den Revisionen hatten freilich auch die Banken, vor allem die Bank der deutschen Arbeit und die BEB. Die Revision von jüdischen Vermögen war allerdings kein Vorrecht größerer Geldinstitute, sondern auch kleinerer Anstalten. Träger der Metro Realitäten A.G. war das Privatbankhaus Döllner & Co., das ebenfalls reichlich von „Arisierungs"-Aktivitäten profitiert hat.[192] Im Fond des ARP ist ein wesentlicher Teil der Kartothek mit den Namen jüdischer Unternehmen unter Treuhandverwaltung erhalten, die nicht nur die Namen ihrer Treuhänder, sondern auch die einzelnen darin vorgenommenen Revisionen und die dafür aufgewendeten Beträge

---

Kloboučnická 727" die Bestellung von Rudolf Müller, wohnhaft in Prag II, Těšnov als kaufmännische Aufsicht und den Prager Oberlandrat als behördliche Aufsicht aus. Der Revisionsvertrag war mit der Firma Omnia, Gesellschaft zur Leitung und Revision industrieller Organisationen m. b. H. Prag II, Lange Gasse 49, unterschrieben. Vgl. NA Praha, Bestand Úřad říšského protektora – dodatky I [Amt des Reichsprotektors – Ergänzung I], Kart. 48. Die Firma Omnia zog großen Nutzen aus ihrer Zusammenarbeit mit der NS-Verwaltung sowohl auf dem Protektoratsgebiet als auch in den besetzten Niederlanden (Näher hierzu Aalders, Gerard: Geraubt! Die Enteignung jüdischen Besitzes im Zweiten Weltkrieg. Hamburg: Dittrich 2000, S. 197 ff.).

190 Die Deutsche Wirtschaftsprüfungs- und Treuhandgesellschaft m.b.H. Berlin hatte allem Anschein nach bei der „Arisierung" und der Kontrolle der Treuhänder im Protektorat eine besonders bedeutende Stellung inne. Die Archivbestände des ARP enthalten auch eine Sammlung von deren Rundschreiben und Vorschriften zur genannten Problematik, NA Praha, Bestand ÚŘP, Kart. 575.

191 Zur Praxis bei der Beauftragung der einzelnen Firmen vgl. NA Praha, Bestand Úřad říšského protektora – dodatky II [Amt des Reichsprotektors – Ergänzung II], Kart. 20–23.

192 Vgl. Registratur des Finanzministeriums der Tschechischen Republik Praha (im Weiteren Registratur MF ČR Praha), Registratur der Kreditanstalt der Deutschen (im Weiteren KdD), Paket 8977, Streit der Firma Döllner & Co. und der KdD um die treuhänderische Verwaltung des Vermögens von Otto Stern aus Mährisch-Ostrau, Umschlag Stern. Das selbe Archiv verwahrt auch Aktenmaterial der Firma Döllner, das ursprüngliche Findbuch vermerkt auch weitere Aktivitäten in Zusammenhang mit „Arisierungs"-Profiten, doch sind diese unzugänglich.

enthält.[193] So führte beispielsweise der Revisor Dr. Walberer im Juni 1940 eine Prüfung der Apotheke „Am Bergstein", das heißt Na Perštýně in Prag 1 durch, die ursprünglich einem Paul Munk gehört hatte und nun vom Treuhänder Karl Hausdorf verwaltet wurde. Diese Revision nahm 50 Stunden in Anspruch und kostete 3.000 Kronen, also 60 Kronen pro Stunde. Vier Monate später führte Dr. Wrede von der BEB in der gleichen Firma eine Prüfung durch, stellte allerdings für 20 Stunden Arbeit einen Betrag von 2.049 Kronen in Rechnung (das heißt 102,45 Kronen pro Stunde). Für die Revision im Kaffeehaus Aschermann in der Langen Gasse in Prag, ursprünglich im Besitz von Armin Radó und verwaltet vom Treuhänder Ernst Bria, wurden im November an Dr. Brodatsch für 25 Stunden Arbeit 2.500 Kronen gezahlt (das heißt 100 Kronen pro Stunde), im Januar dann dem bereits genannten Dr. Wrede von der BEB für 4 Stunden Arbeit 642 Kronen (das heißt 160,50 Kronen pro Stunde). Die Kartothek wurde leider ziemlich nachlässig geführt; nicht selten fehlen wesentliche Angaben, so dass man ihr entnehmen kann, dass die BEB für eine Kontrolle in der Mälzerei Rudolf Briess & Co in Brünn-Husowitz, in der ein Heinrich Arnold als Treuhänder agierte, im November 1940 den Betrag von 12.425 Kronen kassierte. Eine Angabe über die geleisteten Arbeitsstunden fehlt jedoch. Aus den obigen Angaben geht allerdings hervor, dass die Preise für die Prüfungstätigkeit zwischen circa 60 und 160 Kronen pro Stunde schwankten. Die zu Lasten des verwalteten Unternehmens gehenden Revisionskosten erschienen dem ARP zu hoch. Daher wurde im Februar 1940 Anweisung zum Sparen und der Einschränkung der Revisionen gegeben.[194] Prüfer sollten nun vor allem dorthin geschickt werden, wo ein Verdacht auf Unterschlagung oder andere Verstöße vorlag.[195] Die Prüfungskosten im Zuständigkeitsbereich des Brünner Oberlandrats lagen gegenüber den genannten Preisen wesentlich niedriger, sie bewegten sich je nach Jahresumsatzhöhe des geprüften Unternehmens zwischen 20 und 50 Kronen pro Stunde.[196]

Das Amt des Reichsprotektors unterschied je nach Bestellungszweck drei Typen von Treuhändern:

193 NA Praha, Bestand ÚŘP, Kart. 580.

194 ŽM Praha, Anm. 41. Mit Rücksicht auf die hohen Prüfungsgebühren war die Beauftragung von Wirtschaftsprüfern und Buchungssachverständigen auf ein Mindestmaß zu beschränken. 3. Ergänzung zu den Richtlinien über die „Handhabung der Verordnung des Reichsprotektors in Böhmen und Mähren über das jüdische Vermögen vom 21. Juni 1939" vom 2.2.1940.

195 NA Praha, Bestand ÚŘP, Kart. 581, vgl. beispielsweise den Bericht der Deutschen Wirtschaftsprüfungs-Treuhandgesellschaft m.b.H. über die bekannte Prager Firma Te-Ta Beck & Co in der Jungmann-Gasse, in der sich der Treuhänder Manipulationen zugunsten der Konkurrenz zuschulden kommen ließ.

196 Bis zu einem Umsatz von 100.000 K betrug das Entgelt für die Wirtschaftsprüfung 20 K pro Stunde, bei einem Umsatz bis zu 500.000 K 25 K pro Stunde, bis zu 1 Mio. 30 K pro Stunde, bis zu 5 Mio. 35 K pro Stunde, bis 10 Mio. 40 K pro Stunde und über 10 Mio. schließlich 50 K pro Stunde. Vgl. MZA Brno, Bestand G 427 (Německá správa zabaveného majetku Brno) [Die Deutsche Verwaltung von beschlagnahmtem Vermögen Brünn], Kart. 19, Rundschreiben, Schreiben des Oberlandrats von Brünn an die Firma Treuhand- und Revisionsgesellschaft m. b. H. vom 20.5.1940.

- Verwaltungstreuhänder – Treuhänder, deren Aufgabe darin bestand, den Ablauf einer zeitweiligen, aber doch längerfristigen Verwaltung eines Vermögens vor dessen endgültigen Überführung in arische Hände zu sichern.
- Abwicklungstreuhänder – Treuhänder, deren Aufgabe in der Liquidierung eines anvertrauten Vermögens bestand, das heißt normalerweise in der Einstellung des Betriebs und Begleichung der Verbindlichkeiten einer Firma.
- Veräußerungstreuhänder – Treuhänder, deren Aufgabe es war, in möglichst kurzer Zeit den Verkauf eines anvertrauten Vermögens in arische Hände zu besorgen. Bei den Verhandlungen mit Interessenten hatte er allerdings keine völlig freie Hand. Er durfte immer nur mit einem Interessenten verhandeln, der zudem noch die Zustimmung des zuständigen Organs nachweisen musste, in dessen Kompetenzbereich die „Arisierung" fiel.[197]

Galt für die erste Gruppe von Treuhändern, dass sie gewöhnlich nur einen größeren bzw. zwei bis drei kleinere Betriebe verwalteten, lassen sich unter den Abwicklungstreuhändern auch solche finden, die in zahlreichen Unternehmen eingesetzt waren. Einen Extremfall stellte Hermann Löbel dar, der mit der Liquidierung von insgesamt 62 Firmen aus der Lebensmittelverkaufsbranche betraut war (Bezirk Iglau: 23, Bezirk Mährisch Budwitz: 10, Bezirk Hrotowitz: 3, Bezirk Groß Messeritsch: 4, Bezirk Trebitsch: 10, Bezirk Neustadl: 2, Bezirk Datschitz: 10.[198]

Es ist offenkundig, dass die Treuhänderschaft kein Ehrenamt, sondern eine bezahlte, und zwar keineswegs schlecht bezahlte Funktion war. Laut einer Richtlinie des Reichsprotektors stand einem Treuhänder das Monatsgehalt eines leitenden Angestellten in einer Spanne zwischen 2.500 und 10.000 Kronen zu, wobei auch Ausnahmen möglich waren, die allerdings eine besondere Begründung erforderten. Das Treuhändergehalt ging zu Lasten des verwalteten Betriebs und hing keineswegs mit dessen Prosperität zusammen.[199] Im Jahr 1941 änderte sich die Haltung des ARP; nun konnte die Vergütung für Treuhänder bis zu vier Prozent des Bruttogewinns ausmachen.[200] Eine Sondervorschrift galt für die Vergütung von Treuhändern, die den Verkauf eines Betriebs arrangieren sollten. Diese waren unmittelbar am erzielten Preis interessiert. Die Verordnung des ARP vom 18. September 1940 legte fest, dass ihnen eine mit Anwaltsgebühren laut Reichsrechtsanwaltsordnung vergleichbare Vergütung zustand, und zwar je nach Wert des Verkaufsobjekts. Bei einem Wert bis zu 5.000 Reichsmark stand ihnen eine Vergütung in Höhe von drei Prozent zu, bis 10.000 Reichsmark – 1,5 Prozent, bis 100.000 Reichs-

197 ŽM Praha, Inv. Nr. 22/6. Im Februar 1940 wurden für Treuhänder vom Typ 2 und 3 besondere Richtlinien für Veräußerungstreuhänder sowie Richtlinien für Abwicklungstreuhänder erlassen.

198 MZA Brno, Bestand B 251, Kart. 121, Mappe Nr. 1132, Bl. 3–5, Schreiben des Oberlandrats in Brünn an das ARP vom 8. 11. 1940.

199 ŽM Praha, Anm. 41. Ergänzung zu den Richtlinien über die „Handhabung der Verordnung des Reichsprotektors in Böhmen und Mähren über das jüdische Vermögen vom 21. Juni 1939" vom 14.9.1939.

200 MZA Brno, Bestand G 427, Kart. 4, Schreiben der Direktion Treuhand- und Revisionsgesellschaft m.b.H. in Prag an den Chef der Außenstelle Brünn vom 11.10.1941.

mark – 0,5 Prozent, bis zu einer Million Reichsmark 0,25 Prozent, bis fünf Millionen 0,2 Prozent, und bei höheren Beträgen sank die Gebühr auf 0,1 Prozent. Der Wert des veräußerten entzogenen Vermögens stellte eine neue, nach einer eigens zu diesem Zweck entwickelten Spezialmethode berechnete Größe dar. Es handelte sich um den Mittelwert zwischen der Bilanzsumme des Unternehmens (bei Liegenschaften einschließlich aller darauf haftenden Lasten) und dem Verkaufspreis, wobei allerdings die Reichsausgleichabgabe unberücksichtigt blieb. Diese auf den ersten Blick unlogische Bestimmung sollte verhindern, dass der Zwangsverkäufer es einem Juden ermöglichte, einen anständigen Preis zu erzielen. Im Gegenteil: Sie sorgte dafür, dass der Treuhänder um einen möglichst niedrigen an den Juden auszuzahlenden Preis bemüht war, das heißt darum, dass die Differenz zwischen Bilanzsumme und Verkaufspreis möglichst groß und die Berechnungsgrundlage für die Treuhänderprovision für die Veräußerung möglichst hoch waren. Neben dieser Provision wurden dem Treuhänder auch Tagegelder und die Erstattung sämtlicher Kosten eingeräumt.[201] Die eine höhere Vergütung und deren Auszahlung genehmigende Instanz war der Oberlandrat, der so aufgrund eines Antrags vom Treuhänder verfuhr.[202]

Etwas anders waren die Vergütungen der auf Anforderung der Gestapo tätigen Treuhänder geregelt. Deren Entlohnung war anders als bei den vom ARP bzw. den Oberlandräten bestellten ordentlichen Treuhändern vorteilhafter und berechnete sich nach Bruttogewinnprozenten: bei Gewinnen bis zu 500 Reichsmark sieben Prozent, bis 1.000 Reichsmark sechs Prozent, bis 1.500 Reichsmark fünf Prozent, über 1.500 Reichsmark dann vier Prozent (in den Fällen zwei bis vier jedoch mindestens soviel, wie ein Treuhänder der vorigen Kategorie in voller Höhe erhielt). Außerdem hatte ein von der Gestapo eingesetzter Treuhänder gleichfalls Anspruch auf Kostenerstattung.[203]

Zur „Qualifikation" eines Treuhänders gehörte bezeichnenderweise, allerdings nicht notwendigerweise, die politische Zuverlässigkeit und Linientreue, in erster Linie die NSDAP-Mitgliedschaft.[204] Treuhänder und Zwangsverwalter wurden auf den entsprechenden Ebenen (Gau oder Kreis) der NSDAP bestätigt.[205] Es war gewiss kein Zufall, dass ein Großteil der Treuhänder nach der Durchführung der „Arisierung" der von ihnen verwalteten Unternehmen diese im Zuge dieser Operation an sich brachte. Eine Stichprobe von 281 „Arisierern", die mit Hilfe von KdD-Krediten „arisiert" hatten, brachte das Ergebnis, dass ganze 35 Prozent der Untersuchten zuvor eine Treuhänderfunktion bekleidet hatten, davon etwa die Hälfte in Unternehmen, die sie früher verwaltet hatten.[206] Eine Aktivität als Treuhänder im Protektorat eröffnete also Aussichten auf eine künftige „Arisierung". Es ist somit kein Wunder, dass an Treuhänderposten in Großbetrieben ein

201 ŽM Praha, Anm. 197.

202 MZA Brno, Anm. 167, Niederschrift über die Treuhänderbesprechung am 9.1.1940.

203 MZA Brno, Anm. 196, o. Rundschreiben, Schreiben der Staatspolizeistelle Brünn an die Treuhand- und Revisionsgesellschaft m. b. H. vom 4.4.1941.

204 BA Berlin, R 87, Bd. 148, Bl. 8–11, 22. Zur Praxis vgl. näher die zu Tabellen zusammengestellten Resultate der Sonden in die ARP-Akten. Jančík/Kubů, Anm. 36, S. 103, Tabelle 25.

205 Vgl. MZA Brno, Anm. 167, undatierte Richtlinie des ARP, Grundsätzliches über die Behandlung von „Arisierungen", Teil Treuhändereinsatz, Punkt 2.

206 Jančík/Kubů, Anm. 36, S. 101.

enormes Interesse herrschte und die Kandidaten erbarmungslos gegeneinander kämpften, wobei wirtschaftliche Interessen in verschiedensten ideologischen Verpackungen präsentiert wurden.[207] Dabei sollte der Treuhänder prinzipiell von der „Arisierung" des von ihm verwalteten Unternehmens ausgeschlossen sein, und der Reichsprotektor genehmigte einen solchen Fall nur als Ausnahme, die eine Sonderprüfung des Kaufvertrags durch einen Revisor erforderte.[208] Die Zulassung ehemaliger Treuhänder als „Arisierer" ergab sich aus der besonderen Situation im Protektorat: hier herrschte ein ständiger Mangel an betriebsfremden „Arisierern".

In scheinbarem Widerspruch zu dem oben Gesagten steht die Tatsache, dass auf Treuhänderstellen auch Tschechen anzutreffen waren, wenn auch nicht häufig. Im Juni 1940 waren im Zuständigkeitsbereich des Prager Oberlandrats insgesamt 1.205 Treuhänder tätig, davon 1.103 Deutsche und 96 Tschechen.[209] In diesem Zusammenhang ist zu sagen, dass Tschechen nur Klein- und Kleinstbetriebe anvertraut wurden. Das ergab sich aus dem absoluten Mangel an geeigneten deutschen Treuhändern. Eine Richtlinie des ARP vom Februar 1940 legte fest, dass ein Tscheche nur dort bestellt werden konnte, wo es keinen deutschen Interessenten gab, es sich um ein rein tschechisches Gebiet handelte bzw. um einen Betrieb, dessen Tätigkeit beendet werden sollte.[210] Für manche Unternehmenszweige, etwa den Lebensmittelhandel, waren Tschechen von der Treuhänderfunktion gänzlich ausgeschlossen, die ARP-Richtlinie spricht nur von einem „deutschen Treuhänder".[211] Im Prinzip galt die Treuhänderfunktion immer als eine deutsche Angelegenheit. Die Anweisung des ARP an die Oberlandräte vom Juli 1940 führt an: „Bitte die Treuhänder darauf hinzuweisen, dass deutsche Treuhänder allen Behörden gegenüber – auch gegenüber der autonomen Protektoratsverwaltung – die deutsche Sprache zu gebrauchen haben und auch sonst im Geschäftsleben bestrebt sein müssen, die deutsche Sprache zu verwenden."[212] Genau so, wie es undenkbar war, die tschechische Sprache zu gebrauchen, war es auch undenkbar, dass ein deutscher Treuhänder mit einem tschechischen Geldinstitut zusammenarbeitete. Nachdem das ARP festgestellt

---

207 Kárný, Anm. 3, S. 63.

208 Die Richtlinie vom Februar 1940 besagt ausdrücklich: „Der Treuhänder und Personen, zu denen er in einem Anstellungsverhältnis steht oder stand, kommen als Erwerber des Betriebs regelmäßig nicht in Frage." ŽM Praha, Anm. 197, Ergänzung der allgemeinen Richtlinien für Treuhänder, 9.2.1940; vgl. MZA Brno, Anm. 39, Schreiben des ARP an Dienststelle in Brünn vom 12.12.1940.

209 NA Praha, Anm. 43, Bl. 303, Schreiben des Prager Oberlandrats an das ARP vom 26.6.1940.

210 ŽM Praha, Anm. 41, 3. Ergänzung zu den Richtlinien über die „Handhabung der Verordnung des Reichsprotektors in Böhmen und Mähren über das jüdische Vermögen vom 21. Juni 1939" vom 2.2.1940, vgl. auch Jaroslava Milotová: Zur Geschichte der Verordnung Konstantin von Neuraths über das jüdische Vermögen, Theresienstädter Studien und Dokumente 2002, Praha: Academia 2002, S. 105.

211 Státní oblastní archiv Plzeň [Staatliches Regionalarchiv Plzeň / Pilsen] (in Weiterem SOA Plzeň), Bestand Oberlandrat Klatovy [Oberlandrat Klattau], Kart. 24, Umschlag 8, Schreiben des ARP an alle Oberlandräte vom 9.1.1940.

212 MZA Brno, Anm. 39, Bl. 307, Schreiben von 17.7.1940. Dieselbe Abweisung erging auch von Seiten der NSDAP. Vgl. MZA Brno, Bestand G 376 (NSDAP – místní skupina Prostějov) [NSDAP-Ortsgruppe Proßnitz], Kart. 1, Mappe 2, Protokoll Ortsgruppe Proßnitz vom 20.10.1941.

hatte, dass einige Personen genau dies getan hatten, erließ es die generelle Anweisung, alle Konten von Betrieben unter Zwangsverwaltung an deutsche Anstalten zu übertragen.[213] Ebenso wurde angeordnet, dass Treuhänder in Rechtsstreitigkeiten nur mit deutschen Rechtsanwälten zusammenarbeiten durften; ab Januar 1941 hatten sie auch in allen übrigen Rechtssachen deutsche Anwälte hinzuzuziehen.[214]

Das von einem Treuhänder verwaltete Vermögen war nach wirtschaftlichen Gesichtspunkten den arischen Vermögen gleichgestellt. Das hieß, diese jüdischen Unternehmen sollten bei Rohstoffzuteilung, öffentlichen Aufträgen, Beschaffung von Bankkrediten oder Verzinsung von Bankeinlagen auf keine Weise benachteiligt werden. Für die Zukunft wurde nämlich mit ihrer „Arisierung" gerechnet. Bei der Zwangsverwaltung von so genanntem feindlichen Vermögen war das anders. Hier wurde im Gegenteil nach Kriegsende mit einer Restituierung der Besitzrechte der früheren Eigner gerechnet, die sich seinerzeit im „feindlichen Ausland" aufhielten. Somit bestand kein Interesse an einer Modernisierung oder Verbesserung ihrer wirtschaftlichen Lage.

Die Zwangsverwaltung von feindlichen Vermögen wurde formal im Januar 1940 eingeführt, jedoch rückwirkend ab dem 2. September 1939.[215] Sie betraf Liegenschaften und Liegenschaftsrechte, Immobilien, Wertpapiere, Zahlungsmittel, Unternehmen und Unternehmensanteile, Forderungen gegenüber Schuldnern usw., die „Feindstaaten", dort ansässigen Korporationen oder sich langfristig dort aufhaltenden Personen gehörten. Die Entscheidung darüber, ob ein Vermögen unter Feindeinfluss stand, fiel dem Reichsministerium der Justiz zu. Die Ernennung von Zwangsverwaltern fiel in die Kompetenz der Oberlandesgerichte. Die Rechtsvorschrift (Paragraph 13) besagte ausdrücklich, dass für die Ernennung von Zwangsverwaltern im Protektorat das Deutsche Oberlandesgericht Prag zuständig war. Entsprechende Anträge legte der Reichskommissar für die Behandlung feindlichen Vermögens vor, der dem Ressort des Justizministers unterstand. Die Kosten der Vermögensverwaltung gingen zu Lasten des Besitzers, die Höhe der Vergütung wurde vom Gericht bestimmt. Der Zwangsverwalter war zu sämtlichen gerichtlichen und außergerichtlichen Handlungen ermächtigt, seine Tätigkeit wurde vom ernennenden Gericht überwacht. Anders als die Treuhänder sollten die Zwangsverwalter fremder Vermögen diesen von ihnen verwalteten Besitz nicht veräußern, die Tätigkeit von Firmen nicht einstellen oder diese sogar auflösen. In seinen Aufzeichnungen vermerkte der Reichskommissar zu dieser Angelegenheit, er habe von der Reichsregierung die Anweisung erhalten, das feindliche Vermögen bis zu einem Friedensschluss zu verwalten. Auflösung oder Schließung erlaubte er nur für den Fall, dass diese „aus vorwiegendem öffentlichem Interesse" erforderlich seien oder aus den betrieblichen Umständen resultierte (z. B. Rohstoff-, Arbeitskräftemangel o. ä.).[216]

213 MZA Brno, Anm. 39, Mappe Nr. 11, Bl. 372, Schreiben des ARP an die Oberlandräte vom 15.1.1941.

214 ŽM Praha, Anm. 197. Schreiben des ARP an die Oberlandräte vom 16.1.1941.

215 Verordnung über die Behandlung feindlichen Vermögens vom 15. Juni 1940, RGBl 1940, Teil I, S. 191–195.

216 BA Berlin, Bestand R 87, Bd. 136, Bl. 7, Vermerk des Reichskommissars für feindliches Vermögen, Ernst, vom 26.6.1940.

### 4.1.2 Die Prager Dienststelle des Reichskommissars für die Behandlung feindlichen Vermögens und ihre Kompetenzstreitigkeiten

Die Aufgaben des Reichskommissars im Bezug auf das Protektoratsgebiet nahmen stetig zu. Es trat eine Reihe von Problemen auf, die von Berlin aus nur schwer zu lösen waren. Deshalb wurde im Mai 1940 die Verbindungsstelle des Reichkommissars für die Behandlung feindlichen Vermögens beim Reichprotektor für Böhmen und Mähren eingerichtet. An deren Spitze stand zuerst Oberlandgerichtsrat Eller,[217] der Ende Juli von Oberlandgerichtsdirektor Kellermann abgelöst wurde. Dieser führte den Titel eines Beauftragten des Reichkommissars für die Behandlung feindlichen Vermögens beim Reichsprotektor, und seine Aufgaben waren in seinem Beglaubigungsschreiben umrissen. Diesem Schreiben zufolge hatte er in Abstimmung mit Bodenamt und Reichsprotektor Ernennungsanträge für Verwalter von landwirtschaftlichem Boden auszuarbeiten, ferner für städtische Liegenschaften und Unternehmen aller Art, sofern deren Grund – oder Stammkapital nicht den Betrag von 20.000 Reichsmark (200.000 Kronen) überstieg.[218] Ein Zusatz zu Kellermanns Bestellung regelte dessen Zuständigkeit so, dass bei Vermögen mit einem Grund – oder Stammkapital über 100.000 Kronen vorab die Zustimmung aus Berlin eingeholt werden musste. Dasselbe galt auch für Landwirtschaftsbetriebe mit einer Fläche von mehr als 500 Hektar.[219]

Die Menge der unter dieser Kompetenzgrenze liegenden so genannten feindlichen Vermögen war beträchtlich. Eine vorläufige Inventur zum 19. Juli verzeichnete 400 Meldungen, doch im Wirkungsbereich des Oberlandrats Prag wurde mit einem Anstieg auf 2.000 gerechnet, in Brünn mit 1.200. Liegenschaften und Immobilien stellten rund zehn Prozent des gemeldeten Vermögens dar. Eine endgültige Zahl wurde nur bei Industriebetrieben festgestellt. Das waren insgesamt 64 (davon 47 britische und 16 französische).[220] Mit der Zunahme der Krieg führenden Staaten, vor allem nach dem Kriegseintritt der USA, nahmen Zahl und Umfang der Vermögen auch in diesem Bereich zu.

Der Umstand, dass die Treuhänder in die Zuständigkeit der politischen und wirtschaftlichen Verwaltung fielen, die Zwangsverwalter von feindlichem Vermögen jedoch in die Kompetenz der gerichtlichen Verwaltung, führte zu einer Reihe von Streitigkeiten und Konflikten, bei denen es auch um Prestigefragen ging. Manche unter Treuhandverwaltung stehenden Vermögen wurden nachträglich in die Zwangsverwaltung des Reichskommissars überführt. Am 16. Mai fand eine Besprechung zu diesem Thema statt, deren Ergebnis darin bestand, dass der Reichsprotektor auf jegliche ausdrückliche Genehmigung einer solchen Überführung verzichtete und sich mit einer bloßen Meldung der Veränderung abfand, sofern die Person des Treuhänders mit der des neu ernannten Verwalters identisch war.[221] Die große Zahl der abberufenen Treuhänder, die durch die vom Reichkommissar bestellten Zwangsverwalter abgelöst wurden, lief schon bald ganz erheblich den „Arisierungs"-Plänen

217 Ellers Ernennungsdekret trägt das Datum des 13.7.1940. Ebd., Bd. 187, Bl. 1.
218 Ebd., Bl. 13, Nr. 11133/40, Kopie von Kellermanns Berufung vom 12.8.1940.
219 Ebd., Bl. 24, Nr. 25731/40, Zusatz zu Kellermanns Bestellung vom 19.12.1940.
220 Ebd., Bd. 135, Bl. 6, Schreiben Ellers an den Reichskommissar vom 19.7.1940.
221 Ebd., Bl. 2, Schreiben des Reichsprotektors an Eller vom 18.6.1940.

des Reichsprotektors zuwider. Ein Teil der jüdischen Vermögen, an deren Liquidierung oder schneller Veräußerung bereits Treuhänder arbeiteten, sollten dank der Eingriffe des Beauftragten des Reichskommissars für feindlichen Vermögens künftig ihren im Ausland befindlichen jüdischen Besitzern erhalten bleiben.

Seine grundsätzlichen Vorbehalte zu den Kompetenzen des Reichskommissars auf dem Protektoratsgebiet, unter die das Vermögen fremder Staatsanghöriger, aber auch das von Personen fiel, die im Ausland ihren ständigen Wohnsitz hatten bzw. sich langfristig dort aufhielten, fasste der Reichsprotektor erstmalig am 27. Mai 1940 in eine weitschweifige Gegendarstellung zur Verordnung über feindliches Vermögen und adressierte diese an das Reichsministerium für Justiz, das Reichsfinanz- und das Reichsinnenministerium.[222] Er wies darauf hin, dass diese Verordnung die Verfügungsgewalt über das Vermögen von jüdischen und tschechischen Emigranten einschränke, zumal der „Arisierungs"-Prozess noch nicht abgeschlossen sei, dessen Verlauf im Gegenteil beschleunigt werden müsse (vor allem in der Lebensmittel-, Textil-, Metall- und Leder verarbeitenden Industrie). Den Aufschub der „Arisierung" und die Beibehaltung der Zwangsverwaltung bis Kriegsende bezeichnete er für die meisten Fälle als untragbar, da manche Betriebe auf Kriegsproduktion umgestellt, andere geschlossen werden müssten und dies Aufgaben seien, welche die Möglichkeiten der vom Kommissar ernannten Zwangsverwaltungen überstiegen. Darüber hinaus monierte er die unzulängliche Arbeit vieler Zwangsverwalter, die zu einer verringerten Produktionsfähigkeit der Betriebe führe. Der Bedarf einer höchstmöglichen Auslastung aller Fertigungskapazitäten erforderte folglich die Bestellung neuer selbständiger Eigentümer. Im Zusammenhang mit dem Standpunkt des Reichsprotektors muss erwähnt werden, dass sich die von ihm kritisierten Kompetenzen des Reichskommissars im Protektorat grundsätzlich nicht von dessen Kompetenzen im „Altreich" unterschieden.[223]

Das Justizministerium, dem der Kommissar für Behandlung feindlichen Vermögens unterstand, entgegnete, es beabsichtige nicht, den Fortgang der „Arisierung" zu bremsen und habe keinerlei Einwände gegen „Arisierungs"-Maßnahmen, die im Einverständnis mit dem Betroffenen ergriffen würden und stimme einem Verkauf zu, sofern eine freiwillige Übereinkunft zu einem angemessenem Preis erzielt werde. Es erinnerte daran, dass man nicht einmal im so genannten Altreich (Deutschland in seinen Grenzen vor dem Anschluss Österreichs) an die Enteignung der Vermögen von Juden geschritten sei, die nach Palästina oder anderswo hin ausgewandert waren. Die Frage müsse

222 BA Berlin, Bestand R 2 (Reichsfinanzministerium), Bd. 30024, Bl. 98a – 99a, Schreiben des Reichsprotektors an den Reichsfinanzminister vom 27.5.1940.

223 BA Berlin, Bestand R 87, Bd. 114, Bl. 4. Das anschließende Material, Bl. 12–16, Aufzeichnungen des Landgerichtsrats Hefermehl vom Reichsjustizministerium über Gespräche mit den zuständigen Referenten im Reichswirtschaftsministerium vom 9.2.1940 führte ausdrücklich an: „Es bestand Einvernehmen darüber, dass jede Arisierung, die feindliches Vermögen betrifft, von der Entscheidung des Reichskommissars für Behandlung des feindlichen Vermögens abhängt." Das genannte Prinzip wurde dann auch in eine Richtlinie des Wirtschaftsministeriums einbezogen: Verfahren bei der Entjudung feindlichen Vermögens. Runderlass des RWiM vom 27. Februar 1940, Ministerial-Blatt des Reichswirtschaftsministeriums, 40. Jg., 6. März 1940, Nr. 7, S. 94.

im gesamten Reich einheitlich gelöst werden. Bei „Zwangsarisierungs"-Maßnahmen behielt sich das Justizministerium seine eigene Beteiligung vor. Diese Haltung teilte auch das Finanzministerium. Der Standpunkt des Innenministers gab einerseits dem Reichsprotektor darin Recht, dass es unerwünscht sei, die „Arisierung" zu beschränken und hinauszuzögern, musste aber anderseits anerkennen, dass die Verordnung über die Behandlung feindlichen Vermögens nicht einfach übergangen werden konnte. Der Innenminister schlug vor, die bereits eröffneten „Arisierungs"-Fälle abzuschließen und brachte einen weiteren Verhandlungsbedarf zu diesem Problem zum Ausdruck.[224]

Eine am 26. Juni in Prag abgehaltene Besprechung sollte die Kompetenzen der dem Reichsprotektor unbequemen Verbindungsstelle des Reichskommissars weiter regeln. An diesem Treffen nahm Reichskommissar Ernst persönlich teil, seine Gesprächspartner waren der Chef der Gruppe „Wirtschaft", Oberregierungsrat Erich von Wedelstädt, und dessen Untergebener, der Chef des Entjudungsreferats, Regierungsrat Rudolf Stier.[225] Wedelstädt erklärte eingangs, eine sehr große Anzahl tschechischer Juden sei ins Ausland geflüchtet. Auf diese würden die „Arisierungs"-Vorschriften angewendet und eine Beteiligung Berliner Stellen sei hier unmöglich. Ernst gab resolut zurück, dass alles dem Ziel untergeordnet werden müsse, allgemeine Wirtschaftsfragen erst nach dem Krieg zu regeln. Stier, der die „Arisierung" persönlich leitete, wiederholte dennoch (Stier und Wedelstädt stützten sich offensichtlich auf den Standpunkt des Innenministeriums), dass eine Revision der bereits durchgeführten „Arisierungen" und Anwendung der Verordnung über Zwangsverwaltung feindlichen Eigentums nicht mehr möglich sei und argumentierte mit der Anzahl der Fälle. Ihm zufolge war die Mehrzahl der vermögenden Juden ins „feindliche Ausland" abgereist, und zu deren Vermögen gehörten 25.000 Unternehmen (die meisten davon waren in der Textil-, Eisen – bzw. Kohlebranche tätig, sowohl in Herstellung und Verarbeitung als auch im Handel). Stier verlangte, dass zumindest die rechtliche Wirksamkeit der bisher erledigten Vorgänge gewahrt bleiben solle. Diese stellten angeblich fünf bis sieben Prozent aller Fälle dar.

Die Frage nach den Kompetenzen wurde von den Vertretern des ARP in der Diskussion um die „Arisierung" als eine der Hauptaufgaben der deutschen Verwaltung präsentiert, die infolge der Forderungen des Reichskommissars und dessen Untergebenen gefährdet war. Ernst lehnte die „Arisierung" als Prinzip in der Diskussion nicht ab, bot sogar eine Zusammenarbeit seiner Dienststelle bei der Durchführung an, allerdings nur in dem vom Justizministerium gesteckten Rahmen, das heißt in Fällen, „bei denen die Arisierung auf freiwilliger Grundlage und zu angemessenen Preisen erfolge". Aus dem eigentlichen Wesen der „Arisierung", der Ausreisebestimmungen und der Besteuerung geht die Sinnwidrigkeit solcher inhaltlicher Verbindungen hervor, doch ist offensichtlich, dass die „Arisierung" im Sinne von juristisch gebildeten Personen aus dem Ressort der Justiz doch etwas weniger scharfe Form und Inhalt hatte.

224 Ebd., Bl. 100. Kopie eines Schreibens des Justizministers an den Reichsprotektor vom 3.6.1940, Bl. 101a-103a; ebd., Aufzeichnung des Finanzministeriums vom 26.6.1940; ebd., Bl. 104–106, Kopie eines Schreibens des Innenministers an den Justizminister vom 10.6.1940.

225 Ebd., Anm. 173, Nr. 6875 / 1940, Aufzeichnung von Dr. Ernst vom 26.6.1940.

Das in vier Punkten zusammengefasste Besprechungsergebnis markierte einen vorläufigen Teilsieg des Reichskommissars für feindliches Vermögen:

Alle Fälle, bei denen es sich um feindliches Vermögen handelt, sollten in die Zuständigkeit des Reichskommissars fallen.

In allen Fällen, in denen es um Personen ging, die keine „feindliche" Staatsangehörigkeit hatten und es nicht erwiesen war, dass sie sich im „feindlichen Ausland" aufhielten, sollte die Einbeziehung des Reichskommissars nicht in Betracht kommen.

In Fällen, in denen es sich um Personen handelte, die zwar keine „feindliche Staatsangehörigkeit" besaßen, jedoch feststand, dass sie sich im feindlichen Ausland aufhielten, sollte in Zusammenhang mit der Sicherstellung eines „freiwilligen Verkaufs zu angemessenem Preis" die Beteiligung des Reichskommissars erforderlich sein.

Die Einsetzung von Zwangsverwaltern sollte in Absprache mit dem ARP erfolgen, nach Möglichkeit sollten ehemalige Treuhänder als Zwangsverwalter feindlichen Vermögens herangezogen werden.

Eine eindeutige Lösung der Frage nach einer Revision bereits „erledigter Fälle" wurde in dieser Absprache ausgeklammert. Offen blieb auch die von Punkt drei der Absprache nicht geklärte Grundsatzfrage, was mit Fällen zu tun sei, in denen der Besitzer im „feindlichen Ausland" weilte, jedoch nicht festzustellen war, ob er eine „feindliche Staatsangehörigkeit" besaß oder nicht. Zwar wurde hier ein Engagement des Reichskommissars eingeräumt, doch wurde die Zuständigkeit nicht eindeutig zugunsten einer der Seiten festgelegt.

Die Lösung des umrissenen Problems war langwierig, da keine der Seiten nachgeben wollte. Eller wandte in einem an die Gruppe „Wirtschaft" im ARP adressierten Brief ein, dass in den Fällen des Austauschs eines Treuhänders gegen einen von ihm ernannten Zwangsverwalter ausschlaggebend sein sollte, ob der Eigner eine „feindliche" Staatsanghörigkeit besitze oder sich nur im „feindlichen Ausland" aufhalte. Er betonte dabei, dass diese Frage im ganzen Reich einheitlich gelöst werden sollte.[226] Ellers Nachfolger Kellermann war in diesem Kompetenzstreit noch nachdrücklicher. Dieser verlagerte sich erneut aus dem Protektorat nach Berlin und schaukelte sich wieder bis zu den Ministerien hoch. Eine am 12. August 1940 an das Berliner Innenministerium geschickte Darstellung des ARP brachte als Begründung für eine unerlässliche „Arisierung" von „feindlichem Vermögen" der im alliierten Ausland lebenden jüdischen Emigranten Argumente vor, die den Eindruck erwecken sollten, die Bemühungen des Reichskommissars und seiner Dienststelle führten zu einer ernsthaften Gefährdung für die Erfüllung der grundsätzlichen und langfristigen Aufgaben der Protektoratsverwaltung. „Die Entjudungsmaßnahmen im Protektorat Böhmen und Mähren, die […][227] eingeleitet worden sind, verfolgen neben dem allgemeinen Zweck der Entjudung und der Abwehr reichsfeindlicher Bestrebungen zugleich das Ziel einer Stärkung des Deutschtums [im Original unterstrichen], dessen wirtschaftliche Stellung

226 BA Berlin, Anm. 220, Bl. 19, Schreiben Ellers vom 24.7.1940.

227 Hier wurde ein umfangreiches Zitat der geltenden Vorschriften und Normen ausgelassen.

gegenüber dem Tschechentum gefestigt werden soll. Es bedarf kaum einer Betonung, welche Bedeutung dieser Zielsetzung in der allgemeinen politischen Linie zukommt. Das Deutschtum, das in der ehemaligen Tschecho-Slowakischen Republik, insbesondere im Raum des heutigen Protektorats, seit Jahrzehnten wirtschaftlich zurückgedrängt und planmäßig verelendet worden ist, sei im Begriff, den verlorenen Boden zurückzuerobern. Die „Arisierung", einschließlich der Maßnahmen gegen reichsfeindliche Personen, biete eine einmalige Gelegenheit, dieses Bestreben tatkräftig zu unterstützen und zugleich in die wirtschaftlich erwünschten Bahnen zu leiten. Nachdem die „Arisierungs"-Maßnahmen auf breiter Grundlage begonnen hätten und in vielen Fällen bis dicht vor den Abschluss gebracht worden seien, würde ihre Unterordnung unter die Richtlinien für die Behandlung feindlichen Vermögens die weitere Durchführung empfindlich hemmen und in der deutschen Bevölkerung begreifliche Enttäuschung hervorrufen. Von tschechischer Seite würde ein Stillstand der Entjudung als Anzeichen von Schwäche ausgelegt werden. Darüber hinaus erscheint auch kriegswirtschaftlich die weitere Verwaltung [der Vermögen von Juden im „feindlichen Ausland"] durch Treuhänder [anstelle der Bezeichnung „Zwangsverwalter" wurde ungenau der Ausdruck „Treuhänder" verwendet] untragbar".[228] Ein Hilfsargument für die Liquidation der Zwangsverwaltung von jüdischen Vermögen stellte auch das Eingeständnis des ARP dar, dass ungeachtet des geschaffenen Kontrollsystems die Zwangsverwaltung nicht gerade die besten wirtschaftlichen Ergebnisse brachte.[229]

Im September 1940 schrieb der Reichsinnenminister einen amtlichen Brief an den Justizminister, in dem er die zitierte Argumentation zusammenfasste und hinzusetzte, dass ihm die Gefahr von Vergeltungsmaßnahmen seitens der Feindstaaten gegen dortiges deutsches Vermögen nicht groß vorkomme. Mit feindlichem Vermögen wurde seiner Meinung nach korrekt verfahren, und das Vorgehen gegen Vermögen emigrierter Juden könne kein inkorrektes Handeln darstellen, solange diese für die deutsche Staatsverwaltung als Protektoratseinwohner gelten, also so lange keine authentische Mitteilung darüber vorliege, dass diese Leute eine feindliche Staatsangehörigkeit erworben hätten. Im Gegenteil betonte er abschließend: „Unser Interesse geht gerade dahin, die Entjudung vorwärts zu treiben, solange der Erwerb einer fremden Staatsangehörigkeit durch den Emigranten noch nicht erwiesen ist."[230]

Auf die deutlich formulierten Einwände des Innenministers reagierte der Justizminister mit einem Entwurf, der in Zusammenarbeit mit dem Reichskommissar für die

228 BA Berlin, Bestand R 2, Bd. 30034, Bl. 114–116; Abschriften des Dokumentes gleichfalls BA Berlin, Bestand R 87, Bd. 9354, Bl. 46–50; ebd., Anm. 222, Bl. 114a-115b. Vgl. Lindner, Anm. 176, S. 146. Über den Zusammenhang der „Arisierung" und Deutschtumsstärkung siehe auch Oprach, Marc: Nationalsozialistische Judenpolitik im Protektorat Böhmen und Mähren. Entscheidungsabläufe und Radikalisierung, Hamburg: Verlag Dr. Kovač 2006, S. 181.

229 Ebd., „Die Erfahrungen gerade der letzten Zeit bestätigen die Annahme, dass die im kriegswirtschaftlichen Interesse gebotene äußerste Ausnutzung der Produktionskraft nur erreicht werden kann, wenn die verwalteten Betriebe unverzüglich der verantwortlichen Eigenbewirtschaftung geeigneter Bewerber zugeführt werden."

230 Ebd., Anm. 216, Bl. 27, Schreiben des Reichsinnenministers an den Reichsjustizminister vom 18.9.1940; BA Berlin, Anm. 222, Bl. 107 a, b.

Behandlung feindlichen Vermögens zustande gekommnen war[231] und einen grundsätzlichen Rückzieher bedeutete:

Sofern ungeklärt sei, ob ein Jude die Staatsangehörigkeit eines Feindstaates besitze bzw. sich dort langfristig aufhalte, hege er aus der Sicht seines Amtes an der Berechtigung einer „Arisierung" keinerlei Zweifel und seine Mitwirkung am „Arisierungs"-Verfahren sei unnötig.

Hingegen werde in Fällen, in denen Klarheit darüber bestehe, dass ein Jude die Angehörigkeit eines Feindstaates besitze bzw. sich dort langfristig aufhalte, seine Mitwirkung an den „Arisierungs"-Maßnahmen unerlässlich. Zu deren Ausübung solle im Interesse eines beschleunigten „Arisierungs"-Prozesses die Prager Verbindungsstelle des Reichskommissars dienen.

Der Chef der Verbindungsstelle, Kellermann, erhielt in diesem Zusammenhang die Weisung, bei der „Arisierung" von jüdischem Vermögen so vorzugehen, dass in Fällen, in denen es sich um eine „Arisierung" nach Übereinkunft mit dem Betroffenen handelte, prinzipiell die Zustimmung zum Veräußerungsvertrag erteilt werden solle. Bei „Zwangsarisierungen" der Vermögen von Protektorats – oder Reichsjuden war gleichfalls die Zustimmung zu erteilen, sofern deren feindliche Haltung durch einen langfristigen Aufenthalt im „feindlichen" Ausland Ausdruck gegeben wurde. Auf eine besondere Weise sollte mit Juden verfahren werden, die sich langfristig in Palästina aufhielten, da anzunehmen war, dass diese inzwischen die britische Staatsangehörigkeit erworben hatten. In Fällen von Palästina-Auswanderern und fremden Staatsangehörigen wurde erneut auf wahrscheinliche Vergeltungsmaßnahmen der Gegenseite hingewiesen, nichtsdestoweniger die Zustimmung zur „Arisierung" nicht völlig ausgeschlossen. Bedingung war, dass die „Arisierung" gegen einen „angemessenen Preis" zustande kam.[232]

In Fällen, in denen einem Juden aufgrund der Verordnung vom 3. Oktober 1939 die Protektorats-Staatsangehörigkeit aberkannt worden war,[233] war sein Vermögen bis zum Zeitpunkt, zu dem es als dem Reich verfallen erklärt wurde, als „feindlich" anzusehen und damit laut Verordnung über die Behandlung feindlichen Vermögens vom 15. Juni 1940 (vgl. oben) zu verfahren. Für diese Fälle behielt sich der Reichskommissar ausdrücklich die Einsetzung eines Treuhänders vor. Dieser hatte das verwaltete Vermögen nach Verfall dem Reich zu übergeben. Der Justizminister wollte nämlich künftig die Frage des Vermögensverfalls offen lassen, schloss dabei eine Aufhebung des Konfiskationsentscheids und die Möglichkeit einer Vermögensrestitution nicht aus. Von grundsätzlicher Bedeutung war, dass das Justizministerium hinsichtlich aller bis zum 30. September 1940 erfolgten „Arisierungs"-Maßnahmen" auf eine Einflussnahme verzichtete.

Die vom Reichsjustizminister im Oktober 1940 vorgeschlagenen Grundsätze wurden vom Reichsprotektor akzeptiert, und zwar einschließlich der „Zurückhaltung

231 Ebd., Anm. 216, Bl. 108–112, Schreiben des Reichsjustizministers an den Reichsprotektor und Reichsinnenminister vom 17.10.1940.

232 Ebd.

233 Verordnung über die Aberkennung der Staatsangehörigkeit des Protektorats Böhmen und Mähren vom 3. Oktober, RGBl 1939, Teil I, S. 1997.

beim Vorgehen" gegen Palästina-Auswanderer.[234] Dem entsprach in der Folgezeit auch das Vorgehen der für die „Arisierung" verantwortlichen Stellen. Die Oberlandräte bestellten über den Immobilienbesitz von Juden mit Aufenthalt im feindlichen Ausland Verkaufstreuhänder.[235] Die Gestapo begründete vorgenommene Konfiskationen von jüdischem Vermögen mit dem Umstand, dass sich eine Person jüdischer Abstammung im „feindlichen Ausland" aufhalte. Infolge des Aufenthalts in einem Feindland wurde diese Person als staatsfeindlich angesehen. Der Kommissar für feindliches Vermögen schrieb zwar seinem Bevollmächtigten im November 1940, dass „diese Argumente zweifellos nicht dem Sinn der Verordnung vom 15. Januar entsprechen", empfahl ihm aber, nicht gegen solche Praktiken vorzugehen.[236] Eine offene Konfrontation mit Innenministerium und Gestapo scheute er.

Der Leiter der Verbindungsstelle und Bevollmächtigte des Reichskommissars, Kellermann, kam jedoch den Empfehlungen seines Vorgesetzten nicht restlos nach. In ungefähr 25 Fällen wurde seine Kompetenz von der Tätigkeit der Gestapo berührt. In allen diesen Fällen schrieb er an die Gestapo-Leitstelle Prag, erhielt aber nur in einem Fall eine amtliche Antwort. Die gespannten Beziehungen zwischen Kellermann und der Gestapo zeitigten in einem anderen Bereich Folgen. Die Gestapo beschwerte sich direkt in Berlin, unter anderem auch bei Ernst. In diesen Beschwerden wurde angeführt, Kellermann setze Verwalter für feindliche Vermögen auch in solchen Fällen ein, in denen bereits ein Treuhänder bestellt sei und die „Arisierung" des ihm anvertrauten jüdischen Vermögens kurz vor dem Abschluss stehe. Kellermann führte als Gegenargument die Art und Weise der Durchführung dieser „Arisierungen" an; der Grund für sein Engagement war der angeblich zu niedrige Verkaufspreis. Er habe in solche Fälle eingegriffen, da, wie wörtlich in den Dokumenten zu lesen ist, „die Preisfestsetzung vielfach zu Beanstandungen Anlass gegeben habe." Ernst gelang es nicht, seinen Untergebenen gegenüber den Berliner Dienststellen zu verteidigen. Er notierte in diesem Zusammenhang, dass der Kern dieser Schwierigkeiten in der ungeklärten Stellung der Gestapo im Protektorat läge, da einerseits der Befehlshaber der Sicherheitspolizei nicht dem Reichsprotektor unterstehe, anderseits sich auch nicht gegenüber Weisungen aus Berlin verpflichtet fühle.[237]

Den Beschwerden der Gestapo schloss sich der Reichsprotektor an. In einem Schreiben vom 9. Juni teilte er dem Reichskommissar für die Behandlung feindlichen Vermögens mit, die Zusammenarbeit mit der Verbindungsstelle erfülle seine Erwartungen nicht, der Leiter dieser Stelle liefere ihm keine hinreichenden Informationen, so dass er sich kein Bild von Inhalt und Umfang ihrer Tätigkeit machen könne. Abschließend forderte er Kellermanns Abberufung mit der Begründung, dass keine Voraussetzung für eine auf gegenseitigem Vertrauen basierende Zusammenarbeit existiere.[238] Obwohl das Schreiben des Reichsprotektors sich an allgemein gehaltene Begründungen hielt, war es

---

234 BA Berlin, Anm. 222, Bl. 118 a, b, Aufzeichnung des Reichsfinanzministeriums vom 4.2.1941.

235 BA Berlin, Anm. 173, unpaginiert, Kellermanns zusammenfassender Bericht vom 19.6.1941.

236 Ebd., Bd. 139, Bl. 1, Schreiben an Ernst Kellermann vom 30.11.1940.

237 Ebd., Bd. 137, Bl. 2–3, Ernsts Notiz vom 4.6.1941.

238 Ebd., Bd. 9336, unpaginierter Band, Schriftstück ohne Aktenzeichen, Schreiben vom 9.6.1941, unterzeichnet i. V. K. H. Frank.

zweifellos das Resultat von Kellermanns Konfrontation mit einer weiteren Institution, die jüdische Vermögen verwaltete und unter direktem Einfluss des ARP stand, nämlich der Zentralstelle für jüdische Auswanderung.

Den Ambitionen der Zentralstelle musste Kellermann schon im September 1940 entgegentreten. Ihrem Chef Dr. Reisinger teilte Kellermann mit, dass per Verordnung des Reichsprotektors vom 5. März 1940 ein Auswanderungsfonds gegründet worden sei,[239] dem Protektoratsjuden vor ihrer Auswanderung ihren Grundbesitz zu angemessenen Preisen verkauften und der diese Vermögenswerte verwalte, dass es sich dabei aber nicht um „feindliches Vermögen" handele, das unter die Kompetenz des Reichskommissars falle. Er erklärte im Gegenteil, die von ihm geleitete Zentralstelle sei eine Reichsdienststelle, die gleichfalls für die Übernahme der Verwaltung feindlicher Vermögen in Betracht käme, da sie über Erfahrungen damit verfüge.[240] Ein dreiviertel Jahr später führte Reisinger den angedeuteten Gedanken noch weiter. Aus dem Umstand, dass der Auswanderungsfonds jüdische Grundstücke verwaltete, die zum Verkauf bestimmt waren, der freilich aus volkstumspolitischen Rücksichten erst nach dem Krieg stattfinden solle, wodurch auch die Entrichtung des Preises auf die Nachkriegszeit aufgeschoben sei, folgerte er, der Fonds sei praktisch nur Treuhänder von anvertrautem formal gekauftem Besitz.[241]

Im Widerspruch zu Reisingers ursprünglicher Erklärung begann der Auswanderungsfonds auch mit dem Aufkauf des Besitzes von Personen, die sich im „feindlichen" Ausland aufhielten. Die Verbindungsstelle des Reichskommissars intervenierte gegen diese Tätigkeit. Sie erhielt aber nur Reisingers formale Zusage, dass der Fonds solche Liegenschaften nur in Ausnahmefällen aufkaufen und das erlöste Geld dafür auf besondere Sperrkonten auf die Namen ausländischer Staatsbürger einzahlen werde.[242] In der Praxis blieb dem Beauftragten des Reichskommissars nichts anderes übrig, als dem Aufkauf der Vermögen von im Ausland weilenden Juden zuzustimmen. In einem weiteren Gespräch stellte Kellermann allerdings die Bedingung, dass der Kaufpreis auf mindestens 90 Prozent des Schätzpreises festzulegen sei. Reisinger versicherte ihm, dass dies der Fall sei und dass die zuständigen Schätzungen mit den Grundstückspreisen vom 20. Juni 1939 übereinstimmten (tags darauf wurde die Verordnung des Reichsprotektors über jüdisches Vermögen erlassen).[243] Es versteht sich von selbst, dass die „Arisierungs"-Schätzungen in der Regel weit von den realen Marktpreisen entfernt waren.

Die Kompetenzen des Reichskommissars wurden auch von der NSDAP begrenzt. Da sich die NSDAP schon vor dem Krieg intensiv am „Arisierungs"-Prozess beteiligt hatte,

239 Dieser seinem Statut nach öffentlichrechtliche Fonds war Träger des Eigentums der Zentralstelle für jüdische Auswanderung. Er unterlag der Aufsicht durch den Befehlshaber der Sicherheitspolizei beim Reichsprotektor. Näher vgl. VOBl RP 1940, S. 77.

240 BA Berlin, Bestand 87, Bd. 198, Bl. 1, Kellermanns Notiz vom 25.9.1940 über ein Telefongespräch mit Dr. Reisinger.

241 BA Berlin, Bestand R 87, Bd. 139, Bl. 21, Notiz Kellermanns vom 17.6.1941 über das Gespräch mit Reisinger vom Vortag in Anwesenheit von Dr. Franke.

242 BA Berlin, Anm. 173, unpaginierter Band, Schriftstück ohne Aktenzeichen, Kellermanns Bericht an den Reichskommissar vom 19.6.1941. Bericht mit Anlagen, darunter auch Muster von Kaufverträgen, die von der Zentralstelle geschlossen wurden. Auch Bd. 138, Bl. 31–44.

243 BA Berlin, Anm. 240, Bl. 60. Notiz Kellermanns vom 20.8.1941.

indem sie auf entsprechender Ebene zu den einzelnen „Arisierungs"-Fällen Stellung nahm und die Interessenten an der „Arisierung" zu genehmigen hatte (dies fiel in die Kompetenz der Gau- und Kreiswirtschaftsberater), wobei dies auch für die Veräußerung von jüdischem Besitz unter Assistenz des Reichskommissars galt,[244] hatte es den Anschein, dass dies bei der Einsetzung von Zwangsverwaltern für feindliches Vermögen nicht der Fall sein werde. Der negative Standpunkt des Reichskommissars, der eine Stellungnahme der NSDAP zur Person des Zwangsverwalters für überflüssig hielt, wurde durch den Beschluss der NSDAP-Leitung, Reichsrechtsamt, revidiert. Diese behielt sich die Genehmigung von Zwangsverwaltern überall dort vor, wo diese in jüdisches Vermögen eingesetzt werden sollten, und zwar ohne Rücksicht darauf, ob es sich um einen Parteigenossen handelte oder nicht. Die Genehmigung von Zwangsverwaltern wurde der Gauebene zugewiesen (Gaurechtsamt).[245] Die Sorge der NSDAP um die Einsetzung von Zwangsverwaltern illustriert ein Schreiben der Gauleitung Berlin an den Reichskommissar vom 13. Januar 1942, in dessen Anlage sich ein Verzeichnis der für eine Hausverwaltung in Betracht kommenden Parteimitglieder findet.[246]

Kellermann war nach einem Jahr Arbeit im Protektorat infolge der Kompetenzstreitigkeiten mit ARP, Gestapo und NSDAP unhaltbar geworden. Er wurde abberufen und übergab am 2. August 1941 die Leitung der Verbindungsstelle an Landgerichtsrat Dr. Franke.[247] Das ARP unterwarf die Behandlung feindlichen Vermögens den „Germanisierungsbedürfnissen" des Protektorats. Das Reichskommissariat für die Behandlung feindlichen Vermögens hatte somit, wie Stephan H. Lindner zutreffend schrieb, im Kampf um seine Kompetenzen eine schwere Niederlage erlitten.[248] Das „Arisierungsreferat" der Gruppe „Wirtschaft" beim ARP setzte so in der Praxis seine Vorstellungen vom Umgang mit den Vermögen emigrierter Juden – das heißt deren Konfiskation – durch.

Die Behandlung des Eigentums von Juden, die sich im „feindlichen Ausland" aufhielten, wurde Gegenstand einer breiten, ressortübergreifenden Besprechung, die am 7. November 1941 im Außenamt stattfand.[249] Daran nahmen neben der ausrichtenden Institution auch die Reichsministerien für Inneres, Finanzen, Wirtschaft und Justiz, der Reichskommissar für die Behandlung feindlichen Vermögens, der Chef der Sicherheitspolizei sowie Vertreter des Oberkommandos der Wehrmacht und des NSDAP-Büros teil. Dabei ging es um ein einheitliches Vorgehen bei der Anwendung der soeben

244 BA Berlin, Anm. 228, unpaginiert, Abschrift eines Schreibens von der Parteiverbindungsstelle beim Reichsprotektor an den Beauftragten des Reichskommissars für die Behandlung feindlichen Vermögens vom 4.7.1941.

245 Ebd., Schreiben der NSDAP-Reichsleitung an den Reichskommissar für die Behandlung feindlichen Vermögens vom 24.1.1941.

246 Ebd., Schreiben der NSDAP-Gauleitung Berlin an den Reichskommissar für die Behandlung feindlichen Vermögens vom 13.1.1942.

247 BA Berlin, Anm. 220, Bl. 83b, Kellermanns Notiz vom 11.8.1941.

248 Lindner, Anm. 176, S. 152.

249 BA Berlin, Anm. 222, Bl. 174a-175a, Aufzeichnungen des Reichsfinanzministeriums vom 12.11.1941.

herausgegebenen elften Verordnung zum Reichsbürgergesetz.[250] Laut dieser ging ein Jude der deutschen Staatsangehörigkeit verlustig, wenn er zum Zeitpunkt der Herausgabe dieser Verordnung seinen „gängigen Aufenthalt" im Ausland hatte, bzw. er verlor sie im Folgenden durch die Verlegung seines „gängigen Aufenthalts" ins Ausland. Aufgrund von Paragraph drei der Verordnung verfiel das Vermögen jüdischer Personen, die die deutsche Staatsangehörigkeit verloren hatten, an den Staat. Gleichzeitig verfiel mit dem Verordnungsdatum auch das Vermögen von Staatenlosen an den Staat, sofern diese zuletzt Staatsbürger des Deutschen Reiches gewesen waren und sich derzeit im Ausland aufhielten bzw. ihren Wohnsitz dorthin zu verlegen beabsichtigten. Die Norm führte ausdrücklich an, dass sich ihre Gültigkeit auch auf das Protektorat Böhmen und Mähren bezog.[251]

In der Diskussion analysierte Legationsrat Schiffner, Vertreter des Auswärtigen Amts, die möglichen Folgen der Anwendung dieser Vorschrift hinsichtlich des deutschen Vermögens im Ausland. Frankreich und die übrigen Staaten bereiteten seinem Amt keine Sorgen. Anders lagen die Dinge im Fall Großbritanniens und Amerikas. Er führte an, statistisch sei der Wert des britischen Vermögens in Deutschland größer, doch handele es sich vorwiegend um deutsche Anleihe- und Sperrmark-Schulden, also um Posten, die Großbritannien schon längst abgeschrieben hatte. Das Vermögen aus Betrieben und Liegenschaften stellte lediglich sieben Prozent des britischen Vermögens in Deutschland dar. Im Gegensatz dazu war das deutsche Vermögen in den von Großbritannien kontrollierten Gebieten unvergleichlich größer, es bestand vorwiegend aus Firmen und Immobilien. Diese Verluste hätten sich bei einem Kriegseintritt der USA und der lateinamerikanischen Länder noch vervielfacht. Daher schlug das Außenamt vor, nicht zur Konfiskation der Vermögen von Juden zu schreiten, die sich in der britischen Einflusssphäre aufhielten. Dieser Vorschlag traf bei den meisten übrigen Anwesenden auf keinerlei Verständnis.

Auch der Vertreter des Justizministeriums, Hefermehl, erklärte im Namen seiner Behörde die Zustimmung zu einer uneingeschränkten Anwendung der Vorschrift, da die NS-Verwaltung diese sowieso schon ein ganzes Jahr formlos angewendet habe. Hefermehl sagte wörtlich: „In der Praxis habe das Ausbürgerungsgesetz schon den Vorrang vor der Feindgesetzgebung. Die Arisierungsstellen betreiben die Ausbürgerung und die Einziehung der Vermögen der Ausgebürgerten fortlaufend." Er argumentierte auch damit, dass bereits durchgeführte und im feindlichen Ausland schon längere Zeit bekannte Einziehungsverfahren kaum zum Vorwand für Gegenmaßnahmen werden dürften, die auf deutsche Vermögen abzielten, insbesondere, wenn es sich nicht um Vermögen britischer Bürger handele. Eingriffe gegen diese Gruppe jüdischer Eigentümer sollten die Reichsbehörden jedoch vermeiden. Unverblümte Resignation klang aus dem Standpunkt

250 Elfte Verordnung zum Reichsbürgergesetz, vom 16. November 1941, Reichsgesetzblatt (im Weiteren RGBl) 1941, Teil I., S. 722.

251 Obgleich sich die genannte Norm auch auf das Protektorat bezog, wurde ein Jahr darauf eine eigene Verordnung über den Verlust der Protektorats-Staatsangehörigkeit erlassen. Diese wurde durch die Kompetenz des Vermögensamtes ergänzt, bei dem das konfiszierte Vermögen gesammelt wurde. Vgl. RGBl 1941, Teil I, S. 637–638.

des Reichskommissars für die Behandlung feindlichen Vermögens, für den Dr. Warncke im Namen seines Amtes feststellte: „Er [der Reichskommissar] wolle nicht den fruchtlosen Versuch machen, solche Judenvermögen als feindliches Vermögen in Verwaltung zu nehmen, da ihm diese durch die Arisierungsstellen, insbesondere im Protektorat, wo die Frage eine besondere Rolle spielt, doch wieder entzogen wird." Abschließend verkündete Warncke, dass der Reichskommissar aus diesen Gründen seinen Vertreter aus dem Protektorat nach Berlin zurückzurufen gedenke.

Die Auflösung der einst unbequemen Verbindungsstelle war ab Herbst 1942 im Gespräch. Durch die „Arisierung" war ihre amtliche Tätigkeit massiv zurückgegangen, und zwar ungeachtet des theoretisch erhöhten Aufkommens von verwaltetem Vermögen infolge des amerikanischen Kriegseintritts. Zum 30. September fielen im Protektorat nur noch 195 Fälle in die Zuständigkeit des Kommissars für die Behandlung feindlichen Vermögens (162 Liegenschaften und 33 Firmen). Davon handelte es sich allerdings bei 90 Fällen um jüdischen Besitz, wobei die Verfahren binnen kurzem abgeschlossen, das heißt die Objekte liquidiert werden sollten.[252] Mit der Begründung einer wesentlich reduzierten Agenda wurde die Dienststelle zum 31. März 1943 geschlossen, ein vom Reichskommissar beauftragter Mitarbeiter sollte nur gelegentlich nach Prag kommen.[253] Der Reichskommissar erledigte von da an die Verwaltung feindlichen Vermögens im Protektorat wieder von Berlin aus. Mit Wirkung vom 15. Oktober 1944 wurde die Arbeit des Reichskommissars direkt vom Justizministerium übernommen, dessen zuständiges Referat provisorisch in Böhmisch Leipa angesiedelt war.[254] Der in den Rang eines Senatspräsidenten beförderte ehemalige Prager Beauftragte des Reichskommissars, Kellermann, war hier für die Frage der Bezüge und Vergütungen der Verwalter zuständig.[255]

### 4.1.3 Die Bestellung von Geldinstituten zu Sammelverwaltern von „feindlichem" Vermögen

An „geeigneten Kandidaten" für das Amt eines Zwangsverwalters oder Treuhänders herrschte beständig großer Mangel. Das „feindliche" Vermögen befand sich nicht selten in den Händen der Verwandten des Eigentümers oder der von diesem ernannten Bevollmächtigten, die für die deutsche Verwaltung prinzipiell ungeeignet waren. Deshalb erkundigte sich schon der provisorische Chef der Verbindungsstelle des Reichskommissars für die Behandlung feindlichen Vermögens Eller beim ARP nach geeigneten Personen. Er verband dies mit dem Vorschlag, bei kleinerem Grundbesitz jeweils einen Verwalter für mehrere Liegenschaften zu bestellen, der für deren Verwaltung Personen heranziehen sollte, die bislang die „tägliche Verwaltungsagende" geführt hätten. Das ARP brachte die Idee ein, die einheimischen deutschen Banken mit der Rolle von Sammelverwaltern

252 BA Berlin, Bestand R 87, Bd. 138, Bl. 81, Frankes Bericht vom 14.10.1942.
253 Ebd., Bl. 98, Schreiben des Kommissars für Feindeigentum an den Reichsprotektor vom 10.3.1943.
254 Ebd., Bd. 96, Bl. 3, Rundschreiben des Justizministeriums vom 26.10.1944.
255 Vgl. ebd., Bl. 8, Aufzeichnungen Kellermanns vom 7.2.1945 zu den Anträgen auf Bezüge und Vergütungen der Verwalter im Protektorat.

zu betrauen. Eller griff diesen Gedanken auf und ersuchte am 24. Juli 1940 die Gruppe „Wirtschaft" beim ARP um die Empfehlung geeigneter Institute.[256] Hier dürfte wohl der Beginn der systematischen Einbeziehung der Banken in die Verwaltung von Grund- und Hausbesitz im Protektorat zu suchen sein.

Die entscheidenden Schritte für das Engagement von Geldinstituten in der Verwaltung „feindlichen Vermögens" vollzog Ellers frisch in Prag eingetroffener Nachfolger Kellermann. Dieser informierte auf einer nur eine Woche später – am 31. Juli 1940 – im ARP abgehaltenen Besprechung über die Instruktionen aus Berlin und die dort ausgedachten Lösungen für „große" Fälle – die Witkowitzer Bergbau-und Eisenhüttengewerkschaft in Mährisch Ostrau sowie die Berg- und Hüttenwerksgesellschaft in Prag. Gleichzeitig umriss er das Arbeitsprogramm seiner Dienststelle. Dieser neue Leiter drängte in den Verhandlungen mit der Gruppe „Wirtschaft" energisch auf die Durchsetzung des Grundsatzes, Treuhänder durch Zwangsverwalter abzulösen. Der Erlös aus der Verwaltung von feindlichem Immobilienbesitz von Devisenausländern sollte auf Sperrkonten bei der Nationalbank für Böhmen und Mähren überwiesen werden. Die mittels Buchhaltungsmaterialien ausgeübte Kontrolle über Konten sowie die Immobilienverwaltung sollte der deutsche Leiter von deren Devisenabteilung, Regierungsrat Dr. Herbert Winkler, übernehmen. Dabei wurde der Grundsatz aufgestellt, dass als Immobilienverwalter nur eine Person auftreten könne, die Tschechisch spreche und mit den Verhältnissen vor Ort vertraut sei. Der Schluss der Besprechung lief auf die Feststellung hinaus, dass an der Eignung der KdD und der BUB keinerlei Zweifel bestehen könne.[257]

Die Verhandlungen mit der Gruppe „Wirtschaft" beim ARP in dieser Angelegenheit wurden erst einen Monat später geführt, Kellermanns Gegenüber war Regierungsrat Siegert. Bei der Bestellung der einzelnen Zwangsverwalter sollte der Beauftragte des Reichskommissars auch die Ansichten der Gruppe „Wirtschaft" zur Kenntnis nehmen.[258] Kellermann erhielt die allgemeine Empfehlung, die vom Reichsprotektor bestellten Treuhänder auch mit der Zwangsverwaltung von „feindlichen" Vermögen zu betrauen. Siegert räumte jedoch ein, dass nicht alle darunter als zuverlässig gelten könnten. Das wichtigste Ergebnis des Gesprächs bestand im Konsens darüber, dass vor allem drei Geldinstitute, die BUB, BEB und die KdD als Sammelverwalter von jüdischem Immobilienbesitz in Betracht kämen. Die letztgenannte Anstalt hielt Siegert zur Verwaltung von städtischen Liegenschaften in Prag für besonders geeignet.[259]

Der Gedanke, Banken als Sammelverwalter für Grund- und Hausbesitz einzusetzen, den Kellermann als höchst effektiv aufgriff, bedeutet freilich eine Abweichung von der ursprünglichen Zwangsverwaltungskonzeption mittels einzelner Verwalter für jedes Objekt. Er erforderte vor allem eine Änderung der am 10. August 1940 herausgegeben Richtlinie

256 BA Berlin, Anm. 220, Bl. 19, Schreiben Ellers vom 24.7.1940.

257 Ebd., Bl. 28–29, Aufzeichnungen Kellermanns von der Besprechung am 31.7.1940.

258 BA Berlin, Anm. 173, unpaginiert; Kellermanns Sammelbericht vom 19.6.1941 führt an, dass die Praxis ab Herbst 1940 so ausgesehen habe, dass jeder in der Verbindungsstelle des Reichskommissars bearbeitete Antrag zwar vom ARP gegengezeichnet wurde, jedoch nicht von der Gruppe „Wirtschaft", sondern von der Gruppe „Justiz".

259 BA Berlin, Bestand R 87, Bd. 192, Bl. 26, Kellermanns Beratungsprotokoll vom 30.8.1940.

über die Ausübung der Verwaltung sowie die Vergütung dafür, und zwar so, dass darin auch eine Zwischenstufe einkalkuliert werden konnte. Die Bestellung der Banken als Sammelverwalter, an manchen Stellen wurde sogar die Bezeichnung „Hauptverwalter" gebraucht, besprach Kellermann mit Reichskommissar Ernst bei seinem Berlinbesuch am 17. Oktober 1940 persönlich. Er führte an, dass als Hauptverwalter im Prinzip nur Prager Banken eingesetzt werden sollten, denn „andere Personen erschienen nicht als genügend vertrauenswürdig oder geeignet". Er erhielt Ernsts Zustimmung zu den angedeuteten Maßnahmen.[260]

Nach einer ersten Beratung mit den interessierten Geldinstituten[261] musste der Beauftragte des Reichskommissars seine Ansicht über deren Einsatz etwas korrigieren. Er entschloss sich, mit der Sammelverwaltung nicht die deutschen Banken als solche zu beauftragen, sondern nur deren leitende Angestellte als Einzelpersonen.[262] Dieser Entschluss hatte seine Logik; die Verwaltung von Immobilienbesitz fiel nämlich nicht unter die klassischen Bankgeschäfte, laut Satzungen war sie überhaupt nicht vorgesehen. Zudem wäre die Verwaltung von jüdischem Vermögen nicht die allerbeste Reklame für diese Institute gewesen – das Problem sollte nämlich mit größtmöglicher Diskretion behandelt werden. Die genannten Geldinstitute empfanden gleichwohl die Zwangsverwaltung als „Bombengeschäft" und gaben den Sammelverwaltern einen entsprechenden Beamtenapparat an die Hand. Die BEB setzte hierfür ihre bereits erwähnte Konzerngesellschaft Allgemeine Treuhandgesellschaft Aktien-Gesellschaft (ATAG) ein,[263] die BUB dann ihre seit Beginn der Okkupation tätige Sonderabteilung für die Verwaltung von jüdischen Vermögen – „Abteilung Vermögensverwaltung". Die KdD richtete für diesen Zweck eine neue „Abteilung F" ein. Zu Kellermanns Partnern

260 BA Berlin, Anm. 220, Bl. 133–134, Ernsts Notiz vom 17.10.1940.

261 BA Berlin, Bestand R 87, Bd. 193, Bl. 14, Zusammenkunft Kellermanns mit den Vertretern der interessierten Anstalten am 8.10.1940.

262 BA Berlin, Anm. 220, Bl. 138, Schreiben Kellermanns an Ernst vom 14.11.1940.

263 Die BEB wurde bis 1938 von der Živnostenská banka kontrolliert. Zu deren Konzern gehörte lose auch bereits damals die utraquistische, d. h. tschechisch-deutsche Allgemeine Treuhandgesellschaft Aktien-Gesellschaft (die auch tschechisch als Všeobecná důvěrní akciová společnost firmierte). Diese im Juni 1907 gegründete Firma hatte 1938 ein Aktienkapital von 200.000 K. Ihre Tätigkeit bestand in Buchprüfungen in Betrieben aller Art, Finanzkontrollen und – aufsicht sowie der Vermögensverwaltung. Nachdem die BEB in den Konzern der Dresdner Bank eingereiht und „entjudet" worden war, stieg ihre Bedeutung auf dem Finanzmarkt des Protektorats dramatisch. Bei der engen Zusammenarbeit der Institution mit der NS-Verwaltung fiel der ATAG eine bedeutende Rolle zu, da sie zur Deckfirma für zahlreiche Geschäfte der BEB wurde, die sich aus der „Arisierung" und Germanisierung des tschechischen Wirtschaftslebens ergaben. Deswegen sicherte sich die BEB 1939 in der ATAG die Mehrheit und tauschte anschließend weitgehend deren Management aus, um sie auch zu einer rein arisch-deutschen Firma zu machen. An die Spitze wurden Wilhelm Hauptlorenz und Hans Zedwitz als Direktoren gestellt. Aktienkapital und Tätigkeit, die dank der „Arisierungen" eine nie da gewesene Konjunktur erlebte, blieben unverändert. Vgl. Compass, Finanzielles Jahrbuch, Böhmen und Mähren, 77 (1944), S. 217 und 798. Die enge Verbindung zwischen ATAG und BEB kam auch in der Übersiedlung der ATAG aus der Vodičkova-Gasse 20 in Prag 2 unmittelbar ins Zentralgebäude der BEB Am Graben 33, Prag 1 zum Ausdruck.

wurden die Leiter der genannten Stellen, Dr. Hans Graf Zedwitz sowie die Prokuristen Dr. Oskar Fehler[264] und Alois Glöckler. Die Genannten erzielten bei der Besprechung mit Kellermann darin Übereinstimmung, dass die Bezeichnungen der Geldinstitute, zu denen sie gehörten, in ihren Bestellungen überhaupt nicht erwähnt werden sollten; jeder Verwalter hatte seine Tätigkeit unter dem eigenen Namen auszuüben. Im Schriftverkehr solle jede Nennung der Bank vermieden werden, und alle sollten sich Geschäftspapier mit eigenen Briefköpfen drucken lassen.[265]

Das neue System der Sammelverwaltungen nahm Ende 1940 seine Tätigkeit auf. Der Beauftragte des Reichskommissars bevorzugte anfänglich keines der Geldinstitute und verteilte die Vermögensverwaltung im Großen und Ganzen gleichmäßig auf die einzelnen Anstalten. Hiervon zeugt auch die teilweise erhaltene Statistik von drei mährischen Oberlandräten, ebenso die zusammenfassenden Angaben über die Anzahl der an BEB und KdD verteilten Verwaltungen sowie die Protokoll-Gesamtzahl der an BUB und KdD gegangenen Verwaltungen aus den Jahren 1940–1943. Die größere Anzahl an Protokollen, die ab Frühjahr 1943 allmählich nicht mehr geführt wurden, ergaben sich aus dem Umstand, dass die unter Verwaltung gestellten Liegenschaften durchgängig eingezogen und auf das Vermögensamt überführt oder aber zwangsweise verkauft und auf dem Auswanderungsfonds übertragen wurden.

Tabelle 1: Übersicht der Sammelverwaltungen, die mittels der Geldinstitute für den Reichskommissar für feindliches Vermögen in Mähren ausgeübt wurden (Stand vom 7. 7. 1941)

| | **Böhmische Union-Bank – Sammelverwalter O. Fehler** | **Böhmische Escompte-Bank – Sammelverwalter Graf Zedwitz** | **Kreditanstalt der Deutschen – Sammelverwalter A. Glöckler** |
|---|---|---|---|
| **Oberlandrat Mähr. Ostrau** | 4 | 2 | 3 |
| **Oberlandrat Brünn** | 24 | 20 | 19 |
| **Oberlandrat Olmütz** | 5 | 3 | 4 |
| **Insgesamt** | 33 | 26 | 25 |

Quelle: BA Berlin, Bestand R 87, Bd. 200, Abschrift auch Bd. 9319.

264 Den zur Wehrmacht eingezogenen Oskar Fehler ersetzte als Sammelverwalter im April 1944 ein anderer Beamter der BUB, Rudolf Schott. Vgl. BA Berlin, Bestand R 2, Bd. 30036, teilweise erhaltener Aktenband mit Änderungsmeldungen der Verwalter einzelner Immobilien, eingesandt vom Reichskommissar für Behandlung feindlichen Vermögens an das Finanzministerium in Berlin.

265 BA Berlin, Anm. 261, Bl. 14, Treffen Kellermanns mit Vertretern der interessierten Anstalten am 8.10.1941.

Tabelle 2: Übersicht der Gesamtzahl aller Sammelverwaltungen, die mittels der Geldinstitute für den Reichskommissar für feindliches Vermögen ausgeübt wurden

| | **Böhmische Union-Bank – Sammelverwalter O. Fehler** | **Böhmische Escompte-Bank – Sammelverwalter Graf Zedwitz** | **Kreditanstalt der Deutschen – Sammelverwalter A. Glöckler** |
|---|---|---|---|
| **Laut Verzeichnis der 1941 verwalteten Liegenschaften** | Verzeichnis nicht erhalten | 72 | 112 |
| **Laut dem für jede Anstalt geführten Sammelprotokoll aus der Zeit 1940–43** | 161 | Protokoll nicht erhalten | 166 |

Quelle: BA Berlin, Bestand R 87, Bd. 195, Bl. 15–18 a 28–30 – Verzeichnisse der von BEB und KdD im Jahr 1941 verwalteten Liegenschaften; ebd., Bd 9381, unpaginiert, Sammelprotokolle „Glöckler" und „Fehler".

Das Gros des unter Zwangsverwaltung gestellten Immobilienbesitzes konzentrierte sich auf Böhmen. Ungefähr zur gleichen Zeit, aus der die Gesamttabelle der mährischen Landräte stammt, fielen insgesamt 422 Grundstücke und Immobilien unter die Verwaltung von „feindlichem Eigentum", von denen angeblich 70 Prozent jüdisch waren. Dazu muss hinzugefügt werden, dass nicht alle ganz unter die kommissarische Verwaltung fielen. Ganze Grundstücke und Immobilien machten nur 56 Prozent der Gesamtzahl aus, weitere 29 Prozent waren Vermögen, die zu mehr als der Hälfte in feindlichem Besitz waren, 15 Prozent stellten schließlich Minderheitsanteile in „feindlichem" Besitz dar.[266] Profil und Umfang des „feindlichen Vermögens" änderten sich aber infolge der fortschreitenden „Arisierung" ständig.

Im Lauf der Zeit ging das Volumen des vom Kommissar für die Behandlung feindlichen Vermögens verwalteten Besitzes infolge der fortschreitenden „Arisierung" zurück. Folglich hätten die in Zusammenhang mit der „Rationalisierung" der Verwaltung von „Feindvermögen" entstandenen Stellen ihre Existenzberechtigung verlieren müssen. Aber es verhielt sich gerade umgekehrt. So wie in der einleitenden Frühphase der Zwangsverwaltung über „reichsfeindliche" Vermögen reihenweise ehemalige Treuhänder an die Stelle von Zwangsverwaltern gesetzt wurden, kam es ab 1941 immer häufiger vor, dass ehemalige Zwangsverwalter von feindlichem Vermögen zu Verwaltern konfiszierter Vermögen berufen wurden. In seinen Richtlinien vom 10. Juli 1941 und 27. Januar 1942 hatte das Reichssicherheitshauptamt festgelegt, in Fällen, in denen auf Vorschlag des Reichskommissars für die Behandlung feindlichen Vermögens ein Zwangsverwalter bestellt worden war, diesen an seiner Stelle zu belassen, sofern die Gestapo sich nicht entschließe, das Vermögen in ihre eigenen Hände zu übernehmen.[267] Mit der Arbeit der Banken war man im Prinzip zufrieden, und diese konnten auch weiterhin auf diesem Feld

266 BA Berlin, Anm. 173, unpaginiert, Kellermanns Bericht an Ernst vom 19.6.1941.
267 NA Praha, Anm. 67, Bl. 71a.

Profit machen. *So hatte sich die Verwaltung von „feindlichen Vermögen" mehr oder weniger zu einer Verwaltung eingezogenen Vermögens gewandelt.* Die genannten drei Geldinstitute, zu deren Domäne die Immobilienverwaltung geworden war, legten untereinander ein immer stärkeres Konkurrenzgebaren an den Tag, und ihre Versuche, einander einträgliche Verwaltungsfälle abzujagen, sind nicht zu übersehen. Dem Anschein nach hatte das Vermögensamt nach der Konfiszierung[268] bei der Verwaltung ehemaligen jüdischen Vermögens die ATAG bevorzugt, auf die es einige vom Reichskommissar ursprünglich von der KdD an Glöckler übertragene Immobilien überführt hatte.[269] In großer Zahl wurden auf die ATAG auch Vermögen übertragen, die ursprünglich der in Mähren privilegierten Treuhand- und Revisionsgesellschaft m.b.H. anvertraut worden waren. Diese übertrug der ATAG in den Jahren 1943–1944 insgesamt 785 Immobilienverwaltungen.[270]

### 4.1.4 Die „Unternehmertätigkeit" der KdD bei der Verwaltung von „feindlichem" und eingezogenem Vermögen

Ein Geldinstitut, dem in den böhmischen Ländern in der Gruppe der deutschen Banken eine ganz besondere Bedeutung zukam, war die große, traditionsgemäß stramm deutschnational, ja sogar antisemitisch gesinnte Bankgesellschaft KdD (Kreditanstalt der Deutschen).[271] Ein indirekter „Arisierungs"-Profit, dessen Ursprung in der engen Zusammenarbeit mit den Besatzungsbehörden zu suchen ist, lässt sich in deren „Unternehmungen" gleich mehrfach feststellen. Es handelte sich erstens um die Zwangsverwaltung von jüdischen Aktien, Kuxen, festverzinslichen Werten und Wertpapieren, für die sie sich Aufbewahrungsgebühren in Rechnung stellte (diese konnten sogar durch Teilverkauf der deponierten Wertpapiere beglichen werden) sowie um die Verwaltung von jüdischen Sperrkonten, bei denen der wichtigste „Arisierungs"-Profit in der Provision für deren Verwaltung bestand (theoretisch auch die zeitweilige Nutzungsmöglichkeit von freiem Fremdkapital, die jedoch hinsichtlich der Situation auf dem Kreditmarkt mit einem Überangebot am freiem Geld nicht in Betracht kam). Ferner führte diese Bank die Konten des Repressionsapparats, der die Verdrängung

---

268 Das Vermögensamt beim Reichsprotektor in Böhmen und Mähren wurde am 2.9.1941 eingerichtet. Seine Aufgabe bestand in der Verwaltung und Veräußerung des von der Gestapo eingezogenen Vermögens „reichsfeindlicher Personen". Nachdem am 20.8.1941 das Staatsministerium für Böhmen und Mähren eingerichtet worden war, wurde diese Institution dessen Kompetenz unterstellt und trug die neue Bezeichnung Vermögensamt beim Staatsminister für Böhmen und Mähren.

269 Es handelte sich z. B. um Gustav und Trude Haas in Olmütz oder um das Vermögen von Zdeňka Nosková in Prag-Podolí, s. BA Berlin, Anm. 264, unpaginiert, Schreiben von Ernst an Dr. Bänfer aus dem Finanzministerium vom 30.3. und 28.4.1944.

270 MZA Brno, Bestand G 427, Kart. 20, Post mit ATAG, die genannte Zahl stellt die Summe der Übergabeverzeichnisse vom 27.7.1943, 4.8.1943, 26.8.1943, 6.9.1943 und 20.3.1944 dar.

271 Zu deren Entstehung, Sozialprofil und Geschäftstätigkeit vgl. näher Eduard Kubů: Die Kreditanstalt der Deutschen 1911–1945. Ein Beitrag zum Wirtschaftsnationalismus der Deutschen in den böhmischen Ländern und ihrem Verhältnis zu Deutschland, in: Zeitschrift für Unternehmensgeschichte 41 (2000), S. 3–29.

der Juden aus dem öffentlichen und wirtschaftlichen Leben organisierte, zu günstigen Bedingungen. Weiterhin wären die Konten der Gestapo zu nennen, auf denen die von ihr eingezogenen Gelder deponiert wurden, die Konten des ARP sowie der Zentralstelle für jüdische Auswanderung in Prag, auf denen die „Arisierungs"-Gewinne zusammenflossen. Die Kreditanstalt wurde zu einer Zentrale, die an der Sicherstellung des Aktien-Zwangsaufkaufs von Protektoratsjuden und Personen jüdischer Abstammung mitwirkte. Auf das berüchtigte, dem ARP gehörende Konto R 780 flossen die Verwaltungsgebühren für die erwähnten Wertpapier-Zwangsaufkäufe, die 20 Prozent des Verkaufswerts betrugen. Auch hier spielte hinsichtlich des Gewinns für die Bank vor allem die Verwaltungsprovision eine Rolle. Nicht zu vergessen ist auch die herausragende Rolle der Kreditanstalt beim Handel mit jüdischen Wertgegenständen aus Edelmetallen und Edelsteinen, der dank ihrem Management monopolartig der unter Einfluss und im Besitz der Kreditanstalt befindlichen Hadega zugeleitet wurde.[272] Diese stellte für den Verkauf eine Provision von fünf Prozent in Rechnung. Die angedeuteten Typen von „Arisierungs"-Profit, die hier am Beispiel der KdD aufgezeigt wurden, sind heute mehr oder weniger gut bekannt und werden in der Fachliteratur gebraucht, allerdings vorwiegend in weniger bekannten Arbeiten.[273]

Ein unbekanntes Kapitel stellt demgegenüber die Kategorie des indirekten „Arisierungs"-Profits der KdD aus Gewinnen dar, die aus der Verwaltung des vom Staat oder dessen zuständigen Institutionen anvertrauten jüdischen Immobilienbesitzes flossen. Im noch nicht aufgearbeiteten Teil der KdD-Registratur, die im Finanzministerium der Tschechischen Republik aufbewahrt wird, entdeckte der Verfasser einen unvollständigen Aktenkomplex, der jedoch einen guten Überblick über die Tätigkeit der so genannten Abteilung F bietet,[274] in deren ausschließliche Zuständigkeit die Haus- und Grundstücksverwaltung der Bank fiel. Der besondere Wert dieses Aktenmaterials besteht darin, dass er die Menge der verwalteten Immobilien aufzeigt und den Mechanismus demonstriert, den die Kreditanstalt auf dem Protektoratsgebiet für diesen Bereich ihrer „Unternehmertätigkeit" entwickelte und außerdem Einblick in die Größe des Gewinns dieser Art gewährt. Dieses Projekt zielt auf die Tätigkeit der Banken auf dem Protektoratsgebiet ab. Dabei ist daran zu erinnern, dass die KdD die Verwaltung von feindlichen Vermögen auch im Sudetengau betrieb.[275]

Im vorigen Abschnitt war darauf hingewiesen worden, dass das ARP Urheber des Gedankens war, Geldinstitute als Verwalter von Immobilienbesitz einzusetzen, wobei es

272 Vgl. näher Jančík / Kubů / Novotný / Šouša, Anm. 20, S. 305–373; Jančík / Kubů / Novotný / Šouša, Anm. 19, S. 58–76. Milotová, Anm. 3.

273 Vgl. Kárný, Anm. 3, S. 60–68, Milotová, Anm. 13, S. 7–30.

274 Der Ursprung dieser Bezeichnung ist nicht ganz klar, offenbar handelt es sich um den Anfangsbuchstaben der Bezeichnung „Feindvermögen". Die Akten in der Kreditanstalt-Registratur tragen diese Kennzeichnung.

275 Die KdD entfaltete satzungsgemäß ihre Tätigkeit in Böhmen, Mähren und dem böhmischen Schlesien. Nach dem Münchner Abkommen wurde sie von zwei parallelen Zentralen gelenkt, die erste mit Sitz in Prag steuerte die Geschäfte im Protektorat, die zweite mit Sitz in Reichenberg war für die Geschäften im abgetretenen Grenzland, dem Sudetengau zuständig.

1000 1000

Kreditanstalt der Deutschen

eingetragene Genossenschaft mit beschränkter Haftung.

Reihe D Zahl 1130

Anteil-Schein

der

Kreditanstalt der Deutschen

eingetragene Genossenschaft mit beschränkter Haftung

über

10 Genossenschaftsanteile zu je RM 100.–

Eintausend Reichsmark

für

Fräulein Charlotte Kumpf,

Wolfsberg.

ausgestellt auf Grund Ihrer Beitrittserklärung vom 13. April 1938
Im Sinne der Satzungen wurden Sie in der Vorstandssitzung am 21. April 1938 als Mitglied der Kreditanstalt der Deutschen eingetragene Genossenschaft mit beschränkter Haftung mit zehn Anteilen aufgenommen.

Kreditanstalt der Deutschen
eingetragene Genossenschaft mit beschränkter Haftung

Reichenberg / Prag, am 3. Juli 1940.

Kreditanstalt der Deutschen

eingetragene Genossenschaft mit beschränkter Haftung.

1000 1000

die KdD für besonders geeignet hielt. Aus dem umfangreichen Dokumentenmaterial, das der Verfasser studieren konnte, geht freilich nicht ganz klar hervor, warum die KdD als besonders geeignet galt, während die BUB und BEB bereits ihre spezialisierten Dienststellen für die Verwaltung von feindlichem Vermögen eingerichtet hatten und folglich anders als die KdD, die hierbei erst am Anfang stand, auch praktische Erfahrung zu bieten hatten. Möglicherweise war es deren mittelständischer und genossenschaftlicher Charakter, dem die Verwaltung von Stadthäusern und – grundstücken eher entsprach als den Banken, die eher auf eine finanzkräftigere Kundschaft eingestellt waren. Auch der Umstand ihrer unvergleichlich größeren Anzahl von Filialen, die über Kenntnisse und Einfluss vor Ort verfügten, könnte hier ins Gewicht gefallen sein.

Der Beauftragte des Reichskommissars für die Behandlung feindlichen Vermögens führte, wie das bruchstückhafte Material erkennen lässt, die Verhandlungen mit allen interessierten Geldinstituten parallel. Er begann damit Anfang September, indem er den Instituten seinen Richtlinienentwurf über die Verwaltung von Immobilien zur Stellungnahme zuschickte. Sein Partner in der KdD wurde Ernst Prößl, einer der Direktoren. Dieser akzeptierte die Richtlinie im Prinzip und teilte Kellermann in einem Schreiben vom 11. September mit, dass seine Anstalt „freudig" weiteren Nachrichten über die in Aussicht gestellte Immobilienverwaltung entgegensehe.[276] Die überarbeitete Richtlinienversion wurde den Geldinstituten am 25. September zugeschickt.[277] Die letzte Änderung der Richtlinie für Grundstückverwaltung, die anschließend in Kraft trat, trägt das Datum vom 14. November 1940 und war maßgerecht auf die Verhältnisse im Protektorat zugeschnitten.[278]

Bei der Übernahme musste der Verwalter für die Ausfertigung eines Übernahmeberichts sorgen und auch alle Geschäftsverträge umschreiben lassen. In dieser Richtlinie wurde auf ihn ein nicht geringer Teil der früher von den Verwaltungsorganen geführten Agenda abgewälzt; der Verwalter musste über seine Bestellung alle direkt und indirekt beteiligten Behörden und Privatpersonen in Kenntnis setzen, angefangen von den Bevollmächtigten, die der Besitzer eingesetzt hatte über Bodenamt, Finanzamt, Hypothekengläubiger (insbesondere die Hypothekenbank), bis hin zu Elektrizitäts-, Gas- und Wasserwerk usw. Ferner hatte er für jede von ihm verwaltete Immobilie ein gesondertes Konto anzulegen, und zwar bei einer Sparkasse oder Bank unter deutscher Leitung. Dabei muss nicht besonders hervorgehoben werden, dass die Sammelverwalter den Geldinstituten den Vorzug gaben, die sie selbst repräsentierten und bei denen sie angestellt waren. Ferner hatte der Verwalter dem ausgewählten Geldinstitut die Namen weiterer Personen zu nennen, die außer ihm die Verfügungsgewalt über die Mittel auf dem Konto hatten und bis zu welcher Höhe sie jeweils verfügungsberechtigt waren.

276 BA Berlin, Anm. 173, Bl. 4, Schreiben der KdD an Kellermann vom 11.9.1940.

277 Ebd., Bl. 9, Briefentwurf Kellermanns vom 25.9.1940.

278 Registratur MF ČR Praha, Anm. 192, o. Hertha Hay, auch BA Berlin, Anm. 228, Bl. 54–56, Richtlinien für die Verwaltung von Grundstücken im Protektorat Böhmen und Mähren vom 14. November 1940, herausgegeben vom Bevollmächtigten des Reichskommissars für die Behandlung feindlichen Vermögens, KdD.

Einen sehr wichtigen Teil der Richtlinie stellten die Bestimmungen über die Vergütung für die Verwaltungstätigkeit dar. War der Verwalter in Übereinstimmung mit dem Eigner vor dem 1. September 1939 eingesetzt worden, sollte er den mit diesem ausgehandelten Betrag erhalten. In allen anderen Fällen sollte er vom Mieterlös bzw. den sich aus dem Pachtverhältnis ergebenden Beträgen bis zur Höhe von 500 Reichsmark sieben Prozent erhalten, bei Beträgen von 501–1.000 Reichsmark sechs Prozent, bei Beträgen von 1.001 bis 1.500 Reichsmark fünf Prozent und bei Beträgen über 1.500 Reichsmark vier Prozent. Im Fall, dass der Verwalter einen Subverwalter einsetzte, war er verpflichtet, diesem einen „angemessenen Teil" der Vergütung zu überlassen. Die Vergütung wurde abschlagsweise gezahlt, zum 31. Dezember wurde die Nachzahlung abgerechnet. Neben dieser Entlohnung stand dem Verwalter auch die Erstattung der ihm aus seiner Tätigkeit erwachsenen Kosten zu (Porto, Telefon, Gebühren, Bürokosten, Wegegelder außerhalb geschlossener Ortschaften). Ein Jahr darauf nahm das Oberlandesgericht, in dessen Zuständigkeit die Berufung von Zwangsverwaltern fiel (auf Anregung des Beauftragten des Reichskommissars für feindliches Vermögen) Teiländerungen in der Entlohnung vor.[279] Die Höhe der Vergütung wurde im Vergleich zum Jahr 1941 um ein Prozent heraufgesetzt, also auf acht Prozent des Reinertrags und sollte somit mindestens 250 Kronen ausmachen. Die sich anhand der Ertragshöhe ergebende Spanne wurde abgeschafft. Stand eine Immobilie weniger als ein volles Jahr unter Zwangsverwaltung, stand dem Verwalter nur ein prozentualer, der Zwangsverwaltungsdauer entsprechender Anteil zu, jedoch mindestens 250 Kronen. Für Mähren galt eine Sonderregelung: Dort galt in Fällen, in denen Subverwalter herangezogen wurden, eine um einen weiteren Prozentpunkt vergünstigte Taxe (neun Prozent vom Reinerlös). Die Richtlinie sah eine mögliche Sonderregelung in Einzelfällen vor, die mit dem Beauftragten des Reichskommissars für die Behandlung feindlichen Vermögens auszuhandeln war.

Neben die für den Reichskommissar verwalteten Immobilien traten bald auch weitere, und zwar solche Immobilien, die der KdD von Institutionen zur Verwaltung anvertraut wurden, die eingezogenes Vermögen konzentrierten – vom Vermögensamt (diese überwogen schon im Lauf des Jahres 1942 unter den von der KdD betreuten Zwangsverwaltungen) und ein Jahr vor Kriegsende auch Immobilien, die der KdD vom Zentralamt für die Regelung der Judenfrage anvertraut worden waren. Über die Verwaltungsbedingungen für diesen ersten „Staatskunden" sind keine eingehenden Informationen erhalten. Man darf jedoch annehmen, dass sie den vom Reichskommissar gestellten Bedingungen recht nahe gekommen sein dürften, denn schließlich verblieb ein Teil der ursprünglich für den Reichskommissar verwalteten Immobilien nach deren Einziehung immer noch unter der Verwaltung der KdD, so dass nur der Auftraggeber der Verwaltung wechselte. Über die Bedingungen des zweiten „Staatskunden" liegen sehr genaue Angaben vor. Sie waren Gegenstand einer Absprache, die am 15. Mai 1944 mündlich zwischen Dr. Reisinger vom Zentralamt und Direktor Hollmann von der KdD

279 Ebd. O. Glöckler, Beschluss des Deutschen Oberlandesgerichts in Prag vom 3.11.1942.

getroffen wurde. Sie wurde tags darauf von der KdD in einem an die Zentralstelle gerichteten Schreiben bestätigt.[280]

Die Übereinkunft mit der Zentralstelle legte genau so wie in den Beziehungen mit dem Reichskommissar fest, dass die KdD Häuser und Grundstücke nach bestem Wissen und Gewissen verwalten werde. Anders als bei der Zusammenarbeit mit dem Reichskommissar galt diese Übereinkunft aber nicht *ad personam*, sondern *ad institutionem*. Die Gebäude sollten stets in einem ordnungsgemäß bewohnbaren Zustand gehalten, die Grundstücke stets angemessen vermietet bzw. verpachtet werden. Beim Abschluss neuer Miet – oder Pachtverträge behielt sich die KdD vor, deren Höhe auf den ortsüblichen Satz anzuheben. Die KdD verpflichtete sich, neue Verträge nur im Namen des Zentralamts zu schließen. Die Erträge waren auf ein Sonderkonto einzuzahlen, die Abrechnung erfolgte halbjährlich. Instandhaltungsarbeiten sollten fortlaufend ausgeführt werden, bis zur Höhe des Jahresertrags war keine Sondergenehmigung einzuholen. Die KdD hatte die Pflicht zur Entrichtung von Steuern und städtischen Abgaben, keinesfalls aber für die auf dem Vermögen lastenden Hypotheken. Die Vergütung war für die KdD wesentlich vorteilhafter als bei der Zusammenarbeit mit dem Reichskommissar: Beim Ertrag einer Immobilie bis 700 Reichsmark (7.000 Kronen) sollte sie mindestens 70 Reichsmark betragen, also mindestens zehn Prozent. Von einer Ertragshöhe zwischen 700 und 4.285 Reichsmark sollte sie zehn Prozent betragen, über 4.285 Reichsmark dann sieben Prozent. Die Abmachung bezog sich ausdrücklich auch auf Verwaltungen im Sudetengau.

Bezeichnend für die Entlohnung von Verwaltern und Subverwaltern, die vom Reichskommissar für die Behandlung „feindlichen" Vermögens anvertraute Werte bewirtschafteten, war eine gewisse Abweichung von den rechtlichen Standards. Obgleich der Reichskommissar die Vermögensverwaltung einer konkreten natürlichen Person übertrug, nahm immer das Geldinstitut, bei dem der Betreffende angestellt war, die Abrechung vor und strich den Reingewinn ein. Der Verwalter selbst und die von ihm bestimmten Subverwalter erhielten nur eine Bonifikation zu ihrem regulären Gehalt. Ähnliche Praktiken waren in der KdD nicht ungewöhnlich. Die Gesellschafter der konzerneigenen Firma Hadega, die das Exklusivrecht auf die Verwertung von jüdischen Goldsachen hatte, führten auch den auf ihre Anteile entfallenden Gewinn an die KdD ab, und diese wies sie dann in ihrer Bilanz als ihren Firmengewinn aus.[281] Handelte es sich um Subverwalter außerhalb der Anstalt, schloss diese (und nicht der Verwalter) mit ihnen einen Sondervertrag über die Bedingungen der Subverwaltung, in dem auch die Höhe der Vergütung festgelegt wurde. Die überlassene Summe umfasste, wie Dokumente aus den Jahren 1944/45 belegen, die Kosten plus vier Prozent vom Ertrag sofern dieser unter 3.000 Reichsmark lag, wobei der Mindestsatz pro Objekt und Jahr 120 Reichsmark betrug. War der Ertrag höher als 3.000 Reichsmark, fielen dem Subverwalter drei Prozent davon zu.[282]

---

280 Ebd., o. Verwaltungsvergütungen.

281 Jančík/Kubů/Novotný/Šouša, Anm. 20, S. 339.

282 Registratur MF ČR Praha, Registratur KdD, Paket 10527, vgl. z. B. den Vertrag der KdD (Prager Zentrale) über die Subverwaltung mit Josef Labay, Schelesen vom 23.6.1944 über die Verwaltung

Von den Jahresabrechnungen der „Abteilung F"[283] unter der Leitung von Direktor Alois Glöckler (dieser frühere Prokurist war 1942 befördert worden) ist nur eine einzige erhalten, und zwar für das Jahr 1943. Diese bezieht sich nur auf das Protektorat.[284] Sie liefert ein sehr klares Bild von diesem Teil der Holocaust-Wirtschaft. Die Abrechnung teilt das verwaltete Vermögen und den Gewinn in zwei Gruppen ein – je nach vergebender Instanz: Zum einen Verwaltungen, die vom Oberlandesgericht in Prag übertragen wurden (Verwaltungen Oberlandesgericht – Glöckler), zum anderen Verwaltungen für das Vermögensamt beim Deutschen Staatsministerium für Böhmen und Mähren. Die Verwaltungen der ersten Gruppe wurden nicht näher spezifiziert, die Belege informieren freilich darüber, dass sie sich auf Orte konzentrierten, in denen Protektorats-Zweigstellen der KdD ihren Sitz hatten: Prag, Kladno, Pilsen, Brünn, Mährisch Ostrau und Olmütz. Diese erste Gruppe umfasste schätzungsweise einhundert Fälle. Die Verwaltungsfälle der zweiten Gruppe stellten einen wesentlich breiteren und folglich einträglicheren Komplex dar. Sie waren gleichfalls auf die Umgebung von Zweigstellen konzentriert, deren Angestellte als Subverwalter fungierten. Die höchsten Zahlen wiesen die Zweigstellen jenseits der Protektoratsgrenzen auf (sie verwalteten allerdings Vermögen von Protektoratsangehörigen, das sowohl auf dem Sudetengau als auch die anliegenden Protektoratsteile konzentriert war). Die Zweigstelle Laun wies 148 Verwaltungen auf, Turnau 107. Das ins Protektorat fallende Budweis übte 80 Verwaltungen aus, Kolin 60, Königinhof und Kladno 13. Die Gesamtzahl belief sich auf 740. Die sehr hohe Anzahl der Verwaltungen in der zweiten Gruppe, die sämtliche in die Kompetenz des Reichskommissars für die Behandlung feindlichen Vermögens fallenden Verwaltungen überstieg, spiegelte gewissermaßen die Umwandlung zahlreicher Verwaltungen von feindlichem Vermögen in Verwaltungen von eingezogenem Vermögen (siehe dazu das vorige Kapitel). Sie ist gleichzeitig aber auch ein Beweis dafür, dass die KdD mit dem Vermögensamt eine umfassende Zusammenarbeit auf einer neuen Basis angeknüpft hatte, die über die Verwaltung feindlichen Vermögens hinausging. Mit anderen Worten, das Vermögensamt ging dazu über, der KdD in großer Zahl auch andere eingezogene Vermögen in Verwaltung zu übergeben als nur jene, die ursprünglich unter den Reichskommissar für feindliches Vermögen gefallen waren.

Der Ertrag aus den als „Verwaltungen A. Glöckler" bezeichneten Verwaltungsfällen machte 131.732 Kronen aus, der Ertrag aus den Verwaltungen unter der Bezeichnung „Verwaltungen Vermögensamt" hingegen 892.890,40 Kronen, zusammen also 1.024.622,40 Kronen. Die für die Zweigstellen bestimmten Provisionen betrugen für die auf Glöckler lautenden Verwaltungen 33.500 Kronen, und für die Verwaltungen Vermögensamt 251.050 Kronen, die Provisionen für die Zweigstellen betrugen also

---

einer dortigen Immobilie, die der KdD vom Zentralamt für Regelung der Judenfrage in Prag anvertraut war.

283 Ebd., Verwalterverfügungen, Berechnung der Provisionen der Abteilung „F" für 1943.

284 Die KdD hatte zwei Zentralen – eine in Prag für das Protektorat, die zweite in Liberec (Reichenberg) für den Sudetengau. Jede von ihnen führte ihre eigene Buchhaltung; abschließend wurde für Verwaltungsrat und Vollversammlung auch eine gemeinsame Bilanz beider Zentralen zusammengestellt.

insgesamt 284.550 Kronen. Durch Abzug der Teilprovisionen vom Gesamtbetrag kommt man auf den Bruttogewinn aus der Tätigkeit der „Abteilung F“, welcher 740.072 Kronen betrug. Vom Bruttogewinn wurden dann noch die Betriebskosten der Abteilung abgerechnet. Die daraus resultierende Summe stellte den Nettogewinn der untersuchten Dienststelle dar.

Bei den Betriebskosten stellten die Personalkosten den größten Posten dar. In der Abteilung arbeiteten außer Glöckler neun weitere Personen. An Glöckler wurden 163.046 Kronen ausbezahlt, ein Franz Velíšek (in manchen Dokumenten auch František Velíšek)[285] erhielt 60.757 Kronen, einem Franz Vlasatý (in einigen Dokumenten auch František Vlasatý) wurden 51.340 Kronen ausbezahlt. Beatrix Dohnal erhielt 49.655 Kronen, Marie Hain 41.738 Kronen, Marie Baier 41.732 Kronen, Hermine Kuha 21.778 Kronen, Friedrich Guckler 13.300 Kronen, Gustav Jeníček 12.734 Kronen und Wenzel Heřmanek 4233 Kronen. Insgesamt beliefen sich die Personalkosten auf 461.119 Kronen. Einen weiteren Posten machte die Raummiete aus. Es handelte sich um zwei Räume am Hyberner Platz (im Hauptgebäude der KdD), wo die Abteilung „F“ bis zum 30. September 1943 ihren Sitz hatte, sowie vier Büros in der Herrengasse, wohin die Abteilung „F“ im Oktober umzog. Die Miete einschließlich Heizungskosten, Beleuchtung und Raumpflege machten im ersten Fall 11.250 Kronen, im zweiten 5.000 Kronen aus. Den letzten Posten bei den Betriebskosten stellten Bürobedarf und Schreibmaschinen in einer Gesamthöhe von 25.000 Kronen dar.

Die Summe der Personal- und sonstigen Betriebskosten belief sich auf 502.369 Kronen. Bringt man die Betriebskosten vom Bruttogewinn der Abteilung „F“, der 740.072 Kronen ausmachte, in Abzug, kommt man auf einen Betrag, der den *Nettogewinn der „Abteilung F“* ausmachte. Dieser wurde mit *237.703 Kronen* beziffert. Ist dieser Betrag klein oder groß? War die Tätigkeit der von der KdD eingerichteten „Abteilung F“ eher ein Dienst am NS-Regime und spielten die Einnahmen aus der Verwaltung von konfisziertem oder sequestriertem Vermögen keine wesentlichere Rolle in deren Geschäftstätigkeiten, oder handelte es sich um einen willkommenen und für die Anstalt ins Gewicht fallenden „Arisierungs“-Profit? Auf den ersten Blick könnte es scheinen, dass nur die erste Antwort sinnvoll ist. Betrachtet man nämlich die im Druck erschienenen offiziellen Kriegsbilanzen der KdD (für beide Teile der Anstalt zusammen ausgearbeitet) und die unglaublichen Umsätze in Höhe von hunderten Millionen Reichsmark (das heißt Milliarden Kronen) und die Gewinne in einer Größenordnung von etlichen hunderttausend Reichsmark

285 Es ist paradox, dass die stramm nationalistische KdD, die laut ihren Satzungen keine Tschechen als Genossenschaftsmitglieder aufnehmen noch ihnen Dienstleistungen gewähren durfte, die nie einen Tschechen beschäftigt hatte und dies alles bis Kriegsausbruch penibel einhielt, infolge des Arbeitskräfterückgangs nicht mehr ohne tschechisches Personal auskommen konnte. Dieses verwendete Anfang 1945 sogar schon im Dienstverkehr die tschechische Sprache, was bis dato unerhört gewesen war. Durch die Beschäftigung von Tschechen an dieser und anderen Stellen wurde auch einer der wesentlichsten Gründe für die Absicht, zur Verwaltung von jüdischem und eingezogenem Vermögen deutsche Banken heranzuziehen, zunichte gemacht: nämlich das Bestreben, Realitäten dieser Art vor der breiten tschechischen Öffentlichkeit geheim zu halten. Im Jahr 1944 stellten die Tschechen unter den Beschäftigten der KdD bereits einen wesentlichen Teil. Vgl. Vencovský, Anm. 49, S. 344–348.

(Millionen Kronen), ist der Reingewinn der Abteilung „F" von knapp einer Viertelmillion Kronen wirklich nicht außergewöhnlich.

Tabelle 3: Bilanzsumme und Gewinn der KdD in Reichsmark

| Jahr | Bilanzsumme | Reingewinn |
|---|---|---|
| **1939** | 332.400.214,66 | 714.690,21 |
| **1940** | 451.438.471,17 | 751.247,14 |
| **1941** | 542.906.552,75 | 1.259.088,48 |
| **1942** | 707.061.466,02 | 1.893.378,78 |
| **1943** | 1.038.190.847,98 | 2.134.090,88 |

Quelle: 29.–33. Jahresbericht der Kreditanstalt der Deutschen, Geschäftsjahre 1939–1943, Reichenberg 1940–1944, AČNB Praha, Sammlung Gedruckte Berichte, o. KdD

Die obige Tabelle mit den Bilanzsummen und Reingewinnen verrät noch einen anderen Umstand, und zwar eine sehr niedrige Gewinnspanne, also eine niedrige Effektivität. Zwischen dem Geschäftsumsatz, der sich in der Bilanzsumme niederschlägt, und dem erzielten Gewinn klaffte eine große Lücke, der erzielte Gewinn erreichte nicht einmal ein Prozent vom Umsatz, er bewegte sich im betreffenden Zeitraum zwischen Werten von 0,17 und 0,27 Prozent.[286] Mit anderen Worten: Gewinn wurde hier nur sehr mühsam erzielt. Der sich aus der Verwaltung des vom Staat anvertrauten Vermögens ergebende Gewinn war zuverlässig und sicher. Wie in den Vertragsbedingungen anklang, war die Verwaltungstätigkeit ausgezeichnet honoriert. Im Jahr 1943 betrug der Reingewinn im Sektor Immobilienverwaltung 23 Prozent des Bruttogewinns, und wären nicht die sehr hohen Personalkosten gewesen, hätte dieser Prozentanteil noch höher gelegen. Aus einer Analyse der Rechnungen geht hervor, dass die Einnahmen aus dieser für das Geldinstitut nicht gerade satzungskonformen Geschäftstätigkeit höchst willkommen und erwünscht waren. Das deuten auch das Interesse und der Konkurrenzkampf um Zwangsverwaltungsfälle mit anderen Anstalten an. Diese Gewinne trugen dazu bei, diesen mühsam lavierenden Finanzkoloss über Wasser zu halten, der sich damit brüstete, die größte Finanzgenossenschaft in Europa, ja sogar der ganzen Welt zu sein. Überall, wo die Rentabilität für den Verwalter niedrig war, wurde die Zwangsverwaltung einfach aufgehoben, mit der Begründung, sie sei nicht zweckdienlich. Allein im ersten Halbjahr 1942 wurden so 37 Zwangsverwaltungen im Immobilienbereich aufgehoben.[287] Als Beispiel dient die der KdD durch das Vermögensamt anvertraute Klattauer Immobilie namens „Schützenhaus". Die KdD-Filiale in Klattau schlug im Hinblick auf die beträchtliche Belastung und den geringen Ertrag eine Beendigung der Zwangsverwaltung des Hauses und dessen anschließenden Verkauf vor.[288]

286 Die Gewinnspanne der KdD betrug 1939 0,22 %, 1940 0,17 %, 1941 0,23 %, 1942 0,27 % und 1943 0,21 %.

287 BA Berlin, Anm. 223, Bl. 65, Bericht Frankes an Ernst vom 17.4.1942.

288 Schreiben der KdD vom 19.5.1943 an den Bezirkshauptmann in Klattau, SOA Plzeň, Oberlandrat Klattau, Kart. 22. Inv. Nr. 45, Sign. 4/6/2.

Die umrissenen Sachverhalte fallen noch deutlicher ins Auge, wenn man die Gewinne der Abteilung „F" im Rahmen der getrennten Bilanz, also für die Aktivitäten der KdD im Protektorat betrachtet. Hier war der Gewinn der KdD unvergleichlich niedriger als im böhmisch-mährisch-schlesischen Grenzgebiet. Betrug der Gesamtgewinn der KdD 2.134.090 Reichsmark, so entfielen auf das Protektorat dabei nur 293.713,61 Reichsmark, also 2.937.136,10 Kronen.[289] Der von der Abteilung „F" erzielte Gewinn betrug 8,09 Prozent vom Reingewinn der Protektorats-KdD, und das ist aus dem Blickwinkel eines nicht sonderlich florierenden Unternehmens, das in Wirklichkeit schon längere Zeit mit der Gefahr des Konkurses zu kämpfen hatte und wiederholt in aller Stille während der zwanziger und dreißiger Jahre saniert worden war,[290] gar nicht unerheblich.

Abschließend sei angemerkt, dass der Gesamtgewinn der KdD aus der Verwaltung von eingezogenem und beschlagnahmtem Immobilienvermögen ganz beträchtlich den von Glöckler bezifferten Betrag des Reingewinns der Abteilung „F" überstieg, der ja eigentlich nur den Gewinn der Protektoratszentrale in Prag war. Der Gewinn aus der Immobilienverwaltung stieg nämlich noch um die Provisionen der einzelnen Zweigstellen im Protektorat sowie der Zentrale und Zweigstellen im Sudetengau (er schlug sich auch noch auf weitere Bilanzposten nieder, wo er allerdings nicht identifizierbar ist). In der Gesamtbilanz der KdD für das Jahr 1943[291] (summarisch sowohl für das Protektorat als auch den Sudetengau ausgearbeitet) stellten die Erträge aus Haus- und Grundstücksverwaltungen einen Betrag von 423.171,56 Reichsmark (also 4.231.715,60 Kronen) dar. Zu diesen in der Bilanz bezifferten Gewinnen der Kategorie Vermögensverwaltung kamen noch andere Gewinne, und zwar die Erweiterung des Kundenkreises um hunderte von Konten, auf denen die zugunsten der Anstalt verzinsten Immobilienerträge lagerten. Zur Instandhaltung der eingezogenen Immobilen wurden großzügig Kredite eingeräumt, die mit dem höchstzulässigen Zinssatz von 4,5 Prozent verzinst wurden.[292] Diese untrennbar mit der Verwaltung von Vermögen Verfolgter verbundenen und ihrem Wesen nach überwiegenden „Arisierungs"-Gewinne schlugen sich bilanzmäßig in einer anderen Sphäre nieder (wo sie völlig den Beigeschmack der Verfolgung verloren), nämlich in den Bereichen Kredite, Führung von Kundenkonten und den damit verbundenen Operationen.

---

289 Registratur MF ČR Praha, Registratur KdD, Paket ohne Nummer, bezeichnet „Verschiedene Bilanzen 1939–1944", Jahresbilanz zum 31. Dez. 1943, Beilage, Passiva, Position 13 – Gesamtanstalt – Reingewinn, KdD.

290 Zu den von Deutschland aus organisierten Sanierungen vgl. die in Anm. 271 zitierte Arbeit.

291 Registratur MF ČR Praha, Anm. 289, Jahresbilanz zum 31.12.1943, Beilage, Ertragsposition 2 – Sonstige Erträge – Gesamtanstalt, KdD.

292 Ebd., Anm. 192. Das undatierte Protokoll der Beratung zwischen Vermögensamt und Deutschem Staatsministerium über den Zinssatz zugunsten der Banken, die offensichtlich um einen noch vorteilhaftere Verzinsung bemüht waren, führt an: „Diese Regelung betrachten wir als für die Geldanstalten tragbar und in der Sachlage angemessen und empfehlen deshalb den Geldanstalten, sich damit einverstanden zu erklären. [...] Würde eine Geldanstalt ihr Einverständnis mit dieser Regelung verweigern, so liefe sie Gefahr, dass das Vermögensamt den Kredit kündigen und zurückzahlen würde."

Man kann begreiflicherweise darüber streiten, ob das untersuchte Jahr 1943 aus der Sicht des „Arisierungs"-Gewinns ein typisches Jahr war. Die Protektoratsverwaltung sprach selbst davon, dass die „Arisierung" in ihrem Kern schon 1942 abgeschlossen worden sei. Man könnte also annehmen, die „Arisierungs"-Gewinne dieser Art seien in den Vorjahren wesentlich höher gewesen. Dem ist aber nicht so: Die „Arisierung" von Kleinvermögen war kaum angelaufen, es gab viel zu wenige Interessenten, und auf Hitlers direkte Weisung wurde gerade mit dieser Vermögenskategorie im Protektorat auf die Frontheimkehrer gewartet. Die Umwandlung von beschlagnahmtem in eingezogenes Vermögen berührte den Gewinn der Banken im Grunde nicht.

### 4.1.5 Die „Unternehmertätigkeit" der BUB bei der Verwaltung von „feindlichem" und eingezogenem Vermögen

Das sich mit der Bestellung der Geldanstalten zu Sammeltreuhändern befassende Unterkapitel zeigt, dass auch die BUB, eine Tochter der Deutschen Bank in Berlin, eines der vom Reichskommissar für die Behandlung feindlichen Vermögens organisierten integralen Systeme war, ein traditionelles Bankhaus, das in den böhmischen Ländern zu den großen Banken gehörte. Die Verwaltungsagenda wurde von der Sonderabteilung „Vermögensverwaltung" geführt, die im Lauf des Jahres 1940 aus einer älteren Arbeitsstelle für Berater- und Vermittlertätigkeit („Beratungsabteilung") ausgegliedert worden war. Die Anzahl der Sammelverwaltungen von anvertrautem feindlichem Immobilienbesitz bewegte sich bei der BUB in ähnlicher Höhe wie bei der KdD; dem Abteilungsleiter der „Vermögensverwaltung", O. Fehler, wurden zwischen 1940 und 1943 über 160 Häuser und Grundstücke anvertraut (vgl. die Tabelle in Unterkapitel 4.3). Gleichfalls ist bekannt, dass die BUB mit der Gestapo einen Vertrag über die Verwaltung von eingezogenem Vermögen schloss. Als Vorlage diente ein am 1. August 1940 geschlossener Vertrag mit der Allgemeinen Treuhand A.G., die zum Konzern BEB gehörte. Laut diesem Vertrag übernahm die Bank weitere Immobilien, rechnete halbjährlich die Vermietung von Grundstücken und Gebäuden ab, zog die Miete ein und sorgte für deren Instandhaltung. Dafür strich sie fünf Prozent des Jahresbruttoertrags ein, hinzu kam eine Prämie in Höhe von drei Prozent vom Jahresreingewinn. Ab dem 1. Januar 1942 wurde die Berechnung der Vergütungen vereinfacht und künftig auf sechs Prozent des Jahresbruttogewinns festgelegt. Die Gestapo übertrug der BUB die Verwaltung sämtlicher Grundstücke in Pilsen.[293]

Konkrete Aussagen über die Ertragshöhe aus diesem Sektor der Bankgeschäfte liefert weder der sehr umfangreiche Archivbestand, der durch die Tätigkeit des Reichskommissars entstand, noch der eigentliche BUB-Fond, der im Finanzministerium der Tschechischen Republik aufbewahrt wird. Es ist den Verfassern nicht gelungen, detaillierte Kriegsbilanzen der Anstalt im Archivfond der BUB im Finanzministerium zu finden; diese werden auch nicht in den Findbüchern erwähnt. Einen gewissen Anhaltspunkt bieten nur die etwas erweiterten offiziellen Bilanzen der BUB in der Form, in der sie dem

293 NA Praha, Anm. 67, Bl. 36.

Generalsekretariat der Deutschen Bank zugesandt wurden, zu deren Konzern die BUB ja gehörte. Die Vergütungen für die Treuhand-Vermögensverwaltung sind darin aber nicht ausgewiesen. Auch werden keine Unterschiede zwischen Vermögensverwaltungen, die der BUB von den Eigentümern freiwillig anvertraut wurden und Zwangsverwaltungen gemacht, die sich aus der Zusammenarbeit der BUB mit den NS-Institutionen ergaben. Zudem wurden die Einnahmen aus der Treuhandverwaltung mit weiteren indirekten „Arisierungs"-Einnahmen zu einem Posten zusammengefasst, das heißt mit den Provisionen für die Mitwirkung bei der Veräußerung von jüdischem Eigentum (die unter der Bezeichnung „Beratung und Arisierung" getarnte Maklertätigkeit wird in einem gesonderten Kapitel behandelt).

Tabelle 4: Provisionen der BUB für Treuhand-Vermögensverwaltung, Beraterdienste und „Arisierung" in Kronen*

| Jahr | Provision für Treuhand, Beratertätigkeit und „Arisierung" | Einmalige Provisions-gewinne | Bilanzsumme | Reingewinn BUB | Provisionen für Treuhand, Beratungen und „Arisierungen" im Vergleich zum Reingewinn der BUB |
|---|---|---|---|---|---|
| **1939** | 3.358.000 | 3.360.000 | 1.759.000 | 22.890.000 | 14,7 % |
| **1940** | 2.772.000 | 3.709.000 | 2.970.000 | | |
| **1941** | 1.406.000** | 1.840.000 | 3.975.000 | | |
| **1942** | 310.000 | 4.869.000 | | | |

* Die Auszüge aus den eingehenden Bilanzen, die im Fond Deutsche Bank erhalten sind, fassen Provisionen für Treuhand, Beratung und „Arisierung" in einem Posten zusammen.

** Die Bilanz von 1941 weist im Posten „Provision für Treuhand, Beratertätigkeit und „Arisierung" einen Betrag von 1.206.000 Kronen aus und führt daneben aus unbekannten Gründen eine Sonderprovision für die Treuhandverwaltung des Vermögens von Walter Pam in Höhe von 200.000 Kronen an (zum Vermögen Pams vgl. 4.2.2), die vom Autor zum ersten Betrag addiert wurde.

Quelle: BA Berlin, Bestand P 6858, Mikrofiche Nr. R 8119 F, Bl. 5, 11, 16–17, 130, 191–192, 216, 223, 285, 295.

Die in Tabelle aufgeführten Zahlen zeigen, dass die indirekten „Arisierungs"-Gewinne ab 1939 eine ständig fallende Tendenz hatten. Sie wurden in den Bilanzen und beigefügten Berichten als einmalige, sich nicht periodisch wiederholende Gewinne bezeichnet. Den wichtigsten Teil davon stellten wohl die „Arisierungsprovisionen" dar. Nachdem nun die „Arisierung" von Mittel- und Großbetrieben im Grunde abgeschlossen und das Vermögen jüdischer Emigranten konfisziert war und weiter zugunsten der Staatskasse „verwertet" wurde, sanken die indirekten „Arisierungs"-Gewinne auf gerade mal ein Zehntel des Jahres 1939 ab. Der Ertrag von 1942 in Höhe von 300.000 K wurde nicht weiter aufgeschlüsselt. Unter der Voraussetzung, dass die Fehler anvertrauten Immobilien nicht minder gewinnbringend waren als die Glöckler in ungefähr gleicher Anzahl von der KdD übertragenen, kann man die Einnahmen der BUB aus Immobilienverwaltungen für das Jahr 1942 auf rund 200.000 bis 230.000 Kronen schätzen (siehe den vorangegangenen Abschnitt), die übrigen Provisionen spielten auf der Einnahmeseite offensichtlich nur noch eine sehr kleine Rolle. Angaben für 1943–1945 liegen leider nicht vor, doch kann man mit Rücksicht auf den Umstand, dass die „Arisierung" von kleinem Immobilienbesitz auf Eis gelegt war, annehmen, dass dieser Einnahmeposten nicht dramatisch sank. Der anfangs ganz erhebliche fünfzehnprozentige Anteil von indirekten „Arisierungs"-Gewinnen am Gesamtgewinn der BUB ging dramatisch zurück.

Im Zusammenhang mit der Ertragshöhe muss erwähnt werden, dass Oskar Fehler als einer von drei Sammelverwaltern der Bank neben der Verwaltung von feindlichen Immobilien auch mit der Verwaltung von Firmen im Besitz von Staatsangehörigen von „Feindländern" betraut war,[294] und zwar folgender Firmen:

- J. Körner, Holzindustrie Aktien-Gesellschaft Prag 2, Vinohradské nám. 17 (auch auf Tschechisch als J. Körner, akc. spol. pro průmysl dřevařský);[295]
- Electric and Musical Industries Ltd., Blyth Road, Hayes, Middlesex, England (Firmeneigentum unter Radioslavia, Aktiengesellschaft für drahtlose Telegraphie und Telephonie, Prag 8, Novovysočanská 1414);
- L. Chappe & Co., Prag II, Spalená 4.[296]

Die Verwaltung dieser Firmen brachte sicher nicht geringe Mittel ein. Aus den Dokumenten geht nicht hervor, ob Fehler mit der Verwaltung als Privatperson betraut war und die Vergütung in seine Tasche floss, oder ob diese genau wie bei den Immobilenverwaltungen von der ihn beschäftigenden Bank einkassiert wurde.

Obwohl der Ertrag aus Immobilen-Zwangsverwaltungen – bei denen es in wesentlichen um mittelständische Vermögen ging – im Hinblick auf die erwirtschafteten Ergebnisse der Bank nicht außergewöhnlich war, gilt hier genau wie bei der KdD, dass es sich um einen willkommenen Gewinn handelte, um den die Bank aus eigener Initiative anhängig geworden war, obwohl die Immobilienverwaltung in der Übersicht über ihre Geschäftstätigkeiten nicht explizit genannt wurde.[297] Der Vertrag hierüber war auf ihr

294 BA Berlin, Bestand R 87, Bd. 9381, Verwalter-Liste, undatiert, Bl. 2; ebd., Verwalter-Liste, undatiert, Bd. 64, Bl. 2–3.

295 Die 1898 gegründete Firma hatte 4 Zweigstellen (Römerstadt, Friedrichsdorf, Altendorf und Dittersdorf). Sie betrieb Dampfmühlen und Holzgroßhandel. Compass, Kommerzielles Jahrbuch, Böhmen und Mähren 71 (1938), S. 1217

296 Ebd., die Firma hatte die Rechtsform einer Kommanditgesellschaft (1 Kommanditist) und trieb Handel mit Chemiepräparaten, S. 1002.

297 Vgl. Registratur MF ČR Praha, Registratur der Böhmischen Union-Bank (im Weiteren Registratur BUB), Paket 1848, Statuten der BUB, Geschäftsordnung der BUB Prag. Weder die veröffentlichten Satzungen noch die vertrauliche Geschäftsordnung der Anstalt, beide aus dem Jahr 1941, also einem Zeitpunkt zu dem die genannte Tätigkeit bereits voll entfaltet war, führen die Vermögensverwaltung als Geschäftstätigkeit ausdrücklich an. Man kann sich nur denken, warum diese in den genannten Dokumenten nicht auftaucht: Sie galt wohl im Hinblick auf die Öffentlichkeit als eine unpassende oder nur zeitweilige Tätigkeit.

Ersuchen hin geschlossen worden.[298] Dies wird zudem durch den Umstand unterstrichen, dass es sich hier um eine Anstalt handelte, die sich bei ihren Geschäften „eine Etage höher" als die KdD bewegte, das heißt sich mit der Kreditvergabe für Mittel- und Großunternehmen befasste, während das kleine und mittelständische Unternehmertum nur am Rand ihrer Interessen lag.

### 4.1.6 Die „Unternehmertätigkeit" der BEB bei der Verwaltung von „feindlichem" und eingezogenem Vermögen

Die „Arisierungs"-Aktivitäten der BEB, eines Tochterunternehmens der Dresdner Bank in Berlin, waren allem Anschein nach bei weitem am besten organisiert und institutionalisiert. Die Bank übertrug die Immobilienverwaltung im Sommer 1939 teilweise auf die konzerneigene, hier schon mehrfach erwähnte Gesellschaft Allgemeine Treuhand (ATAG).[299] Diese erledigte sowohl die Verwaltung von feindlichen Vermögen für den Reichskommissar für die Behandlung feindlichen Vermögens als auch für die Gestapo und später für das Vermögensamt. Ihre Vertragsbedingungen waren die gleichen wie die der BUB (vgl. voriger Abschnitt). Der Chef der ATAG, Graf Zedwitz, gab im Mai 1941 bei einem Gespräch mit dem Beauftragten des Reichskommissars zu verstehen, der Jahresgewinn aus der Verwaltung des ihm anvertrauten „reichsfeindlichen Vermögens" (der Reichskommissar übergab Vermögen nicht an die Anstalt, sondern an die Person) betrage lediglich 16.000 bis 20.000 Kronen und decke nicht einmal die faktischen Kosten für den von der Bank unterhaltenen Verwaltungsapparat. Kellermann lehnte es jedoch ab, die in der Richtlinie vom 14. November 1940 festgelegten Sätze zu ändern.[300] Der angedeutete Gewinn ergab sich aus der Verwaltung von insgesamt 67 Immobilien (27 in Prag, 14 in Brünn, der Rest lag in Mährisch Ostrau, Pilsen, Neu-Bischow, Ungarisch Brod, Prerau u. a.).[301] Bis Ende 1941 stieg die vom Reichskommissar an die ATAG übergebene Zahl der Verwaltungsfälle auf 72 an. Eine detaillierte Abrechnung ergab folgendes Bild: Die Vergütungen für den Verwalter im Jahre 1941 betrugen insgesamt 125.000 Kronen, davon entfielen auf Subverwalter 30.698 Kronen, während dem Sammelverwalter, also der ATAG, 94.302 Kronen verblieben.[302] Aus dem Material geht hingegen nicht hervor, ob die bezifferte Vergütung den Brutto – oder den Reingewinn nach Kostenabzug darstellt. Die offiziell publizierte Bilanz der ATAG für das Jahr 1941 besagt, ihr Gewinn habe lediglich 97.480 Kronen betragen, und das bei einem Umsatz, der knapp über

298 Anm. 294, Bl. 37, Der Bericht der Staatspolizeileitstelle Prag führt an: Da sich auch die BUB für die Verwaltung von Grundstücken interessierte, wurde mit dieser ein gleichlautender Vertrag (wie mit der BEB) geschlossen.

299 NA Praha, Bestand Česká eskomptní banka (Böhmische Escompte-Bank) (im Weiteren ČEB), Bd. 68, Die Übertragung auf die ATAG wurde im August 1939 durchgeführt. So zeigt z. B. der Band Hugo und Hanne Semmler, dass es in deren Fall am 19.8.1939 zur Überführung kam.

300 BA Berlin, Anm. 259, Bl. 76, Kellermanns Aufzeichnung über die Besprechung mit den Sammelverwaltern vom 10.5.1941.

301 Ebd., Anlage, Bl. 78–80. Die namentliche Auflistung zum 31.12. s. BA, R 87, Bd. 195, Bl. 15–18.

302 BA Berlin, Bestand R 87, Bd. 195, Bl. 18.

einer Million Kronen lag.[303] Dies ist eine ganz ansehnliche Gewinnspanne. Allein die Verwaltung von „feindlichem" Vermögen dürfte daran mit mindestens 20 Prozent beteiligt gewesen sein. Der relativ geringe Gesamtgewinn der ATAG deutet freilich darauf hin, dass der überwiegende Teil des Profits aus Treuhandverwaltungen in der eigentlichen Bank verblieb, auch wenn man hier analog zur KdD hohe, einen Großteil der Mittel abschöpfende Personalkosten annehmen darf.

Der „Arisierungsbericht" der BEB führt für das Jahr 1941 an, dass allein ihre Brünner Filiale an der Verwaltung von eingezogenen Unternehmen 550.000 Kronen verdient habe. Ferner stellte der Bericht mit Genugtuung fest, dass die ATAG und BEB-Filialen gemeinsam jüdische Vermögenswerte in der Höhe von „einigen hundert Millionen K" verwalteten.[304] Das Problem dieser ungefähren Angaben besteht darin, dass die Bank sämtliche verwalteten jüdischen Vermögenswerte gesammelt erfasste, das heißt Vermögen, die ihr vom Reichskommissar für feindliches Vermögen, der Gestapo, dem Vermögensamt und dem Zentralamt für die Regelung der Judenfrage überstellt worden waren, sowie Vermögen, die von Juden „freiwillig" vor der Auswanderung der Bank anvertraut worden waren (vgl. 4.2).

Die Bilanzen der BEB aus den Jahren 1939–1944 sind in ihren Parametern uneinheitlich. Der Ertrag aus der Treuhand-Vermögensverwaltung wird hier zwar in den ersten drei Kriegsjahren als Sonderkategorie geführt, doch stößt seine Interpretation auf grundlegende Probleme. Die Bilanzposten der Treuhandprovisionen werden nicht näher definiert, und offensichtlich kumulieren wieder alle Verwaltungstypen in einem einzigen Betrag. Es ist also nicht möglich, den Ertrag aus Verwaltungsfällen, die der Bank von den Eigentümern „freiwillig" übertragen wurden, von der Verwaltung beschlagnahmter und eingezogener Vermögen zu unterscheiden. Ein weiteres Problem besteht im Umstand, dass der Verwaltungsertrag in Wirklichkeit größer war. Ein Teil des Gewinns, und zwar ein ganz wesentlicher Teil, schlug nämlich wie schon gesagt im Gewinn der Konzerngesellschaft ATAG zu Buche. Dem Anschein nach übte die Bankzentrale selbst in erster Linie die so genannte freiwillige Treuhand aus, die aus der Verwaltung von Konten, Wertpapieren, Versicherungen, Guthaben, Goldschmuck, kurz: wirklichen Bankgeschäften bestand, und überließ die Zwangsverwaltung von Immobilien der Spezialgesellschaft und ihren Filialen. Trotzdem sind nach Meinung der Verfasser die resultierenden Zahlen interessant:

303 Compass, Finanzielles Jahrbuch, Böhmen und Mähren 77 (1944), S. 798.

304 Staatsarchiv Nürnberg (im Weiteren StA Nürnberg), Bestand Kriegsverbrecher Anklage Dokumente Fotokopien (im Weiteren KV Ankl. Dok. Fotokop.), Sign. NID-13463, Bl. 40, Arisierungsbericht, BEB August 1941.

Tabelle 5: Provisionen der BEB für Treuhand-Vermögensverwaltung in Kronen

| Jahr | Provision der Zentrale für Treuhand | Provision der Filialen für Treuhand | Gesamtprovision für Treuhand | Summe aller Provisionen | Reingewinn der BEB | Anteil der Gesamtprovision für Treuhand am Reingewinn der BEB |
|---|---|---|---|---|---|---|
| **1939** | 1.292.406,40 | * | – | 30.713.778,75 | | |
| **1940** | 382.018,80 | 350.000,00 | 732.018,80 | 35.263.106,90 | 14.816.000,00 | 4,9 % |
| **1941** | 244.381,65 | 776.663,40 | 1.021.045,05 | 46.776.160,85 | 16.000.000,00 | 6,4 % |
| **1942** | Die Treuhandprovisionen wurden nicht separat bilanziert, sondern in den Posten „diverse Provisionen“ einbezogen. | | | 49.748.226,30 | | |
| **1943** | | | | 52.638.980,00 | | |
| **1944** | | | | 58.801.281,70 | | |

* Im Jahr 1939 wies die Bilanz der Filialen die Treuhand nicht gesondert aus, sondern nur einen Gesamtbetrag aller Provisionen in Höhe von 8.020.879,65 Kronen.

Quelle: NA Praha, Bestand ČEB, Kart. 58, Bilanzen 1939–1944.

Die in der Tabelle angeführten Zahlen belegen zwei Trends: Der erste deutet einen Rückgang der Treuhandprovisionen in der Zentrale an. Der jähe Absturz im ersten Jahr trat offensichtlich aufgrund der Übergabe der Agende an die ATAG ein, in den folgenden Jahren ging die freiwillige Treuhand unaufhaltsam zurück, denn das verflüssigte Vermögen aus Wertpapieren und Versicherungen wurde von der Staatskasse geschluckt. Der zweite Trend verweist auf einen ganz massiven Anstieg der Treuhandprovisionen in den Filialen, der so groß war, dass er die Einbußen der Zentrale in diesen Aktivitäten wettmachte und der Posten Treuhand insgesamt einen erheblichen Anstieg verzeichnete. Da die allermeisten „Arisierungs“-Provisionen einen kurzfristigen oder nur einmaligen Charakter hatten (hier wären vor allem die Provisionen aus Verkauf und Liquidation von jüdischen Vermögen zu nennen), darf man mit Recht annehmen, dass der Zuwachs in der Rubrik Provisionen bis 1944 vor allem aus steigenden Provisionen für die Immobilientreuhand im Auftrag der Staatsverwaltung und dem damit verbundenen Gewinn gespeist wurde, die einen sich über längere Zeit wiederholenden Gewinn darstellten. Der Umstand, dass die Vergütungen für die Treuhand 1940 eine Höhe von 4,9 Prozent des Reingewinns ausmachten und ein Jahr später sogar schon 6,4 Prozent, ist ein durchschlagender Beweis dafür, dass die treuhänderische Vermögensverwaltung für die BEB eine bedeutende Geschäftsaktivität darstellte.

## 4.2 Die „freiwillige Treuhand“ – die von jüdischen Eigentümern auf deutsche Banken übertragene Vermögensverwaltung

### 4.2.1 Die Rolle der Bankentreuhand bei der „Sicherstellung“ jüdischer Vermögen im Protektorat Böhmen und Mähren

Schon bald nach der Besetzung entsandte das Reichwirtschaftsministerium seinen Vertreter nach Prag – den bisherigen Chef des Referats für die Tschechoslowakische Republik, Regierungsrat Erich von Wedelstädt. Dieser unterstand einem der führenden Architekten der NS-Kriegswirtschaft, nämlich dem Generalreferenten im Wirtschaftsministerium, Hans Kehrl.[305] Eine Notiz Wedelstädts vom 24. März 1939 stellte fest,[306] jüdisches Vermögen sei seinerzeit auf viele Weisen entwendet worden, und zwar ohne jegliche Kontrolle. Dabei gerate es vorwiegend in tschechische Hände. Das jüdische Vermögen in den böhmischen Ländern entstamme jedoch vorwiegend deutschem Besitz und stelle eine der wenigen Möglichkeiten zur Wiederherstellung der deutschen Wirtschaftspositionen dar. Da aber die tschechischen Stellen (das heißt die Protektoratsregierung) in der „Arisierung“ ein geeignetes Mittel zur Stärkung ihrer Positionen sähen, sei aus allen Kräften anzustreben, den wesentlichsten Teil des jüdischen Vermögens in deutsche Hände zu überführen. Daraufhin unternahm die deutsche Verwaltung unverzüglich Schritte, amtliche Aktivitäten von tschechischer Seite zu unterbinden, die eine Verfügung über jüdische Vermögen erlaubt hätten (vgl. 4.1).

Wedelstädt nahm an, ein augenblickliches Veto gegen Vermögensverlagerungen in tschechische Hände hätte politische Schwierigkeiten heraufbeschworen und schlug daher einen besonderen Weg zur Lösung des Problems vor. Volksdeutsche Geldinstitute in den böhmischen Ländern wie die BEB, die BUB, die KdD und eventuell auch die Länderbank verfügten über Verzeichnisse der jüdischen Unternehmen, an denen sie beteiligt waren. Seinen Informationen zufolge waren die Juden bereit, diesen Banken ihr Vermögen zur Treuhandverwaltung zu übergeben, wenn ihnen die Gestapo dafür eine künftige Auswanderung garantierte. Wenn die deutschen Banken auf diese Weise Einfluss auf das jüdische Vermögen gewonnen hätten, werde dessen spätere Einziehung im Sinne der wirtschaftspolitischen Interessen des Reiches unter Mitwirkung behördlicher Stellen ein Leichtes sein. Damit war die neue Möglichkeit einer zweckdienlichen Mitarbeit seitens der volksdeutschen Geldinstitute definiert.

Fünf Tage später, am 29. März, nahm das umrissene Projekt bereits konkrete Gestalt an. Es wurde zur Domäne der Tochterunternehmen der beiden bedeutendsten mit der NS-Verwaltung verflochtenen Großbanken im Reich, der Deutschen Bank und Dresdner Bank. Die zwei weiteren von Wedelstädt genannten Anstalten – KdD und Länderbank – wurden zu diesem offenbar aus geschäftlicher Sicht verlockenden Projekt, dessen Zielgruppe ja aus jüdischen Personen der wohlhabendsten Gesellschaftsschichten

305 Wedelstädt, der zuletzt die Gruppe Wirtschaft im ARP leitete, war anfangs unter der Bezeichnung „Generalreferent Präsident Kehrl, Dienststelle Prag“ tätig.

306 NA Praha, Bestand ÚŘP, Kart. 4, Nr. 114–189, Bl. 3–4.

bestand, nicht zugelassen. Wedelstädts Beratung mit Vertretern der Berliner Großbanken, der Gestapo und des Sicherheitsdienstes führte zu einer Absprache, in deren Folge es zur behördlichen Praxis wurde, dass Emigranten für die Ausreisegenehmigung ihr Vermögen der BUB oder BEB zur Verwaltung überlassen mussten. Die Gestapo erteile die Ausreisegenehmigung erst nach Vorlage eines Belegs, dass der Ausreisewillige sein Vermögen der Treuhand einer deutschen Bank anvertraut hatte.[307] Obwohl die formale Vermögensübergabe auf dem Weg eines juristisch durchformulierten Dokuments, also eines bilateralen Geschäftsvertrags erfolgte, kann keine Rede davon sein, dass auswanderungswillige Juden ihr Vermögen – dabei handelte es sich nicht nur um Immobilien, sondern um sämtliches, also auch bewegliches Eigentum (Wertpapiere, Gold oder Guthaben) – der Treuhand von BUB oder BEB freiwillig übergeben hätten. Es geschah unzweifelhaft unter dem Druck der Umstände und auf Forderung der NS-Verwaltung. Das beweist allein die „Verwaltungspraxis" in ihren Konsequenzen. Mit anderen Worten: Die Bank hatte als Treuhänder die Auswanderung finanziell abzusichern. Ihr Mandant war in Wirklichkeit aber nicht der Treugeber, sondern die NS-Verwaltung, deren Interessen die Bank in erster Linie vertrat.

Die Bank verhandelte jeden Einzelfall mit der NS-Verwaltung und holte deren Zustimmung dazu ein, wie der Kunde an den Bettelstab zu bringen sei. Sie achtete penibel auf die vorrangige Begleichung aller erpresserischen Abgaben und Gebühren zugunsten des Reiches, aber auch an Institutionen, denen die Aufnahme der Emigranten in der neuen Heimat oblag und gab erst in der allerletzten Phase die Mittel zur Deckung der eigentlichen Reisekosten frei. Bei der Verfolgung dieser Ziele hat sie das anvertraute Vermögen größtenteils „schnell verwertet" und zwar auf eine für den Juden normalerweise ziemlich nachteilige Weise. Der Zeitfaktor war dabei in der Regel ein wichtiges Druckmittel. Die Visa der westlichen Staaten hatten keine langfristige Gültigkeit, und die Ausreise musste unbedingt zu einem bestimmten Termin erfolgen. Dazu erzeugte die NS-Verwaltung programmgemäß eine Hastpsychose, aufgrund derer dem Verkaufswilligen keine Zeit zum Überlegen bzw. zu einer Alternativlösung blieb.[308] Als erste wurden Firmen entwendet, dann folgten Wertpapiere (die genannten Banken waren von der NS-Verwaltung als Zwangsdepotstellen bestimmt – vgl. das dieser Problematik gewidmete Kapitel 2.1) und größere Immobilien. Kleinere Immobilien und Geldmittel blieben längere Zeit unter der Verwaltung der BUB oder BEB.

Die Banken liquidierten also faktisch das ihnen anvertraute bewegliche und unbewegliche Vermögen ihrer Klienten, machten es zu Geld, damit die Verbindlichkeiten und Außenstände des Klienten beglichen und die Auslieferung seines Vermögens an die NS-Verwaltung in die Wege geleitet werden konnten, nachdem diese den entsprechenden

307 Durch eine Vereinbarung vom 29. März 1939 zwischen Gestapo, SD, der Leitung der Dresdner und der Deutschen Bank wurden deren Tochterunternehmen in Prag mit der Übernahme und Verwaltung von Vermögen jüdischer Emigranten betraut. Schriftmaterial zu Einzelfällen vgl. NA Praha, Bestand ÚŘP, Kart. 24–27.

308 Die an die Oberlandräte verschickte Richtlinie des ARP vom 14.9.1939 führt in Teil II an, das im Fall von jüdischen Verkaufs- und Auswanderungswilligen auf eine „beschleunigte Erledigung" zu drängen sei. ŽM Praha, Anm. 41.

Ausführungsbefehl zur Konfiskation des Vermögens ausgewanderter Juden erteilt hatte.[309] Anschließend arbeiteten sie paradoxerweise in beschränktem Umfang mit dem anvertrauen Vermögen weiter; ihr neuer Partner war jetzt das Vermögensamt. Schrittweise und von Fall zu Fall forderte dann die NS-Verwaltung die Überweisung der verwerteten Mittel auf ihre Konten. Zu diesem Zweck nutze das ARP zwei Konten. Die eingezogenen Mittel wanderten unter „Titel 12" zugunsten der Amtskasse des Reichsprotektors entweder auf das bei der Postsparkasse Prag geführte Konto 98578 oder auf das Konto Nr. 5000/158 bei der Nationalbank für Böhmen und Mähren. Der größte Teil der Finanzen wurde der Verwaltung der BUB im Herbst 1944 entzogen, ein Rest verblieb dort aber bis Kriegsende. Die Tätigkeit der Banken im Sektor Vermögenstreuhand für natürliche Personen unterschied sich im Endeffekt nicht sonderlich von der eines staatlicherseits eingesetzten Abwicklungstreuhänders! (vgl. S. 80) Ein anderer Ausgang einer Treuhandverwaltung war eher die Ausnahme. Eine solche war beispielsweise der Beschluss des Reichsprotektors vom Juni 1939, mit dem der BUB das Recht entzogen wurde, die Malzfabrik eines Robert Winter in Haňovice zu verkaufen und ein eigener Treuhänder ernannt wurde.[310]

Ein typischer Fall ist die Auswanderung einer Susanne Wertheimer, die – wie die Bank am 5. März 1940 an den Oberlandrat in Gitschin im Liquidationsantrag zu deren beträchtlichen Vermögen im Wert von 1.500.000 Millionen Kronen schrieb – die BUB ermächtigt hatte, „alles Erforderliche zu veranlassen, was die Verwaltung, Erhaltung und Verwertung ihres gesamten Vermögens erfordert". „Um die Auswanderung der Susanne Wertheimer zu finanzieren, insbesondere die Reichsfluchtsteuer, Judenabgabe etc. bezahlen zu können, ist es notwendig, einen Großteil des Vermögens des Fräulein Susanne Wertheimer flüssig zu machen." Der Antrag wies ausdrücklich darauf hin, dass „das Visum in der ersten Hälfte April abläuft und nicht verlängert werden wird". Zur Veräußerung des dieser jungen Frau gehörenden Anteils am Familienunternehmen A. Stern & Sohn verblieben also rund fünf Wochen. Das anvertraute Vermögen wurde wirklich sehr schnell „verwertet", und Susanne Wertheimer konnte in die USA ausreisen. Den Rest des zur Treuhand anvertrauten Vermögens „verwaltete" die BUB „formal" auf den Namen der Besitzerin bis zum 24. Oktober 1942, bis sich die Treuhand infolge der Konfiszierung in ein Depot des Vermögensamtes umwandelte. Am 9. April 1943 wurde das Depot direkt an das Vermögensamt überführt.[311]

Ein Beweis für den Missbrauch einer Notlage von Personen, die in der Hoffnung auf Auswanderung der BUB ihr gesamtes Vermögen (in Höhe von 885.000 Kronen) anvertrauten, ist der Fall von Max und Hermine Zimmermann. Diese waren weniger glücklich als Susanne Wertheimer, denn ihnen glückte es nicht, den administrativen Teil ihrer Auswanderung zu bewältigen, woraufhin ihr englisches Visum verfiel. Die unglücklichen Eheleute entschlossen sich daraufhin, den Vertrag mit der Treuhand zu kündigen. Sie sahen nämlich keinen Grund, warum sie die von der Treuhandverwaltung verursachten

309 Vermögen wurden in der Regel aufgrund der Verordnung über den Verlust der Protektoratsangehörigkeit vom 2.11.1942 konfisziert, VOBl RP 1942, S. 301, § 3.

310 Registratur MF ČR Praha, Registratur BUB, Paket 1013, ebd.,Paket Robert Winter.

311 Ebd., Paker Susanna Wertheimer.

Vermögenseinbußen hinnehmen sollten. Deshalb richtete Max Zimmermann am 18. Oktober 1939 folgenden Brief an die BUB:[312]

„Ich habe am 17.8. d. J. mit Ihnen einen Treuhandvertrag unter der Voraussetzung abgeschlossen, dass es mir möglich sein wird, nach England auszureisen.[313] Da inzwischen mein englisches Visum ungültig geworden und laut mir zuteil gewordenen Informationen eine Einreise nach England unmöglich ist, entfiel der Zweck des Treuhandvertrags. Ich erlaube mir daher, denselben im Sinne der mit Ihnen getroffenen Vereinbarung vierzehntägig zu kündigen."

Die Bank wollte begreiflicherweise nicht auf den Vertrag und den daraus fließenden Gewinn verzichten. Nach zähen Verhandlungen, die sich bis in den Dezember 1939 hinzogen, kassierte sie schließlich für die Vertragsauflösung eine Abstandszahlung in Höhe von 10.000 Kronen pro Person.

Ein anderer jüdischer Auswanderer, Kurt Robert, mit eigentlichem Namen Kurt Roubicek, äußerte sich zur Frage der Freiwilligkeit in seinem Brief an die BUB vom 20. November 1945 noch deutlicher: „Ich berufe mich auf die Ihnen ausgestellt Vollmacht vom 22. April, die ich Ihnen, wie Ihnen bekannt ist, unter dem Druck des nationalsozialistischen Terrors erteilt habe, um ins Ausland zu gelangen".[314] Die Standard – oder Sittenwidrigkeit des erwähnten Geschäfts bestätigt auch eine relativ breit angelegte Stichprobe in zufällig ausgewählten Paketen betreffend die Vermögenstreuhand einzelner Personen (insgesamt sechs Archivpakete – vgl. unten), die ergab, dass ausschließlich auswanderungswillige Personen jüdischer Abstammung der BUB ihr Vermögen anvertrauten. Bei den Kunden der BEB bzw. der ATAG lagen die Dinge nicht anders.

Die oben beschriebenen Sachverhalte belegen hinlänglich den Charakter dieser Geschäftstätigkeit, die man wohl kaum als freiwillige Zusammenarbeit oder gar Hilfe für Emigrationswillige bezeichnen kann.

### 4.2.2 Die Treuhandverwaltung von Vermögen, die der BUB von natürlichen Personen anvertraut wurden

Die BUB übernahm die Verwaltung von Vermögen auf Vertragsgrundlage. Im Jahr 1939 besaßen diese Verträge eine Einheitsform.[315] Die Vorlage war bloß zu vervielfältigen, und außer dem Namen des Kunden waren nur zwei Angaben einzufügen: die Höhe der einmaligen Vergütung für die Übernahme des Vermögens zur Verwaltung und die Höhe der Jahresvergütung für diese Verwaltung. Der inhaltsschwere dreiseitige, in dichtem Zeilenabstand gesetzte Vertragstext konnte niemanden im Zweifel darüber lassen,

312 Ebd., o. Max und Hermine Zimmermann.

313 Der Treuhandvertrag enthält keinerlei Erwähnung über einen Vertragabschluss als Bedingung oder Voraussetzung für eine Ausreise ins Ausland.

314 Registratur MF ČR Praha, Registratur BUB, Paket 1028, o. E. Roubiczek & Co.

315 Der Vertrag ist nicht in allen Fällen der Akte beigefügt und fehlt bei rund einem Viertel der Kunden. Wo er jedoch erhalten ist, fanden sich für das Jahr 1939 keine Unterschiede. Zum Vertragstext vgl. beispielsweise Registratur MF ČR Praha, Registratur BUB, Paket 1010, Paket Wilhelm Schwarz.

wie das Verhältnis zwischen Treugeber und Treunehmer aussah. Er ist auch Zeichen der Dienstbeflissenheit der Bank gegenüber der NS-Staatsverwaltung. Der Kunde musste sogleich in der Einleitung eidesstattlich erklären, dass das beigelegte Vermögensverzeichnis vollständig sei und die Vollmacht für die Verwaltung sich nicht nur auf seine Person, sondern auch auf seinen Rechtsnachfolger beziehe. Ferner musste er eidesstattlich erklären, kein Vermögen im Ausland zu besitzen. Eine normale Bank interessiert sich in den Geschäftsbeziehungen um keine anderen Vermögenswerte als die ihr vom Kunden freiwillig anvertrauten. Im vorliegenden Fall handelte es sich aber um einen Dienst für die NS-Verwaltung und schließlich nicht zuletzt um den eigenen Profit. Das Ziel war, ein möglichst hohes Maß der verwalteten Vermögenswerte abzuschöpfen.

Auch die einheitliche Regelung und Reichweite der im Vertrag festgeschrieben Vollmachten erregen Aufmerksamkeit. Der Vertrag verlieh der Bank das Recht, alles zu unternehmen, was sie zwecks Wahrung und Verwaltung des anvertrauten Vermögens für notwendig befand, im Namen des Kunden und auf dessen Kosten sämtliche Handlungen vorzunehmen, die laut Ansicht der Bank zur Vertretung seiner Rechte und Interessen erforderlich waren. Der Bank wurde ausdrücklich das Recht auf Veräußerung des Vermögens zugestanden; nach Möglichkeit sollten die Klienten darüber informiert und zu Rate gezogen werden, doch war dies nicht die explizite Pflicht der Bank. Außerdem konnte diese zugunsten des Klienten Kredite aufnehmen und dafür mit dessen Vermögen haften. Die Vollmacht bezog sich auch auf die Führung von Prozessen und Aushandlung von Vergleichen sowie auf die Verhandlung mit Behörden. Die Bank hatte aus den Mitteln des Klienten sämtliche Steuern, Gebühren und Abgaben zu entrichten, die diesem vom deutschen Reich und dem Protektorat auferlegt waren und würden. Die Bank sagte zu, den Klienten über diese Operationen in Kenntnis zu setzten, sofern dies möglich sei. Offenkundig rechnete die Bank damit, dass die Mehrzahl der Klienten sich künftig im „feindlichen Ausland" aufhalten würde und wollte sich alle Türen zur Entfaltung ihrer Aktivitäten offen halten. Als Verbindlichkeit übernahm die Bank nur die Information und halbjährliche Abrechnung, die an eine angegeben Adresse geschickt werden konnten. Sie gab auch eine vage, jedoch nie in die Praxis umgesetzte Zusage, sich nach Kräften zu bemühen, die sich aus der Vermögensverwaltung ergebenden Erträge ins Ausland zu überweisen.

Bemerkenswert ist auch der Absatz, in dem der Klient sein Einverständnis zu allen Maßnahmen, Anordnungen und Schritte der Bank bei der Ausübung ihrer Verwalterfunktion erklärt und dabei vorweg auf eine etwaige Berufung gegen Schäden verzichtet, die er dadurch erleiden könnte, sofern diese nicht auf Vorsatz oder Fahrlässigkeit beruhen. Abgesehen von diesen Ausnahmen sollten dann alle in gegenseitigen Geschäftsbeziehungen üblichen Geschäftsbedingungen gelten. Etwaige Streitigkeiten waren vor dem zuständigen Prager Gericht zu verhandeln. Der Vertrag ermöglichte der Bank, die Verwaltung des Vermögens ohne Zustimmung des Klienten auf eine dritte Person zu übertragen, sofern diese mit der Sorgfalt eines ordentlichen Geschäftsmannes ausgewählt wurde.

Für den Fall, dass dem Treugeber die Ausreise aus dem Protektorat bzw. dem Deutschen Reich nicht gestattet würde oder seine Ausreise wider Erwarten aus anderen Gründen nicht möglich wäre, sollte der Vertrag ungültig werden. Wie aber schon oben erwähnt, wurde diese Bedingung in der Praxis nur unter großen Problemen erfüllt. Max Zimmermann hatte mit dem triftig begründeten Rücktritt vom Vertrag Schwierigkeiten und musste der BUB schließlich eine Abstandssumme zahlen. Die Gültigkeit des Vertrags war auf die Aufenthaltsdauer des Ausgewanderten außerhalb des Protektorats bzw. des Deutschen Reichs beschränkt. Da mit der Rückkehr der Emigranten nicht zu rechnen war, wurde deren Vermögen veräußert, und es war einfach nicht abzusehen, dass die oben genannte Situation würde eintreten können. Die meisten hatten sowieso keinen Ort, an den sie zurückkehren konnten. Also ging es im Grunde um einen endgültigen Vertrag. Mit Ausnahme des erwähnten Falls der verhinderten Ausreise bzw. Rückkehr hatten weder der Treugeber noch seine Nachfahren und Erben eine Möglichkeit, den Treuhandvertrag aufzulösen. Der Treugeber der BUB verzichtete für die Gültigkeitsdauer des Vertrags auf sämtliche eigenen Rechtshandlungen bezüglich seines Vermögens. Die ungleiche Rechtsposition der Vertragspartner spiegelte sich bezeichnenderweise in einem Recht zur Kündigung mit einer Frist von drei Monaten wider, zu der die Bank jederzeit ohne nähere Angabe von Gründen schreiten konnte.

Die Treuhandbestellung der BUB über Vermögen hatte 1940 bereits eine andere Form angenommen. Es handelte sich nur noch um eine einseitige Erklärung des Klienten in Form eines an die Bank adressierten Schreibens, die die ungleiche Stellung beider Vertragspartner noch drastischer zum Ausdruck brachte.[316] Der Brief war ähnlich gegliedert wie der Vertrag. Einleitend erklärte der Kunde seine Kenntnisnahme dessen, dass bei der Vermögensverwaltung sämtliche existierenden Rechtsvorschriften und Anordnungen hinsichtlich Devisen und nicht-„arischen" Vermögens einzuhalten sind. Mit Rücksicht darauf behielt sich die Bank Änderungen und Abweichungen von den allgemeinen Geschäftsbedingungen vor. Auch die eidesstattliche Erklärung über Richtigkeit und Vollständigkeit der Anlage, die ein Verzeichnis des der Bank anvertrauten Gesamtvermögens enthielt, durfte nicht fehlen. Eine Änderung stellte auch der Passus über eine Neueinschätzung des Vermögenswerts in halbjährlichen Abständen dar, was die Verwaltung begreiflicherweise beträchtlich verteuerte. Ein Novum war auch die auf einem Monat verkürzte Kündigungsfrist seitens der Bank. Die Abrechnung konnte auch von einer dritten Person vorgenommen werden, die Treuhand konnte auch auf eine konzerneigene Gesellschaft der BUB übertragen werden unter der Bedingung, dass diese darin einen Kapitalanteil von mindestens 75 Prozent hatte.

Das im Ganzen umfangreiche und in einer Reihe von Fällen vollständig erhaltene Aktenmaterial[317] erlaubt einige Verallgemeinerungen. Mittels einer Stichprobe, in der nach dem Zufallsprinzip rund elf Prozent des gegebenen, sich mit einzelnen Treuhandfällen befassenden Materialtyps analysiert wurden, hat der Verfasser den Versuch unternommen, ein Bild von den konkreten Geschäftsbedingungen sowie von der Struktur des der BUB anvertrauten Vermögens und von dessen Durchschnittsgröße zu gewinnen. Die Resultate wurden in den zwei folgenden Tabellen zusammengestellt.

316 Ebd., Anm. 310, Paket Susanne Wertheimer.

317 Es handelt sich um insgesamt 4 Pakete, und zwar Nr. 985–1013 und 1018–1033.

Tabelle 6: Geschäftsbedingungen für die Treuhandverwaltung jüdischer Vermögen, die der BUB von ihren Eigentümern übergeben wurden – Stichprobe[318]

| **Zu- und Vorname** | **Abschluss-datum des Treuhand-vertrags** | **Wert des ver-walteten Vermögens (in tausend Kronen[319])** | **Vergütung für die Vermögensverwaltung (in tausend Kronen)** | | |
|---|---|---|---|---|---|
| | | | **einmalige Provision** | **feste Jahres-gebühr** | **% des Vermögens – Mindest-betrag in tausend K** |
| **Roubicek (Robert),[320] Kurt** | 22.04.1939 | 1247 | 50 | 25 | – |
| **Pam, Kurt** | 26.04.1939 | 7810 | Höhe nicht angeführt[321] | – | 0,75 % – 0 |
| **Adler, Ilse** | 17.06.1939 | 1553 | 33 | – | 1 % – 0 |
| **Resek, Felix MUDr.** | 17.05.1939 | 189 | 15 | – | 3 % – 0 |
| **Porges, Walter** | 20.05.1939 | 559 | – | – | 2 % – 5[322] |
| **Schwarz, Wilhelm** | 23.06.1939 | 177 | 4 | – | 1 % – 0 |
| **Abeles, Josef und Rosa** | 17.07.1939 | ? | 4 | – | 2 % – 0 |
| **Mayer, Adolf** | 07.08.1939 | 384 | 12 | – | 2 % – 5 |
| **Popper, Malvine** | 07.08.1939 | 104 | 1 | ? | ? |
| **Weil, Rachel Gisa** | 17.08.1939 | 120 | 4 | – | 2 % – 2 |
| **Wagner, Arnošt** | 17.08.1939 | 78 | 4 | – | 3 % – 2 |
| **Zimmermann, Max und Hermine** | 17.08.1939 | 885 | 19 | – | 3 % – ? |
| **Winter, Robert** | 25.08.1939 | 138 | ? | ? | ? |
| **Lustig, Otto und Grete** | 18.09.1939 | 663 | 15 | – | 1 % – 2 |
| **Vielgut, Otto und Elisabeth** | 18.09.1939 | 484 | 24 | ? | ? |
| **Vodička, Pavel** | 20.09.1939 | 154 | 5 | ? | ? |
| **März, Hugo** | Sept. 1939 | 263 | ? | ? | ? |
| **Abeles, Vítězslav** | Sept. 1939 | 387 | ? | ? | ? |
| **Stadler, Martha** | 28.10.1939 | 234 | ? | ? | 1,5 % – ? |
| **Stern, Georg Israel JUDr.** | 05.12.1939 | 191 | ? | ? | ? |
| **Wertheimer Susana** | 28.02.1940 | 1510 | – | – | 2 % – 0 |
| **Weisz, Fritz** | Juni 1940 | 358 | 7 | ? | ? |

318 Die Stichprobe ist das Resultat der gesamten Bearbeitung aller Kundenkonten, die sich in der BUB-Registatur in der Verwaltung des MF ČR befinden, und zwar in den Paketen Nr. 985, 1000, 1010, 1012, 1013 und 1028.

319 Alle Beträge wurden auf volle tausend Kronen aufgerundet.

320 Der alte Bankkunde Kurt Roubicek änderte seinen Zunamen in Robert. Die Bank führte ihn dennoch – genau wie die von ihm geerbte Firma – unter seinem ursprünglichen Zunamen.

321 Die Aufzeichnung führt lediglich an: „Sonderprovision im üblichen Rahmen."

322 So zu verstehen, dass die Gebühr für die Vermögensverwaltung 2 % von dessen Gesamtwert betragen sollte, mindestens jedoch 5.000 K. Dies gilt analog für alle Angaben in dieser Spalte.

Tabelle 7a: Struktur der jüdischen Vermögen, die der BUB von ihren Eigentümern zur Treuhandverwaltung übergeben wurden – Stichprobe: Einzelfälle[323]

| Zu- und Vorname | Wert des verwalteten Vermögens (in taus. K) | Firma | Immobilien | Bargeld / Konten | Sparbücher | Wertpapiere | Versicherungen | Guthaben | Gold und Schmuck | Sonstiges |
|---|---|---|---|---|---|---|---|---|---|---|
| **Roubicek, Kurt** | 1247 | 87 % | – | 10 % | – | – | 3 % | – | – | – |
| **Pam, Kurt** | 7810 | 8 % | – | – | 24 % | 24 % | 28 % | 16 % | – | – |
| **Adler, Ilse** | 1553 | 74 % | 24 % | 2 % | – | – | – | – | – | – |
| **Resek, Felix MUDr.** | 189 | 34 % | – | 16 % | – | – | 40 % | 5 % | – | 5 % |
| **Porges, Walter** | 559 | – | 23 % | 13 % | 18 % | – | 8 % | 38 % | – | – |
| **Schwarz, Wilhelm** | 177 | 73 % | – | – | – | – | – | – | 3 % | 24 % |
| **Mayer, Adolf** | 384 | – | 86 % | – | 14 % | – | – | – | – | – |
| **Popper, Malvine** | 104 | – | – | 14 % | 42 % | – | – | – | 1 % | 43 % |
| **Weil, Rachel Gisa** | 120 | – | – | – | 31 % | 69 % | – | – | – | – |
| **Wagner, Arnošt** | 78 | – | 58 % | 30 % | – | – | – | – | 0 %[324] | 12 % |
| **Zimmermann, Max und Hermine** | 885 | – | 70 % | 2 % | – | – | 5 % | 22 % | 1 % | – |
| **Winter, Robert** | 138 | – | 37 % | 6 % | – | 51 % | 4 % | – | 2 % | – |
| **Lustig, Otto und Grete** | 663 | – | – | 63 % | 7 % | – | 8 % | 22 % | – | – |
| **Vielgut, Otto und Elisabeth** | 484 | – | 6 % | 64 % | – | – | 8 % | 20 % | 2 % | – |
| **Vodička, Pavel** | 154 | – | – | 68 % | 5 % | 19 % | – | 8 % | – | – |
| **März, Hugo** | 263 | – | – | 98 % | – | – | 2 % | – | 0 % | – |
| **Abeles, Vítězslav** | 387 | – | 28 % | 35 % | 12 % | 25 % | – | – | – | – |
| **Stadler, Martha** | 234 | – | – | – | – | – | 6 % | 94 % | – | – |
| **Stern, Georg Israel JUDr.** | 191 | – | – | 100 % | – | – | – | – | – | – |
| **Wertheimer, Susanna** | 1510 | – | – | 73 % | – | 20 % | – | 53 % | 0 % | – |
| **Weisz, Fritz** | 358 | – | 79 % | 4 % | 14 % | – | – | – | 3 % | – |

323 Die Vermögenshöhe und – struktur spiegeln den Stand bei Übergabe wider. Ein etwaiger Debet-Saldo gegenüber Dritten, d. h. die Verbindlichkeiten, mit denen die BUB das anvertraute Vermögen übernahm, wurde vom Posten Bargeld bzw. Sparbücher in Abzug gebracht. In der Tabelle wurde der Posten Josef und Rosa Ábeles ausgelassen, da aus der Akte weder die Höhe des übergebenen Vermögens noch seine Struktur zu ersehen sind.

324 Der Anteil des Postens am Gesamtvermögen eines Einzelnen lag bei 0,5 %.

Tabelle 7b: Struktur der jüdischen Vermögen, die der BUB von ihren Eigentümern der BUB zur Treuhandverwaltung übergeben wurden – Stichprobe: Zusammenfassung

| | Bargeld – Konten | Versicherungen | Immobilien | Guthaben | Sparbücher | Gold und Schmuck | Wertpapiere | Firma | Sonstiges |
|---|---|---|---|---|---|---|---|---|---|
| **Anzahl der Fälle, in denen die je-weilige Vermö-genskategorie auftaucht** | 16 | 10 | 9 | 9 | 9 | 9 | 6 | 5 | 4 |
| **Prozent der Fälle, in denen die jeweilige Vermögens-kategorie auftaucht** | 76 | 47 | 43 | 43 | 43 | 43 | 29 | 24 | 19 |

Tabelle 6 verrät, dass sich die Übernahme jüdischer Vermögen in die Verwaltung der BUB ungefähr im Zeitabschnitt zwischen Frühjahr 1939 und Sommer 1940 vollzogen hat. Das niedrigste zur Verwaltung übernommene Vermögen hatte den Wert von 78.000 Kronen, das größte 7.810.000 Kronen. Nach dem arithmetischen Mittelwert betrug also die statistische Durchschnittshöhe der Vermögen in dieser Stichprobe 795.000 Kronen, aus der Sicht des gewichteten Mittelwerts überwog freilich bei den übergebenen Vermögen der mittelständische Besitz bis zur Höhe von einer halben Million Kronen (14 von 22 Fällen). Die Gesamtsumme der in dieser Auswahl bearbeiteten Vermögen beträgt 17.488.000 Kronen. Die Mehrzahl der Besitzer kann tatsächlich sozial der gehobenen Mittelschicht zugerechnet werden, den Rest bilden kleinere Kapitalisten und deren Familienangehörige. Zieht man in Betracht, dass das analysierte Material lediglich rund elf Prozent des Gesamtmaterials ausmacht, kann man insgesamt mit etwa 200 Personen jüdischer Abstammung rechnen, die mit der BUB einen Treuhandvertrag abgeschlossen hatten. Der Wert ihrer von der BUB bewirtschafteten Vermögen überstieg zweifellos bei Weitem die 100 Millionen, er könnte auch mehr als das Doppelte betragen haben.

Die Geschäftsbedingungen waren verblüffend ungleich und wurden individuell für jeden Einzelfall festgelegt. Auch die Vergütung hatte keine konsequente Einheitsstruktur. In der Regel bestand sie aus einer einmaligen Antrittsprovision zu Beginn und anschließend aus Jahresgebühren. Der älteste Fall, nämlich der von Kurt Roubicek, unterschied sich von allen anderen durch die feste Gebühr. Später bevorzugte die Bank bewegliche Vergütungen, wobei sie sich freilich einen Mindestgewinn sicherte. Bei der Festlegung der Vergütung in Form von Prozenten am Vermögenswert lässt sich überhaupt keine Regel erkennen. Allem Anschein nach war der Prozentsatz Verhandlungssache, bei größeren Vermögen gab sich die BUB offensichtlich mit einem niedrigeren Prozentsatz zufrieden, beispielsweise bei Kurt Pam mit bloßen 0,75 Prozent. Statistisch genommen betrug die Jahresdurchschnittsgebühr für die Verwaltung 1,7 Prozent des Vermögenswerts.

Tabelle 7a und Tabelle 7b analysieren die Struktur der von der BUB verwalteten jüdischen Vermögen und verweist auf die außerordentlich breite Verwaltungstätigkeit der

BUB, die sowohl Firmen einschloss (diese freilich nur bis Sommer 1939, später wurde der Firmensektor zur ausschließlichen Interessensphäre des ARP) als auch Immobilien, Bargeld und Konten, Sparbücher, Wertpapiere, Versicherungen, Gold und Schmuck, ja sogar Guthaben. Den typischsten Posten stellte das Bargeld dar, das in drei Vierteln aller Fälle auftritt (76 Prozent) und in rund einem Drittel davon den überwiegenden Vermögenswert darstellt. Die meisten zur Emigration entschlossenen Personen hatten schon vorher im Rahmen ihrer Möglichkeiten ihren Besitz flüssig und nach Möglichkeit zu Bargeld gemacht. Auf die Vermögenskategorie Bargeld folgen die Versicherungen, die in rund der Hälfte aller Fälle zu Buche schlagen (47 Prozent). Sie stellten freilich immer nur eine kleinere und im Wesentlichen nur ergänzende Vermögenskategorie dar. Der Anteil der Versicherungen am Gesamtvermögen der Treuhandkunden lag unter zehn Prozent. Auf die Versicherungen folgten mit geringem Abstand weitere aussagekräftige Vermögenskategorien – Immobilien, Guthaben, Sparbücher, Gold und Schmuck, die in 43 Prozent aller Fälle vorhanden waren. Während jedoch Immobilien und Guthaben eine sehr wesentliche Vermögenskategorie darstellten, die nicht selten den größten Anteil am Vermögen einer Einzelperson bildeten, können Sparbücher in der Regel als eine minder bedeutende Kategorie gelten, in allen Fällen waren sie bloß eine Randerscheinung. Obwohl Gold und Schmuck relativ häufig vorkamen, stellten sie ausnahmslos die geringsten, wirklich nur marginalen Werte dar, die sich am Gesamtvermögen der Einzelnen mit höchstens drei Prozent bemerkbar machten. Noch häufiger handelte es sich um so kleine Posten, dass sie nicht einmal ein halbes Prozent ausmachten und in der Tabelle daher mit Null aufgeführt werden. Im Gegensatz dazu tauchen die Posten Wertpapiere und Firmen nur bei annähernd einem Viertel der Personen auf, spielten in deren Vermögensverhältnissen aber stets eine höchst bedeutende Rolle. In der Kategorie „Sonstiges" handelte es sich in zwei Fällen um die Einrichtung eines aufgelösten Gewerbebetriebs. Ein geringer Anteil wird in der gezogenen Vermögens-Stichprobe normalerweise als „persönlich" bezeichnet. Dies waren in der Regel die am leichtesten zu liquidierenden und in der Regel erst zuletzt liquidierten Werte. In unserer Auswahl tauchen beispielsweise ein Fotoapparat, eine Schreibmaschine u. ä. auf.

Die Vermögensstrukturanalyse deutet an, dass die Treuhändertätigkeit der Bank sich auf die Verwaltung von Immobilien, Wertpapieren sowie die Manipulation damit konzentrierte. Hinzu kam bis Sommer 1939 auch die Veräußerung von Firmen bzw. Firmenanteilen. Der daraus erzielte Gewinn lässt sich nicht genauer in Zahlen fassen. Er wurde unter den Posten „einmalige Provisionen" (Kapitel 4.1.5) eingereiht. Es besteht kein Zweifel daran, dass es sich um einen außerordentlichen Ertrag handelte, der im Rahmen der Treuhand entscheidend und gewiss der größte war. Er ist nur in 13 von 22 Fällen so vollständig dokumentiert, dass sich daraus die Vergütungshöhe in einem anderen als dem Antrittsjahr rekonstruieren lässt. Dennoch überstieg der Ertrag allein aus diesen „Geschäften" den Betrag von 200.000 Kronen. Zum Profit aus der Treuhandverwaltung müssen freilich Nebeneinnahmen hinzugerechnet werden, die als „übliche Geschäfte" zu Buche schlugen. Jede Operation mit dem Vermögen wurde nämlich gesondert mit Gebühren belegt, und alle Kosten für die Verwaltungsausübung gingen immer zu Lasten des verwalteten Vermögens. Dieses schrumpfte somit dank der Treuhandverwaltung von Jahr zu Jahr. Der wirtschaftliche Ertrag aus der Verwaltung von Vermögen jüdischer Eigentümer schlug für die BUB im Bereich der Treuhänderprovisionen und Bearbeitungsgebühren zu Buche. Dass der Ertrag aus dieser zweiten, nicht gesondert aufgeführten Komponente nicht klein war, liegt auf der Hand. Der Profit aus der Treuhand-Vermögensverwaltung überstieg insgesamt den Gewinn aus der Verwaltungstätigkeit, die von der BUB für den Reichskommissar für feindliches Vermögen ausgeübt wurde. Die Bank war sich aber von Anfang an nicht der zeitlichen Begrenztheit dieses seinem Wesen nach aus der „Arisierung" fließenden Gewinns bewusst. Die „Treuhänder-Arisierungsprämie" war 1939 am höchsten, denn in diesem Jahr konnte sich die Bank die relativ große Antrittsprovision gutschreiben, die gelegentlich ein Vielfaches der Jahresgebühr ausmachte. Nachdem die NS-Verwaltung an die Einziehung der Vermögen jüdischer Emigranten gegangen war, verschwand der Raum für diesen „Arisierungs"-Profit. Das Jahr 1942 brachte sein faktisches Ende.

### 4.2.3 Die Treuhandverwaltung von Vermögen, die der BEB von natürlichen Personen anvertraut wurden

Obgleich die Tätigkeit der BEB in diesem Sektor offensichtlich die umfangreichste und am besten organisierte war, steht hierzu paradoxerweise nur eine relativ geringe Menge an Quellenmaterial zu Verfügung, das über System und Resultate dieser Tätigkeit nähere Aussagen zulassen könnte. Die Agende wurde im Lauf des Jahres 1939 von der Zentrale der konzerneigenen Gesellschaft ATAG zugewiesen, verblieb aber teilweise als Aufgabe bei den Filialen. Die Registraturen dieser Filialen, die diese Problematik widerspiegeln könnten, sind nicht erhalten. Dasselbe gilt leider auch für die ATAG-Registratur.

Eine gewisse Hilfe bietet hier lediglich die Bankzentrale, in deren Archivbeständen einige sekundäre Quellen erhalten sind. Nach dem Krieg rekonstruierte die Nationale Verwaltung der ATAG, die nach der Befreiung unter der Bezeichnung Allgemeine Treuhand AG tätig war, Einzelfälle von Vermögensverwaltungen, die der BEB anvertraut worden waren. Anlass waren die aus dem Ausland an die Anstalt gerichteten Suchanträge. So wurde ein Verzeichnis der Verwaltungen angelegt, das zum 16. April 1947 220 Namen umfasste.[325] Auf das Verzeichnis folgten dann einzelne Rekonstruktionen der Schicksale von Vermögen, die der Bank anvertraut, von den Nationalsozialisten konfisziert und an die verschiedensten Orte gebracht worden waren.

Die erwähnten Rekonstruktionen führen nicht in allen Fällen die Vermögenswerte an, nicht selten enthalten sie nur die Feststellung, dass nähere Angaben nicht zu ermitteln seien. Die erhaltenen Rekonstruktionen bieten nur eine knappe Beschreibung des Vermögens und in den meisten Fällen auch eine Angabe über seine Höhe. Zu Übergabedatum, Geschäftsbedingungen, Vertragsinhalt lässt sich also überhaupt keine Aussage treffen. Berechtigterweise darf man allerdings annehmen, dass sie sich kaum wesentlich von den Bedingungen des Konkurrenten BUB unterschieden haben dürf-

325 Registratur MF ČR Praha, Registratur der Böhmischen Escompte-Bank (im Weiteren Registratur BEB), Bd. 54, Verwaltungsverzeichnis.

ten, der gleichzeitig parallel und koordiniert mit der NS-Verwaltung zusammengearbeitet hat (vgl. vorangegangenes Kapitel). Der Verfasser hat den Versuch einer analogen Stichprobe hinsichtlich Größe und Struktur des verwalteten Vermögens unternommen wie im Fall der BUB.

Tabelle 8a: Struktur der jüdischen Vermögen, die der BEB von ihren Eigentümern zur Treuhandverwaltung übergeben wurden[326] – Stichprobe:[327] a) Einzelfälle

| Zu- und Vorname | Wert des verwalteten Vermögens (in tausend K) | Firma | Immo–bilien | Bargeld Konten | Sparbücher | Wertpapiere | Versicherungen | Guthaben | Gold und Schmuck | Sonstiges |
|---|---|---|---|---|---|---|---|---|---|---|
| **Běhal, Karel und Marketa** | < 190 | × | – | 47 % | – | – | 53 % | – | – | – |
| **Bloch-Bauer, Ferdinand** | < 4233 | – | – | 1 % | – | 90 % | – | 8 % | – | – |
| **Hermannová, Jana** | 1195 | – | 42 % | – | 16 % | 42 % | – | – | – | – |
| **Klein, Karl** | < 607 | – | × | 45 % | 13 % | 41 % | – | – | – | 1 % |
| **Langweil, Erwin und Eliška** | 1820 | – | 20 % | – | – | 37 % | – | 43 % | 1 % | – |
| **Neumark, Karl, Dr.** | 1541 | – | 64 % | 7 % | 12 % | 1 % | 3 % | 11 % | 2 % | – |
| **Oplatka, Zdeněk und Cecilie** | < 111 | – | × | – | – | 21 % | 70 % | – | 0 % | 9 % |
| **Placzek, Alfred und Eliška** | 18.316 | 26 % | 9 % | 19 % | 19 % | 24 % | – | – | 0 % | 3 % |
| **Salz, Bedřich und Alice** | < 1595 | × | × | – | 18 % | 47 % | 27 % | 8 % | – | – |
| **Salz, Ludvík** | < 1534 | 6 % | × | 1 % | 13 % | 52 % | 28 % | – | – | – |
| **Zentner, Truda** | < 272 | – | × | – | – | – | – | 100 % | – | – |

× Wert nicht angegeben

326 Dort, wo die bezifferten Werte von übergebenen Teilvermögen fehlen, wurden die Prozente aus einer unvollständigen Summe errechnet, die statistisch 100 % ausmacht. Ansonsten wurde die Tabelle auf die gleiche Weise zusammengestellt wie die Tabelle mit der Struktur jüdischer Vermögen, die von ihrem Besitzer der BUB anvertraut wurden (Tabelle 7).

327 Die Stichprobe ist das Ergebnis der Bearbeitung einer zufälligen Aktenauswahl aus den Kartons 54 und 55 (Registratur MF ČR Praha, Anm. 325).

Tabelle 8b: Struktur der jüdischen Vermögen, die vom Besitzer der BEB von ihren Eigentümern zur Treuhandverwaltung übergeben wurden – Stichprobe: b) Zusammenfassung

| | **Immobilien** | **Wertpapiere** | **Bargeld – Konten** | **Sparbücher** | **Versicherungen** | **Guthaben** | **Firma** | **Gold und Schmuck** | **Sonstiges** |
|---|---|---|---|---|---|---|---|---|---|
| **Anzahl der Fälle, in denen die jeweilige Vermögenskategorie auftaucht** | 9 | 9 | 6 | 6 | 5 | 5 | 4 | 4 | 3 |
| **Prozent der Fälle, in denen die jeweilige Vermögenskategorie auftaucht** | 81 | 81 | 54 | 54 | 45 | 45 | 36 | 36 | 27 |

Die Tabelle bestätigt ungeachtet der weitgehend unvollständigen Angaben und beschränkten Auswahlgröße eine ähnliche Struktur der Treuhandvermögen wie bei denen, die im vorigen Kapitel bei der BUB identifiziert werden konnten. Allem Anschein nach war die Klientel der BEB wohlhabender. Während dort das durchschnittliche Kundenvermögen knapp 800.000 Kronen betrug, lag das Durchschnittsvermögen der BEB-Klienten etwa zwei Millionen darüber. Beide arithmetischen Mittelwerte werden aber durch das Vermögen eines erheblich wohlhabenderen Kunden verzerrt. Doch auch unter Auslassung beider Extremwerte zeigt sich, dass die Vermögen der Mehrzahl der Mandanten in der BUB-Auswahl zwischen 200.000 und 600.000 Kronen lagen und der BEB-Kunde mit seinem Vermögenswert um durchschnittlich eine Million darüber lag. Dabei ist zu betonen, dass die Beträge bei über der Hälfte der BEB-Kunden nur unvollständige Summen darstellen und eigentlich noch höher liegen müssten. Allem Anschein nach war der mittelständische Anteil der BEB-Kunden geringer, hier überwogen bereits die Angehörigen besser gestellter Schichten, vor allem Kapitalbesitzer. Dafür spricht auch die etwas anders gelagerte Vermögensstruktur, denn hier stellen Wertpapiere und Immobilien die wesentlichste und typischste Gruppe (81 Prozent aller Eigner). Darauf folgten mit einem Anteil von 45 bis 54 Prozent Bargeld, Sparbücher, Guthaben und Versicherungen, die hier keine Nebenrolle spielten wie bei der BUB, das heißt weniger als zehn Prozent der Vermögen, sondern einen ganz wesentlichen Posten in der Größenordnung von einigen zehn Prozent ausmachten. Obwohl der Zeitraum, in dem die Banken auch Firmen in ihre Verwaltung nahmen, kurz war und nur circa ein Vierteljahr dauerte, schlagen in dieser kleinen Auswahl bei einem Drittel aller Fälle Firmen zu Buche. Auch das ist ein Indiz für einen etwas anders gearteten Kundenkreis der BEB.

Die These von der im Vergleich zur BUB höheren Bonität der BEB-Klientel (beide verwalteten rund 200 Vermögenskomplexe, die ihnen von natürlichen jüdischen Personen anvertraut worden waren), wird anscheinend auch von der aus dem „Arisierungsbericht" der BEB zitierten Behauptung bestätigt, dass die ATAG und die BEB-Filialen zusammen jüdisches Vermögen im Wert von etlichen hundert Millionen Kronen verwalteten. Das hieße nämlich, dass bei Umrechnung nach dem entsprechenden Koeffizienten der bearbeiteten Auswahl das Vermögen, das sie dank der Zusammenarbeit mit den Besatzungsbehörden in ihre Hände bekamen, über 600 Millionen Kronen betragen hätte. Über den Ertrag aus dieser Tätigkeit der BEB kann man in Anbetracht dessen, was in Abschnitt 4.1.6 vorausgeschickt wurde, nichts mehr hinzufügen; die Aufstellung der erhaltenen Bilanzen ermöglicht nicht, die einzelnen Teile des Gewinns aus den verschiedenen Verwaltungstypen jüdischer Vermögen zu differenzieren.

## 4.3 Zusammenfassung

Die Treuhandverwaltung des Vermögens jüdischer Emigranten war zweifellos ein ausgezeichnetes Geschäft, gewinnträchtig sowohl durch die Verwaltung selbst als auch infolge der Provisionen für Veräußerungen und Finanzoperationen, die mit diesen Vermögen und der Verwaltung verbunden waren. Die Treugeber übergaben der Bank ihr Vermögen im bedrückenden Bewusstsein, es höchstwahrscheinlich nie zurückzuerhalten. Je später diese Personen in die Emigration gingen, desto offenkundiger war diese Aussicht. Sie waren den deutschen Banken auf Gnade und Ungnade ohne die Möglichkeit einer anderen Wahl ausgeliefert, welche entweder aus reiner Profitgier oder aus treuer Gefolgschaft gegenüber Hitler den Personen, die im letzten Moment den Klauen des NS-Apparats zu entrinnen suchten, äußerst ungünstige Verträge aufzwangen. Man kann keinen Zweifel daran haben, dass sich die „Arisierungs"-Praxis mit Hilfe der Banken nicht sonderlich von der räuberischen „Arisierungs"-Praxis unter der direkten Leitung des ARP bzw. der Oberlandräte unterschied. Hier wurde ganz klar die Notlage von zur Flucht entschlossenen Personen missbraucht. Bemerkenswert und ganz besonders unverfroren war das Vorgehen in einem bei der ATAG bearbeiteten Fall, in dem 1939 für den Schmuck von Alfred, Mariana und Editha Placzek ein Wert von 26.186 Kronen veranschlagt wurde. Dieselben Gegenstände wurden ein Jahr danach mit 469.595 Kronen bewertet, dem ursprünglichen Besitzer wurden also kaum sechs Prozent des Ist-Werts angerechnet.[328] Mit dem Vermögen der Emigranten verfuhr man auf ganz verschiedene Weise, in jedem Fall jedoch in standard- und sittenwidriger Weise. So brachte das ARP schon im April 1940 den Herrensitz Panenské Břežany – Vodolka, den Ferdinand Bloch-Bauer der BEB anvertraut hatte, an sich.[329] Dieser schlossartige Herrensitz diente dann Heydrich bis zu seinem Tod als Residenz und wurde anschließend dessen Frau und Kindern als Eigentum zugesprochen. Die Banken erfüllten die in sie gesetzten Erwartungen zu hundert Prozent und stellten für die „Arisierung" Vermögen in Höhe von vielen hundert Millionen sicher und bereit. Würde man die Schätzungen des an BEB und BUB übergebenen Vermögens summieren, läge dessen Wert ganz erheblich über einer halben Milliarde Kronen.

Die Aktivitäten der deutschen Banken als unersetzbarer Diener der NS-Verwaltung bei der Sicherstellung von Vermögen jüdischer Emigranten im Protektorat waren ein

328 Registratur MF ČR Praha, Registratur BEB, Kart. 55, Nr. 106, Bericht über das Vermögen von Alfred Placzek vom 17.12.1947.

329 Ebd., Anm. 325, Nr. 13, Bericht über das Vermögen von Ferdinand Bloch-Bauer vom 6.11.1946.

vorübergehendes und relativ kurzes Phänomen. Nach ihrer Gründung am 15. Juli 1939 übernahm die Zentralstelle für jüdische Auswanderung weitgehend die Funktion des Vermögensverwalters, so dass die Banken-Treuhand an Bedeutung einbüßte. Schon gegen Jahresende war die Zahl der neuen Verträge stark zurückgegangen, die Auswanderungsmöglichkeiten wurden allmählich eingeengt. Ab dem Frühjahr 1940 wurden überhaupt keine neuen Verträge mehr unterzeichnet. Die „freiwillige“ Treuhand für Juden als Institution wurde im Grunde 1942 mit der Konfiszierung des Vermögens der jüdischen Emigranten abgeschafft.

# 5 Die Maklertätigkeit

Die volksdeutschen Banken wie die Böhmische Union-Bank (BUB) und die Böhmische Escompte-Bank (BEB) waren schon sehr bald bereit, beim Verkauf jüdischer Unternehmen als einer Vermittler aufzutreten. Sie hatten erst kurz zuvor im Eiltempo eine „innere Arisierung" durchgemacht und so Änderungen in ihren satzungsmäßigen Organen sowie Direktionen durchgeführt. In der Vermittlerrolle sahen sie nicht nur eine ergiebige Quelle von Gewinn, der aus den Provisionen für Beratertätigkeit und Verkaufsabwicklung resultieren sollte (so genannte Arisierungsprovisionen), sondern auch eine einzigartige Chance, die anstehende, vom NS-Rassenwahn getriebene Welle von Veränderungen im Finanzwesen ausgiebig zur Erweiterung ihres Kundenkreises zu nutzen.

Es gab keinerlei Zweifel daran, dass der Verdrängungsprozess der Juden aus der Wirtschaft des Dritten Reiches auch in das gerade erst gebildete Protektorat übergreifen musste. Das war nach der so genannten Reichskristallnacht vom November 1938 und der folgenden von NSDAP und Staatsmacht entfesselten antisemitischen Hasskampagne offenkundig. Beide deutschen Banken rechneten damit, nach der Verkaufsvermittlung eines jüdischen Unternehmens den neuen Eigner als Kunden gewinnen zu können, was ihren Umsatz bei den Kontokorrentgeschäften heben sollte.[330] Diese gehörten zu den üblichen Bankgeschäften, von denen Bonität und folglich auch Höhe des Reingewinns abhingen.

Für die reichsdeutschen Großbanken wie Deutsche Bank und Dresdner Bank war die Beherrschung der BUB und BEB von beträchtlichem Wert, denn ihn ihnen gewannen sie eine hochwertige Quelle von Informationen über jüdische Unternehmen auf dem Gebiet des Protektorats. So konnte beispielsweise die Zentrale der Deutschen Bank ab Ende April 1939 Verzeichnisse jüdischer Unternehmen im Protektorat mit detaillierten wirtschaftlichen Charakteristiken, wichtigen Bilanzangaben, Jahresumsatzhöhen und häufig auch mit veranschlagtem Kaufpreis an ihre Filialen im Reich versenden. Gleichzeitig forderte sie diese dazu auf, in ihrem Kundenkreis geeignete Interessenten ausfindig zu machen und in Zusammenarbeit mit der Prager BUB-Zentrale den eigentlichen Verkauf in die Wege zu leiten.[331]

Die BEB leistete ihrerseits ähnliche Informationsdienste für die Dresdner Bank. Sie sendete Verzeichnisse von „arisierungsgeeigneten" jüdischen Unternehmen an die Berliner Zentrale, an die sich Interessenten an der „Arisierung" jüdischer Firmen im Protektorat

330 StA Nürnberg, Bestand KV Ankl. Interrogat. Nr. 312, Vernehmung von Leonhard Stitz-Ulrici am 11.12.1947, Bl. 140.

331 HADB Frankfurt am Main, Protektorat, Bd. F 50/999, Bl. 66. Rundschreiben Deutsche Bank – Filialbüro Nr. 21/39 vom 25.4.1939 an alle Filialleitungen. Harold James führt in seiner Monographie „Die Deutsche Bank und die ‚Arisierung'", Anm. 25, S. 164 an, die BUB habe sogar mittels Inseraten in der Berliner Textilfachpresse Käufer gesucht.

aus dem „Altreich" wandten bzw. machte diese selbst ausfindig. Ferner gingen diese Informationen an die Dresdner Bank-Filiale in Reichenberg, die Interessenten aus dem Reichsgau Sudetenland erfassen sollte, sowie an die Wiener Länderbank, die gleichfalls in die Einflusssphäre der Dresdner Bank fiel. Die Länderbank sollte geeignete Bewerber auf dem Gebiet der „Ostmark" ausfindig machen.[332]

Auf diese Weise wurden in den ersten drei Monaten des Protektorats solche jüdischen Unternehmen über die Banken zum Kauf angeboten, deren Besitzer nach dem März 1939 im Ausland geblieben oder um Emigration bemüht waren. Bis Ende Mai 1939 wurden in den Rundschreiben der Deutschen Bank 36 jüdische Firmen aus dem Protektorat zum Verkauf angeboten. Der geforderte Kaufpreis wurde im Falle von 21 Firmen genannt, in der Summe machte er 52.300.000 Kronen aus. Eine annähernde Vorstellung vom Gesamtkaufpreis der restlichen 15 jüdischen Firmen, bei denen dieser nicht ausdrücklich angegeben war, kann man sich mit einer gewissen Unsicherheit anhand des Durchschnittspreises der aufgeführten Firmen machen – auf dieser Grundlage lässt sich ein Betrag von 37.357.000 Kronen errechnen.[333] Diese Firmen, deren Gesamtkaufsumme annähernd neunzig Millionen Kronen ausmachte, wurden unter ihrem Namen angeboten. Die Reihe der eingegangenen Rundschreiben endet mit dem 10. Februar 1940. Bis zu diesem Datum waren weitere 137 jüdische Unternehmen ins Angebot genommen worden, diesmal jedoch ohne Nennung von Firmennamen und – sitz, offenbar, um der unliebsamen Konkurrenz keine Informationen in die Hände zu geben. Bei der Hälfte davon – 67 Unternehmen – waren auch vorläufige Kaufpreise angeführt, deren Summe bei 339.655.000 Kronen lag. Bei den Objekten, die reichsdeutschen Interessenten angeboten wurden, handelte es sich um lebensfähige und lukrative Unternehmen, in denen zumeist mehrere hundert Beschäftigte arbeiteten, deren Jahresumsatz in Millionenhöhe lag und nicht selten fast 30 Millionen Kronen erreichte. Bei der anderen Hälfte – 70 Firmen – geben die Listen keine Verkaufspreise an. Geht man von den gleichen Berechnungen wie im Fall der ersten Angebotsliste aus, die bis Mai 1939 verschickt worden war, kommt man auf einen Betrag von 354.863.000 Kronen. Insgesamt wurden somit für 137 jüdische Firmen wurden annähernd 709.726.000 Kronen gefordert.[334] Im Hinblick darauf, dass der faktische Kaufpreis stets weit unter dem Marktwert lag, kann man mit Recht annehmen, dass im Zeitraum von April 1939 bis Februar 1940 die Deutsche Bank mittels ihrer Angebotslisten 173 jüdische Firmen im Protektorat Böhmen und Mähren im Wert von über 800 Millionen Kronen inseriert hat. Zieht man dabei bloß die marktübliche Provision für die Vermittlung beim Verkauf dieser Firmen in Höhe von zwei Prozent in Betracht, eröffnete sich der Deutschen Bank die Aussicht auf unbestreitbar interessante Geschäfte, um die es sich mit der Konkurrenz, wie etwa der BEB, durchaus zu kämpfen lohnte. Man darf annehmen, dass auch von der Dresdner Bank ähnliche Verzeichnisse mit jüdischen Unternehmen an ihre Zweigstellen im Reich verschickt wurden. Diese Tätigkeit der reichsdeutschen Banken stand im Einklang mit den Versuchen

332 Wixforth: Anm. 71, S. 311, 313–315.

333 HADB Frankfurt am Main, Anm. 331, Bl. 66–78, Rundschreiben Nr. 21 / 39; Bl. 60–65, Rundschreiben Nr. 24 / 39; Bl. 56–59, Rundschreiben Nr. 27 / 39.

334 Ebd., Bl. 1–55.

der deutschen Besatzungsbehörden, hauptsächlich mithilfe der „Arisierung" die Migration der deutschen Bevölkerung aus dem „Altreich" bzw. aus dem Grenzland ins Protektorat zu fördern mit dem Ziel, „einen günstigen Anstieg der deutschen Bevölkerungsziffern auf [dessen] Territorium zu erreichen".[335]

Bereits in den ersten Wochen nach der Bildung des Protektorats wurden beide deutschen Banken mit Ersuchen aus ihren reichsdeutschen Zentralen und deren Filialen um Informationen über jüdische Unternehmen überhäuft, nach denen im Dritten Reich rege Nachfrage herrschte.[336] Als Beispiel mag ein Ersuchen der DB-Filiale in Hamburg von Anfang Juli 1939 dienen, die BUB möge für einen ihrer Kunden die Möglichkeit prüfen, an einem der Kaufhäuser im Protektoratsgebiet Anteile zu erwerben oder dieses ganz zu kaufen.[337] Die Voraussetzung für die Entfaltung der Maklertätigkeit war ein normativer Rahmen, der bei den deutschen Besatzungsbehörden erst im Entstehen begriffen war.

## 5.1 Die Formulierung von Richtlinien und Normen

Aus der Sicht der Besatzungsbehörden war es wünschenswert, eine jüdische Vermögensflucht mittels Überführungen und Verkäufen zu verhindern, ebenso Versuche der Protektoratsregierung, die Initiative bei der „Arisierung" dieses Vermögens an sich zu reißen bzw. so genannte wilde „Arisierungen", zu denen es nach dem „Anschluss" in Österreich gekommen war.[338] Der Ministerpräsident und Beauftragte für den Vierjahresplan, Hermann Göring, erließ deshalb schon am zweiten Tag nach der Besetzung Prags durch die Wehrmacht eine Anweisung, die auch an die Chefs der Zivilverwaltung in Böhmen und Mähren, Konrad Henlein und Josef Bürckel, gerichtet war, in der er den An- und Verkauf von Immobilien, Industriebetrieben, Aktienmehrheiten, Beteiligungen usw. den „Interessen der deutschen Industrie" unterstellte und sich persönlich die Entscheidung über Veränderungen in den Besitzverhältnissen vorbehielt, die über eine halbe Million Kronen hinausgingen. Er ordnete an, „wilde Arisierungen" zu verhindern und erklärte nachdrücklich, er allein werde über Zeitpunkt, Umfang und Tempo der möglichen „Entjudungsmaßnahmen" befinden.[339]

Aufgrund von Görings Instruktionen gaben die Chefs der Zivilverwaltung in Böhmen und Mähren Anordnungen heraus, in denen sie verboten, „durch Kauf solche

335 NA Praha, Bestand ÚŘP, Anm. 43, Bl. 407, Verwaltungsbericht für den Monat April 1941 (Fr. Fuchs).

336 Registratur MF ČR Praha, Registratur BUB, Paket 2420, Deutsche Bank Berlin, Filialen separat Bd. 73, BUB an die Deutsche Bank Berlin (Direktor Kaiser) vom 8.4.1939; ebd., Deutsche Bank Berlin, Korrespondenz, Bd. 119, BUB (Beratungsbüro) an die Deutsche Bank Berlin (Filialenbüro) vom 11.5.1939.

337 Registratur MF ČR Praha, Registratur BUB, Paket 963, Modehaus Rix, Mährisch Ostrau, Schreiben Deutsche Bank – Filiale Hamburg vom 1.7.1939 an BUB (Beratungsbüro).

338 Dazu näher s. Kárný: Anm. 3 , S. 23 f.

339 ŽM Praha, Archiv-Abteilung Holocaust, Inv. Nr. 22 / 12, Treuhandstelle, Eilbriefe des Ministerpräsidenten, Generalfeldmarschall Göring vom 16.3.1939.

Unternehmen zu erstehen, die sich ganz oder teilweise in jüdischem Besitz befinden."[340] Unmittelbar darauf erging eine weitere normative Maßnahme zur Beschneidung der Eigentumsrechte jüdischer Personen. Gleichzeitig wurden Verwaltungsapparate geschaffen, um die „Arisierung" von jüdischen Vermögen von Grund auf zu organisieren.

Die deutschen Besatzungsbehörden gingen die „Arisierung" jüdischer Unternehmen nach dem 21. Juni 1939 mittels Verkauf an „arische Interessenten" an, nachdem Reichsprotektor Konstantin von Neurath die Verordnung über jüdisches Vermögen erlassen hatte, welche die Prinzipien der Nürnberger Rassengesetzte im Protektorat einführten. Für diese Interessenten sowie die deutschen Banken, die bereits einen Apparat für die „Arisierung" aufgebaut hatten und nur auf das Startsignal warteten, war es wichtig, dass Neuraths Verordnung eine elastische Definition des Begriffs „jüdisches Unternehmen" lieferte.[341] Jüdischen Eigentümern wurde wiederholt verboten, frei von ihren Besitzrechten Gebrauch zu machen und ausdrücklich betont, dass Überführungen solcher Rechte nur nach vorausgegangenem schriftlichem Einverständnis des Reichsprotektors erfolgen dürften. Sämtliche nach dem 17. März ohne die entsprechende nachträgliche Genehmigung durch den Reichsprotektor geschlossenen Verträge wurden für nichtig erklärt und beide Seiten, sowohl Käufer als auch Verkäufer, bei Übertretung dieser Verordnung unter Strafandrohung gestellt.[342]

Zu Neuraths Verordnung arbeitete die Abteilung Wirtschaft im ARP unter der Leitung von Walter Bertsch einschlägige Durchführungsrichtlinien aus, die nach Genehmigung durch den Reichsprotektor im September 1939 in Kraft traten.[343] Ziel dieser Verordnung war die „planmäßige Feststellung" des Umfangs der jüdischen Vermögen und deren „planmäßige Lenkung", so dass der „Entjudungsprozess" der Protektoratswirtschaft im Einklang mit den „wirtschaftlichen Interessen des Altreichs" stand. Bertschs Richtlinien betonten stark das Interesse des NS-Staats am „Arisierungs"-Prozess. Sie bezeichneten ihn ausdrücklich als eine Angelegenheit der deutschen Verwaltungsbehörden, wobei „Gemeinnutz vor Eigennutz" gehen sollte. So sollte ein Zerrinnen des jüdischen Vermögens in der unübersichtlichen Masse der deutschen Interessenten nach österreichischem Vorbild

340 MZA Brno, Bestand B 276 (Chef der Zivilverwaltung Brünn 1939), Kart. 1, Heft B, Heeresgruppenkommando 5, Sonderbeauftragter für die Wirtschaft an den Chef der Zivilverwaltung (von Burgsdorf) vom 23.3.1939; Tagesbefehl Nr. 12 der Heeresgruppe 3 des Chefs der Zivilverwaltung (Bachmann) vom 29.3.1939.

341 Als jüdisch wurde eine Handels – oder Kommanditgesellschaft bezeichnet, in der ein oder mehrere haftende Teilhaber Juden waren. Bei Unternehmen als juristischen Personen genügte es, wenn nur in einziges Mitglied der satzungsmäßigen Organe Jude war. Im Hinblick auf Sinn und Ziel der „Arisierung" im Protektorat war v. Neuraths Verordnung absichtlich unklar gehalten – ohne Rücksicht auf die Besitzverhältnisse wurde auch so ein Unternehmen als jüdisch bezeichnet, wenn es faktisch „unter entscheidendem Einfluss vom Juden steht". Dazu genügte ein Anteil von 25 % am Aktienkapital in jüdischen Händen. Siehe VOBl RP 1939, Nr. 6 vom 7.7.1939, S. 45–48.

342 Für die Nichtrespektierung dieser Bestimmung drohten Gefängnisstrafen bis zu 10 Jahren. Petrův: Anm. 3, S. 60–61.

343 ŽM Praha, Anm. 41, W. Bertsch an die Dienststelle Mähren und die Oberlandräte, 14.9.1939, in: Beilage Richtlinien zur Handhabung der Verordnung des Reichsprotektors in Böhmen und Mähren über das jüdische Vermögen vom 21.6.1939.

verhindert werden. Jegliche von anderen Seiten als den deutschen Okkupationsorganen ausgehenden „Arisierungs"-Tätigkeiten wurden in Bertschs Richtlinien als „unzulässig und ungültig" erklärt. Im Hinblick auf die Verquickung von Partei- und Staatsmacht im NS-Staat mussten die Verhältnisse zwischen den deutschen Okkupationsorganen und der NSDAP geregelt und deren Kompetenzen geklärt werden. Diese waren durch das Mitspracherecht der NSDAP-Kreisleitung in den einzelnen Fällen von „Arisierung" bestimmt. Bei deren Beurteilung wollte sich Bertsch offenkundig nicht von den Kreisparteileitungen einschränken lassen und so billigte er diesen als Repräsentanten der Staatsgewalt nur das Recht der Stellungnahme zu den Verkaufsvorschlägen von jüdischem Vermögen, nicht aber an deren Genehmigung zu.[344]

Im Bestreben, kostspieligen und riskanten Klagen von Seiten jüdischer Eigentümer im Ausland sowie solcher, denen die Besatzungsbehörden die Ausreisegenehmigung erteilt hatten, vorzubeugen, betonten die Richtlinien nachdrücklich die Freiwilligkeit der Verkäufe. Sie setzten voraus, die jüdischen Eigentümer würden sich selbst an die Oberlandratsämter wenden mit der Bitte, Kaufanwärter für ihre Unternehmen zu benennen. Deren Benennung lag in den Händen der Oberlandräte, die sich mangels geeigneter Anwärter an das ARP wenden sollten, um sie von diesem benennen zu lassen.

Im Grunde wurden bis zu diesem Zeitpunkt noch keine „Zwangsarisierungen" zugelassen, und auch keine Ernennung von Veräußerungstreuhändern für jüdische Unternehmen, wozu es zehn Monate später kommen sollte. Dies schloss aber keinesfalls die Anwendung von Zwang aus, insbesondere in Fällen, in denen Verstöße gegen die Verordnung des Reichprotektors über jüdisches Vermögen vorlagen. Zur „Zwangsarisierung" konnte es laut Bertschs Richtlinien nur auf dem Weg der Zwangsversteigerung nach einer im Voraus erteilten Zustimmung des Oberlandrats kommen.[345]

In dieser „Entjudungsphase" der Protektoratswirtschaft kam den Oberlandratsämtern eine bedeutende Rolle zu. Auf ihnen lastete laut Bertschs Richtlinien die Verantwortung für die Überprüfung der Verkaufsanträge jüdischer Unternehmen in ihrem Zuständigkeitsbereich einschließlich einer Beurteilung der Qualitäten des in Betracht gezogenen künftigen Besitzers. Handelte es sich um einen Anwärter auf jüdische Unternehmen aus dem Reich, wurde den Oberlandratsämtern empfohlen, eine Stellungnahme der zuständigen reichsdeutschen Industrie- und Handelskammer einzuholen. Obwohl die „Arisierung" eine ausgesprochen deutsche Angelegenheit war, rechneten Bertschs Richtlinien auch mit tschechischen Bewerbern auf die Rolle von „Arisierern" jüdischer Betriebe. Diese mussten sich der Form halber mit einer Bestätigung

344 Ebd., Richtlinien S. 2. Die Zusammenarbeit im Bereich der „Entjudung" der Protektoratswirtschaft wurde mit der dritten Ergänzung zu diesen Richtlinien präzisiert, die bestimmte, dass der Gauwirtschaftsberater der NSDAP und als Partner der Oberlandräte die Kreiswirtschaftsberater der NSDAP als Partner des Reichsprotektors gelten. ŽM Praha, Anm. 41, Dritte Ergänzung zu den Richtlinien über die „Handhabung der Verordnung des Reichsprotektors in Böhmen und Mähren über das jüdische Vermögen" vom 21.6.1939, S. 2.

345 Ebd., Richtlinien S. 4.

der Protektoratsbehörden ausweisen, dass sie „laut Protektoratsrecht die geforderten Voraussetzungen erfüllen".[346]

Die an den Kaufanwärter eines jüdischen Betriebs gestellten Anforderungen waren im Grunde dreierlei – fachliche, finanzielle und politische. Die fachliche Eignung eines Anwärters auf einen jüdischen Betrieb führten Bertschs Richtlinien nicht gesondert auf, doch galt sie als selbstverständlich. Eine weit größere Aufmerksamkeit wurde den finanziellen Möglichkeiten des Interessenten geschenkt. Besonders willkommen waren Kandidaten, die über hinlängliche Mittel verfügten, aus denen sie nicht nur den Kaufpreis entrichten, sondern auch das Kapital des Betriebs, den sie übernehmen wollten, aufstocken konnten. Etwas reservierter verhielten sich die Richtlinien gegenüber Bewerbern, die zwar vermögend waren, aber nicht genügend Kapital besaßen, jedoch im Hinblick auf ihr Vermögen bei Geldinstituten als kreditwürdig zu gelten hatten. In einem solchen Fall sollte das Oberlandratsamt prüfen, ob der zu erwartende Gewinn des Unternehmens nicht wenigstens die Zinsbelastung decken würde. Von der Beteiligung an der „Entjudung" der Protektoratswirtschaft war theoretisch nicht einmal die stärkste Gruppe von Bewerbern ausgeschlossen, nämlich solche, die weder über eigene Mittel noch Vermögen verfügten, welche die Banken als ausreichende Sicherheit für einen Kredit akzeptieren konnten. Da die Richtlinien, auf deren Grundlage der NS-Staat diesen Interessenten zu Krediten verhelfen konnte, gerade erst erarbeitet wurden, blieb diese Gruppe von der ersten „Arisierungs"-Welle ausgeschlossen. Das politische Führungszeugnis hatte die NSDAP-Kreisleitung am ständigen Wohnsitz des Bewerbers um einen jüdischen Betrieb auszustellen. Die deutschen Besatzungsbehörden wurden sich allmählich bewusst, dass nach wirtschaftlichen Gesichtspunkten der Verkauf jüdischer Unternehmen an deutsche Interessenten in gewissem Maße riskant war, vor allem von solchen Betrieben, die sich teilweise oder gänzlich in einem „fremdem", das heißt tschechischen Umfeld befanden. Die deutschen Besatzungsbehörden unterschätzten dieses Risiko, z. B. einen Boykott seitens der tschechischen Kundschaft, nicht, sondern kalkulierten es mit ein. Da sie die „Entjudung" der Protektoratswirtschaft als ersten Schritt zur Germanisierung des böhmischen Wirtschaftsraums ansahen, bereiteten sie sich sogar darauf vor. Bertschs Richtlinien hielten daher die NSDAP-Kreisleitungen dazu an, die Möglichkeiten und Fähigkeiten eines Interessenten an einem jüdischen Betrieb in einem volkstumsmäßig fremden, „feindlichen" Umfeld abzuwägen.[347]

Die Oberlandratsämter sollten außerdem Versuche des jüdischen Industriekapitals verhindern, die erlassenen judenfeindlichen Anordnungen zu umgehen. Bald wurden einige solche Versuche von den deutschen Besatzungsbehörden aufgedeckt, worauf Bertsch in seinen Richtlinien ausdrücklich hinwies. Ziel der „Arisierung" war es, jüdische Unternehmen einem neuen „arischen" und – von einigen wenigen Kollaborateuren abgesehen – deutschen Besitzer zuzuspielen. Dieses Bestreben wurde in solchen Fällen unterlaufen, in denen ein jüdischer Unternehmer den wesentlichen Unternehmensanteil abstieß, so dass die jüdische Beteiligung unter 25 Prozent sank und der Betrieb laut den

346 Ebd., Richtlinien S. 2–3.
347 Ebd., Richtlinien, S. 3.

Kriterien in Neuraths Verordnung „nichtjüdisch" wurde. Das gleiche galt für Fälle, in denen eine Kapitalgesellschaft ihr Kapital mit „nichtjüdischem" Geld aufstockte. Wies sie zudem in ihren satzungsmäßigen Organen keinen Juden auf, konnte sie nicht als jüdische Gesellschaft gelten, und das jüdische Kapital entging auf diese Weise dem Zugriff der deutschen Okkupationsverwaltung. Dies gelang auch dann, wenn es jüdischen offenen Handelsgesellschaften glückte, sich in Aktiengesellschaften umzuwandeln, in denen die jüdische Beteiligung im Wesentlichen anonym blieb. Nicht selten wurden jüdische Unternehmensanteile auf „nichtjüdische" Verwandte übertragen, und daher gab Bertsch den Oberlandratsämtern den Auftrag, die verwickelten Verwandtschaftsverhältnisse jüdischer Unternehmer zu untersuchen.[348]

Das Amt des Reichsprotektors, konkret die von Bertsch geleitete Abteilung Wirtschaft, behielt sich vor, über den Verkauf solcher jüdischer Unternehmen zu entscheiden, die aus der Sicht der nach freien Devisen zur Finanzierung des Imports von strategischen Rohstoffen gierenden reichsdeutschen Kriegswirtschaft als bedeutend galten. Deswegen entzog Bertsch jüdische Unternehmen, bei denen der Wert der 1938 auf ausländischen Märkten platzierten Produktion (der Export nach Deutschland war nicht anrechnungsfähig) mindestens ein Drittel ihres Umsatzes ausgemacht hatte, der Zuständigkeit der Oberlandratsämter. Ferner lag die Entscheidungsbefugnis in Streitfällen und allen „Grundsatzfragen" für den „Entjudungsprozess" der Protektoratswirtschaft bei Bertsch.[349]

Die von Bertsch unterzeichnete Richtlinie umriss den administrativen und prozeduralen Rahmen des „Arisierungs"-Prozesses, dessen Inhalt von Januar 1940 bis Januar 1941 schrittweise durch die Verordnung des Reichsprotektors vom 26. Januar 1940 über die Verdrängung der Juden aus der Protektoratswirtschaft sowie die hierzu herausgegebenen Durchführungsverordnungen konkretisiert wurde.[350] Die dritte Durchführungsverordnung vom 10. Januar 1941 machte den Weg für die „Zwangsarisierung" jüdischer Unternehmen frei, die von den deutschen Geldinstituten bereits ungeduldig erwartet wurde.[351]

348 Ebd., Richtlinien, S. 5.

349 Ebd., Richtlinien, S. 3.

350 Gleichzeitig mit der Verordnung des Reichsprotektors von 26.1.1940 über die Verdrängung der Juden aus der Protektoratswirtschaft wurde die erste Durchführungsverordnung herausgegeben, die zum 30.4.1940 Juden verbot, im Textil-, Schuh- und Lederwareneinzelhandel unternehmerisch tätig zu sein. Aufgrund des dritten Durchführungserlasses mussten die Juden zum 31.3.1941 ihre Unternehmertätigkeit in Einzel- und Großhandel, Versicherungs-, Bank- und Pfandleihwesen sowie weiteren Branchen einstellen. Petrův, Anm. 3, S. 84–87. Die Gruppe Wirtschaft im ARP kommentierte die Bedeutung dieser Verordnung mit den Worten: „Damit wird die Entjudung auf allen wesentlichen Gebieten endgültig abgeschlossen sein". NA Praha, Bestand ÚŘP, Kart. 27, Sign. I-Ia-1802, Monatsbericht der Gruppe Wirtschaft (vom 20.12.1940 bis 20.1.1941), Prag, 25.1.1941.

351 Registratur MF ČR Praha, schriftliches Material zur Buchhaltung der Geldagende Abt. 13, Ordner Nr. 2. Arisierungsbericht Böhmische Escompte-Bank, August 1941, S. 2. Vgl. MZA Brno, Bestand B 251 Brno, Kart. 2, Inv. Nr. 41, Bl. 158, Verwaltungsbericht für den Monat Oktober 1941 (Dr. Fuchs).

Viele jüdische Unternehmer hofften nämlich, der Kriegsverlauf würde sich zu Ungunsten Deutschlands wenden, und verweigerten deshalb den freiwilligen Verkauf ihrer Betriebe.[352] Unter dem Eindruck der Verordnung des Reichsprotektors vom Januar 1940 über die Verdrängung der Juden aus dem Wirtschaftsleben und der anschließenden Maßnahmen, insbesondere der Verordnung zur Anmeldung des Betriebsvermögens jüdischer Untenehmen,[353] sträubten sich zahlreiche Juden nicht mehr gegen den Verkauf ihrer Unternehmen, in der Überzeugung, das Dritte Reich würde schon bald den Krieg verlieren. Sie glaubten, diese Verkäufe würden nach Kriegsende für ungültig erklärt werden und sie würden ihre Unternehmen einschließlich einer Entschädigung zurückerhalten.[354]

Die rasch zunehmenden Aufgaben im Zusammenhang mit der „Entjudung" der Protektoratswirtschaft durch den Verkauf jüdischer Unternehmen veranlasste das ARP zu einer beschleunigten Ausarbeitung der Regeln, nach denen diese Verkäufe abgeschlossen und getätigt werden sollten. Ende März 1940 wurden die Kompetenzen der Gruppe Wirtschaft beim ARP und den Oberlandratsämtern hinsichtlich der Genehmigung von Kaufverträgen zwischen dem jüdischen Betriebsbesitzer und arischen Interessenten präzisiert. Die Wirtschaftsgruppe beim ARP genehmigte den Verkauf aller jüdischen Banken und Versicherungen sowie der Betriebe, deren Jahresumsatz über drei Millionen Kronen lag, bzw. die mehr als 100 Personen beschäftigten. Alle übrigen kleineren Unternehmen fielen in die Zuständigkeit der Oberlandräte.[355]

Die Richtlinien zur Aufsetzung von Kaufverträgen erfuhren eine detaillierte Ausarbeitung. Von ihnen ist bekannt, dass der Käufer mindestens 60 Prozent des Kaufpreises für das jüdische Unternehmen aus Eigenmitteln begleichen musste, für die Restsumme konnte er einen Bankkredit aufnehmen oder einen kurzfristigen Zahlungsaufschub beantragen.[356]

Mit der Taxierung jüdischer Unternehmen waren zwar Spezialfirmen befasst, doch stand der Gruppe Wirtschaft beim ARP das letzte Wort bei der Festsetzung des Kaufpreises zu. Ausschlaggebend für dessen Höhe war die Einordnung in eine bestimmte Preiskategorie. Das ARP unterschied drei – den Liquidationspreis, den Ertragspreis und den gängigen oder Marktpreis, zwischen denen ganz wesentliche Unterschiede bestanden. Unter dem Liquidationspreis verstand man den Wert eines Unternehmens, das nicht produzierte und daher stillgelegt wurde. Der Ertragspreis spielte keine besondere Rolle bei der Festsetzung des Kaufpreises, denn er umfasste nicht viele Werte, z. B. die Einrichtungen

352 NA Praha, Anm. 43, Bl. 42, Lagebericht über den Monat Januar 1940 (Mähren).

353 ŽM Praha, Archiv-Abteilung Holocaust, Inv. Nr. 22/3, Treuhandstelle, Vordruck I., Anmeldung des Betriebsvermögens jüdischer Unternehmen gemäß der Vierten Durchführungsverordnung vom 7.2.1940 zur Verordnung des Reichsprotektors in Böhmen und Mähren über das jüdische Vermögen vom 21.6.1939.

354 NA Praha, Anm. 43, Bl. 222, Verwaltungsbericht für April 1940 (Hufnagel).

355 Die Zuständigkeitsfrage wurde von der Sechsten Durchführungsverordnung vom 29.3.1940 zur Verordnung des Reichsprotektors vom 21.6.1939 über jüdisches Vermögen geregelt. ŽM Praha, Anm. 41, Schreiben des Reichsprotektors für Böhmen und Mähren vom 20.9.1940 an die Oberlandräte und die Dienststelle für Mähren.

356 MZA Brno, Bestand B 254 (Oberlandrát Brno) [Oberlandrat Brünn], Kart. 35, Richtlinien für die Formulierung von Kaufverträgen über jüdische Unternehmen.

des Unternehmens. Er war jedoch Ausdruck von dessen Marktposition, denn er wurde von der mutmaßlichen Gewinnhöhe im folgenden Jahr abgeleitet. In der Regel arbeitete man aber mit dem gängigen oder Marktpreis, der den Wert des Unternehmens unter den gegebenen Umständen und Verhältnissen unter Berücksichtigung der künftigen Stellung des gekauften Betriebs im Rahmen des jeweiligen Industriezweigs ausdrückte.[357]

Die Wahl der Preiskategorie wurde von der „Arisierungs"-Form des jüdischen Unternehmens beeinflusst, nämlich davon, ob es sich um eine freiwillige oder erzwungene „Arisierung" handelte. Im Fall eines freiwilligen Verkaufs konnte zwischen dem jüdischen Besitzer und der Käuferseite ein Kaufpreis bis zur Höhe des gängigen Marktpreises ausgehandelt werden. Das ARP wollte von diesen „Arisierungen" finanziell profitieren und legte deswegen die so genannte Ausgleichsabgabe fest, die der „Arisierer" zu entrichten hatte.

Zur Berechnungsgrundlage für die „Arisierungsabgabe" wurde die Differenz zwischen dem Marktpreis eines jüdischen Unternehmens und dem darunter liegenden Kaufpreis. Die Ausgleichsabgabe sollte im Regelfall 70 Prozent dieser Differenz betragen, konnte jedoch je nach Kapitalkraft oder – schwäche des Kaufenden herauf – oder herabgesetzt, ja sogar völlig erlassen werden. Das ARP sicherte sich aber für den Fall ab, dass die Berechnungsgrundlage für die Ausgleichsabgabe zu klein bzw. überhaupt nicht vorhanden war. Es argumentierte, die Anwesenheit eines Treuhänders führe zu einer Wertsteigerung eines jüdischen Unternehmens, denn ein jüdischer Betrieb unter Zwangsverwaltung habe den gleichen Zugang zu Staatsaufträgen, Rohstoffzuteilungen usw. wie andere „arische" Unternehmen, und folglich müsse sein Markwert höher sein. In einem solchen Fall sollte der Marktwert auf dem Zustand des Unternehmens zum Antrittstag des Treuhänders beruhen, womit der Spielraum für die Ausgleichsabgabe gerettet war.[358]

Ein anderes Verfahren war im Fall der „Zwangsarisierung" vorgeschrieben, die dem jüdischen Besitzer von den deutschen Okkupationsorganen einfach befohlen wurde. Dabei ging der Kaufpreis vom Liquidationspreis in Bezug auf den Zeitpunkt der Betriebsstilllegung bzw. der Ernennung eines Treuhänders aus, dessen Aufgabe darin bestand, das Unternehmen zu veräußern. Auch in diesem Fall wurde dem Käufer eine aus der Differenz zwischen Markt- und Liquidationspreis abgeleitete Ausgleichsabgabe auferlegt.[359]

Der dem ehemaligen jüdischen Besitzer ausgezahlte Kaufpreis mag höher oder niedriger gelegen haben, doch hatte dieser nicht viel davon. Der Erlös wurde ihm auf sein Sperrkonto bei einer der Banken überwiesen, bei dem Abhebungen strengen Restriktionen unterlagen.

357 ŽM Praha, Anm. 41, Schreiben des Reichsprotektors in Böhmen und Mähren (i. V. v. Wedelstädt) vom 20.3.1940 an die Oberlandräte und die Dienststelle Mähren (Kaufpreis bei Entjudungen und Ausgleichsabgaben).

358 Ebd.

359 Ebd.

Die Ausgleichsabgabe musste auf ein Konto der Hauptkasse des ARP eingezahlt werden, das unter der Nummer R 780 bei der volksdeutschen Kreditanstalt der Deutschen geführt wurde.[360]

Im Prozess der „Arisierung" beließen die deutschen Besatzungsbehörden den deutschen Geldinstituten keinen Spielraum. Sie erwarteten von diesen lediglich, dass sie bei ihrer Kreditvergabe die „arisierten" Unternehmen unterstützten.[361] Auf der anderen Seite behinderten sie die Aktivitäten der Banken, die in der Suche von „Arisierern" und der Vermittlung von Verkäufen jüdischer Unternehmen bestanden, nicht; gleichwohl hielt sie diese voll unter ihrer Kontrolle. Der „Arisierungsanwärter" musste ein System von Genehmigungsverfahren durchlaufen; so nahmen die NSDAP-Ortsgruppe und NSDAP-Kreisleitung zu dem „Arisierungsvorhaben" Stellung, insbesondere der Kreiswirtschaftsberater der Verwaltungseinheit, in welcher das „Arisierungsobjekt" lag, das zuständige Oberlandratsamt und zuletzt als oberste Instanz das ARP. Wurde hiernach ein Anwärter für geeignet befunden, erhielt er die Genehmigung des Reichsprotektors, mit dem jüdischen Firmenbesitzer in Verhandlungen über den Verkauf zu treten. Diese Genehmigung war jedoch zeitlich beschränkt. Gelang es dem Interessenten bzw. der ihn vertretenden Bank nicht, den jüdischen Besitzer zur Unterzeichnung des Kaufvertrags zu bewegen, entschied der Reichsprotektor darüber, ob er die Frist verlängerte oder einem anderen Interessenten eine Chance gab. Dieser konnte sich z. B. später gemeldet haben, entsprach aber möglicherweise besser den Kriterien bzw. verfügte über einen stärkeren wirtschaftlichen oder politischen Rückhalt. Die „zeitweilige" Zustimmung des Reichprotektors zu Direktverhandlungen mit dem jüdischen Besitzer schürte den Konkurrenzkampf zwischen BUB und BEB, denn bis zur endgültigen Zustimmung des Reichsprotektors zum Kaufvertrag bestand immer noch die Möglichkeit, in die Verhandlungen einzugreifen und dem „Arisierungskandidaten" der Konkurrenz zuvorzukommen.

## 5.2 Die Gründung von „Arisierungsgruppen"

Entsprechend den Instruktionen der reichsdeutschen Großbanken Deutsche Bank und Dresdner Bank bereiteten sich die von diesen kontrollierten volksdeutschen Banken im Protektorat, BUB und BEB, auf die „Arisierung" vor. Bereits Anfang April 1939 wurde in der BEB die organisatorisch dem Filialbüro eingegliederte „Arisierungsabteilung" eingerichtet.[362] Ende des Monats entsandte der Direktor der Dresdner Bank, Gustav Overbeck, den Finanzexperten und Spezialisten für Industriekredite, Leonhard Stitz-Ulrici, ins Protektorat, mit dem Auftrag, beim organisatorischen Umbau und vor allem bei der Einbringung in die „Arisierung" jüdischer Unternehmen mitzuhelfen. Als so genannter Halbjude oder Mischling ersten Grades hatte Stitz-Ulrici in Berlin seine feste Anstellung

360 ŽM Praha, Anm. 41, Schreiben des Reichsprotektors in Böhmen und Mähren (i. V. v. Wedelstädt) vom 22.5.1940 an die Oberlandräte und die Dienststelle Mähren (Ausgleichsabgabe bei Entjudung).

361 NA Praha, Anm 43, Bl. 407, Verwaltungsbericht für den Monat April 1941 (Dr. Fuchs).

362 Wixforth: Anm. 71, S. 311.

verloren und führte als Fachmann Gelegenheitsarbeiten für das Bankenkonsortium des Dresdner Bank-Konzerns aus. Er war der ideale Mann für seine Prager Rolle – er war kein Angestellter der Dresdner Bank, stand aber trotzdem in deren Diensten, verfügte über die erforderlichen Fachkenntnisse, hatte langjährige Erfahrungen in Bankgeschäften und war im Hinblick auf seine Abstammung verletzlich, was seinen Auftraggebern eine hinlängliche Garantie für seine Loyalität und Dienstbeflissenheit gab. Er kam ursprünglich für vier Wochen zur BEB, verblieb aber bis 1944 bei ihr. Die ganze Zeit über arbeitete er in einer kleinen, meist fünfköpfigen „Arisierungsgruppe", die zum Filialbüro der Prager BEB-Zentrale gehörte und nahm dort sehr bald die Position eines der Direktoren ein. Er war gründlich in die Finanzoperationen im Zusammenhang mit „Arisierungen" eingeweiht, denn er bearbeitete wohl alle, an denen die BEB beteiligt war. Sein Werk waren auch die gründlichen Jahresberichte, die unter anderem an Overbeck nach Berlin geschickt wurden.[363] In Anbetracht der nicht unerheblichen Gewinne, die der BEB aus den Tätigkeiten im Kontext der „Arisierungen" zuflossen, wurden diese Berichte zweifellos auch den Verwaltungsratmitgliedern sowie dem Verwaltungsratvorsitzenden Karl Rasche vorgelegt.[364] Rasche konnte sich nach dem Krieg – wie übrigens viele andere in ähnlichen Situationen – nicht mehr daran erinnern, dass in der BEB eine Sonderabteilung für „Arisierung" geschaffen worden sei.[365]

Die Dresdner Bank drängte auf die Gründung der „Arisierungsgruppe" in der BEB, um nicht den Beginn des Kampfes um die jüdischen Unternehmen zu verpassen, der unmittelbar nach der Gründung des Protektorats entbrennen sollte. In diesem Ringen definierte die BEB ihre Rolle folgendermaßen: „Erstens waren wir bemüht, unsere eigenen jüdischen Geschäftsverbindungen selbst in nichtjüdische Hände überzuleiten und nicht durch die Konkurrenz ‚wegarisieren' zu lassen, zweitens waren wir bemüht, die einzigartige und einmalige Gelegenheit einer Werbung im großen Stile wahrzunehmen und möglichst viele fremde Arisierungen auf Dauer zu uns herüberzuziehen".[366]

Ungefähr zur gleichen Zeit wie in der BEB wurde auch die „Arisierungsgruppe" in der BUB gegründet. Mit ihrer Leitung wurde Ernst Gaertner aus der Freiburger Filiale der Deutschen Bank betraut.[367] Die „Arisierungsgruppe" wurde – analog zur BEB – Bestandteil des Filialbüros. Ihr wurde die „Arisierungs"-Aufgabe im engeren Sinnen des Wortes übertragen, einschließlich der Anbahnung und Durchführung von Verkäufen jüdischer Vermögen. Diese Gruppe arbeitete eng mit der Beratungsabteilung zusammen, zu deren Aufgaben es unter anderem gehörte, Kontakte zu „Arisierungs"-

363 AIfZ München, Sammlung Nürnberger Prozesse, Film Nr. MA 1555 / 10, NI 13 908, eidesstattliche Erklärung von L. B. Stitz-Ulrici in Nürnberg am 16.12.1947.

364 In den tschechischen Archiven ist ein einziges Exemplar eines von Stitz-Ulrici mitunterzeichneten „Arisierungsberichts" der BEB vom August 1941 erhalten, das in der Registratur des MF ČR Praha, Anm. 351 aufbewahrt wird. Dieses Exemplar wurde an den Internationalen Gerichtshof in Nürnberg ausgeliehen und mit der Signatur NID 13 463 versehen.

365 AIfZ München, Sammlung Nürnberger Prozesse, Film Nr. MA 1555 / 10, NID 13 935, Arisierungs-Abteilung – Verhör des K. Rasche, 3. und 4.1.1946.

366 Registratur MF ČR Praha, Anm. 351, S. 1.

367 James: Anm. 26, S. 133.

Interessenten anzubahnen. Die enge Zusammenarbeit beider Formationen der BUB trug dazu bei, dass in den Jahresbilanzen beide Provisionen, sowohl die „Arisierungs" – als auch Beratungsprovision, zusammen mit der Treuhandprovision zu einem Posten zusammengefasst wurden.

### 5.2.1 Die Maklertätigkeit der Böhmischen Escompte-Bank

Die Böhmische Escompte-Bank (BEB) war ebenso wenig wie die Böhmische Union-Bank (BUB) oder die Kreditanstalt der Deutschen (KdD) gewillt, sich bei der „Arisierung" mit dem ihr von den Besatzungsbehörden vorgegebenen Rahmen zufrieden zu geben. Die Banken wollten selbständig und auf eigene Initiative handeln und taten dies auch, um den Interessenten an jüdischen Unternehmen entgegen zu kommen, betrachteten sie diese doch als ihre künftigen Kunden. Die Erweiterung des Kundenkreises stand im Vordergrund der unternehmerischen Vorhaben, vor allem bei der BEB. Diese suchte in den „Arisierungen" von jüdischen Unternehmen eine Kompensation für den Verlust der meisten mittleren Kontokorrentgeschäfte, die nach dem Münchener Abkommen zusammen mit ihren Filialen im abgetretenen Grenzgebiet von der Dresdner Bank übernommen worden waren.[368] Zum großen Missfallen der Oberlandratsämter nahm die BEB Vorverhandlungen über „Arisierungen" auf. Die BEB-Banker suchten jüdische Unternehmen auf und nahmen Einblick in deren Geschäftspapiere, um für künftige Kunden möglichst genaue Informationen einzuholen, ohne sich diese Tätigkeit vom zuständigen Oberlandratsamt bzw. ARP absegnen zu lassen.[369]

Bereits ab Ende März 1939 wandten sich sowohl die Berliner Zentrale der Dresdner Bank sowie deren Filialen an die BEB mit dem Ansinnen, Informationen über jüdische Unternehmen zu erlangen, an deren Übernahme ihre Kunden großes Interesse zeigten.[370] So ersuchte beispielsweise Karl Rasche, einer der Direktoren in der Berliner Zentrale der Dresdner Bank, schon eine Woche nach der Besetzung der böhmischen Länder die BEB um Informationen über die große jüdische Firma Linoleum-Industrie Leopold Blum in Prag, für die er einen Interessenten aus dem Rheinland hatte. Gleichwohl war er nicht der Schnellste – ein paar Tage vorher hatte bereits ein Breslauer Interessent die Bank angesprochen.[371]

368 Registratur MF ČR Praha, Anm. 351, S. 2.

369 MZA Brno, Bestand B 251, Kart. 119, Inv. Nr. 1118, der Oberlandrat von Kremsier (König) an die BEB und KdD in Olmütz, 8.2.1940. Vgl. Oberlandrat von Kremsier (König) an den Reichsprotektor in Böhmen und Mähren in Prag, 16.3.1940; Registratur MF ČR Praha, Anm. 351, S. 4.

370 Registratur MF ČR Praha, Anm. 351, S. 2–3.

371 In den dreißiger Jahren hatte die Firma Linoleum-Industrie Leopold Blum, Prag, 4 Fabriken und 60 Ladengeschäfte in Österreich, Polen und der Tschechoslowakei. Ihre Fabriken und Läden in Österreich wurden nach dem Anschluss von der reichsdeutschen Firma Rheinische Linoleumwerke Bedburg mithilfe von deren Wiener Tochterbetrieb Österreichische Linoleum-, Wachstuch- und Kunstlederfabrik A.G. „arisiert". BA Berlin, Bestand R 30/Anh. (BEB), Bd. 3, Aktennotiz vom 10.11.1939. Im Protektorat waren ihr 7 Ladengeschäfte (4 in Prag und je eines in Brünn, Olmütz und Ostrau) verblieben. Der Wert der Gebäude und Einrichtungen dieser Ladengeschäfte einschließlich der Filiale in Pressburg wurde auf 7–8 Mio. K geschätzt, sie waren schuldenfrei, und ihr Jahresumsatz bewegte sich zwischen 17 und 18 Mio. K. Ebd., Bd. 3, Aktennotiz vom 28.3.1939.

Kurz darauf, am 28. März, zeigte die Zentrale der Dresdner Bank Interesse an einem größeren jüdischen Unternehmen der Getränkeindustrie.[372]

Die Aufmerksamkeit der reichsdeutschen Unternehmen erregten vor allem Mälzereien, und die Dresdner Bank suchte „für einen ihrer sehr guten Kunden" eine mittlere oder große Malzfabrik bzw. eine mit einer Brauerei verbundene Mälzerei entweder in Böhmen oder Mähren, eventuell auch in der Slowakei. Der Kunde war bereit, in das Geschäft eine oder zwei Millionen Reichsmark einzubringen, es handelte sich also auch um ein großes Geschäft. Daher forderte die Berliner Zentrale von der BEB nachdrücklich die erforderlichen Informationen.[373] Diese wurden ihr ohne Zweifel umgehend geliefert – überdies interessierte sich Direktor Overbeck persönlich für jüdische Malzfabriken im Protektorat, und die BEB arrangierte deren Besichtigungen.[374] Wie aus dem „Arisierungsbericht" der BEB für das Jahr 1941 hervorgeht, war das Interesse der Dresdner Bank am Kauf jüdischer Unternehmen im Protektorat für ihre zahlungskräftige Klientel aus dem Reich ganz beträchtlich, obwohl deren Anzahl insbesondere nach dem Kriegsausbruch deutlich hinter den ursprünglichen Erwartungen zurückblieb. Am Beispiel der „Arisierung" der Ersten Prager Malzfabrik Reiser & Söhne in Prag lässt sich die Technik beim Verkauf eines jüdischen Unternehmens über die BEB gut nachvollziehen.

Die Erste Prager Malzfabrik Reiser & Söhne, Prag gehörte zu den Großmälzereien und arbeitete zu 80 Prozent für den Export, insbesondere in Länder mit freien Devisen. Vor der Weltwirtschaftskrise hatte sie jährlich 1.200 bis 1.400 Waggons Malz exportiert, zum Ende der dreißiger Jahre dann rund ein Drittel weniger.[375] Somit erweckte sie die Aufmerksamkeit mehrerer reichsdeutscher Interessenten, und zwar der Berliner Bank für Brauindustrie, Meisenheim, der Schmeissbacher Mälzerei A.G., Mannheim, der Malzfabriken Langensalza und Wolf & Söhne Erfurt A.G. sowie der Malzfabrik Dresden-Niedersedlitz. Letztere war der Favorit der Filiale der Dresdner Bank in Dresden: Die Malzfabrik Dresden-Niedersedlitz gehörte zu den bedeutendsten reichsdeutschen Mälzereien, unterhielt aber Bankverbindungen zu Hamburger Bankhäusern, zur Vereinsbank sowie zur Kommerz- und Privatbank. Ihre Führungsspitzen hatten durchblicken lassen, dass sie als Gegenleistung für Hilfe bei der „Arisierung" von Mälzereien im Protektorat Geschäftsverbindungen mit der Dresdner Bank einzugehen gedächten. In erster Linie waren sie an der „Arisierung" der Ersten Prager Malzfabrik Reiser & Söhne, Prag, interessiert, die ihnen die BEB „reservieren und keinem anderen Interessenten anbieten sollte".[376] Im Januar 1940 besichtigten Vertreter der Niedersedlitzer Mälzerei in

---

372 Ebd., Bd. 1, BEB an die Direktion der Dresdner Bank, Auslandssekretariat IV Berlin, 14.4.1939.

373 Ebd., Dresdner Bank, Konsorzial-Abteilung an BEB und Credit-Anstalt-Direktion, 15.4.1939.

374 Ebd., Notiz vom 28.6.1939.

375 Ebd., Schreiben der BEB an die Direktion der Dresdner Bank – Auslandssekretariat IV Berlin am 14.4.1939.

376 Ebd., Aktennotiz vom 20. 12. 1939; vgl. Schmid: Anm. 15., S. 235–246; ders.: Hopfen und Malz verloren? Zur Arisierung jüdischer Mälzereien im Protektorat Böhmen und Mähren, in: Milotová, Jaroslava / Lorenzová, Eva (Hg.): Theresienstädter Studien und Dokumente 2002. Praha: Academia / Institut Terezínské iniciativy 2002, S. 97–98.

Begleitung von Mitarbeitern der „Arisierungsabteilung" der BEB die Betriebe der Ersten Prager Malzfabrik Reiser & Söhne in Prag. Sie wollten unter den zur „Arisierung" angebotenen Mälzereien die vorteilhafteste auswählen und ließen sich daher auch weitere Firmen in Olmütz zeigen – die Mälzerei Ed. Hamburger und Sohn sowie die Mälzerei Hermann Brach. Letztere hatte schon zuvor durch ein von der BUB eingegangenes Angebot ihre Aufmerksamkeit geweckt. Zur nicht geringen Genugtuung der konkurrierenden BEB gaben die Vertreter der Malzfabrik Niedersedlitz letztendlich dann doch der Prager Mälzerei den Vorzug, offensichtlich mit Blick auf die geringere Entfernung.[377]

Der Vorstand der Malzfabrik Dresden-Niedersedlitz verlangte von den Besitzern der Ersten Prager Malzfabrik die Zustimmung zu einem freiwilligen Verkauf, da sie annahmen „dass ein freiwilliger Verkauf eines solchen Exportbetriebs von großer Bedeutung bei einer späteren Normalisierung der Verhältnisse ist, wenn wieder exportiert wird".[378] Die Verhandlungen mit den jüdischen Besitzern der Ersten Prager Malzfabrik, die Ende Januar 1940 Direktor Stitz-Ulrici im Namen des reichsdeutschen Interessenten führte, blieben jedoch erfolglos. Die Eigentümer hegten – wie auch andere jüdische Firmeninhaber – zu jener Zeit die Hoffnung, dass sich die Kriegsereignisse zuungunsten Deutschlands entwickeln würden und versuchten ihre Betriebe zu behalten.[379] Zudem erschien ihnen die angebotene Kaufsumme mit Recht zu niedrig, sie bewegte sich nämlich im Rahmen von zwei bis drei Millionen Kronen.[380] Laut der Versicherungsdaten von 1937 jedoch betrug allein der Gebäudewert der Ersten Prager Malzfabrik 6.917.000 Kronen, der Wert von Maschinen und Einrichtungen 5.332.000 Kronen. Der Gesamtwert der Fabrik einschließlich Grundstück wurde mit 18 Millionen Kronen veranschlagt.[381]

Eine Lösung dieser Pattsituation erhoffte die BEB vom Reichsprotektor, obgleich dieser im November 1939 die Wahl des Käufers für die Erste Prager Malzfabrik noch nicht bestätigt hatte.[382] Die Bank fragte somit beim ARP an, wie nach den Bestimmungen der soeben ergangenen Verordnung des Reichsprotektors vom 10. Januar 1940 über die Verdrängung der Juden aus der Protektoratswirtschaft die „Arisierung" verlaufen solle, wenn der jüdische Besitzer den freiwilligen Verkauf ablehne.[383] Die Antwort war für die BEB enttäuschend – die Stelle für Landwirtschaft und Ernährung beim ARP betonte, dass im Bereich Ernährung rechtlich keine Zwangs-„Arisierung" angeordnet werden könne und empfahl weitere Verhandlungen mit den Besitzern, um deren Einwilligung in

377 Schmid: Anm. 15, S. 246; ders.: Anm. 376 (2002), S. 98.

378 BA Berlin, Anm. 372, Aktennotiz vom 25.1.1940.

379 NA Praha, Anm 43, Verwaltungsbericht für Januar 1940 (Volckart).

380 BA Berlin, Anm. 372, Unterredung Direktor Stitz-Ulrici mit den Inhabern der Ersten Prager Malzfabrik Reiser & Söhne am 30.1.1940; Schreiben BEB an die Direktion der Dresdner Bank, Dresden, am 1.2.1940.

381 Ebd., Schreiben der BEB an die Direktion der Dresdner Bank – Auslandssekretariat IV Berlin am 14.4.1939.

382 Ebd., Schreiben des Reichsprotektors in Böhmen und Mähren an die BEB vom 6.1.1939.

383 Ebd., Schreiben der BEB an den Reichsprotektor in Böhmen und Mähren, Gruppe VIII, Dienststelle für Ernährung und Landwirtschaft vom 13.3.1940.

den Verkauf zu erlangen.[384] Im März 1940 erhielt die Malzfabrik Niedersedlitz vermittels der BEB die Zustimmung zur Aufnahme von Verhandlungen über den Kauf der Ersten Prager Malzfabrik und zur Kontaktaufnahme mit deren Treuhänder Direktor Probst.[385] Von Seiten des ARP war dies ein offenkundiges Signal, dass der Weg zur „Arisierung“ der Firma frei sei, sofern es zu einer Übereinkunft hinsichtlich des Kaufpreises komme und sich eine geeignete Form finde.

Da nun das ARP einer Zwangs-„Arisierung“ nicht zustimmen wollte und die jüdischen Inhaber den Verkauf wiederholt ablehnten, wurde eine andere Möglichkeit gefunden, die der Malzfabrik Niedersedlitz die „Arisierung“ der Ersten Prager Malzfabrik ermöglichen sollte- und zwar über die Umwandlung in deren Filiale.[386] Im September 1940 genehmigte der Reichsprotektor der Malzfabrik Niedersedlitz, in Prag eine Filiale unter den Namen Erste Prager Malzfabrik zu eröffnen und verbot gleichzeitig der jüdischen Firma M. Reiser die Benutzung dieses Namens.[387] Deren Besitzer blieb somit nichts anderes übrig, als in den Verkauf einzuwilligen. Unmittelbar darauf jedoch wurde der „Arisierungs“-Vollzug durch den Streit um den Kaufpreis erneut gefährdet.

Die Gruppe Ernährung und Landwirtschaft beim ARP kalkulierte mit einem Preis in der Spanne von 800.000 bis 1.000.000 Reichsmark.[388] Der Vorstand der Malzfabrik Niedersedlitz bot sieben bis acht Millionen Kronen, (d. h. 700.000 bis 800.000 Reichsmark).[389] Nach langwierigen Verhandlungen wurde Mitte September 1940 ein Kaufvertrag aufgesetzt, der 900.000 Reichsmark als Kaufpreis für die Erste Prager Malzfabrik festsetzte.[390] Am Tag der Unterzeichnung lehnte Direktor Kremer, Vorstandsmitglied der Malzfabrik Niedersedlitz, den Vertrag jedoch mit der Begründung ab, die Preiskalkulation für die zu übernehmende Firma sei von einem niedrigeren Preisniveau für Gerste ausgegangen. Zufällig hatte jedoch gerade im September 1940 das ARP neue Gerstenpreise festgelegt, die über den bei der Veranschlagung der Prager Malzfabrik zugrunde gelegten Beträgen lagen und die Produktionskosten für das Wirtschaftsjahr 1940/41 um 150.000 Reichsmark erhöhten. Direktor Kremer drohte sogar mit dem Rücktritt vom Vertrag, doch der Aufsichtsrat der Malzfabrik Niedersedlitz, in dem auch ein Vorstandsmitglied der Vereinsbank Hamburg saß, stimmte seinem Vorgehen nicht zu und wies ihn an, den Kaufvertrag zu unterschreiben. Kremers Hinhaltetaktik brachte der Malzfabrik Niedersedlitz jedoch einen Preisnachlass – der

384 Ebd., Schreiben des Reichsprotektors in Böhmen und Mähren an die BEB vom 24.2.1940; vgl.: Schmid: Anm. 15, S. 246; ders.: Anm. 376 (2002), S. 98.

385 BA Berlin, Anm. 372, Aktennotiz vom 13.3.1940.

386 Ebd., Erste Prager Malzfabrik Reiser & Söhne, Prag – Protokoll der Beratung am 8.–9.8.1940; vgl. AIfZ München, Sammlung Nürnberger Prozesse, Film Nr. MA 1555 / 120, NID 14 858, Aktennotiz vom 9.8.1940 (Stitz-Ulrici).

387 Ebd., Schreiben der BEB an den Rechtsanwalt Dr. Carl Hruby vom 5.9.1940.

388 Ebd., Schreiben der BEB an den Vorstand der Malzfabrik Niedersedlitz vom 4.7.1940.

389 Ebd., Aktennotiz vom 18.7.1940; vgl. StA Nürnberg, Bestand KV Ankl. Dok. Fotokop., Nr. 14 858 NI, Aktennotiz vom 9.8.1940 (Stitz-Ulrici).

390 Ebd., Aktennotiz vom 13.9.1940.

Kaufpreis für die Erste Prager Malzfabrik wurde auf 820.000 Reichsmark festgelegt. Schon am 4. Oktober 1940 wurde der Kaufvertrag unterzeichnet.[391]

Für die Vermittlungsarbeit beim Kauf der jüdischen Firma erhielt die BEB eine so genannte „Arisierungs"-Provision von zwei Prozent des Kaufpreises. Ihre Provision für den Verkauf der Ersten Prager Malzfabrik betrug somit 164.000 Kronen – die Hälfte davon beanspruchte jedoch die Dresdner Bank in Dresden.[392] Die BEB hatte gehofft, die neuen Eigentümer der „arisierten" Malzfabrik würden nun Bankverbindungen mit ihr aufnehmen, doch wollte ihr die Dresdener Filiale dieses Geschäft nicht überlassen. Die Dresdner Vertreter erklärten, es sei konzernüblich, dass Kredite entsprechend dem Firmensitz gewährt würden. Die Prager Malzfabrik sei eine Filiale der Malzfabrik in Niedersedlitz geworden, und daher wolle die Dresdner Filiale das Kreditgeschäft selbst übernehmen.[393]

Die BEB wirkte auch an der „Arisierung" weiterer großer Mälzereien mit, so beispielsweise im Fall der Olmützer Malzfabrik Ignaz & Wilhelm Briess sowie der Firma Dr. G. Morgenstern, für die die Wiener Salvator-Malzfabrik 6.282.000 bzw. 1.050.000 Kronen bezahlte. Die „Arisierungs"-Provision der BEB betrug im ersten Fall 70.000, im zweiten 21.000 Kronen.[394]

Die BEB versuchte im Zuge der „Arisierungen" auch in die Industriezweige Maschinenbau und Metallurgie vorzudringen, doch war der Spielraum in diesem Bereich für sie zu eng. Die größten jüdischen Unternehmen wurden meist an den vermittelnden Banken vorbei von der in deutschen bzw. reichsdeutschen Händen liegenden Großindustrie „arisiert". Die BEB konzentrierte sich daher eher auf verschiedene kleine Maschinenbetriebe sowie auf den Eisenwarengroßhandel und griff nur ausnahmsweise in die „Arisierung" großer Maschinenbau-und Metallurgiebetriebe ein. So leitete sie beispielsweise die „Arisierung" der Firma Rudolf Bächer, Pflugfabriken und Stahlfaçongießerei in Raudnitz, in die Wege, welche in den Besitz der großen Maschinenbaufabrik Ringhoffer-Tatra überging. Beteiligt war die BEB auch am Verkauf der Patronenhülsen- und Metallwarenfabrik Rokitzan an die strategisch wichtigen Waffenwerke Brünn, die dem Konzern der Hermann-Göring-Werke einverleibt wurden. Der Verkauf der ersten Firma brachte der BEB eine „Arisierungs"-Provision in Höhe von 470.000 Kronen ein.[395] Am Verkauf der Rokitzaner Fabrik war neben der BEB auch

391 Ebd., Aktennotiz vom 25.9.1940; Schreiben der BEB an Hans von Behr vom 26.9.1940; vgl. Schmid: Anm. 15, S. 247–248; ders.: Anm. 376 (2002), S. 98–100.

392 BA Berlin, Anm. 372, Aktennotiz vom 4.10.1940; StA Nürnberg, Anm. 389, Aktennotiz vom 10.10.1940 (Stitz-Ulrici). Die BEB berechnete für sich bei der Provision 10.000 K Betriebskosten, wovon die Hälfte zu Lasten der Dresdener Filiale der Dresdener Bank ging. Die Dresdner Bank erhielt so zu ihrer Enttäuschung „nur" 77.000 K anstelle der erwarteten 82.000. Schmid: Anm. 15, S. 248; ders.; Anm. 376 (2002), S. 100.

393 BA Berlin, Anm. 372, Schreiben der Dresdner Bank – Direktorium Dresden an die BEB vom 13.1.1941. Später stieg die BEB aber doch ins Kreditgeschäft mit der Prager Zweigstelle der Malzfabrik Niedersedlitz ein und gewährte ihr einen Kredit in Höhe von 6 Mio. K. Ebd., Aktennotiz von 25.6.1943.

394 Registratur MF ČR Praha, Anm. 351, S. 19.

395 Ebd., S. 10.

ihr Konkurrent BUB beteiligt, mit der sie sich die „Arisierungs“-Provision in Höhe von 600.000 Kronen hälftig teilte.

Die Dresdner Bank war zudem daran interessiert, in der Textilbranche Fuß zu fassen, insbesondere im Industrieballungsgebiet Brünn, über das sie sorgfältig Informationen einholte. Für die „Arisierung“ jüdischer Textilbetriebe gab es dort zu wenig befähigte und kapitalstarke Interessenten. In einem Schreiben an den Reichsprotektor äußerte die Dresdner Bank daher die Hoffnung, es werde „in Zusammenarbeit mit Ihnen [...] uns und der BEB möglich sein, diese oder jene Objekte in die Hand geeigneter deutscher Industrieller zu überführen“.[396] Die durch Vermittelung der BEB „arisierten“ jüdischen Textilbetriebe wurden größtenteils von reichsdeutschen Firmen übernommen. Die führende Firma Plaček & Co, Brünn, Herren- und Damenkonfektion, wurde von einem Unternehmer aus Saarbrücken für 10,3 Millionen Kronen aufgekauft. Für die Firma S. Heller & Sohn, Neu-Ötting, bezahlte ein Münchner Interessent 5,8 Millionen Kronen.[397] Ungeachtet der Anstrengungen, die die BEB an den Tag legte, um der Dresdner Bank entgegen zu kommen, zog die Besatzungsverwaltung bei der „Arisierung“ jüdischer Textilbetriebe deutsche Bewerber aus dem Protektorat Reichsdeutschen vor.[398]

In der chemischen Industrie gelangte die BEB genau wie in der Maschinenbaubranche bis auf Ausnahmen nur an die Vermittlung kleinerer jüdischer Firmen. Zu den größten Maklergeschäften gehörte die Anbahnung des Verkaufs der Firma „Optimit“, Gummi- und Textilwerke A.G., Prag, an der jüdisches Kapital beteiligt war, und zwar an die Prager Gasmaskenfabrik Gasma A.G. , die kurz zuvor von der reichsdeutschen Firma Auergesellschaft „arisiert“ worden war. An Provision erhielt die BEB im Fall Optimit 223.000 Kronen und für die Vermittlung der Gasma 190.000 Kronen.[399]

Das in der Reihenfolge drittgrößte Chemieunternehmen, dessen „Arisierung“ die BEB in die Wege leitete, war die bereits erwähnte Firma Linoleum-Industrie Leopold Blum, die böhmische Tochtergesellschaft von Blums Firma in Österreich. Ende 1938 wurden Blums österreichischer Betrieb von Richard Holtkott, dem Inhaber der Rheinischen Linoleum-Fabrik Bedburg „arisiert“. Da die Blum'schen Betriebe in Österreich und der Tschechoslowakei eine Herstellungs- und Vertriebseinheit darstellten, suchte Holtkott auch Blums Ladengeschäfte im Protektorat an sich zu bringen, um dort die Absatzmöglichkeiten für die nun ihm gehörenden Betriebe zu sichern.[400] Die „Arisierung“ von Blums Protektoratsfirma liefert gleichzeitig ein Beispiel für den Konkurrenzkampf zwischen der BEB, hinter der die Dresdner Bank stand, und der BUB, die die Interessen der Deutschen Bank verfocht.

Das Vorgehen der BEB bei der „Arisierung“ der Prager Firma Leopold Blum wies keine Besonderheiten auf – bis auf die Tatsache, dass deren Besitzer, der nach Zerschlagung der Tschechoslowakei slowakischer Staatsbürger geworden war, im März 1939 nach

---

396 MZA Brno, Anm. 198, Signatur 7925, Bl. 16.

397 Registratur MF ČR Praha, Anm. 351, S. 11.

398 Kárný: Anm. 3, S. 64.

399 Registratur MF ČR Praha, Anm. 351, S. 18.

400 BA Berlin, Anm. 371, Schreiben der Österreichischen Linoleum-, Wachstuch- und Kunstlederfabriken A.G., Wien, an den Reichsprotektor für Böhmen und Mähren am 24.7.1939.

Paris emigrierte. Dort kontaktierte ihn bereits Ende März Alfred Holtkott (der Sohn des Firmainhabers Richard Holtkott) von der Rheinischen Linoleum-Fabrik, um ihm auch seine Geschäfte im Protektorat abzukaufen. Blum sträubte sich nicht und unterzeichnete am 23. März 1939 einen Kaufvertrag mit Holtkott, der freilich nicht von der Besatzungsverwaltung genehmigt war.[401] Gleichzeitig wandte er sich – zweifellos auf Empfehlung der Berliner Zentrale der Dresdner Bank – an den Direktor der BEB, Reinhold von Lüdinghausen, und ersuchte ihn, „eine etwaige Übernahme der Blum'schen Geschäfte durch andere Interessenten zu verhindern."[402] Selbstverständlich gab es noch mehr Anwärter auf die Blum'schen Ladengeschäfte. Einer der Bewerber war die Firma Faber Lettowitz, die dadurch ihr Verkaufsnetz ausbauen wollte, unter anderem auch für den Vertrieb von Linoleum aus einer ihrer österreichischen Fabriken. Sie beanspruchte Vorzugsrechte auf die „Arisierung" der Firma Blums, da sie „als deutsche Protektoratsfirma den Vorrang vor der österreichischen Linoleumfabrik Wien habe".[403] Dieses Argument fiel bei den zuständigen Stellen im ARP ins Gewicht. Der Antrag einer weiteren reichsdeutschen Firma aus dem Rheinland auf Zustimmung zur „Arisierung" der Firma Blum befand sich auf dem Nebengleis. Interesse angemeldet hatte mittlerweile auch eine weitere Protektoratsfirma, nämlich Philipp Haas & Söhne, Prag, unterstützt von der BUB.[404] Unmittelbar darauf tauchte mit der Firma Brosche aus Reichenberg ein weiterer Anwärter auf, der zwar nicht hinlänglich kapitalkräftig war, aber über gute Kontakte zum ARP verfügte. Die BEB, insbesondere Stitz-Ulrici, intervenierte im ARP wiederholt zugunsten von Holtkott – vor allem bei Walter Bertsch, dem Leiter der Gruppe Wirtschaft, und Rudolf Stier, dem Leiter der „Arisierungsabteilung". Dies blieb allerdings über ein Jahr ohne positives Ergebnis.

Die Bemühungen der BEB um die Vermittlung der Firma Blum an den Wiener Betrieb Holtkott waren nicht nur vom Interesse an der üblichen Zweiprozent-Provision vom Kaufpreis und der voraussichtlich zu erwartenden Bankverbindung motiviert. Hier war zudem auch der Dresdner Bank am Erfolg gelegen, die in Rivalität zur Deutschen Bank den Wunsch hegte, ihre Bindungen zum Holtkott-Konzern zu stärken. Dessen Betriebe in Deutschland standen nämlich mit der Deutschen Bank in Geschäftsbeziehungen, die österreichischen hingegen mit der Wiener Länderbank, die unter dem Einfluss der Dresdner Bank stand.[405] Durch Übernahme der Blum'schen Betriebe im Protektorat durch Holtkotts Wiener Betrieb hätte die Dresdner Bank über die BEB ihre Bindungen zu diesem Konzern gefestigt.

Erst Mitte 1940 erteilte das ARP seine Zustimmung zum Verkauf der Firma Leopold Blum an die österreichische Firma Richard Holtkott, die mittlerweile den Namen Wiener Linoleum- und Wachstuchwerke trug. Dabei stellte das Amt jedoch die Bedingung, dass auch sein Favorit, der Reichenberger Fabrikant Hanns Brosche, an der „arisierten" Firma

401 Ebd., Schreiben der Österreichischen Linoleum-, Wachstuch- und Kunstlederfabriken A.G., Wien, an den Reichsprotektor für Böhmen und Mähren am 2.3.1940.

402 Ebd., Aktennotiz vom 26.4.1939.

403 Ebd., Aktennotiz vom 8.9.1939.

404 Ebd., Aktennotiz vom 15.11.1939.

405 Ebd., Aktennotiz vom 16.4.1940.

teilhaben sollte.[406] Die Verhandlung mit Brosche verzögerten in der Schlussphase die „Arisierung“ der Blum'schen Firma. Die Wiener Firma Holtkott war bereit, Brosche einen Anteil von 20 Prozent zu überlassen, doch dieser verlangte die Überlassung des lukrativsten Geschäfts auf dem Wenzelsplatz in Prag, welches rund ein Drittel des Umsatzes von Blums Unternehmen im Protektorat erwirtschaftet hatte. Schließlich gab sich Brosche jedoch mit einer finanziellen Abfindung zufrieden.[407]

Holtkott war sehr daran gelegen, dass Blum sein Unternehmen freiwillig verkaufte, um sich den Weg zum Erwerb weiterer Ladengeschäfte, beispielsweise in Krakau und vor allem in Pressburg, nicht zu verbauen.[408] In dieser Hinsicht konnte ihm die BEB helfen. Zur Vertragsunterzeichnung in Prag bevollmächtigte Blum seinen Rechtsvertreter, der Kaufpreis für das Unternehmen wurde Mitte Dezember 1940 im ARP ausgehandelt. Stitz-Ulrici und der „Arisierer“ der Wiener Firma konnten diesen von ursprünglich 8,7 Millionen auf 7,9 Millionen drücken, von denen 900.000 Kronen dem Reichsprotektor als übliche Ausgleichsabgabe zufielen. Die „Arisierungs“-Provision der BEB in Höhe von zwei Prozent des Kaufpreises betrug 178.000 Kronen.[409] Ihr Gesamtgewinn an diesem Geschäft war allerdings höher – zu der „Arisierungs“-Provision muss noch das Entgelt für die Verhandlungen mit den Behörden, für Beratungen usw. addiert werden, das in ihren Bilanzen im Rahmen der Beratungsprovisionen ausgewiesen wurde. Allein für 1940 stellte die BEB Holtkott 158.000 Kronen in Rechnung.[410] Die Bank erzielte jedoch nur ein Teilerfolg: Holtkott hielt sein Versprechen, dass der „arisierte“ Betrieb im Protektorat seinen Bankverkehr ausschließlich über die BEB leiten würde, nicht ein. Die Bank war auch davon ausgegangen, dass bei ihr das Sperrkonto von Blum geführt würde, auf das die Kaufsumme für dessen Ladengeschäfte überwiesen werden sollte. Die erste Tranche von einer Million schickten die Wiener Linoleum- und Wachstuchwerke jedoch auf Blums Sperrkonto bei der BUB.[411] Kurz darauf teilte die Wiener Firma der BEB mit, dass sie am laufenden Geldverkehr ihrer Prager Geschäfte auch die BUB beteiligen müsse. Die Ursache hierfür war die Bindung der Schwesterfirma in Bedburg an die Deutsche Bank bzw. an die BUB im Protektorat. Diese hatte bereits ein Viertel der liquidierten Prager Kreditbank (früher Anglo-Tschechoslowakische Bank und Prager Kreditbank) übernommen, bei der die einstigen Betriebe Blums ihre Bankverbindung hatten.[412] In diesem Fall also verlor die von der BEB vertretene Dresdner Bank ihr Duell mit dem Konkurrenten, nämlich der Deutschen Bank,. Dem menschlichen Schicksal des Juden Blum wurde in diesem Interessenkonflikt keine Bedeutung beigemessen.[413]

406 Ebd., Schreiben des Reichsprotektors in Böhmen und Mähren (Stier) an die Wiener Linoleum- und Wachstuchwerke Richard Holtkott in Wien am 9.7.1940.

407 Ebd., Aktennotiz vom 21.8.1940 und vom 21.9.1940.

408 Ebd., Aktennotiz vom 21.8.1940.

409 Ebd., Aktennotiz vom 18.12.1940.

410 Ebd., Rechnung für Beratungen im Jahre 1940 vom 7.2.1941.

411 Ebd., Aktennotiz vom 27.2.1941.

412 Ebd., Schreiben der Wiener Linoleum- und Wachstuchwerke Richard Holtkott an die BEB vom 16.3.1942.

413 Aufgrund des Geburtsdatums kann man folgern, dass der im Theresienstädter Gedenkbuch genannte L.Blum mit dem hier erwähnten Unternehmer identisch ist (Vgl. Kárný, Miroslav / Schindler,

Relativ erfolgreich war die BEB bei der „Arisierung" von Betrieben der Lederbranche, insbesondere der Schuhindustrie. Sie vermittelte beispielsweise den Verkauf der Firma Utitz, Lederfabrik Prag, an die Nürnberger Firma eines Dr. Wohlfarth für 8.035.000 Kronen sowie den Verkauf der Firma „Tip-Top", Schuhfabrik Prag, an die Firma Giehring, Nürnberg für 7.000.000 Kronen. Die „Arisierungs"-Provision betrug bei der Lederfabrik 100.000 Kronen, bei der Schuhfabrik lag sie wesentlich niedriger, bei nur 25.000 Kronen.

In zahlreichen Branchen war es nicht leicht, fachlich qualifizierte und zudem finanzkräftige „Arisierungs"-Anwärter zu finden, doch in der Leder verarbeitenden Industrie waren diese besonders rar. Die Rentabilität der überwiegend auf den Export eingestellten tschechischen Schuhindustrie war durch den Verlust der meisten Absatzmärkte eingebrochen; eine ähnliche Wirkung hatten die zu knappen Lederzuteilungen.[414] Wesentlich lukrativer waren dagegen die Untenehmen aus der Holz- und Papierindustrie. Im Kampf um diese prallten wie auch in anderen Fällen die Interessen der deutschen Geldanstalten aufeinander.

In der deutschen Sprachinsel um Iglau nahm die Kreditanstalt der Deutschen (KdD) traditionsgemäß von allen deutschen Geldinstituten die stärkste Position ein. Die BEB galt dort als ein Außenposten reichsdeutscher Einflüsse, was zweifellos die über sie anlaufenden „Arisierungs"-Vorhaben des Wiener Unternehmers Josef Ofenböck bremste. Die Iglauer BEB-Filiale vermittelte ihm den Kauf der jüdischen Firma J. Schinder & Sohn, Sägewerk Iglau, für 2.950.000 Kronen und berechnete dafür eine „Arisierungs"-Provision von 40.000 Kronen. Das genügte Ofenböck jedoch nicht und er bemühte sich auf gleiche Weise um die „Arisierung" der Holzfirma Eisler's Söhne. Er einigte sich mit deren Inhabern über den Verkauf, und die BEB wandte sich an die Besatzungsverwaltung, um deren Genehmigung einzuholen. Das Hauptinteresse des Käufers galt nicht nur dem Sägewerk, sondern hauptsächlich den beträchtlichen Holzvorräten, die die Firma besaß.[415] Ofenböck hatte nämlich einen großen Auftrag für die Wehrmacht angenommen und musste daher dringend sowohl seine Produktionskapazitäten als auch seine Rohstoffvorräte erweitern. Obwohl er sehr offensiv auftrat und mit der Gestapo sowie Beschwerden bei den Militärdienststellen in Berlin drohte, konnte er sich jedoch bei den örtlichen Behörden nicht durchsetzen.[416] Das ARP bestätigte den Standpunkt des Oberlandratsamtes in Iglau, dass die Firma Eisler's Söhne als selbständiges Unternehmen erhalten bleiben müsse.[417] Zudem hatte das Oberlandratsamt bereits einen anderen

Zdeněk / Meyhöfer, Rita / Kárný, Ondřej (Hg.): Theresienstädter Gedenkbuch. Die Opfer der Judentransporte aus Deutschland nach Theresienstadt 1942–45, Prag: Institut Theresienstädter Initiative / Academia 2000, S. 535). Blums Schicksal hätte demnach dem Hunderttausender anderer geglichen. Nach der Niederwerfung Frankreichs wurde er aus dem besetzten Luxemburg nach Dortmund verschleppt und im Juni 1942 in einen Transport nach Theresienstadt eingereiht, wo er im Februar 1943 im Alter von fünfundsiebzig Jahren umgekommen ist.

414 Registratur MF ČR Praha, Anm. 351, S. 22.

415 NA Praha, Bestand ÚŘP, Kart. 767, Bl. 274, Schreiben der BEB – Filiale Iglau an den Oberlandrat Iglau vom 15.11.1939.

416 Ebd., Bl. 292, Aktennotiz vom 6.11.1939.

417 Ebd., Bl. 322, Schreiben des Reichsprotektors an J. Ofenböck vom 30.11.1939.

„Arisierer“ für diese Firma ausgesucht, der allerdings Kunde der KdD war. Dabei argumentierte es, dass „in Iglau ein Sägewerk mit Holzhandel zur Deckung des Holzbedarfs erhalten bleiben müsse und in Übereinstimmung mit der NS-Wirtschaftskonzeption die Entstehung eines Mammutunternehmens zu verhindern sei.“[418] Ofenböck gelang es jedoch, seine Produktion zu erweitern, und 1941 näherte sich sein Unternehmen umsatzmäßig der 40-Millionengrenze. Damit gehörte er zu den besten Kunden der Iglauer BEB-Filiale, über die er seine Bankverbindung unterhielt.[419]

Die BEB vermittelte Käufe von jüdischen Firmen nicht nur an natürliche, sondern auch an juristische Personen. Ihr wichtigster Kunde war dabei das SS-Wirtschafts- und Verwaltungshauptamt. Die engen Beziehungen der Bank zum Industriekonzern der SS, den Deutschen Wirtschaftsbetrieben G.m.b.H., signalisierte schon die Person ihres Vorstandvorsitzenden Karl Rasche, der dem elitären NS-Zirkel ‚Freundeskreis Reichsführer SS‘ (auch: Freundeskreis Himmler) angehörte.[420] Die BEB gewährte dem Hauptamt Verwaltung und Wirtschaft des Reichsführers SS nicht nur die gängigen Bankdienstleistungen, sondern auch Beraterdienste, insbesondere bei der „Arisierung“ der von der Gestapo konfiszierten jüdischen Firmen. Im Gegenzug forderte sie die Unterstützung ihrer Anliegen durch Interventionen des SS-Hauptamtes beim ARP, die ganz unbestritten ins Gewicht fielen, auch wenn bei Weitem nicht alle Erfolg hatten.[421]

Die Entwicklung der Einlagesummen auf den Konten der Reichsführung SS, die bei der BEB geführt wurden, spiegelt die Dynamik der so genannten Endlösung der Judenfrage und in gewissem Maße auch des „Arisierungs“-Prozesses wider. Für die „Arisierung“ jüdischer Firmen sind jedoch die Konten des Reichsprotektors noch aussagekräftiger, vor allem jene, auf die die so genannten Ausgleichsabgaben überwiesen wurden, die auf den Kaufpreis der „arisierten“ jüdischen Unternehmen aufgeschlagen wurden. Dies betrifft auch die Konten des Vermögensamtes beim Reichsprotektor in Böhmen und Mähren, auf die aus dem Verkauf der von der Gestapo beschlagnahmten Vermögen einschließlich Firmen stammenden Beträge flossen.

---

418 Ebd., Bl. 354, Schreiben des Oberlandrats in Iglau an den Reichsprotektor, Gruppe II/3 Forst und Jagd vom 7.2.1940.

419 Registratur MF ČR Praha, Anm. 351, S. 26.

420 AIfZ München, Anm. 365, NI 1064, Aussage des Oswald Pohl vom 7.10.1946.

421 BA Berlin, Bestand NS 3 (SS Wirtschafts-Verwaltungshauptamt), Mikrofiche Nr. 1027, Bl. 51, Schreiben der BEB vom 27.9.1940 an Hans Hohberg, Chef des Hauptamtes Verwaltung und Wirtschaft.

Tabelle 9: Konten der Reichsführung SS bei der Böhmischen Escompte-Bank Juni 1941 – Februar 1942 (in Kronen)

| Konto | 30. Juni 1941 | | 18. Februar 1942 | |
|---|---|---|---|---|
| | Laufendes Konto | Kündigungskonto | Laufendes Konto | Kündigungskonto |
| Zentralstelle für jüdische Auswanderung | 104.700.000 | 23.000.000 | 15.900.000 | 143.000.000 |
| Auswanderungsfonds für Böhmen und Mähren | 3.175.000 | 1.520.000 | 60.900.000 | 14.100.000 |
| Umsiedlungskonto | | | 156.600.000* | |
| Jüdische Kultusgemeinde Prag | 29.600.000 | | 62.700.000 | |
| Transferkonto | 51.100.000 | | 80.900.000 | |
| Verwaltungs- und Verwertungsstelle des Auswanderungsfonds | 2.700.000 | | 2.200.000 | |
| Insgesamt | 191.275.000 | 24.520.000 | 379.200.000 | 157.100.000 |
| Gesamtsumme | | 215.795.000 | | 536.300.000 |

* Das Konto wurde im Oktober 1941 auf Anweisung des stellvertretenden Reichsprotektors Reinhard Heydrich zu Beginn der Massendeportationen in die Vernichtungslager angelegt.

Quelle: BA Berlin, Bestand R 30/Anh., Bd. 9, Bl. 32, Fernschreiben der BEB vom 18.2.1942 an die Dresdner Bank – Vorstandssekretariat (Konten der Reichsführung SS).

Die BEB kam SS-Angehörigen nach Kräften entgegen. So eröffnete sie beispielsweise im August 1939 einen Kredit für den kommissarischen Leiter des Bodenamts und Protektorats-Landwirtschaftsministeriums, den SS-Obersturmführer Curt von Gottberg. Dieses Darlehen sollte zur Entfaltung der Tätigkeit des Deutschen Reichsvereins für Volkspflege und Siedlerhilfe e.V. Berlin auf Protektoratgebiet dienen. Das Projekt scheiterte, hinterließ jedoch Schulden in einer Höhe von 1.300.000 Reichsmark, die nach längeren Verhandlungen vom SS-Hauptamt Verwaltung und Wirtschaft in Berlin übernommen wurden.[422]

Die Leitung der BEB lebte im Glauben, sie könne diese Schuld und ihr „Freundschaftsverhältnis“ zur SS zum Gewinn neuer Bankverbindungen mit „arisierten“ Firmen nutzen. Der dem SS-Hauptamt Verwaltung und Wirtschaft in Berlin vorgelegte Plan war simpel: Die Schuld sollte nach und nach aus Gewinnen getilgt werden, die sich aus den neu angeknüpften Bankverbindungen mit den Firmen ergeben würden, die das SS-Hauptamt Verwaltung und Wirtschaft mit Hilfe der BEB „arisieren“ würde. Eine solche Konstruktion hätte der BEB eine Exklusivstellung bei der „Arisierung“ jüdischer Firmen verschafft.[423] Der Plan der BEB war zwar mit Hans Hohberg, dem Chef des SS-Hauptamts Verwaltung und Wirtschaft durchgesprochen

422 BA Berlin, Bestand NS 3, Mikrofiche Nr. 16, Bl. 18–19, Schreiben von H. Hohberg vom 3.4.1940 an O. Pohl, Chef des SS-Hauptamtes Verwaltung und Wirtschaft (Schuldübernahme aus dem Konto Separato bei der BEB).

423 Ebd., Bl. 38, Schreiben von O. Pohl vom 5.10.1940 an K. Nowotny, Direktor der BEB.

worden, der seine Unterstützung zusagte,[424] doch stieß er beim Chef des SS Wirtschafts-Verwaltungshauptamtes, Oswald Pohl, auf Ablehnung. Letzterer war nicht gewillt, die „Arisierungs“-Vorhaben seines Amts mit der Abzahlung von Schulden in Verbindung zu bringen und gab einer anderen Lösung den Vorzug.[425]

Das SS-Hauptamt Verwaltung und Wirtschaft agierte selbst als potentieller „Arisierer“ und zugleich als ein wichtiges Glied in der Vermittlerkette beim Verkauf jüdischer Unternehmen, die die BEB reichsdeutschen Interessenten offerierte. Das Hauptamt empfahl der Bank die Kontaktaufnahme mit dem Wirtschaftsberater Viktor Martin in Berlin-Charlottenburg, der mit dem SS-Hauptamt Verwaltung und Wirtschaft über die Vermittlung von Verkäufen jüdischer Unternehmen laut den von der BEB im Reich zur Verfügung gestellten Verzeichnissen überein gekommen war. Die fünfprozentige Verkaufsprovision sollte er sich zu gleichen Teilen mit dem SS-Hauptamt Verwaltung und Wirtschaft teilen.[426] In der trügerischen Hoffnung auf den Gewinn neuer Bankkunden schickte die BEB Informationen über „freie“ und „arisierungsgeeignete“ jüdische Firmen nach Berlin. Sie verwies allerdings darauf, „dass ganz allgemein die Arisierungen im Protektorat ziemlich weit fortgeschritten sind, so dass heute kein wesentliches Entjudungsobjekt mehr für einen neuen Bewerber frei ist“.[427] Die BEB hegte jedoch keinen Zweifel daran, dass ein Interessent vom Kaliber des SS-Hauptamts Verwaltung und Wirtschaft im ARP stets bevorzugt würde. Daher legte sie ein Verzeichnis der dreizehn lukrativsten jüdischen Textilfirmen zur Auswahl vor.[428] Fast gleichzeitig verwies sie das SS-Hauptamt Verwaltung und Wirtschaft auf ein weiteres interessantes Objekt, und zwar auf die Firma „Opp“, Schokoladen- und Zuckerwarenfabrik in Brünn mit einem Aktienkapital von drei Millionen Kronen. Sie räumte ein, dass der Aktienbesitz nicht sonderlich transparent war – die jüdischen Inhaber hatten unmittelbar vor der deutschen Besatzung ein Aktienpaket von 8.000 Stück an die Mährischen Bank in Brünn

---

424 AIfZ München, Sammlung Nürnberger Prozesse, Film. Nr. MA 1555/100, NID 12 319, Aktennotiz der Direktion der BEB vom 30.9.1941 (Reichsführung SS Berlin).

425 Ebd., Bl. 65 Aktenvermerk in Sachen Konto „Separato“ bei der BEB vom 27.11.1942 (Dr. Hohlberg). AIfZ München, Anm. 424, NID 12 319, Aktennotiz des Sekretariats der BEB vom 4.3.1941 zum „Kredit Reichsführung SS“. Später teilte das SS Wirtschafts-Verwaltungshauptamt der BEB mit, „dass dieser Kredit erst bei Kriegsende abgedeckt werden soll“. Ebd., Aktennotiz des BEB-Direktors vom 30.9.1941. In den Jahren 1943–45 unternahm die BEB mit Unterstützung der Dresdner Bank verstärkte Anstrengungen um eine Tilgung des Kredits zu erreichen. Das SS-Wirtschafts- und Verwaltungshauptamt leistete zwar im Herbst 1944 eine Rückzahlung von 300.000 RM, doch wurde der Restbetrag in Höhe von über 1 Mio. RM nie mehr beglichen. Wixforth: Anm. 71, S. 356–357.
BA Berlin, Bestand NS 3, Mikrofiche Nr. 1278, Bl. 7–10. Schreiben der BEB vom 2.10.1940 an Otto Karl Kain (Hauptamt Verwaltung und Wirtschaft). Ebd., Aktennotiz des BEB-Direktors vom 30.9.1941.

426 Ebd., Mikrofiche Nr. 1270, Bl. 12, Schreiben von V. Martin vom 23.10.1940 an die Reichsführung SS-Hauptamt Verwaltung und Wirtschaft in Berlin Lichterfelde-West. Ebd., Anm. 421, Bl. 30, Schreiben BEB – Filialenbüro vom 16.11.1940 an H. Hohberg.

427 Ebd., Anm. 426, Bl. 7–10. Schreiben der BEB vom 2.10.1940 an O. K. Kain (Hauptamt Verwaltung und Wirtschaft).

428 Ebd.

verkauft und waren rechtzeitig „illegal“ emigriert.[429] Das SS-Hauptamt Verwaltung und Wirtschaft zeigte vorübergehend Interesse,[430] wie auch zuvor bei der „Arisierung“ von Prager Lichtspielhäusern, deren Beherrschung es aus der Sicht von Politik und Propaganda für bedeutungsvoll hielt. Diese waren allerdings schon vom Konzern Ufa Berlin „arisiert“ worden und die BEB konnte nur noch ein paar Vorstadtkinos anbieten.[431]

Dabei blieb es nicht bei schriftlichen Informationen – der Kontakt zwischen der BEB und dem SS-Hauptamt Verwaltung und Wirtschaft war enger. Die Bevollmächtigten des Hauptamtes bereisten Prag, um die von der BEB zur „Arisierung“ offerierten Objekte zu besichtigen. Schon Anfang Oktober 1940 erschien Otto Karl Kain aus dem SS-Hauptamt Verwaltung und Wirtschaft in Prag, um die Dampfbrauerei und Malzfabrik Josef Fischer u. Sohn, Kralup, zu besehen.[432] Zur großen Enttäuschung der BEB gab das ARP einem anderen „Arisierer“ den Vorzug. Hohberg teilte ihre Gefühle nicht und verwies auf die Möglichkeit, eine Reihe von jüdischen Textilunternehmen zu „arisieren“, an denen er im Namen seines Amtes „größtes Interesse“ zeigte.[433] Kurz danach traf Kain wieder in Prag ein, diesmal in Begleitung des Wirtschaftsberaters Martin. Sie sollten sich vor Ort mit verschiedenen zur „Arisierung“ vorgesehenen jüdischen Unternehmen bekannt machen.[434] Hohberg interessierte sich vor allem für Textilfirmen und wählte aus der Angebotsliste der BEB diejenigen aus, die Kain und Martin überprüfen sollten. Namentlich handelte es sich um die „Erco“ Wäschefabrik Prag, die Kammgarnspinnerei Brüder Stiassni, Brünn, und die Hronover Baumwollspinnerei A.G., Hronov.[435] Außer diesen sollten Kain und Martin noch weitere jüdische Firmen besichtigen und solche auswählen, die sie sowohl dem SS-Hauptamt Verwaltung und Wirtschaft als auch einzelnen reichsdeutschen Interessenten zur „Arisierung“ anbieten konnten. Martin suchte daher die BEB-Zentrale auf, um mit den Mitgliedern der dortigen „Arisierungsgruppe“ und vor allem mit Stitz-Ulrici die Bedingungen einer etwaigen Zusammenarbeit abzusprechen. Für einen durchgeführten Verkauf bot er der Bank eine Provision in der gleichen Höhe wie für eine direkte Vermittlung des „Arisierungs“-Geschäfts, d. h. zwei Prozent des Kaufpreises.[436] Um bei den vorgesehenen Geschäften alle Interessenten – also die BEB, Martin sowie das SS-Hauptamt Verwaltung und Wirtschaft – profitieren zu lassen, musste die Höhe der Provision, die zu Lasten der Käuferseite ging, etwa sieben Prozent erreichen.

Wie aus dem Brief der BEB an Hohberg hervorgeht, war Martin mit dem Ergebnis zufrieden, insbesondere freute ihn die Bestätigung des Interesses von Seiten der SS, sich

429 Ebd., Anm. 426, Bl. 5–6, Schreiben der BEB – Filialenbüro vom 1.10.1940 an H. Hohberg(SS-Hauptamt Verwaltung und Wirtschaft).

430 Ebd., Anm. 421, Bl. 47, Schreiben von H. Hohbergvom 4.10.1940 an SS-Sturmbannführer Baumann (Landwirtschaftsministerium Prag); vgl. AIfZ München, Anm. 424, NID 12 319, Schreiben der BEB vom 12.12.1940 an H. Hohberg.

431 AIfZ München, Ebd., NID 12 319, Schreiben der BEB vom 31.10.1940 an H. Hohberg.

432 BA Berlin, Anm. 421, Bl. 49, Schreiben von H. Hohberg vom 4.10.1940 an die BEB.

433 Ebd., Bl. 37–38, Schreiben von H. Hohberg vom 28.10.1940 an Stitz-Ulrici.

434 Ebd., Anm. 426, Bl. 13, Schreiben von H. Hohberg vom 23.10.1940 an V. Martin.

435 Ebd., Anm. 421, Bl. 36, Schreiben von H. Hohberg vom 28.10.1940 an V. Martin.

436 Ebd., Anm. 426, Bl. 19, Schreiben von V. Martin vom 11.11.1940 an die BEB – Filialenbüro.

an der „Arisierung" der Brünner Textilfirmen zu beteiligen.[437] In Berlin zurück, berichtete er Hohberg, er habe für verschiedene jüdische Protektoratsunternehmen fünf ernsthafte „Hauptinteressenten" aus dem Reich, zu deren Gunsten in absehbarer Zeit die „Arisierungs"-Verfahren eröffnet und auch abgeschlossen würden.[438] Kain informierte Hohberg wiederum über die „Arisierungs"-Möglichkeiten zweier Prager Möbelfirmen – der Möbelfabrik Emil Gerstel und der Möbelfabrik Nalos & Mansfeld.[439]

Unmittelbar danach erfuhr die Einstellung der BEB zu den beabsichtigten „Arisierungs"-Geschäften unter Vermittlung Martins eine grundlegende Veränderung. Verursacht wurde diese vermutlich von der negativen Haltung des Chefs der „Arisierungsabteilung" im ARP, Stier, den offenbar unter anderem die Art und Weise der Provisionsteilung aufgebracht hatte.[440] Martin hatte offenbar auch das Vertrauen von Hohberg verloren, der ihm allem Anschein nach keine Gelegenheit mehr gab, bei der „Arisierung" jüdischer Protektoratsfirmen zu vermitteln.[441]

Ein weiterer nach Prag reisender Bevollmächtigter der Reichsführung SS war SS-Oberführer Möckel, Geschäftsführer der Lebensmittel G.m.b.H., Berlin, einer Tochtergesellschaft der Deutschen Wirtschaftsbetriebe G.m.b.H. Möckel besprach die „Arisierungs"-Vorhaben auch mit dem Staatssekretär im ARP, dem SS-Gruppenführer Karl Hermann Frank. Er interessierte sich für die „Arisierung" von Lebensmittelfirmen, insbesondere der Selchwaren- und Konservenfabrik A.G. Wolframs bei Iglau, der „Collo" Likör-, Obst- und Gemüsekonservenfabrik, der Spiritus-, Wein- und Teegroßhandlung Hermann Löw, Místek-Koloredov, und der Firma M. Schulz, Likör- und Fruchtsafterzeugung, Neuhaus, sowie generell für Obst- und Gemüsekonservenfabriken und Pharmazieunternehmen.[442] Die BEB machte sich unverzüglich daran, den Stand der „Arisierungs"-Arbeit an diesen Unternehmen zu erkunden.[443] Volle zwei Drittel des Aktienkapitals der Selchwaren- und Konservenfabrik A.G. Wolframs bei Iglau, im Nominalwert von 3.800.000 Kronen befanden sich in der Hand der KdD, da diese bereits nahezu die Hälfte der Aktien dieser Fabrik „arisiert" hatte.

Die BEB war vom Interesse des SS-Hauptamts Verwaltung und Wirtschaft an der Übernahme der Firma Wolframs begeistert. Diese war nämlich vor der „Arisierung" ihr Bankkunde gewesen, dann jedoch hatte die BEB diese Geschäftsbeziehung verloren und hegte jetzt wieder Hoffnung, sie nach dem Eigentümerwechsel der Aktien zurück zu gewinnen. Ähnlich wie bei den Bankverbindungen der beiden Likörfabriken, von denen anzunehmen war, dass sie in den SS-Industriekonzern überwechseln würden, machte die Bank ihre Ambitionen beim SS-Hauptamt Wirtschaft und Verwaltung geltend.[444]

437 Ebd., Anm. 421, Bl. 30, Schreiben der BEB – Filialenbüro vom 16.11.1940 an H. Hohberg.
438 Ebd., Anm. 426, Bl. 18, Schreiben von V. Martin vom 11.11.1940 an H. Hohberg.
439 Ebd., Anm. 421, Bl. 34–35, Schreiben von O. K. Kain vom 5.11.1940 an H. Hohberg.
440 Wixforth: Anm. 71, S. 319.
441 BA Berlin, Anm. 426, Bl. 23, Schreiben von V. Martin vom 11.1.1941 an H. Hohberg.
442 Ebd., Bl. 29, Schreiben von H. Hohberg vom 29.11.1941 an die BEB.
443 Ebd., Bl. 30–31, Schreiben der BEB vom 5.12.1941 an H. Hohberg.
444 Ebd., Anm. 422, Bl. 68–69, Schreiben von K. Nowotny vom 2.12.1941 an H. Hohberg.

Dort erwartete die BEB-Vertreter jedoch eine unliebsame Überraschung: Hohberg teilte ihnen mit, dass die zum SS-Konzern gehörende Deutsche Lebensmittel G.m.b.H. gerade im Begriff sei, der KdD das entscheidende Aktienpaket der Selchwaren- und Konservenfabrik A.G. abzukaufen, wobei diese sich ausbedungen habe, dass die Bankverbindung mit ihr bestehen bleibe. Gleichzeitig schwanden die Aussichten auf eine Anknüpfung von Bankverbindungen mit den Likörfabriken – Hohberg informierte die BEB nach der Verhandlung mit SS-Oberführer Möckel, „dass die Kreditanstalt der Deutschen auch bei den [...] Firmen im Geschäft stände und kein Anlass bestehe, sie dort zu verdrängen".[445] Den Schlusspunkt hinter die Anstrengungen der BEB, mit Hilfe des SS-Hauptamts Verwaltung und Wirtschaft festeren Fuß im Finanzwesen der Lebensmittelindustrie zu fassen, setzte allem Anschein nach dessen Desinteresse an der „Arisierung" der Firma „Collo" und der Schokoladenfabrik „Opp".[446]

Das Schriftmaterial belegt die Verbindungen und Kontakte zwischen der BEB und dem SS-Hauptamt Wirtschaftsverwaltung. Es gewährt jedoch keine tieferen Einsichten in die Frage, in wieweit die Bank diese Verbindungen und Kontakte ausgenutzt hat und welche Gewinne sie ihr eingebracht haben. Diese lassen sich nur erahnen – übrigens äußerte Emil Meyer, Vorstandsmitglied der Dresdner Bank und genau wie Rasche und Pohl dem ‚Freundeskreis Reichsführer SS' angehörend,[447] im Gespräch mit letzterem die Überzeugung, dass aus „den sehr angenehmen Beziehungen zu der Reichsführung SS auch auf geschäftlichem Gebiet" gleichfalls „die BEB Prag aus den sonstigen Geschäften mit der Reichsführung SS ein Äquivalent finden wird", was Pohl ausdrücklich bestätigte.[448] Die BEB nahm an, durch Zusammenarbeit mit dem SS-Hauptamt Verwaltung und Wirtschaft ihre Position auf dem „Arisierungs"-Markt festigen zu können.

Der Plan der BEB, über die „Arisierungen" des SS-Hauptamts Verwaltung und Wirtschaft ihre Bankverbindungen mit „arisierten" Unternehmen erweitern zu können, ging jedoch nicht in Erfüllung. Sie berief sich vergeblich auf Hohbergs Zusage vom Herbst 1940, „uns [die BEB, D.J.] weitestgehend bei Erlangung der Bankverbindung mit den der Reichsführung SS unterstehenden Stellen im Protektorat Böhmen und Mähren zu unterstützen".[449] Die Ursache lag nicht nur in Pohls Ablehnung, eine Verbindung zwischen den „Arisierungen" des SS-Hauptamts Verwaltung und Wirtschaft mit dem Abzahlen des Kredits zu schaffen, den die BEB dem Prager Bodenamt eingeräumt hatte, sondern auch in unverhofften administrativen Schwierigkeiten von Seiten der zuständigen

445 Ebd., Anm. 421, Bl. 7, Schreiben von H. Hohberg vom 13.1.1942 an den BEB-Direkor K. Nowotny. Vgl. Naasner: SS-Wirtschaft und SS-Verwaltung. Düsseldorf: Droste-Verlag 1998, S. 156–158.

446 BA Berlin, Anm. 421, Bl. 1–2, Schreiben von H. Hohberg vom 3.2. und 17.11.1942 an die BEB. Später, im Jahre 1943, wurde die Firma „Collo" an die Deutsche Lebensmittel G.m.b.H., Berlin, verkauft. Ebd.,Bestand NS 19 (Persönlicher Stab Reichsführer SS), Mikrofiche Nr. 587, Bl. 57, Übernahme von jüdischen Betrieben in Mähr. Ostrau durch SS-Angehörige (1943).

447 AIfZ München, Anm. 365, NI 1064, Aussage von O. Pohl vom 7.10.1946.

448 BA Berlin, Bestand R 30/Anh., Bd. 9, Schreiben von E. H. Meyer (Dresdner Bank) vom 18.9.1940 an K. Nowotny.

449 AIfZ München, Anm. 424, NID 12 319, Schreiben der BEB vom 23.9.1940 an das Vorstandsmitglied der Dresdner Bank E. H. Meyer.

deutschen Behörden im Protektorat, die die BEB trotz ihrer persönlichen Kontakte nicht überwinden konnte.

Das SS-Hauptamt Verwaltung und Wirtschaft signalisierte schon im August 1940 sein Interesse an einer Reihe von Protektoratsunternehmen, deren Eingliederung in den SS-Konzern eine Erweiterung der eigenen Lebensmittel- und Konsumgüterproduktion für die Versorgung der SS-Einheiten ermöglicht hätte. Es ging ihm vor allem um Fleisch- und Gemüsekonservenfabriken, Textil- und Lederbetriebe sowie Möbelfabriken.[450]

Unter den Möbelherstellern war dem Hauptamt vor allem an der Übernahme der Möbelfabrik Emil Gerstel in Prag gelegen, die bereits von der Gestapo konfisziert worden war. Die ursprüngliche Abmachung, dass die SS sie zum 1. September bzw. 1. Oktober 1940 übernehmen sollte, scheiterte aus formalen Gründen: Als „Arisierer“ konnte nicht wie ursprünglich angenommen die Staatspolizeileitstelle Prag, sondern nur direkt das SS-Hauptamt Verwaltung und Wirtschaft auftreten.[451] Dieses stellte daher im Namen eines der Konzernunternehmen der Deutschen Wirtschaftsbetriebe, der Deutschen Ausrüstungswerke G.m.b.H., Berlin, welche KZ-Häftlinge zur Arbeit in Holz verarbeitenden Betrieben einsetzten, einen neuen „Arisierungs“-Antrag für die Firma Gerstel. Diesen Antrag lehnte der Reichsprotektor Konstantin von Neurath jedoch mit der Begründung ab, die Produkte der Firma Gerstel seien „besonders hochwertig“, während die Vorhaben der SS zu einer unerwünschten „Typisierung der Produktion“ führen würden.[452] Von Neurath dachte dabei an den Plan zur Entwicklung der Serienproduktion von Möbeln und Möbelzubehör, für den der Unternehmer Kurt May, Mitinhaber der Firma A. May in Stuttgart, den Chef des SS-Hauptamts für Verwaltung und Wirtschaft, Oswald Pohl, gewonnen hatte.[453] May engagierte sich auch in der Protektoratswirtschaft und hatte bereits 1939 über die BEB die Holz verarbeitende Firma D. Drucker A.G. in Brünn-Butschovitz „arisiert“.[454]

---

450 StA Nürnberg, Bestand KV Ankl. Dok. Fotokop., Nr. NI 11 852, Bl. 1–2, Brief des Wirtschafts-Verwaltungshauptamtes in Berlin an den SS-Obersturmbannführer Böhme, SD-Leitabschnitt Prag vom 14.8.1940.

451 AIfZ München, Sammlung Nürnberger Prozesse, Film Nr. MA 1555/97, NI 11 854, Schreiben von O. Pohl vom 4.9.1940 an den Chef des Reichssicherheitshauptamtes, SS-Obergruppenführer R. Heydrich.

452 StA Nürnberg, Bestand KV Ankl. Dok. Fotokop., Nr. NI 11 847, Bl. 2–3, Schreiben von O. Pohl vom 18.1.1941 an den Reichsprotektor K. von Neurath. Vgl. BA Berlin, Anm. 448, Aktennotiz vom 14.1.1941 zur Unterredung am 10.1.1941 mit dem Wirtschaftsprüfer Dr. Hohberg.

453 Später, im Juli 1941 entstand auf Initiative von Pohl und May die Gesellschaft Deutsche Heimgestaltung mit dem Ziel, eine ideale „deutsche Wohnkultur“ zu schaffen, die für breiteste Schichten zu einem „sozialen Preis“ erschwinglich sein sollte. Kárný, Miroslav: Strategie hospodářského koncernu SS [Die Strategie des SS-Wirtschaftskonzerns], in Sborník historický 33, Praha: Academia 1986, S. 163.

454 Näher dazu: Kárný, Miroslav: Síla a slabost hospodářského koncernu SS: případ závodu Bučovice [Macht und Ohnmacht des SS-Wirtschaftskonzerns: Fall Bučovice], in: Slezský sborník. Acta Silesia, 84 (1986), S. 32–49. Nach dem Brand von 1942 wurde die „arisierte“ Firma D. Drucker A.G. unter die Verwaltung der Deutschen Wirtschaftsbetriebe genommen, die sie wieder aufgebaut und später in ihren Besitz gebracht haben. Naasner: Anm. 445, S. 170–171.

Von Neuraths Haltung dämpfte vorübergehend das Interesse des SS-Hauptamtes Verwaltung und Wirtschaft an der „Arisierung" im Protektorat – davon zeugt eine vertrauliche Mitteilung Hohbergs an die BEB Anfang 1941, „dass die Reichsführung SS wahrscheinlich sich im Gebiet Protektorat desinteressiere und ein neues Betätigungsfeld in Holland bzw. im Elsass suchen würde".[455]

Im Verlauf der ersten Jahreshälfte 1941 änderte von Neurath seinen Standpunkt bezüglich der „Arisierung" der Firma Gerstel zwar wieder, doch sollten neue Hindernisse auftauchen: Der Reichswirtschaftsminister Walter Funk verweigerte seine Zustimmung zur „Arisierung" des Betriebes durch die SS und verlangte, dass sie von einer Gesellschaft aus „Möbelfachleuten" übernommen werden solle. Das SS-Hauptamt Verwaltung und Wirtschaft initiierte daraufhin die Gründung der Deutschen Meisterwerkstätten G.m.b.H., Prag, die in den Konzern Deutsche Wirtschaftsbetriebe eingegliedert waren.[456] Gegründet wurden die Meisterwerkstätten von drei Teilhabern – dem Gaujägermeister Eugen Plaßmann aus Berlin, dem Dozenten Hans F. J. Kropff aus Wien und dem bereits erwähnten Unternehmer May als Mitinhaber der Firma A. May in Stuttgart.

Das Vermögensamt beim Reichsprotektor in Prag zeigte keine sonderliche Eile bei der „Arisierung" der Firma Gerstel, denn diese war sehr gut mit Aufträgen eingedeckt – ihr Umsatz stieg und damit auch ihr Kaufpreis: Die Staatspolizeistelle Prag hatte ursprünglich 200.000 Reichsmark gefordert, 1941 hielt die Retog einen Betrag von über einer Million für einen angemessenen Preis. Mitte Dezember ereiferte sich Oswald Pohl in einem persönlichen Brief an den stellvertretenden Reichsprotektor Reinhard Heydrich: „Es ist ein Skandal, dass wir uns jetzt schon über 1 Jahr mit dieser Gesellschaft herumärgern und nun einen Kaufvertrag angeboten bekommen, der dem Fass den Boden ausschlägt".[457] Gleichzeitig bot er für die Firma Gerstel einen Kaufpreis zwischen 400.000 und 500.000 Reichsmark.[458]

Obwohl die Beschwerde des SS-Hauptamts Verwaltung und Wirtschaft bei Heydrich offenbar ihre Wirkung nicht verfehlte, ließ der Abschluss der „Arisierung" der Firma Gerstel noch einige Monate auf sich warten. Zur Unterzeichnung des Kaufvertrags durch einen Vertreter des Vermögensamtes und O. Pohl kam es erst am 3. September 1942, wobei letzterer in der Rolle eines Teilhabers der deutschen Meisterwerkstätten G.m.b.H. Prag und gleichzeitig als Vertreter der deutschen Wirtschaftsbetriebe auftrat. Der

455 BA Berlin, Anm. 448, Aktennotiz vom 14.1.1941 zur Unterredung am 10.1.1941 mit dem Wirtschaftsprüfer Dr. Hohberg. Vom nur vorübergehenden „Desinteresse" des SS-Hauptamts für Wirtschaftsverwaltung an der Übernahme von Betrieben im Protektorat zeugt eine Reihe seiner späteren Aktivitäten, z. B. die Übernahme der Firma Medica A.G., Prag, im Jahre 1943 oder der Ankauf der tschechischen Firma Richard Jirát, Holz- und Fournierfabrik, Prag, im Jahre 1944. Siehe Naasner: Anm. 445, S. 120–121, 172.

456 StA Nürnberg, Bestand KV Ankl. Dok. Fotokop., Nr. 11 849, Bl. 1.2, Schreiben des Wirtschafts-Verwaltungshauptamtes vom 22.7.1941 an den Chef der Gruppe Wirtschaft im ARP W. Bertsch. Vgl. Naasner: Anm. 445, S. 169–170.

457 StA Nürnberg, Bestand KV Ankl. Dok. Fotokop., Nr. 11 841, Bl. 1, Schreiben von O. Pohl vom 12.12.1941 an den SS-Obergruppenführer und General der Polizei R. Heydrich.

458 Ebd., Bl. 3.

ausgehandelte Kaufpreis betrug 3.699.980,30 Kronen, d. h. 369.998,03 Reichsmark.[459] Das „Arisierungs"-Geschäft war abgeschlossen und die BEB referierte Ende 1942 enttäuscht an die Berliner Zentrale der Dresdner Bank: „Unsere Vorlage läuft bis heute in unveränderter Höhe, neue Verbindungen aus den „Arisierungen" der SS haben wir nicht erhalten".[460]

Den Kaufpreis für den Erwerb der Firma Gerstel sollten die Deutschen Meisterwerkstätten G.m.b.H., Prag entrichten, doch fehlten ihnen die notwendigen Finanzmittel, ihr Kapital betrug lediglich 20.000 Reichsmark.[461] Die Kapitalschwäche der „arisierenden" Gesellschaft bot der BEB die Möglichkeit, sich durch ein Kreditangebot wieder an den „Arisierungen" des SS-Hauptamts Verwaltung und Wirtschaft zu beteiligen. Das SS-Hauptamt akzeptierte das Angebot und der Kredit in Höhe von 510.000 Reichsmark ermöglichte den Deutschen Meisterwerkstätten, ein Drittel des Kaufpreises als erste Tranche zu zahlen und gleichzeitig ihr Eigenkapital auf 500.000 Reichsmark zu erhöhen.[462] Die BEB sorgte seit der Entstehung der Deutschen Meisterwerkstätten für deren Bankgeschäfte, doch zur Monopolstellung brachte sie es nicht. Das SS-Hauptamt Verwaltung und Wirtschaft achtete nämlich konsequent darauf, nicht in die Abhängigkeit von einem einzigen Geldinstitut zu geraten und unterhielt daher auch Bankverbindungen mit der BUB. Als die Deutschen Meisterwerkstätten den von der BEB gewährten Kredit ausgeschöpft hatten, ließen sie sich einen neuen – diesmal einen Betriebskredit in Höhe von 200.000 Reichsmark – bei der BUB einräumen.[463]

Die BEB hat zweifelsohne von den „Arisierungen" des SS-Hauptamts Verwaltung und Wirtschaft profitiert, allerdings nicht in dem von ihr anfangs erhofften Ausmaß. Der Umfang dieses Profits lässt sich nicht einmal annähernd beziffern. Das erhaltene Material ist zu lückenhaft, um eine detaillierte Analyse der verschiedenen Wege, Formen und Weisen der „Arisierung" auf dem Protektoratsgebiet zu ermöglichen.

### 5.2.2 Die Maklertätigkeit der Böhmischen Union-Bank

Im Gegensatz zur Böhmischen Escompte-Bank (BEB) liegen von der Böhmischen Union-Bank (BUB) keine vergleichbar detaillierten Bilanzen vor, die eine Unterscheidung der einzelnen Posten von „Arisierungs"-Profiten einschließlich „Arisierungs"-Provisionen zulassen und auf deren Grundlage zumindest annäherungsweise der Wert der durch Verkauf „arisierten" jüdischen Unternehmen bestimmen werden könnte. In den Bilanzen der BUB werden die „Arisierungs"-Provisionen für die Vermittlung von Firmenverkäufen

---

459 AIfZ München, Sammlung Nürnberger Prozesse, Film Nr. MA 1555/116, Kaufvertrag vom 3.9.1942.

460 BA Berlin, Anm. 448, Schreiben der BEB vom 26.9.1942 an die Dresdner Bank/Vorstandssekretariat – Affilationen.

461 Naasner: Anm. 445, S. 170.

462 StA Nürnberg, Bestand KV Anl. Dok. Fotokop., Nr. NI 11 834, Bl. 1, Schreiben der Deutschen Wirtschaftsbetriebe G.m.b.H., Berlin, vom 4.11.1942 an die BEB.

463 Ebd., Nr. NI 11 836, Bl. 1, Schreiben des SS-Hauptamtes Verwaltung und Wirtschaft vom 13.5.1944 an den SS-Hauptsturmführer Dr. Volk.

und die Treuhandprovision zu einem einzigen Posten zusammengefasst. Ein zuverlässiger Schlüssel zu dessen Dechiffrierung fand sich im Schriftmaterial der BUB bislang nicht.

Von der Maklertätigkeit der BUB ist namentlich nur eine kleine Auswahl von Fällen bekannt.[464]

Die zur Verfügung stehenden Fälle dokumentieren vor allem das Interesse sudetendeutscher Unternehmer, in der Protektoratswirtschaft fester Fuß zu fassen. Gleichzeitig dokumentieren sie ein sich immer deutlicher abzeichnendes Problem, das den „Arisierungs"-Prozess erheblich belastete, nämlich den Mangel an kapitalkräftigen, fachlich qualifizierten Anwärtern auf jüdische Unternehmen. An das Beratungsbüro der BEB wendeten sich die Filialen der Deutschen Bank, die für ihre Klienten Informationen über die „Arisierungs"-Möglichkeiten im Protektorat einholen wollten und häufig auch einzelne Interessenten, die die „Arisierung" einer ganz konkreten jüdischen Firma planten. Die BUB gewährte ihnen – genau wie die BEB – Informationen über jüdische Unternehmen und offerierte Berater- und Maklerdienste, die auf den Abschluss eines Kaufvertrags abzielten. Der erfolgreiche Abschluss eines jeden „Arisierungs"-Falles brachte ihr eine Vermittlungsprovision ein. Zudem gewann die Bank in den meisten Fällen auch einen neuen Bankkunden in Gestalt der „arisierten" Firma, wodurch die Zahl ihrer Kontokorrentgeschäfte stieg, was sich wiederum auf der Gewinnseite niederschlug. Das Interesse sudeten- und auch reichsdeutscher Firmen an „Arisierungen" war größtenteils vom Bestreben motiviert, das eigene Vermögen zu mehren, doch gab es auch andere Motive, die sich aus der Wirtschafts- und Geschäftsstrategie der jeweiligen Firma ergaben.

Als Tochterunternehmen der im Reich ansässigen Deutschen Bank im Protektorat gab die BUB den Interessen von sudeten-, also reichsdeutschen Unternehmern auf Kosten der Protektoratswirtschaft den Vorzug. Sie kam jenen sudetendeutschen Unternehmern entgegen, die mit Hilfe der „Arisierung" ihre Aktivitäten zu erweitern bzw. die wirtschaftlichen Probleme ihrer Firmen lösen konnten. Als Beispiel kann hier die „Arisierung" der jüdischen Protektoratsfirma Karl Pfefferkorn, Mechanische Weberei in Dolní Kalná dienen, bei der die eigentliche Weberei mit ihren 416 Webstühlen nur eine zweitrangige Rolle spielte. In Wirklichkeit ging es hier um die Zuteilung eines Baumwollgarnkontingents, das Ende 1939 annähernd 25.000 Kilogramm monatlich umfasste und die Aufmerksamkeit sudetendeutscher Textilunternehmer aus Warnsdorf geweckt hatte.[465] Deren Fabriken produzierten zwar als grundlegendes Halbfabrikat Rohgewebe, allerdings in zu geringen

464 Im gesamten Schriftmaterial, das aus der Tätigkeit der BUB hervorgegangen und in der Registratur des Finanzministeriums der ČR hinterlegt ist, wurden bislang nur zwei Faszikel zu deren Maklertätigkeit gefunden. Eine weitaus reichere Erschließungsmöglichkeit bietet der Fond ‚Arisierungsakten' im Nationalarchiv Prag. Im Hinblick auf dessen Umfang und Aufarbeitung (die Akten sind nach den Namen der „arisierten" natürlichen oder juristischen Personen abgelegt, so dass es ohne gründliches Studium nicht möglich ist, die „Arisierungs"-Form und – weise festzustellen) mussten sich die Autoren auf die Vornahme einiger Stichproben beschränken.

465 Registratur MF ČR Praha, Registratur BUB, Paket 9964, Karl Pfefferkorn, Mechanische Weberei, Dolní Kalná, Schreiben der Firma Franz Liebisch Söhne, Warnsdorf, von 19.12.1939 an die „Arisierungsabteilung" des ARP.

Mengen, weshalb sie auf Sublieferanten angewiesen waren. Deren Zahl nahm jedoch rasch ab: Die tschechischen Hersteller im Protektorat bauten eigene Verarbeitungsbetriebe auf, und die jüdischen Firmen waren infolge ihrer „Arisierung“ von der Bildfläche verschwunden. Als bedeutendster Rohgewebelieferant für die Textilfabriken in Warnsdorf verblieb im Wesentlichen nur die Firma Pfefferkorn in Dolní Kalná.[466]

Im Mai 1939 bewarb sich der frühere Textilarbeiter Gerhard Honemeyer beim ARP um die Weberei in Dolní Kalná zwecks Erweiterung seiner Firma Honemeyer & Pilz, Taschentuchfabrik in Hennersdorf bei Hohenelbe (Reichsgau Sudetenland), die durch „Arisierung“ aus einem früheren jüdischen Betrieb hervorgegangen war.[467] Das ARP hatte einen gewissen Jünschke als Treuhänder in die Weberei eingesetzt und mit der Vollmacht ausgestattet, diese zu verpachten. Jünschke einigte sich mit Honemeyer und schloss über den Reichenberger Rechtsanwalt Dr. Rudolf Schicketanz mit diesem einen Pachtvertrag ab, den sie zur Genehmigung dem Reichsprotektor vorlegten.[468] Laut Informationen der Reichenberger Filiale der Deutschen Bank, die Geschäftsverbindungen mit den Warnsdorfer Unternehmern unterhielt, führte Honemeyer sich in der Weberei von Rudolf und Otto Pfefferkorn fast wie deren Besitzer auf. Er nutze von deren Maschinenpark nur die Webstühle, die die gleiche Ware wie die von ihm „arisierte“ Fabrik in Hennersdorf herstellten, d. h. die Weberei der Firma Pfefferkorn fuhr nur 17 Prozent ihrer Leistung. Gleichzeitig begann er mit dem Abtransport der Textilhalbfabrikate, was die auf deren Lieferungen weitgehend angewiesenen Warnsdorfer Textilfabrikanten in Unruhe versetzte.

Einer von ihnen, Walter Liebisch, Inhaber der Firma Franz Liebisch Söhne, Warnsdorf, wandte sich daher an die Reichenberger Filiale der Deutschen Bank mit der Ersuchen, ihm den Kauf, d. h. die „Arisierung“ der Weberei Pfefferkorn in Dolní Kalná zu vermitteln. Da es sich um einen relativ großen Betrieb handelte, fanden sich zu ihrer „Arisierung“ zwei weitere Textilfabrikanten aus Warnsdorf bereit – Emil Wolf und Moritz Schnitzer. Alle drei hatten ein gemeinsames Interesse daran, sich die Lieferungen der Firma Pfefferkorn zu sichern, der die Wirtschaftsbehörden des Protektorats ein nicht geringes Rohstoffkontingent zugeteilt hatten. Die Bedeutung der Weberei für die Textilindustrie in Warnsdorf und Umgebung veranlasste den Präsidenten der Wirtschaftskammer im Reichsgau Sudetenland, Emil Kreibich, den „Arisierungs“-Antrag der drei Unternehmer zu unterstützen. Im Spiel waren dabei zudem persönliche Gründe, da Kreibich mit Liebisch verwandt war.[469] Dass den Bewerbern weniger an der „Arisierung“ der Firma Pfefferkorn als vielmehr an den Rohstoffen gelegen war, belegt eine Stellungnahme der Firma Franz Liebisch Söhne: Diese erklärte, sie würde sofort das Interesse an der „Arisierung“ verlieren, wenn ihr der Bau einer weiteren Etage für 400 Webstühle genehmigt und von der

466 Ebd., Schreiben der Firma Franz Liebisch Söhne vom 15.2.1940 an R. Stier.

467 Ebd., Schreiben der Firma Franz Liebisch Söhne vom 19.12.1939 an die „Arisierungsabteilung“ des ARP.

468 Ebd., Schreiben der Deutschen Bank – Filiale Reichenberg vom 6.11.1939 an die BUB.

469 Ebd., Schreiben der Deutschen Bank – Filiale Reichenberg vom 6. und 29.11.1939 an die BUB (Beratungsbüro).

Berliner Reichsstelle für Baumwollgarne und – gewebe ein monatliches Kontingent von 25.000 Kilogramm Baumwollgarn zuerkannt würde.[470]

Da Liebisch ein „ausgezeichneter Kunde" der Deutschen Bank war, wandte sich deren Reichenberger Filiale an die BUB mit der Anforderung, beim ARP zu dessen Gunsten zu intervenieren. Dabei stellte letztere umgehend fest, dass es noch mehr Anwärter auf die Firma Pfefferkorn gab, z. B. die Firma Friedländer Linnen Ges. Krolop & Co, Friedland, und dass man zudem in der Abteilung Wirtschaft beim ARP entschlossen war, von Verpachtungen jüdischer Unternehmen abzusehen.[471] Wollte Honemeyer die Weberei in Dolní Kalná halten, blieb ihm somit nichts anderes übrig, als sich selbst um deren „Arisierung" auf dem Verkaufsweg zu bewerben. Zur gleichen Zeit entschlossen sich die beiden Inhaber zum Verkauf, einer von ihnen wandte sich an die BUB mit der Bitte, ihm einen Interessenten zu empfehlen.[472] Das tat diese umgehend und empfahl – ganz im Sinne der Deutschen Bank – Liebisch. Die Inhaber der Firma Pfefferkorn, die mit Honemeyer bereits ungute Erfahrungen gemacht hatten, akzeptierten diese Empfehlung und erklärten sich bereit, Liebisch ihre Firma zu verkaufen. Die Abteilung Wirtschaft beim ARP zögerte aber noch. Zwar gab man dort als künftigem „Arisierer" immer noch Honemeyer den Vorzug, doch stand außer Frage, dass die Firma Liebisch ein Interessent war, „für den die Erwerbung von Pfefferkorn wirtschaftlich wichtiger sei".[473] Mitte Januar 1940 vermittelte die BUB Liebisch ein Treffen mit Rudolf Stier, dem Referenten für „Arisierung" im ARP. Dieser zeigte Verständnis für die wirtschaftlichen Gründe, aus denen sich Liebisch um die „Arisierung" der Pfefferkorn'schen Weberei bemühte. Er legte ihm nahe, sich mit Honemeyer zu verständigen, doch jeder Versuch, beide Konkurrenten zusammen zu bringen, scheiterte letztendlich.[474] Durch ihre persönlichen Verbindungen zu Stier gelang es schließlich der BUB, Liebisch auf Platz eins unter den Bewerbern um die „Arisierung" der Firma Pfefferkorn zu schieben, wobei dessen Entscheidung offenbar von dem Argument beeinflusst wurde, dass „das Protektorat sich den wirtschaftlichen Gründen zu einer Arisierung durch Liebisch nicht verschließen könne".[475] Es sollte sich aber bald herausstellen, dass die BUB in diesem Fall noch lange nicht gewonnen hatte. Honemeyer gab nicht auf und ließ seine Beziehungen spielen, die bis in die Abteilung Wirtschaft beim ARP reichten. Sein Rechtsanwalt, Dr. Schicketanz, setzte die beiden Inhaber der Weberei, Rudolf und Otto Pfefferkorn, unter Druck, den Kaufvertrag mit seinem Mandanten zu unterschreiben.[476] Anfang Mai hatte es den Anschein, dass Honemeyer gewonnen hatte – der Reichsprotektor lehnte Liebischs Antrag

470 Ebd., Schreiben der Firma Franz Liebisch Söhne vom 19.12.1939 an den Reichsprotektor für Böhmen und Mähren.

471 Ebd., Schreiben der BUB (Beratungsbüro) vom 7.12.1939 an die Deutsche Bank – Filiale Reichenberg.

472 Ebd., Notiz – Karl Pfefferkorn, Mechanische Weberei, Dolní Kalná, vom 7.12.1939.

473 Ebd., Notiz – Karl Pfefferkorn, Mechanische Weberei, Dolní Kalná, vom 15.12.1939.

474 Ebd., Notiz vom 17.1.1940 und 3.2.1940; ebd., Schreiben von W. Liebisch vom 16.2.1940 an die BUB.

475 Ebd., Notiz vom 3.4.1940.

476 Ebd., Schreiben von Dr. R. Schicketanz vom 12.4.1940 an R. und O. Pfefferkorn.

auf die „Arisierung" der Firma Pfefferkorn ab. Er hatte jedoch den Einfluss der BUB unterschätzt, die augenblicklich an den verschiedensten Stellen intervenierte, insbesondere bei dem einflussreichen Präsidenten des Zentralen Industrieverbands für Böhmen und Mähren, Bernhard Adolf, dem früheren Sekretär des Hauptverbands der Industrie in Reichenberg und prominenten Mitglied von Henleins Sudetendeutscher Partei. Dessen persönliche Intervention machte die ganze Angelegenheit rückgängig. Schon Mitte Mai hob der Reichsprotektor seinen erst vierzehn Tage alten Entscheid wieder auf und erteilte Liebisch seine Zustimmung zum Abschluss des Kaufvertrags mit den Inhabern der Weberei in Dolní Kalná, also zu deren „Arisierung".[477]

Bei den Verhandlungen mit den jüdischen Inhabern erwies sich der Kaufpreis als Problem: Die Inhaber der Firma Pfefferkorn verlangten vier Millionen, aber Liebisch war nur bereit, bis zu zwei Millionen zu gehen. Durch Zutun der BUB wurde der Kaufpreis vorläufig auf 2,3 bis 2,5 Millionen festgesetzt, im September 1940 sollte die „Arisierung" der Firma Pfefferkorn ihren Abschluss finden. Dabei strich die BUB mindestens den Standardgewinn ein, also zwei Prozent Provision in Höhe von annähernd 50.000 Kronen und die Aufnahme der Bankverbindung.[478]

Auch für andere Textilfirmen aus dem Reichsgau Sudetenland bot die „Arisierung" jüdischer Firmen im Protektorat die Gelegenheit, die nach der Münchner Konferenz unterbrochenen Geschäftsbeziehungen wieder anzuknüpfen, nachdem das tschechische Grenzgebiet vom Dritten Reich einverleibt worden war. Ähnliche Schwierigkeiten wie die, mit denen die Textilfabriken in Warnsdorf und Umgebung zu kämpfen hatten, trafen auch die Webereien in Zwittau, in deren Umgebung sich keine einzige Baumwollspinnerei befand. Im gesamten Ostteil des Gaus arbeiteten nur zwei solche Spinnereibetriebe – die Firmen Wilhelm Brass & Söhne, Hohenstadt, und J. Seidl & Co., Zautkai bei Mährisch Schönberg, doch reichte deren Kapazität nicht aus, um den Bedarf aller Webereien zu decken. Dr. Bergmann, Inhaber der Firma Johann Heinrich Bergmann, Zwittau, entschloss sich daher, das Versorgungsproblem seiner Weberei mit Baumwollgarn durch die „Arisierung" der nur 43 Kilometer entfernten Baumwollspinnerei und Weberei M. Robitschek & Co. in Chotzen zu beheben.[479] Im ARP erhielt er zunächst die Zusicherung, dass diese jüdische Firma niemandem anderen zugeteilt werden solle als ihm.[480] Die „Arisierungs"-Verhandlungen erwiesen sich jedoch als kompliziert und langwierig, hauptsächlich aufgrund der Versuche Bergmanns den Kaufpreis zu drücken. Das ARP hatte diesen ursprünglich mit 1.600.000 Reichsmark angesetzt, später jedoch in Anbetracht der anfallenden Investitionen um 300.000 Reichsmark gesenkt.[481] Bergmann fand den Betrag dennoch zu hoch, er kalkulierte mit einem weiteren Nachlass bis auf die

477 Ebd., Notiz vom 21.5.1940.

478 Ebd., Notizen vom 21.5. und 5.9.1940.

479 Ebd., Anm. 337, M. Robitschek & Co., Chotzen, Schreiben der Firma Johann Heinrich Bergmann, Zwittau, vom 16.6.1939 an die „Arisierungsabteilung" des ARP.

480 Ebd., Schreiben der Firma Johann Heinrich Bergmann, Zwittau, vom 23.8.1939 an die BUB.

481 Ebd., Notiz vom 11.9.1941.

Grenze von einer Million Reichsmark. Die BUB hegte Befürchtungen, dass er mit seiner Haltung die „Arisierungs"-Verhandlungen zum Scheitern bringen könnte.[482]

Die „Arisierung" der Firma Robitschek & Co. wurde zudem von der im Sommer 1941 erfolgten Konfiskation des Betriebes erschwert. Daher verlangte Dr. Bergmann von der BUB, sowohl im ARP als auch bei der Gestapo vorzufühlen, ob er überhaupt Aussichten auf den Kauf der Chotzener Spinnerei hätte. Für den Fall einer negativen Auskunft sollte die Bank für ihn die Möglichkeiten zur „Arisierung" anderer jüdischer Firmen, deren etwaigen Kauf er erwog, überprüfen. Sein Interesse galt dabei den Brünner Firmen D. Hecht und der Vereinigten Schafwollefabrik A.G.[483] Auf Wunsch von Dr. Bergmann nahm das ARP eine Neutaxierung des Firmenvermögens von M. Robitschek & Co. vor – Grundstücke, Werkhallen mit Maschineneinrichtung und firmeneigene Villen wurden dabei auf einen Wert von 12,5 Millionen Kronen veranschlagt. Die Gestapo verlangte jedoch gemäß den Vorschriften über den Verkauf von konfisziertem Vermögen eine sofortige Entrichtung des Kaufpreises in bar.[484] Die BUB verhandelte somit mit dem Vermögensamt beim Reichsprotektor in Böhmen und Mähren, der „Arisierungsabteilung" im ARP und der Gestapo, die schließlich auf Bergmanns Forderung eingingen, die Raten über das laufende Jahr verteilen zu dürfen. So wurde am 28. Januar 1942 endlich der Kaufvertrag unterzeichnet, aufgrund dessen die Firma Johann Heinrich Bergmann, Zwittau, die Firma M. Robitschek & Co. „arisierte". Offenbar wurde auf Betreiben des Vermögensamtes der Kaufpreis heraufgesetzt, und zwar auf 16,9 Millionen Kronen einschließlich Zinsen, wobei 6,8 Millionen sofort und der Rest in drei Vierteljahresraten zu entrichten war.[485] Unter dem Druck der Ereignisse willigte Bergmann ein, doch spielte er immer noch mit dem Gedanken auf, den Preis wenigstens auf 12,4 Millionen herunter zu handeln.[486] Er musste jedoch bald einsehen, dass seine Bemühungen vergebens waren und sogar die ganze „Arisierung" in Gefahr bringen konnten. Bergmann akzeptierte somit die Kaufsumme und erklärte sich bereit, den gesamten Preis auf einmal zu zahlen, um wenigstens die Zinsen zu sparen.[487] Die BUB unterbreitete seinen Vorschlag dem Vermögensamt, doch dessen Antwort musste den offensichtlich etwas knauserigen Bergmann geradezu schockieren: Unter Berufung auf die entsprechenden Richtlinien teilte ihm das Vermögensamt nämlich mit, dass die in den Kaufpreis einberechneten Zinsen nicht nachträglich in Abzug gebracht werden können.[488] Der Poker um den Kaufpreis, der die BUB so sehr beunruhigt hatte, brachte ihr letztlich ein unerwartet

482 Ebd., Notiz vom 9.10.1941.

483 Ebd., Notiz vom 11.9.1941.

484 Ebd., Notiz vom 13.11.1941 – Robitschek-Bergmann.

485 Ebd., Schreiben der Firma Johann Heinrich Bergmann, Zwittau, vom 5.3.1942 an das Vermögensamt beim Reichsprotektor in Böhmen und Mähren.

486 Ebd., Notiz vom 12.2.1942.

487 Ebd., Schreiben der Firma Johann Heinrich Bergmann, Zwittau, vom 5.3.1942 an das Vermögensamt beim Reichsprotektor in Böhmen und Mähren; Schreiben des Geschäftsführers Johann Heinrich Bergmann, Zwittau, Max Bergmann vom 5.3.1942 an die BUB.

488 Ebd., Schreiben der BUB vom 17.3.1942 an Max Bergmann.

gutes Ergebnis – nicht nur in Gestalt eines neuen Bankkunden, sondern auch mit einer Vermittlerprovision, die mutmaßlich bei 320.000 Kronen gelegen haben dürfte.

Die hier angeführten Beispiele für die „Arisierung" der jüdischen Firmen Karl Pfefferkorn und Robitschek & Co. durch sudetendeutsche Unternehmer waren vom Bestreben geleitet, die erforderlichen Zulieferer für die eigene Produktion zu sichern. Die „Arisierung" einer „geeigneten" Firma bot aber auch Gelegenheit zu geschäftlicher Expansion und Erweiterung der Absatzmöglichkeiten. Eine solche war beispielsweise die Firma Polický-Popper A.G., Praha, zu der eine Schuhfabrik in Chrudim, eine Gerberei in Jermer und vor allem ein ausgedehntes Netz von firmeneigenen Schuhgeschäften gehörten. Im Reichsgau Sudetenland lagen 17, im Protektorat 34, in der Slowakischen Republik 14, in Budapest zwölf Filialen. Die Firma beschäftigte 1.800 Mitarbeiter und erwirtschaftete einen Jahresumsatz von rund 200 Millionen Kronen.[489] Sie stellte also ein bedeutendes Unternehmen dar, an dessen „Arisierung" freilich nur finanzstarke Firmen aus der Leder-und Schuhbranche denken konnten. Solche gab es im Reichsgau Sudetenland nicht, dafür zeigten aber im „Altreich" gleich zwei reges Interesse – die Lederfirma Carl Freudenberg & Co. aus Weinheim, die von der Mannheimer Filiale der Deutschen Bank empfohlen wurde, und die Firma Rieker & Co., Schuhfabrik in Tuttlingen, die vor allem mit der Commerzbank Stuttgart zusammenarbeitete und nur in Einzelfällen mit der Deutschen Bank. An den eigentlichen Fabriken von Polický-Popper war ihnen nicht gelegen, für sie war vor allem das Ladennetz von Bedeutung.[490]

Das Aktienkapital der Firma Polický-Popper A.G. gehörte zu 64 Prozent den Tschechen František und Stanislav Polický, der Rest war zu je zwölf Prozent im Besitz von Mitgliedern der jüdischen Familie Popper. Aus der Perspektive der „Nürnberger Gesetze" war nur der älteste von ihnen, Franz Popper, ein „Volljude", die anderen beiden Familienmitglieder galten als „Halbjuden". Franz Popper versuchte, seinen Aktienanteil durch Überführung auf seinen deutschen Schwiegersohn Waldemar von Belnay zu retten, was ihm jedoch nicht gestattet wurde. Im Bestreben, den „jüdischen" Firmenanteil zu senken, wandte sich Popper daraufhin über seinen Sohn an die BUB, sie möge doch einen Käufer für seine Aktien finden. Die Chance zum Verkauf eines Minderheits-Aktienpaketes eines Familienbetriebs, wofür im Hinblick auf die Größe des Unternehmens eine relativ hohe flüssige Summe erforderlich war, bewertete die BUB eher skeptisch und verwarf sie vollständig, als sie den Standpunkt von Stier, dem Leiter der „Arisierungsabteilung" des ARP, erfuhr. Dieser forderte kompromisslos, dass der gesamte „jüdische Anteil" an der Firma zur „Arisierung" angeboten werden müsse.[491]

Die Verhandlungen mit den Inhabern der Firma Polický-Popper führten im Sommer 1940 zur Übereinkunft, dass die Familie Popper ihr gesamtes Aktienpaket in Höhe von 36 Prozent verkaufen und die Familie Polický auf ihr Vorkaufrecht verzichten werde. Ebenso werde letztere der Konstruktion eines Syndikatsvertrags mit dem künftigen Teilhaber – der Firma Rieker & Co. als „Arisierer" der Familie Popper – zustimmen, die beiden Seiten

489 Ebd., Polický & Popper A.G., Leder-und Schuhfabrik Chrudim, Notiz vom 7.12.1939.

490 Ebd., Brief von Richard Freudenberg vom 12.8.1940 an W. Bertsch.

491 Ebd., Notizen vom 7. und 21.12.1939.

bei Entscheidungen das gleiche Gewicht zuerkannte. Die Familie Polický sollte das alleinige Entscheidungsrecht über die Lederfabrik Jermer haben, die Firma Rieker & Co. hingegen über die Schuhfabrik Chrudim sowie das gesamte Verkaufsnetz.[492] Nachdem die Nordböhmische Treuhandgesellschaft für die 36 Prozent der Aktien der Firma Polický-Popper den Kaufpreis bestimmt und der Reichsprotektor diesen genehmigt hatte, kamen die „Arisierungs"-Verhandlungen unerwartet in Bewegung und erlebten wiederholte Umschwünge, bei denen sich die beiden reichsdeutschen Interessenten Freudenberg & Co. und Rieker & Co. mehrfach in der Siegerrolle abwechselten. Streitursache war die Kaufpreishöhe – so war Rieker beispielsweise nur bereit, bis maximal 20 Millionen Kronen zu zahlen.[493] Der vom Reichsprotektor gebilligte Kaufpreis betrug aber 28 Millionen, daneben waren noch weitere vier Millionen als Ausgleichsabgabe fällig.[494] Das ARP war nicht gewillt, Preisnachlässe zu gewähren und den „Arisierungs"-Anwärtern blieb also nichts anderes übrig, als ihre Einwände fallen zu lassen. Aus einem Brief des Rechtsvertreters der Firma Freudenberg & Co. geht hervor, dass die Firma Rieker & Co. der Favorit der BUB war. Offensichtlich entschloss sich auch der Reichsprotektor auf Interventionen der Bank, seine Zustimmung zum Verkauf der Aktien von Polický-Popper an Rieker & Co. zu geben.[495]

Die deutschen Behörden hatten weder im Reich noch im Protektorat eine glückliche Hand bei ihrem Vorhaben, mit Hilfe des „Arisierungs"-Prozesses einen Zustrom kapitalkräftiger deutscher Unternehmer aus dem „Altreich" oder den von diesem beherrschten Gebieten ins Protektorat zu fördern. Bei diesen Bemühungen sollten ihnen auch die deutschen Banken behilflich sein. Die aus Osteuropa, beispielsweise aus Rumänien umgesiedelten Deutschen waren größtenteils nicht wohlhabend, und wenn sie sich an der „Arisierung" von jüdischen Vermögen beteiligten, handelte es sich größtenteils um Gewerbebetriebe oder bäuerliche Anwesen, zu deren Erwerb sie nach Krediten Ausschau hielten. Dennoch gab es auch einzelne Umsiedler mit beträchtlichen finanziellen Mitteln und gesellschaftlichen Kontakten. Sie kamen unter anderem aus dem Baltikum, das sie infolge der sowjetischen Besetzung verlassen hatten, um eine neue Existenzgrundlage im „großdeutschen Raum" zu suchen. In Deutschland und Österreich war die „Arisierung" mehr oder weniger abgeschlossen, doch im Protektorat lief sie gerade erst an, so dass sich hier eine verlockende Aussicht zum Aufbau einer „neuen Existenz" bot.

Als Repräsentant des Typs „arisierender" Umsiedler im böhmischen Raum kann Wilhelm Wiechert dienen: Dieser hatte bis Juni 1940 in Riga eine ihm gehörende Textilgroßhandlung geführt, die er jedoch – ebenso wie seine beiden Häuser – bei der sowjetischen Besetzung Litauens verlor. Wiechert war Parteigenosse und SS-Angehöriger, er hielt sich für einen „Pionier des Deutschtums im Osten und sah ähnliche Möglichkeiten im Protektorat".[496] So kam er im Frühjahr 1941 nach Prag und besuchte unter Berufung

492 Ebd., Notiz vom 8.8.1940.
493 Ebd.
494 Ebd., Notiz vom 7.12.1940.
495 Ebd., Brief von Dr. Jens Heinz Peters vom 17.1.1941 an E. Gaertner in der BUB.
496 Ebd., Brüder Perutz, Mechanische Weberei Prag, Brief von W. Wiechert vom Januar 1942 an die BUB.

auf eine Empfehlung von Baron Eugen Kubinzky-Vodvarzka, dem Mitinhaber der Firma Friedrich Kubinzky (Spinnerei und Weberei) A.G., Praha, und Kunden der BUB, die Beratungsabteilung der genannten Bank, um Informationen über die Möglichkeiten zur „Arisierung" eines Textilbetriebs oder Textilgroß- und Einzelhandels einzuholen. Er interessierte sich konkret für die mittelgroße jüdische Firma Brüder Perutz, Mechanische Weberei in Prag, die aber von den Besatzungsorganen zur Auflösung vorgesehen war.[497] Da sich drei der vier Inhaber der Firma Brüder Perutz „an unbekanntem Ort" aufhielten, war die Firma im Mai 1940 von der Gestapo konfisziert worden. Wiechert kannte die Firma Perutz und deren Herstellungsprogramm, da er in Litauen als deren Vertreter tätig gewesen war. Er kannte sich auch gut in der tschechischen Textilindustrie aus, da seine Firma vor der Auflösung Waren vieler tschechischer Textilhersteller nach Litauen importiert hatte.[498] Er ließ sich daher auch über die „Arisierungs"-Möglichkeiten weiterer jüdischer Firmen informieren, die er aus seiner Berufspraxis kannte, so beispielsweise die Firma A. Brok, Prag, die mit ihrem Stoffgroßhandel bis zu zehn Millionen Umsatz erzielte und deren auf drei Millionen festgesetzter Kaufpreis für ihn erschwinglich war. Diese Firma war von der Gestapo konfisziert worden, da sich ihre Inhaber Arthur und Robert Brok „ins feindliche Ausland" abgesetzt hatten. Allerdings war sie nicht mehr frei – um ihre „Arisierung" bewarb sich bereits der Wiener Unternehmer Jahn, Inhaber der Firma Rosenberg & Barta, der nach Aussage der BUB sogar große Erfolgschancen hatte.[499] Wiechert stellte jedoch auch für die BEB einen vielversprechenden künftigen Kunden dar, der ihr die Bankverbindung mit der zu „arisierenden" Firma versprach und außer Empfehlungen nach eigenen Worten zudem über einen Betrag von 400.000 Reichsmark verfügte.[500] Sie suchte ihm daher entgegen zu kommen, obwohl sie mit Bedauern feststellen musste, dass die bedeutenderen Firmen in Prag wie im ganzen Protektorat, die sich mit der Herstellung von Herrenwäsche befassten und denen Wiecherts vordringliches Interesse galt, bereits „arisiert" waren. Eine Ausnahme bildete lediglich die Prager Firma Josef Feigl im Wert von sechs Millionen Kronen, deren „Arisierung" ungeachtet einer beträchtlichen Interessentenzahl noch offen war.[501]

Mit dem Auftauchen Wiecherts, der das Ideal eines durch Fachkenntnis, Finanzkraft und nationalsozialistischer Gesinnungstreue definierten „Arisierers" verkörperte, revidierte die Abteilung Wirtschaft beim ARP den ursprünglichen Entschluss zur Liquidierung der Firma Brüder Perutz. Schon bald jedoch sollte der Verwaltungsprozess ihrer „Arisierung" auf unverhoffte Hindernisse stoßen: Deutschland hatte seinen Angriff auf die Sowjetunion begonnen und in der Erwartung eines nur kurzen Krieges im Osten wurde bereits die deutsche Besiedlung des besetzten russischen Gebiets geplant, wobei auch die Rückkehr der deutschen Umsiedler vorgesehen war. Wiechert sollte ursprünglich genau wie andere Ostumsiedler für sein in der Sowjetunion zurück gelassenes Vermögen

497 Ebd., Notiz – Brüder Perutz, Weberei Prag vom 25.4.1941.
498 Ebd., Brief von W. Wiechert an den Reichsprotektor (Mai 1941).
499 Ebd., Schreiben der BUB (Dr. Weber) vom 6.5.1941 an W. Wiechert.
500 Ebd., Notiz – Brüder Perutz, Weberei Prag vom 25.4.1941.
501 Ebd., Schreiben der BUB (Dr. Weber) vom 6.5.1941 an W. Wiechert.

über die Umsiedler-Treuhand A.G., Berlin, finanziell entschädigt werden,[502] doch diese verweigerte im Hinblick auf die nun propagierten Ostsiedlungspläne die Freigabe des vereinbarten Betrages von 400.000 Reichsmark. Auch wenn ihm als Umsiedler die so genannte Ausgleichsabgabe erlassen wurde, betrug der Kaufpreis der Firma Brüder Perutz zehn bis zwölf Millionen Kronen, wobei die Taxierung durch die Firma OMNIA wesentlich höher lag, und zwar zwischen 15 und 20 Millionen Kronen. Damit schrumpften die finanziellen Mittel, über die Wiechert frei verfügen konnte, auf ein Konto mit einer Einlage von einer halben Million Kronen bei der BUB und rund eine Million aus Provisionen für Geschäfte in Deutschland, deren Einziehung diese Bank auch übernommen hatte. All das war für eine „Arisierung" der Firma Brüder Perutz zu wenig. Wiechert brauchte eine Bürgschaft, doch die Umsiedler-Treuhand A.G., Berlin, weigerte sich, eine Bestätigung über den auszuzahlenden Betrag auszustellen und wies darauf hin, dass sein Vermögen in Riga bislang noch nicht abgerechnet worden sei. Diese für Wiechert unangenehme Situation half Baron Kubinzky-Vodvarzka zu überbrücken, indem er die erforderliche Bürgschaft seitens der Firma Friedrich Kubinzky A.G., Praha, anbot.[503]

Gleichzeitig gab die BUB den Anstoß zu Verhandlungen zwischen der Berliner Zentrale der Deutschen Bank und der Deutschen Umsiedlungs-Treuhand-Gesellschaft m.b.H., die unter Berufung auf die Vorschriften über die Gewährung von Krediten, herausgegeben vom Reichsführer SS, Reichskommissar für die Festigung deutschen Volkstums, bereit war, bei der BUB einen Kredit zu eröffnen, sofern Wiechert um diesen anhängig werden sollte. Wiechert lehnte diese Möglichkeit jedoch ab und beschloss, ein günstigeres Darlehen als den angebotenen reichsverbürgten Kredit aufzunehmen.[504] Im Sommer 1941 wurde Wiechert vom ARP zum Treuhänder der Brüder Perutz bestellt,[505] verwaltete als Treuhänder auch die Wäschefabrik Feigl[506] und bemühte sich auch um die „Arisierung" des zweiten kleineren Prager Betriebs der Firma Brüder Perutz. Die BUB leistete ihm bei seinen „Arisierungs"-Versuchen volle Unterstützung. Ein Teil der Entlohnung war ihr dabei auch das Ausstechen der BEB, denn Wiechert hielt seine Versprechen und überführte die Geldgeschäfte aller von ihm geleiteten Betriebe auf die BUB.[507] Die „Arisierung" der Firma Brüder Perutz, Mechanische Weberei, Prag-

502 Die Umsiedler-Treuhand A.G., Berlin, war eine Schwestergesellschaft der Deutschen Umsiedlungs-Treuhandgesellschaft m.b.H., Berlin.

503 Registratur MF ČR Praha, Anm. 337, Brüder Perutz, Mechanische Weberei Prag, Notizen vom 7.7. und 14.7.1941.

504 Ebd., Schreiben der Deutschen Bank – Sekretariat, Berlin vom 14.7.1941 an die BUB – Beratungsbüro (Arisierungen); ebd., Schreiben der Deutschen Umsiedlungs-Treuhand-Gesellschaft m.b.H., Berlin, vom 6.8.1941 an die BUB Prag.

505 Ebd., Brief von W. Wiechert vom Januar 1942 an die BUB.

506 Im März 1942 wurde die BUB von einem gewissen Rosenmüller kontaktiert, der vom Balkan ins Protektorat übersiedeln und sich mit Hilfe der BUB um die „Arisierung" der Firma Feigl bemühen wollte. Rosenmüller hatte im Hinblick auf seine Beziehungen zur Firma Riensch & Held aus dem Köster-Konzern unter den deutschen Unternehmern eine starke Position. Ebd., Notiz – Brüder Perutz, Mechanische Weberei Prag vom 27.3.1942.

507 Ebd., Notiz – Brüder Perutz, Baumwollspinnereien, Webereien, Färberei, Bleiche, Appretur, Prag vom 9.1.1942.

Lieben, gelangte Mitte Mai 1942 zum Abschluss, wobei diese mit allen ihren Immobilien für 12.700.000 Kronen an W. Wiechert verkauft wurde. Da dieser gewissermaßen ein Prominenter war, wurde der Zahlungskalender seinen finanziellen Möglichkeiten angepasst: Bis Ende Mai 1941 sollte er 3,7 Millionen Kronen zahlen, den Restbetrag dann im Lauf von zehn Monaten in drei Raten zu je drei Millionen.[508] Aus dem Abschluss dieses Geschäfts floss der BUB eine „Arisierungs“-Provision in Höhe von einer Viertelmillion Kronen zu.

Die deutschen Banken nahmen sich der Gesuche deutscher Auslandheimkehrer um Hilfe bei der „Arisierung“ jüdischer Unternehmen mit Vorliebe an, da diese von den Besatzungsbehörden im Protektorat bei „Arisierungen“ bevorzugt wurden und die Banken in ihnen neue Kunden gewannen. Ein Beispiel für einen solchen Heimkehrer liefert Valentin Ehm, der sich aus dem schwedischen Tidan an die BUB wandte und bat, ihm die „Arisierung“ einer jüdischen Textilfirma zu vermitteln.[509]

Die Bank suchte ihm die Tuchfabrik Josef Rotter, G.m.b.H., Wühr, aus, deren Kaufpreis jedoch seine finanziellen Möglichkeiten überstieg. Ehm besorgte sich bei einem weiteren Geldinstitut, der Kreditanstalt der Deutschen (KdD), einen reichsverbürgten Kredit, doch auch diese Summe war noch nicht ausreichend.[510] Die BUB wollte Ehm als Kunden behalten und suchte deshalb unter ihren Kunden nach einem geeigneten finanzstarken stillen Teilhaber. Es kostete sie nicht viel Mühe, mit dem Tabakfabrikanten A. F. Zoellner, Zwittau, überein zu kommen, der daran interessiert war, einen Teil seiner freien Finanzmittel in Höhe von 200.000 Reichsmark in eine Textilfabrik zu investieren.[511] Mit dessen Hilfe und einem reichsverbürgten „Arisierungs“-Kredit konnte Ehm für die Firma Josef Rotter G.m.b.H. sowohl den Kaufpreis als auch die Ausgleichsabgabe von insgesamt 3,9 Millionen Kronen begleichen. Er hatte seinen „Arisierungs“-Erfolg beiden Geldinstituten, der KdD und der BUB, zu verdanken, die sich dann das Bankgeschäft mit ihm teilen mussten.

Die BUB beteiligte sich in bedeutendem Umfang auch an der Vermittlung des Verkaufs von Betrieben jüdischer Eigentümer, denen rechtzeitig die Flucht ins Ausland geglückt war. Einer von ihnen war Jan Pick, der sich in London aufhielt. Pick war Eigentümer der Firma Edmund Pick, Mechanische Weberei in Groß-Porschitsch bei Nachod, zu der noch eine Strumpffabrik gehörte – die Trikotex A.G. in Chrast. Die Weberei bestand aus einem Betrieb mit 500 dampfgetriebenen Webstühlen und drei- bis vierhundert Arbeitern. Trikotex war bereits ein moderner Betrieb, noch vor Entstehung

508 Ebd., Kaufvertrag vom 15.5.1942. Im Protektorat verblieb nur einer der Inhaber der von der Gestapo beschlagnahmten Firma Brüder Perutz, und zwar Leo Perutz. Dieser wurde kurz nach Unterzeichnung des Kaufvertrags am 26.5.1942 in das Ghetto Theresienstadt deportiert, zwei Jahre später nach Auschwitz. Schindler, Zdeněk / Kárná, Margita / Linhartová, Lenka / Brod, Toman (Hg): Theresienstädter Gedenkbuch. Die jüdischen Opfer der NS-Deportationen aus Böhmen und Mähren 1941–1945, Teil II, Praha: Theresienstädter Initiative / Melantrich 1995, S. 1267.

509 Registratur MF ČR Praha, Anm. 337, Josef Rotter, G.m.b.H., Wühr, Brief von V. Ehm vom 20.10.1940 an die BUB.

510 Näher dazu Jančík / Kubů: Anm. 36, S. 372–373.

511 Registratur MF ČR Praha, Anm. 337, Josef Rotter G.m.b.H., Wühr, Notiz vom 7.6.1941.

des Protektorats mit Hilfe der BEB in eine Aktiengesellschaft umgewandelt und in der Lage, erstklassige Trikotagen aller Art herzustellen. Der geschätzte Wert beider Betriebe lag zwischen 15 und 16 Millionen Kronen.[512]

Pick, der Inhaber der Firma Edmund Pick, bevollmächtigte seinen Rechtsvertreter, den Nachoder Anwalt Dr. Oskar Sykora, deren Verkauf in die Wege zu leiten. Sykora wandte sich diesbezüglich an die Beratungsabteilung der Prager BUB-Zentrale.[513] Diese wählte in Zusammenarbeit mit den Deutsche-Bank-Filialen in Hohenelbe und Reichenberg unter den sudetendeutschen Unternehmern Max Nowotny als geeigneten „Arisierer" aus, der sich der vollen Unterstützung des Braunauer Landrats erfreute. Max Nowotny, sein Bruder Oskar und der Ing. Hans Gyger waren auf der Suche nach einer zur „Arisierung" freien Weberei, die ihnen in ihren unternehmerischen Aktivitäten noch fehlte. Sie hatten sich jedoch einen Betrieb ausgesucht, der ihre finanziellen Möglichkeiten erheblich überstieg, und zwar die Weberei der Firma Hermann Pollack's Söhne in Braunau. Dieses Vorhaben hatte nach der nüchternen Einschätzung der Deutsche-Bank-Filiale in Hohenelbe keine Aussicht auf Erfolg. Andererseits zählte Max Nowotny zu den „sehr guten" Kunden der Deutschen Bank, die ihm daher die Empfehlung gab, sich anstelle der Braunauer Weberei auf die Firma Edmund Pick in Groß-Porschitsch zu konzentrieren.[514] Um letztere bemühte sich allerdings schon Ingenieur Heinrich Löffler, Inhaber der Firma Ideal, Strumpffabrik in Schönlinde. Beide, sowohl Nowotny als auch Löffler, waren Kunden der Deutschen Bank – im Rennen um die „Arisierung" der Weberei in Groß-Porschitsch erging jedoch von der Reichenberger Filiale die Empfehlung, ersterem den Vorzug zu geben. Nach deren Einschätzung entsprach dem zweiten hinsichtlich seines Fertigungsprogramms eher die Fabrik in Chrast.[515]

Allem Anschein nach waren damit die geeigneten Kandidaten für die „Arisierung" der zur Firma Edmund Pick gehörenden Betriebe ausgewählt. Dann jedoch trat urplötzlich ein neuer einflussreicher Interessent ins Rennen – der sudetendeutsche Unternehmer Herbert Schmidt aus Warnsdorf. Dieser hatte keine Zeit durch Vorverhandlungen mit den Banken verloren und offensichtlich dank seiner persönlichen Kontakte die Zusage der Abteilung Wirtschaft beim ARP erhalten, dass ihm die „Arisierung" der Firma Edmund Pick ermöglicht werde. Er selbst hatte vor allem Interesse an der Weberei in Groß-Porschitsch und war bereit, den Maschinenpark der Strumpffabrik in Chrast Löffler zu überlassen. Im Vergleich zu Nowotny war Schmidt für die Reichenberger Deutsche-Bank-Filiale von größerem Wert und zwar aufgrund seiner weiteren Pläne, für die er bereits die Unterstützung des im Protektorat allmächtigen ARP-Referenten für „Arisierung", Stier, gewonnen hatte. Schmidt beabsichtigte, zusammen mit der Firma Brüder Ettl aus Zwittau die große Textilfirma F.M. Oberländer A.G. in Hronow zu „arisieren".[516]

512 Ebd., Anm. 465, Edmund Pick, Mechanische Weberei, Groß-Porschitsch, Notiz – Mechanische Weberei und Schlichterei (undatiert).

513 Ebd., Notiz vom 24.8.1939.

514 Ebd., Schreiben der Deutschen Bank – Filiale Hohenelbe vom 12.1.1940 an die BUB.

515 Ebd., Schreiben der Deutschen Bank – Filiale Reichenberg vom 11.1.1940 an die BUB.

516 Ebd., Schreiben der Deutschen Bank – Filiale Reichenberg vom 6.2.1940 an die BUB.

Wäre das Geschäft zustande gekommen, wäre er zum bedeutendsten Großkunden der Deutschen Bank aufgestiegen.

Zwar verfügte Schmidt über einflussreiche Kontakte, doch blieb die Frage der „Arisierung“ der Firma Edmund Pick noch einige Monate offen. In deren Verlauf meldeten sich weitere sudetendeutsche „Arisierungs“-Bewerber, die jedoch im Grunde jedoch außen vor blieben.[517] Die Verzögerung verursachte offenbar die Entscheidung der Abteilung Wirtschaft beim ARP, dem „politisch verdienteren“ „Arisierungs“-Bewerber für die Fabrik in Chrast den Vorzug zu geben. Dies war der SA-Standartenführer Otto Spangaro aus Wien, ein Blutordensträger und mit kleineren Wirtschaftsfunktionen betrauter Parteigenosse, der unmittelbar nach Entstehung des Protektorats in selbiges übergesiedelt war. Dort wurde er wie viele Seinesgleichen in eine Treuhänderfunktion eingesetzt, die für ihn ein Sprungbrett zum „Aufbau einer eigenen Existenz“ auf dem Wege der „Arisierung“ wurde. Spangaro war sich darüber im Klaren, dass er für seine „Arisierungs“-Vorhaben die Unterstützung einer der deutschen Banken brauchte und wählte sich die BUB. Im Bestreben, sich diese Bank geneigt zu machen, nutzte er seine Zuständigkeit als Treuhänder und überführte die Bankverbindung der jüdischen Firma Pollak & Vogel mit ihrem beträchtlichen Umsatz auf die BUB und suchte auch unter den Treuhändern nach weiteren BUB-Kunden. So hatte er beispielsweise ein Auge auf die Firma Kohlen A.G. geworfen. Mit diesen zielstrebigen Aktivitäten wollte er sich das Wohlwollen der Bank bei seinen „Arisierungs“-Plänen sichern, für die er nicht genügend Eigenkapital besaß. Zur „Arisierung“ der Fabrik in Chrast war annähernd eine Million Kronen erforderlich. Spangaro besaß an Bargeld lediglich 200.000 Kronen und hatte von der Prager Creditbank einen Kredit in Höhe von 400.000 Kronen zugesagt bekommen. Da Spangaro sich nun eine gute Beziehung zur BUB aufgebaut hatte, konnte er mit Recht erwarten, dass diese ihm günstigere Kreditbedingungen einräumen würde als die Prager Creditbank. Tatsächlich hatte er sich nicht verrechnet und die BUB war bereit, ihn finanziell bei seinen „Arisierungs“-Aktivitäten als expandierenden Kunden zu unterstützen und ihm einen „Arisierungs“-Kredit zu gewähren.[518]

Da aber Spangaro nicht einmal mit dieser Kreditzusage den zur „Arisierung“ der Fabrik in Chrast erforderlichen Betrag decken konnte, musste er sich einen Teilhaber suchen. Diesen fand er in der Person des Direktor Musil, eines zahlungskräftigen tschechischen Kollaborateurs, dem die BUB zum Direktorenposten in der Firma Joss & Löwenstein verholfen hatte, nachdem sie den größten Teil von deren Aktienkapital selbst „arisiert“ hatte. Die wechselseitigen Bindungen zwischen Musil und der BUB waren offenbar recht eng, die Bank unterstützte offensichtlich seine „Arisierungs“-Bemühungen um die Firma Jolesch & Sohn, Wiese. Von der „Arisierung“ einer solchen Firma war Musil aber infolge seiner tschechischen Herkunft ausgeschlossen. Im Bestreben, dieses Hindernis zu umgehen, verbündete er sich mit dem „stramm braunen“ Spangaro. Musil hatte begriffen, dass in einer „arisierten“ Firma das deutsche Subjekt die Majorität haben musste, auch wenn es finanziell schwächer war. Er stimmte daher einer Beteiligung Spangaros mit 60

517 Ebd., Notiz über eine Rücksprache mit Dr. M. Schmäche am 27.4.1940.

518 Ebd., Notiz über eine Rücksprache mit O. Spangaro und Musil (Krebs, 28.11.1940).

Prozent an der „Arisierung“ des Betriebs der Firma Pick in Chrast zu und begnügte sich mit einem Anteil von 40 Prozent.[519]

Die Verflechtungen der „Arisierungs“-Anwärter für die Firma Edmund Pick, d. h. Schmidt und Spangaro, mit den Besatzungsorganen und deutschen Wirtschaftskreisen einschließlich der BUB, die rein pragmatisch auch den Direktor Musil tolerierten, waren dazu angetan, die Versuche anderer Interessenten zur „Arisierung“ derselben Firma zu neutralisieren. Ende November 1940 vermeldete die Elberfelder Filiale der Deutschen Bank der Prager BUB-Zentrale das Interesse der reichsdeutschen Firma Rheinische Textilfabriken A.G., Elberfeld, am Kauf der Weberei in Groß-Porschitsch, für deren Übernahme sie eine Million Reichsmark bereitstellen konnte.[520] Die Anforderungen dieses Interessenten waren klar profiliert und zielten auf eine Kunstseidenspinnerei und – weberei ab, also keineswegs auf die Firma Edmund Pick als Ganzes. Schmidt hingegen, gleichfalls Kunde der Deutschen Bank, und zwar der Filiale in Rumburg, strebte nach einer „Arisierung“ des größten Teils der Firma, nämlich der Fabrik in Groß-Porschitsch.[521]

Die Verhandlungen über die „Arisierung“ der Firma Edmund Pick wurden in der ersten Hälfte des Jahres 1941 abgeschlossen. Schmidt kaufte sie als Ganzes, also einschließlich der Fabrik in Chrast, welche er dann dem „Arisierungs“-Tandem Spangaro-Musil abtrat. Ende Juni überwies er 60 Prozent des Kaufpreises, d. h. sieben Millionen Kronen, auf das Konto der Gestapo und beglich den Restbetrag, nachdem ihm Spangaro und Musil den Kaufpreis für die Fabrik in Chrast bezahlt hatten.[522] So hatte Schmidt seine bislang auf die eigene Firma in Warnsdorf und eine mechanische Weberei in Bělohrad beschränkte Unternehmertätigkeit bedeutend erweitern können. Allerdings konnte er seinen „Arisierungs“-Erfolg nicht lange auskosten – im Frühsommer 1941 wurde er zur Wehrmacht einberufen, so dass er die Betriebsleitung seinem Schwager Eiselt übergab, der bislang die Funktion eines Prokuristen bekleidet hatte.

Für ihre aktive Mitwirkung in diesem „Arisierungs“-Verfahren strich die BUB nicht nur die übliche Provision ein, sondern errang auch einen wertvollen Teilsieg über ihren Konkurrenten, die BEB. Schmidt kündigte als Besitzer beider Betriebe der Firma Edmund Pick deren bisherige Bankverbindung mit der BEB und übertrug seine Geschäfte auf die BUB-Filiale in Königgrätz.[523]

Weder die BUB noch die BEB beschränkten sich auf die Tätigkeit in den vier Wänden ihres Instituts, um dort laut Richtlinien und Vorschriften die „Arisierungs“-Agenden zu bearbeiten, mit denen sich Interessenten, Besatzungsbehörden und die Berliner Großbanken, in deren Konzern sie gehörten, an sie wandten. Im Bestreben, einander zu übertrumpfen, entfalteten beide emsige eigene „Arisierungs“-Aktivitäten und ihre Beamten leisteten fleißig Außendienst, um zögernden oder widerstrebenden jüdischen Unternehmern ihre „Dienste“ anzutragen, wenn es darum ging, Betriebe oder

519 Ebd., Notiz vom 28.11.1940 (Krebs); Ebd., Notiz vom 28.12.1940.

520 Ebd., Schreiben der Deutschen Bank – Filiale Elberfeld vom 27.11.1940 an die BUB.

521 Ebd., Notiz vom 30.7.1941.

522 Ebd.

523 Ebd., Notiz vom 11.8.1941.

Unternehmen zu Geld zu machen. In erster Linie konzentrierten sie sich dabei auf die jeweils eigenen Bankkunden, doch sollte es nicht dabei bleiben.

So suchte Mitte November 1939 ein gewisser Biebenäuger vom Beratungsbüro der BUB Josef Pollak auf, den Inhaber der Firma Josef Pollak & Co., Strumpf- und Wirkwaren, Prag. Ziel war es, deren Bonität zu überprüfen und die „Arisierungs“-Möglichkeiten zu sondieren. Biebenäuger stellte fest, dass die Firma reichlich Aufträge hatte, sogar von der Reichspolizei in Prag, und dass in den Lagerräumen Rohstoffvorräte für mehrere Monate lagerten.[524] Pollak hegte wohl die Hoffnung, dass die Verbindung mit einer deutschen Bank ihm einen gewissen Schutz gewähren könnte, wenn er sich kooperationsbereit zeigte. Deshalb bat er Biebenäuger, die BUB möge doch für ihn einen geeigneten Fachmann als Treuhänder ausfindig machen – den Verkauf seines Unternehmens lehnte er jedoch ab.[525] Bereits vierzehn Tage später ersuchte er die Bank um Hilfe: In der Zwischenzeit hatten sich nämlich drei angeblich von der Treuhand- und Revisionsgesellschaft, Prag, kommende Personen bei ihm eingefunden und ihm mitgeteilt, dass diese Gesellschaft jetzt die „Arisierung“ seiner Firma betreibe. Die BUB-Vertreter beruhigten ihn jedoch und intervenierten bei der Treuhand- und Revisionsgesellschaft.[526] Parallel bereiteten sie jedoch selbst die „Arisierung“ der Pollak'schen Firma. Besser als Pollak selbst war sich dessen Sohn über die Ausweglosigkeit der Lage bewusst – er bemerkte bloß eine Woche vor Herausgabe der Verordnung des Reichsprotektors über die Verdrängung der Juden aus der Protektoratswirtschaft vom 26. Januar 1940, „dass die Firma früher oder später verkauft werden muss“ und er nur die Herausgabe der entsprechenden Vorschriften abwarten wollte.[527]

Die BUB hatte schon Interessenten für die Firma Pollak & Sohn in der Hinterhand – den Ing. Heinrich Löffler aus Schönlinde sowie Hans Schöpfling, den Besitzer der Firma Textil-Manufaktur Haagen.[528] Außer diesen war noch eine ganze Reihe weiterer Anwärter auf die „Arisierung“ dieser Firma aufgetaucht. In die engere Auswahl gelangten drei Kandidaten – Löffler, Max Richter aus Mildenau und Helmuth Kahl aus Reichenberg.[529] Die BUB unterstützte ursprünglich Löffler, stellte sich dann aber voll hinter Richter. Sie hätte wohl kaum eine andere Entscheidung treffen können – Richter saß in ihrem Verwaltungsrat und verfügte über beträchtliche Kontakte bis in die Spitzen der deutschen Besatzungsbehörden und -institutionen. Schon Anfang September 1940 wurde in den Räumen der BUB mit Richter und Kahl eine Vereinbarung über die „Arisierung“ der

524 Die Firma wurde sehr gut geführt, was sich an der stetigen Umsatzsteigerung ablesen lässt (die Angabe in Klammern ist die von J. Pollak im persönlichen Gespräch mit dem BUB-Mitarbeiter angegebene Summe): 1937 – 9,7 Mio. K (2,16 Mio.), 1938 – 9,1 Mio. K (2,40 Mio.), 1939 – 11,6 Mio. K (3,65 Mio.). Eine solche Entwicklung war zu jener Zeit bei jüdischen Firmen durchaus nicht gängig. Ebd., Josef Pollak & Co., Prag-Michle, Notiz vom 19.1.1940; vgl. ebd., Besuch (Biebenäuger) am 13.11.1939 bei der Firma Josef Pollak & Co. (jüdisch) Prag-Michle, Táborská ul. 416.

525 Ebd., Besuch (Biebenäuger) am 13.11.1939 bei der Firma Josef Pollak & Co. Prag.

526 Ebd., Notiz vom 9.12.1939.

527 Ebd., Notiz vom 19.1.1939

528 Ebd., Schreiben der Deutschen Bank – Filiale Reichenberg vom 7.2.1940 an die BUB.

529 Ebd., Notizen vom 27.6. und 16.8.1940.

Firma Josef Pollak & Co., Prag, ausgehandelt, wobei der Kaufpreis auf 2.405.249 Kronen und 82 Heller festgelegt wurde.[530] Der Firmenbesitzer wurde über diesen Beschluss nicht in Kenntnis gesetzt, zudem sträubte er sich noch immer gegen den Verkauf, da ihm bei den Verhandlungen ein Preis in der Spanne von 2,4 bis 2,7 Millionen Kronen geboten wurde, er jedoch seinen Betrieb viel höher, auf 5.372.000 Kronen, einschätzte.[531] Sein Widerstand war freilich vergeblich. Angesichts der Stellung Richters war Stier, der Referent für „Arisierung" des ARP, bereit, eine Zwangs-„Arisierung" anzuordnen, die grundsätzlich nur bei Personen, die sich „illegal" außerhalb des Protektoratsgebiets aufhielten, zur Anwendung kam.[532] Die „Arisierung" der Firma Josef Pollak & Co. wurde im Sommer 1941 abgeschlossen, neuer Inhaber wurde Richter, der sie im Firmenregister in Prager Strick- und Wirkwarenfabrik M. Richter, Prag-Michle, umbenennen ließ. Die BUB kam dabei um ihre Provision, denn es ging schließlich nicht an, diese von einem ihrer Vorstandsmitglieder zu verlangen. Somit musste sie sich mit der neugewonnenen Bankverbindung zufrieden geben, die im übrigen auch nicht uninteressant war – im ersten Halbjahr 1941 erzielte die Firma bereits einen Umsatz von 2,7 Millionen Kronen.[533]

Die BUB war an der „Arisierung" zahlreicher jüdischer Firmen beteiligt. Der Branchenstruktur der böhmischen Industrie entsprechend waren viele davon Textil- und Bekleidungsunternehmen. Diese waren in der Regel höchst lukrativ, und deshalb stand die BUB oft in scharfem Wettstreit mit der BEB. Einer dieser Konflikte entbrannte um die „Arisierung" der Firma Rosenfeld & Co., Wäschefabrik Pilsen, deren Kauf die Pilsener BUB-Filiale an Willy Geyer, Großhändler in Asch, vermittelte. Schon Ende November 1940 unterzeichneten beide Geschäftsführer der Firma Rosenfeld & Co., Josef Klement und Heinrich Lederer, einen Kaufvertrag mit Geyer, dem die Firma für 628.000 Kronen zufiel.[534] Es verstand sich von selbst, dass die „arisierte" Firma nun ihre Bankgeschäfte über die BUB tätigte. Bislang war das Unternehmen aber ein Kunde der BEB gewesen, die nicht beabsichtigte, diesen Kunden der Konkurrenz abzutreten – schließlich handelte es sich um eine einträgliche Firma mit einem Umsatz von über 5,5 Millionen Kronen allein im Jahre 1939.[535] Der Direktor der Pilsener BEB-Filiale versicherte Geyer, er werde alle seine Kontakte zum Oberlandrat in Pilsen und zum ARP nutzen, um diesen Vertrag zu verhindern.[536] Offensichtlich wollte er Geyer so unter Druck setzen, damit dieser die Bankgeschäfte zur Hälfte bei der BEB beließ. Die BUB setzte allerdings einen beschleunigten Ablauf der „Arisierung" durch, die schon im Sommer 1941 zu einem für sie siegreichen Abschluss kam. Es kam ihr überhaupt nicht in den

530 Ebd., Verkaufsverhandlungen bezüglich der Firma Josef Pollak & Co., Prag am 9.9.1940.

531 Ebd., Notiz vom 5.9.1940.

532 Ebd., Notiz vom 9.9.1940.

533 Ebd., Notiz vom 24.7.1941.

534 Ebd., Anm. 337, Rosenfeld & Co., Wäschefabrik Pilsen, Kaufvertrag zwischen J. Klement, H. Lederer und W. Geyer vom 30.11.1940.

535 Ebd., Schreiben der BUB – Filiale Ilsen vom 30.11.1940 an die Zentrale.

536 Ebd., Notiz vom 6.12.1940.

Sinn, sich mit ihrem Konkurrenten, der BEB, das Bankgeschäft mit der „arisierten" Firma zu teilen.

Im geschilderten Fall spielten die Kontakte und informellen Bindungen der BUB im ARP und bei einer Reihe von Oberlandräten eine nicht zu unterschätzende Rolle. So hatte beispielsweise ihre Filiale in Mährisch Ostrau enge Beziehungen mit dem Oberlandrat in Ostrau aufgebaut, die sie im Fall der „Arisierung" der Firma Linoleum Karel Popper, Mährisch Ostrau, zu nutzen wusste. Um diese bewarb sich die Firma Philipp Haas & Söhne A.G., Wien, über ihre Prager Vertretung. Der Oberlandrat in Ostrau lehnte es im Folgenden ab, vorgelegte Kaufverträge anderer „Arisierungs"-Anwärter mit dem Inhaber der Firma Linoleum Karl Popper zu genehmigen.[537] Diese BUB-Filiale verhalf der Wiener Firma somit im Wesentlichen zu einem konkurrenzfreien Raum und einem glatten „Arisierungs"-Verkauf, wofür sie freilich eine Provision in Höhe von mindestens 5.000 Kronen forderte.[538] Man kann sich nicht des Eindrucks erwehren, dass ein Teil dieser Mittel bzw. späterer Gelder zur Bestechung der ausschlaggebenden amtlichen Stellen eingesetzt wurde.

Auf der Jagd nach „Arisierungs"-Profiten ließ die BUB nicht einmal die „Arisierung" von Gewerbebetrieben außer Acht, insbesondere nach Herausgabe der Verordnung des Reichsprotektors über die Verdrängung der Juden aus dem Wirtschaftsleben im Januar 1940, mit der die Liquidation jüdischer Firmen in einer Reihe von Branchen angeordnet wurde. Die Initiative der BUB lässt sich gut mit dem Versuch der „Arisierung" der Prager Pelzhandlung Růžek & Löwenstein auf der exklusiven Prager Einkaufsmeile „Am Graben" illustrieren, auch wenn der Verkauf letztlich nicht zustande kam und die Firma liquidiert wurde. Im Januar 1940 fand sich im Beratungsbüro der BUB der Wirtschaftskammerpräsident Emil Kreibich in Begleitung von Emil Löwenstein ein, der sich nach der Bestellung von Franz Kröner als Treuhänder in seiner Firma entschlossen hatte, seinen Anteil zu verkaufen.[539] Es handelte sich dabei um eine Firma mit Millionenumsätzen – im Jahre 1939 erreichte sie einen Umsatz von 3,5 Millionen Kronen, wobei der Reingewinn rund eine Million ausmachte. Deshalb hatte sie auch die Aufmerksamkeit der BEB geweckt, die entsprechend den – wenn auch letztlich erfolglosen – Versuch unternahm, sich an dieser „Arisierung" zu beteiligen.[540]

Die BUB versuchte zunächst, Interessenten an der „Arisierung" von Růžek & Löwenstein im „Altreich" zu finden. Bei der Fachgruppe Pelzwarenindustrie Leipzig, die ähnlich wie andere Fachgruppen unter den reichsdeutschen Unternehmern und Gewerbetreibenden nach geeigneten „Arisierern" für jüdische Firmen im Protektorat Ausschau hielt, hatte sich jedoch kein geeigneter Bewerber gemeldet. Löwenstein schlug der Bank deshalb vor, sich an ihm bekannte sudetendeutsche Kürschner in Reichenberg, Friedland und Rumburg zu wenden.[541] Ernsthaftes Interesse zeigte nur Carl Peuthert aus

537 Ebd., Linoleum Popper, Mähr. Ostrau, Schreiben der BUB – Filiale Mähr. Ostrau vom 9.1.1941 an die Zentrale.

538 Ebd., Schreiben der BUB – Filiale Mähr. Ostrau vom 3.2.1941 an die Zentrale.

539 Ebd., Růžek & Löwenstein, Pelzgeschäft Prag, Notiz vom 26.1.1940.

540 Ebd., Notiz vom 9.3.1940.

541 Ebd., Notiz vom 5.4.1940.

Rumburg. Die erste Enttäuschung für die BUB war, dass der zunächst auf 1,5 Millionen Kronen veranschlagte Kaufpreis für die Firma Růžek & Löwenstein nach Einsichtnahme in die Jahresbilanz von 1939 auf höchstens eine halbe Million korrigiert wurde.[542] Trotzdem setzte sie die „Arisierungs"-Vorbereitungen fort: Sie holte die Zustimmung des tschechischen Firmenteilhabers Růžek zur Übernahme der Löwenstein gehörenden 50 Prozent durch Peuthert ein und verhandelte auch mit dem Treuhänder Kröner, der sich nicht einfach aus der vorbereiteten „Arisierung" ausbooten lassen wollte.[543] Dabei musste sie große Mühe aufwenden, um Dr. Glühmann aus dem ARP, der für die „Arisierungs"-Agende dieses Typs zuständig war, zum Handeln zu bewegen. Glühmann behagte vor allem die Höhe des tschechischen Anteils in der Firma nicht, und er entschied schließlich, dass dieser auf 25 Prozent zu senken sei. Die für das „Deutschtum" gewonnenen 25 Prozent sollte dabei der Treuhänder Kröner erhalten sollte. Gegen Kröner hatte Glühmann zwar auch Vorbehalte, da dieser kein Fachmann war und keine Erfahrungen mit Kürschnerei und Pelzhandel hatte, doch war er der einzige deutsche Interessent neben Peuthert. Auch Peuthert war mit der angestrebten „Arisierung" nicht sonderlich zufrieden, da er im Lager von Růžek & Löwenstein große Vorräte an wertvollen Pelzen erwartet hatte.[544]

Die Firma Růžek & Löwenstein wurde schließlich nicht „arisiert". Hier fand sich eine andere Lösung, die voll auf der Linie der beabsichtigten „Bestärkung des Deutschtums in Prag" lag. Für die Anmietung der Ladenräume am Prager Boulevard „Am Graben", die bislang von dem genannten jüdischen Pelzgeschäft genutzt wurden, fand sich durch Vermittlung der Reichenberger Filiale der Deutschen Bank ein reichsdeutscher Interessent. Dies war die Württembergische Metallwarenfabrik, die in Prag Geschäfts- und Lagerräume in einer günstigen Lage suchte. Dieser Schritt erforderte allerdings den Entscheid über die Auflösung der Firma Růžek & Löwenstein, was Glühmann nur begrüßte. Ein Grund für die Liquidation war schnell zur Hand – im Verlauf des „Arisierungs"-Verfahrens war Löwenstein verstorben und seine Frau konnte die Firma nicht übernehmen.[545] Die BUB wollte auf keinen Fall auf ihren Beraterprofit verzichten, auch wenn dieser ziemlich mager ausfiel. Sie stellte daher der Witwe Löwenstein für ihre Dienste 5.000 Kronen in Rechnung und legte ihren Anspruch unverzüglich dem Verlassenschaftsgericht Prag vor.[546]

Die „Arisierungen" von jüdischen Firmen führten zu scharfen Konkurrenzkämpfen zwischen der BUB und der BEB. Ein solches Duell wurde beispielsweise um die „Arisierung" von Kaufhaus Rix in Mährisch Ostrau ausgetragen. Dessen Jahresumsatz lag bei 25 Millionen und somit stellte es für beide Banken einen außerordentlich interessanten Kunden dar. Die bei einem Verkauf für vier Millionen anfallende „Arisierungs"-Provision von etwa 80.000 Kronen war in diesem Fall für die Banken zweitrangig.[547]

542 Ebd., Notiz vom 24.4.1940
543 Ebd., Notiz vom 15.5.1940.
544 Ebd., Notizen vom 5. und 26.6.1940.
545 Ebd., Notizen vom 4. und 7.9.1940.
546 Ebd., Schreiben der BUB vom 7.9.1940 an R. Löwenstein und das Verlassenschaftsgericht Prag.
547 Ebd., Modehaus Rix, Mähr. Ostrau, Evidenzkarte – Modehaus Rix, Mähr. Ostrau (Oktober 1940).

Über die Filialen der Deutschen Bank meldeten sich bei der BUB zahlreiche reichsdeutsche Interessenten an der „Arisierung“ dieses Kaufhauses.[548] Der Besitzer Adolf Rix lehnte jedoch bei allen Verhandlungen mit Interessenten aus dem Reich sowie der BUB-Filiale Mährisch Ostrau einen freiwilligen Verkauf ab.[549]

Die Prager BUB-Zentrale wählte daher einen anderen Weg, um das Modehaus Rix in seinen Einflussbereich zu bringen. Als der frühere Angestellte Wilhelm Wrbka als kommissarischer Leiter des Kaufhauses eingesetzt wurde, bewegte die BUB diesen dazu, die Bankverbindungen der Firma Rix auf ihre Ostrauer Filiale zu übertragen. Wrbka hatte vor, mit Hilfe eines stillen Teilhabers das Modehaus Rix letztlich selbst zu „arisieren“.[550] Seine Vorteile waren gute Kontakte zur den örtlichen deutschen Stellen und zur NSDAP-Ortsleitung, was ihm erlaubte, zwischen den Interessen der verschiedenen Gruppen zu lavieren. Interesse an der „Arisierung“ des Modehauses Rix hatten sowohl eine Investorengruppe um den Direktor der Reichenberger Deutsche-Bank-Filiale, Emil Meyer, als auch die Firma Melder-Reiser & Co. aus Troppau gezeigt. Zur zentralen Figur bei der „Arisierung“ des Kaufhauses Rix wurde Wrbka. Beide Bewerber hatten durchblicken lassen, dass ihnen nur an einer stillen Teilhaberschaft gelegen sei und sie ihm die Betriebsleitung überlassen würden. Im Spiel war außerdem noch ein reichsdeutscher Bewerber, der SA-Standartenführer Dr. Ernst Gärtner, hinter den sich die NSDAP-Kreisleitung stellte. Die BUB zögerte mit der Unterstützung eines der Kandidaten, um nicht durch die Wahl eines letztlich erfolglosen Kandidaten die Bankverbindung mit dem Haus Rix zu verlieren. Sie suchte daher in Erfahrung zu bringen, welche Erfolgsausichten die einzelnen Bewerber beim ARP bzw. bei dessen Dienststelle in Brünn hatten.[551]

Während die BUB noch die Machbarkeit der einzelnen Kombinationen sondierte, nutzte ihr Konkurrent BEB bereits das Interesse der reichsdeutschen Firma Wieland & Co. aus Halle/Saale an der „Arisierung“ des Modehaus Rix und erwirkte für diese die Genehmigung der Brünner Dienststelle des Reichsprotektors für Verhandlungen mit Rix mit einer zeitlichen Begrenzung bis zum 10. Dezember.[552] Allerdings gelang es auch Alfred Wieland nicht, Rix zu Verkaufsverhandlungen zu bewegen. Dieser versteifte sich nach wie vor darauf, ohne die Zustimmung seines Sohnes, der sich im sicheren Ausland aufhielt, die Firma nicht verkaufen zu können. Wieland blieb nichts anderes übrig, als unter Berufung auf die erfolglosen Verhandlungen mit Rix das ARP um die Bestellung eines Veräußerungstreuhänders zu ersuchen. Die Ostrauer BUB-Filiale ersuchte daher die Prager Zentrale, an kompetenten Stellen Wrbka als „Arisierungs“-Bewerber für das Modehaus Rix zu unterstützen.[553] Dieser hatte unterdessen einen neuen möglichen Kandidaten für die Position des kapitalstarken stillen Teilhabers gefunden und zwar die sudetendeutsche Leinenfabrik Emmerich Machold, Freudenthal, die bereit war, bei

548 Ebd., Schreiben der BUB – Filiale Mähr. Ostrau vom 19.7.1939 an Zentrale (Beratungsbüro); ebd., Schreiben Deutsche Bank Berlin vom 31.7.1939 an das BUB-Beratungsbüro.
549 Ebd., Notiz vom 8.3.1940.
550 Ebd., Schreiben der BUB – Filiale Mähr. Ostrau vom 17.6.1940 an die Zentrale (Beratungsbüro).
551 Ebd., Schreiben der BUB – Filiale Mähr. Ostrau vom 31.10.1940 an die Zentrale (Beratungsbüro).
552 Ebd., Schreiben der BUB – Filiale Mähr. Ostrau vom 21.11.1940 an die Zentrale (Beratungsbüro).
553 Ebd., Schreiben der BUB – Filiale Mähr. Ostrau vom 11.12.1940 an die Zentrale (Beratungsbüro).

der „Arisierung" mit einem Betrag von bis zu fünf Millionen Kronen einzusteigen. Der Abschluss der „Arisierung" der Firma Rix wurde nicht nur vom Widerstand ihres rechtmäßigen Inhabers, sondern auch von der Uneinigkeit der deutschen Besatzungsorgane erschwert. Während die Dienststelle des Reichsprotektors in Brünn als Bewerber die BEB unterstützte, stellte sich die NSDAP-Kreisleitung hinter Wrbka und damit hinter die BUB. Deren Ostrauer Filiale befürchtete im Zuge der unübersichtlichen und einander überkreuzenden Verhandlungen einen Sieg der BEB, durch den ihr die einträgliche Bankverbindung mit dem Modehaus Rix abhanden gekommen wäre. Sie entschloss sich daher zu Verhandlungen über eine mögliche Teilung des Geschäfts, obwohl die Erfolgsaussichten gering waren.[554]

Zur Freude der BUB stellte sich jedoch bald heraus, dass sich die von der BEB eingeleitete „Arisierung" des Modehauses Rix allmählich in Probleme verstrickte. Obgleich deren „Arisierungs"-Frist bis Ende Februar 1941 verlängert wurde, gelang es nicht, Rix umzustimmen. Die BEB setzte auf den reichsdeutschen Bewerber, doch Wieland, der Besitzer von Wieland & Co., ließ durchblicken, dass ihm der Kaufpreis zu hoch sei. Somit griff die Bank sofort das Interesse einer anderen reichsdeutschen Firma auf, nämlich der Alois Mainka K.G. in Potsdam, die sich zuvor erfolglos um die „Arisierung" eines anderen Kaufhauses in Mährisch Ostrau, der Textilia A.G., beworben hatte (vgl. 7.1).[555]

In ihrem Bestreben, die BEB im Kampf um die „Arisierung" des Modehauses Rix auszustechen, trug die Prager BUB-Zentrale der Firma A. Mainka ihre Dienste an, wurde von dieser jedoch zurückgewiesen.[556] Dieser Misserfolg war jedoch bald vergessen, da das ARP nach vielen Interventionen seitens der BUB endlich Wrbka und Emmerich Machold seine Zustimmung zum Abschluss des Kaufvertrags erteilte, der ihm spätestens bis zum 30. Juni vorgelegt werden sollte. Wie zu erwarten, scheiterten die Verhandlungen erneut, und so ersuchte Wrbka den Reichsprotektor, für das Modehaus Rix den Zwangsverkauf anzuordnen.[557] Die Zentrale der BUB verfügte zweifellos über bedeutende persönliche Kontakte zu einflussreichen Personen im ARP, da mit ihrer aktiven Beihilfe im Herbst 1941 die „Arisierung" des Modehauses Rix letztlich vollzogen. „Arisiert" wurde das Unternehmen aufgrund eines Kaufvertrags von Wrbka, einem Klienten der BUB, den

554 Ebd., Schreiben der BUB – Filiale Mähr. Ostrau vom 17.12.1940 an die Zentrale (Beratungsbüro).

555 Ebd., Schreiben der BUB – Filiale Mähr. Ostrau vom 13. und 17.3.1941 an Zentrale (Beratungsbüro). A. Mainka hatte bereits im Oktober 1938 das jüdische Kaufhaus M. Hirsch in Potsdam „arisiert". Da nun der einzige Besitzer aller Aktien der Textilia A.G. rechtzeitig aus den böhmischen Ländern geflüchtet war, fiel die Verwaltung seines Vermögens in die Zuständigkeit des Reichskommissars für die Behandlung feindlichen Vermögens. Dieser gab das Kaufhaus Textilia nicht zur „Arisierung" frei, obwohl Mainka für den Reichsprotektor ein höchst annehmbarer Bewerber war, unter anderem deshalb, weil er die Funktion des Kreiswirtschaftsberaters im Kreis Potsdam bekleidete. AIfZ München, Anm. 365, NI 3856, Schreiben der BEB – Filialenbüro vom 20.10.1940 an den Prokuristen G. Stiller (Sekretariat Dr. Rasche, Dresdner Bank Berlin).

556 Registratur MF ČR Praha, Registratur BUB, Anm. 337, Modehaus Rix, Mähr. Ostrau, Schreiben der Firma A. Mainka K.G., Potsdam vom 31.3. und 2.4.1941 an die BUB-Zentrale.

557 Ebd., Schreiben der BUB – Filiale Mähr. Ostrau vom 3.7.1941 an die Zentrale (Beratungsbüro).

diese sich zudem durch eine Kreditzusage in Höhe von 500.000 Kronen verpflichtet hatte, sowie Machold als Kunden der Deutschen Bank.[558]

Je nach den Umständen des jeweiligen Falls gingen beide deutschen Banken – BEB und BUB – gelegentlich auch gemeinsam vor und teilten sich die „Arisierungs“-Provision entsprechend.[559] Ein Beispiel hierfür bietet die „Arisierung“ der Firma Patronenhülsen- und Metallwarenfabrik A.G., Rokitzan. An deren Übernahme hatte die deutsche Leitung der Waffenwerke Brünn, die damals bereits in den Konzern Hermann-Göring-Werke eingegliedert war, großes Interesse.[560] Die Fabrik in Rokitzan war ein sehr lukratives Unternehmen, obgleich ihr Aktienkapital nicht mehr als fünf Millionen ausmachte, wurde der Ist-Wert des Betriebs zwischen 30 und 35 Millionen Kronen geschätzt, das heißt, der Kaufwert ihrer Aktien überstieg deren Nominalwerts von 200 Kronen um 600 bis 700 Prozent.[561] Die überwiegende Mehrheit des Aktienkapitals der Rokitzaner Firma von insgesamt fünf Millionen Kronen, nämlich 96 Prozent, befand sich in den Händen von Ing. Artur Stein. Dieser vermied jedoch systematisch eine direkte Antwort auf die Versuche beider Banken, ihn zum freiwilligen Verkauf seiner Aktien zu bewegen. Dr. Hans Stein hingegen, sein in der Firma als Prokurist tätiger Sohn, hatte realistisch erkannt, dass den Juden keine andere Wahl blieb und sie früher oder später gezwungen sein würden, ihre Aktien abzustoßen.[562] Die Leitung der Brünner Waffenwerke wollte sich jedoch nicht lange hinhalten lassen und drängte über ein entscheidendes Verwaltungsratsmitglied, den reichsdeutschen Ing. Dr. Paul Rheinländer aus Görings Amt für den Vierjahresplan, auf die beschleunigte Erledigung ihres „Wunsches“. Im ARP zeigte Referent Stier volles Verständnis für diesen Wunsch und besprach die Angelegenheit Mitte Dezember persönlich in Berlin mit dem Generalreferent des Reichswirtschaftsministeriums Hans Kehrl.[563]

Mitte Januar fiel auf einer Besprechung, an der neben den Vertretern der BUB auch Rheinländer und Rheinhold von Lüdinghausen aus dem Verwaltungsrat der Waffenwerke teilnahmen (letzterer vertrat gleichzeitig die BEB), die Entscheidung über das weitere Vorgehen. Beim Scheitern der Verhandlungen mit Stein über einen „freiwilligen Aktienverkauf“ sollte der Reichsprotektor ersucht werden, die Zwangs-„Arisierung“ der

558 Ebd., Schreiben der BUB – Filiale Mähr. Ostrau vom 19.9.1941 an die Zentrale (Beratungsbüro); ebd., Schreiben der Zentrale vom 22.9.1941 an die Filiale in Mähr. Ostrau.

559 BA Berlin, Bestand R 8119 F (Deutsche Bank und Discontogesellschaft Berlin), Mikrofiche Nr. P 6854, Rösler Bd. 2 (1941–42), Bl. 26–30, Protokoll über die am 30.11.1940 in der BEB Prag abgehaltene Besprechung mit der BUB. Auf dieser Besprechung wurde u. a. auch das gemeinsame Vorgehen bei der „Arisierung“ der Firma Patronenhülsen- und Metallwarenfabrik A.G., Rokitzan, und der Firma Hermann Pollack's Söhne sowie die paritätische Teilung der künftigen Bankverbindungen vereinbart.

560 Franěk, Otakar: Dějiny koncernu brněnské Zbrojovky [Geschichte des Konzerns der Brünner Waffenwerke], Teil. 3: Koncern brněnské Zbrojovky v letech 1939 / 1945 [Der Konzern Brünner Waffenwerke in den Jahren 1939 / 1945], Brno: Blok 1973, S. 36.

561 Registratur MF ČR Praha, Registratur BUB, Anm. 337, Patronenhülsen- und Metallwarenfabrik A.G., Rokitzan, Notiz vom 25.1.1940.

562 Ebd., Schreiben der BEB und BUB vom 16.11.1939 an die Abt. Wirtschaft im ARP.

563 Ebd., Notiz vom 15.12. 1939.

Firma zu veranlassen. Die Vertreter beider Banken einigten sich für diese Eventualität auf die gleichen Bedingungen ihrer Zusammenarbeit wie bei Überführung des Stahlwerks Poldi, Kladno, in den Konzern der Hermann-Göring-Werke. Dazu gehörte eine Drei-Prozent-Provision, die sich die beiden Banken teilen sollten, sowie die Teilung der künftigen Führung der Bankgeschäfte der Patronenhülsen- und Metallwarenfabrik A.G., Rokitzan, wobei die BUB auch einen Platz in deren Verwaltungsrat erhalten sollte.[564]

Die Angebote der Banken lehnte Artur Stein ab, doch zwang ihn letztlich die Inhaftierung seines Sohnes durch das Devisenschutz-Sonderkommando Prag aufgrund der angeblichen Vermittlung einer Ausfuhr von 64.000 Aktien von Industriebetrieben ins Ausland in die Knie.[565] Er erklärte sich bereit, die in seinem Besitz befindlichen Aktien der Fabrik in Rokitzan zu verkaufen, allerdings nur mit dem Einverständnis seines Sohnes. Dieser wusste schon lange, dass jeder Widerstand zwecklos war und verlangte lediglich, dass der Kaufpreis mit ihm ausgehandelt würde. Er sorgte vor allem dafür, dass sein Vater für die abgetretenen Aktien einen hinlänglichen Betrag auf sein Sperrkonto überwiesen bekam, von dem er dann im Rahmen der vorgeschriebenen Beschränkungen die Mittel für seinen Lebensunterhalt abheben konnte.[566]

Artur Stein verstarb jedoch Ende Januar 1940, ohne ein Testament zu hinterlassen, und so fiel das Erbe an seine Ehefrau Adele Stein, seinen Sohn Hans, die minderjährige Enkeltochter Nina Jana und seine Tochter Blanka Brukner, die in Amerika verheiratet war und angeblich auch die US-Staatsangehörigkeit erworben hatte.[567] Die beiden Banken befürchteten juristische Komplikationen, doch Stier bewies ihnen, dass bei der „Entjudung" von Vermögen in der NS-Rechtsordnung allen Komplikationen gründlich vorgebaut war. Nach geltendem Recht konnte ein amtlich eingesetzter Nachlassverwalter über die Hinterlassenschaft einer Person jüdischer Abstammung verfügen.[568] Einem solchen Verwalter übertrugen die Besatzungsbehörden die Erledigung der Hinterlassenschaft von Artur Stein. Dieser bewältigte seine Hauptaufgabe geradezu blitzschnell- und das ohne von seinen Vollmachten Gebrauch zu machen. Mitte März 1940 unterschrieben Steins Erben – natürlich mit Ausnahme von Blanka Brukner – mit den Vertretern der Waffenwerke Brünn einen Kaufvertrag, auf dessen Grundlage diese 23.522 Aktien der Firma Patronenhülsen- und Metallwarenfabrik A.G., Rokitzan, für 20 Millionen Kronen übernahm.[569]

Erst Anfang November 1940 wurde die „Arisierung" dieser Firma vom ARP genehmigt, das den Kaufpreis bestätigte und eine Ausgleichsabgabe in Höhe von zehn Millionen bemaß, so dass die Waffenfabrik praktisch den vollen Marktwert für die er-

564 Ebd., Notiz vom 17.1.1940.

565 Das Devisenschutzsonderkommando war bereit, H. Stein aus der Haft zu entlassen – unter der Bedingung, dass er für die Wiedereinfuhr der Aktien bzw. die Erstattung ihres Werts in freien Devisen sorgte. Ebd., Notiz vom 6.2.1940.

566 Ebd., Notiz vom 24.1.1940.

567 Ebd., Notizen vom 2. und 6.2.1940.

568 Ebd., Notiz vom 28.2.1940.

569 Ebd., Kaufvertrag vom 14.3.1940 über Aktienverkauf der Patronenhülsen- und Metallwarenfabrik A.G., Rokitzan.

worbenen Aktien bezahlen musste.[570] Weder die BEB noch die Leitung der Waffenwerke hatte es eilig, ihren Verbindlichkeiten gegenüber der BUB für ihre Mitwirkung an der „Arisierung“ nachzukommen, und die Bank musste diese wiederholt anmahnen. Nach zahlreichen Mahnungen und Verhandlungen überwies ihr die BEB im Februar 1941 eine Provision in Höhe von 150.000 Kronen, also nur die Hälfte des Betrags, den die BUB von dieser „Arisierung“ erwarten konnte.[571] Die Begleichung weiterer Verbindlichkeiten, die Aufteilung der Bankverbindung mit der Patronenhülsen- und Metallwarenfabrik A.G., Rokitzan, und die Gewähr eines Platzes in deren Verwaltungsrat, konnten die Direktion der Waffenwerke Brünn und die BEB lange erfolgreich verhindern.

Fühlte sich eine der Banken gegenüber der anderen in einer stärkeren Position, nutzte sie diese – wie aus dem obigen Beispiel hervorgeht – unverzüglich gegen ihren Konkurrenten aus. Eine Reihe anderer „Arisierungs“-Fälle bezeugt aber, dass sich beide Banken ungeachtet der gegenseitigen Rivalität und Missgunst im Interesse ihres Profits sehr schnell zu verständigen und ihr Vorgehen abzustimmen wussten. Als weiteres Beispiel für ein solches Zweckbündnis kann die schwierige „Arisierung“ der Textilfirma Hermann Pollack's Söhne dienen. Diese Firma stellte einen großen Konzern aus Unternehmen in Braunau, Böhmisch Trübau-Parnik und Wien-Floridsdorf sowie der Aktiengesellschaft Neurode dar. Der Wert dieses Textilgiganten war nicht gering, allein der Betrieb in Böhmisch Trübau wurde 1939 von der Kölner Treuhandvereinigung auf 2.675.000 Reichsmark veranschlagt.[572]

Der Konzern war allerdings hoch verschuldet, seit 1931 befand er sich praktisch in der Hand eines Bankenkonsortiums aus Protektorats- und Schweizer Banken, unter denen sich auch die Živnostenská banka und die BUB befanden.[573] Durch ihre Position als Gläubiger fühlte sich die BUB berechtigt, aktiv in die „Arisierung“ der Firma Hermann Pollack's Söhne einzugreifen. Sie verfolgte mit Ehrgeiz einen Plan, hinter dem offenbar die Deutsche Bank stand, nämlich die en-bloc-Veräußerung des gesamten Konzerns an eine Gruppe reichsdeutscher Interessenten, die durch Baron Wagner von Rämmerle repräsentiert wurde. Nach dessen Tod verlief der Plan jedoch im Sande und die BUB musste sich mit der Vorstellung eines Einzelverkaufs der verschiedenen Konzernunternehmen abfinden. Über den Berliner Direktor F. Kaupa suchte sie in reichsdeutschen Unternehmerkreisen nach etwaigen Käufern.[574] Unabhängig davon wandte sich schon Mitte März 1940 ein gewisser Nowotny aus dem Außenhandelsverband an ihren Direktor Dr. Gaertner und informierte diesen über das Interesse einer reichsdeutschen Gruppe an der „Arisierung“ eines der großen jüdischen Unternehmens im

570 Ebd., Notiz vom 7.11.1940.

571 Ebd., Schreiben der BEB – Filialenbüro vom 17.2.1941 an die BUB-Direktion.

572 Ebd., Hermann Pollack's Söhne, Böhm.-Trübau, Brief des Direktors Josef Krebs vom 18.3.1940 an den Direktor F. Kaupa (Berlin-Lankwitz).

573 James: Anm. 25, S. 163; Registratur MF ČR Praha, Registratur BUB, Anm. 337, Hermann Pollack's Söhne, Notiz J. Krebs vom 8.2.1940.

574 Registratur MF ČR Praha, Registratur BUB, Anm. 337, Hermann Pollack's Söhne, Böhm.-Trübau, Brief von Direktor J. Krebs vom 18.3.1940 an den Direktor F. Kaupa (Berlin-Lankwitz).

Protektorat für „mehrere Millionen Mark“. Gaertner empfahl ihm unter anderen gerade die Fabrik in Böhmisch Trübau-Parnik der Firma Hermann Pollack's Söhne.[575]

Während die BUB immer nur nach einem künftigen „Arisierer“ für die Unternehmen von Hermann Pollack's Söhne suchte, handelte ihr Konkurrent BEB flexibel. Er wählte sich die reichsdeutsche Firma Gladbacher Wollindustrie A.G. aus, die auf dem Weg der „Arisierung“ aus der jüdischen Firma L. Josten, Gladbach, hervorgegangen war, und diese unterbreitete dem Reichsprotektor ihren Antrag auf Zustimmung zur „Arisierung“ der Fabrik in Böhmisch Trübau.[576] Der Gladbacher Direktor Achter kam sogar zu einer Besichtigung nach Böhmisch Trübau. Diese Agilität veranlasste die BUB, eine Intervention direkt im ARP bei Referent Stier zu versuchen, der jedoch vorgab, über die Dinge nicht informiert zu sein und einen Verkauf der Firma Hermann Pollack's Söhne zu bevorzugen. Dabei nannte er Kaupa, mit dem die BUB in Kontakt stand, als möglichen Leiter einer Finanzgruppe, die diese „Arisierung“ durchführen sollte.[577] Bis Ende 1941 stand dieser jedoch noch eine Reihe von Hindernissen entgegen – offene Bankforderungen, gegenläufige Standpunkte der Besatzungsbehörden zur die „Arisierung“ oder Konfiskation der Firma Hermann Pollack's Söhne, sowie deren Absicht, den Konzern als Ganzen zu verkaufen, was einen außerordentlich zahlungskräftigen Käufer erfordert hätte. Blockiert wurde dieses Vorhaben vom Versuch einer Gruppe von Zwittauer Textilindustriellen die Fabrik in Böhmisch Trübau zu „arisieren“.[578]

Geklärt wurden die Probleme um die „Arisierung“ der Firma Hermann Pollack's Söhne von der 11. Verordnung zum Reichsbürgergesetz vom November 1941, die sich auch auf das Protektorat bezog. Nach dieser gingen alle Juden, die sich „länger als nur vorübergehend im Ausland“ aufhielten, ihrer Staatsangehörigkeit und ihres Vermögen verlustig.[579] Von den Teilhabern an der Firma Hermann Pollack's Söhne hielt sich Grödel im Ausland auf, was den Besatzungsbehörden zum Vorwand für die Konfiskation der Firma diente. Damit war allerdings ein neues Problem geschaffen: Konfiszierte Firmen konnten nur über die Vermittlung des Vermögensamtes veräußert werden, was jedoch dem Entscheid des Reichsprotektors von Ende Februar 1942 zuwider lief, der den Verkauf der Fabriken in Braunau und Böhmisch Trübau über die BUB und BEB genehmigt hatte.[580]

Das ARP hatte nämlich beschlossen, die Banken bei der „Arisierung“ der Firma Hermann Pollack's Söhne gleichermaßen zum Zug kommen zu lassen, nachdem sie deren Verbindlichkeiten gegenüber den Schweizer Banken und der Živnostenská banka übernommen hatten.[581] Im Bestreben, die reichsdeutschen und protektoratsinter-

575 Ebd., Notiz vom 19.3.1940.

576 Ebd., Brief von Dr. Herbert Dicke (Düsseldorf) vom 16.9.1940 an die BUB.

577 Ebd., Notiz vom 3.10.1940.

578 Ebd., Schreiben der Deutschen Bank – Filiale Zwittau vom 18.10.1940 an die BUB und vom 25.11.1940 an Dr. Ahner (Dresden).

579 Petrův: Anm.3, S. 116.

580 StA Nürnberg, Bestand KV Ankl. Dok. Fotokop., Nr. 6601 NI, Aktennotiz Bank Berlin vom 15.7.1942.

581 James: Anm. 25, S. 163.

nen Interessen auszugleichen, empfahl das ARP ihnen als Käufer für die Braunauer Fabrik die Firma Braunauer Feinspinnerei und Weberei Gyger & Co. und für die Fabrik in Böhmisch Trübau die deutsche Textil A.G., Berlin.[582] Laut Entscheid des Reichsprotektors hatten beide Banken aus dem Erlös für den Verkauf dieser Fabriken sowie für den Verkauf der Fabrik in Wien-Floridsdorf die eigenen und übernommenen Forderungen gegenüber der Firma Hermann Pollack's Söhne zu decken, mit dem Rest ihre „Arisierungs“-Provision von 1,5 Prozent zu finanzieren und zehn Prozent für die Steuer bereitzustellen. Der Endbetrag sollte in zwei Teile geteilt werden – 60 Prozent sollten dem Reichsprotektor als Ausgleichsabgabe zufallen und 40 Prozent sollten auf Konten der Gesellschaft Polysamplex G.m.b.H., Prag, und Participia A.G., Prag, überwiesen werden, an denen sowohl die BUB als auch die BEB paritätisch, also jede zu 50 Prozent beteiligt waren.[583] Eine derart konstruierte „Arisierung“ der Firma Hermann Pollack's Söhne war für beide Banken recht vorteilhaft, vor allem, nachdem ihnen der Reichsprotektor ermöglicht hatte, vermittels der ihnen gehörenden Firmen Polysamplex und Participia die Fabrik in Böhmisch-Trübau gemeinsam zu „arisieren“.[584]

### 5.2.3 Die Maklertätigkeit anderer deutscher Geldinstitute

Alles spricht dafür, dass die Maklertätigkeit fast ausschließlich in den Händen der Böhmischen Escompte-Bank (BEB) und Böhmischen Union-Bank (BUB) konzentriert war. Deren vorrangige Stellung bei den Maklertätigkeiten entsprang nicht nur dem Umstand, dass sie mit den deutschen Großbanken Dresdner Bank und Deutsche Bank im Rücken die stärksten volksdeutschen Geldinstitute auf dem Protektoratsgebiet darstellten, sondern auch aus ihrer direkten Vernetzung mit Industriebetrieben. Kennzeichnend für mitteleuropäische Banken war nämlich der Aufbau bankeigener Industriekonzerne. Sowohl die BEB als auch die BUB verfügten über solche Konzerne. Sie hatten langjährige Erfahrungen mit der Übernahme und Verwaltung von Industrieunternehmen, die sie unmittelbar nach der Entstehung des Protektorats anwenden konnten, sogar noch vor dem „amtlichen“ Startschuss für die „Arisierung“. Anders als diese beiden Institute baute die dritte Bank im Dreigespann der am stärksten vom Phänomen „Arisierung“ profitierenden volksdeutschen Geldinstitute, die Kreditanstalt der Deutschen (KdD), ihren bankeigenen Industriekonzern erst in der Protektoratszeit auf.[585]

582 StA Nürnberg, Bestand KV Ankl. Dok. Fotokop., Nr. 6600, Schreiben des Reichsprotektors vom 28.2.1942 an die BEB.

583 Ebd., Notiz von Wedelstädt (28.2.1942).

584 NA Praha, Bestand 109, Sign, 109-4/1259, Schreiben des Sicherheitsdienstes SS, SD-Leitabschnitt Prag vom 16.7.1941 „Kapitalverflechtung zwischen dem Protektorat und dem Reich“; ebd., Bestand Staatliches Statistikamt – nicht bearbeitet (im Weiteren SÚS), Kart. 194, Übersichten, P. Tomek – J. Bartoš, Verzeichnis der Firmen mit Sitz in Böhmen und Mähren mit deutschem Kapitalanteil (1943/44).

585 Vencovský: Anm. 49, S. 348; vgl. Kubů: Anm. 271, S. 25.

Laut tschechoslowakischen Rechtsvorschriften war die KdD als Gesellschaft mit beschränkter Haftung zuvor nicht befugt, einen eigenen Konzern aufzubauen –nach der Besetzung der böhmischen Länder änderte sich die Lage für sie radikal.

Im Jahre 1937 hielt die KdD Aktien von Industriebetrieben auf tschechoslowakischem Territorium im Wert von nur 4.500.000 Kronen und war an verschiedenen Gesellschaften mit einem Betrag von lediglich 1.748.000 Kronen beteiligt.[586] Sieben Jahre später, als der „Arisierungs"-Prozess im Protektorat im Wesentlichen abgeschlossen war, betrug die Summe ihres Aktienbesitzes 59.686.000 Kronen und ihre Beteiligungen an anderen Firmentypen erreichten 17.332.000 Kronen.[587] Es lässt sich nicht genau feststellen, welchen Anteil an diesem Zuwachs der Firmenbeteiligungen der KdD „arisierte" jüdische Unternehmen ausmachten. Nachweisbar sind lediglich drei, und zwar die Firma „Otava", Südböhmische Wollstumpen-und Hutfabrik in Katowitz bei Strakonitz, die Selchwaren- und Konservenfabrik A.G. Wolframs bei Iglau und die Firma „Sphinx", Vereinigte Metallwarenfabrik und Emaillierwerke A.G. in Prag. Vom Bestreben der KdD, in die Unternehmenssphäre vorzudringen und dort direkten Einfluss zu gewinnen, zeugt übrigens der Eintritt ihrer Spitzenvertreter in die satzungsmäßigen Organe der Firmen, die als „jüdisch" bezeichnet wurden – so löste zum Beispiel im Juli 1939 Josef Pulz, der Direktor der Prager Zentrale, ein jüdisches Verwaltungsratmitglied der Firma Sphinx A.G., Prag, ab.[588] Zu einer wesentlichen Erweiterung von Firmenbeteiligung und den von der KdD gehaltenen Anteilen kam es jedoch erst im Zusammenhang mit der Zwangsauflösung der Českomoravská banka (ehemals Banka československých legií), an der sie selbst beteiligt war.

Die KdD konnte jedoch nicht alle im Rahmen der „Arisierung" gewonnenen Kapitalbeteiligungen behalten und verkaufte einige an andere Interessenten. So war sie beispielsweise mit 17,7 Prozent am Aktienbesitz der Firma Selchwaren- und Konservenfabrik A.G. Wolframs bei Iglau beteiligt. Im Jahre 1941 erwarb sie dann dem Vermögensamt beim Reichsprotektor in Böhmen und Mähren ein weiteres, von jüdischen Eigentümern konfisziertes Aktienpaket dieser Firma, allerdings mit der Auflage, es anschließend an eine reichsdeutsche Unternehmensgruppe zu verkaufen. Ihr Anteil an der Selchwaren- und Konservenfabrik stieg so um 49 auf 66,7 Prozent. Die KdD führte denn auch mit einer ganzen Reihe reichsdeutscher Interessenten am Kauf dieser Aktien Verhandlungen und stellte dabei die Bedingung, ihr müsse eine Beteiligung von 25 Prozent zuerkannt werden, also 7,3 Prozent mehr als vor dem Erwerb der konfiszierten jüdischen Aktien. Sie zeigte allerdings keine Eile mit dem Abschluss dieser Verhandlungen und traf erst auf Intervention des Vermögensamtes Anfang Januar 1942 eine mündliche Absprache, laut der diese sowie weitere konfiszierte Aktien der Selchwaren- und Konservenfabrik

586 AČNB Praha, Fond Sammlung Jahresberichte – KdD, 27. Jahresbericht der KdD über das Jahr 1937, S. 16, 20.

587 NA Praha, Anm. 584.

588 NA Praha, Bestand Arizační spisy [Arisierungsakten] (im Weiterem AS), Kart. 506, Nr. 296, Bericht der Deutschen Wirtschafts- und Treuhandgesellschaft m.b.H., Berlin, über die Firma Sphinx, Prag (1940).

von der Deutschen Lebensmittel G.m.b.H., also einem Teil des SS-Konzerns Deutsche Wirtschaftsbetriebe G.m.b.H., Berlin, übernommen wurden.[589]

Einen gewissen, allerdings nur zweitrangigen Anteil an dieser Maklertätigkeit hatte auch die reichsdeutsche Allgemeine Deutsche Credit-Anstalt Leipzig, die sich mit der in Prag ansässigen Prager Privaten Bankgesellschaft G.m.b.H. in einer „Rechtsgemeinschaft“ befand. Letztere ersuchte Ende Januar 1941 die einzelnen Oberlandratsämter um die Überlassung von Angaben über zum Verkauf stehende große und mittlere jüdische Unternehmen.[590] Angeblich hatte sie für diese Firmen Interessenten aus den Reihen ihrer Kunden aus dem „Altreich“ und dem Sudetengau. So handelte sie mit einiger Verspätung, als die „Arisierung“ schon auf vollen Touren lief.

Mit einiger Verspätung versuchte sich auch die reichsdeutsche Commerzbank an der „Arisierung“ jüdischer Unternehmen im Protektorat. Während sie sich im böhmischen Grenzgebiet, dem künftigen Reichsgau Sudetenland, unmittelbar nach dessen Angliederung ans deutsche Reich aktiv in den „Arisierungs“-Prozess eingeschaltet und ihre Filialen über die Kaufmöglichkeiten jüdischer Unternehmen, vor allem Hotels, informiert hatte, konzentrierte sie sich nach der Entstehung des Protektorats voll auf die Aneignung der Aktien der Česká průmyslová banka (Böhmische Industrialbank).[591] In den Jahren 1939–1941 beteiligte sie sich nicht unmittelbar an der „Arisierung“ jüdischer Unternehmen im Protektorat. Erst in der zweiten Hälfte des Jahres 1942, also zu einem Zeitpunkt, zu dem die „Arisierung“ in Protektorat im Wesentlichen zum Abschluss kam und die Commerzbank nicht hoffen konnte, noch merklich davon zu profitieren, bemühte sie sich auf einmal aus nicht restlos geklärten Gründen um den Erwerb der konfiszierten Aktien der Munitionsfabrik in Wlaschim (Sellier & Bellot), des bedeutendsten Konzernunternehmens der Tschechischen Industriebank. Einen Teil der Aktien übernahm sie tatsächlich, doch war diese Transaktion eigentlich unbedeutend; die Commerzbank selbst verlor das Interesse daran und bemühte sich offensichtlich nicht um die Entfaltung weiterer „Arisierungs“-Aktivitäten“.[592]

Man darf also annehmen, dass die beiden im Protektorat arbeitenden volksdeutschen Banken BEB und BUB und damit die hinter ihnen stehenden reichsdeutschen Kolosse Deutsche Bank und Dresdner Bank ihren „Geschäftsbereich“ im Protektorat Böhmen und Mähren im Prinzip erfolgreich verteidigen konnten und alle übrigen Interessenten an der Vermittlung jüdischer Firmen aus den Reihen der deutschen Geldinstitute, gleich, ob aus dem Reich oder Protektorat, an den Rand des „Arisierungs“-Prozesses drängten.

589 Naasner: Anm. 445, S. 156–157.

590 MZA Brno, Bestand 255 (Oberlandrát Jihlava) [Oberlandrat Iglau], Kart. 2, Schreiben der Prager Privaten Gesellschaft vom 29.1.1941 an den Oberlandrat in Iglau.

591 Kreutzmüller, Christoph / Kučera, Jaroslav: Die Commerzbank und die Vernichtung der jüdischen Gewerbetätigkeit in den böhmischen Ländern und den Niederlanden, in: Herbst, Ludolf / Weihe, Thomas (Hg.): Die Commerzbank und die Juden 1933–1945, München: Verlag C. H. Beck 2004, S. 210–212.

592 Ebd., S. 216–217.

## 5.3 Versuch einer Ermittlung des Gesamtwerts der durch Vermittlung von BEB, BUB und KdD „arisierten“ jüdischen Unternehmen

Die Rekonstruktion der Werte „arisierter“ jüdischer Unternehmen und die Ermittlung ihrer Anzahl bergen zahlreiche Klippen, die den Forscher nur Näherungswerte erreichen lassen. Schon der „Wert“ eines jüdischen Unternehmens in der „Arisierungs“-Praxis der deutschen Besatzungsorgane ist ein recht problematischer Begriff: Er wurde vom so genannten Verkehrswert hergeleitet, dessen Höhe jedoch nicht von den Marktverhältnissen bestimmt wurde, die im Protektorat infolge der deutschen Besatzung ohnehin stark deformiert waren. Festgelegt wurde er stattdessen anhand einer sachverständigen Taxierung durch eine der deutschen Verwaltungs- und Wirtschaftsprüfungsfirmen, z. B. die Deutsche Revisions- und Treuhand A.G. aus dem Konzern der Deutschen Bank, sowie durch den Standpunkt der „Arisierungsgruppe“ im ARP und in letzter Instanz den Entscheid des Reichsprotektors. Der im Kaufvertrag auftauchende „Kaufpreis“ war jedoch bedeutend niedriger als der Verkehrswert. Dieser „Kaufpreis“ wurde vom so genannten Sachwert abgeleitet, d. h. einem durch Taxierung von Grundstücken, Gebäuden und Maschinen sowie Vorräten erlangten Betrag, der dem jüdischen Besitzer einfach diktiert wurde. Diesen „Kaufpreis“ überwies der „Arisierer“ in einer einmaligen Zahlung oder mehreren vereinbarten Tranchen laut Zahlungskalender auf das Sperrkonto des ehemaligen jüdischen Eigentümers. Gleichzeitig musste er die „Ausgleichsabgabe“ auf das bei der Kreditanstalt der Deutschen (KdD) geführte Konto R 780 des Reichsprotektors entrichten. Diese Abgabe war eine Art Steuer an den NS-Staat für die Möglichkeit des Vermögenserwerbs auf dem Wege der „Arisierung“. Diese Ausgleichsabgabe sollte den Unterschied zwischen Verkehrswert und Kaufpreis überbrücken, jedoch nicht in voller Höhe, sondern nur bis zu 70 Prozent. Die Höhe der Ausgleichsabgabe betrug im Regelfall zwischen 30 und 50 Prozent des „Kaufpreises“, lag in einigen Fällen jedoch auch höher bei bis zu 70 und in Einzelfällen sogar 250 Prozent.[593]

Die von den Autoren vorgenommene Kalkulation des Werts der jüdischen Unternehmungen geht also von der Summe aus „Kaufpreis“ und „Ausgleichsabgabe“ aus. Wo die Quellen diese Angaben nicht direkt enthalten, musste zu Berechnungen gegriffen werden: So lässt sich der „Kaufpreis“ im Grunde aus den Angaben über die Höhe der „Arisierungs“-Provision errechnen, die die Bank dem „Arisierer“ für ihre Maklerdienste in Rechnung stellte. Diese Provision betrug im Regelfall zwei Prozent des „Kaufpreises“, nur in Ausnahmefällen wich sie um ein Prozent ab oder entfiel vollständig. Zu den angegebenen oder solchermaßen rekonstruierten „Kaufpreisen“ musste die Ausgleichsabgabe addiert werden. Da diese nun bei der überwiegenden Mehrzahl der nachweislich „arisierten“ jüdischen Unternehmen nicht angeführt wurde, setzten die Autoren zur Wertermittlung deren niedrigsten Satz, also 30 Prozent, an.

Die beschriebene Methodik erlaubt – mit einer gewissen Reserve – eine Bezifferung der Werte der jüdischen Unternehmen, die mit Vermittlung der beiden deutschen Banken „arisiert“ wurden. Bei der ersten, der Böhmischen Escompte-Bank (BEB), liegen ihre

593 Jančík/Kubů: Anm. 36, S. 75–78.

Jahresbilanzen vor, die unter anderem die Gesamtsummen der „Arisierungs"-Provisionen enthalten. Diese ermöglichen eine Berechnung der „Kaufpreise" für die jüdischen Unternehmen, die in den einzelnen Jahren und im gesamten Zeitraum der deutschen Besatzung „arisiert" wurden.

Tabelle 10: „Arisierungs"-Provisionen der Böhmischen Escompte-Bank und Kaufpreise für die durch ihre Vermittlung „arisierten" Unternehmen

| Jahr | „Arisierungs"-Provision (in Kronen) | | | Anteil der Provision am Reingewinn der Bank in Prozent | Summe der Kaufpreise (in Kronen) |
|---|---|---|---|---|---|
| | Zentrale | Filialen | insgesamt | | |
| **1939** | 1.070.384,80 | – | 1.070.384,80 | 52,14 | 53.519.240 |
| **1940** | 1.278.750,40 | 807.000,00 | 2.085.750,40 | 14,94 | 104.287.520 |
| **1941** | 1.036.491,30 | 521.000,00 | 1.557.491,30 | 9,44 | 80.999.565 |
| **1942** | 257.502,50 | 645.276,00 | 902.778,50 | 5,02 | 45.138.925 |
| **1943** | 30.000,00 | 205.556,90 | 235.556,90 | 1,47 | 11.777.845 |
| **1944** | – | 17.686,50 | 17.686,50 | nicht zu ermitteln | 884.325 |
| **Insgesamt** | | | 5.932.148,40 | | 296.607.420 |

Quelle: NA Praha, Bestand ČEB, Kart. 69 und 71, Bilanzen und Indexe für die Jahre 1939–1945. AČNB Praha, Bestand ŽB, Jahresbericht-Sammlung, Geschäftsberichte der Böhmischen Escompte-Bank 1939–1943.

Dabei ist eine gewisse Verzerrung nicht zu vermeiden. Diese ergibt sich vor allem infolge von Entscheidungen der Bank, einigen „Arisierern" die Zahlung des Kaufpreis in Raten über eine Frist von mehr als einem Jahr zu erlauben. Verzerrungen ergeben sich auch aus der Teilung der „Arisierungs"-Provision mit einem anderen Geldinstitut, in der Regel mit dem Konkurrenten Böhmische Union-Bank (BUB) bzw. der Deutschen Bank oder einer von deren Filialen. Dabei ist anzunehmen, dass bei Weitem nicht alle „Arisierungs"-Provisionen bis zum Ende der Besatzungszeit beglichen wurden. Die Jahresbilanzen der BEB sind eine einzigartige Quelle für die Bezifferung der Gesamtsumme der „Kaufpreise" für jüdische Unternehmen, an deren „Arisierung" diese Bank beteiligt war, jedoch nur bis zum Jahre 1942, in welchem die Angestellten die Jahresbilanz für 1941 erarbeiteten. In den weiteren Kriegsjahren wurden keine Bilanzen mehr erstellt und ihre Rekonstruktion wurde erst nach Kriegsende aufgenommen, als sich die BEB bereits in Liquidation befand. Diese „Nachkriegsbilanzen" erfassen offensichtlich nicht alle „Arisierungs"-Provisionen oder vermengen diese mit anderen Provisionstypen. Von den unter aktiver Mitwirkung der BEB „arisierten" jüdischen Unternehmen sind namentlich 111 bekannt. In 62 Fällen ist der „Arisierer" festzustellen und mit Ausnahme von drei Fällen auch der „Kaufpreis".

Tabelle 11: Durch Vermittlung der Böhmische Escompte-Bank in den Jahren 1939–45 im Protektorat Böhmen und Mähren „arisierte" jüdische Firmen (Auswahl)

| **Bezeichnung der „arisierten" Firma** | **„Arisierer"** | **Kaufpreis in Kronen** |
|---|---|---|
| Adolf Blum und Popper A.G., Prag | Körner und Co., Hamburg | 250.000 |
| „Ara", Andres & Co., Kaufhaus, Prag | Strumpffabrik J. Kunert & Söhne, Warnsdorf | 10.100.000 |
| „Armada", Münchengrätzer Chemische Werke, Prag | Ing. Georg Heusser, Einsiedel bei Reichenberg | 4.167.000 |
| Becher Rudolf, Pflugfabriken und Stahlfacongiesserei, Raudnitz | Ringhoffer-Tatra, A.G. Prag | 7.480.000 |
| Berger Hermann & Co., Herrenkleiderfabrik, Proßnitz | Rudolf Hinne, Prag | 3.000.000 |
| Blum Leopold Nachf., Linoleumwerke, Prag | Wiener Linoleum- und Wachstuchwerke Richard Holtkott, Wien | 7.900.000 |
| Bries Ignaz und Wilhelm, Exportmalzfabrik, Olmütz | Salvator Malzfabriken G.m.b.H., Wien | 6.282.000 |
| „Butonia", Knopffabrik Raudnitz | Knopffabrik Wünsche & Marcuzzi, Gross-Schönau | 3.475.000 |
| Chwalkowitzer Dampfmühle L. Fromowitz, Olmütz | Bruno Weiss, Danzig | Nicht festgestellt |
| D. Drucker A.G., Holzindustrie, Brünn-Butschowitz | Dr. Kurt May, Stuttgart | 4.000.000 |
| Eichler Leo | Heinrich Grabler, Prag | 75.000 |
| Elektrotechnisches Verkaufsbüro Prag | | 1.500.000* |
| Erste Pilsner Fichtenpechraffinerie, Pilsen | Ing. Schmaus<br>Ing. Čížek | 1.500.000 |
| Erste Prager Malzfabrik Reiser & Sohn, Prag | Malzfabrik Niedersedlitz A.G. | 8.200.000 |
| „Evona" G.m.b.H., Seifenfabrik, Aurschineves | Henkel und Co. G.m.b.H., Düsseldorf | 2.650.000 |
| Fischl F., Papierwarenfabrik, Prag | Kurt Krebs, Heidelberg | 5.500.000 |
| Fischl Gustav | Hugo Meisl | 350.000 |
| Fuchs Ignaz, Papierwarenfabrik, Prag | Prager A.G. für Papierindustrie | 11.000.000** |
| Fürst & Hausner, Wirkwarenfabrik, Iglau | Steinhauer, Wien | 1.100.000 |
| Gasma A.G., Prag | Auergesellschaft, A.G., Berlin | 4.300.000 |
| Gibian & Co., Prag | Mercedes Büromaschinen A.G., Prag | Nicht festgestellt |
| Görtler Em. | P. Loos | 1.000.000* |
| Grätzer Salomon, Papierfabrik, Olmütz | Josef Eisenmeier, Karlsbad | 4.727.000 |
| Hamburger Ed. & Sohn, Exportmalzfabrik, Olmütz | Dr. Max Göhler, Heidelberg<br>Bruno Weiss, Danzig | 4.250.000 |
| Heller & Husserl, Malzfabrik, Olmütz | Ostmärkische Brau A.G., Linz | 1.850.000 |
| Heller S. & Sohn, Deckenfabrik, Neu-Oetting | Dr. Ing. Georg Kufner, München | 5.800.000 |
| Hirsch Richard, Draht- und Drahtstiftefabrik, Pilsen | Prager Eisenindustrie-Gesellschaft, Prag | 6.000.000 |

| **Bezeichnung der „arisierten" Firma** | **„Arisierer"** | **Kaufpreis in Kronen** |
|---|---|---|
| Hofmann Simon, Eisenwaren, Pilsen | Alfred Kunze, Dresden | 7.500.000 |
| Jaroschauer Bierbrauerei A.G., Ungarisch-Hradisch | Wilhelm Caspar, Wuppertal-Barmen Erich Blume, Wuppertal-Barmen | 9.000.000 |
| Jolesch S. & Sohn, Wirk- und Strickwarenfabrik, Wiese bei Iglau | Wilhelm B. Bergmann, Frankfurt am Main | 1.900.000 |
| Kohn & Neumann, Schnittwarengeschäft, Prag | Heinz und Franz Döring, Osterode | 2.225.000 |
| König Hugo, Fischkonservenfabrik, Olmütz | Hochseefischerei Andersen und Co., Hamburg | 1.858.000 |
| „Maryša", Mährisch-Slowakische Kanditen-, Gebäck- und Schokoladen – Fabrik, Göding | Schokoladenfabrik Joh. Kluge & Co. | 1.240.000 |
| Meissner & Co., Maschinenfabrik, Triesch | Alexanderwerk A. v. d. Nahmer A.G., Remscheid | 3.800.000 |
| „Mia", Stein-Ehrlich, Wäscheerzeugung, Pilsen | Gebr. Held, Berlin | 720.000 |
| Morgenstern G., Malzfabrik, Olmütz | Salvator Malzfabrik G.m.b.H., Wien | 1.050.000 |
| Karl Neich | H. Blaha | 100.000 |
| Neumann Alois, Glasraffinerie und Schleiferei, Iglau | Josef Ofenböck, Wien | 1.005.000 |
| „Olfedo", F. Deutsch, Schokoladenfabrik, Olmütz | Reese und Wichmann G.m.b.H., Hamburg | 3.100.000 |
| „Optimit", Gummi- und Textilwerke A.G., Prag, Werk Zubří | Gasma A.G., Prag, von Auergesellschaft Berlin und Continental Gummi A.G., Hannover | 10.445.000 |
| „Oxygen", Sauerstoffwerk, Leipnik | „Explosia" A.G. Prag (Konzern der Reichswerke Hermann Göring) | 1.500.000 |
| Patronenhülsen- und Metallwarenfabrik, Rokitzan | Waffenwerke Brünn (Konzern der Reichswerke Hermann Göring) | 20.000.000** |
| Paulus & Co., Metallwarenfabrik, Prag | Ernst Mahla, Morchenstern | 2.278.000 |
| Perutz Brüder, Prag | | 750.000* |
| Plaček & Co., Herren- und Damenkonfektion, Brünn | Hans Schröder, Saarbrücken | 10.280.000 |
| Popper Richard, Papier- und Kart. Warenfabrik, Prag | Willy Dietzel, Ebersdorf-Neustadt | 300.000 |
| Roedl H., Handel mit Werkzeugen, Röhren, Prag | Karl Schuster, Berlin | 1.370.000 |
| Roth-Retschitzer Maschinenpapierfabrik, Inhaber Is. Kettl, Roth-Retschitz | Prager A.G. für Papierindustrie, Prag | 6.350.000 |
| Schindler J. & Sohn, Brettsäge, Iglau | Josef Ofenböck, Wien | 2.950.000 |
| Semler Simon, Holzbearbeitung, Pilsen | Lesna, Holzindustrie A.G. | 4.000.000 |
| Semler Simon, Stahl- und Metallwarenfabrik, Pilsen | Prager Eisenindustrie-Gesellschaft | 10.900.000 |
| Stern Albert, Glas- und Porzellan-Grosshandlung, Brünn | Kurt Till, Brünn | 2.100.000 |

| **Bezeichnung der „arisierten" Firma** | **„Arisierer"** | **Kaufpreis in Kronen** |
|---|---|---|
| Steuer & Friedländer, Aether, Oele, Essenzen, Fruchtsäfte und Obstweine, Prag | F. Beer, Warnsdorf | 2.500.000 |
| Stiassni Brüder, Volltuchfabrik, Brünn | J. Kunert & Söhne, Warnsdorf | 45.000.000 |
| Philipp Stiassny's Söhne, Tuchgrosshandlung, Iglau | Carl Blall & Söhne, Brandenburg | 1.082.000 |
| Stock Cognac Medicinal, Pilsen | J. Serrervallo, Triest | 2.600.000 |
| Taussig H. & Co., Seiden- und Wollstoffgeschäft, Prag | Mey & Edlich, Herrenwäschefabrik, Leipzig | 1.766.000 |
| „Teta", Einheitspreisgeschäft, Prag | Alfred Trews, Berlin<br>Max Führer, Wien | 2.800.000 |
| „Tip-Top", Eisenstein Hermann, Schuhfabrik, Prag | Giehring, Nürnberg<br>Michel, Frankfurt a.M. | 7.000.000 |
| Traub Ed., Lederfabrik, Prag | Dr. Ing. August Treusch, Offenbach a. M.<br>Dr. Gizelt, Offenbach a. M. | 10.050.000 |
| „Trio" G.m.b.H., Textil- und Konfektion, Neuhaus | Erwin Henne, Aschaffenburg | 1.278.000 |
| Utitz Brüder, Lederfabrik, Prag | Dr. Sigbert Wohlfarth, Nürnberg | 8.035.000 |
| Summe der festgestellten/ermittelten Kaufpreise:<br>einschl. der gemeinsam mit der BUB „arisierten" Firmen<br>nach Abzug des BUB-Anteils | | 295.288.000<br>285.288.000 |

* Ermittlung des „Kaufpreises" durch Ableitung von der angegebenen „Arisierungs"-Provision (Standardsatz: zwei Prozent)

** „Arisierung" in Zusammenarbeit mit der Böhmischen Union-Bank unter Aufteilung der „Arisierungs"-Provision im Verhältnis von 1:1 zwischen beiden Banken.

Quelle: NA Praha, Bestand ČEB, Bd. 69, Bilanzen 1939–45; ebd., Bestand 109, Sign. 109–4/1259, Schreiben des Sicherheitsdienstes SS, SD-Leitabschnitt Prag vom 16.7.1941 „Kapitalverflechtung zwischen dem Protektorat und dem Reich"; ebd., Bestand SÚS, Kart. 194, Übersichten, P. Tomek – J. Bartoš, Seznam firem se sídlem v Čechách a na Moravě s účastí německého kapitálu [Verzeichnis der Firmen mit Sitz in Böhmen und Mähren mit deutschem Kapitalanteil] (1943/44); Registratur MF ČR Praha, Akten Geldbuchhaltung Abt. 13, Ordner Nr. 2. Arisierungsbericht Böhmische Escompte-Bank, August 1941; BA Berlin, Bestand NS 4, Mikrofiche Nr. 16, Bl. 2, Schreiben der BEB vom 11.10.1939 an Fichte.

Bei diesen 62 „arisierten" jüdischen Unternehmen findet sich abgesehen von drei Fällen im Quellenmaterial der „Kaufpreis" bzw. die „Arisierungs"-Provision, anhand derer ein „Kaufpreis" rekonstruiert werden kann. Bei den restlichen 49 „arisierten" Unternehmen ist kein „Arisierer" genannt, die „Arisierungs"-Provision jedoch ist beziffert und erreicht eine Gesamtsumme von 1.372.094 Kronen. Es ist gut möglich, dass die Bilanzen der BEB bis zu einem gewissen Grad die „Arisierungs"-Provisionen mit Provisionen für Berater- und Vermittlertätigkeit vermischten, die freilich auch auf den „Arisierungs"-Prozess Bezug hatten und eigentlich nicht davon zu trennen sind.

Tabelle 12: Berater- und Vermittlerprovisionen der Böhmischen Escompte-Bank (in Kronen)

| | |
|---|---|
| 1939 | 1.591.008,45 |
| 1940 | 1.466.349,00 |
| 1941 | 1.124.711,35 |
| 1942 | 750.750,50 |

Quelle: NA Praha, Bestand ČEB, Kart. 69 und 71, Bilanzen und Indizes für 1940–42.

Berechnet man aus diesen Angaben nach dem obig beschriebenen Verfahren die Gesamtsumme der „Kaufpreise" aller 49 Unternehmen, so ergibt sich ein Betrag von 68.604.700 Kronen. Addiert man diesen zur Summe der „Kaufpreise" der namentlich angeführten 62 Unternehmen in Höhe von 285.288.000 Kronen, so erhält man eine Gesamtsumme von 353.892.700 Kronen – also den Betrag, der auf die Sperrkonten der ehemaligen jüdischen Eigentümer deponiert wurde. Von der „Arisierung" profitierte auch der Reichsprotektor, und zwar in Form der „Ausgleichsabgaben". Für eine wenigstens annähernde Schätzung dieser Abgaben gibt es keinerlei Regeln, da das ARP diese individuell von Fall zu Fall festlegte. Ungenauigkeiten in Kauf nehmend und bestrebt, im unteren Bereich der Taxierungen zu bleiben, haben die Autoren die Untergrenze der in der Praxis bemessenen Ausgleichsabgabe gewählt, also 30 Prozent des „Kaufpreises". Es ist also anzunehmen, dass aus dem Verkauf der aufgeführten 111 jüdischen Unternehmen mindestens 106.168.000 Kronen auf das Konto R 780 des Reichsprotektors flossen. Konstruierte sich der „Verkehrswert" aus der Summe von „Kaufpreis" und Ausgleichsabgabe, so dürfte der aktuelle Wert dieser unter Mitwirkung der BEB verkauften jüdischen Unternehmen bei 460.060.000 Kronen liegen.

Der Versuch, die Werte der jüdischen Unternehmen, deren Verkauf in „arische Hände" von der BUB vermittelt wurde, in Zahlen auszudrücken, ist schwieriger als im Fall der BEB. Für die Jahre 1939–1942 erscheinen in den Bilanzen der BUB nur Angaben, die durch Addition von drei „Arisierungsprofiten" entstanden – die „Arisierungs"- und Beratungsprovisionen sowie die Treuhandprovisionen, wobei die „Arisierungs"-Provisionen aus dem Verkauf jüdischer Firmen schon ab 1941 auf andere Posten umgelegt wurden.[594]

594 Die Sammelangabe über „Arisierungs"-, Beratungs- und Treuhandprovisionen in den Bilanzen der BUB für die Jahre 1939 und 1940, die unter den Posten „nicht regelmäßig wiederkehrende Geschäfte" eingeordnet wurde, enthält auch die „Arisierungs"-Provisionen für den vollzogenen Verkauf von jüdischen Firmen. In den Bilanzen für 1941 und 1942 verliert diese Angabe an Beweiskraft. Der aus der Maklertätigkeit fließende Gewinn wurde mit größter Wahrscheinlichkeit unter dem Posten „sonstige Einnahmen" geführt, aus deren Gesamtsumme keine Einzelbeträge zu ermitteln sind. Dieser Posten wurde in der Bilanz für 1941 mit dem Betrag 5.840.000 K beziffert, in der Bilanz für 1942 bereits mit 8.290.000 K. HADB Frankfurt am Main, Bd. BO 204, Bl. 46–54, Aktennotiz über die BEB vom 13.3.1942 und 5.3.1943.

Tabelle 13: Gesamtsumme der „Kaufpreise“ für eine Auswahl jüdischer Unternehmen, die unter Vermittlung der BUB in den Jahren 1939–1942 verkauft wurden (in Kronen)

| | **„Arisierungs“-, Beratungs- und Treuhandprovisionen** | **Anhand der „Kaufpreise“ errechnete „Arisierungs“-Provision** | **Gesamtsumme der „Kaufpreise“** |
|---|---|---|---|
| **1939** | 3.358.000 | 200.720 | 10.036.000 |
| **1940** | 2.772.000 | 1.700.300 | 85.015.800 |
| **1941** | 1.206.000 | 2.194.100 | 109.706.300 |
| **1942** | 310.000 | 925.200 | 46.260.800 |
| | | **Insgesamt** | 251.018.900 |

Quelle: BA Berlin, Bestand R 8119 F, Mikrofiche Nr. P 6858, Gewinnübersicht und Kalkulation (der BUB) für das Jahr 1940, Bl. 112; ebd., Gewinnübersicht und Kalkulation (der BUB) für das Jahr 1942, Bl. 295; Registratur MF ČR Praha, Registratur BUB, Pakete Nr. 963–964.

Die in der Tabelle angeführte Schätzung der „Kaufpreissumme“ für die jüdischen Unternehmen, deren „Arisierung“ die BUB vermittelte, wurde ebenfalls an deren Untergrenze konstruiert und bezieht sich auf dreißig Firmen.

Der Kaufpreis von weiteren sieben „arisierten“ Unternehmen lässt sich im Quellenmaterial nicht feststellen. Geht man von einem Durchschnittswert der Firmen aus, deren Kaufpreis bekannt ist, könnten diese sieben Unternehmen für circa 58.800.000 Kronen verkauft worden sein. Mit einer gewissen Berechtigung lässt sich damit schätzen, dass die BUB den Verkauf von 37 jüdischen Firmen für 309.819.000 Kronen vermittelte. Namentlich ist eine Reihe weiterer Unternehmen bekannt, mit deren „Arisierung“ sich diese Bank beschäftigte – so beispielsweise eines der größten Unternehmen der Speisefettindustrie im Protektorat S. Heikorn, Erzeugung von Margarine, Ölen, Fetten, Senf, Essig und Seife in Olmütz oder die bedeutende Papierfabrik A.G., Olleschau. Diese Unternehmen wurden hier nicht aufgeführt, da sich anhand des Quellenmaterials nicht ausmachen lässt, wie in deren „Arisierungs“-Prozess tatsächlich verfahren wurde. Legt man den Erwägungen über den Gesamtwert der über die BUB „arisierten“ jüdischen Unternehmen den in der Tabelle angegebenen Betrag von 309.819.000 Kronen zugrunde, ist noch die Summe der Ausgleichsabgaben hinzu zu addieren, die auf das Konto des Reichsprotektors flossen. Genau wie bei der BEB wird von den Autoren nur deren Untergrenze in Betracht gezogen, d. h. 30 Prozent des „Kaufpreises“. Aufgrund der rekonstruierten „Kaufpreissumme“ betrüge dann die Summe der Ausgleichsabgaben mindestens 92.946.000 Kronen. Durch Addition beider Posten, also der „Kaufpreissumme“ und der Summe der Ausgleichsabgaben ergibt sich ein angenäherter Wert der von der BUB „arisierten“ jüdischen Unternehmen, nämlich einen Betrag von 402.765.000 Kronen. Da nun aber die Liste der „arisierten“ Unternehmen unvollständig ist, die jüdischen Unternehmen bei der Veranschlagung der „Kaufpreise“ meist stark unterbewertet wurden und die Ausgleichsabgaben diesen Kaufpreis eher nur theoretisch bis zur Höhe des „Verkehrswerts“ ausgeglichen haben, ist zu konstatieren, dass die genannte Summe den Mindestwert der jüdischen Unternehmen darstellt, an deren Veräußerung die BUB beteiligt war.

Tabelle 14: Über die Böhmische Union-Bank während der Jahre 1939–45 im Protektorat Böhmen und Mähren „arisierte" jüdische Unternehmen (Auswahl)

| **Bezeichnung der „arisierten" Firma** | **„Arisierer"** | **Kaufpreis in Kronen** |
|---|---|---|
| A-B Film A.G., Prag | Cautio Treuhandgesellschaft m.b.H., Berlin | 8.791.000* |
| Blažek K., Pilsen | Tank-Benzolverband m.b.H., Stellenbetrieb und Treibstoff-Organisation, Bochum | nicht festgestellt |
| Bondy Jakob, Spinnerei, Böhm. Skalitz | Schreiber Viktor, Hohenelbe | nicht festgestellt |
| Brach Hermann, Hanna-Malzfabrik, Olmütz | H. C. Horn, Reederei, Hamburg | 4.000.000 |
| Cosmos, Emil Pick & Co., Speisefett- und Seifenfabrik, Čáslav | Hermann Lapper, Prag | 39.950.000** |
| Engelmann & Co., Herrenmodegeschäft und Herrenschneidersalon, Olmütz | Alois Mader, Olmütz | 450.000 |
| Fuchs Ignatz, Papierfabrik, Prag | Natron-Papier-Industrie A.G., Wien | nicht festgestellt |
| Fürst Sigm. und Alex., Malzfabrik, Olmütz | Schill Otto, Osthofen (Hessen) | 2.400.000 |
| Kaufhaus Plaček & Co., Brünn | Hans Schröder, Saarbrücken | 17.000.000 |
| Kraluper Gesellschaft für chemische Produkte m.b.H., Prag | Benzolverband G.m.b.H., Bochum | 280.000* |
| Kraluper Mineralölraffinerie Lederer & Co., Prag | Benzolverband G.m.b.H., Bochum | nicht festgestellt |
| Kraluper Ölgesellschaft Heller & Co. | Benzolverband G.m.b.H., Bochum | nicht festgestellt |
| Krassl-Wittman, Chemie- und Seifenfabrik, Brünn | Firma Georg Dralle, Inhaber Eduard Dralle, Hamburg-Altona | 515.000 |
| Kupferwerke Böhmen, Prag, Werk Pömmerle bei Aussig | Dr. Ing. Hammerschmid, Düsseldorf | nicht festgestellt |
| Linoleum Karl Popper, Mährisch Ostrau | Philipp Haase & Söhne A.G., Prag (Zentrale in Wien) | 340.300 |
| Löwenthal Brüder, Samenhandlung, Brünn | Staatgutgesellschaft G.m.b.H., Brünn (Saatgutstelle Berlin) | 1.783.700 |
| „Malko", H. Mahler & Co., Schirmfabrik, Prag | Gaunitz Wilhelm, Dresden | 420.000 |
| Maschinenfabrik vorm. M. Hopfengärtner A.G., Holoubkau | Fritz Werthmann, Lohmen (Mecklenburg) | nicht festgestellt |
| Modehaus Rix, Mähr. Ostrau | Wilhelm Wrbka, Mährisch Ostrau Emmerich Machold, Freudenthal | 4.000.000 ** |
| Pacholik & Jirounek, mechanische Weberei und Schlichterei, Slana | Gerhard Honemeyer, Hennersdorf bei Hohenelbe | 3.297.000 *** |
| Patronen-, Hülsen und Metallwarenfabrik A.G., Rokitzan | Brünner Waffenwerke A.G. (Konzern der Reichswerke Hermann Göring) | 20.000.000 **** |
| Perutz Brüder, Mechanische Weberei, Prag | Wilhelm Wiechert, Riga | 12.700.000 |
| Karl Pfefferkorn, Mechanische Weberei, Dolní Kalná | Walter Liebisch, Warnsdorf | 2.500.000 ** |

| **Bezeichnung der „arisierten" Firma** | **„Arisierer"** | **Kaufpreis in Kronen** |
|---|---|---|
| Pick Edmund, a) Mechanische Weberei und Schlichterei, Groß-Porschitsch b) Weberei Chrast | Herbert Schmiedt, Warnsdorf Otto Spangaro, Musil | 10.667.000** 1.000.000** |
| Podiebrad Emanuel, Eisengroßhandel, Prag | Otto Harmer, Prag Ottmar Matausch, Prag | 600.000 |
| Policky-Popper A.G., Leder-und Schuhfabrik, Prag | Rieker & Co. Tuttlingen | 28.000.000 |
| Herm. Pollack's Söhne, Spinnerei und Weberei, Böhmische Trübau | Polysamplex G.m.b.H., Prag Participia A.G., Prag | 26.750.000 **/**** |
| Pollak Josef & Co., Strumpf- und Wirkwarenfabrik Prag | Max Richter, Mildenau | 5.405.200 |
| Richter & Seliger, Proßnitz | Carl Hückl, Neutitschein | 3.000.000 ** |
| Robitschek M. & Co., Baumwollspinnerei- und Weberei, Chotzen | Johann Heinrich Bergmann, Zwittau | 16.888.800 |
| Rosenfeld & Co., Wäschefabrik, Pilsen | Willy Geyer, Asch | 628.000 |
| Rotter Josef G.m.b.H., Tuchfabrik, Wühr | Valentin Ehm, Tidan (Schweden) | 2.730.000 ***** |
| Roth-Kosteletzer Spinnerei und Weberei A.G., Roth-Kosteletz | Erich Larché & Co., Roth-Kosteletz | 47.495.100 |
| Růžek & Löwenstein, Pelzhandel, Prag | Carl Peuthert, Rumburk F. Kröner, Růžek | 250.000 ** |
| Schlesinger & Polanuer, Konfektionshandlung, Brünn | Firma Heinrich Bydlo, Inhaber Otto Bydlo, Brünn | 102.800 ** |
| Weiss & Hanak, Tuchfabrik, Brünn | Firma Reimann und Sohn, Proßnitz-Neugersdorf | 12.450.000 |
| Summe der festgestellten/ermittelten Kaufpreise: – einschl. der gemeinsam mit der BEB „arisierten" Firmen – nach Abzug des BEB-Anteils | | 274.393.900 251.018.900 |

* Der angegebene Betrag bezeichnet die Höhe des Kapitals der „arisierten" Firma bzw. dessen vom „Arisierer" erworbenen Teil. Er stimmt theoretisch mit der Summe von „Kaufpreis" und Reichsausgleichsabgabe überein.

** Da kein Kaufvertrag vorliegt, wurde der Kaufpreis aus dem Original-Aktenmaterial übernommen.

*** Der „Kaufpreis" ergibt sich in Ableitung vom „Verkehrswert" (laut Bericht der Treuhand- und Revisionsgesellschaft m.b.H., Prag, von 1942) nach Abzug der mit dem Minimalsatz von 30 Prozent angesetzten Ausgleichsabgabe. Der von Sachverständigen bestimmte „Verkehrswert" wurde vom ARP zumeist respektiert.

**** Von BUB und BEB gemeinsam durchgeführter Verkauf.

***** „Kaufpreis" einschließlich Ausgleichsabgabe, die in der Tabelle mit dem Minimalsatz von 30 Prozent in Abzug gebracht wurde.

Quelle: NA Praha, Bestand 109, Sign. 109–4/1259, Schreiben des Sicherheitsdienstes SS, SD-Leitabschnitt Prag vom 16.7.1941 „Kapitalverflechtung zwischen dem Protektorat und dem Reich"; ebd., Bestand SÚS, Kart. 194, Übersichten P. Tomek – J. Bartoš, Verzeichnis der Firmen mit Sitz in Böhmen und Mähren mit deutschem Kapitalanteil, (1943/44); ebd., AS, Kart. 11, Nr. 101; Kart. 25 Nr. 264; Kart. 33, Nr. 351; Kart. 217, Nr. 1383; Kart. 230, Nr. 1518; Kart. 304, Nr. 2146; Kart. 412, Nr. 2897; Kart. 432, Nr. 3131; Kart. 542, Nr. 729; Kart. 627, Nr. 52; Kart. 695, Nr. 278; Registratur MF ČR Praha, Registratur BUB, Pakete 963–964.

Im Vergleich mit der BEB und der BUB ist die Beteiligung der KdD an der Maklertätigkeit im Protektorat Böhmen und Mähren unvergleichlich geringer. Nach den im Quellenmaterial festgestellten Angaben, die jedoch als unvollständig und nur größenordnungsmäßig angenähert zu betrachten sind, hat sie jüdische Firmen im Wert von circa 14 Millionen Kronen selbst aufgekauft oder zum Kauf vermittelt.[595]

Tabelle 15: Festgestellte Beteiligung an Industrieunternehmen, die von der KdD gewonnen wurden (Stand Juni 1941 und Änderungen bis 1944)

| **Unternehmen** | **Kapital (Aktien, Anteile)** | **Anteile (Stand Juni 1941)** | | **Änderungen bis 1944** | |
|---|---|---|---|---|---|
| | | **in %** | **in Kronen** | **in %** | **in Kronen** |
| **„Otava“, Südböhmische Wollstumpen-und Hutfabrik, Katowitz bei Strakonitz** | 500.000 | 56,25 | 281.250 | 97,4 | 487.000* |
| **Selchwaren- und Konservenfabrik A.G., Wolframs bei Iglau** | 10.000.000 | 66,7 | 6.670.000 | 25 | 2.500.000 |
| **„Sphinx“, Vereinigte Metallwarenfabrik und Emaillierwerke A.G., Prag** | 46.250.000 | 13,8 | 6.382.500 | 14,7 | 6.813.000 |
| **Insgesamt** | | | 13.333.750 | | 9.800.000 |

* Die Kreditanstalt der Deutschen besaß das Kapital der über die Firma Centrokomise, Handels A.G., Prag vermittelten Gesellschaften.

Quelle: NA Praha, Bestand 109, Sign. 109–4/1259, Schreiben des Sicherheitsdienstes SS, SD-Leitabschnitt Prag vom 16. Juli 1941 „Kapitalverflechtung zwischen dem Protektorat und dem Reich“; ebd., Bestand SÚS, Kart. 194, Übersichten, P. Tomek – J. Bartoš, Verzeichnis der Firmen mit deutscher Kapitalbeteiligung und Sitz in Böhmen und Mähren (1943/44).

In den offensichtlich von der „Arisierungsabteilung“ im ARP erstellten und den deutschen Banken, vor allem der BEB und der BUB übergebenen Angebotslisten mit zur „Arisierung“ bestimmten jüdischen Unternehmen werden 173 mittlere und größere Firmen aufgeführt. Die Gesamtsumme der „Kaufpreise“ hierfür (nach den angeführten Daten oder aus dem Durchschnitt errechnet) überstieg 800 Millionen Kronen. Stockt man diesen Betrag um eine Ausgleichsabgabe von 30 Prozent auf, ergibt sich eine Summe von 1.040 Millionen Kronen, die in etwa dem „Verkehrswert“ der zum Verkauf angebotenen jüdischen Unternehmen entsprechen könnte. Auch wenn anzunehmen ist, dass das Verzeichnis nicht abschließend und definitiv war, und dass in der „Arisierungs“-Praxis einige Posten ein anderes Schicksal ereilte (beispielsweise Liquidation und umgekehrt, der Verkauf so mancher nicht auf der Liste stehenden jüdischen Firma), lässt sich mit

595 In diesem Fall entspricht der Wert der „Arisierungs“-Beteiligungen deren Nominalwert.

gewissen Vorbehalten annehmen, dass jene 1.040 Millionen Kronen die Wertuntergrenze der „arisierten" mittleren und größeren jüdischen Firmen darstellen. Anhand der oben aufgeführten Berechnungen haben die BEB und die BUB den Verkauf jüdischer Firmen von einem Mindestgesamtwert von 863 Millionen Kronen vermittelt. Dies erlaubt den Schluss, dass sie bei der „Arisierung" dieses jüdischen Vermögenstyps unbestreitbar eine Schlüsselrolle gespielt haben. Zu dieser Angabe können auch die mit ungefähr 14 Millionen Kronen bezifferten Gewinne aus der Maklertätigkeit der KdD addiert werden, wodurch sich der Betrag von 877 Millionen Kronen erhöht.

Beide Unternehmen, sowohl die BEB als auch die BUB waren auf die Maximalisierung ihres „Arisierungs"-Profites aus und zeigten deshalb im Enteignungsprozess jüdischer Firmen und Unternehmen große Initiative. Gleichzeitig übernahmen sie willfährig die Rolle eines aktiven Faktors bei der Germanisierung des tschechischen Wirtschaftsraumes und unterstützten nach Kräften die Umsetzung der Weisung des Leiters der „Arisierungsabteilung" bei der Gruppe Wirtschaft im ARP, Rudolf Stier, „dass die „Arisierung" in erster Linie nach volkstumspolitschen und erst in zweiter Linie nach wirtschaftlichen Gesichtspunkten zu vollziehen sei".[596] Dies ist übrigens einer der Gründe, aus dem die deutsche Verwaltung zweifelhafte Geschäfte zu verhindern suchte, die zum Untergang einer zur „Arisierung" anstehenden Firma und damit zur Schwächung des Deutschtums in der betreffenden Region geführt hätten. Es gab nicht genügend geeignete kapitalkräftige Interessenten für die „Arisierung" der jüdischen Unternehmen, und reichsdeutsche Firmen zeigten meist kein Interesse, ihren Sitz ins Protektorat zu verlegen – dies alles wirkte bremsend auf den Fortgang der „Arisierung". Hier musste ein Anreiz her – und einen solchen bildeten die „Arisierungs"-Kredite.

596 MZA Brno, Bestand B 251, Kart. 117, Bl. 332, Az 7902/II, Aktenvermerk (Brünn, 12.10.1940, Marini).

# 6 „Arisierungs"-Kredite

## 6.1 Das Phänomen „Arisierungs"-Kredit

Der „Arisierungs"-Kredit ist ein in der wirtschaftsgeschichtlichen Fachliteratur und insbesondere in der Holocaustforschung zwar bekanntes, aber kaum beschriebenes Phänomen. „Arisierungs"-Kredite wurden bekanntermaßen in großem Umfang vergeben und spielten eine bedeutende Rolle im Prozess der eigentumsrechtlichen Veränderungen im Hinblick auf die Verdrängung und Ausschaltung der Juden aus dem Wirtschaftsleben.[597] In vielerlei Hinsicht sind diese Kredite von einem geheimnisvollen Flair umgeben – geheimnisvoll deshalb, weil bisher keine nähere Charakteristik der „Arisierungs"-Kredite für das „Altreich", also das eigentliche Deutsche Reich, wie auch für Österreich, das Protektorat oder andere besetzte Gebiete vorliegt. Es ist bekannt, dass sich das Phänomen „Arisierungs"-Kredit quer durch den gesamten Sektor des NS-Geldwesens zieht, angefangen von kleinen, volksnahen Einrichtungen bis hin zu den Zentralen und Filialen der Berliner Großbanken. Im erhaltenen Aktenmaterial finden sich zahlreiche Einzelfälle von „Arisierungs"-Krediten, doch ist es in der Regel nicht möglich, deren Bedingungen und Zusammenhänge der Kreditvergabe – Protektion, Interventionen seitens der Partei und anderer Formationen, Druck der NS-Verwaltung – näher zu beschreiben. Der Profit aus solchen Krediten wurde bislang nicht beziffert, weder in Bezug auf große Einzelfälle der „Arisierung" noch auf die Vielzahl kleiner Fälle, und um so weniger der Gesamtprofit, den das entsprechende Geldinstitut auf diesem Wege erzielte (die „Arisierungs"-Kredite wurden in einem gemeinsamen Posten mit allen gewährten Investitions-, Betriebs- und sonstigen Krediten erfasst). Unter diesen Umständen ist es äußerst schwierig, die Rolle des „Arisierungs"-Kredits in den Strategien und Profiten der Banken zu umreißen. Der „Arisierungs"-Kredit birgt nämlich gleich mehrere Aspekte, für deren Geheimhaltung es gute Gründe gibt.

597 Das Konzept des „Arisierungs"-Kredits erschien im Dritten Reich im November 1938 unmittelbar nach der Reichskristallnacht, die den Verdrängungsprozess der Juden aus der reichsdeutschen Wirtschaft beschleunigte. Mit Gültigkeit vom 1.1.1939 wurden bis auf einzelne Ausnahmen alle jüdischen Geschäfte und Handwerksbetriebe geschlossen. Voraussetzungsgemäß sollte ein Drittel davon „arisiert", der Rest liquidiert werden. Die zur Übernahme jüdischer Geschäfte ausgewählten „Arisierer" sollten über entsprechende Sachkenntnisse verfügen; zur „Arisierung" sollte ihnen ein günstiger Kredit gewährt werden. BA Berlin, Bestand R 2501, Bd. 3085, Bl. 34, Die Ausschaltung der Juden aus dem Wirtschaftsleben. Kredite für Übernahme (Der Montag Nr. 45 vom 21.11.1938); ebd., Bl. 61, Zur Übernahme jüdischer Geschäfte (Deutscher Handelsdienst vom 22.11.1938, Bl. 15); ebd., Bl. 107, Für schnelle Förderung der Arisierung (Rheinisch-Westfälische Zeitung Nr. 591 vom 23.11.1938).

Der „Arisierung" haftete schließlich im breiten Bewusstsein der Gesellschaft der Ruch eines nicht vollständig regelmäßigen und sauberen, unzweifelhaft aber vorteilhaften, mit hoher Wahrscheinlichkeit lukrativen und vor der Konkurrenz geheim gehaltenen Geschäfts an. Diesem Umstand entspricht auch die Tatsache, dass weder in der Literatur noch in dem vorliegenden Quellenmaterial Fälle von Konsortialkrediten für „Arisierungs"-Zwecke zu finden waren.[598] Das kann jedoch auch dadurch begründet sein, dass die „Arisierungs"-Kredite nicht für größere Unternehmen vorgesehen waren, die jeweils auf eine dem spezifischen Einzelfall angepasste Art und Weise „arisiert" wurden: Die bedeutendsten wurden einfach in den Rahmen der Hermann-Göring-Werke und anderer Großkonzerne im Reich wie die IG Farben, den Flick-Konzern, die Firma Heiden oder in den SS-Konzern eingegliedert. Die „Arisierungs"-Kredite dagegen betreffen hauptsächlich die Sphäre der Mittel-, Klein- und sogar Kleinstbetriebe. Wie ferner noch dargelegt werden soll, waren gerade solche Kredite mit einer weitgehend reglementierten Zusammenarbeit der Banken mit dem NS-Staatsapparat verbunden.

Der Ertrag aus einem „Arisierungs"-Kredit bestand nicht nur aus den langfristigen, im Regelfall über Jahre hinweg fließenden Kreditzinsen. Ein „Arisierungs"-Kredit brachte auch einen finanziell schwer messbaren, aber keinesfalls unerheblichen oder vernachlässigbaren Gewinn, nämlich den Gewinn eines neuen Kunden. Dieser war in der Regel über die Kreditbedingungen – zum Teil formell, in anderen Fällen formlos – an das Geldinstitut gebunden und trug diesem auch längerfristig eine ganz Reihe neuer Geschäftsaktivitäten ein. Der „Arisierungs"-Kredit zeigte sich somit im Anstieg der Bilanzsumme der Bank sowie im Zuwachs an Kontokorrent- und Wechselgeschäften und potentiell auch Valuta-, Devisen- sowie anderen Geschäften.

Die gegenwärtige, durch den ungeordneten Zustand der nur torsohaft erhaltenen Registraturen der deutschen Banken in den böhmischen Ländern gekennzeichnete Materialgrundlage verhindert eine volle Erfassung der Komplexität und Breite sowie des Umfang der „Arisierungs"-Kredite. Sämtliche hier dargelegten Schlussfolgerungen sind daher nur Teilbefunde. Sie beruhen auf den Analysen von Quellenmaterial, das durch spezifische Umstände in einzelnen umfangreichen Konvoluten erhalten geblieben ist und somit zumindest eine gewisse Verallgemeinerung ermöglicht.

Im Grunde lassen sich die „Arisierungs"-Kredite in zwei Gruppen einteilen: Die erste Gruppe umfasst „Arisierungs"-Kredite, die die Banken ihren Klienten gegen branchenübliche Standardsicherheiten – gegen Hypotheken, Bürgschaften Dritter (juristischer oder natürlicher Personen), Garantien durch Firmenaktivität usw. – gewährten. Diese Kredite vergaben die Geldinstitute im klassischen Bankgeschäft, das sich durch eine Atmosphäre

598 Im Januar 1941 informierte der BUB-Direktor Ulbrich den Vorstand, dass bei den Verhandlungen mit der BEB eine Übereinkunft über die Gründung der Zucker-Ausfuhrgesellschaft m.b.H. erzielt worden sei, in der die Zuckergeschäfte beider Banken zusammengelegt werden sollten. Diese Gesellschaft werde sich dann um die Übernahmen der Bondyschen Zuckerfabriken bemühen. Dieser – letztlich jedoch gescheiterte – Übernahmeplan ist einer der den Autoren bekannten Versuche eines koodinierten Vorgehens beider Banken bei der „Arisierung" einer konkreten Firma. Registratur MF ČR Praha, Registratur BUB, Paket 1840, Protokoll der BUB-Vorstandssitzungen vom 17.1.1941, Bl. 5.

der Vertraulichkeit und die Wahrung des Bankgeheimnisses auszeichnete. Bei dieser Gruppe von Krediten waren nur zwei Geschäftspartner beteiligt – die Geldanstalt als Kreditgeber und der Klient als Kreditnehmer bzw. Schuldner. Die Kreditgewährung wurde durch die internen Geschäftsrichtlinien geregelt und war nur von den satzungsmäßigen Organen der Anstalt zu genehmigen. Im folgenden Text wird diese Gruppe der „Arisierungs"-Kredite als „autonome Kredite" bezeichnet. Sie wurden von den Banken aus eigenem Willen und auf eigenes Risiko gewährt. Die in der Fachliteratur erwähnten „Arisierungs"-Kredite bezeichnen in der Regel diesen „autonomen" Kredittyp. Im Regelfall war das Kriterium für seine Gewährung allem Anschein nach nur der Profit der Bank.

Die zweite Gruppe von „Arisierungs"-Krediten sind Kredite mit staatlicher Garantie. Hier kommt ein neuer Faktor ins Spiel – der NS-Staat und seine Verwaltung. Kredite mit staatlicher Bürgschaft stellen im Wirtschaftsleben eine Ausnahme dar: Sie werden juristischen oder natürlichen Privatpersonen gewährt, die im Standard-Bankgeschäft nie einen solchen Kredit erhalten könnten, da sie im Hinblick auf ihr geringes Bürgschaftspotential nicht kreditwürdig wären. Für diese Kreditnehmer übernahm daher der Staat – das Deutsche Reich – in einem für jeden Einzelfall genau festgelegten Umfang die Rolle des Bürgen.

Die Motivation des NS-Staates begründet sich dabei aus dem Mangel an kaufkräftiger Nachfrage, die das Vermögen der aus dem Wirtschaftsleben verdrängten Juden hätte übernehmen können, mit anderen Worten: Es gab einfach zu wenig in Frage kommende „Arisierer", die über die erforderlichen Finanzmittel verfügt hätten. Hinzu kam das Interesse des NS-Staats an einem störungsfreien Ablauf des Wirtschaftslebens und an der Honorierung seiner aktivsten Anhänger, der so genannten „alten Kämpfer" (d. h. verdiente NSDAP-Funktionäre und – mitglieder, Mitarbeiter der deutschen Staatsverwaltung, Frontsoldaten und Kriegsversehrte). Nicht zuletzt bestand auf Seiten des Staates auch das Interesse an der wirtschaftlichen Schwächung des Tschechentums sowie der Stärkung von Bedeutung und Rolle des Deutschtums im Protektorat.

Der Auswahlmechanismus für diese Gruppe „geeigneter Arisierer", bei der neben der politischen Gesinnung und Zuverlässigkeit auch fachliche und wirtschaftliche Tüchtigkeit vorausgesetzt wurde, brachte ein neues Element in das klassische Bankgeschäft – die Approbation der NS-Verwaltung, die in mehreren Instanzen die Eignung eines „Arisierers" und die staatlichen Garantien für dessen Kredit verhandelte. Der „Arisierungs"-Kredit war damit nicht mehr nur Gegenstand des Bankgeheimnisses, sondern auch eine vertrauliche Angelegenheit des Behörden- und Staatsapparates; unterlag aber in jedem Fall der Mitwisserschaft eines relativ weiten Personenkreises.

Die Koordination des Geschäftsinteresses der Banken an der Kreditvergabe, die Vernetzung des Vergabeprozesses mit der staatlichen Politik einschließlich derer regional und lokal profilierten Gesichtspunkte sowie der Ausbau eines relativ komplizierten Genehmigungsverfahrens für reichsverbürgte „Arisierungs"-Kredite- und dies waren auf der untersten Ebene im Protektorat die allermeisten – machten den zur Übernahme ehemaliger jüdischer Vermögen gedachten „Arisierungs"-Kredit zu einem ernsthaften Politikum. Die wirtschaftliche Tätigkeit der deutschen Banken erhielt so eindeutig einen neuen Charakter, der letztlich auch zur Folge hatte, dass sie sich nach Kriegsende zur Rechenschaft ziehen lassen mussten.

Von der staatlich regulierten „Arisierung" auf Kredit profitierten neben den Banken auch weitere Glieder der Privatwirtschaftssphäre: Dies waren, ähnlich wie im Fall der Treuhandverwaltung, die Revisionsgesellschaften, die den Wert und die Leistungsfähigkeit der zur „Arisierung" bestimmten Firmen zu begutachten hatten. Nutznießer des so geschaffenen Mechanismus der „Arisierungs"-Kredite waren nicht selten auch Anwaltskanzleien und Auskunfteien, die ihren Gewinn aus dem Handel mit vertraulichen Wirtschaftsinformationen über einzelne Kleinunternehmer zu ziehen wussten – Informationen, die ihnen von den Geldinstituten im Bestreben einer Risikominimalisierung „abgekauft" wurden.

## 6.2 „Arisierungs"-Kredite und das Konzept der Reichshilfe für deutsche Industrie und Gewerbe auf dem Gebiet der böhmischen Länder

Das Konzept einer Wirtschaftshilfe des Dritten Reiches für die deutsche Bevölkerung, die nach der Abtretung der Grenzgebiete auf dem beschnittenen Territorium des tschechoslowakischen Staates lebte, entstand im Reichswirtschaftsministerium. Dieser Gedanke war keineswegs neu, in den zwanziger und dreißiger Jahren hatte die reichsdeutsche Regierung nicht gerade geringe Geldmittel für „Erhalt und Stärkung des Deutschtums" in der Tschechoslowakischen Republik aufgewandt. Als Beispiel kann hier die heimliche Sanierung der Kreditanstalt der Deutschen (KdD) in der zweiten Hälfte der zwanziger Jahre dienen.[599] Die Wirtschaftshilfe wurde somit nur der neuen, sich nach der Münchner Konferenz herauskristallisierenden Situation angepasst. Die Repräsentanten der deutschen Bevölkerung, die auf dem Gebiet der geschrumpften Zweiten Tschechoslowakischen Republik zurückgeblieben war, drängten in Berlin auf eine ähnliche Unterstützung, wie sie der deutschen Bevölkerung des tschechischen Grenzlands nach der Eingliederung ins Dritte Reich zuteil geworden war. Diese Unterstützung war in Form der so genannten „Reichswirtschaftshilfe" gewährt worden.

Die „Reichswirtschaftshilfe" entsprang der für die Berliner Regierung aus politischen Gründen untragbaren Situation, dass die neuen Reichsbürger, die in ihrer überwältigenden Mehrheit die territorialen Veränderungen mit Begeisterung begrüßt hatten und eine merkliche Besserung ihrer wirtschaftlichen und sozialen Stellung erwarteten, nun die negativen Auswirkung der Einbindung in die reichsdeutsche Wirtschaft zu spüren bekamen: Die sudetendeutsche Textilindustrie, aber nicht nur diese, fanden sich praktisch von einem Tag auf den anderen der scharfen Konkurrenz der reichsdeutschen Industrie ausgesetzt. Im Vergleich mit dieser war ihr Kapitalrückhalt unverhältnismäßig schwächer, ihr fehlten dementsprechend die Möglichkeiten, an die so dringend benötigten Produktions- und Investitionskredite zu gelangen. Im Bewusstsein dieser Umstände erließ die Reichsregierung daher schon Ende Oktober 1938 das Gesetz über

599 Näher dazu: Kubů: Anm. 271, S. 14 ff.

die „Reichswirtschaftshilfe". Aufgrund dieses Gesetzes übernahm die Regierung bis zu einer Gesamthöhe von 150 Millionen Reichsmark die Bürgschaft für Kredite, die sudetendeutschen Firmen von deutschen Geldinstituten gewährt wurden.[600] Damit wurde den Firmen, die den Geldinstituten keine hinlänglichen Sicherheiten bieten konnten, der Zugang zu Krediten ganz erheblich erleichtert.[601] Die im Gesetz festgelegte staatliche Garantie in Höhe von 85 Prozent der Kreditsumme bedeutete eine spürbare Minderung des Kreditrisikos der Banken und ermunterte diese somit zur Vergabe solcher Kredite.

Zum Garanten der Kreditvergabe im Rahmen der „Reichswirtschaftshilfe" bestimmte das Reichswirtschaftsministerium die Kreditanstalt der Deutschen in Reichenberg. Der KdD wurde zudem die Leitung des Bankenkonsortiums übertragen, das zur Vergabe von reichsverbürgten Krediten an einzelne Wirtschaftssubjekte auf dem Gebiet des sich formenden Reichsgaues Sudetenland gebildet worden war.[602] Zur Beurteilung und Genehmigung solcher Kreditanträge wurde in Reichenberg der Gaukreditausschuss gegründet. Dieser umfasste alle drei Regierungsbezirke mit Sitz in Aussig, Karlsbad und Troppau, in denen Bezirkskreditausschüsse entstanden. In den ersten Jahren seiner Existenz oblag die Leitung des Gaukreditausschusses den Beauftragten des Berliner Wirtschaftsministeriums – in der Funktion des Vorsitzenden wechselten Dr. Carl Bernhard Zee-Heraeus und Dr. Formanek einander ab. Gegen Kriegsende übernahm das Landwirtschaftsamt die Kreditpolitik im Reichsgau Sudetenland, den Vorsitz im Gaukreditausschuss übernahm dann entsprechend dessen Vertreter, Dr. Fremerey. Im Ausschuss saßen zudem Vertreter weiterer reichsdeutscher Zentralbehörden, insbesondere aus dem Reichsfinanzministerium, der Reichsstatthalterei, später auch des Rechnungshofes des Deutschen Reiches. Ebenso vertreten waren örtliche Organe der staatlichen und politischen Gewalt – die Gauleitung, vor allem das Amt des Gauwirtschaftsberaters, das Amt des Regierungspräsidenten in Aussig und die NSDAP-Führung. Anwesend waren auch Finanzfachleute aus der Deutschen Revisions- und Treuhand AG in Reichenberg. Auf den letzten Stellen der Mitgliederverzeichnisse finden sich Vertreter der örtlichen Wirtschaftseliten, und zwar Armin Spitaler als Vertreter der Industrie- und Handelskammer Reichenberg, Hans Meisel, der Direktor der Zettlitzer Kaolinwerke A.G. in Zettlitz bei Karlsbad, als Vertreter der deutschen Industrie und Hubert Baumann, der Direktor der KdD in Prag, als Vertreter der deutschen Geldinstitute. Zu seiner ersten Sitzung trat der Gaukreditausschuss bereits am 2. Dezember 1938 zusammen.[603]

Der Gaukreditausschuss befasste sich auf seinen Sitzungen nicht nur mit der Verhandlung und Genehmigung der ersten Anträge sudetendeutscher Unternehmer auf

600 RGBl 1938, Teil I., Gesetz zur Sicherung der Kreditversorgung in den sudetendeutschen Gebieten vom 31. Oktober 1938, S. 1531.

601 Näher dazu Braumandl: Anm. 9, S. 159–160.

602 BA Berlin, Bestand R 2301 (Rechnungshof des Deutschen Reiches), Bd. 6521, Bl. 2–5, Ergebnisprotokoll zur kurzen örtlichen Überprüfung der Maßgaben zur Durchführung der Reichshilfe für die gewerbliche Wirtschaft in den sudetendeutschen Gebieten (1938).

603 Ebd., Bd. 6527, Bl. 36, I. Kreditausschuss-Sitzung am 2.12.1938. Der Gaukreditausschuss tagte regelmäßig bis Kriegsende. Seine vermutlich letzte Sitzung fand im Januar 1945 statt. Ebd., Bd. 6526, Bl. 334, Protokoll der 84. Sitzung des Gaukreditausschusses vom 22.1.1945.

Betriebs- oder Investitionskredite, sondern auch mit den ersten „Arisierungs"-Krediten. Zur Beschlagnahme von jüdischem Eigentum kam es nämlich schon unmittelbar nach der Münchner Konferenz, betroffen waren zunächst die „verlassenen" Vermögen. Nach Angaben der Volkszählung von 1930 lebten auf dem 1938 an das Deutsche Reich abgetretenen Gebiet 27.073 Juden – im Mai 1939 wurden nur noch 2.300 registriert.[604] Die Mehrheit der jüdischen Bevölkerung hatte das Gebiet des künftigen Reichsgaues Sudetenland in Richtung tschechoslowakisches Binnenland verlassen oder war dorthin brutal vertrieben worden, ein Teil der Juden entschied sich sogleich zur Emigration. Ihr immobiles Vermögen einschließlich der Firmen und Unternehmen bot sich geradezu zur Verteilung unter verdienten Aktivisten der Sudetendeutschen Partei (SdP) an, die dann Anfang November 1938 in der NSDAP aufging. So übernahm bereits am 8. Oktober 1938 aufgrund einer Empfehlung der SdP-Ortsgruppe in Friedland eines ihrer Mitglieder, ein gewisser Josef Krause, die Leitung eines Textilunternehmens, das der Prager jüdischen Firma Mautner A.G. gehörte. Innerhalb von nur zwei Monaten wurde dessen Antrag auf einen zum Erwerb des Betriebs nötigen „Arisierungs"-Kredit in Höhe von 200.000 Reichsmark verhandelt und genehmigt – gewährt wurde dieser Kredit von der Reichenberger Bank.[605] Weitere „Arisierungs"-Kredite folgten im Eiltempo.[606]

Unter den deutschen Geldinstituten zeigte die KdD eine besonders hohe Aktivität bei der Gewährung von „Arisierungs"-Krediten mit Reichsbürgschaft – nicht nur im Reichsgau Sudetenland, sondern auch in den übrigen dem Deutschen Reich abgetretenen tschechischen Grenzgebieten. Deren westliche Teile wurden in den Reichsgau Bayerische Ostmark eingegliedert, die südböhmischen und südmährischen Gebiete wurden der „Ostmark", dem früheren Österreich, als Teile der Landeshauptmannschaften Oberdonau und Niederdonau angeschlossen. In jedem dieser Verwaltungsbezirke befassten sich die zuständigen Kreditausschüsse mit der Bearbeitung der Anträge auf „Arisierungs"-Kredite mit Reichsbürgschaft.[607] An der Gewährung von reichsverbürgten Krediten einschließlich „Arisierungs"-Krediten waren im Reichsgau Sudetenland eine Reihe von deutschen Geldinstituten, darunter auch Filialen der Berliner Großbanken, beteiligt. Die

604 Ziegler, Dieter / Wixforth, Harald / Osterloh, Jörg: „Aryanisation" in Central Europe, 1933–1939. A preliminary account for Germany (the "Altreich"), Austria and the "Sudeten" area, in; Gourvish, Terry (ed.): Business and Politics in Europe, 1900–1970. Essays in Honour of Alice Teichova, Cambridge: Cambridge University Press 2003, S. 202–203.

605 Staatliches Regionalarchiv Litoměřice, Bestand Regierungspräsident Aussig an der Elbe, Kart. 1091, Sign, R / 18, Schreiben des Landrats in Friedland vom 2.1.1939 an den Regierungspräsident in Aussig an der Elbe; ebd., Schreiben der Deutschen Revisions- und Treuhand A.G., Geschäftsstelle Reichenberg vom 15.12.1939 an den Regierungspräsident in Aussig an der Elbe.

606 Jančík / Kubů: Anm. 36, S. 42–43.

607 BA Berlin, Anm. 602, Bl. 2–5, Niederschrift über das Ergebnis der kurzen örtlichen Überprüfung der Maßgaben zur Durchführung der Reichshilfe für die gewerbliche Wirtschaft in den sudetendeutschen Gebieten (1938). In Wien tagte beispielsweise der Bezirkskreditausschuss für die Landeshauptmannschaft Niederdonau, der unter anderem auch die „Arisierungs"-Kredite für den Aufkauf jüdischer Unternehmen um Znaim bearbeitete. Österreichisches Staatsarchiv – Archiv der Republik Wien, Bestand Bundesminister für Handel – allgemein 1918–41, Kart. 3905, Nr. 83 811, Sitzung des Bezirkskreditausschusses am 30.3.1939 (Niederdonau Wien).

Finanzanstalten haben allein bis Mitte Juli 1940 sudetendeutschen Antragstellern 534 Kredite mit Reichsbürgschaft gewährt, deren Gesamtsumme 26.374.800 Reichsmark betrug. Das bislang bekannte Quellenmaterial erlaubt allerdings keinerlei Rückschlüsse darauf, wie viele dieser Kredite „Arisierungs“-Kredite waren. Die in der nachstehenden Tabelle aufgeführten „Arisierungs“-Kredite stellen also nur eine mehr oder weniger zufällig erhaltene Auswahl dar.[608]

608

**Anzahl und Summe der gewährten reichsverbürgten Kredite im Reichsgau Sudetenland in den Jahren 1939–45 (in RM)**

| Stand zum | Anzahl | Summe |
|---|---|---|
| 31. 8. 1939 | 421* | 28.088.300* |
| 19. 9. 1940 | 534 | 26.374.800 |
| 14. 2. 1941 | 569 | 27.709.050 |
| 23. 4. 1942 | 676 | 34.565.150 |
| 7. 6. 1943 | 751 | 38.310.050 |
| 26. 6. 1944 | 776 | 39.889.050 |
| 22. 1. 1945 | 786 | 40.502.250 |

* Im Protokoll des Gaukreditausschusses vom 31.8.1939 wurden beide Formen der Reichswirtschaftshilfe – reichsverbürgte Kredite und Reichsanleihen – in einer Angabe zusammengefasst.

Quelle: BA Berlin, Bestand R 2301, Bd. 6525, Bl. 2–4, Protokoll der 20. Sitzung des Gaukreditausschusses vom 31.8.1939; ebd., Bl. 230–232, Protokoll der 38. Sitzung des Gaukreditausschusses vom 19.9.1940; ebd., Bl. 305–318, Protokoll der 44. Sitzung des Gaukreditausschusses vom 14.2.1941; ebd., Bd. 6526, Bl. 45–47, Protokoll der 61.Sitzung des Gaukreditausschusses vom 23.4.1942; ebd., Bl. 182–183, Protokoll der 73. Sitzung des Gaukreditausschusses vom 7.6.1943; ebd., Bl. 301–303, Protokoll der 81. Sitzung des Gaukreditausschusses vom 26.6.1944; ebd., Bl. 334–336, Protokoll der 84. Sitzung des Gaukreditausschusses vom 22.1.1945.

Tabelle 16: Deutsche Geldinstitute und die im Rahmen der RWH im Reichsgau Sudetenland 1939–1941 gewährten „Arisierungs“-Kredite (Erhaltene Auswahl aus dem Aktenmaterial des Rechnungshofes des Deutschen Reiches Berlin sowie des Amts des Regierungspräsidenten Aussig, Anzahl und Summe in Reichsmark)

| **Geldinstitut** | **1939** | | **1940** | | **1941** | |
|---|---|---|---|---|---|---|
| | **Anzahl** | **Summe** | **Anzahl** | **Summe** | **Anzahl** | **Summe** |
| **Allgemeine deutsche Credit-Anstalt, Filialen Gablonz und Leipa** | 1 | 20.000 | 1 | 35.000 | | |
| **Commerz- und Privatbank Brüx** | 1 | 50.000 | | | | |
| **Deutsche Bank, Filialen Brüx, Hohenelbe und Reichenberg** | 5 | 565.000 | 8 | 315.000 | 1 | 600.000 |
| **Deutsche gewerbliche Spar- und Vorschusskasse, Saaz** | | | 1 | 15.000 | | |
| **Egerländer Spar- und Vorschussverein** | 1 | 37.000 | | | | |
| **Kreditanstalt der Deutschen, Reichenberg** | 7 | 462.000 | 9 | 495.000 | 3 | 195.000 |
| **Landesbank und Girozentrale, Reichenberg** | | | 1 | 20.000 | | |
| **Reichenberger Bank** | 1 | 200.000 | | | | |
| **Spar- und Vorschusskasse für Haindorf und Umgebung** | 1 | 15.000 | | | | |
| **Sparkasse Oberleutensdorf** | | | | | 1 | 50.000 |
| **Summe** | 17 | 1.349.000 | 20 | 880.000 | 5 | 845.000 |
| **Insgesamt** | 42 | | | | | 3.074.000 |

Quelle: BA Berlin, Bestand R 2301, Bd. 6527, Bl. 212, 419, 435; Bd. 6528, Bl. 1, 82, 181, 210, 225, 230, 252, 310, 430, 464; Bd. 6529, Bl. 86, 179, 412, 441, 489, 500; Bd. 6530, Bl. 132, 139, 189, 218, 263, 289, 331; Bd. 6531, Bl. 111, 191, 214, 241, 263; Bd. 17 795, Bl. 69, 526, 612. SOA Litoměřice, Bestand Amt des Regierungspräsidenten in Aussig, Kart. 1091, Sign. R/18, R/22, R/26, R/214, R/325; Kart. 1092, Sign. R/467.

Analog zu der Unterstützung, die den mittlerweile zu Reichsangehörigen gewordenen tschechoslowakischen Deutschen aus dem Grenzgebiet über das Reichswirtschaftshilfegesetzes zuteil wurde, bereitete der Generalreferent im Reichswirtschaftsministerium, Hans Kehrl, auch Hilfen für die nach München innerhalb der tschechoslowakischen Grenzen verblieben Deutschen vor. Unter diesen gab es viele, die sich von der „tschechischen Umzingelung“ bedrängt fühlten – waren doch unter den 7,25

Millionen Tschechen nicht mehr als 189.000 Deutsche zurückgeblieben.[609] Die deutsche Bevölkerung konzentrierte sich vor allem auf die großen Industriestädte wie Prag, Budweis oder Brünn, dazu auf die Sprachinseln, unter denen Iglau die größte darstellte, aber auch in kleine Gruppen in Kleinstädten oder Gemeinden. Ihre Wortführer, der SdP-Abgeordnete Ernst Kundt und der Oberdirektor der KdD, Anton Kiesewetter, warnten in ihren Schreiben nach Berlin, dass viele deutsche Unternehmer eine „Auflösung ihrer Unternehmen und Verbände" und die Umsiedlung nach Deutschland erwögen. Mit ähnlichen Überlegungen trügen sich auch zahlreiche Angehörige des Unternehmensmanagements, ja sogar Angestellte und Arbeiter.[610]

Anton Kiesewetter (Quelle: Genossenschaftliche Mitteilungen der Kreditanstalt der Deutschen 8. Jg – 1938, Folge 11, S. 1; Oberdirektor Anton Kiesewetter – 50 Jahre)

Kundt stand in engen Beziehungen zu einer Reihe von reichsdeutschen Institutionen: Für die Volksdeutsche Mittelstelle unter SS-Obergruppenführer Werner Lorenz, die die Politik der reichsdeutschen Einrichtungen gegenüber den Auslandsdeutschen koordinierte, arbeitete Kundt als Beauftragter für die Deutschen in der Tschecho-Slowakei. Zudem hatte er Kontakte zum Reichsfinanz- und Reichswirtschaftsministerium, wo er gemeinsam mit Kiesewetter zu den so genannten Vertrauensleuten gehörte.[611] Kundts beunruhigende Nachrichten sowie sein Ersuchen um nicht nur politische, sondern auch materielle Unterstützung von Seiten des Dritten Reiches veranlassten Kehrl, nach einer Lösung zu suchen, mit der einer zahlenmäßigen Schwächung des „Deutschtums" in den böhmischen Ländern entgegenzuwirken wäre. Das Dritte Reich betrachtete die ortsansässige deutsche Bevölkerung als wichtiges Element der Pläne zur „Lösung" der tschecho-slowakischen Frage und war daher entschlossen, eine Abwanderung zu verhindern, da, wie Kehrl konstatierte, „einmal aufgegebene Positionen schwerlich wieder zurück zu gewinnen sind und wirtschaftspolitisch in Zukunft als Stützpunkt ausfallen würden."[612]

609 Stand März 1940. Brandes: Anm. 46, S. 160.

610 BA Berlin, Bestand R 901 (Auswärtiges Amt), Film Nr. 4942, D 498 247, Schreiben des Reichswirtschaftsministeriums – Generalreferent H. Kehrl vom 14.11.1938 an C. Ritter im Auswärtigen Amt.

611 Politisches Archiv des Auswärtigen Amtes Berlin (im Weiteren PAA Berlin), Bd. R 103 853, Bl. 234, Aufzeichnung vom 23.12.1938.

612 BA Berlin, Bestand R 901, Film Nr. 4942 D 498 247, Schreiben des Generalreferenten H. Kehrl im Reichswirtschaftsministerium vom 14.11.1938 an C. Ritter im Auswärtigen Amt.

Kehrl hegte Befürchtungen, dass mit Inkrafttreten des vorbereiten Optionsgesetzes unter den Deutschböhmen eine massive Umsiedlungswelle nach Deutschland einsetzen könnte. Daher ließ er intensiv an der Vorbereitung von Maßnahmen arbeiten, die die Betreffenden zum Verbleiben in der tschecho-slowakischen Republik veranlassen sollten. Sein ursprünglicher Plan war es, dem Führer der volksdeutschen Gruppe in der Tschecho-Slowakei, Kundt, vermittels der KdD einen „Sozialkredit" an die Hand zu geben, dessen Höhe in der Anfangsphase fünf Millionen Reichsmark umfassen sollte. Die Garantie für diesen Kredit sollte das Dritte Reich übernehmen – genau wie bei den Krediten, die deutschen Unternehmern und Gewerbetreibenden im Reichsgau Sudetenland, d. h. dem im Münchner Abkommen von der Tschechoslowakei abgetrennten Gebiet, im Rahmen der „Reichswirtschaftshilfe" gewährt wurden.[613]

Gleichzeitig forderte Kehrl jedoch, die reichsdeutschen Staatsorgane sowie die NSDAP-Formationen müssten Druck auf alle Deutschböhmen ausüben, die aus der Tschecho-Slowakei übergesiedelt waren und sie nach Möglichkeit zur Rückkehr zu bewegen. Unter diesen Übersiedlern befanden sich nicht wenige derer, die sich in den Septembertagen vor der Münchner Konferenz an den Rollkommandos des Sudetendeutschen Freikorps beteiligt hatten und nun eine strafrechtliche Ahndung seitens der tschecho-slowakischen Behörden fürchteten. Kehrl empfahl daher, in Verhandlungen mit der Prager Regierung die Garantie einzuholen, dass diese Beteiligung unter die vorbereitete Amnestie für Deutschböhmen fallen werde, die sich aus strafrechtlicher Sicht gegen den tschechoslowakischen Staat vergangen hatten. Besonderen Nachdruck legte Kehrl auf die Notwendigkeit reichsdeutscher Hilfe bei der Lösung der wirtschaftlichen Probleme der deutschen Bevölkerung in den böhmischen Ländern. Er schlug vor, hauptsächlich die dort befindliche deutsche Industrie zu stützen, unter anderem auch durch eine Bevorzugung bei der Erteilung reichsdeutscher Aufträge.[614]

Kehrls Initiative resultierte in der „Deutschen Wirtschaftshilfe in der Tschecho-Slowakei". Erstmalig konkretisiert wurde dieses Projekt auf der am 5. Dezember 1938 im Reichswirtschaftsministerium abgehaltenen Beratung. Bei dieser waren auch die „Vertrauensmänner" des Reichswirtschaftsministeriums Kundt und Kiesewetter zugegen. Kundt schilderte detailliert die angeblich triste wirtschaftliche Lage der Deutschböhmen, die nach seinen Behauptungen von weit härteren Schwierigkeiten betroffen seien als die tschechische Bevölkerung. Die Deutschböhmen litten wirtschaftlich unter einem doppelten Boykott – von einem „stillen" von Seiten der Tschechen und einem „offenen" von Seiten der Juden. Er verwies auf die Schwierigkeiten deutscher Firmen bei der Beschaffung von Betriebs- oder Investitionskrediten, da sie nicht in der Lage waren, den Geldinstituten angemessene Sicherheiten zu bieten. Unter dem Eindruck seiner Worte kamen die Vertreter des Reichswirtschafts- und Reichsfinanzministeriums zu dem Schluss, „die Wirtschaftlichkeit

613 Ebd., D 498 248. Schon am 6.12.1938 überbrachte ein Sonderkurier 10 Mio. K in die Tschecho-Slowakei, die in der KdD auf den „Sozialfonds" von Kundt deponiert wurden. PAA Berlin, Bd. R 101 358, Bl. 387 168, Schreiben des Auswärtigen Amts (Heinburg) vom 6.12.1938 an die deutsche Botschaft in Prag.

614 BA Berlin, Anm. 610, D 498 248–49, Schreiben von Generalreferent H. Kehrl im Reichswirtschaftsministerium vom 14.11.1938 an C. Ritter im Auswärtigen Amt.

de[r] Unternehmen[...] muss gesichert werden", das heißt, ihnen müsse im Interesse einer Existenzsicherung zu Krediten verholfen werden, auch wenn mit deren Rückfluss im Grunde nicht zu rechnen war. Ebenso wurde nicht damit gerechnet, dass die Deutschböhmen den ihnen für den „Sozialfonds" gewährten Betrag zurückzahlen würden.[615]

Zum Auftakt der „Volksdeutschen Wirtschaftshilfe" erklärte das Reichsfinanzministerium seine Bereitschaft, Bürgschaften für Kredite bis zu einer Gesamtsumme von fünf Millionen Reichsmark zu übernehmen, wobei vorausgesetzt wurde, dass dieser Betrag noch erheblich aufgestockt würde. Kreditgeber sollte die KdD sein, während die Garantie für Kapital und Zinsen nach außen hin die Prüfungs-Treuhandgesellschaft Vereinigte Finanzkontore G.m.b.H., Berlin, übernehmen sollte, hinter der jedoch das Reichsfinanzministerium als der wahre Garant stand. Über die Vereinigten Finanzkontore sicherte sich Berlin die Kontrolle über die Kreditvergabe, wobei große Kredite dem Reichswirtschaftsministerium zur Genehmigung vorzulegen waren.[616] Kundt und Kiesewetter hatten zwar verlangt, das Deutsche Reich solle öffentlich seine Unterstützung für das „Deutschtum" in der Tschecho-Slowakei bekunden, doch wollte das Reich mit Rücksicht auf die öffentliche Meinung insbesondere in Großbritannien und Frankreich den Verdacht vermeiden, sich auch ferner in die inneren Angelegenheiten des Nachbarlandes einzumischen.[617]

Unabhängig von der von Kehrl vorbereiteten Unterstützungsaktion für die Deutschböhmen wurde eine zweite, vom Auswärtigen Amt in Zusammenarbeit mit dem Reichsfinanzministerium geleitete Hilfsaktion organisiert, bei der als Vermittler der Finanzoperationen zwischen den Reichsministerien und den Deutschböhmen die Gesellschaft Excelsior fungierte.[618] Auf der anschließenden Beratung über die „Volksdeutsche Wirtschaftshilfe", die diesmal unter Teilnahme des Auswärtigen Amtes, der Reichsministerien für Inneres und Wirtschaft, der Volksdeutschen Mittelstelle und der Gesellschaft Excelsior im Reichsfinanzministerium stattfand, wurden Kehrls ursprüngliche Pläne maßgeblich modifiziert: Das Auswärtige Amt wusste im Zusammengehen mit dem Reichsfinanzministerium seine maßgebliche Aufsicht über die Umsetzung der Wirtschaftshilfe für die Deutschböhmen zu verteidigen. In der Beratung wurde noch eine weitere grundlegende Änderung festgelegt – die Hilfen sollten nun nicht mehr den Charakter von im Wesentlichen abgeschriebenen Krediten haben. Das Reichsfinanzministerium war gut über die mehr als reichlichen Finanzreserven der KdD informiert. Seine Bereitschaft mittels der Gesellschaft Excelsior die Bürgschaft zu übernehmen bezog sich somit nur auf jenen Teil der an deutsche Unternehmen vergebenen Kredite, um den das Niveau der „normalen" Kreditoperationen dieses Geldinstituts überschritten würde.[619]

615 BA Berlin, Bestand R 2301, Bd. 6533, Bl. 9–10, Aufzeichnung des Rechnungshofs des Deutschen Reiches vom 8.12.1938 über die Beratung vom 5.12.1938 (Deutsche Wirtschaftshilfe in der Tschecho-Slowakei).

616 Ebd., Bl. 10.

617 Ebd., Bl. 10.

618 BA Berlin, Bestand R 901, Film Nr. 15 820, E 240 475, Aufzeichnung betr. der Volksdeutschen Wirtschaftshilfe in der Tschecho-Slowakei vom 10.12.1938 (Schwager).

619 Ebd., E 240 475–76.

Eine Reihe von Fragen um die „Volksdeutsche Wirtschaftshilfe“ blieb jedoch weiterhin ungelöst. Im Verlauf weiterer Verhandlungen kam es zwar zur Genehmigung der Richtlinien, nach denen die Kredite gewährt werden sollten, doch herrschte zwischen den Reichsressorts Unstimmigkeit hinsichtlich einer möglichen Begrenzung der maximalen Kredithöhe. Während das Reichsfinanzministerium ein solches Limit verlangte, stellte sich das Auswärtige Amt dagegen. Es hegte Befürchtungen, dass die Aufnahme eines Kreditlimits in den Richtlinienentwurf, den die Repräsentanten der Deutschböhmen bereits in Händen hielten, bei diesen unerwünschte Reaktionen hervorrufen könnte. Anderseits beabsichtigte das Dritte Reich keineswegs die Vergabe einer unbegrenzten Kreditbürgschaft und beauftragte deshalb die Gesellschaft Excelsior mit der Ausarbeitung von Sonderinstruktionen für die KdD, in denen diese heikle Frage in einer für das Reich annehmbaren Weise geregelt würde.[620]

Entsprechend den „Richtlinien zur Durchführung der Deutschen Wirtschaftshilfe in der Tschecho-Slowakei“ sollte diese Aktion denjenigen deutschen Firmen Zugang zu Krediten verschaffen, die in ihren Anträgen nicht die Standardbedingungen der Geldinstitute erfüllten. Der Zweck dieser Kredite war in den Richtlinien genau definiert und sah im Grunde zu drei mögliche Bestimmungen vor: Die Aufrechterhaltung des Betriebs von Unternehmen in deutscher Hand bzw. die Verstärkung von deren Fähigkeit, größere Aufträge zu übernehmen, ferner Erneuerung, Erweiterung, Umbau oder Sanierung existierender Unternehmen bzw. zur Betriebsgründung, und nicht zuletzt zur Förderung der „Übernahme nichtarischer Unternehmen in arischen Besitz“.[621] Die Richtlinie definiert auch den Kreis der potentiellen Kreditnehmer – auszuwählen seien vertrauenswürdige Personen, natürlich nur von „arischer Rasse“, mit den notwendigen Voraussetzungen, um die gewährten Kredite einschließlich Zinsen problemlos und vereinbarungsgerecht zurückzahlen zu können. Diese reichsverbürgten Kredite konnte neben der KdD jedes volksdeutsche Geldinstitut vergeben, welches hierzu von den reichsdeutschen Stellen die Berechtigung erhalten hatte. Die jeweils gewährte Kreditlaufzeit hing von den aktuellen Bedürfnissen des jeweiligen deutschen Kreditnehmers und seines Produktions – oder Handelsunternehmens, Gewerbebetriebs oder auch landwirtschaftlichen Anwesens ab. Zulässig waren dabei sowohl kurz – als auch langfristige Kredittypen, wobei die langfristigen Investitionskredite bis spätestens zum 31.3.1953 zu tilgen gewesen wären. Die Zinsen wurden auf marktübliche 4,5 Prozent festgelegt. Die Gewährung von Krediten bis zu 10.000 Kronen verblieb in den Händen der so genannten Kreiskreditausschüsse, die in Iglau, Olmütz, Brünn, Mährisch Ostrau und anderen Städten beim Arbeitsamt der deutschen Organisationen gebildet werden sollten. Die Verhandlung und Genehmigung größerer Kredite von bis zu 400.000 Kronen sollte unter die Zuständigkeit des „Kreditausschusses“ in Prag unter Vorsitz von Kundt

620 PAA Berlin, Bd. R 103 852, Bl. 452–453, Aufzeichnung betr. Volksdeutsche Wirtschaftshilfe in der Tschecho-Slowakei vom 12.12.1938 (Schwager).

621 Ebd., Anm. 611, Bl. 240, Richtlinien zur Durchführung der Deutschen Wirtschaftshilfe in der Tschecho-Slowakei.

fallen.[622] Die Genehmigung von reichsverbürgten Krediten über 400.000 Kronen behielt sich das Dritte Reich vermittels der Vereinigten Finanzkontore vor.[623] Die der Zweiten Tschecho-slowakischen Republik verbleibende Zeit war jedoch zu kurz bemessen, um dieses System tatsächlich zu errichten.[624] Es diente allerdings als Vorlage eines analogen, um die Jahreswende 1939/40 unter bereits veränderten Bedingungen im Protektorat Böhmen und Mähren eingeführten Projektes.

Am 15. März 1939 besetzten deutsche Truppen den Rest der böhmischen Länder, bereits am Folgetag gab Adolf Hitler den Erlass über die Errichtung des Protektorats Böhmen und Mähren heraus. Nun konnte das Reich die Wirtschaftshilfe für die innerhalb der Protektoratsgrenzen lebenden Deutschen ganz offen betreiben. Am 24. März, nur wenige Tage nach Errichtung des Protektorats, fand in Prag eine Konferenz der vorläufigen deutschen Besatzungsorgane statt, die die Formen der „Volksdeutschen Wirtschaftshilfe" unter den nun veränderten Bedingungen debattierte. Auf dieser Zusammenkunft wurde deren Funktionsfähigkeit und Zweckdienlichkeit „wenigstens für einen vorübergehenden Zeitraum" hervorgehoben, zudem erklang der Ruf nach einer wesentlichen Aufstockung der Mittel.[625] Den rechtlichen Rahmen für die Eröffnung einer neuen Phase der „Volksdeutschen Wirtschaftshilfe" hatte das Reichsgesetz zur Förderung der gewerblichen Wirtschaft in den Grenzgebieten vom 25. März 1939 geschaffen. Auf dessen Grundlage war der Reichsfinanzminister berechtigt, Reichsbürgschaften bis zu einer Gesamthöhe von 50 Millionen Reichsmark für solche Kredite zu leisten, die an deutsche Unternehmer in den so genannten Grenzgebieten, zu denen auch das Protektoratsgebiet

622 Während Kiesewetter und die an die KdD angeschlossenen Unternehmerkreise mit dem Konzept der „Volksdeutschen Wirtschaftshilfe" zufrieden waren, bezogen Kundt und ein Teil der Deutschböhmen eine kritische Position. Sie beklagten, dass dieses Konzept einseitig auf die Unternehmersphäre zugeschnitten sei und wenig Rücksicht auf die „sozialen Bedürfnisse" anderer gesellschaftlicher Gruppen nehme. Die Höhe der auf einen Arbeiter entfallenden Unterstützung aus dem vom Dritten Reich dotierten „Sozialfonds" hielt Kundt für sehr niedrig und an der Grenze des Existenzminimums. Auch die Unterstützung für Juristen, Ärzte und Hochschulprofessoren, „an deren Erhalt [in den böhmischen Ländern, DJ-EK] aus kulturpolitischer Sicht ein besonderes Interesse besteht" bezeichnete er als entwürdigend niedrig und drängte in Berlin unausgesetzt auf Verbesserung. PAA Berlin, Anm. 611, Bl. 232–233, Vermerk vom 16.12.1938. Beiträge in Hunderttausenderhöhe zeitigten nur einen Teileffekt. Deshalb entschloss sich das Dritte Reich, zur Unterstützung der Deutschböhmen die in den annektierten tschechoslowakischen Grenzgebieten aus dem Umlauf gezogenen Kronen zu verwenden. Ein entsprechendes Abkommen mit der tschechoslowakischen Regierung über deren Begleichung wurde erst im März 1939 geschlossen, doch hatte es im Hinblick auf die unmittelbar darauf folgende Besatzung für die Deutschböhmen keine Bedeutung mehr. Vgl. Vencovský: Anm. 49, S. 227.

623 Ebd., Bl. 240–43.

624 Bis zum Ende der Zweiten Republik gewährte das Dritte Reich im Rahmen der „Volksdeutschen Wirtschaftshilfe" über die Vereinigten Finanzkontore nur zwei Kredite. Den ersten in Höhe von 165.000 RM erhielt der Prager Volkswohnungsverein, den zweiten über 70.000 RM erhielt die OHG Schopp in Brünn – Hotel und Kaffeehaus. BA Berlin, Anm. 615, Bl. 59, Bericht über die örtliche Prüfung der mit der Durchführung von wirtschaftlichen Maßnahmen betrauten Dienststellen in Prag und Reichenberg (3.–7.6.1940).

625 BA Berlin, Bestand R 2301, Bd. 6533, Bl. 238, Schreiben des Reichswirtschaftsministeriums vom 29.3.1939 an den Rechnungshof des Deutschen Reiches.

gezählt wurde, vergeben wurden.[626] Dieses Gesetz ermöglichte dem Deutschen Reich die Übernahme von Kreditbürgschaften für diejenigen deutschen Unternehmen, an deren Erhaltung und Entwicklung es aus wirtschaftlichen oder auch politischen Gründen interessiert war. Den Geldinstituten bot die Reichsbürgschaft Sicherheit über den Rückfluss der gewährten Kredite und stärkte so deren Bereitwilligkeit, ihre Finanzüberschüsse auf die Weise anzulegen. Der eigentliche Sinn dieser Kredite bestand in der Mobilisierung der Geldreserven deutscher Banken und anderer deutscher Geldinstituten in Übereinstimmung mit den wachsenden Bedürfnissen der Kriegswirtschaft im Dritten Reich. In national gemischten Regionen, zu denen auch das Protektorat zählte, kam diesen Krediten auch eine zweite, breitere Bedeutung zu: Sie bildeten programmgemäß ein Instrument zur Festigung und Erweiterung des deutschen wirtschaftlichen Einflusses als einer der Hauptvoraussetzungen für die geplante schrittweise Germanisierung des Gebiets. Mit dem Reichsgesetz vom 25. März 1939 erhielten die im Protektorat lebenden Deutschen die gleiche Möglichkeit zur Erlangung günstiger Kredite mit Reichsbürgschaft zum Zweck der Erweiterung ihrer Unternehmertätigkeiten bzw. zur „Existenzgründung" über die „Arisierung" jüdischer Unternehmen und Gewerbebetriebe. Nach dem Erlass der Rechtsnorm für die Gewährung von reichsverbürgten Krediten im Rahmen der „Volksdeutschen Wirtschaftshilfe" fehlten jedoch noch die Durchführungsrichtlinien und vor allem eine Grenzziehung für die Gesamthöhe der Reichsgarantien.

Die daraus resultierende Verzögerung bei der Freigabe von Krediten mit Reichsbürgschaft bremste gewissermaßen die „Arisierung", zu der die vom Reichsprotektor Konstantin von Neurath am 21. Juni 1939 erlassene Verordnung über jüdische Vermögen den Weg geöffnet hatte. Ein beträchtlicher Teil der an „Arisierungen" interessierten Deutschen im Protektoratsgebiet bzw. im Reichsgau Sudetenland verfügte nicht über die notwendigen Finanzmittel und wartete ungeduldig auf einen verfügbaren und günstigen Kredit. Auf diesen Umstand verwies schon im Sommer 1939 das Prager Oberlandratsamt, welches darin die Hauptursache für die Schwierigkeiten bei der Suche nach geeigneten Kandidaten für die Funktion des „Arisierers" sah – diese sollten schließlich den festgelegten politischen, fachlichen und vermögensmäßigen Voraussetzungen entsprechen. „[...] Es [ist, DJ-EK] sehr schwer, die notwendige Zahl von Bewerbern zu finden, insbes. Bewerber für Einzel-Handelsgeschäfte, welche außer der fachlichen Vorbildung auch tschechische Sprachkenntnisse besitzen müssen", so die Abteilung Wirtschaft bei Prager Oberlandratsamt. „Für die Übernahme von Einzel-Handelsgeschäften kommen aus diesem Grunde mehr oder weniger nur Sudetendeutsche in Frage, denen aber meistens die finanziellen Mittel zur Übernahme fehlen. Es wäre deshalb dringend notwendig, die Frage der Kredithilfe durch das Reich einer baldigen Regelung zuzuführen, da ansonsten der Erwerb kleinerer Unternehmungen durch Volksdeutsche und Sudetendeutsche nahezu ausgeschlossen erscheint."[627]

626 RGBl 1939, Teil I., I., Gesetz zur Förderung der gewerblichen Wirtschaft in den Grenzgebieten vom 25.3.1939, S. 580.

627 NA Praha, Anm. 43, Bl. 117, Lagebericht der wirtschaftlichen Abteilung des Oberlandrates Prag vom 31.8.1939.

Erst Anfang November 1939 teilte das Reichswirtschaftsministerium dem Reichsprotektor für Böhmen und Mähren mit, dass er nach Absprache mit den Reichsministerien für Finanzen und Inneres deutschen Unternehmersubjekten im Protektorat reichsverbürgte Kredite in einer Gesamthöhe von zehn Millionen Reichsmark gewähren könne.[628] Unmittelbar darauf, am 20. November 1939, gab der Reichsprotektor mittels des Leiters der Gruppe Wirtschaft in seinem Amt, Walter Bertsch, für die ihm unterstellten Formationen der deutschen Besatzungsverwaltung eine Anordnung heraus, in der die Formen der „Volksdeutschen Wirtschaftshilfe“ spezifiziert und die Regeln für die Kreditvergabe aufgestellt wurden.[629] Diese Verordnung leitete eine neue, wesentlich bedeutendere Entwicklungsphase der „Volksdeutschen Wirtschaftshilfe“ ein und machte endlich die lange erwarteten billigen Bankkredite für ein breites Spektrum mittlerer und kleiner deutscher Unternehmer und Gewerbetreibender erreichbar. Unter diesen befand sich eine große Gruppe mittelloser Interessenten, welche am günstigen Erwerb jüdischer Unternehmen, Gewerbe und den damit verbundenen Immobilien interessiert Waren- mit einem Wort, potentielle „Arisierer“.

Im Bestreben, eine Datengrundlage für die Verteilung der zugewiesenen Quote reichsverbürgter Kredite zu gewinnen, rief Bertsch alle Oberlandräte auf, ihm summarische Übersichten des für die „Volksdeutsche Wirtschaftshilfe“ in Betracht kommenden Kreditbedarfs vorzulegen.[630] Wie ein Schreiben des Oberlandrats in Proßnitz verrät, wurde zur blitzartigen Verbreitung der Informationen über diese Form der „Wirtschaftshilfe“ sogar das Organisationsnetz der NSDAP herangezogen. Der Proßnitzer Oberlandrat hatte einfach „jeden, der kann und will“ aufgerufen, sich das entsprechende Kredit-Antragsformular zusenden zu lassen, dieses auszufüllen und dann über den zuständigen Blockleiter, d. h. die unterste Funktionärsebene der NSDAP-Ortsgruppe, zurückzuschicken.[631] Im Laufe des Dezembers 1939 trafen im ARP die summarischen Anforderungen der Bezirke über reichsverbürgte Kredite ein. Der Prager Oberlandrat nannte einen Betrag von 2,5 Millionen Reichsmark, dem Bezirk Zlin, in dem nur eine Handvoll Deutscher lebte, genügten für den Anfang lediglich 110.000 Reichsmark. Der Iglauer Oberlandrat dagegen forderte mindestens 2,9 Millionen Reichsmark – sein Bezirk war fast vollständig deutsch besiedelt. 400.000 Reichsmark des angeforderten Betrags waren als „Aushilfe zum Kauf arisierter Grundstücke“ ausgewiesen, weitere 300.000 Reichsmark für die „Arisierung“ von Industrie und Handwerk. Auch die übrigen Oberlandräte planten eine teilweise Verwendung dieser Kredite für die „Überführung jüdischer Unternehmen in arische Hände“. Dass darunter ein Vermögenstransfer zugunsten der deutschen Bevölkerung verstanden wurde, verrät die handschriftliche Korrektur im Textentwurf des Schreibens

628 BA Berlin, Anm. 615, Bl. 30, Schreiben des Reichswirtschaftsministeriums (i.V. Dr. Landfried) vom 9.1.1940 an den Reichsprotektor für Böhmen und Mähren.

629 MZA Brno, Bestand B 251, Kart. 81, Ordner 6903, Bl. 558, Schreiben des Reichsprotektors für Böhmen und Mähren vom 20.11.1939 an die „Gruppe Mähren“ und die Oberlandräte, Az VII 9834/39 (Volksdeutsche Wirtschaftshilfe).

630 Ebd., Bl. 559.

631 MZA Brno, Bestand G 376, Inv-Nr. 6, Information des Oberlandrats in Proßnitz vom 30.11.1939 über die Deutsche Wirtschaftshilfe.

des Prager Oberlandrats, welche die allgemeine Formulierung „in arische Hände" durch eine eindeutige Zuschreibung – „in deutsche Hände" – ersetzt.[632]

Zum Jahresende 1939 wurde auf einer Besprechung der Oberlandräte im ARP die Art und Weise der Verteilung der reichsdeutschen Bürgschaften für so genannte Kleinkredite in einem Umfang von 4,2 Millionen der insgesamt zehn Millionen Reichsmark diskutiert. Als Berechnungsgrundlage diente die Zahl der im Zuständigkeitsbereich der jeweiligen Oberlandratsämter ansässigen Deutschen, denen zugleich signalisiert wurde, dass sie nach Ausschöpfung des zugeteilten Kontingents eine zusätzliche Zuteilung beantragen können würden. Die Aufteilung des Kontingents von Reichsbürgschaften für „Kleinkredite" war der erste Schritt zum Start der vorbereiteten „Volksdeutschen Wirtschaftshilfe", in deren Rahmen auch zahlreiche „Arisierungs"-Kredite gewährt wurden.

Tabelle 17: Verteilung des Kontingents an Reichbürgschaften für „Kleinkredite" unter den Oberlandratsämtern im Protektorat Böhmen und Mähren (Dezember 1939)

| **Oberlandratsamt** | **Kontingent in Reichsmark** | **Oberlandratsamt** | **Kontingent in Reichsmark** |
|---|---|---|---|
| **Brünn** | 900.000 | **Königgrätz** | 80.000 |
| **Mährisch Ostrau** | 650.000 | **Kladno** | 60.000 |
| **Prag** | 600.000 | **Tabor** | 50.000 |
| **Iglau** | 450.000 | **Proßnitz** | 50.000 |
| **Olmütz** | 400.000 | **Pardubitz** | 40.000 |
| **Budweis** | 300.000 | **Jičín** | 40.000 |
| **Deutsch Brod** | 200.000 | **Gitschen** | 40.000 |
| **Pilsen** | 100.000 | **Zlin** | 40.000 |
| **Kremsier** | 100.000 | **Kolin** | 20.000 |
| **Klattau** | 80.000 | | |

Quelle: MZA Brno, Bestand B 251, Kart. 81, Ordner 6903, Bl. 572, Schreiben des ARP (Bertsch) vom 16.1.1940 an „Gruppe Mähren" und Oberlandratsämter.

632 Státní oblastní archiv Praha [Staatliches Regionalarchiv Praha] (im Weiteren SOA Praha), Bestand Oberlandrat Prag, Kart. 2, Volksdeutsche Wirtschaftshilfe, Bl. 16 Entwurf der Schreiben des Oberlandrats in Prag vom 12.12.1939 an das ARP; MZA Brno, Anm. 629, Bl. 8, Schreiben des Oberlandrats in Zlin vom 18.12.1939 an das ARP; ebd., Bl. 69–70, Telegramm von Oberlandrat in Iglau vom 5.12.1939 an das ARP.

## 6.3 Kredittypen im Rahmen der „Volksdeutschen Wirtschaftshilfe"

Im Rahmen der „Volksdeutschen Wirtschaftshilfe" wurden zwei Typen von reichsverbürgten Krediten unterschieden, und zwar „kleine" Kredite bis 20.000 Reichsmark (umgerechnet 200.000 Kronen) und „große", die diese Grenze überstiegen. Die Entscheidungsbefugnis über die Kreditanträge lag zwar beim Reichsprotektor, doch war dessen Befugnis bei der Gewährung von reichsdeutschen Kreditbürgschaften in gewissem Grade eingeschränkt: Das Recht auf die Beurteilung und Stellungnahme zu Kreditanträgen über 150.000 Reichsmark hatten sich die Reichsministerien für Wirtschaft, Finanzen und Inneres und ab Ende Februar 1940 auch das Ministerium für Ernährung und Landwirtschaft vorbehalten. Durch die Festlegung dieser Grenze fühlte sich das ARP in seinen Rechten beschnitten, da reichsverbürgte Kredite, die aufgrund des Gesetzes zur Förderung der Industrie in den so genannten Grenzgebieten des Dritten Reiches, also auch im Sudetengau vergeben wurden, erst ab 250.000 Reichsmark der Aufsicht der Reichsministerien unterlagen.[633] Insbesondere bei Entscheidungen über so genannte Großkredite stand der Reichsprotektor unter einer gewissen informellen, nichtsdestoweniger jedoch wirksamen Kontrolle. In den Apparat seines Amtes wurden Beamte aus den Reichsministerien eingesetzt. In die Gruppe Wirtschaft des ARP entsandte das Reichswirtschaftsministerium den Regierungsrat Erich von Wedelstädt, der unter anderem auch die Genehmigung von Anträgen auf so genannte reichsverbürgte Großkredite beaufsichtigte. Zudem gab sich Berlin nicht mit der Bearbeitung dieser Kredite durch die Organe der Besatzungsverwaltung zufrieden, sondern beauftragte hierfür die reichsdeutsche Gesellschaft Deutsche Revisions- und Treuhand AG-Treuarbeit, die zu diesem Zweck noch zu Zeiten der Zweiten Republik eine Geschäftsstelle in Prag eröffnet hatte. Diese agierte allerdings nicht unter der eigentlichen Firmenbezeichnung, sondern – zwecks Geheimhaltung und Täuschung der tschechischen Öffentlichkeit – unter dem Namen der tschechischen Gesellschaft Revisions- und Organisations-G.m.b.H. – Retog.[634]

Reichsverbürgte Kredite konnten nur diejenigen natürlichen und juristischen Personen beantragen, die selbst außerstande waren, den Banken eine hinlängliche Sicherheit für den gewährten Kredit zu bieten. Die Kleinkredite zielten auf die umfangreiche Gruppe von Einzelhandel, Handwerk, Gewerbe und auch Industriebetrieben, deren Eigentümer sowohl eine Privatperson als auch eine Gesellschaft sein konnte.[635] Unternehmen aus dem

633 BA Berlin, Anm. 615, Bl. 30, Schreiben des Reichswirtschaftsministers (i.V. Dr. Landfried) vom 9.1.1940 an den Reichsprotektor für Böhmen und Mähren. Die Forderung des Reichsprotektors für Böhmen und Mähren, dass auf dem Protektoratsgebiet für die Gewährung von reichsverbürgten Krediten die gleichen Bedingungen wie im Sudetengau gelten sollten, wies der Reichswirtschaftsminister zurück. Er begründete seinen Standpunkt mit den unterschiedlichen Währungs- und Preisverhältnissen in Protektorat und Sudetengau.

634 Ebd., Bl. 60, Bericht über die örtliche Prüfung der mit der Durchführung von wirtschaftlichen Maßnahmen betrauten Dienststellen in Prag und Reichenberg (3.–7.6.1940).

635 MZA Brno, Anm. 629, Bl. 560, Richtlinien für die Gewährung reichsverbürgter Kleinkredite an die volksdeutsche gewerbliche Wirtschaft im Protektorat Böhmen und Mähren. Der Text dieser Richtlinie sowie der Richtlinie für die Gewährung reichsverbürgter Großkredite knüpfte direkt

Banksektor oder öffentliche Unternehmen waren von diesen Krediten ausgeschlossen; bis Ende Februar 1940 traf dies auch auf reine Landwirtschaftsbetriebe zu.[636] Mit beiden Kredittypen verfolgten die involvierten Reichsministerien drei wesentliche Ziele: Zum Ersten die Ermöglichung und Erleichterung von Auftragannahme und -ausführung, zum Zweiten die Ermöglichung von Erweiterung, Umbau, Modernisierung oder Sanierung des Betriebs und zum Dritten Unterstützung bei der „Überführung von Unternehmen in arischen Besitz".[637] Eines der Instrumente zur Förderung solcher Veränderungen der Eigentumsstrukturen waren die „Arisierungs"-Kredite.

Im Rahmen der „Volksdeutschen Wirtschaftshilfe" konnte natürlich nur ein „gesinnungstreuer Arier" Kreditnehmer werden. Die Funktion des Kreditgebers übernahmen Banken und andere Geldinstitute, die von der deutschen Besatzungsverwaltung als geeignet angesehen wurden, „Verwalter von reichsverbürgten Krediten zu sein".[638] Unter diesen Anstalten ist in erster Linie das Dreigespann von Böhmischer Escompte-Bank (BEB), Böhmischer Union-Bank (BUB) und Kreditanstalt der Deutschen (KdD) zu nennen, weitere im Protektoratsgebiet tätige Geldinstitute beteiligten sich nur in geringem Umfang. Das ARP vereinbarte mit den Kreditgebern, dass der maximale Zinssatz für Kredite im Rahmen der „Volksdeutschen Wirtschaftshilfe" die Höhe von sechs Prozent nicht übersteigen dürfe, und zwar einschließlich aller Kosten und Auslagen.[639]

Reichsverbürgte Kredite waren für die Geldinstitute somit zwar weniger einträglich, dafür aber so gut wie risikofrei. Bei Kleinkrediten bis 2.000 Reichsmark war sogar eine hundertprozentige Absicherung der Kreditsumme durch die Reichsbürgschaft zulässig. Der Reichsprotektor beabsichtigte jedoch nicht, von dieser Möglichkeit Gebrauch zu machen, denn er hielt es für zweckdienlich, die Geldinstitute zu mindestens fünf Prozent am Kreditrisiko zu beteiligen.[640] Bei Krediten über 2.000 Reichsmark konnte die Reichsbürgschaft bis zu 85 Prozent der Kreditsumme abdecken.[641] Diese Grenze wurde Ende Februar 1940 durch eine Gesetzesänderung um zehn Prozent heraufge-

an die Richtlinie zur Durchführung der Volksdeutschen Wirtschaftshilfe vom Dezember 1938 an. BA Berlin, Anm. 615, Bl. 2–8, Richtlinien zur Durchführung der volksdeutschen Wirtschaftshilfe in der Tschecho-Slowakei – Entwurf (1.12.1938); vgl. PAA Berlin, Anm. 611, Bl. E 240 542–45, Richtlinien zur Durchführung der volksdeutschen Wirtschaftshilfe in der Tschecho-Slowakei – Entwurf IV. (12.12.1938).

636 Die Definition von Landwirtschaftsbetrieben, die sich um reichsverbürgte Kredite bewerben konnten, findet sich in der Verordnung des Reichsprotektors vom 29.4.1940. MZA Brno, Anm. 629, Bl. 584–85, Schreiben des Reichsprotektors vom 29.7.1940 an „Gruppe Mähren" und Oberlandräte.

637 Ebd., vgl. Bl. 566, Richtlinien für die Gewährung reichsverbürgter Kredite von mehr als RM 20 000 an volksdeutsche gewerbliche Unternehmungen im Protektorat Böhmen und Mähren.

638 Ebd.

639 Ebd., Bl. 571, Schreiben des Reichsprotektors (i.V. W. Bertsch) vom 16.1.1940 an „Gruppe Mähren" und Oberlandräte.

640 Ebd., Bl. 558, Schreiben Reichsprotektors für Böhmen und Mähren vom 20.11.1939 an „Gruppe Mähren" und Oberlandräte.

641 Ebd., Bl. 562, Richtlinien für die Gewährung reichsverbürgter Kleinkredite an die volksdeutsche gewerbliche Wirtschaft im Protektorat Böhmen und Mähren.

setzt, die Reichsgarantie konnte nun also bis zu 95 Prozent betragen.[642] Der Zinssatz war amtlich auf die Spanne von vier bis sechs Prozent festgelegt, wobei dem Antragsteller ein Zinsnachlass eingeräumt werden konnte. Für den Kreditnehmer war auch die Tilgungsfrist günstig geregelt: Bei Kleinkrediten betrug sie drei Jahre, bei Großkrediten waren Kredite mit kurzer, mittelfristiger oder langfristiger Laufzeit möglich. In jedem Fall sollte die Tilgung spätestens zum Jahresende 1955 erfolgen.[643]

Die Möglichkeit der Einräumung eines Zinsnachlasses für das erste Tilgungsjahr galt für reichsverbürgte Kredite über 10.000 Reichsmark, sofern der von den Banken erhobene Zinssatz eine unzumutbare Belastung für den Antragsteller darstellte. Die Zuerkennung einer solchen Vergünstigung fiel in die Zuständigkeit des Reichsprotektors. Nach Ablauf der für den Zinsnachlass festgesetzten Tilgungsperiode legte der Reichsprotektor die Abrechnung der Gesellschaft Retog, Revisions- und Organisations-Gesellschaft m.b.H., Prag, vor. Auf deren Grundlage wurde dem im Rahmen der „Volksdeutschen Wirtschaftshilfe" kreditgebenden Geldinstitut die Differenz zwischen dem geforderten Zins und dem zeitweiligen Zinsnachlass aus dem Reichshaushalt vergütet.[644] Für 1939 wurde aus Mitteln außerhalb der Zentralplanung des Reiches für diese Form der „Wirtschaftshilfe" ein Betrag mit der Obergrenze von 50.000 Reichsmark bereitgestellt.[645] Die Höhe der möglichen Zinsvergünstigung war nicht festgelegt. Auf Weisung des Reichsfinanzministers von Ende 1939 sollte sie den vom Schuldner gezahlten Zins jedoch nicht unter 4,5 Prozent und in besonders begründeten Fällen nicht unter drei Prozent sinken lassen.[646] Im Januar 1940 legte der Reichsprotektor in einer Verordnung die maximale mögliche Höhe der Zinsvergünstigung bei zwei Prozent fest.[647] Diese Verordnung wurde jedoch unmittelbar darauf durch die Herausgabe der Richtlinien über die Gewährung von reichsverbürgten Krediten und Reichszuschüssen für die „Volksdeutsche Wirtschaftshilfe" im Protektorat korrigiert. Diese ermöglichten es, einem Kreditnehmer mit Reichsbürgschaft im ersten Jahr einen Zinsnachlass bis auf zwei, in

642 RGBl, Teil I., 1940, S. 445. Der Ministerrat für Reichsverteidigung erließ am 27.2.1940 eine Verordnung mit Gesetzeskraft zur Übernahme der Garantien zur Unterstützung des Wirtschaftslebens und Bestärkung des Deutschtums, die auch dem Sektor landwirtschaftliche Erzeugung die Beantragung von reichsverbürgten Krediten ermöglichte und die Grenze der Reichsbürgschaft 95 % erhöhte. BA Berlin, Anm. 615, Bl. 61, Bericht über die örtliche Prüfung der mit der Durchführung von wirtschaftlichen Maßnahmen betrauten Dienststellen in Prag und Reichenberg (3.–7.6.1940). Vgl. MZA Brno, Anm. 629, Bl. 585, Schreiben des Reichsprotektors vom 29.7.1940 an Gruppe Mähren und Oberlandräte.

643 Ebd., Bl. 560 und 567.

644 BA Berlin, Anm. 615, Bl. 77, Schreiben des Reichswirtschaftsministers (i.V. Klucki) vom 15.2.1940 an den Reichsprotektor für Böhmen und Mähren.

645 Ebd., Bl. 45, Schreiben des Reichsfinanzministers (v. Manteuffel) vom 12.12.1939 an den Reichswirtschaftsminister.

646 Ebd., Bl. 45, Schreiben des Reichsfinanzministers (v. Manteuffel) an den Reichswirtschaftsminister vom 12.12.1939. Vgl. ebd., Bl. 46, Reichshilfe für die gewerbliche Wirtschaft der Volksdeutschen in Böhmen und Mähren (Potsdam, 12.3.1940)

647 MZA Brno, Anm. 629, Bl. 571, Schreiben des Reichsprotektors (i.V. W. Bertsch) vom 16.1.1940 an „Gruppe Mähren" und Oberlandräte.

besonders begründeten Fällen sogar bis auf ein Prozent einzuräumen.[648] Bei reichsverbürgten Kleinkrediten konnte der zuständige Oberlandrat dem Reichsprotektor die Gewähr eines Zinsnachlasses vorschlagen, bei Großkrediten oblag die Entscheidung im Rahmen der zugeteilten Finanzquote unmittelbar dem Reichsprotektor.[649]

Das Dritte Reich gewährte Kreditgarantien im Rahmen der auf das Protektorat bezogenen „Volksdeutschen Wirtschaftshilfe" über die deutsche Besatzungsverwaltung – bei Kleinkrediten über die Oberlandräte und bei Großkrediten über 20.000 Reichsmark entsprechend dem Entscheid des Reichsprotektors über die Gesellschaft Retog als Vertreter des Dritten Reiches.[650] Diese Funktion erfüllte die Gesellschaft Retog bis zum Jahresende 1942, als sie mit Wirkung vom 1. Januar 1943 von der neu eröffneten Zweigniederlassung der deutschen Revisions- und Treuhand-Aktiengesellschaft mit Sitz in der Prager Jungmanngasse 5 übernommen wurde, also der gleichen Adresse wie die Retog.[651]

## 6.4 Der Bewilligungsvorgang für reichsverbürgte „Arisierungs"-Kredite

Das Bewilligungsverfahren für reichsverbürgte „Arisierungs"-Kredite entsprach im Grunde den Richtlinien für die Gewährung von Reichsbürgschaften auf Kredite im Rahmen der „Volksdeutschen Wirtschaftshilfe", die von den Reichsministerien in Berlin ausgearbeitet worden waren. Ein deutsches Geldinstitut mit der Berechtigung, reichsverbürgte Kredite zu gewähren, erteilte den diesbezüglichen Antragstellern – sofern es deren Anträge in Übereinstimmung mit seinen internen Vorschriften für realisierbar hielt – eine Zusage oder Promesse über die Eröffnung des Kredits.[652]

Der Antrag auf Gewährung des reichsverbürgten Kredits wurde an das Oberlandratsamt gerichtet, in dessen Zuständigkeitsbereich sich das zur „Arisierung" vorgesehene jüdische

648 BA Berlin, Anm. 615, Bl. 54, Richtlinien für die Gewährung von Reichsdarlehen und Reichszuschüssen (Reichshilfe) zur Förderung der volksdeutschen Wirtschaft im Protektorat Böhmen und Mähren – Entwurf. Vgl. MZA Brno, Anm. 629, Bl. 587, dieselbe Richtlinie in der Endfassung; MZA Brno, Bestand G 375, Kart. 1, Paket 11, NSDAP-Kreisleitung Brünn, Der Kreiswirtschaftsberater (Dr. Schindler), Rundschreiben 9/40 (10.12.1940).

649 MZA Brno, Anm. 629, Bl. 561, Richtlinien für die Gewährung reichsverbürgter Kleinkredite an die volksdeutsche gewerbliche Wirtschaft im Protektorat Böhmen und Mähren; ebd., Bl. 567, Richtlinien für die Gewährung reichsverbürgter Kredite von mehr als RM 20.000 an volksdeutsche gewerbliche Unternehmen im Protektorat Böhmen und Mähren.

650 BA Berlin, Anm. 615, Bl. 46, Reichshilfe für die gewerbliche Wirtschaft der Volksdeutschen im Protektorat Böhmen und Mähren (Potsdam, 12.3.1940).

651 Die Leitung der Reichenberger Zweigstelle der Deutschen Revisions- und Treuhandgesellschaft bemühte sich schon seit 1940 um ihre Verlegung nach Prag. BA Berlin, Anm. 615, Bl. 65, Bericht über die örtliche Prüfung der mit der Durchführung von wirtschaftlichen Maßnahmen betrauten Dienststellen in Prag und Reichenberg in der Zeit vom 3.-7. Juni 1940. Die Zustimmung des Reichsprotektors zur Eröffnung der Zweigstelle in Prag erfolgte am 8.10.1942. Ebd., Schreiben des Reichswirtschaftsministers (i.V. Dr. Fabricius) vom 21.1.1943 an Reichsinnenminister, Rechnungshof des Deutschen Reiches und Reichshauptkasse.

652 MZA Brno, Bestand G 376, Inv.Nr. 7, Schreiben des Kommissarischen Kreiswirtschaftsberaters der NSDAP-Kreisleitung Olmütz vom 3.1.1940 an die NSDAP-Ortsgruppenleitung in Proßnitz.

Unternehmen befand. Die Kreiswirtschaftsberater der NSDAP nahmen dazu Stellung und beurteilten insbesondere politische Gesinnung und Charaktereigenschaften des Antragstellers.[653]

Entsprechend den Richtlinien für Kleinkredite im Rahmen der „Volksdeutschen Wirtschaftshilfe" hatten die Oberlandräte im Protektorat – im Gegensatz zu der in Österreich und im Sudetengau eingeführten Praxis – selbst über die Gewährung von reichsverbürgten Krediten zu befinden, und zwar bis zur Ausschöpfung der ihnen in dem vom ARP ausgearbeiteten Verteilungsplan zugeteilten Quote.[654] Bereits in den ersten Monaten nach Anlaufen der Aktion sollte sich aber herausstellen, dass die deklarierte Rechtsbefugnis der Oberlandräte bei der Bewilligung von Kleinkrediten nur auf dem Papier Bestand hatte. Der Oberlandrat selbst konnte nämlich keine Reichsbürgschaft versprechen, ohne dazu die Zustimmung des ARP einzuholen. Der in Arbeit befindliche Kreditantrag musste mit allen dazugehörigen Anlagen nach Prag geschickt werden, woraufhin dann in jedem konkreten Einzelfall die Ermächtigung abgewartet werden musste. Die faktische Entscheidung über reichsverbürgte Kredite, nicht nur der Groß-, sondern auch Kleinkredite, behielt sich damit der Reichsprotektor vor.[655] Er beschränkte die Entscheidungsbefugnis der Oberlandräte über die eingereichten Anträge auf reichsverbürgte Kredite schon allein durch die Empfehlung, zur Beurteilung von Krediten größerer Bedeutung Spezialisten der reichsdeutschen Gesellschaft Retog hinzuzuziehen, ab Jahresbeginn 1943 dann entsprechend die Experten der Zweigniederlassung der Deutschen Revisions- und Treuhand AG, Prag, die faktisch den Umgang mit den gewährten Reichsbürgschaften im Protektoratsgebiet kontrollierte.[656]

Zur Bearbeitung der Anträge auf reichsverbürgte Kredite und Darlehen wurden besondere Beraterorgane gebildet. Bei den Oberlandratsämtern entstanden Bezirkskreditausschüsse. Nach den Berliner Richtlinien war deren Einrichtung nicht in jedem Protektoratsbezirk vorgesehen, sondern nur in den bedeutenderen Zentren – deshalb waren die meisten Bezirkskreditausschüsse für mehrere Oberlandratsämter tätig. Die formale Rechtsbefugnis über Gewährung oder Ablehnung des Antrags auf reichsverbürgte Kleinkredite verblieb dabei in der Hand des betreffenden Oberlandrats, aus dessen Bezirk der Antragsteller kam, auch wenn sich zu dessen Antrag ein Kreditausschuss mit Sitz in einem anderen Bezirk geäußert hatte. In Böhmen sollte der beim Oberlandratsamt Prag eingerichtete Bezirkskreditausschuss neben Prag auch

653 Ebd.

654 Auf der Besprechung der Oberlandräte im ARP im Dezember 1939 wurde beschlossen, die reichsverbürgten Kleinkredite unter den einzelnen Kreisen proportional zur Anzahl der jeweils dort lebenden deutschen Bevölkerung aufzuteilen. Von der auf 10 Mio. RM begrenzten Gesamtsumme für reichsverbürgte Kredite waren 4,2 Mio. für Kleinkredite vorgesehen. Dabei wurde vorausgesetzt, dass der Reichsprotektor in begründeten Fällen den Bedarf an Kleinkrediten auf Kosten der Großkredite befriedigt. MZA Brno, Anm. 629, Bl. 572, Schreiben des Reichsprotektors (i.V. W. Bertsch) vom 16.1.1940 an „Gruppe Mähren" und Oberlandräte.

655 MZA Brno, Bestand B 251, Kart. 4, Ordner 1020, Bl. 59, Schreiben des Oberlandrats in Kremsier vom 28.3.1940 an den Reichsprotektor.

656 Ebd., Anm. 629, Bl. 558, Schreiben des Reichsprotektors für Böhmen und Mähren (i.V. W. Bertsch) vom 20.11.1939 an „Gruppe Mähren" und Oberlandräte.

noch die Bezirke Kolin, Melnik und Kladno bearbeiten, dem Bezirkskreditausschuss in Pilsen fiel auch der Bezirk des Oberlandrats in Klattau zu. Der Budweiser Bezirkskreditausschuss war auch für den Bezirk unter dem Oberlandrat in Tabor zuständig, und der Bezirkskreditausschuss beim Oberlandratsamt in Iglau sollte auch die Kreditanträge für Königgrätz, Gitschen und Pardubitz beurteilen. In Mähren sollten Bezirkskreditausschüsse bei den Oberlandratsämtern in Brünn, Mährisch Ostrau und Olmütz entstehen, wobei der Olmützer Ausschuss auch Anträge auf reichsverbürgte Kredite aus den Wirkungsbereichen der Oberlandräte in Proßnitz, Kremsier und Zlin zu verhandeln hatte.[657] Die Entscheidung darüber, bei welchem Oberlandratsamt ein Bezirkskreditausschuss einzurichten sei, wurde von mehreren Umständen beeinflusst, in erster Linie von der Stärke der deutschen Bevölkerung im Zuständigkeitsbereich der einzelnen Oberlandräte und dem Vorhandensein eines „vertrauenswürdigen“ deutschen Geldinstituts.

Die Richtlinie aus Berlin bestimmte auch die Zusammensetzung der Bezirkskreditausschüsse. An deren Spitze stand der Oberlandrat oder ein von ihm beauftragter Vertreter, beteiligt waren weiterhin ein Repräsentant der örtlichen NSDAP-Leitung, Vertreter der Filialen – bzw. im Fall von Prag und Brünn der Zentrale – der Geldinstitute oder Kreditanstalten sowie Vertreter aus der Wirtschaft zur Wahrnehmung der Belange von Industrie, Handel und Gewerbe. Die Mitglieder dieser Ausschüsse unterlagen der Schweigepflicht, da keine Details der Verhandlungen an die Öffentlichkeit dringen sollten.[658]

Allem Anschein nach kollidierte die Umsetzung dieser Direktiven anfänglich mit Lokalinteressen und Prestigedünkel einzelner Oberlandräte, deren überwiegende Mehrheit sich jeweils ihren „eigenen“ Bezirkskreditausschuss wünschte. Dementsprechend traten zum Jahresende 1939 und in den ersten beiden Monaten des Jahres 1940 solche Ausschüsse auch dort zusammen, wo sie eigentlich nicht vorgesehen waren, zum Beispiel in Zlin, Kremsier oder Proßnitz. Obwohl in Zlin kein deutsches Geldinstitut tätig war, ernannte der örtliche Oberlandrat die Mitglieder zur Schaffung eines Bezirkskreditausschusses, unter denen freilich ein „Vertreter des Geldwesens“ fehlte.[659] Dies war auch in Kremsier der Fall, weshalb der Oberlandrat versuchte, diesen Mangel durch Hinzuziehung des Direktors der Brünner Filiale der Kreditanstalt der Deutschen (KdD), Alfred Regenermal, der gleichzeitig als Mitglied im Bezirkskreditausschuss beim Oberlandratsamt in Brünn saß, zu überbrücken.[660] In Proßnitz arbeitete das Oberlandratsamt eng mit der örtlichen Filiale der Böhmischen Union-Bank (BUB) zusammen, daher wurde deren Direktor F. Zemanek als Vertreter des Geldwesens zur Gründungsversammlung des

657 BA Berlin, Anm. 615, Bl. 42, Regelung des Verfahrens für die Übernahme einer Reichsbürgschaft bei Gewährung von Kleinkrediten.

658 Ebd.

659 MZA Brno, Anm. 629, Bl. 117, Schreiben des Oberlandrats in Zlin vom 28.2.1940 an den Reichsprotektor.

660 Bd., Bl. 114, Schreiben des Oberlandrats in Kremsier vom 25.2.1940 an den Reichsprotektor.

Bezirkskreditausschusses hinzugezogen.[661] Das „Deutschtum" dieser Filiale galt jedoch in der deutschen Öffentlichkeit als zweifelhaft, da unter den sechzehn Angestellten nur fünf Deutsche waren, wenn auch in leitenden Stellungen und mit dem Parteibuch in der Tasche. Der Oberlandrat und die NSDAP-Ortsgruppe mussten daher den deutschen Charakter der Filiale bezeugen, unter anderem um die Befürchtungen von Zwangsverwalter-Treuhändern zu zerstreuen, ob die Fortführung der Bankverbindungen der von ihnen verwalteten Unternehmen mit dieser angebracht sei.[662] Die Tätigkeit dieser Bezirkskreditausschüsse, deren Entstehung die in Berlin ausgearbeiteten Richtlinien gar nicht vorgesehen hatten, war vermutlich nicht von langer Dauer.

In einer Stadt, in der das Oberlandratsamts seinen Sitz hatte, waren in der Regel mehrere deutsche Banken tätig, doch konnte nur eine Mitglied im Bezirkskreditausschuss werden. Die Wahl des Bankvertreters oblag dem örtlichen Oberlandrat bzw. dem Vertreter der NSDAP, meist dem Kreiswirtschaftsberater, und wurde zweifellos auch von den gegenseitigen persönlichen Bindungen beeinflusst. Die Besatzungsbehörden waren jedoch zur Stärkung des deutschen Wirtschaftspotentials in ihrer Region – also auch für „Arisierungen" – darauf angewiesen, die Kreditmöglichkeiten aller deutschen Banken zu nutzen. Für die Banken wiederum stellten reichsverbürgte Kredite eine willkommene Möglichkeit zur Erweiterung ihrer Kreditoperationen mit minimalem Risiko dar. Deshalb wurde auch kein Geldinstitut von den Verhandlungen des Bezirkskreditausschusses ausgeschlossen, auch wenn sie in diesem nicht direkt vertreten war. So saß beispielsweise im Bezirkskreditausschuss beim Oberlandratsamt Olmütz der Direktor der Olmützer KdD-Filiale. Dieser überließ allerdings in solchen Fällen, in denen von Filialen der Böhmischen Escompte-Bank (BEB) oder der BUB vorbereitete Reichskredite auf dem Tagungsprogramm standen, seinen Platz im Ausschuss den Direktoren dieser Filialen.[663]

Die Genehmigung von so genannten reichsverbürgten Großkrediten, also solchen, die den Umfang von 20.000 Reichsmark überstiegen, fiel in die Zuständigkeit des Reichsprotektors. Dieser stützte sich in der Entscheidungsfindung auf ein besonderes Beraterorgan – den Hauptkreditausschuss. Unter den Mitgliedern waren Vertreter der NSDAP, der Gruppe Wirtschaft sowie der deutschen Banken, unter denen natürlich der KdD-Direktor Anton Kiesewetter nicht fehlen konnte. Der Vorsitz im Hauptkreditausschuss lag in der Hand von Erich von Wedelstädt, dem der Regierungsrat Siegert zur Seite stand. Beide hatten ursprünglich im Reichswirtschaftsministerium gearbeitet, welches sie dann in die deutsche Protektoratsverwaltung entsandt hatte.[664]

---

661 Ebd., Bl. 95, Schreiben des Oberlandrats in Proßnitz vom 18.12.1939 an den Reichsprotektor; vgl. ebd. Bl. 109, Niederschrift über die für den 2.2.1940 berufene erste Sitzung des Bezikskreditausschusses beim Oberlandesamtes in Proßnitz.

662 MZA Brno, Anm. 652, Schreiben der NSDAP-Ortsgruppenleitung Proßnitz vom 3.1.1940 an den Treuhänder der Firma Leopold Färber, Erste Kremsierer Schuhfabrik, Kremsier.

663 MZA Brno, Anm. 629, Bl. 105, Schreiben des Oberlandrats in Olmütz vom 13.2.1940 an den Reichsprotektor.

664 BA Berlin, Anm. 615, Bl. 61, Bericht über die örtliche Prüfung der mit der Durchführung von wirtschaftlichen Maßnahmen betrauten Dienststellen in Prag und Reichenberg (3.–7.6.1940).

Mit der Geschäftsführung des Hauptkreditausschusses war die Gesellschaft Retog, Revisions- und Organisations-Gesellschaft m.b.H., Prag, betraut,[665] genauer gesagt, deren Leiter Schneider. Der Stammarbeitsplatz von Schneider befand sich in Reichenberg im Sudetengau, wo er die Funktion eines Geschäftsführers der Deutschen Revisions- und Treuhand-AG Treuarbeit innehatte. Ihre Geschäftsführerrolle im Hauptkreditausschuss spielte die Retog bis Ende 1942, wonach sie von der soeben eingerichteten Zweigniederlassung der deutschen Revisions- und Treuhand-AG-Treuarbeit in Prag abgelöst wurde. Es steht fest, dass Schneider nach den aus der Berliner Zentrale einlaufenden Richtlinien gehandelt hat. Alle Schlüsselfunktionen im Hauptkreditausschuss standen unter unmittelbarem reichsdeutschen Einfluss.

Anträge auf so genannte Großkredite wurden nach der Bearbeitung durch das zuständige Oberlandratsamt und den Bezirkskreditausschuss an die Geldinstitute nach Prag geschickt. Dort wurden sie von der Retog bzw. ab Anfang 1943 von der Zweigstelle der Deutschen Revisions- und Treuhand-AG beurteilt. Diese ließ sich ihre Tätigkeit vom Kreditbewerber honorieren, durch Barzahlung oder in anderer Form.[666] Das Geldinstitut versah die Entwürfe der Antragsteller auf reichsverbürgte „Arisierungs"-Kredite mit der Erklärung seiner „Bereitschaft" einen solchen Kredit zu finanzieren, wobei diese an die Akzeptanz der konkreten Kreditbedingungen geknüpft war.[667] Sah die Retog bzw. deren Nachfolger, die Deutsche Revisions- und Treuhand-AG, Zweigniederlassung Prag, keine formalen oder anderweitigen Hindernisse, so reichte sie den Vorschlag auf Gewährung des so genannten reichsverbürgten Großkredits an den Hauptkreditausschuss weiter. Da nun die Retog und später dann die Deutsche Revisions- und Treuhand-AG, Zweigniederlassung Prag, die Funktion des Geschäftsführers in diesem Ausschuss bekleidete, unterrichtete sie die Geldinstitute über dessen Stellungnahme. Im Fall eines positiven Entscheids wurde der Retog respektive deren Nachfolger der zwischen dem Geldinstitut und dem angehenden Kreditnehmer ausgehandelte Vertragsentwurf vorgelegt, aufgrund dessen die Reichsbürgschaft gewährt wurde.[668] Handelte es sich um Kredite bis zu einer Höhe von 150.000 Reichsmark, eröffnete das Geldinstitut diese nach der Genehmigung durch die Unterschrift des Reichsprotektors. Umfasste der Kreditantrag eine höhere Summe, wurde er nach Berlin zur Beurteilung durch die Reichsministerien eingeschickt.

665 Ebd., Bl. 47–48, Reichshilfe für die gewerbliche Wirtschaft der Volksdeutschen in Böhmen und Mähren (Potsdam, 12.3.1940).

666 In den vom KdD-Vorstand bearbeiteten Anträgen auf „Arisierungs"-Kredite finden sich im Jahre 1940 Fälle, in denen neben den üblichen Zinsen auch noch eine prozentuale Vergütung für die Retog festgelegt wurde. Diese erreicht im Regelfall eine Höhe von 1 % der Kreditsumme. Registratur MF ČR Praha, Registratur KdD, Paket 8555, Verhandlungsschrift über die Vorstandssitzung am 20.3.1940 – Kreditentwurf für Michael Mühlhaus; ebd., Paket 8554, Verhandlungsschrift über die Vorstandssitzung am 23.4.1940 – Kreditentwurf für Franz Kuhn.

667 MZA Brno, Bestand B 254, Kart. 24, Schreiben der BUB Prag vom 15.4.1943 an die Deutsche Revisions- und Treuhand-AG, Zweigniederlassung Prag in Sachen „Arisierung" der Textilfirma D. Hecht in Brünn.

668 Ebd., Schreiben der Deutschen Revisions- und Treuhand-AG, Zweigniederlassung Prag vom 4.11.1943 an die BUB in Sachen der „Arisierung" der Likörfabrik Emil Strach.

Erst deren Zustimmung ermöglichte dem Reichsprotektor, über die Kreditgewährung zu entscheiden.

In beiden Fällen, sowohl bei Klein- als auch Großkrediten, prüften die deutschen Geldinstitute, die diese reichsverbürgten Kredite zur Verfügung stellen sollten, mit Hilfe ihrer Kreditabteilungen sowohl die Anträge auf „Arisierungs“-Kredite als auch die Antragsteller auf Herz und Nieren. Größtenteils handelte es sich bei den Kreditnehmern um bereits bekannte Bankkunden – deutsche Unternehmer oder Gewerbetreibende, über deren finanzielle Möglichkeiten, Wirtschaftergebnisse und Besitzverhältnisse die Leitungen dieser Banken, Zentralen bzw. Filialen eingehende Informationen besaßen. Im Fall von reichsverbürgten „Arisierungs“-Krediten, für die sich häufig Interessenten aus dem Reich – einschließlich dem Reichsgau Sudetenland – bewarben, mussten sich die Geldinstitute auf Referenzen verlassen. Die Entscheidung wurde jedoch durch gründliche Kenntnis der örtlichen Verhältnisse erleichtert, die nicht nur eine qualifizierte Veranschlagung der „arisierungsgeeigneten“ jüdischen Unternehmen und Gewerbe erlaubte, sondern auch eine im Ganzen ziemlich realitätsnahe Einschätzung der künftig möglichen Wirtschaftsentwicklung.

## 6.5 „Arisierungs“-Kredite und die deutschen Geldanstalten

Kredite zu „Arisierungs“-Zwecken konnte, sofern es sich um „autonome“ Kredite handelte, theoretisch jedes beliebige Geldinstitut gewähren. Die Bewilligung von reichsverbürgten „Arisierungs“-Krediten unterlag freilich den von Reichswirtschafts- und –finanzministerium ausgearbeiteten Richtlinien, die auch den Kreis der vergabeberechtigten Geldinstitute festlegten. Nach diesen Richtlinien „kamen als Gläubiger nur solche Kreditanstalten (Banken, Sparkassen, Genossenschaften o. ä.) in Frage, die sich als Verwalter von reichsverbürgten Krediten als vertrauenswürdig und geeignet erweisen“.[669] Als ‚vertrauenswürdig‘ galten natürlich nur deutsche Geldinstitute. Als geeignet galten in erster Linie die bedeutendsten Institute, und zwar vor allem das Dreigespann Böhmische Escompte-Bank (BEB), Böhmische Union-Bank (BUB) und Kreditanstalt der Deutschen (KdD). Auf diese entfiel der größte Anteil der reichsverbürgten „Arisierungs“-Kredite.

Die traditionelle Klientel der KdD bestand aus Eigentümern von Mittel- und Kleinbetrieben sowie Gewerbebetrieben. Aus dieser Gruppe stammt auch die Mehrzahl der Antragsteller für die „Arisierungs“-Kredite. Gerade weil dieses Geldinstitut sich auf den Mittelstand orientierte, zeigte es im Bereich der Kreditvergabe zur gezielten „Arisierung“ mittlerer bzw. kleiner jüdischer Unternehmen und Gewerbebetriebe eine ganz außergewöhnliche Aktivität. Davon zeugt die Streuung der reichsverbürgten „Arisierungs“-Kredite, die in den erhaltenden Protokollen der Verhandlungen zwischen BEB, BUB und KdD in den Bezirkskreditausschüssen bei den mährischen Oberlandratsämtern

669 MZA Brno, Anm. 629, Bl. 560, Richtlinien für die Gewährung reichsverbürgter Kleinkredite an die volksdeutsche gewerbliche Wirtschaft im Protektorat Böhmen und Mähren. Die gleiche Formulierung wurde auch in den Richtlinien für so genannte Großkredite verwendet.

sichtbar wird. Von den 98 „Arisierungs"-Kleinkrediten, die von diesen Gremien genehmigt wurden, entfielen ganze 70,4 Prozent auf die KdD, während der Anteil der BEB nur 14,3 Prozent und der der BUB nicht mehr als 8,2 Prozent betrug. Der prozentuelle Anteil der einzelnen Geldinstitute an der Anzahl dieser Kredite entsprach auch in etwa der Verteilung der für „Arisierungs"-Kleinkredite genehmigten Gesamtsumme von 1.062.200 Kronen: Die KdD war daran mit 65 Prozent beteiligt, die BEB und die BUB dagegen nur mit 19,3 bzw. 7,6 Prozent.

Ein ganz anderes Bild bietet der Vergleich der Großkredite, die von den Bezirkskreditausschüssen in Mähren aufgrund der Promessen dieser Geldinstitute befürwortet wurden. Deren Zahl ist nicht sonderlich hoch, vergeben wurden lediglich vierzehn Kredite mit einem Gesamtumfang von 1.377.000 Kronen. Der Löwenanteil entfällt auf hierbei die BUB, die fünf „Arisierungs"-Großkredite mit einer Gesamtsumme 615.000 Kronen vergab und somit wertmäßig einen Anteil von 44,7 Prozent der Gesamtsumme verantwortete. Auf zweiter Position folgt die KdD mit vier Großkrediten im Gesamtwert von 397.000 Kronen – an der Anzahl der vergebenen Kredite war die KdD also zu 28,8 Prozent beteiligt.[670] Auf die BEB entfielen nur drei Großkredite mit insgesamt 280.000 Kronen, also 20,3 Prozent der insgesamt verhandelten Kreditsumme.

Aus dem obigen Vergleich dürfen allerdings keine Rückschlüsse auf die Bedeutung dieses oder jenes Geldinstituts für das Phänomen „reichsverbürgter Arisierungs"-Kredite gezogen werden. Unmöglich ist dies schon deshalb, da genauere Angaben nur im Fall der KdD zur Verfügung stehen – bei den anderen deutschen Geldinstituten fehlen diese jedoch.

„Arisierungs"-Kredite wurden auch von kleineren deutschen Geldinstituten gewährt. Deren Beteiligung an der Vergabe reichsverbürgter „Arisierungs"-Kredite lässt sich am Beispiel der in Brünn ansässigen Institute belegen – der Landwirtschaftlichen Kreditanstalt für Böhmen und Mähren, der Spar- und Kreditkasse für Handwerk und Handel und dem Zentralverband der gewerblichen Erwerbs- und Wirtschaftsgenossenschaften. Diese Anstalten zeigten sich nach Angaben des schon zitierten Protokoll-Konvoluts der Bezirkskreditausschüsse bei den mährischen Oberlandratsämtern in den Jahren 1940–41 bereit, sowohl kleine als auch große „Arisierungs"-Kredite zu gewähren. Nachweisbar sind hier neun Fälle – sieben davon über eine Gesamtsumme von 86.500 Reichsmark sind in die Kategorie der „Arisierungs"-Kleinkredite einzuordnen, die zwei übrigen gehörten mit einer Gesamtsumme von 85.000 Reichsmark in die Kategorie der „Arisierungs"-Großkredite.

Die Landwirtschaftliche Kreditanstalt für Böhmen und Mähren vergab Kredite in der Regel nur gegen eine Absicherung durch Grundbesitz. Auch reichsverbürgte „Arisierungs"-Kredite wurden in der Regel nur solchen Antragstellern gewährt, die Garantien mit einem die verlangte Kreditsumme übersteigenden Wert bieten konnten. So beantragten beispielsweise Franz Czanderle und Leopold Butschek aus Nennowitz bei

670 Die sich aus der Analyse der erhaltenen Protokolle der mährischen Bezirkskreditausschüsse ergebenden Daten über die Relation zwischen den von der KdD gewährten kleinen und großen „Arisierungs"-Krediten sind etwas irreführend: Von 73 verhandelten Vorschlägen gehörten 94,6 % in die Kategorie der Kleinkredite, nur 5,4 % waren Großkredite. Dieses Verhältnis gestaltete sich im Allgemeinen anders – eingehender hierzu siehe unten.

Brünn einen „Arisierungs"-Kredit von 20.000 Reichsmark zur Übernahme der jüdischen Textilfirma Moritz Morgenstern in Brünn, wobei sie der Kreditanstalt Ländereien und ein Haus im Wert von rund 30.000 Reichsmark als Sicherheit bot. In Verbindung mit der vom Bezirkskreditausschuss gewährten Reichsbürgschaft in Höhe von 90 Prozent der Kreditsumme räumte die Landwirtschaftliche Kreditanstalt den Unternehmern einen mit fünf Prozent verzinsten Kredit über eine Laufzeit von sieben Jahren ein.[671] Alfred Lenger, ein Geschäftsmann aus Blanz, bewarb sich um einen „Arisierungs"-Kredit von gleicher Höhe, da er nicht über ausreichende liquide Mittel zum Kauf der jüdischen Firma Gümpl („Bohemia", Mechanische Strick- und Wirkwarenerzeugung Hermann Gümpl, Iglau) verfügte. Zur Firma Gümpl gehörte auch ein Wohnhaus, welches er der Bank als Sicherheit im Wert von über 30.000 Reichsmark anbot. Lenger war aktives NSDAP-Mitglied und zudem als Blockwart tätig. Daher bot ihm die Landwirtschaftliche Kreditanstalt in Zusammenarbeit mit dem Bezirkskreditausschuss vergünstigte Kreditbedingungen an – eine Laufzeit von dreizehn Jahren bei einer Verzinsung von fünf Prozent, zudem einen Zinsnachlass im ersten Tilgungsjahr auf nur zwei Prozent. Die Differenz von drei Prozent ließ sich der Kreditgeber vom Deutschen Reich erstatten, welches auch eine hohe Bürgschaft über 95 Prozent der Kreditsumme gewährte.[672]

Auch ein kleineres Geldinstitut wie die Landwirtschaftliche Kreditanstalt war imstande, große reichsverbürgte „Arisierungs"-Kredite zu beschaffen. Viktor Seidl und Dipl.-Ing. Fritz Slama bewarben sich um einen Großkredit in Höhe von 50.000 Reichsmark für die Liquidierung der jüdischen Baufirma Ludvík Moskowitz – Brünn-Sebrowitz, aus deren Vermögenssubstanz sie anschließend eine eigene Baufirma aufbauen wollten. Zur zukünftigen Prosperität der Firma sollten – wie so häufig bei Anträgen auf „Arisierungs"-Kredite – Wehrmachtsaufträge beitragen. Die von den Antragstellern gebotene Garantie von Haus und Grundstück in Verbindung mit einer Reichsbürgschaft bewertete die Kreditanstalt als ausreichend, und der Bezirkskreditausschuss reichte den Kreditantrag an die Retog weiter.[673] Um den zweiten Großkredit in Höhe von 35.000 Reichsmark bewarb sich Otto Motl, Elektrotechniker und NSDAP-Mitglied. Er benötigte Liquidität für den Aufkauf des jüdischen Anteils an der Brünner Firma Jurak (Firma Rudolf Jurak, Elektromotorenerzeugung, Brünn-Turany), die Fahrraddynamos herstellte. Es handelte sich dabei um ein florierendes Unternehmen, dessen Auftragsbücher für die nächsten zwei Jahre prall gefüllt waren. Als Garantie für den Kredit bot Motl der Kreditanstalt Ländereien bzw. eine Immobilie im Wert von über 48.000 Reichsmark an – die Sicherheit überstieg die beantragte Kreditsumme also deutlich.[674]

Obwohl die Landwirtschaftliche Kreditanstalt „Arisierungs"-Kredite typischerweise nur gegen hochwertige Sicherheiten gewährte, wurden in Fällen, die politische

671 MZA Brno, Anm. 629, Bl. 335–36, Ergebnisprotokoll der Beratung des Bezirkskreditausschusses in Brünn am 10.3.1941.

672 Ebd., Bl. 353, Ergebnisprotokoll der 20. Sitzung des Bezirksausschusses in Brünn am 28.7.1941

673 Ebd., Bl. 320, Ergebnisprotokoll der Beratung des Bezirkskreditausschusses in Brünn am 3.2.1941.

674 Ebd., Bl. 365, Ergebnisprotokoll der 22. Sitzung des Bezirkskreditausschusses in Brünn am 23.9.1941.

Interventionen oder Druck vermuten ließen, Ausnahmen gemacht. Dem NSDAP-Anwärter Matthias Vitoul räumte sie bereitwillig einen „Arisierungs"-Kredit von 19.500 Reichsmark ein. Dieser plante den Kauf der jüdischen Firma Blum & Co in Brünn – ein gut eingeführtes Geschäft, dessen Lager auf fast 36.000 Reichsmark taxiert wurde. Vitoul konnte jedoch keine Sicherheiten bieten, er besaß keine Immobilien und gedachte seine gesamte Barschaft in die „Arisierung" zu investieren. Dennoch akzeptierte ihn die Landwirtschaftliche Kreditanstalt als Kreditnehmer und verlangte wie üblich eine 95-prozentige Reichsbürgschaft sowie eine Verzinsung mit fünf Prozent, wobei im ersten Jahr der sechsjährigen Laufzeit drei Prozent der Zinsen vom Reich übernommen werden sollten.[675] Dieselben Konditionen gewährte die Kreditanstalt Silvester Luzny, einem weiteren Anwärter auf die NSDAP-Mitgliedschaft. Dieser beantragte einen Kredit über 7.000 Reichsmark, um das jüdische Versandgeschäft von Herrmann Liebschütz zu übernehmen. Luzny hatte dort dreißig Jahre lang gearbeitet, war unvermögend und wollte sich nun durch den Erwerb der jüdischen Firma „eine neue Existenz aufbauen".[676] Eine solche stereotype Antragsbegründung findet sich in vielen Fällen.

Über die Beteiligung der Spar- und Kreditkasse für Handwerk und Handel an der Vergabe der „Arisierungs"-Kredite ist nur sehr wenig bekannt. Fest steht, dass die Geldanstalt solche Kredite gewährt hat: In dem gesichteten Quellenmaterial fand sich ein von ihr zu realisierender Kreditentwurf. Antragsteller war der bei der Militärverwaltung in Kremsier tätige Johann Philipp, zuvor SdP- und nun NSDAP-Mitglied. Er plante die „Arisierung" der jüdischen Kolonialwarenhandlung Zeisel in Brünn und wandte sich an die Spar- und Kreditkasse für Handwerk und Handel, um einen reichsverbürgten „Arisierungs"-Kredit über 5.000 Reichsmark zu beantragen. Da sich jedoch herausstellte, dass dieser Betrag zum Kauf der Firma Zeisel nicht ausreichte, bewarb sich Philipp um eine Aufstockung des Kredits auf 8.000 Reichsmark. Als Sicherheit bot er einen Wechsel, für den seine Frau mit einem Haus im Wert von 15.000 Reichsmark gebürgt hatte. Die ihm gewährten Kreditbedingungen waren im Wesentlichen denen der anderen Geldinstituten vergleichbar – eine Reichsbürgschaft über 95 Prozent der Kreditsumme, eine Laufzeit von fünf Jahren bei einer Verzinsung von fünf Prozent sowie einem Zinsnachlass auf zwei Prozent im ersten Jahr, wobei die Differenz vom Deutschen Reich übernommen wurde.[677]

Eine Ausnahme unter den hier genannten Geldinstituten, die reichsverbürgte „Arisierungs"-Kredite zur Verfügung stellten, bildet der Zentralverband der gewerblichen Erwerbs- und Wirtschaftsgenossenschaften in Brünn. Dieser trat nur in einem Fall als Kreditgeber auf und zwar nicht auf Antrag einer natürlichen, sondern einer juristischen Person. Mit Hilfe dieses Kredites beabsichtigte die in der Rechtsform einer G.m.b.H

675 Ebd., Bl. 460–61, Ergebnisprotokoll der Sitzung des Bezirkskreditausschusses in Brünn am 18.4.1941.

676 Ebd., Bl. 447, Ergebnisprotokoll der Beratung des Bezirkskreditausschusses in Brünn am 24.5.1941.

677 Ebd., Bl. 345, Auflistung der in der 18. Sitzung des Bezirkskreditausschusses in Brünn behandelten Kreditanträge; Bl. 357–358, Niederschrift über das Ergebnis der am 11.8.1941 stattgefundenen 21. Sitzung des Bezirkskreditausschusses in Brünn.

organisierte Genossenschaftsdruckerei der Kriegsbeschädigten „Invalidia" die jüdische Druckerei der Firma Wiesner in Brünn zu „arisieren". Der Bezirkskreditausschuss bewilligte auch hier die in solchen Fällen üblichen Bedingungen – zwar nur eine Reichsbürgschaft in Höhe von 90 Prozent der Kreditsumme, dafür jedoch eine Laufzeit von sieben Jahren bei einer Verzinsung von fünf Prozent und einem vom Reich finanzierten Zinsnachlass von drei Prozent im ersten Tilgungsjahr.

Die kleineren deutschen Geldinstitute gewährten „Arisierungs"-Kredite somit im Wesentlichen zu den gleichen Bedingungen wie die BEB, die BUB und die KdD. Im Hinblick auf ihre geringeren Geldreserven war ihnen jedoch an der größtmöglichen Kreditsicherung gelegen – sowohl von Seiten des Antragstellers als auch von Seiten des Reiches. Aus dem Quellenmaterial ist zu schließen, dass diese Geldinstitute jedoch nur einen sehr geringen Anteil an Zahl und Summe der insgesamt vergebenen „Arisierungs"-Kredite hatten.

Tabelle 18: Kredite, die im Rahmen der Volksdeutschen Wirtschaftshilfe von den Bezirkskreditausschüssen bei den Oberlandratsämtern in Mähren in den Jahren 1940–1941 genehmigt wurden (laut erhaltenen Protokollen)

| **Bezirkskreditausschuss beim Oberlandrat in:** | **Anzahl der Protokolle** | **Zeitraum** | **Anzahl der Kredite** | | **Gesamthöhe der Kredite in Reichsmark** | |
|---|---|---|---|---|---|---|
| | | | **„Arisierungs"-Kredite** | **sonstige** | **„Arisierungs"-Kredite** | **sonstige** |
| **Brünn** | 17 | 31.5.1940 – 15.10.1941 | 75 | 91 | 1.399.200 | 1.549.600 |
| **Iglau** | 13 | 27.2.1940 – 22.10.1941 | 24 | 78 | 311.000 | 625.600 |
| **Kremsier** | 2 | 16.3.1940 – 14.6.1940 | 1 | 4 | 9.000 | 29.000 |
| **Olmütz** | 9 | 24.5.1940 – 15.10.1941 | 9 | 81 | 560.000 | 775.050 |
| **Mähr. Ostrau** | 1 | 24.1.1941 | 0 | 6 | 0 | 13.600 |
| **Proßnitz** | 2 | 2.2.1940 – 1.3.1940 | 3 | 7 | 160.000 | 51.000 |
| **Insgesamt** | 44 | 2.2.1940 – 15.10.1941 | 112 | 267 | 2.439.200 | 3.043.850 |

Quelle: MZA Brno, Bestand B 251, Kart. 81, Ordner 6903, Protokollsammlung der Bezirkskreditausschüsse bei den mährischen Oberlandratsämtern.

Tabelle 19: Anteil der Geldinstitute an den im Rahmen der Volksdeutschen Wirtschaftshilfe vergebenen Krediten (aufgrund der erhaltenen Protokollauswahl der Bezirkskreditausschüsse bei den Oberlandräten in Mähren 1940–41) in Reichsmark

| Geld-institut | Kleinkredite (bis 20.000 Reichsmark) | | | | Großkredite (über 20.000 Reichsmark) | | | |
|---|---|---|---|---|---|---|---|---|
| | „Arisierung" | | sonstige | | „Arisierung" | | sonstige | |
| | Anzahl | Gesamt-höhe | Anzahl | Gesamt-höhe | Anzahl | Gesamt-höhe | Anzahl | Gesamt-höhe |
| **Böhmische Escompte-Bank, Filiale in:** | | | | | | | | |
| **Brünn** | 10 | 125.500 | 3 | 29.000 | 3 | 280.000 | 2 | 170.000 |
| **Iglau** | 2 | 40.000 | 4 | 35.500 | 0 | 0 | 0 | 0 |
| **Olmütz** | 2 | 40.000 | 5 | 50.500 | 0 | 0 | 0 | 0 |
| **Insgesamt** | 14 | 205.500 | 12 | 115.000 | 3 | 280.000 | 2 | 170.000 |
| **Böhmische Union-Bank, Filiale in:** | | | | | | | | |
| **Brünn** | 6 | 55.500 | 1 | 4.000 | 1 | 55.000 | 1 | 100.000 |
| **Olmütz** | 2 | 25.000 | 12 | 180.000 | 1 | 400.000 | 2 | 227.500 |
| **Proßnitz** | 0 | 0 | 6 | 30.000 | 3 | 160.000 | 1 | 21.000 |
| **Insgesamt** | 8 | 80.500 | 19 | 214.000 | 5 | 615.000 | 4 | 348.500 |
| **Kreditanstalt der Deutschen, Filiale in:** | | | | | | | | |
| **Brünn** | 43 | 364.700 | 65 | 384.900 | 3 | 347.000 | 3 | 500.000 |
| **Iglau** | 22 | 271.000 | 74 | 590.100 | 0 | 0 | 0 | 0 |
| **Kremsier** | 1 | 9.000 | 4 | 29.000 | 0 | 0 | 0 | 0 |
| **Olmütz** | 3 | 45.000 | 61 | 292.050 | 1 | 50.000 | 1 | 25.000 |
| **Mahr. Ostrau** | 0 | 0 | 6 | 13.600 | 0 | 0 | 0 | 0 |
| **Insgesamt** | 69 | 689.700 | 210 | 1.309.650 | 4 | 397.000 | 4 | 525.000 |
| **Weitere in:** | | | | | | | | |
| **Brünn** | 7 | 86.500 | 15 | 111.700 | 2 | 85.000 | 1 | 250.000 |
| **Insgesamt** | 7 | 86.500 | 15 | 111.700 | 2 | 85.000 | 1 | 250.000 |

Quelle: MZA Brno, Bestand B 251, Kart. 81, Ordner 6903, Protokollsammlung der Bezirkskreditausschüsse bei den mährischen Oberlandratsämtern.

### 6.5.3 Die Böhmische Escompte-Bank

Das Quellenmaterial, welches den Anteil der Böhmischen Escompte-Bank (BEB) an der „Volksdeutschen Wirtschaftshilfe" und an den in deren Rahmen vergebenen „Arisierungs"-Krediten dokumentiert, ist recht bruchstückhaft. Erhalten ist lediglich eine geringe Anzahl von Protokollen der Bezirkskreditausschüsse bei den mährischen Oberlandratsämtern aus den Jahren 1940–41, in denen die BEB als Kreditgeber auftritt.

Die BEB beteiligte sich an der „Arisierung" jüdischer Unternehmen durch die Vergabe von Klein- und Großkrediten. Im Hinblick auf die geringe Verzinsung waren diese zwar nicht sonderlich gewinnbringend, aber dennoch für das Geldinstitut von Interesse, da sie die Möglichkeit zu Anknüpfung bzw. weiterem Ausbau von Geschäftsverbindungen mit dem „arisierten" Unternehmen boten.

Der erste nachweisliche von der BEB vorgelegte „Arisierungs"-Kredit wurde im Bezirkskreditausschuss beim Oberlandratsamt Iglau schon Ende Februar 1940 verhandelt und gehört in die Kategorie Kleinkredite. Der Antragsteller war ein gewisser Hans Politzer, welcher bereits ein jüdisches Modegeschäft in Iglau „arisiert" hatte und nun einen Kredit von 20.000 Reichsmark für den Kauf des Hauses der ehemaligen jüdischen Firmeneigentümer benötigte.[678] Im Jahre 1941 dann gewährte die BEB mehrere Kredite zur „Arisierung" von jüdischen Unternehmen. Darunter ist ein Kredit über 20.000 Reichsmark mit einer Laufzeit von acht Jahren, einer Reichsbürgschaft über 90 Prozent der Kreditsumme sowie einer Verzinsung von fünf Prozent mit einem Zinsnachlass auf drei Prozent im ersten Tilgungsjahr zwecks „Arisierung" einer Eisenwarenhandlung in Jamnitz. Antragsteller war dabei der bisherig als Treuhänder bestellte Erich Zofall, der nur über ein Barvermögen von 4.000 Reichsmark verfügte.[679] Einen weiteren Kredit über 15.000 Reichsmark gewährte die BEB Georg Mansdorf und Leopold Pohlner, zuvor Verkäufer und Geschäftsführer der Brünner Uhrengroßhandlung Emil Kraus, welche sie nun zu „arisieren" beabsichtigten. Beide waren natürlich Mitglieder der NSDAP, verfügten aber über kein nennenswertes Vermögen.[680] Dieser „Arisierungs"-Kredit bildet ein typisches Beispiel für den so genannten Aufbau einer neuen Existenz des „Arisierers" in Verbindung mit sozialen Aufstiegserwartungen.

Ein besonders starkes Interesse hatte die BEB natürlich an Großkrediten, die ihr Bankverbindungen mit Unternehmen von mittlerer Größe und beträchtlichen Umsätzen einbrachten. Dabei richtete sich die Bank nach der Weisung des Reichsprotektors, die ins Protektorat zugezogenen Deutschen zu begünstigen, um deren Ansiedlung und die damit verbundene Stärkung des Deutschtums voranzutreiben Zu diesen Zuzüglern gehörte auch Hellmuth Jessen, der sein Goldschmiedegeschäft in Bern mit Warenbeständen im Wert von 10.000 Reichsmark aufgelöst hatte, um vermittels eines „Arisierungs"-Kredits das Juweliergeschäft der Gebrüder Klein in Brünn zu erwerben. Hellmuth zeigte zudem die von einem Antragsteller auf „Arisierungs"-Kredite zu erwartende Gesinnung wie auch parteiliches Engagement: Bereits in Bern war er in der Auslandsorganisation der NSDAP tätig gewesen und bekleidete die Funktion eines Sozialverwalters in der Deutschen Arbeitsfront. Damit brachte er neben den notwendigen finanziellen Mitteln auch die für die „Arisierung" erforderlichen fachlichen und politischen Voraussetzungen mit.[681] Als Kreditgeber trat hierbei die Mährische Escompte-Bank in Brünn auf, die schon 1924 von der BEB als Filiale übernommen worden war. Ähnlich beurteilt wurde der

678 Der Kredit wurde mit einer Reichsbürgschaft von 75 %, einem Zinssatz von 6 % und einer Tilgungsfrist von 6 Jahren bewilligt. MZA Brno, Bestand B 251, Kart. 81, Ordner 6903, Protokoll der 2. Sitzung des Bezirkskreditausschusses beim Oberlandrat in Iglau am 27.2.1940.

679 Ebd., Bl. 634, Ergebnisprotokoll der 14. Sitzung des Bezirkskreditausschusses Iglau am 25.7.1941.

680 Ebd., Bl. 446, Ergebnisprotokoll des Bezirkskreditausschusses in Brünn am 24.3.1941.

681 Ebd., Bl. 365, Ergebnisprotokoll der 22. Sitzung des Bezirkskreditausschusses in Brünn am 23.9.1941.

Kreditantrag von Erwin und Johann Hollaus, deren Vermögen einschließlich Barschaft annähernd 13.500 Reichsmark ausmachte. Ihnen gewährte die Mährische Escompte-Bank einen Kredit in Höhe von 100.000 Reichsmark zum Ankauf der Firma Gerstl & Co. „Züricher Seidenhaus“ in Brünn.[682]

Die Leitung der BEB stand in enger Verbindung zu den Besatzungsorganen, den Dienststellen der NSDAP und der SS. Es überrascht daher nicht, dass sie bei den von SS-Angehörigen vorgelegten Anträgen auf „Arisierungs“-Kredite maximales Entgegenkommen zeigte. So gewährte beispielsweise die Olmützer BEB-Filiale dem SS-Sturmbannführer Emil Ratz einen „Arisierungs“-Kredit über 20.000 Reichsmark zum Kauf der jüdischen Firma Josef Fest, Likörerzeugnisse in Littau (Litovel) unter Einräumung aller erdenklichen Vergünstigungen: Die Kreditlaufzeit betrug fünf Jahre zu dem bei einer Reichbürgschaft von 90 Prozent üblichen Zinssatz von fünf Prozent; für das erste Tilgungsjahr gewährte die BEB zudem einen zweiprozentigen Zinsnachlass sowie die Stundung der Tilgungsraten.[683]

Aus späteren Jahren liegt in dem bislang gesichteten Quellenmaterial nur ein einziger Antrag auf einen „Arisierungs“-Kredit vor. Eingereicht wurde dieser 1943 von der Brünner BEB-Filiale für den Diplomingenieur Walter Kress, den einstigen Assistenten der Deutschen Technischen Hochschule in Brünn und nun Treuhänder mehrerer jüdischer Firmen. Für die „Arisierung“ von einer dieser Firmen – der Essig- und Likörfabrik, Fruchtsaftpresserei B. & L Windholz in Brünn – wurde Kress ein Kredit über 70.000 Reichsmark gewährt.[684]

Aus der bislang bekannten, nur in Bruchstücken erhaltenen und auf Mähren beschränkten Quellenmaterialien lassen sich namentlich vier „Arisierungs“-Großkredite in einer Gesamthöhe von 350.000 Reichsmark sowie 14 Kleinkredite über insgesamt 205.500 Reichsmark belegen. Daraus ergibt sich eine Summe von 555.500 Reichsmark, die von der BEB mit größter Wahrscheinlichkeit in diese 18 „Arisierungs“-Kredite gesteckt wurde.[685] Dies stellt jedoch sicherlich nur ein Bruchteil der reichsverbürgten „Arisierungs“-Kredite dar, die die BEB im Rahmen der „Volksdeutschen Wirtschaftshilfe“ gewährt hat.

---

682 Ebd., Bl. 461, Ergebnisprotokoll der Sitzung des Bezirkskreditausschusses in Brünn am 18.4.1941.

683 Ebd., Bl. 428–429, Protokoll der 11. Beratung des Bezirkskreditausschusses für die Gewährung reichsverbürgter Kredite an die volksdeutsche gewerbliche Wirtschaft im Oberlandratsbezirk Olmütz am 9.1.1941.

684 MZA Brno, Anm. 667, Antrag auf Beteiligung an der Reichswirtschaftshilfe vom 9.2.1943 (W. Kress).

685 Bis auf eine Ausnahme erfassen die Quellen nur den Anfang der mit den Krediten aus der „Volksdeutschen Wirtschaftshilfe“ – also auch den „Arisierungs“-Krediten – verbundenen Verwaltungsprozedur. Die Befürwortung der von den einzelnen Bezirkskreditausschüssen genehmigten Anträge durch die höheren Instanzen kann dabei als sicher gelten. Die hier angeführten Zahlen berücksichtigen auch den Antrag über einen „Arisierungs“-Kredit von 1943, der nicht in den sich nur auf die Jahre 1940–41 beziehenden Tabellen ausgewiesen ist.

### 6.5.2 Die Böhmische Union-Bank

Ebenso wie im Fall der Böhmischen Escompte-Bank (BEB) erlaubt das bislang bekannte Quellenmaterial auch für die Böhmische Union-Bank (BUB) keine detaillierte Darstellung ihrer Beteiligung an der mit entsprechenden Krediten realisierten „Arisierung" jüdischen Vermögens. Es ist zudem nicht möglich, den Anteil dieser „Arisierungs"-Kredite am gesamten Kreditgeschäft der Bank zu ermitteln und so festzustellen, welcher Profit daraus entstanden ist. Die nur bruchstückhaft erhaltenen Protokolle über die Verhandlungen der satzungsmäßigen Organe verweisen zwar stellenweise auf „Arisierungs"-Kredite, doch ist deren Identifikation häufig schwierig. Ohne nähere Informationen aus den Protokollanlagen lässt sich der Kreditzweck in der Regel nicht eindeutig bestimmen. Die Protokolle selbst enthalten meist nur sehr knappe Informationen und verwenden Bezeichnungen wie „Arisierung" oder „Arisierungs"-Kredit nur in Ausnahmefällen. Die „Arisierungs"-Kredite wie auch weitere reichsverbürgte Kredite gehen daher in der Masse der Betriebs- und sonstigen Kredite auf.

Das Interesse der BUB an der Vergabe von „Arisierungs"-Krediten spiegelt sich in den unvollständigen Protokollreihen über die Verhandlungen der Bezirkskreditausschüsse bei den mährischen Oberlandratsämtern aus den Jahren 1940–41 wider. Sie bieten einen Einblick in die Verhandlung von dreizehn „Arisierungs"-Krediten in einer Gesamthöhe von 695.500 Reichsmark. In allen Fällen handelte es sich um reichsverbürgte „Arisierungs"-Kredite. Dabei handelt es sich in acht Fällen um Kleinkredite mit einem Gesamtbetrag von 80.500 Reichsmark sowie um fünf Großkredite mit einer wesentlich höheren Gesamtsumme – 615.000 Reichsmark. Zu dieser nicht sonderlich repräsentativen Auswahl kann man zwei weitere, in einem anderen Aktenkomplex abgelegte reichsverbürgte „Arisierungs"-Großkredite aus dem Jahre 1943 zählen – einer über 120.000 Reichsmark, der andere sogar über 1,4 Millionen Reichsmark.

Die BUB gewährte somit sowohl Groß- als auch Kleinkredite – ja sogar Kleinstkredite, deren finanzieller Ertrag gegen Null tendierte. Beispiele hierfür bilden ein Kredit in Höhe von zweitausend Reichsmark an eine gewisse Marie Merta für die „Arisierung" eines jüdischen Schuhgeschäfts in Brünn sowie ein Darlehen von nur 1.500 Reichsmark an Lia Newida zur „Arisierung" eines jüdischen Ladengeschäfts. Das Kreditrisiko war bei einer so geringen Summe für die Bank unerheblich, außerdem gab es für Kredite bis zu einer Höhe von 2.000 Reichsmark eine hundertprozentige Reichsbürgschaft.[686] Diese Kleinstkredite bedeuteten für die Bank nur ein lästiges Mehr an Verwaltungsaufwand. Wollte sie jedoch von der Gewährung großer reichsverbürgter „Arisierungs"-Kredite für die Übernahme der zahlreichen jüdischen Unternehmen im Protektorat profitieren, musste sie auch Kreditanträge annehmen, die aus der Sicht des normalen Bankgeschäfts vernachlässigbar waren. Die Handlungsweise der BUB begründet sich dabei nicht nur durch wirtschaftliches Kalkül, sondern auch durch ideologische Gründe in Übereinklang mit den sich auf die Protektoratswirtschaft beziehenden Reichsrichtlinien. Diese zeigen sich auch deutlich in einem Dankesschreiben, das der Verwaltungsratvorsitzende der BUB, Oswald Rösler,

686 MZA Brno, Anm. 629, Bl. 211, Sitzungsprotokoll des Bezirkskreditausschusses in Brünn vom 11.7.1940.

Ende September 1940 an den Generalreferenten im Reichswirtschaftsministerium, Hans Kehrl, richtete: „Die Bank hat sich zu einem gewichtigen Instrument zur Festigung und Erweiterung deutschen Einflusses im Protektorat entwickelt“.[687] Zu dieser Festigung des deutschen Einflusses im wirtschaftlichen Bereich diente auch der „Arisierungs“-Prozess, zu dem auch der kleinste durch Reichsbürgschaft gesicherte „Arisierungs“-Kredit einen Beitrag leistete.

In der Vergabe reichsverbürgter „Arisierungs“-Kredite gewährte die BUB den Antragstellern außerordentlich günstige Bedingungen. Anderseits drängte sie jedoch – insbesondere wenn der potentielle Kreditnehmer keine Sicherheiten bieten konnte – auf maximale Reichsbürgschaften für die gewährten Darlehen. So bewarb sich beispielsweise der Olmützer Zimmermann Walter Krumei um einen reichsverbürgten „Arisierungs“-Kredit von 20.000 Reichsmark, um den Kauf einer jüdischen Immobilie in Proßnitz zu finanzieren. Die Bank gewährte ihm eine Reihe von Vorteilen – eine zwölfjährige Laufzeit, eine Stundung der Raten im ersten Tilgungsjahr- und akzeptierte sogar einen bloßen Wechsel als Sicherheit. Sie war jedoch nicht gewillt, ihre Zinsforderungen an der zwischen den Geldinstituten und dem ARP vereinbarten Untergrenze festzusetzen, sondern forderte mit fünf Prozent einen Zinssatz in der Mitte der möglichen Spanne. Der Bezirkskreditausschuss beim Oberlandratsamt Olmütz empfahl der BUB, im Rahmen der Reichswirtschaftshilfe während des ersten Tilgungsjahres einen Teil der Zinsen in Höhe von zwei Prozent zu übernehmen. Die BUB machte dies jedoch von der Bewilligung einer Reichsbürgschaft in Höhe von 95 Prozent der Kreditsumme abhängig.[688]

Bei einem gelernten Handwerker wie Krumei ließ sich nahezu mit Gewissheit annehmen, dass dieser für seinen Betrieb Sorge tragen und ihn zur Entfaltung bringen würde. Die Bank wertete ihn als zuverlässigen und aussichtsreichen Klienten – ungeachtet der Tatsache, dass er keinerlei Engagement im Sinne des NS-Regimes zeigte. Bei Antragstellern auf reichsverbürgte Kredite, die zwar eine regimekonforme Gesinnung aber keine entsprechenden Fachkenntnisse vorweisen konnten, agierte die BUB vorsichtiger. Dies zeigt sich am Beispiel im Fall des Kreditantrags von Josef Tessarek und Herbert Ritter aus Brünn: Tessarek bekleidete die Funktion eines politischen Leiters bei der NSDAP, Ritter war SS-Angehöriger. Keiner der beiden verfügte jedoch über fachliche Qualifikationen zur Leitung des florierenden jüdischen Damenstrumpf- und Damenwäschegeschäfts Bernhard Schön in Brünn, das sie zu „arisieren“ beabsichtigten. Ihr Barkapital umfasste nur 5.000 Reichsmark, sie besaßen kein Immobilienvermögen und auch die zu „arisierende“ Firma umfasste keine Grundstücke oder Häuser, die gegenüber der Bank als Sicherheit hätten dienen können. Die BUB erklärte sich zwar bereit, Tessarek und Ritter

687 BA Berlin, Bestand R 2501, Microfiche P 6858, Bl. 30, Brief O. Rössler vom 28.9.140 an H. Kehrl.

688 MZA Brno, Anm. 629, Bl. 493, Protokoll der 13. Beratung des Bezirksausschusses für die Gewährung reichsverbürgter Kredite an die volksdeutsche gewerbliche Wirtschaft im Oberlandratsbezirk Olmütz am 28.3.1941.

einen Kredit zu gewähren, stellte jedoch strengere Bedingungen: Der Kredit würde nur über fünf Jahre laufen und bedürfe einer 95-prozentigen Reichsbürgschaft.[689]

Andererseits gab es auch zahlreiche Antragsteller, die neben dem NSDAP-Parteibuch auch die erforderlichen Fachkenntnisse und Berufserfahrungen vorweisen konnten. Ein solcher war Josef Stieber, der zuvor Direktor eines jüdischen Unternehmens in Brünn gewesen war, nach der der Besatzung zu dessen Treuhänder bestellt wurde und nun – wie es in ähnlich gelagerten Fällen häufig vorkam – auch dessen Besitzer werden wollte. Die Haltung der Bank zum gestellten Antrag auf einen „Arisierungs“-Kredit bestimmte sich – auch bei Garantie durch eine Reichsbürgschaft – anhand der Finanzkraft des Antragstellers in Relation zum Wert des jüdischen Unternehmens, das erworben werden sollte. Stieber konnte der Bank keine Sicherheiten für die geforderte Kreditsumme von 55.000 Reichsmark vorweisen – im Zuge der so finanzierten „Arisierung“ würde er jedoch ein wertvolles, auf 47.000 Reichsmark veranschlagtes Haus erwerben, das der jüdischen Firma Unger & Streibinger, einem Brünner Jutesackhersteller gehörte; zudem waren in der Firma selbst Vorräte an Rohstoffen und anderen Waren für weitere 50.000 Reichsmark vorhanden.[690] In solchen Fällen war die Bank bereit, die zu „arisierenden“ Vermögenswerte als Sicherheit für den „Arisierungs“-Kredit zu akzeptieren. Kam dazu noch eine Reichsbürgschaft, so wertete die Bank einen solchen Kredit als völlig risikofrei.

Die Eilfertigkeit, die einige BUB-Filialen bei der Vergabe reichsverbürgter „Arisierungs“-Großkredite zeigten, zeugt vom harten Konkurrenzkampf zwischen den deutschen Geldinstituten um den Erhalt, respektive die Neugewinnung von Kunden. Die Veränderung der Eigentumsverhältnisse durch den Prozess der „Arisierung“ eröffnete auch die Chance zu einer Neuverteilung der Bankverbindungen in der Unternehmersphäre. Handelte es sich um ein lukratives jüdisches Unternehmen, so setzte die Bank alles daran, den angehenden „Arisierer“ – sofern er nicht schon ihr Kunde war – als solchen zu gewinnen,. Eine intensive Zusammenarbeit bei der Vorbereitung des „Arisierungs“-Kreditantrags und im Prozess der Kreditvergabe bot somit einen möglichen Wege zur Kundengewinnung. Ein Beispiel für dieses Vorgehen liefert die Handlungsweise des agilen BUB-Filialdirektors in Proßnitz, F. Zemanek. Er bemühte sich schon Anfang März 1940 auf der zweiten Sitzung des im Widerspruch zu den reichsdeutschen Richtlinien über die „Volksdeutsche Wirtschaftshilfe“ entstandenen Bezirkskreditausschusses beim Oberlandratsamt Proßnitz, sein Votum für die Befürwortung von gleich drei reichsverbürgten „Arisierungs“-Großkrediten durchzusetzen. Unter diesen zur „Arisierung“ vorgesehenen Unternehmen waren die Bekleidungsfirma Pollak & Matzenauer sowie die Eisenwarenfirma Moravia. Die BUB erklärte sich bereit, für die „Arisierung“

689 Ebd., Bl. 369, Ergebnisprotokoll der 23. Sitzung des Bezirkskreditausschusses in Brünn am 15.10.1941

690 Ebd., Bl. 345, Auflistung der in der 18. Sitzung des Bezirkskreditausschusses in Brünn behandelten Kreditanträge.

beider Firmen reichsverbürgte Kredite über 30.000 bzw. 100.000 Reichsmark bereit zu stellen.[691]

Als deutsche Bank war die BUB – genau wie die BEB und die Kreditanstalt der Deutschen (KdD) – bestrebt, enge Beziehungen zu den NS-Machtstrukturen zu pflegen, von denen sie in nicht geringem Maße profitierte. Sie bemühte sich daher, dem politischen Druck und den Interventionen, von denen die Kämpfe der potentiellen deutschen „Arisierer" von jüdischen Unternehmen begleitet waren, beflissen entgegen zu kommen. Dieses Entgegenkommen, das ihr außer den Zinsen auch noch eine Ausweitung ihres Kontokorrentgeschäfts eintrug, zeigt sich am Beispiel ihres Engagements für die Eröffnung eines reichsverbürgten „Arisierungs"-Kredits über 400.000 Reichsmark für Robert Hanisch, Träger des goldenen Parteiabzeichens. Dessen Antrag auf einen reichsverbürgten „Arisierungs"-Kredit unterstützte der Reichsjugendführer, Gauleiter und Reichsstatthalter in Wien, Baldur von Schirach, mit einem Empfehlungsschreiben. Hanisch bewarb sich um die „Arisierung" der großen jüdischen Bekleidungsfirma Salomon Trau in Proßnitz.[692] Die BUB erklärte sich bereit, ihm den Kredit zu gewähren, obwohl er in Relation zur Kreditsumme nur geringe Sicherheiten bieten konnte – einen Wechsel in gleicher Höhe wie der eingeräumte Kredit und die im Grundbuch vermerkte Beleihung von zwei durch die „Arisierung" erworbenen Immobilien. Hanisch wurde allerdings nicht die beantragte Kreditsumme von 400 000, sondern „nur" 340.000 Reichsmark gewährt. Dabei erhielt die BUB über die Gesellschaft Retog eine Reichsbürgschaft über 95 Prozent. Die Festlegung des üblichen fünfprozentigen Zinssatzes zeigt keine Berücksichtigung der politischen Unterstützung für Hanisch, die Einräumung eines zweijährigen Tilgungsaufschubs dagegen schon: Hanisch sollte mit der Rückzahlung erst am 31. März 1944 beginnen und den Kredit binnen fünf Jahren, also bis Ende März 1949, vollständig tilgen. Die Zinszahlungen dagegen begannen sofort mit der Einräumung des Kredits. Der BUB war es wichtig, dass Hanisch ihren Erwartungen nachkam und sich bei ihr ein laufendes Konto anlegte.[693] Aus der Führung der Geschäftskonten der neuen Eigentümer ehemals jüdischer Firmen stammte der Hauptprofit der Bank bei der Gewährung von reichsverbürgten „Arisierungs"-Krediten.

In den erhaltenen Sitzungsprotokollen der Bankorgane konnten sieben große „Arisierungs"-Kredite (davon ein Kredit mit Reichsbürgschaft) der BUB nachgewiesen werden. Bei vier weiteren reichsverbürgten Krediten ist deren Verwendungszweck nicht explizit angeführt, es ist nicht auszuschließen, dass auch diese zu „Arisierungs"-Zwecken dienten. Struktur und Umfang der genannten Kredite sowie deren Gesamtsumme lassen sich der nachstehenden Tabelle entnehmen.

---

691 Ebd., Bl. 154–155, Protokoll der 2. Sitzung des Bezirkskreditausschusses beim Oberlandrat in Proßnitz am 1.3.1940.

692 Ebd., Bl. 475–76, Protokoll der 14. Beratung des Bezirkskreditausschusses für die Gewährung reichsverbürgter Kredite an die volksdeutsche gewerbliche Wirtschaft im Oberlandratsbezirk Olmütz am 14.5.1941.

693 BA Berlin, Anm. 615, Bl. 148–50, Schreiben von R. Hanisch vom 28.11.1941 an die BUB-Filiale in Proßnitz.

Tabelle 20: Von der BUB gewährte reichsverbürgte „Arisierungs"-Großkredite, nach Angaben identifiziert aufgrund von Protokollen der satzungsmäßigen Bankorgane, in Reichsmark

| **Kreditnehmer** | **Bewilligungs-datum durch das satzungs-mäßige Organ** | **Reichsver-bürgter „Arisierungs"-Kredit** | **Autonomer „Arisierungs"-Kredit** | **Anderweitiger reichsverbürgter Kredit** |
|---|---|---|---|---|
| **Josef A. Krolop** | 30.5.1940 | – | 225.000 | – |
| **Hans Kogelmann** | 26.11.1940 | – | 275.000 | – |
| **Josef Bodenmüller** | 1.3.1941 | – | – | 60.000 |
| **Otto Beck** | 28.3.1941 | – | – | Höhe nicht angeführt |
| **Dr. Sigbert Wohlfarth** | 9.5.1941 | – | 100.940* | – |
| **Direktor Felix Schuh** | 9.5.1941 | – | 600.000* | – |
| **Max Richter** | 9.5.1941 | – | 250.000 | – |
| **SS Obersturmführer Hans Ludwig Störmer** | 24.9.1941 | – | – | 300.000 |
| **C. van Leeuven & Heinrich Doleschal** | 24.9.1941 | 80.000 | – | – |
| **Brünner Expressbeton – und Kalksandsteinfabrik** | 24.9.1941 | – | – | 100.000 |
| **Hans Seemann** | 24.9.1941 | – | 80.000* | – |
| **Insgesamt** | – | 80.000 | 1.530.940 | 460.000 |

* Da keine Reichsbürgschaft angeführt wird, ist anzunehmen, dass es sich um „autonome" Kredite handelte.

Quellen: Registratur MF ČR Praha, Registratur BUB, Paket 1840, Vorstandssitzung vom 30.5.1940; Paket 1848, Vorstandssitzung vom 9.5.1941; Exekutivkomiteesitzung vom 24.9.1941; BUB – Bd. Aufsichtsratsitzungen, ungekennzeichnet.

Obgleich die hier aufgeführten Kredite eine Gesamtsumme von mehr als zwei Millionen Reichsmark (20 Millionen Kronen) umfassen, ist die Aufstellung zweifellos sehr unvollständig, im Ganzen aber doch aufschlussreich. Die Mehrheit der in den Protokollen nachweisbaren „Arisierungs"-Kredite lassen sich als „autonome" Kredite bezeichnen. Einige davon wurden sogar als Blankokredite, d. h. ohne die Stellung von Sicherheiten, gewährt. Solche Kredite wurden gewährt, sofern die Antragsteller über enge persönliche Kontakte mit dem Geldinstitut verbunden waren: So saß beispielsweise der Kreditnehmer Max Richter, Direktor der Firma Mildenauer Kammgarnspinnerei A.G., welcher die Firma Josef Pollak & Comp., Strumpf- und Wirkwarenfabrik, Prag, „arisieren" wollte, im Verwaltungsrat der BUB. Im Fall des Kreditantrages von Hans Kogelmann aus Wien, der an der Übernahme von 67 Prozent der Aktien der Firma A.G. für Textilindustrie, Königinhof, interessiert war, übernahm der Verwaltungsrats-Vizepräsident der BUB, Dr. Emil Kreibich, eine persönliche Bürgschaft. Blankokredite wurden auch Personen gewährt, die bereits über eine Firma verfügten: So erhielt Josef A. Krolop, Besitzer einer Textilgroßhandlung in Pilsen, einen kurzfristigen Kredit zur Übernahme der dortigen Firma Lederer und Schwarzbart.

Ein Musterbeispiel für einen Fall, in dem die Gewährung eines Kredits für den Ankauf einer „arisierten“ Firma nur der Startschuss zu weiteren sich daraus ergebenden Bankgeschäften und somit Profiten war, ist der Dr. Sigbert Wohlfarth im Mai 1941 gewährte „Arisierungs“-Kredit in Höhe von 100.940 Reichsmark. Wohlfarth finanzierte damit den Erwerb der Firma SIWO, ursprünglich Brüder Utitz, Lederwarenfabrik und Zurichterei, Prag. Unmittelbar darauf nahm die SIWO (keineswegs der neue Alleinbesitzer) bei der Bank einen Kredit von 1,5 Millionen Reichsmark auf.

Diese auf Grundlage des erhaltenen Archivmaterials erarbeitete Stichprobe deutet an, dass sich die BUB – anders als die KdD – in größerem Umfang auf große, jedoch autonome Kredite an Antragsteller aus den oberen Gesellschaftsschichten konzentrierte, die relativ große Gewinne einbrachten.[694]

### 6.5.3 Die Kreditanstalt der Deutschen

Das dritte bedeutende deutsche Geldinstitut bei der Vergabe von reichsverbürgten „Arisierungs“-Krediten war die Kreditanstalt der Deutschen (KdD). Lediglich bei diesem Institut lässt sich das Phänomen der „Arisierungs“-Kredite als spezifischer Typ ihrer Beteiligung am „Arisierungs“-Prozess verfolgen. Die Protokolle der KdD-Vorstandssitzungen sind zu rund 85 Prozent erhalten und bieten somit eine hinreichend repräsentative Datengrundlage. Den Sitzungsunterlagen sind jeweils auch die verhandelten Anträge der einzelnen deutschen „Arisierungs“-Bewerber beigefügt.[695]

Der erste bekannte „Arisierungs“-Kredit wurde von der Kreditkommission der KdD am 28. Oktober 1939 verhandelt und bewilligt. Bis zur Kommissionssitzung am 13. November 1944, auf welcher der letzte nachweisbare „Arisierungs“-Kredit bewilligt wurde, hatte die KdD insgesamt 255 „Arisierungs“-Kredite in einer Gesamtsumme von 175.380.000 Kronen vergeben.[696] Die mit 77,65 Prozent überwiegende Mehrheit dieser Kredite – 198 Verträge mit einem Umfang von 124.035.000 Kronen – war mit einer Reichsbürgschaft gesichert. Die verbleibenden 22,35 Prozent – 57 „Arisierungs“-Kredite mit einer Gesamtsumme von 51.435.000 Kronen – bewilligte der Kreditausschuss der KdD als „autonome Arisierungs“-Kredite.[697]

Die namentlich bekannten „Arisierungs“-Kredite – gleich, ob mit oder ohne Reichsbürgschaft – dienten der „Arisierung“ von 225 jüdischen Firmen, 62 jüdischen Immobilien, vorwiegend Gebäuden und Grundstücken, und in neun Fällen finanzierten sie die „Arisierung“ von mobilen Vermögensgegenständen, in erster Linie die Maschinenparks jüdischer Firmen, die von der Wirtschaftsführung der Besatzungs-

694 Diese Schlussfolgerung bestätigt auch die von H. James aus dem Material der BUB gezogene Stichprobe. In seiner Monographie (Anm. 25, S. 127) erwähnt James nur einen einzigen „Arisierungs“-Kredit in Höhe von 2,5 Mio. K, der am 11.3.1940 der deutschen Firma Simm und Söhne Gablonz-Prag zum Ankauf der jüdischen Firma Grodetzky und Pollak gewährt wurde.

695 Die Protokolle der Vorstandssitzungen der KdD befinden sich in der Aktenablage des Finanzministeriums der ČR.

696 Jančík/Kubů: Anm. 36, S. 90.

697 Ebd., S. 94.

verwaltung zur Auflösung bestimmt waren.[698] Das Engagement der KdD im Bereich der „Arisierungs“-Kredite überschritt bei Weitem die Grenzen ihres angestammten Tätigkeitsfeldes als Finanzgenossenschaft für das mittelständische Unternehmertum. Die Vergabe dieser Kredite ermöglichte ihr die Aufnahme von Geschäftsbeziehungen mit dem Großunternehmertum, was bislang als Domäne der Banken gegolten hatte. Die Grenze zwischen Mittel- und Großunternehmen definierte sich zeitgenössisch danach, ob die entsprechende Firma einen Jahresumsatz von mindestens einer Million Kronen erreichte. Nach dieser Unterscheidung entfielen 49,25 Prozent der „Arisierungs“-Kredite der KdD auf die „Arisierung“ von Großunternehmen, also Firmen mit einem Jahresumsatz von über einer Million, die der Sphäre des kapitalistischen Unternehmertums zuzurechnen waren. 51 Prozent der mithilfe von KdD-Krediten „arisierten“ Firmen waren Kleinunternehmen. Symptomatisch ist jedoch, dass 73 von 99 in die Sphäre der Kapitalunternehmen fallenden Firmen – also die überwiegende Mehrzahl – zu der Kategorie der Großunternehmen zu zählen sind. Diese Unternehmen machten mehr als drei Millionen Jahresumsatz und beschäftigten über 100 Mitarbeiter.[699] So genannte Kleinkredite, die für die Gewerbetätigkeit bestimmt waren, stellten nur rund ein Viertel der „Arisierungs“-Kredite der KdD.[700]

Die Darlehensnehmer, denen die KdD „Arisierungs“-Kredite bewilligte, können in verschiedene Gruppen eingeteilt werden: Die mit 208 Personen größte Gruppen bildeten Deutsche, die schon vor dem Oktober 1938 in den böhmischen Ländern ansässig gewesen waren. Auch fünf weitere Kreditnehmer stammten aus den böhmischen Ländern, darunter drei von nachweislich tschechischer Herkunft. Zwanzig der Personen, denen die KdD einen „Arisierungs“-Kredit gewährt hatte, stammten aus dem Deutschen Reich in den Grenzen von 1937, weitere zehn aus der „Ostmark“, also Österreich. Die Hauptnutznießer der „Arisierungs“-Kredite waren folglich Deutschböhmen, die jedoch im Vergleich zu den Reichsdeutschen in gewisser Weise benachteiligt waren: Betrug der durchschnittliche „Arisierungs“-Kredit eines Deutschböhmen 588.000 Kronen, erreichte die durchschnittliche Kreditsumme eines Reichsdeutschen fast das Vierfache – 1.909.000 Kronen.[701]

Der überwiegende Teil der von der KdD vergebenen „Arisierungs“-Kredite – 64,18 Prozent – diente zum Erwerb jüdischer Firmen aus der Handels- und Dienstleistungssphäre. Kredite zur „Arisierung“ jüdischer Unternehmen und Gewerbebetriebe aus dem Produktionssektor stellten 35,32 Prozent der insgesamt von der KdD vergebenen Zusagen über „Arisierungs“-Kredite. Nur in Ausnahmen – nachweisbar ist nur ein einziger Fall – nahm die KdD auch Anträge auf „Arisierungs“-Kredite an, die sich auf die landwirtschaftliche Produktion bezogen. Der landwirtschaftliche Bereich war nie Gegenstand ihrer Unternehmenstätigkeit gewesen.[702]

Im Bereich der „Arisierungs“-Kredite gestaltete sich die Unternehmensstrategie der KdD ganz ähnlich wie die der BEB oder BUB – sie zeigte ein analoges Bemühen um die

698 Ebd., S. 74.
699 Ebd., S. 81.
700 Ebd., S. 76.
701 Ebd., S. 140.
702 Ebd., S. 86.

Gewinnung neuer Kunden und neuer Bankverbindungen mit den zur „Arisierung“ anstehenden Firmen. Dabei stellten kapitalstarke Firmen mit hohen Umsätzen natürlich auch für die KdD die attraktivsten Kunden dar. Ein Beispiel hierfür war der Kreditantrag der drei Reichsdeutschen Herbert Adolff, Carl Kaess und Oskar Reinhard. Sie planten die „Arisierung“ des großen Textilbetriebs Skene & Co., und Schafwollwarenfabrik in Alexowitz bei Eibenschütz, der 1940 einen Jahresumsatz von zwanzig Millionen Kronen ausweisen konnte. Dem lukrativen Charakter der Übernahme entsprach natürlich auch der Kaufpreis in Höhe von neun Millionen Kronen zuzüglich einer Ausgleichsabgabe von zwölf Millionen, die von der Abteilung Wirtschaft beim ARP festgelegt worden war. Die Bearbeitung des Antrags auf einen autonomen „Arisierungs“-Kredit verlief problemlos – schließlich war Adolff ein vermögender Fabrikant im württembergischen Backnang und zudem Hauptaktionär sowie Vorstandsmitglied der Aktienspinnerei Aachen. Kaess, der zweite Kreditnehmer, stammte ebenfalls aus Backnang und repräsentierte geradezu den Prototyp eines Unternehmers im Deutschen Reich, dem die nationalsozialistische Ordnung die einzigartige Chance zur Entfaltung einer bis dato nie gekannten Tätigkeit bot – im Jahre 1945 war Kaess Besitzer oder Teilhaber von siebzehn Firmen, von denen sieben aus jüdischem Besitz stammten.[703] Reinhard, der dritte „Arisierer“, war zwar kein Großkapitalist, dafür aber Fachmann für Textilherstellung und zudem ein erfahrener Manager. Vermögensverhältnisse und Regimetreue der zwei erstgenannten „Arisierungs“-Anwärter boten im Kreditbewilligungsverfahren natürlich die allerbesten Empfehlungen.[704]

Eine wirksame Empfehlung bei der Bewilligung von „Arisierungs“-Krediten war selbstverständlich auch eine Position des Antragstellers in der Organisationsstruktur der Besatzungsorgane. Ein Beispiel hierfür ist die Gewährung eines reichsverbürgten „Arisierungs“-Kredits in Höhe von 2.250.000 Kronen an die Brüder Hans und Max Heinrich Rostock sowie Fritz Meissner. Sie planten den Erwerb der Firma Schiff & Stern, Maschinenfabrik, Brünn, die einen Jahresumsatz 1940 3.638.000 Kronen und einen Reingewinn 291.000 Kronen aufweisen konnte. Den Kredit benötigten sie nicht nur zur Entrichtung von Kaufpreis und Ausgleichsabgabe, sondern auch zur Deckung der Betriebskosten. Max Heinrich Rostock war ein typisches Produkt seiner Zeit: Er hatte eine Lehre als Handlungsgehilfe in Ludwigshafen am Rhein absolvierte, verdankte jedoch seinen Karrierestart seiner Mitgliedschaft in SS und SD – im Jahre 1942 leitet er die SD-Dienststelle in Kladno, wo er dann im Juni aktiv an der Ermordung der Bewohner des Dorfes Lidice beteiligt war. Sein Bruder war Unteroffizier in der Wehrmacht, und dessen Schwiegervater Meissner war zwar Mitglied der SS, in beruflicher Hinsicht jedoch nur Finanzbeamter in Ludwigshafen. Zweifellos war es die Dienststellung von Max Heinrich Rostock, von der sich die sonst so vorsichtige KdD zur Bewilligung eines Kredits mit einer vergleichsweise dürftigen Deckung durch eine Immobilie der zu „arisierenden“

703 Näher zur Unternehmertätigkeit von Kaess: Bräutigam, Petra: Mittelständische Unternehmer im Nationalsozialismus. Wirtschaftliche Entwicklung und soziale Verhaltensweisen in der Schuh- und Lederindustrie Badens und Württembergs, München: R. Oldenbourg 1997, S. 297–336, 380–395.

704 Registratur MF ČR Praha, Registratur KdD, Paket Nr. 8551, Protokoll der Vorstandssitzung am 11.12.1941.

Firma überzeugen ließ. Wahrscheinlich spielten auch noch andere Einflüsse eine Rolle – Rostocks Schwester Susanne Adam war eine Zeitlang als Sekretärin im ARP und zuletzt bei der Prager Gestapo angestellt.[705]

Ähnlich großzügig verhielt sich die KdD auch gegenüber Hans Hempel, dem Angehörigen einer SS-Einheit in der berüchtigten Kleinen Festung von Theresienstadt, dem jüdischen Ghetto, welches nicht mehr als eine Sammel- und Durchgangsstation auf dem Weg in die Vernichtungslager war. Hempel besaß kein nennenswertes Vermögen und bot als Sicherheit für den beantragten Kredit nichts anderes als die jüdische Firma und ihre Immobilie, die er zu „arisieren" gedachte. Er interessierte sich für die Gross-Porschitzer mechanische Buntweberei Arnold Kraus in Gross-Porschitz bei Nachod mit einem Jahresreingewinn von 933.000 Kronen, die noch 1941 einen Umsatz von 7.025.000 Kronen vorweisen konnte. Da der Kaufpreis einschließlich Ausgleichsabgabe 9,5 Millionen Kronen betrug, suchte sich Hempel einen Teilhaber- und zwar niemand anderen als den bisherigen Treuhänder dieser Firma, Gottlieb Knerich, welcher sich in dieser Funktion mindestens 2,5 Millionen Kronen erwirtschaftet hatte. Hempel selbst ersuchte zur anteiligen Finanzierung des Kaufs um einen Kredit von sieben Millionen – die von der KdD gewährten Kreditbedingungen sahen dabei eine ungewöhnlich lange Laufzeit von zwölf Jahren vor.[706]

Als deutschnationales Institut unterstützte die KdD auch die Anträge auf „Arisierungs"-Kredite derjenigen Deutschböhmen, die sich aktiv im Sudetendeutschen Freikorps oder anderweitig gegen den tschechoslowakischen Staat betätigt hatten. So hatte beispielsweise Hans Paul Sperk aus Mies über einen längeren Zeitraum nachrichtendienstliche Aufgaben für das Dresdner Generalkommando unter dem Führungsoffizier Oberst Ernst Helm erledigt, nach deren Enthüllung er 1935 zu zwölf Jahren Haft verurteilt wurde. Er verließ das Gefängnis im Oktober 1938 im Zuge der von der tschechoslowakischen Regierung verkündeten Amnestie für diejenigen Bürger deutscher Nationalität, die mit ihrer Tätigkeit gegen tschechoslowakische Gesetze verstoßen hatten. Anschließend wirkte Sperk als Kreiswirtschaftsberater bei der Pilsner NSDAP-Leitung, war zugleich Vertrauensmann des SD und pflegte auch enge Verbindungen zur Gestapo. Er verfügte über kein eigenes Vermögen und erblickte somit in der „Arisierung" die Möglichkeit, „eine eigene Existenz zu gründen". Sperk wählte sich eine der kleineren jüdischen Firmen aus – die Firma Richard Köper, Papiergeschäft en gros und en detail in Pilsen, die noch 1940 bei einem Umsatz von 3.267.000 Kronen einen beträchtlichen Reingewinn von rund 424.000 Kronen erwirtschaftet hatte. Der Kaufpreis wurde relativ niedrig festgesetzt, und auch die Ausgleichsabgabe von 100.000 Kronen war angesichts der Wirtschaftsergebnisse geradezu vernachlässigbar. Sperk konnte für den beantragten reichsverbürgten „Arisierungs"-Kredit nur die von ihm zu „arisierende" Firma als Deckung anbieten. Der KdD jedoch galt vor allem auch Sperks Amtsposition als Garantie, weshalb sie ihm eine lange Tilgungszeit von zehn Jahren bewilligte.[707]

705 Ebd.
706 Ebd., Paket Nr. 8552, Protokoll der Vorstandssitzung am 7.1.1942.
707 Ebd., Paket Nr. 8550, Protokoll der Vorstandssitzung am 25.3.1941.

Ähnlich begründete sich die Bewilligung des reichsverbürgten „Arisierungs“-Kredits, den die KdD den Brüdern Karl und Walter Bendak einräumte. Walter Bendak war in der antitschechoslowakischen Irredentabewegung tätig und in den Septembertagen 1938 dann im Stab des Sudetendeutschen Freikorps aktiv gewesen. Die Karriere von Karl Bendak hatte in der Organisationsstruktur der NSDAP begonnen. Der Kreditantrag der Brüder erfuhr sowohl seitens der deutschen Verwaltung als auch von Seiten der NSDAP vollste Unterstützung. Dies beeinflusste auch die Entscheidung des KdD-Vorstands, der ihnen anstandslos einen Kredit von 2.500.000 Kronen zur „Arisierung“ der jüdischen Firma Landmann & Co., Eisengroßhandlung in Prag und Pardubitz bewilligte. Diese Firma war wirtschaftlich vielversprechend, sie hatte 1939 einen Umsatz von 30 Millionen Kronen und einen Reingewinn von 315.000 Kronen erwirtschaftet. Obwohl sich vor allem Walter Bendak als umtriebiger Unternehmer gezeigt hatte und auch das Vermögen der beiden Brüder nicht ganz unerheblich war, akzeptierte die KdD als Kreditsicherheit die „arisierten“ Immobilien der Firma und gewährte den Antragstellern sogar eine Kreditlaufzeit von zwölf Jahren.[708]

Von solchen und ähnlich gelagerten Fällen ließen sich hier Dutzende anführen, die sich lediglich in der Kredithöhe – je nach wirtschaftlicher Veranschlagung der „arisierten“ Firma – unterschieden. Die KdD verschmähte ebenso wenig wie BEB und BUB auch keine Kleinkredite – zwar lag deren Zinsen vielfach an der Grenze der Unrentabilität, doch erbrachten sie in Form einer neuen Bankverbindung letztlich einen gewissen Profit. Das Modell der reichsverbürgten Kredite betrachtete die KdD so wie auch andere deutsche Geldinstitute mit Zurückhaltung, da diese nicht ganz risikofrei waren und zudem nur einen kleinen Gewinn einbrachten. Nichtsdestoweniger war die KdD ein Geldinstitut, dessen Programm eine ausgeprägt deutschnationale Gesinnung widerspiegelte. Sie gewährte diese Kredite im Namen der „Stärkung der deutschen Wirtschaft“, was im tschechischen Umfeld schlicht eine Germanisierung bedeutete.[709]

## 6.6 Die „Arisierung“ und der Bedarf an „Arisierungs“-Krediten

Überlegungen zum Phänomen der „Arisierungs“-Kredite, ihrer Anzahl und Dynamik, die zweifellos mit der Dynamik des „Arisierungs“-Prozesses im Protektorat zusammenhingen, müssen notgedrungen zwei Ebenen berücksichtigen: Die erste stellen die reichsverbürgten Kredite dar, die dank des relativ komplizierten Bewilligungssystems für den Forscher leichter identifizierbar und quantifizierbar sind. Die zweite Ebene bilden die höchst vertraulich ausgehandelten autonomen Kredite, deren Identifikation beim derzeitigen Aufarbeitungsstand der Archivbestände, vor allem in den einzelnen Geldinstituten, ein nahezu unlösbares Problem darstellt.

708 Ebd., Paket Nr. 8574, Protokoll der Vorstandssitzung am 10.9.1941.

709 Mitteilung der KdD. Monatsschrift für Genossenschaftswesen, Wirtschaft, Kultur und Geistesleben, 10 (1940), Folge 3, S. 3.

Die Vergabe der vom Reich verbürgten „Arisierungs“-Kredite begann um die Jahreswende 1939/1940. Bis Ende Dezember gingen bei der Gesellschaft Retog insgesamt 59 Zusagen über die Gewährung von so genannten Großkrediten in einer Gesamthöhe von 5.349.000 Reichsmark ein, wobei ein Kreditantrag ein Reichsdarlehen von 36.000 Reichsmark verlangte. Achtundzwanzig dieser Kreditanträge über insgesamt 1.662.000 Reichsmark wurden von der Retog bearbeitet und zur Verhandlung an den Hauptkreditausschuss weitergereicht. Dieser wiederum empfahl dem Reichsprotektor 19 Anträge über eine Gesamtsumme von 1.110.000 Reichsmark zur Genehmigung, darunter auch ein Reichsdarlehen über 30.000 Reichsmark. Sechs der übrigen eingereichten Vorschläge lehnte die Retog ab, zwei wurden zur Ergänzung zurückgereicht, bei den restlichen wurde die Revisionstätigkeit nicht beendet.[710] Der Anteil der „Arisierungs“-Kredite an diesen Vorschlägen lässt sich nicht genau ermitteln. Das Tempo der durch große „Arisierungs“-Kredite ermöglichten „Arisierungen“ war durchaus nicht übermäßig hoch. Genau so, möglicherweise noch etwas schlechter war es im Fall der „kleinen“ reichsverbürgten Kredite.

Unter dem Eindruck der kritischen Reaktion der deutschen Besatzungsverwaltung auf das für die Verteilung der reichsverbürgten Kredite zugeteilte Limit kam das Reichswirtschaftsministerium bereits zu Beginn des Jahres 1940 zu dem Schluss, dass dieses zu niedrig angesetzt worden war und das Volumen der Darlehen und Finanzen zu Erleichterung der Zinstilgung erweitert werden musste.[711] Für die „Arisierung“ der jüdischen Textil- und Lederwarengeschäfte, die aufgrund der ersten Durchführungsverordnung zur Verordnung des Reichsprotektors über die Verdrängung der Juden aus dem Wirtschaftsleben des Protektorats bis Ende März bzw. April liquidiert werden sollten, hatte das Ministerium mit einem großem Interesse der deutschen Bevölkerung aus dem Protektorat, dem Sudetengau, der „Ostmark“ und auch aus dem „Altreich“ gerechnet. Bald stellte sich jedoch heraus, dass die Zahl geeigneter „Arisierungs“-Anwärter bei Weitem nicht die vorhandenen „Arisierungs“-Möglichkeiten abdeckte. Die Oberlandratsämter und NSDAP-Kreisämter initiierten daher eine Kampagne, um die Kartothek der angehenden „Arisierer“ zu erweitern. Motiviert war dies durch die Befürchtung, dass bei einer Nichtausschöpfung der zugewiesenen Reichsbürgschaftsquote die Restmittel einem anderen Bezirk zufallen könnten. Die örtlichen Funktionäre suchten nun selbst geeignete Personen aus und da bei der Verhandlung des „Arisierungs“-Kredits die „politischen Voraussetzungen und Verdienste“ der Bewerber berücksichtigt wurden, stützten sie sich bei der Werbeaktion auf die Organisationsstrukturen der NSDAP. So wandte sich beispielsweise der Kreiswirtschaftsberater bei der NSDAP-Kreisleitung Olmütz direkt an die Ortsgruppenleiter und forderte sie auf, in Frage kommende Interessenten auszuwählen

710 MZA Brno, Anm. 629, Schreiben des Reichsprotektors (i.V. Dr. Mokry) vom 11.1.1941 an die Oberlandräte und Dienststelle für Mähren in Brünn.

711 BA Berlin, Anm. 615, Bl. 78, Schreiben des Reichswirtschaftsministers vom 8.1.1940 an das Reichsfinanzministerium.

und diese zur Ausarbeitung und Einreichung eines Vorschlags zur „Arisierung“ eines der „freien“ jüdischen Betriebe zu veranlassen.[712]

Im Laufe des Jahres 1940 stellte sich jedoch heraus, dass die Befürchtungen über die möglicherweise zu geringen Limits für die Vergabe von Reichsbürgschaften unberechtigt waren. Wie Dr. Siegert von der Abteilung Wirtschaft beim ARP auf der Hauptkreditausschuss-Sitzung Ende Februar 1940 referierte, waren die Oberlandratsbezirke größtenteils nicht in der Lage, die für die Vergabe von Kleinkrediten zugeteilten Kontingente für Reichsbürgschaften auszuschöpfen.

Tabelle 21: Ausschöpfung von Reichsbürgschaften für Kleinkredite im Jahre 1940 in Reichsmark

| Oberlandratsamtsbezirk | Zuteilung | ausgeschöpfter Betrag |
|---|---|---|
| **Brünn** | 900.000 | 290.000 |
| **Budweis** | 300.000 | 49.000 |
| **Deutsch Brod** | 53.000 | 53.000 |
| **Iglau** | 597.000 | 379.000 |
| **Gitschen** | 40.000 | – |
| **Kladno** | 60.000 | 8.000 |
| **Klattau** | 80.000 | 17.000 |
| **Kolin** | 20.000 | – |
| **Königgrätz** | 80.000 | – |
| **Kremsier** | 100.000 | 23.000 |
| **Melnik** | 40.000 | 1.000 |
| **Mährisch Ostrau** | 650.000 | 62.000 |
| **Olmütz** | 500.000 | 275.000 |
| **Pardubitz** | 40.000 | – |
| **Plilsen** | 100.000 | 58.000 |
| **Prag** | 600.000 | 360.000 |
| **Proßnitz** | 50.000 | 21.000 |
| **Tabor** | 50.000 | 8.000 |
| **Zlin** | 150.000 | – |

Quelle: MZA Brno, Bestand B 251, Kart. 81, Ordner 6903, Bl. 613, Schreiben des Reichsprotektors (i.V. Dr. Mokry) vom 11. 1. 1941 an die Oberlandräte und die Dienststelle für Mähren in Brünn.

Der Oberdirektor der Kreditanstalt der Deutschen, Anton Kiesewetter, sah den Grund für die geringe Nachfrage nach reichsverbürgten Krediten in den Zinsforderungen der Geldinstitute und ihren hohen Anforderungen hinsichtlich der gebotenen Sicherheit seitens des künftigen Schuldners. Die beiden Vertreter der Wirtschaftsverwaltung im Hauptkreditausschuss, Dr. Siegert und Erich von Wedelstädt, wiesen jedoch darauf hin,

712 MZA Brno, Anm. 652, Schreiben des Kreiswirtschaftsberaters der NSDAP-Kreisleitung in Olmütz vom 13.2.1940 an den NSDAP-Ortsgruppenleiter in Proßnitz, Hans Ganzwohl.

dass eine Sicherheit von dem Kreditbewerber nur dann zu fordern sei, wenn er diese bieten könne und sie seine wirtschaftliche Aktivität nicht allzu sehr einschränke. Von Wedelstädt betonte ausdrücklich, ein Antrag auf einen reichsverbürgten Kredit dürfe nicht an mangelnder Sicherheit scheitern.[713]

Zu einem Umschwung kam es 1941, als sich der Verdrängungsprozess der Juden aus dem Wirtschaftsleben beschleunigte[714] und das Volumen der reichsverbürgten „Arisierungs“-Kredite jäh anstieg. Der von der Besatzungsverwaltung schon seit Beginn des „Arisierungs“-Prozesses verspürte Mangel an fachkundigen, politisch zuverlässigen und zugleich finanzkräftigen Interessenten an der Übernahme jüdischer Betriebe machte den zuständigen Stellen nun immer stärker zu schaffen. Bemüht, diesen Mangel zu beheben oder wenigstens zu mildern, beschloss das ARP, die Auswahlkriterien für „Arisierungs“-Bewerber zu lockern. Diesen Entscheid begründete Walter Bertsch in einem entsprechenden Hinweis an die untergeordnete Dienststelle in Brünn folgendermaßen: „Um möglichst viele Deutsche im Raume des Protektorats ansässig zu machen, bin ich damit einverstanden, dass Unternehmen, für die sonst keine anderen geeigneten Bewerber vorhanden sind, auch solchen Bewerbern zugeteilt werden, die nicht über das erforderliche Eigenkapital verfügen, wenn ihnen dieses im Rahmen der Reichswirtschaftshilfe zur Verfügung gestellt wird. Es muss sich jedoch in solchen Fällen um fachlich und politisch besonders geeignete Bewerber handeln“.[715] Diese Maßnahme brachte den Kreditmarkt in Bewegung, die Nachfrage nach reichsverbürgten Krediten stieg nun steil an.

Bis Ende März 1941 hatte das Reich Bürgschaften für Kleinkredite in einer Gesamthöhe von 2.919.752,50 Reichsmark übernommen. Binnen eines halben Jahres, also bis Ende September 1941, stieg die Summe der verbürgten Kredite um weitere 2.148.182,50 Reichsmark, also auf insgesamt 5.067.935 Reichsmark, hinter denen sich eine Gesamtzahl von 771 gebilligten Kleinkreditanträgen verbarg.[716] Man kann mit weitgehender Sicherheit konstatieren, dass diese Entwicklung in direkter Abhängigkeit zu der zunehmend beschleunigten Verdrängung der Juden aus der Protektoratswirtschaft steht. Zum 30. April 1940 mussten alle jüdischen Textil-, Schuh- und Ledergeschäfte ihre Tätigkeit einstellen. Ein knappes Jahr später, zum 31. März 1941, wurde Juden die Unternehmertätigkeit in siebzehn anderen Branchen einschließlich des Groß- und

713 MZA Brno, Anm. 629, Bl. 614, Schreiben des Reichsprotektors (i.V. Dr. Mokry) vom 11.1.1941 an die Oberlandräte und die Dienststelle für Mähren in Brünn.

714 Am 26.1.1940 erließ der Reichsprotektor die Verordnung über die Verdrängung der Juden aus dem Wirtschaftsleben des Protektorats, die von den nachfolgenden Durchführungsverordnungen ausgeweitet wurde. Am 10.1.1941 wurde die dritte Verordnung erlassen, durch die die Juden aus zahlreichen Unternehmensbereichen ausgeschlossen wurden. Petrův: Anm. 3, S. 84–87.

715 MZA Brno, Anm. 39, Bl. 14, Schreiben von W. Bertsch an die Dienststelle für das Land Mähren 27.3.1941.

716 Ebd., Anm. 629, Bl. 423, Übersicht über die Entwicklung der Volksdeutschen Wirtschaftshilfe im Protektorat Böhmen und Mähren im Haushaltsjahr 1940/41 (reichsverbürgte Kleinkredite); ebd., Bl. 625, Schreiben des Reichsprotektors vom 10.10.1941 – Übersicht über die Entwicklung der Volksdeutschen Wirtschaftshilfe im Protektorat Böhmen und Mähren zum 30.9.1941 (reichsverbürgte Kleinkredite)

Einzelhandels verboten.[717] Ein Teil dieser Unternehmen wurde von der Auflösung ausgenommen und sollte „arisiert“ werden. Angesichts des unter der deutschen Protektoratsbevölkerung herrschenden Kapitalmangels bot der „Arisierungs“-Kredit den Interessenten einen gangbaren Weg zur Aneignung solcher Betriebe.

Ende 1941 flaute dieser „Kreditboom“ jedoch merklich ab, obwohl die Oberlandräte wiederholt in allen Bezirken auf die „volkspolitische Bedeutung der Volksdeutschen Wirtschaftshilfe“ für die Festigung des Deutschtums hinwiesen und erneut die NSDAP-Organisationen aufforderten, „alle Deutschen“ darüber zu informieren.[718] Ungeachtet dessen sank das Interesse an Kleinkrediten bis Mitte 1942 noch weiter. Die Gruppe Wirtschaft beim Amt des Reichsprotektors erklärte dies mit der geringen Zahl der Deutschen in den einzelnen Oberlandratbezirken sowie mit dem Umstand, dass die als Empfänger von reichsverbürgten Krediten in Frage kommenden Klein- und Mittelunternehmer zur Wehrmacht einberufen worden waren und dass die Besitzer von Großbetrieben solche Kredite einfach nicht nötig hatten. Als weitere Ursache wurde das allmähliche Auslaufen des „Arisierungs“-Prozesses genannt, was auch ein schrittweises Verebben der Nachfrage nach „Arisierungkrediten“ mit sich brachte. Viele Interessenten mussten jedoch abgelehnt werden, da ihnen jegliche finanziellen Mittel fehlten.[719]

Tabelle 22: Entwicklungsdynamik der reichsverbürgten Kredite im Protektorat Böhmen und Mähren, in Reichsmark

| Stand zum | Kleinkredite | Anstieg um | Großkredite | Anstieg um |
|---|---|---|---|---|
| 31.03.1940 | 564.170 | – | 277.850 | – |
| 30.06.1940 | 735.930 | 171.760 | 407.050 | 129.200 |
| 30.06.1941 | 4.089.570 | 3.353.640 | 1.031.700 | 624.650 |
| 31.12.1941 | 5.714.145 | 1.624.575 | 3.851.750 | 2.820.050 |
| 15.06.1942 | 6.389.937 | 675.792 | 20.010.850* | 16.159.100 |
| 31.12.1943 | 7.434.272 | 1.044.335 | 21.012.350 | 1.001.500 |
| 31.12.1944 | 7.771.872 | 337.600 | 25.029.675 | 4.017.325 |

* Die Angabe bezieht sich auf den 30.9.1943.

Quelle: BA Berlin, Anm. 615, Schreiben des Reichsprotektors an den Reichswirtschaftsminister vom 10.10.1940 (Bl. 115–16), vom 21. 7. 1941 (Bl. 125–27), vom Januar 1942 (Bl. 138–40), vom 29.1.1944 (Bl. 170–72) und des Reichwirtschaftsministers vom 22.1.1945 (Bl. 185–87).

Das Dreigestirn der bedeutendsten deutschen Geldinstitute – die Böhmische Escompte-Bank (BEB), die Böhmische Union-Bank (BUB) und die Kreditanstalt der Deutschen (KdD) – war in entscheidendem Maße an der Vergabe von „Arisierungs“-Krediten beteiligt, vor allem an solchen, bei denen das Reich die Bürgschaft übernahm. Jedoch nur bei einem einzigen Institut, der KdD, liegen Zahlen vor, die eine genau-

717 Petrův: Anm. 3, S. 86–87.

718 NA Praha, Bestand 109, Kart. 15, Sign. 109–4-43, Bl. 10, Schreiben der Gruppe Wirtschaft beim ARP vom 29.11.1941 an die Oberlandräte.

719 Ebd., Bl. 3, Notiz Abteilungsleiter II im ARP vom 14.7.1942.

ere Bestimmung ihres Anteils an der Gesamtsumme reichsverbürgter Kredite erlauben. Zum 31. Dezember 1941 verwaltete die KdD 123 reichsverbürgte Großkredite, deren Gesamtsumme 11.199.000 Reichsmark betrug und die bis zur Höhe von 9.535.650 Reichsmark ausgeschöpft worden sind.[720]

Tabelle 23: Umfang der von der KdD gewährten reichsverbürgten Kredite zur „Arisierung“ jüdischer Firmen im Protektorat Böhmen und Mähren in den Jahren 1939–1944, in Reichsmark

| **Stand zum** | **Kleinkredite (bis 20.000 RM)** | **Anstieg um:** | **Großkredite (über 20.000 RM)** | **Anstieg um:** |
|---|---|---|---|---|
| **31.03.1940** | 87.000 | – | 65.000 | – |
| **30.06.1940** | 154.000 | 67.000 | 860.000 | 795.000 |
| **30.06.1941** | 996.500 | 842.500 | 5.402.000 | 4.542.000 |
| **31.12.1941** | 1.233.500 | 237.000 | 10.729.500 | 5.327.500 |
| **15.06.1942** | 1.358.500 | 125.000 | 13.491.500 | 2.762.000 |
| **31.12.1943** | 1.491.500* | 133.000 | 13.680.000 | 188.500 |
| **31.12.1944** | 1.491.500* | 0 | 14.350.000* | 670.000 |
| **Nach Abzug von Revolving-Krediten insgesamt** | | 1.263.000 | | 11.140.500 |

* Gesamtsumme sämtlicher Kredite, einschl. 24 Fällen von Revolving-Krediten.

Quelle: Registratur MF ČR Praha, Registratur KdD, Verhandlungsschriften des Kreditausschusses 1939–44.

An der Gesamtsumme aller reichsverbürgten Großkredite, also aller Betriebs-, Investitions- und „Arisierungs“-Kredite, die auf Protektoratsgebiet eingeräumt wurden, machen die von der KdD vergebenen „Arisierungs“-Kredite somit 44,5 Prozent aus. Dies entspricht einem Kreditbetrag von 11.140.500 Reichsmark respektive nach offiziellem Umrechnungskurs 111.405.000 Kronen. Auch wenn man in Betracht zieht, dass ein erheblicher Teil dieser reichsverbürgten Großkredite nicht durch das Netz der komplizierten Bewilligungsverfahren gegangen ist, ist zu konstatieren, dass die überwiegende Mehrzahl der von Geldinstituten auf Protektoratsgebiet gewährten Kredite „Arisierungs“-Kredite waren. Die BEB stand der KdD bei der Gewährung von „großen Arisierungs“-Krediten sicher nicht nach – in dem nur auszugsweise erhaltenen Quellenmaterial sind jedoch nur drei Kredite in einer Gesamthöhe von 2.800.000 Kronen dokumentiert. Ihr Konkurrent, die BUB, ging ähnlich vor – die nachweisbaren zehn „großen Arisierungs“-Kredite in einer Gesamthöhe von 6.150.000 Kronen stellen zweifellos nur einen winzigen Bruchteil ihrer diesbezüglichen Bankgeschäfte dar. Es war nicht möglich, im Archivmaterial dieser beiden Banken Angaben ausfindig zu machen, die wenigstens eine Schätzung ihrer jeweiligen Anteile an der „Arisierung“ jüdischer Unternehmen mithilfe von „Arisierungs“-Großkrediten erlauben würden.

720 Registratur MF ČR Praha, Registratur KdD, Paket 8563, Allgemeiner Kreditbericht zum 31.12.1943 für die Aufsichtsratsitzung am 24.5.1944.

Nicht anders liegen die Dinge im Fall der reichsverbürgten „Arisierungs"-Kleinkredite, denen unter Profitaspekten nur Randbedeutung zukam. Allein die KdD vergab solche Kleinkredite in einer Gesamthöhe von 1.263.000 Reichsmark, d. h. 12.630.000 Kronen. Aus dem kargen Material der BEB sind vierzehn Kreditzusagen in einer Gesamthöhe von 2.055.000 Kronen bekannt, von der BUB nur acht Bewilligungen über insgesamt 805.000 Kronen. Es besteht kein Zweifel daran, dass ungeachtet der Nebenrolle, die diese Kredite gespielt haben, deren Anteil bei beiden Banken wesentlich höher gelegen hat.

Eine Bestimmung des Aktionsbereichs der Geldinstitute hinsichtlich autonomer, also zu Standardbedingungen gewährter Kredite ist kaum möglich. Hier finden sich eher nur schwer identifizierbare Einzelfälle, da das diesbezügliche Quellenmaterial nur unvollständig erhalten ist. Eine Ausnahme bildet nur eines der drei großen deutschen Bankhäuser – die KdD. An deren Beispiel zeigte sich, dass die autonomen „Arisierungs"-Kredite 22,35 Prozent der Gesamtzahl aller „Arisierungs"-Kredite ausmachten und somit zweifellos ein bedeutendes Phänomen darstellten.

Die KdD stellt in vielerlei Hinsicht einen Sonderfall dar: Ihre Aktivitäten zielten ursprünglich auf eine mittelständische Klientel und erreichten höchstens das Niveau des mittleren Unternehmertums. Im Zuge der „Arisierung" und insbesondere über die Vergabe von „Arisierungs"-Krediten ist sie jedoch auch in den Großunternehmerbereich vorgestoßen. Ihre Kreditvergabe, vor allem im Fall reichsverbürgter Kredite einschließlich der „Arisierungs"-Kredite, überstieg den Anteil der entsprechenden Kredite in der Geschäftstätigkeit der BEB und BUB ganz erheblich. Die drei genannten Geldinstitute gewährten sowohl kleine als auch große, reichsverbürgte und autonome „Arisierungs"-Kredite. Wie die aus Zufallsfunden zusammengestellten Stichproben für die BEB und die BUB erbrachten, konzentrierten sich diese Institute stärker auf Großkredite von mehr als 20.000 Reichsmark für den Bereich der Mittel- und Großunternehmen. Die aus diesen Kreditgeschäften fließenden unmittelbaren Gewinne beider Banken lassen sich nicht feststellen – zweifellos bildeten sie einen Beitrag, der in den Jahresbilanzen zu Buche schlug, erscheinen jedoch im Vergleich zu anderen Operationen als weniger gewinnträchtig und rentabel. Lediglich bei der KdD erlauben die erhaltenen Akten eine Schätzung der sich aus den Zinsen für die gewährten „Arisierungs"-Kredite ergebenden Gewinne. Diese konnten bei einem mittleren Zinssatz von fünf Prozent circa eine Millionen Reichsmark pro Jahr erreichen. Die mittelbaren, nicht minder bedeutenden Gewinne, d. h. das durch die Ausweitung des Kundenkreises geschaffene Zukunftskapital, lassen sich begreiflicherweise nicht beziffern.

In den Bilanzen der drei untersuchten Geldinstitute – der BEB, BUB und der KdD – bildeten die für die „Arisierung" aufgebrachten Finanzmittel einen Teil der Aktiva. Nach Kriegsende und Untergang des Dritten Reiches waren die Tilgungszahlungen allerdings nicht mehr einzutreiben und gerieten so schnell auf die Passivaseite. Die jüdischen Sperrkonten, auf welche die Kaufbeträge für die „arisierten" Firmen überwiesen wurden, fielen noch während des Krieges an das Deutsche Reich und wurden liquidiert. Die von den „Arisierern" als Ausgleichsabgabe auf Konten des Reichsprotektors überwiesenen Gelder wurden für die Finanzierung der deutschen Besatzungsverwaltung verwendet. In den Rechnungsbüchern verblieben jedoch die Forderungen aus den

„Arisierungs"-Krediten, die den „Arisierern", vielfach auch direkt den „arisierten" Unternehmen oder den auf deren Grundlage angelegten deutschen Firmen gewährten worden waren. Die jüdischen Besitzer oder deren Erben, die die Besatzungszeit überlebten oder in die befreite Tschechoslowakei zurückkehrten, weigerten sich begreiflicherweise, derartige Verbindlichkeiten zu übernehmen. So gewährte die KdD beispielsweise der Firma Otto Hayden, Autohandel, einen „Arisierungs"-Kredit in Höhe von einer Millionen Kronen, gedeckt durch eine 95-prozentige Reichbürgschaft und eine „arisierte" Immobilie. Einer der ursprünglichen jüdischen Firmeneigentümer, der mit der alliierten Armee aus dem Westen zurückkehrte, erkannte diese auf die Firma eingetragene Darlehensschuld nicht an. Eine ähnliche Situation entstand im Fall eines „Arisierungs"-Kredits über 133.600 Kronen, den die KdD mit einer Reichbürgschaft von 85 Prozent für die „Arisierung" der Firma Schaffenhoffer in Budweis gewährt hatte. Fälle dieser Art gab es in großer Zahl. Die Reichsbürgschaft war mit dem Ende des Dritten Reiches verfallen und ließ sich nirgends einfordern. Daher gab es 1945 Vorschläge, die nicht einzutreibenden „Arisierungs"- und sonstigen Kredite mit Reichsbürgschaft in die Reparationsansprüche der Tschechoslowakei gegenüber Deutschland einzubeziehen. Diese Pläne erwiesen sich jedoch infolge der Nachkriegsentwicklung als undurchführbar.[721]

721 Aktenablage Tschechische Nationalbank – Zweigstellen Budweis, Bestand KdD, Archiveinheit 3, Situation auf den Konten mit Reichsbürgschaft (14.9.1945).

# 7 Die „Arisierung“ von Wertpapieren, Konten und Sparbüchern

Eines der Ziele der deutschen Besatzungsorgane bei der widerrechtlichen Enteignung von mobilem und immobilem Vermögen jüdischer Privatpersonen und Körperschaften war die „Arisierung“ von Wertpapieren, Konten und Sparbüchern, also von Vermögenswerten, die einen nicht geringen Gewinn versprachen. Der Prozess der „Arisierung“ von Aktien, Kuxscheinen (d. h. Wertpapiere, die Anteile an einer Grubengesellschaft belegen) usw. konnte dabei auch zur Germanisierung des Industrieunternehmertums im Protektorat Böhmen und Mähren eingesetzt werden.

Kennzeichnend für das NS-Regime war der Umstand, dass die Beschneidung von Verfügungsrechten sowie die Erfassung, anschließende Enteignung und Realisierung von Wertpapieren, Konten und Einlagen – bzw. Sparbüchern aus dem Besitz von natürlichen und juristischen Personen jüdischer Abstammung (gegebenenfalls auch von Einzelnen, die als Staatsfeinde galten) im Protektoratsgebiet durch Vorschriften geregelt war, die von der deutschen Besatzungsverwaltung erlassen wurden, und auch strafrechtliche sowie weitere Normen des Deutschen Reiches Anwendung fanden.[722]

Wertpapiere fielen zusammen mit anderen mobilen und immobilen Vermögenswerten unter die Verordnung vom 21. Juni 1939. Diese erlaubte Juden, jüdischen Unternehmen und jüdischen Vereinigungen die Verfügung über diese Vermögenswerte nur mit einer schriftlichen Sondergenehmigung des Reichsprotektors bzw. der von ihm beauftragten Ämter.[723] Paragraph vier dieser Verordnung untersagte Juden, jüdischen Unternehmen und jüdischen Vereinigungen den Erwerb von Wertpapieren. Die Verordnung legte auch Sanktionen fest: Ein Verstoß gegen deren Bestimmungen sowie bereits die Vorbereitung oder der Versuch eines solchen wurden mit Gefängnis – oder Geldstrafen geahndet. Die Vermögenswerte, die Gegenstand einer solchen Straftat waren (darunter auch Aktien), konnten beschlagnahmt werden. Die Verordnung vom 21. Juni 1939 legte die Anwendbarkeit reichsdeutscher strafrechtlicher Bestimmungen explizit fest, wobei die

722 Für einen Vergleich mit dem Prozess der „Arisierung“ von Wertpapieren sowie der Anwendung von Rechtsvorschriften auf dem Gebiet Österreichs, also der damaligen „Ostmark“ siehe: Tüchler, Michael: Rechtliche Regelungen in Zusammenhang mit der Entziehung von Wertpapieren, in: Gruber, Michael / Tüchler, Michael (Hg.): Rechtsfragen der Entziehung, Bereinigung und Rückstellung von Wertpapieren, Veröffentlichungen der Österreichischen Historikerkommission. Vermögenentsetzung während der NS-Zeit sowie Rückstellungen und Entschädigungen seit 1945 in Österreich, Bd. 31, Wien, München: Oldenbourg Verlag 2004, S. 50–60. Für eine allgemeinere und kompakte Darstellung vgl.: Anm. 16, S. 204–205.

723 VOBl RP 1939, S. 45. Diese Formulierung ermöglichte beispielsweise die Erteilung von Verfügungsgenehmigungen über Wertpapiere in jüdischem Besitz an die Oberlandratsämter zu delegieren. NA Praha, Bestand AS, Kart. 123, Nr. 9, Morgenstern, Exportmalzfabrik. BUB, Filiale Olmütz an den Oberlandrat in Olmütz vom 20.9.1939.

Ermittlungen und der anschließende Prozess vor deutschen Gerichten im Protektorat Böhmen und Mähren geführt werden sollten.[724]

Wertpapiere, Konten und Sparbücher konnten auch aufgrund der Verordnung der Reichsminister für Inneres und Finanzen vom 4. Oktober 1939 beschlagnahmt werden. Laut Paragraph eins dieser Verordnung waren der Reichsprotektor oder die von ihm beauftragten Ämter berechtigt, das Vermögen von Personen oder Vereinigungen, die als „reichsfeindlich“ galten, zugunsten des Reiches zu beschlagnahmen. Dem Reichsprotektor stand auch in oberster Instanz die Verwaltung des beschlagnahmten Vermögens zu, und er entschied in Zusammenarbeit mit dem Reichsfinanzministerium über dessen Verwendung.[725]

Die im Herbst 1939 erlassenen Normen regelten auch den Umgang mit jüdischen Konten: Eine spürbare Einschränkung für Juden, jüdische Unternehmen und Vereinigungen brachte vor allem die Bestimmung über die Sperrung aller ihrer bei einem öffentlichen Geldinstitut geführten Konten, Depots, Sparbücher usw. Der jüdische Eigentümer konnte über diese Konten nunmehr nur mit Zustimmung der Revisionsabteilung des Finanzministeriums bzw. anderer dazu bestimmter Ämter verfügen. Auch Zahlungen an Ehepaare, bei denen ein Partner jüdischer Herkunft war, konnten nur auf Sperrkonten geleistet werden. Als „jüdisch“ oder gesperrt galten auch Konten, Depots und Sparbücher, bei denen nicht festgestellt werden konnte, ob der Besitzer Jude oder „Arier“ war. Von den jüdischen Konten ließen sich nur beschränkte Beträge abheben oder überweisen – maximal 1.500 Kronen wöchentlich. Die deutsche Verwaltung genehmigte aber in der Verordnung des Reichsprotektors vom 26. Oktober 1939, dass auf die Sperrkonten jüdischer Eigentümer die bei Fälligkeit ihrer Kassenanweisungen fließenden Geldmittel gutgeschrieben wurden.[726] Im Ganzen waren die Besatzungsbehörden in dieser Phase bemüht, jüdische Gelder auf Sperrkonten zu konzentrieren, von denen nur geringe Beträge unkontrolliert abfließen konnten.

Weitere Bestimmungen über den Geldverkehr mit Juden auf dem Bankweg enthielt der Erlass des Protektorats-Finanzministeriums vom 23. Januar 1940 über Zahlungen zugunsten von Juden und Auszahlungen von jüdischen Sperrkonten bei Geldinstituten. Diese Norm von minderer Rechtskraft hatte die unter deutscher Leitung stehende Revisionsabteilung beim Finanzministerium in Prag herausgegeben. Es ist daher kein Zufall, dass die zugehörigen Erläuterungen und Zusätze von Reichsbankrat Walter Utermöhle und Regierungsassessor Herbert Schmerling ausgearbeitet wurden. Beide waren zugleich Beamte des ARP und wurden im Vorwort der vom Zentralverband des Bankgewerbes für Böhmen und Mähren herausgegebenen Druckversion als „zwei hervorragende Sachkenner“ hervorgehoben.[727] Bezeichnend für die Stellung von Utermöhle und

724 VOBl RP 1939, S. 46–48.

725 RGBl 1939, Teil I., S. 1198.

726 AČNB Praha, Bestand SB, Sign. S I, Beratung der Bankreferenten des Bankenverbands vom 1.12.1939.

727 Utermöhle/Schmerling: Anm. 177, S. 5. Vgl. NA Praha, Bestand Ministerstvo financí [Finanzministerium] (im Weiteren MF), Kart. 1470, Nr. 15 908, Verordnung über die Sicherstellung von jüdischem Vermögen in Böhmen und Mähren, aufgrund derer über Sperrkonten, Banksafes und

Schmerling ist ihre Doppelfunktion in den Spitzeninstitutionen der autonomen tschechischen Verwaltung sowie der deutschen Besatzungsverwaltung. In den formal autonomen Organen setzten sie den Einfluss des ARP als faktisch entscheidende Instanz durch und erfüllten gleichzeitig „Sonderaufträge“, von denen Tschechen nach Möglichkeit nichts erfahren sollten.

Im folgenden waren alle Zahlungen zugunsten von Juden, jüdischen Unternehmen und Vereinigungen ausschließlich über Sperrkonten bei einer der Devisenbanken abzuwickeln, d. h. bei Geldinstituten, die zu Operationen in Fremdwährungen berechtigt waren bzw. bei einem von der Revisionsabteilung des Finanzministeriums ermächtigen einheimischen Geldinstitut. Die Ausstellung von Schecks zugunsten von Juden war verboten, denn das hätte ihnen ermöglicht, sich bei der Bank entsprechende Beträge aushändigen zu lassen, ohne dass diese über Sperrkonten liefen. Ebenso war es verboten, Verbindlichkeiten gegenüber Juden, jüdischen Unternehmen oder Vereinigungen mittels Wertpapieren, Edelmetallen, Edelsteinen oder Schmuck zu begleichen. Die Zahlung per Wechsel war hingegen erlaubt, doch war der Zahlende bei deren Kassierung verpflichtet, den jeweiligen Betrag auf das Sperrkonto des jüdischen Empfängers einzuzahlen. Der Rechtsgrund der Zahlung war nicht ausschlaggebend. Auf Sperrkonten sollten ex lege überwiesen werden: Löhne und Gehälter, Ruhegehälter und Renten aller Art, Versicherungsleistungen, Abstandszahlungen an jüdische Angestellte usw., und zwar ohne Rücksicht auf die Höhe des betreffenden Betrags.[728] Die Verordnung machte keinen Unterschied zwischen einheimischen Juden und fremden Staatsangehörigen jüdischer Herkunft. Nur Zweigstellen ausländischer Firmen waren von diesen Beschränkungen ausgenommen, selbst wenn es sich um jüdische Unternehmen im Sinne von Paragraph sieben der Verordnung des Reichsprotektors vom 21. Juni 1939 handelte.

Für Juden wurde zudem das Bankgeheimnis aufgehoben – ihre Konten, Sparbücher und Depots konnten künftig nicht mehr anonym geführt und bearbeitet werden. Bei diesen Vermögenswerten wurde nun eine Unterscheidung getroffen: Die Geldinstitute waren verpflichtet, jüdische Konten, Depots, Sparbücher oder Bons (Quittungen) über Wertpapiere an sichtbarer Stelle mit dem Buchstaben „N“ als „ nichtarisch“ zu kennzeichnen. Alle übrigen, in der damaligen Terminologie „arischen“ Konten, Sparbücher, Depots und Bons wurden mit dem Buchstaben „A“ gekennzeichnet. Wenn ein Bankkunde Geld abhob, musste er mit seiner Unterschrift bestätigen, dass weder er selbst noch der Kontoinhaber Jude, Ehemann einer Jüdin bzw. Ehefrau eines Juden war.[729]

---

Schließfächer nur mit Zustimmung der Revisionsabteilung des Finanzministeriums verfügt werden konnte. In Mähren waren Auszahlungen von jüdischen Konten zudem von der Zustimmung des Devisenschutz-Sonderkommandos, Außenstelle Brünn, abhängig.

728 Utermöhle, Walter/Schmerling, Herbert: Zajištění židovského majetku / peněžní styk se Židy [Die Sicherstellung von jüdischen Vermögen, Geldverkehr mit Juden], Praha 1940, S. 5. Genehmigungsfrei war die Ausbezahlung von Ansprüchen an jüdische Personen in Naturalien, beispielsweise der Ersatz für ein zerbrochenes Fenster in natura durch die Versicherung, die Ausgabe von Lebensmitteln an jüdische Angestellte durch den Unternehmensbesitzer usw. Ebenso war es möglich, jüdischen Vertretern Fahrkarten auszuhändigen und einen Reisevorschuss bis zur Höhe von 50 K pro Tag auszuzahlen.

729 Ebd., S. 7–9.

Mit der unter der Nummer 160/1939 in der Gesetzes- und Verordnungssammlung publizierten Regierungsverordnung[730] wurde sechs Geldinstituten sowie den Zentralen der Genossenschaftsverbände der Status von Devisenbanken zuerkannt, in der Mehrzahl Aktienhandelsbanken. Unter den deutschen Institutionen waren dies die Böhmische Union-Bank (BUB), die Böhmische Escompte-Bank (BEB), die Deutsche Agrar- und Industriebank sowie die Kreditanstalt der Deutschen (KdD). An tschechischen Institutionen sind zu nennen: die Agrární banka (Agrarbank), die Anglo-československá a Pražská uvěrní banka (Anglo-čechoslovakische und Prager Kreditbank), die Československá diskontní banka (Čechoslovakische Diskontbank), die Česká banka (Böhmische Bank), die Legiobanka bzw. Českomoravská banka (Bank der čechoslovakischen Legionen bzw. Böhmisch-Mährische Bank), die Řeznicko-uzenářská banka (Fleischer- und Selcherbank), die Ústřední banka českých spořitelen (Zentralbank der böhmischen Sparkassen), die Všeobecná družstevní banka (Allgemeine Genossenschaftsbank) und die Živnostenská banka (Gewerbebank). Ferner aufgeführt sind Anstalten mit landesweitem Wirkungsbereich – die Zemská banka (Landesbank) und die Poštovní spořitelna (Postsparkasse) – sowie einige bedeutendere Volkssparkassen wie etwa die Městská spořitelna Pražská (Prager Stadtsparkasse) und die Občanská záložna (Bürgersparkasse) in Prag-Karolinenthal. Unter den als Devisenbank anerkannten Geldinstituten sind auch Genossenschafts-Zentralverbände – der Ústřední jednota hospodářských družstev (Zentralverein der Wirtschaftsgenossenschaften), der Svaz hospodářských družstev (Bund der Wirtschaftsgenossenschaften) – sowie private Bankhäuser, beispielsweise Prokop et Bouda oder Moritz Zdekauer. In Brünn wurden die Moravská banka (Mährische Bank), die Moravská lidová banka (Mährische Volksbank) und zwei deutsche Genossenschaftsverbände als Devisenbanken anerkannt. In anderen Städten wurde dieser Status beispielsweise der Pilsner Bank in Pilsen oder mehreren Volksgeldanstalten in Friedeck, Gutenfeld, Kralup u. a. zuerkannt.

Das Finanzministerium (bzw. dessen Revisionsabteilung) war berechtigt, auch anderen Geldinstituten die Führung von jüdischen Sperrkonten zu erlauben. Die restlichen Institute mussten diese Konten auf die Devisenbanken überführen bzw. die Genehmigung des Ministeriums zu deren Führung einholen. Die Bestimmungen über Zahlungen auf Sperrkonten bezogen sich jedoch nicht auf jüdische Unternehmen, für die ein Treuhänder bestellt war. Generell von der Einzahlungspflicht auf Sperrkonten befreit waren Zahlungen für Waren und Betriebsleistungen, bzw. Honorare für jüdische Anwälte, Ärzte, Schneider, Frisöre usw., die an Ort und Stelle in bar entrichtet wurden, d. h. überwiegend geringe Beträge im Bereich von Dienstleistungen und Einzelhandel.[731] Ein jüdischer Inhaber durfte von allen seinen Konten (d. h. laufenden, Giro – oder Depotkonten), die bei einer oder mehreren Geldanstalten geführt wurden, für sich und seine Familie insgesamt 1.500 Kronen pro Woche abheben. Über die Zugehörigkeit zu der jüdischen Familie entschieden die zivilrechtlichen Bestimmungen über die „Unterhalts-

730 Sbírka zákonů a nařízení Protektorátu Čechy a Morava [Gesetzes- und Verordnungssammlung des Protektorats Böhmen und Mähren 1939, Verordnung des Finanzministeriums Nr. 160 vom 8.7.1939, in der die Maßnahmen der Nationalbank für Böhmen und Mähren in Prag betreffs Devisenbanken veröffentlicht wurden, Praha 1939, S. 575 f.

731 Utermöhle / Schmerling: Anm. 728, S. 10.

pflicht“. Anrecht auf Unterhalt hatten alle Vorfahren und Nachfahren der betreffenden Person, d. h. Eltern, Großeltern, Kinder und Enkel. Beim Abheben von einem jüdischen Konto war das betreffende Geldinstitut verpflichtet, dem Kunden einen Vordruck vorzulegen, auf dem er durch Unterschrift bestätigte, über keinerlei Barmittel für den Lebensunterhalt zu verfügen und das zulässige Limit von 1.500 Kronen im betreffenden Zeitraum noch nicht ausgeschöpft zu haben.

Banken und Volksgeldanstalten waren aufgrund der Verordnung vom Januar 1940 verpflichtet, allen natürlichen und juristischen Personen, deren laufende Konten sie führten und bei denen noch nicht festgestellt war, ob sie „arisch“ oder „nichtarisch“ waren, eine Erklärung zuzuschicken, auf der der Kunde bestätigen musste, weder Jude noch Ehepartner einer Jüdin bzw. eines Juden zu sein. War diese Erklärung nicht bis zum 1. April 1940 wieder beim Geldinstitut eingegangen, konnten auf dem jeweiligen Konto lediglich die für Juden zulässigen Dispositionen vorgenommen werden.[732] Ein analoges Vorgehen galt für die Abhebungen von Sparbüchern und der Vorlage von Bons und Coupons über Wertpapiere.

In Böhmen konnten Beträge von mehr als 1.500 Kronen von jüdischen Sperrkonten nur mit Genehmigung der zuständigen Kreisfinanzdirektion ausgezahlt werden. Erteilt wurde diese für die Zahlung von Steuern, Gebühren und öffentlichen Abgaben, von mit der jüdischen Auswanderung verbundenen Abgaben oder Zahlungen zugunsten öffentlicher Einrichtungen, Unternehmen und Krankenhäuser. Ebenso zulässig waren Zahlungen zugunsten des Palästina-Amts, der jüdischen Glaubensgemeinde und der Zentralstelle für jüdische Auswanderung. Auszahlungsgenehmigungen für andere Zwecke konnte nur die Revisionsabteilung des Finanzministeriums erteilen. In Mähren kam der Kreisfinanzdirektion in Brünn eine Sonderstellung zu: Diese genehmigte die Verfügungen über jüdische Konten für das ganze Land Mähren, musste jedoch stets die Zustimmung des Devisenschutzkommandos im Protektorat Böhmen und Mähren, Außenstelle Brünn einholen.[733]

Der Genehmigung der Revisionsabteilung im Finanzministerium bedurfte auch die Überführung von Sparbüchern in jüdischem Besitz auf andere Personen sowie die Umdisponierung von Wertpapieren im Besitz von Juden, jüdischen Unternehmen und Vereinigungen von einem Geldinstitut aufs andere. Unter dem Transfer jüdischer Sparbücher auf andere Personen war jegliche Transaktion zu verstehen, durch die das Sparbuch eines Juden auf eine beliebige andere Person überführt wurde – gleich, ob es sich um eine Schenkung, Verpfändung, oder Erbschaft handelte oder bloß um die Überschreibung eines bislang anonymen Sparbuchs auf den wirklichen Inhaber. Es kam zudem unerheblich, ob es sich um die Überführung auf einen anderen Juden oder auf einen „Arier“ handelte. Genehmigungspflichtig war es auch, wenn ein „Arier“ seine Verbindlichkeiten durch Überführung seines Sparbuchs auf einen Juden begleichen wollte. In einem solchen Fall war es erforderlich, das Sparbuch auf den neuen Inhaber zu überschreiben und als „jüdisch“ zu kennzeichnen.[734]

---

732 Ebd., S. 13–15.
733 Ebd., S. 16 f.
734 Ebd., S. 20f.

In der Erläuterung zum Ministerialerlass vom 23. Januar 1940 wurde auch der Begriff der „Wertpapierübertragung" definiert, und zwar als Transaktion, in der ein jüdischer Depotinhaber seine Wertpapiere von einem Geldinstitut auf ein anderes übertrug. Ein solcher Transfer war wiederum nur mit Genehmigung der Revisionsabteilung des Finanzministeriums möglich. War der Wertpapiertransfer jedoch mit der Veräußerung des Depots oder dessen Teilen verbunden, so konnte die Durchführungsgenehmigung nur von der Gruppe II 1/3 F im Amt des Reichsprotektors unter Leitung von Utermöhle erteilt werden. Eine Überführung von Wertpapieren – auch ohne Änderung des Depotinhalts – in das Depot einer zweiten Person, gleich, ob Jude oder „Arier", galt laut der Verordnung vom 21. Juni 1939 als „Umgang mit Wertpapieren" und unterlag daher der Genehmigung durch die Dienststelle II 1/3 F. Als Wertpapiere galten außer Depositen- und Dividendenwerten, d. h. Staatsobligationen und Aktien auch Wechsel, Schecks, Zahlungsanweisungen, Konossements, Frachtverträge, Versicherungen und Zeichnungserklärungen bei Aktienkapitalemissionen. Der Genehmigung unterlag auch die Beleihung solcher Werte. Nicht genehmigungspflichtig war hingegen die Überführung von Wertpapieren eines Eigentümers – ohne Veränderung des Depotinhalts – von einer Filiale in eine andere Zweigstelle desselben Geldinstituts bzw. von einer Zweigstelle auf die Zentrale und umgekehrt, da dies nur eine interne Manipulation mit dem Depot im Rahmen einer und derselben Institution darstellte.[735]

Auch die Einrichtung eines Safes oder Schließfachs bei Geldinstituten war Personen jüdischer Herkunft nur mit Genehmigung der Revisionsabteilung des Finanzministeriums oder der von ihm bevollmächtigten Ämter gestattet. Von dieser Regelung betroffen war also die Aufbewahrung von Vermögenswerten jeglicher Art, einschließlich Geld und Wertpapieren. Dem Antrag auf Einrichtung eines Schließfachs oder geschlossenen Depots bzw. dem Antrag auf Hinterlegung oder Aufbewahrung von Gegenständen musste ein detailliertes Verzeichnis der zu hinterlegenden Vermögenswerte beiliegen. Genehmigungspflichtig war auch eine nachträgliche Hinterlegung von weiteren Gegenständen oder Werten in ein schon vorhandenes Bankschließfach.[736]

Auf Wunsch des jüdischen Inhabers waren die Geldinstitute berechtigt, ein Depot oder Sicherheitsfach auch ohne amtliche Genehmigung zu öffnen. Dabei waren die Bankbeamten verpflichtet, nach dem Öffnen ein genaues Protokoll über den Inhalt des Depots oder Schließfachs mit einer möglichst präzisen Auflistung der einzelnen Vermögenswerte anzufertigen. Geschäftsdokumente und sonstige Schriftstücke sollten mit einem Kurzvermerk über den Inhalt angeführt werden; hinterlegtes Bargeld war als Gesamtsumme aufzuführen. Dieses Protokoll wurde vom verantwortlichen Beamten des betreffenden Instituts (und sofern anwesend, auch vom Depotinhaber) unterzeichnet. Anschließend wurde das Schließfach wieder verschlossen und der Revisionsabteilung des

735 Ebd., S. 21.

736 Ebd., S. 21. Die einzelnen Geldinstitute waren zudem verpflichtet zu überprüfen, welche Depots und Schließfächer jüdische Kunden nach dem 15. März 1939 angelegt hatten und diese bis zum 23. Februar 1940 der Revisionsabteilung beim Finanzministerium zu melden. In dieser Meldung sollten auch Name und Wohnort der Schließfachinhaber sowie das Datum der Einrichtung genannt werden.

Finanzministeriums wurde ein Antrag auf Genehmigung der beabsichtigten Entnahme vorgelegt, welche erst nach Erteilung der Genehmigung erfolgen durfte.[737]

Dem Antrag auf die Genehmigung der Entnahme bestimmter Werte aus dem Depot musste auch eine Abschrift des Protokolls über dessen Öffnung beiliegen. Ferner mussten eingehend alle Gründe für die Entnahme dargelegt werden. Handelte es sich um die Entnahme von Wertpapieren zwecks späterer Veräußerung, so musste zusätzlich ein gesonderten Antrag auf die Genehmigung zum „Umgang mit Wertpapieren" beigefügt werden. Der Antrag wurde dann an die Gruppe II 1/3 F im Amt des Reichsprotektors unter Leitung von Utermöhle adressiert. Befand sich im Bankfach Bargeld, so war das Finanzministerium (neben der Entnahmegenehmigung) auch um die Überführung dieses Barbetrags auf ein als „nichtarisch" gekennzeichnetes Sperrkonto oder Sparbuch des Schließfachinhabers zu ersuchen. Im Bankfach hinterlegte und vorerst nicht entnommene Wertpapiere übertrug das Geldinstitut in das Sperrdepot des jüdischen Inhabers, wofür ebenfalls eine Sondergenehmigung des Finanzministeriums beantragt werden musste. Die Genehmigung zur Wertentnahme aus jüdischen Depots und Schließfächern hatte eine beschränkte Geltungsdauer von genau einem Monat nach der Erteilung. Nach Verstreichen dieser Frist reichten die Geldinstitute nicht genutzte Genehmigungen automatisch an die Revisionsabteilung des Finanzministeriums zurück. In den einzelnen Genehmigungen konnte den Banken und anderen Institutionen zusätzlich die Auflage gemacht werden, dem Ministerium den gesamten Öffnungsvorgang eines jüdischen Bankfachs und die etwaige Wertentnahme zu belegen.[738]

Im Interesse einer schnellstmöglichen Erledigung des Antrags empfahl die Verordnung, den gesamten Schriftverkehr nicht nur auf Tschechisch, sondern auch auf Deutsch vorzulegen, um so einer Verzögerung durch die notwendige Übersetzung vorzubeugen. In den einzelnen Bestimmungen waren zugleich strafrechtliche Konsequenzen festgelegt, so dass die Schlussbemerkung dieser Norm den Geldinstituten und Beteiligten explizit nahe legte, im Zweifelsfall vor der Durchführung einer Transaktion bei der Revisionsabteilung des Finanzministeriums nachzufragen.[739]

Die Verordnung vom 23. Januar 1940 nahm in ihren Bestimmungen über Wertpapiere weitere, in den folgenden Monaten desselben Jahres herausgegebene Normen vorweg. Am 26. Januar 1940 wurde die Dritte Durchführungsverordnung zur Verordnung des Reichsprotektors über jüdisches Vermögen bekannt gegeben. Im Anschluss daran wurden die Richtlinien und Hinweise für die Erledigung jüdischer Anträge beim „Umgang mit Wertpapieren" ausgearbeitet. Die Durchführungsverordnung vom 26. Januar 1940 bestätigte die diesbezügliche Entscheidungsbefugnis der Gruppe II 1/3 F im ARP mit Sitz im Finanzministerium am Dražický-Platz 7, Praha 1. Die Richtlinien und Hinweise bestimmten auch die Form der Anträge auf Veräußerung sowie den sonstigen Umgang

737 Utermöhle/Schmerling: Anm. 728, S. 23.

738 Ebd., Eine Sonderbestimmung galt für die Deponierung von Mieteinnahmen auf dem Sperrkonto eines jüdischen Immobilienbesitzers. Von diesem Mieteinnahmen-Sperrkonto konnte der jüdische Vermieter nur die Gebäude- und Grundsteuer zahlen, alle sonstigen Zahlungen unterlagen der Genehmigung durch die zuständige Bezirksfinanzdirektion bzw. das Finanzministerium.

739 Ebd., S. 25.

mit Wertpapieren. Der Antrag umfasste folgende Pflichtangaben: Name und Adresse bzw. letzter Aufenthaltsort des Wertpapierbesitzers im Protektoratsgebiet, die genaue Bezeichnung der Wertpapiere, Coupons und Anteilscheine, über die Verfügungen getroffen werden sollten, sowie der Vermerk, ob der jüdische Eigentümer noch weitere Werte dieser Art besaß. Des Weiteren gefordert waren Informationen über Wertpapiere, Schmuck sowie Gegenstände aus Edelmetall und Edelsteinen des betreffenden Besitzers, einschließlich des Hinterlegungsortes sowie des geschätzten Wertes.[740] Obligatorisch war auch die Begründung, warum über die Wertpapiere verfügt werden sollte, unter Angabe von Einkünften, Verdiensten und anderen Unterhaltsquellen des Antragstellers. Handelte es sich um den Verkauf einer größeren Wertpapiermenge, wurde empfohlen, dem Antrag ein Verzeichnis in doppelter Ausfertigung beizulegen.

Diese Anfang 1940 herausgegebenen Vorschriften brachten eine Änderung im bis dato gültigen Genehmigungsverfahren für die Verfügung über jüdische Wertpapiere. In der zweiten Hälfte des Jahres 1939 wurden die Genehmigungsbescheide nämlich nicht nur von der Gruppe II 1/3 F, sondern auch von den jeweils regional zuständigen Oberlandräten erteilt. Diese Bescheide wurden durchweg auf unbegrenzte Zeit ausgestellt. Mit Erscheinen der neuen Norm endete ihre Gültigkeit jedoch zum 15. März 1940 – war das Dokument bis dahin nicht genutzt worden, sollte es an die Gruppe Utermöhle im ARP zurückgegeben werden. Dabei ist interessant, dass die Richtlinien und Hinweise von einer Vielzahl eingehender Anträge sprechen und zudem erwähnen, dass die Geldinstitute und ihre jüdischen Kunden mit einer etwa zweiwöchigen Wartezeit auf die endgültige Entscheidung zu rechnen hätten. Eine Ausnahme, in der die Gruppe II 1/3 F Anträge gesondert und beschleunigt erledigte, war der zugelassene „Dringlichkeitsfall“, wenn sich ein Wertpaperbesitzer zur Auswanderung in allernächster Zeit entschlossen hatte.[741]

Die bis zu diesem Zeitpunkt eingeführten Normen beschnitten die freie Verfügung über Wertpapiere, Konten und Sparbücher von jüdischen natürlichen und juristischen Personen. Die vierte Durchführungsverordnung vom 7. Februar 1940 zur Verordnung des Reichsprotektors vom 21. Juni 1939 verpflichtete dann in Paragraph vier jüdische Wertpapierinhaber, bis zum 15. März 1940 sämtliche Aktien, Anteilrechte und Teilhaberschaften aller Art zu melden, die sich bis zum 1. März 1940 in ihrem Besitz befanden. Diese Meldepflicht galt auch für Aktien, Anteilrechte und Teilhaberschaften, die nur einem der jüdischen Ehepartner gehörten.[742]

Die genaue Form einer solchen Anmeldung legte das ARP in seinem an den Vorsitzenden der Protektoratsregierung ergangenen Bescheid vom 9. Februar 1940 fest, in dem es auch die Anfertigung einer hinlänglichen Anzahl von zweisprachigen, d. h. tschechisch-deutschen Meldeformularen anordnete. Angesichts der „Gefahr im Verzug“ sollten die Meldeformulare schon ab dem 20. Februar 1940 bei den einzelnen Bezirksämtern zur Verfügung stehen. Das Formular war relativ simpel, es enthielt Informationen über

740 Ebd., S. 30f. IV. Richtlinien und Hinweise für Anträge von Juden auf Umgang mit Wertpapieren sowie für Anträge auf Veräußerung von Edelmetallen und Schmuck laut Verordnung vom 21. Juni 1939 und gemäß dem dritten Durchführungserlass zu dieser.

741 Ebd., S. 30.

742 VOBl 1940, S. 45–47.

Anzahl und Nominalwert der Aktien der jeweiligen Gesellschaft, über den Inhaber, die Hinterlegung im Depot des jeweiligen Geldinstituts sowie über mögliche Rechte Dritter. Das Bezirksamt sollte die eingehenden Anmeldungen sammeln und unverzüglich der Nationalbank für Böhmen und Mähren zusenden. Die Nationalbank war verpflichtet, ein Verzeichnis aller Aktien- und Kommanditgesellschaften auf Aktien anzulegen, die im Handelsregister des Protektorats Böhmen und Mähren eingetragen waren und sich anteilig in jüdischen Händen befanden. Dieses Verzeichnis sollte diese beiden Gesellschaftsformen gesondert erfassen, mit genauen Angaben über Aktienzahl, Nominalwert, jüdische Besitzer, ihre Depots und mögliche Rechte Dritter. Diese Aufstellung musste die Nationalbank bis zum 15. April 1940 an das ARP, an die Abteilung unter Leitung von Walter Bertsch, weiterreichen.[743]

Auch Wertpapiere und Beteiligungen fielen unter die Meldepflicht über das Firmenvermögen „jüdischer Unternehmen“, ausgenommen waren lediglich Schecks und Wechsel. Diese Wertpapiere sollten nach Depot- und Dividendenwerten getrennt angeführt werden, einschließlich der Angabe von Nennwert, Erwerbsdatum, derzeitigem Börsenkurs usw. Bei Beteiligungen wurde Art, Höhe, Unternehmensbezeichnung und -typ gemeldet.[744]

Eine Sonderstellung nahm jüdisches Vermögen ein, dessen Besitzer sich im feindlichen Ausland aufhielt. Auf dieses bezog sich die Verordnung über den Umgang mit Feindvermögen im Deutschen Reich vom 15. Januar 1940, deren Gültigkeit auch auf das Protektorat ausgeweitet wurde.[745] Solche Vermögen waren mit dem Stand vom 31. Dezember 1939 auf Sonderformularen zu melden.

Ein weiterer Schritt bei der „Arisierung“ von Wertpapieren war die Herausgabe der Fünften Durchführungsverordnung des Reichsprotektors vom 2. März 1940. Diese verpflichtete Juden, jüdische Unternehmen und Vereinigungen, binnen zwei Wochen sämtliche in ihrem Besitz, Teilbesitz oder in Haltung (z. B. als Pfand) befindlichen Aktien, Kuxe, Einlagewerte und ähnliche Wertpapiere auf einem namentlichen, bei einer Devisenbank geführten Depot zu hinterlegen. Sofern sie solche Papier neu erwarben – vornehmlich durch Erbschaft, der Ankauf usw. war für Juden verboten – waren diese binnen zwei Wochen nach Erhalt im Depot zu hinterlegen. Der Stichtag für den Fristbeginn zur Hinterlegung jüdischer Wertpapiere war ursprünglich auf den 2. April 1940 festgelegt, später jedoch auf den 15. April 1940 verschoben worden.[746]„Arische“

743 ŽM Praha, Anm. 353, Schreiben des Reichsprotektors an den Vorsitzenden der Protektoratsregierung in Prag vom 9.2.1940, AZ. II/1 Jd. 3451/40. Das von der Nationalbank erarbeitete Verzeichnis sollte auch Gesamtsummen und Erträge des Aktienkapitals anführen. MZA Brno, Anm. 356, Schreiben des Reichsprotektors an die„Gruppe Mähren“ in Brünn und die Oberlandräte vom 9.2.1940.

744 ŽM Praha, Anm. 353, Az. II/1 Jd. 3451/40, Anmeldung des Betriebsvermögens jüdischer Unternehmer.

745 RGBl, Teil I., 1940, S. 191; VOBl RP 1940, S. 28, 173–175; Anm. 197, Az. II/1 Jd. 5319/40, Schreiben des Reichsprotektors an die Nebenstelle für Mähren und die Oberlandräte vom 27.2.1940.

746 VOBl 1940, S. 81f; Die Sicherstellung von jüdischen Vermögen I. Ergänzung. Erläuterungen und Hinweise zur Fünften Durchführungsverordnung zur Verordnung des Reichsprotektors über jüdisches Vermögen vom 21.6.1939, S. 3 f.

Ehepartner von Jüdinnen bzw. Juden waren vorerst noch nicht verpflichtet, ihre Einlage- und Dividendenwerte in Depots zu hinterlegen. Ein Depot konnte nicht anonym geführt werden und musste auf den Namen des jüdischen Inhabers, Mitinhabers oder Halters registriert sein. Es konnte als offenes Depot angelegt werden (zu dem auch die verantwortlichen Mitarbeiter der Bank Zugang hatten) oder als geschlossenes (zu dem nicht einmal amtlicher Zugang zulässig war) bzw. als Schließfach. Zur Einrichtung eines neuen Depots bei einem Geldinstitut war laut der fünften Durchführungsverordnung vom 2. März 1940 die Genehmigung durch die Revisionsabteilung des Finanzministeriums nicht mehr erforderlich. Unter den Werten, die in Depots hinterlegt werden mussten, nannte die zitierte Durchführungsverordnung ausdrücklich Aktien, Kuxscheine, festverzinsliche Werte und ähnliche Wertpapiere, z. B. Baulose, staatliche Kassenanweisungen und Kassenanweisungen, die von Geldinstituten in Sonderemission herausgegeben wurden. Ausgenommen waren also wertpapierähnliche Werte wie Wechsel, Schecks, Zahlungsanweisungen, Konossements, Frachtpapiere, Versicherungsverträge und -policen sowie Zeichnungsrechte bei Aktienemissionen. Diese Vermögenswerte wurden durch die Verordnung des Finanzministeriums vom 23. Januar 1940 gesperrt, sofern sie sich nicht bereits im Pflichtdepot befanden.[747]

Es ist offensichtlich, dass sich der Inhalt der von Besatzungsverwaltung und deutschen Beamten in den autonomen einheimischen Organen erlassenen Normen teilweise überlagerte, in einigen Fällen sogar widersprach und in jedem Fall die mit der Umsetzung betrauten Institutionen in Schwierigkeiten brachte. Die deutschen Organe verlangten die augenblickliche Umsetzung ihrer Forderungen, ohne Rücksicht auf die Möglichkeiten der tschechischen Verwaltung und Geldinstitute. Diese mussten sich letztlich stets der deutschen Besatzungsverwaltung beugen, doch boten gewisse Unklarheiten immer Raum, die erlassenen Normen mit Zeitverzug wirksam werden zu lassen, der genutzt werden konnte. Die Aktionen zur Einschränkung der Verfügungsrechte jüdischer Eigentümer und zur Erfassung der Wertpapiere wiederholten sich und durchkreuzten auch mehrfach das „Arisierungs"-System. Außer einer denkbaren Verwahrung bei Freunden oder Bekannten stand kaum zu erwarten, dass der Besatzungsverwaltung Dividenden- und Einlagenwerte aus jüdischen Vermögen entgehen konnten. Die Zwangsdeponierung für Wertpapiere galt auch für deren „arische" Halter, beispielsweise für Vermögensverwalter oder Pfandgläubiger. Durch Hinterlegung ins Depot wurden die Rechte Dritter an den genannten Werten nicht tangiert, insbesondere Pfandrechte, Teilhaberrechte usw.[748]

Sofern der Eigentümer eines bereits vorhandenen Depots jüdischer Herkunft war, musste die Bank dieses in schriftlicher Form als „nichtarisch" melden. In einem solchen Fall kam es zur Ergänzung der Verordnung des Finanzministeriums vom 23. Januar 1940, laut derer die Wertpapiere bereits gemeldet sein sollten. Sofern dies noch nicht geschehen war, waren die Geldinstitute verpflichtet, die Meldung bis zum 1. Mai 1940 nachzuholen. Die Verordnung wiederholte auch die Pflicht zur Kennzeichnung „nichtarischer" Depots. Die Entscheidung über die Herausgabe von Vermögensgegenständen aus dem Depot lag

747 Ebd., S. 5.
748 Ebd., S. 6.

beim Reichsprotektor, in der Praxis bei der Gruppe II 1/3 F im ARP. Die Erläuterungen und Hinweise zu den Verordnungen führen an, dass die Auswahl der herauszugebenden Werte grundsätzlich nur dann genehmigt wird, wenn der Depotinhaber diese verkaufen wollte. In solchen Fällen erhielten die das Depot verwaltenden Geldinstitute die Genehmigung, die Wertpapiere usw. direkt an der Börse zu Geld zu machen und dieses auf ein Sperrkonto des Depotinhabers gutzuschreiben. Wenn der Eigentümer der zwangsdeponierten Werte die Depotgebühren nicht entrichtete, konnte sich das Geldinstitut durch den Teilverkauf des hinterlegten Vermögens schadlos halten. Es war daher berechtigt, selbst einen Antrag auf Entnahme und Veräußerung von Depotwerten zu stellen.[749]

Von der Wirkung der fünften Verordnung ausgenommen waren Juden mit fremder Staatsangehörigkeit, ohne Rücksicht darauf, ob sie ihren Wohnsitz im Protektorat oder im Ausland hatten. Auf diese bezog sich allerdings die Verordnung der Revisionsabteilung des Finanzministeriums vom 23. Januar 1940 – eben jener Abteilung, deren Zustimmung für eine Wertpapierentnahme erforderlich war. Der genannte Paragraph ging offensichtlich von der Möglichkeit aus, dass sich fremde Staatsangehörige jüdischer Herkunft an Gerichte im Ausland wenden könnten. In einem solchen Fall sollte als Prozessgegner kein Organ der deutschen Besatzungsverwaltung auftreten, sondern das Protektorats-Finanzministerium, wodurch die Verantwortung der autonomen tschechischen Regierung zugeschoben würde.[750]

Ausnahmen von der Depotpflicht für Wertpapiere und ähnliche Vermögenswerte wurden dann zugelassen, wenn diese nur einen geringen Wert besaßen. Dem Antrag auf Gewähr einer solchen Ausnahme musste eine Abschrift über deren Meldung beim zuständigen Bezirksamt beigelegt werden.[751] Zum Verkauf von Wertpapieren durch Juden meldeten sich auch die Oberlandräte in Mähren zu Wort. Sie schlugen vor, eine Verkaufsgenehmigung grundsätzlich nur in drei Fällen zu erteilen: wenn der Erlös der jüdischen Auswanderung diente, er zur Deckung der persönlichen Bedürfnisse der Juden verwendet oder zur Begleichung von Abgaben und Gebühren eingesetzt wurde. Das Interesse am Verkauf der in jüdischem Besitz befindlichen Aktien von Banken und Industrieunternehmen sowie Obligationen erklärt sich mit wirtschaftlichen Gründen. Die Enteignung von Aktien durch deutsche Organe wurde allgemein als eines der wichtigsten Germanisierungsinstrumente angesehen, da diese in deutsche Hände konzentriert werden sollten. Erst anschließend sollte der Verkauf von Staatsobligationen genehmigt werden.[752]

Am 8. März 1940 wurde ein weiterer Erlass der Revisionsabteilung des Finanzministeriums herausgegeben. Dieser legte fest, dass die Beschränkungen des Verfügungsrechts im Erlass vom 23. Januar 1940 – über Zahlungen zugunsten von Juden, die Überführungen von jüdischen Sparbüchern und über Transaktionen von Wertpapieren,

749 Ebd., S. 7.
750 Ebd., S. 8.
751 Ebd.
752 MZA Brno, Anm. 39, Rundschreiben der Reichsprotektorsdienstelle in Brünn an die Oberlandräte in Mähren vom 4.3.1940.

über die Juden verfügen durften, über die Einrichtung von Bankschließfächern und die Entnahme daraus sowie über die Einzahlungen von Miet- und Pachteinnahmen jüdischer Immobilienbesitzer auf Sperrkonten bei berechtigten Geldinstituten – sich für die Dauer der Ehe auch auf Ehegatten von Juden bzw. Jüdinnen bezogen. Das einzige Zugeständnis bildete ein Absatz, der vorsah, dass Anträge von Personen nichtjüdischer Herkunft auf Abhebungen von Sperrkonten, die über 1.500 Kronen hinausgingen, von der Revisionsabteilung des Finanzministeriums und den von dieser bevollmächtigten Ämtern „beschleunigt und wohlwollend“ erledigt werden sollen.[753]

Im Verlauf des Frühjahrs 1940 verstärkte die Revisionsabteilung des Finanzministeriums ihren bürokratischen Druck auf die untergeordneten Behörden und öffentlichen Unternehmen des Ressorts. Ihre Anweisungen zielten auf die Beschleunigung und Präzisierung des vor allem durch die Durchführungsverordnung des Reichsprotektors vom 2. März 1940 in Gang gebrachten Prozesses: Binnen einer Frist von drei Tagen sollte die Anzahl der in den Depots der Devisenbanken einlagernden Aktien, Kuxe und festverzinslichen Wertpapiere (Staats- und Landesanleihen) festgestellt werden. Die Einrichtungen der Finanzverwaltung sollten zudem Meldevordrucke über Sperrdepots verschicken. Nach der Rücksendung wurden die von Juden, jüdischen Unternehmen und Vereinigungen stammenden Formulare ausgesondert. Über die Kennzeichnung von jüdischen Einlagen wurden anschließend die Zentralbuchhaltungen der einzelnen Institute unterrichtet, die diese Vermerke in ihre Rechnungsbücher eintrugen. Bei der Gegenzeichnung von Auszahlungsanweisungen waren sie verpflichtet, die vom Reichsprotektor und dem Finanzministerium in Prag erlassenen Vorschriften zu beachten und deren Einhaltung zu überwachen.[754]

Es kam jedoch vor, dass die Kommittenten die Meldeformulare nicht zurücksandten und die Aufforderung wiederholt werden musste. Wenn der Inhaber der Wertpapiere seiner Devisenbank nicht antwortete, wurde das Depot als „jüdisch“ gekennzeichnet – eine Änderung dieser Klassifizierung konnte später bei Vorlage „glaubwürdiger Unterlagen“ über dessen „arische“ Herkunft erfolgen. Bei Wertpapieren und

753 Utermöhle / Schmerling: Anm. 177, Az. 25761 / 39-VI, Prag 1940, S. 27f.; Erlass der Revisionsabteilung des Finanzministeriums Az. 9221 / 40-VI. Der ursprüngliche Erlass des Finanzministeriums vom 23. Januar 1940 wurde nachfolgend auch dahingehend abgeändert, dass Personen nichtjüdischer Herkunft, die mit einem Juden bzw. einer Jüdin in ehelicher Verbindung lebten, wirtschaftlich den Juden gleichgestellt wurden. Dies galt damals als notwendige Maßnahme, um „ungebührliche Vermögensverschiebungen zwischen Ehepartnern während der Dauer der Ehe“ zu verhindern. Die Ergänzungen machten keinen Unterschied zwischen Juden mit Protektorats – oder ausländischer Staatsangehörigkeit. Zur Feststellung, ob ein Konto „jüdisch“ oder „arisch“ war, genügte auch ferner, dass der abhebende Kunde mit seiner Unterschrift bestätigte, weder er noch der Kontoinhaber bzw. dessen Ehemann bzw. – frau seien Juden. Sofern sich der Klient jedoch weigerte, bei einem anonym geführten Konto mit seiner Unterschrift den obigen Sachverhalt zu bestätigen, war das Konto bis zur Beweisvorlage des Gegenteils als „jüdisch“ zu führen. Ein solcher Kunde war neben der meritorischen Erklärung, ob der Kontoinhaber Jude oder „Arier“ sei, nicht verpflichtet, die persönlichen Daten des Inhabers mitzuteilen – vgl. Utermöhle / Schmerling: Die Sicherstellung von jüdischen Vermögen. S. 31f.

754 Ebd., S. 36f.

vergleichbaren Vermögenswerten aus jüdischem Besitz, die beispielsweise als Sicherheit für die Entrichtung von Steuern dienten, war das zuständige Finanzamt nach Begleichung der Steuern verpflichtet, diese bei der Devisenbank, die ihnen der Jude, das jüdische Unternehmen oder die jüdische Vereinigung angab, zu hinterlegen. Ansonsten wurden die Wertpapiere in der jeweils nach Wohnort oder Sitz der natürlichen oder juristischen Person zuständigen Devisenbank hinterlegt. Lag der Wohnort einer natürlichen Person jüdischer Herkunft oder der Sitz eines jüdischen Unternehmens außerhalb des Protektorats, so wurde die Deponierung bei der Postsparkasse angeordnet.[755] Ein typisches Beispiel für diesen Fall waren Juden, die nach der Besetzung des Sudetenlandes in die Tschechoslowakische Republik geflüchtet waren und es nicht geschafft hatten, vor dem Einfall der deutschen Truppen ins Ausland zu fliehen.

Innerhalb des Finanzministeriums wurden jüdische Wertpapiere den Kassen der Finanz- und Zollämter oder den Landeskassen bzw. der Zentralkasse übergeben. Bis zum 15. Juni 1940 sollte der Bericht über den Verlauf des Kennzeichnungsprozesses und die Anzahl dieser Depots dem Präsidium der zuständigen Landesfinanzdirektion überstellt werden. Diese verarbeitete die Meldungen und übergab Ende Juni 1940 dem Finanzministerium einen zusammenfassenden Bericht über die Gesamtzahl der jüdischen Depots und deren innere Strukturierung entsprechend den einzelnen Kategorien der Finanzämter.[756] Ein Teil der jüdischen Einlagen wurde jedoch von Justizorganen verwaltet: Hierbei handelte es sich um Wertpapiere, die sich in direkter Verwahrung von Gerichten etc. befanden. Die Verordnung des Justizministeriums vom 18. Mai 1940 legte hierbei eine ähnliche Vorgehensweise wie im Bereich der Finanzverwaltung fest, gegebenenfalls waren die Devisenbanken und die Postsparkasse heranzuziehen. Die Gruppe II 1/3 F beim ARP war jedoch gezwungen, interne Instruktionen für in der Praxis häufig auftauchende Fälle zu erteilen, die zahlreiche, das Amt belastende Rückfragen verursachten. Einer dieser Standardfälle war der „Umgang mit Wertpapieren“, die einen Wertverlust erlitten hatten.[757] Jüdische Besitzer ersuchten nämlich wiederholt um die Erlaubnis, Wertpapiere vernichten zu dürfen, die ihren Wert verloren hatten und deren Verkauf nicht einmal die Depotgebühren gedeckt hätte. Nach Ansicht der Gruppe II 1/3F war es möglich, die Vernichtung von Wertpapieren zu genehmigen, sofern der Antragsteller eine Bestätigung der Devisenbank vorlegte, dass seine Wertpapiere reell oder wenigstens aktuell wertlos waren. Den Geldinstituten wurde in solchen Fällen die Genehmigung erteilt, diese Werte dem Depot zu entnehmen und sie selbst zu vernichten. Dabei konnte auch den jüdischen Besitzern erlaubt werden, Wertpapiere nach deren Wertverlust zur individuellen Aufbewahrung zu übernehmen.[758]

755 Ebd., S. 34.

756 Ebd. In der gleichen Frist, d. h. bis zum 30.6.1940, sollte das Finanzministerium die Gesamtzahl aller jüdischen Depots melden, die sich in der Verwahrung seiner subalternen Ämter, Institute und Unternehmen befanden. Diese Pflicht betraf beispielsweise die Postsparkasse.

757 Utermöhle/Schmerling: Anm. 728, S. 34f.

758 Ebd., S. 23.

Weitere Maßnahmen betrafen verlosungsfähige Wertpapiere (so genannte Baulotterielose).[759] In ihrem Erlass vom 30. April 1940 ermächtigte die Gruppe II 1/3 F beim ARP die Geldinstitute erstmalig, ohne Sondergenehmigung die in jüdischem Besitz befindlichen Baulotterielose aus den Depots zu entnehmen und deren Inkasso zu besorgen. Der Erlös sollte auf die Sperrkonten der jüdischen Eigentümer fließen. Diese Genehmigung, d. h. Baulotterielose aus dem Depot zu entnehmen und zu Geld zu machen, wurde später auf sämtliche verlosungsfähigen Wertpapiere ausgeweitet.[760] Die Gruppe II 1/3 F beim ARP bemühte sich auch das Verfahren bei Aktienvorlage und – austausch zu vereinfachen. Darunter verstand man die Vorlage der Aktien auf den Hauptversammlungen und den Austausch von Aktien alter Emission gegen neue zwecks Beherrschung einer konkreten Gesellschaft. Zur Erleichterung und Beschleunigung dieser Operationen empfahl die Gruppe II 1/3 F beim ARP den Geldinstituten, bei der Aktenvorlage einer bestimmten Gesellschaft um eine allgemeine Erlaubnis zu ersuchen. Einem solchen Gesuch kam das ARP grundsätzlich nach, und zwar so, dass etwaige „Aktienspitzen“[761] ohne weitere Genehmigung abgestoßen und der Erlös auf das Sperrkonto des jüdischen Inhabers eingezahlt werden konnte.

Für den Bereich der Wertpapiere im Besitz von natürlichen und juristischen jüdischen Personen wurde eine ganze Reihe von Normen erlassen, die durch ihre Uneinheitlichkeit zwangsläufig eine geradezu chaotische Atmosphäre schafften. Ihre praktische Anwendung musste zu Problemen führen; sie wurden auch nicht immer eingehalten. Dies erklärt auch den Erlass der Achten Durchführungsverordnung zur Verordnung des Reichsprotektors vom 21. Juni 1939 über jüdisches Vermögen vom 16. September 1940.[762] Nach dieser waren Juden, jüdische Unternehmen und Vereinigungen sowie „arische“ Ehepartner von Juden bzw. Jüdinnen verpflichtet, bis zum 15. November 1940 beim Reichsprotektor den Besitz von in ihrem Eigentum bzw. Teileigentum befindlichen Wertpapieren zu melden. Sofern diese Wertpapiere bereits ins Depot einer der so genannten Devisenbanken verbracht waren, war diese Meldung bis zum 1. November 1940 zur weiteren Überprüfung und Bearbeitung an das betreffende Institut zu richten. Die Meldepflicht bestand nämlich auch für Devisenbanken, in deren Depot (laut Paragraph eins der fünften Durchführungsverordnung vom 2. März 1940) solche Wertpapiere hinterlegt waren. Indirekt ergab sich diese Pflicht auch für die Kassen von Ämtern, öffentlichen Einrichtungen und Unternehmen im Protektorat Böhmen und Mähren, für die bislang laut ARP-Entscheid vom 30. März 1940 eine Ausnahme von der Meldepflicht für

759 Unter verlosungsfähigen Wertpapieren verstand man zur Zeit der Tschechoslowakischen Republik und des Protektorats Böhmen und Mähren vor allem Lotterielose des tschechoslowakischen Roten Kreuzes, so genannte Baulotterielose und einige Arten von in- und ausländischen (türkische Lose) Staatsanleihen. Diese Art von Wertpapieren verlor ihren Wert nicht. Ihr Besitzer bezog allerdings keine Jahreszinsen, hatte dafür bei der Ziehung Aussicht auf einen relativ hohen Gewinn. Sofern er nicht gewann, wurde ihm der Wert des verlosungsfähigen Wertpapiers in voller Höhe ausgezahlt. Es handelte sich also nicht um ein klassisches Gewinnlos, das bei Nichtgewinn völlig wertlos wird.

760 Utermöhle/Schmerling: Anm. 728, S. 23.

761 Ebd. Unter dem Begriff „Aktienspitze“ ist mutmaßlich der Höhepunkt des Kurswertes vor der Hauptversammlung zu verstehen.

762 VOBl 1940, S. 507f.

jüdische Werte gegolten hatte. Das Finanzministerium informierte daher am 5. November 1940 die subalternen Institutionen über diese Neuerung und wies sie an, die jüdischen Wertpapierdepots anzumelden.[763] Jüdische Wertpapierbesitzer, die ihr Vermögen schon laut der fünften Durchführungsverordnung des Reichsprotektors vom 2.3.1940 angemeldet hatten, mussten keine erneute Meldung vornehmen.[764]

Mit der achten Verordnung endeten im Wesentlichen die normativen Regelungen, die das Verfügungsrecht über jüdische Wertpapiere einschränkten. Seit dem 15. November 1940 waren Wertpapiere, aber auch Konten und Sparbücher von Juden, jüdischen Unternehmen und Vereinigungen endgültig erfasst und gesperrt; Beträge die 1.500 Kronen wöchentlich für den Lebensunterhalt des Besitzers und seiner Familie beim Fehlen anderweitiger Einkünfte überstiegen, konnten nur mit Genehmigung der Besatzungsverwaltung abgehoben werden.[765] Auf Grundlage der zweiten Verordnung des Reichsprotektors in Böhmen und Mähren über die Behandlung von Juden und jüdischen Organisationen konnte die Zentralstelle für jüdische Auswanderung in Prag die Liquidation des Vermögen jüdischer Auswanderer übernehmen, wenn sie eine entsprechende Vollmacht der verfügungsberechtigten Person vorweisen konnte. Ein solches Schriftstück hatte die Geltung einer Urkunde im Sinne von Paragraph 33 des Allgemeinen Grundbuchgesetzes.[766] Mit dem Erlass der Elften Verordnung zum Reichsbürgergesetz vom 25. Oktober 1941, das auch für das Protektorat Böhmen und Mähren Gültigkeit hatte, verloren Personen jüdischer Herkunft beim Überschreiten der Reichsgrenzen ihre

763 AKPR Praha, Sign. D 2719/45/B, Schreiben des Finanzministeriums an die Kanzlei des Staatspräsidenten, an alle Ministerien, das Oberste Finanzkontrollamt, das Oberste Preisamt und das Zentralamt für Statistik vom 5.11.1940. Das Finanzministerium wies im Rahmen seines Ressorts die Landesfinanzdirektionen, die Zentralkasse des Protektorats Böhmen und Mähren, die Landesfinanzkassen, die Direktion der Staatsschulden und die Finanzämter in Böhmen und Mähren darauf hin, dass die Meldepflicht nur die jüdischen Depots betrifft. Einlagen, deren Herkunft bislang noch nicht ermittelt werden konnte, sollten erst nach der Identifikation als jüdisches Vermögen gemeldet werden. Im Falle dass die Inhaber von jüdischen Depots laut § 4 der achten Durchführungsverordnung des Reichsprotektors ihre Anmeldungen zur Überprüfung einschickten, sollten diese auf ihre Richtigkeit überprüft und an das ARP weitergeleitet werden. In diesen Fällen war das depotführende Institut verpflichtet, eine selbständige Meldung über die erteilte Aufgabe auszufüllen und einzuschicken.

764 VOBl RP 1940, S. 507f.

765 MZA Brno, Anm. 356, Az. II/1 Jd. 39105/40, Schreiben des Reichsprotektors an den Oberlandrat in Brünn vom 26.3.1941.

766 VOBl RP 1941, S. 555f. Diese Anordnung entspricht bereits den neuen Intentionen der Besatzungsverwaltung unter Leitung von Reinhard Heydrich. Sie betraf nicht nur Juden, sondern auch Tschechen, da bei der Liquidation von jüdischen Vermögen der Rechtsweg zur Geltendmachung von Gläubigerforderungen gegenüber jüdischen Schuldnern ausgeschlossen war. Schwebende Rechtsstreitigkeiten, Vollzugs-, Vergleichs- und Konkursverfahren wurden auf Vorschlag der Zentralstelle für jüdische Auswanderung ausgesetzt und eine Wiederaufnahme war nur auf deren Veranlassung möglich. Handelte es sich um tschechische Gläubiger, wurde nur in Ausnahmefällen eine Wiederaufnahme veranlasst. Die Forderungen tschechischer Gläubiger gegenüber jüdischen Vermögen behandelte auch die dritte Verordnung des Reichsprotektors in Böhmen und Mähren über die Behandlung von Juden und jüdischen Organisationen vom 19.11.1941. VOBl RP 1941, S. 642–644.

Staatsangehörigkeit. Damit verfiel auch ihr Vermögen, das zu sämtlichen mit der „Lösung der Judenfrage“ zusammenhängenden Zwecken zu verwenden war.[767]

Die auf die Einführung einer Meldepflicht für Aktienbesitzer abzielende Aktion vom Frühjahr 1942 traf die jüdische Volksgruppe, noch stärker aber die tschechische Protektoratsbevölkerung, auf welche die Anordnung des Reichswirtschaftsministers auf Grund der Ersten Durchführungsverordnung zur Verordnung über den Aktienbesitz vom Februar 1942 und die Durchführungsbestimmungen zu dieser Vorschrift vom 3. März 1942 explizit Bezug nahmen.[768] Für das Protektorat Böhmen und Mähren wurde die Meldepflicht für Aktien durch die Regierungsverordnung vom 9. Mai 1942 präzisiert – diese betraf ausgewählte Wertpapiere, die der Besitzer der Nationalbank für Böhmen und Mähren melden musste, wobei ihr Wert nach dem amtlichem Prager Börsenkurs zum 31. Dezember 1941 anzugeben war.[769]

Eine weitere Vereinfachung für den Umgang mit jüdischen Wertpapieren brachte die Vierte Verordnung des Reichsprotektors über die Behandlung von Juden und jüdischen Organisationen vom 13. April 1942. Damit genügte fortan lediglich ein schriftlicher Entscheid der Zentralstelle für jüdische Auswanderung, um mit dem Ausstellungstag sämtliche Rechte der bisherigen Besitzer auf den Auswanderungsfonds zu übertragen.[770]

## 7.1 Zum Mechanismus der „Arisierung“ von Wertpapieren, Konten und Sparbüchern

Der Mechanismus zur „Arisierung“ von Wertpapieren, Konten und Sparbüchern und deren anschließender Germanisierung durchlief auf dem Protektoratsgebiet eine vergleichsweise schnelle Entwicklung, wobei er unablässig perfektioniert wurde. Die Praktiken der NS-Verwaltung lassen sich bis zum 15. März 1939 zurückverfolgen.[771] Die Organe der Reichsfinanzverwaltung waren bereits auf die Besetzung der „Rest-Tschechei“ vorbereitet.

767 ŽM Praha, Archiv-Abteilung Holocaust, Inv. Nr. 30, Elfte Verordnung zum Reichsbürgergesetz vom 25.11.1941; RGBl 1941, I, S. 722.

768 AČNB Praha, Bestand ŽB, Sign. S VII/h-1, Rundschreiben der Wirtschaftsgruppe „Privatbankwesen“ 1942, NR 33/1, Zentralverband des Deutschen Banken- und Bankiergewerbes.

769 Ebd., Nr. 76/6. Diese Anordnung galt offenbar auch rückwirkend, da sie u. a. ein Entfallen der Meldepflicht für solche Fälle bestimmte, in denen der Kurswert von vor dem 15.5.1942 veräußerten Wertpapieren unter 1 Mio. K lag.

770 VOBl RP 1942, S. 191.

771 Die Verfasser des Kapitels über die „Arisierung“ von Wertpapieren, Konten und Sparbüchern sind sich des Umstands bewusst, dass im Kontrast zur relativ kompletten Darstellung der gültigen Vorschriften im Einleitungsteil die Passage über den „Arisierungs“-Mechanismus bei Wertpapieren, Konten und Sparbüchern nur eine Skizze der untersuchten Problematik liefert. Zwar wurden die Normen publiziert, doch steht zur eigentlichen praktischen Enteignung und Überführung von jüdischen Vermögen nur ein sehr kleiner Teil von Archivquellen zur Verfügung. Die Mehrheit der Dokumente wurde gegen Kriegsende von den deutschen Organen vorsätzlich vernichtet. Die angeführten Beispiele für die „Arisierung“ von Aktien bedeutender Firmen zeigen auch, dass dieser Prozess in vielerlei Hinsicht einzigartig war und es häufig auf informelle Kontakte, Interventionen, Lobbying und Protektion ankam. Zu einigen Fragen des Anteils der

Ihr wichtigstes Ziel war die Verhinderung von Kapitalflucht und Immobilienübertragung. Im Auftrag Berlins schufen sie Zollfahndungsstellen in Karlsbad, Troppau und Wien sowie Devisenschutz-Einsatzkommandos für Prag, Mährisch Ostrau, Olmütz, Pardubitz und Brünn mit Nebenstellen in Königgrätz, Chrudim und Tschaslau.[772] Die Zollfahndungsstellen und Devisenschutzkommandos wachten über die Einhaltung der geltenden Devisen- und Zollvorschriften und fahndeten in Zusammenarbeit mit der Gestapo nach „hinterzogenem Vermögen“. Die festgestellten Vermögenswerte einschließlich Wertpapieren und Sparbüchern wurden sichergestellt und beschlagnahmt. Konfiszierte Aktien wurden auf die zuständige Bezirksfinanzdirektion überführt.[773] Die in den ersten Tagen der Besetzung des Protektoratsgebiets beschlagnahmten Vermögenswerte wurden zunächst der Kasse des Gestapo-Einsatzkommandos und später der Kasse des Kommandanten der Sicherheitspolizei in Böhmen und Mähren übergeben.[774]

Die erwähnten Einsatzkommandos der Zollfahndung operierten in engster Zusammenarbeit mit der Gestapo und dem SD, ihre Stellung galt als außerordentlich wichtig. Die Beamten führten Waffen und wurden bei ihren Aktionen von Gestapo und SS unterstützt. Ihre Aufgabe bestand darin, schnellstmöglich allen Banken und Volks-Geldinstituten Anordnungen zu übermitteln, die die Flucht von jüdischem und anderweitigem Vermögen verhindern sollten. Die Leiter der von den Einsatzkommandos benachrichtigten Geldinstitute hatten auf der Anordnung nicht nur Datum, sondern auch Uhrzeit der Entgegennahme zu vermerken und die Anordnung unverzüglich umzusetzen.[775] Auf diese Weise wurden ab Beginn der Besatzungszeit sämtliche Konten, Einlagen, Depots und Schließfächer von Juden, Flüchtlingen aus Deutschland, Österreich und dem besetzten Sudetenland, aber auch von unbekannten Personen und von im Reich ansässigen Bankkunden erfasst und sichergestellt. Eine Anordnung regelte die Sicherstellung sämtlicher Devisen einschließlich Reichsmarkbeständen. Über Konten, Guthaben, Depositen und Schließfächer der genannten Bankkunden durfte künftig nicht mehr ohne die Genehmigung des zuständigen Einsatzkommandos verfügt werden – ausgenommen waren lediglich begrenzte Auszahlungen zur Deckung der grundlegenden Lebenshaltungskosten von Einzelpersonen.

Die Geldinstitute waren aufgrund der oben erwähnten Anordnung auch verpflichtet, binnen 24 Stunden eine Aufstellung aller Konten, Guthaben, Depositen und Schließfächer von Juden, Flüchtlingen und in Deutschland ansässigen Personen zu erstellen und als Original mit zwei Kopien dem gebietsmäßig zuständigen Bereitschaftskommandanten der Zollfahndung zu übergeben. Die Verzeichnisse enthielten die Namen der Eigentümer mit

---

Deutschen Bank an der „Arisierung“ der genannten Vermögenswerte im Protektorat Böhmen und Mähren vgl. James: Anm. 129, S. 169–171.

772 MZA Brno, Anm. 89, Devisenfahndungsamt Böhmen und Mähren vom 21.3.1939.

773 Ebd., Kart. 27, Inv. Nr. 125. Laut Information des Devisenschutz-Sonderkommandos in Brünn wurden im Sommer 1939 4 Mio. K in bar und 5,6 Mio. K in Wertpapieren sichergestellt. Ebd., Kart. 12.

774 NA Praha, Anm. 67..

775 MZA Brno, Bestand D 25, Kart. 12, Rundschreiben Nr. 1 und 2 vom 15.3.1939.

genauer Adresse sowie Angaben über die Höhe der betreffenden Vermögenswerte.[776] Auf die beschriebene Weise ging die Zollfahndungsstelle Troppau in Nord- und Mittelmähren sowie Ostböhmen vor. In anderen Teilen des okkupierten Gebiets operierten diese Organe in Form von Devisenschutz-Sonderkommandos. Ihre zunehmend detailliert ausgearbeiteten Anordnungen beriefen sich auf den Schutz der Devisen- und Finanzwirtschaft. So wurde beispielsweise genauer ausgeführt, dass Schließfächer und gesperrte geschlossene Depots von den Eigentümern nur in Anwesenheit oder auf Weisung eines Beamten des Devisenschutz-Sonderkommandos geöffnet werden durften. Von Konten jüdischer Eigentümer durften höchsten 1.500 Kronen abgehoben werden, außerdem wurden diese in einem Sonderverzeichnis aufgelistet. Der außergewöhnlichen Situation entsprach auch das Recht der Beamten des Devisenschutz-Sonderkommandos, an Ort und Stelle weitere Entscheidungen zu treffen – ein rücksichtsloses und arrogantes Vorgehen aus der Position der Stärke. Die damalig auf tschechischer Seite herrschende Atmosphäre der Angst wird von der Tatsache bestätigt, dass sämtliche Geldinstitute die verlangten Angaben unverzüglich bis Anfang April meldeten.[777]

Schon zur Zeit der Militärverwaltung machte das Finanzministerium von seiner Weisungsbefugnis Gebrauch und regelte so das weitere Vorgehen der Geldinstitute bei der Beschneidung der Verfügungsrechte über jüdisches Vermögen. Auch die Zusammenarbeit zwischen Devisenschutz-Sonderkommandos und Gestapo wurde immer enger. Letztere hatte nämlich alle beschlagnahmten Wertpapiere unverzüglich auf ein jüdisches Sperrdepot bei einer Bank zu hinterlegen – hierfür wurde anfänglich die Böhmische Escompte-Bank empfohlen. Ein analoges Vorgehen galt auch bei Sparbüchern, bei denen den jüdischen Eigentümern nur soviel Geld belassen wurde, dass sie davon ihren notwendigsten Lebensunterhalt bestreiten konnten.[778]

Die Devisenschutz-Sonderkommandos waren nicht nur in der Erfassung jüdischer Vermögenswerte tätig, sondern arbeiteten auch aktiv an deren Aufspürung. Sie nahmen Haussuchungen bei Juden vor, hinterlegten dabei gefundenes Bargeld auf Konten oder Sparbüchern der Besitzer und überführten Wertpapiere in deren Depots bei den

776 Ebd., Anordnung vom März 1939. Offensichtlich waren die grundlegenden Instruktionen der Zollfahndungsstellen einheitlich, doch waren die einzelnen Dienststellen bei der Umsetzung in die Praxis bis zu einem gewissen Maß autonom.

777 Ebd., Kart. 219, Devisenschutz-Sonderkommando Außenstelle Ungarisch-Hradisch.

778 Ebd., Schreiben des Devisenschutz-Sonderkommandos in Mährisch Ostrau an den Gestapo-Leiter in Mährisch Ostrau vom 12.6.1939; Anordnung des Devisenschutz-Sonderkommandos in Mährisch Ostrau vom 30.6.1939. Seit Beginn der Protektoratsherrschaft beschafften sich Juden auch durch Aktienverkauf Geld, wobei die Transaktionen nach dem Ende der halboffiziellen Wertpapiergeschäfte im Gebäude der Börse unter Mitwirkung von Maklern und aufgrund von Angebot und Nachfrage völlig formlos in Kaffeehäusern usw. abgeschlossen wurden. An diesen Geschäften beteiligte sich auch eine ganze Reihe problematischer Individuen. Dabei kam es geradezu zwangsläufig zu einer zugespitzten Spekulation à la baisse, bei der die Verkaufenden immer empfindlich geschädigt wurden Dieser chaotische „Aktienmarkt" in der „Grauzone" wurde auch von den Regierungsorganen im Protektorat Böhmen und Mähren, insbesondere dem Finanzministerium, kritisiert. Ähnlich negativ mussten auch die Ansichten der deutschen Besatzungsorgane zu diesem Thema sein. Vgl. AČNB Praha, Bestand ŽB, Sign. S VIII/d-52/9, Prager Waren- und Wertpapierbörse. Verschiedenes 1931–1942.

Geldinstituten.[779] Dadurch wurde es den Eigentümern im Grunde unmöglich gemacht, Geld und Wertsachen zu Hause aufzubewahren. Zahlreiche Denunziationen durch Nachbarn waren dabei eine traurige Realität.

Für die „Realisierung“ von Wertpapieren war in der Frühphase bei Auswanderungsabsichten der Juden der an die Gruppe II 1/3 F ARP gerichtete Antrag ausschlaggebend. Die Erledigung des Antrags konnte beschleunigt werden, sofern der jüdische Eigentümer baldmöglichst auswandern wollte und Finanzmittel zu Begleichung der entsprechenden Steuer sowie der Reisekosten benötigte. Neben der persönlichen Situation des Antragstellers war auch die Zusammensetzung der von ihm zum Verkauf angebotenen Wertpapiere von Bedeutung. Die an der Spitze der deutschen Besatzungsverwaltung, d. h. im Amt des Reichsprotektors angesiedelte Gruppe Wirtschaft interessierte sich vor allem für „wertvolle“ Aktien von Banken und führenden Industrie- und Handelsunternehmen sowie für Obligationen; staatliche Pfandbriefe und weitere Depositen dagegen waren von zweitrangigem Interesse.[780] Nach Genehmigung des Verkaufs wurde das entsprechende Schriftstück dem Geldinstitut, bei dem der jüdische Besitzer seine Wertpapiere deponiert hatte, vorgelegt. Dieses fügte das Schreiben dem betreffenden Aktienpaket bei und gab die darin aufgeführten Wertpapiere zur Veräußerung frei. Ein Teil des erzielten Erlöses wurde auf das Sperrkonto des jüdischen Besitzers eingezahlt. Relativ früh stellte sich jedoch heraus, dass dieses Verfahren hinsichtlich der durch die „Arisierung“ angestrebten Germanisierung im Protektorat Böhmen und Mähren unvorteilhaft war, da die Wertpapiere so auch in tschechische Hände gelangen konnten und die deutschen Organe zu wenig Übersicht und Kontrolle über deren Verbleib hatten.

Eine Lösung fanden die deutschen Organe in der Einschaltung der Böhmischen Escompte-Bank und der Böhmischen Union-Bank als Tochtergesellschaften der Dresdner bzw. Deutschen Bank, die zweifellos auch selbst Interesse an einer Stärkung ihrer Stellung in den lukrativen Industrie- und Handelsgesellschaften im Protektoratsgebiet hatten. Die Banken konnten gerade durch den Aufkauf von ehemals in jüdischem Besitz befindlichen Aktien ihre Positionen in zahlreichen Firmen festigen und zum Teil auch in neue Unternehmen vordringen. Ihr Geschäftsinteresse kam damit dem Bestreben der Besatzungsverwaltung nach der Stärkung des Deutschtums in der Wirtschaft der besetzten tschechischen Landesteile entgegen. Das Resultat war eine Absprache zwischen dem ARP sowie den Leitungsgremien von BEB und BUB, die beiden Anstalten den Verkauf von jüdischen Aktien anvertraute – unter der Bedingung, diese nicht in tschechische Hände geraten zu lassen.[781]

Die BUB suchte auch außerhalb des Protektorats aktiv nach Wegen zur Akquisition von Wertpapieren. So hielt sie beispielsweise in Wien als Kommanditist Anteile an dem Bankhaus Rosenfeld & Co., welches nach dem „Anschluss“ Österreichs an das Deutsche Reich im März 1938 „arisiert“ worden war und eine überwiegend jüdische Kundschaft hatte. Im Zusammenhang mit den Plänen, größere Wertpapierpakete von jüdischen

779 MZA Brno, Anm. 777.

780 MZA Brno, Bestand B 251, Kart. 122, Der Reichsprotektor, Dienststelle für Mähren Az. II 1/3 F 1176/40, Schreiben des Reichsprotektors an die Dienststelle für Mähren vom 27.2.1940.

781 NA Praha, Anm. 67.

und sonstigen Besitzern an sich zu bringen, fragte Walter Pohle am 4. Juli 1939 bei der Deutschen Bank-Zentrale an, ob es nicht möglich wäre, gerade das „arisierte“ Bankhaus Rosenfeld & Co. als Mittler einzusetzen.[782]

Die jüdischen Eigentümer waren beim Verkauf ihrer Aktien prinzipiell benachteiligt, da sie diese weit unter dem aktuellen Wert veräußern mussten: Als Gegenwert wurde nämlich der zum 1. April 1938 geltenden Kurs festgesetzt. In den Besitz der neuen Eigner gingen die Aktien allerdings zum aktuellen Kurswert über, der in der Regel einige zehn Prozent darüber lag (siehe Tabelle 24). Die Differenz zwischen dem so genannten „Judenkurs“ von 1938 und dem „Übernahmekurs“ von 1940 entfiel auf die „Ausgleichsabgabe bei Entjudung“ zugunsten des Reiches. Diese wurde in der Praxis an die Zentralstelle für jüdische Auswanderung abgeführt und war auf das Konto mit der Bezeichnung Oberkasse des Reichsprotektors in Böhmen und Mähren R 780 bei der Kreditanstalt der Deutschen (KdD) zu überweisen.[783] Diese Abgabe galt offiziell als öffentliche Abgabe, für deren Überführung laut Beschluss des Bankenverbands vom 20. Juni 1941 dem Geldinstitut keine Sondervergütung in Höhe von einem halben Prozent gezahlt wurde.[784]

Der Prozess der „Arisierung“ jüdischer Wertpapiere erfuhr Ende 1940 eine Intensivierung. Das ARP verfügte zu diesem Zeitpunkt aufgrund der achten Durchführungsverordnung zur Verordnung des Reichsprotektors über jüdisches Vermögen vom 21.6.1939 über eine klare Vorstellung von der Struktur des jüdischen Wertpapierbesitzes und dessen Hinterlegung in Depots bei Devisenbanken bzw. gleichgestellten Anstalten. Auch die Zusammenarbeit mit der BEB und der BUB machte sich bei der gemeinsamen Suche nach Interessenten an konkreten Aktienpaketen bezahlt. Das geht beispielsweise aus der Korrespondenz zwischen dem ARP und der Börsenabteilung der BUB vom Juni und Juli 1941 hervor. Die Gruppe II 1/4 teilte der BUB am 30. Juni 1941 mit, dass Aktien von neun Gesellschaften zum Angebot stünden, bei denen sich sicherlich noch Partien in jüdischen Händen befänden und für die bislang noch kein ernsthafter Interessent aufgetaucht sei.[785]

---

782 HADB Frankfurt am Main, Bd. BO 167, W. Pohle an Sembricky im Sekretariat der Deutschen Bank vom 4.7.1939.

783 ŽM Praha, Anm. 41 z. B. Az. II / 1 Jd. 14873 / 40 und 40090 / 40; MZA Brno, Anm. 356. Das ARP betonte besonders, dass Juden nicht am derzeitigen Gewinn aus dem ansteigenden Wertpapierkurs beteiligt werden sollten. S. NA Praha, Anm. 43, Verwaltungsbericht für Monat November, Prag 12.12.1940, Bl. 335.

784 AČNB Praha, Bestand SB, Sign. S II-5, Kredit- und Debetabkommen des Bankverbands vom 20.6.1941. Zur Nutzung des „Arisierungs“-Prozesses von Wertpapieren zur Germanisierung entscheidender Aktiengesellschaften im Protektorat Böhmen und Mähren vgl. den Forschungsbericht für das Außenministerium der ČR: Jančík, Drahomír / Kubů, Eduard / Novotný, Jiří / Šouša, Jiří: Arizace a germanizace cenných papírů jako instrument k potlačení židovského a českého elementu ve velkopodnikatelském hospodářství Protektorátu Čechy a Morava [Arisierung und Germanisierung von Wertpapieren als Instrument zur Unterdrückung des jüdischen und tschechischen Elements im Großunternehmenssektor des Protektorats Böhmen und Mähren], Praha 2004.

785 Registratur MF ČR Praha, Registratur BUB, Korrespondenz mit dem ARP, 22.4.–14.8.1941, Schreiben der BUB an das ARP vom 17.7.1941.

Zur Illustration und Dokumentation der Höhe des so genannten „Judenkurses" (zum 1.4.1939) und des so genannten Übernahmekurses (16.9.1940) sowie deren Disparität dient die folgende Übersicht über die erwähnten neun Firmen mit den entsprechenden Kursen:

Tabelle 24: Beispiel von neun Firmen mit „Judenkurs" und „Übernahmekurs" ihrer Aktien

| **Firma** | **„Judenkurs" in Kronen** | **Prozent** | **„Übernahmekurs" in Kronen** | **Prozent** |
|---|---|---|---|---|
| **Erste Böhmisch-Budweiser Emailgeschirrfabrik A.G., Böhmisch Budweis<br>První Česko-Budějovická továrna na smaltované nádobí, a.s., České Budějovice** | 250 | 53 | 470 | 100 |
| **Koliner Kaffee-Surrogate-Fabrik, Kaufmännische Aktienunternehmung, Prag<br>Kolínská továrna na kávové náhražky, kupecký podnik akciový, Praha** | 157 | 27 | 580 | 100 |
| **Aktienbrauerei in Nusle, Prag<br>Akciový pivovar, Praha-Nusle** | 1.410 | 64 | 2.200 | 100 |
| **Proßnitzer Maschinenfabriken Wichterle et Kovařík A.G., Proßnitz<br>Prostějovská továrna na zemědělské stroje Wichterle a Kovařík a.s., Prostějov** | 280 | 40 | 705 | 100 |
| **Nestomitzer Zuckerraffinerie, Prag<br>Neštěmická rafinerie cukru, Praha** | 950 | 43 | 2.220 | 100 |
| **„Orion" Schokoladewerke A.G., Prag<br>„Orion", továrny na čokoládu a.s., Praha** | 660 | 55 | 1.200 | 100 |
| **„Merkur", Zuckerwaren-, Schokolade- und Gebäckfabrik A.G., Böhmisch Budweis<br>„Merkur", továrna na cukrovinky, čokoládu a pečivo, a.s., České Budějovice** | 510 | 61 | 830 | 100 |
| **Rakonitzer und Unter-Themenauer keramische Werke A. G., Prag<br>Rakovnické a Poštorenské keramické závody akciové, Praha** | 880 | 50 | 1.770 | 100 |
| **Actiengesellschaft für Leder und Lederwaren-Industrie, vorm. H. Bergmann Sohn et Co, Neu Bitschaw<br>H. Bergmann syn akciová společnost, Nový Bydžov** | 325 | 45 | 715 | 100 |

Quelle: Registratur MF ČR Praha, Registratur BUB, Korrespondenz mit dem ARP 5, 22.4.–14 .8.1941, BUB an ARP vom 17.7.1941.

Die BUB informierte einen zahlungskräftigen Kundenkreis über die Möglichkeit, jüdische Aktien zu erwerben. Sie erhielt eine Reihe von Angeboten von Kaufwilligen, nahm eine interne Auswahl vor und schickte am 17. Juli 1941 das Verzeichnis der in Betracht kommenden Käufer an die Gruppe II 1/3 F im ARP. Unter den Interessenten befanden sich zwei Firmen – die Julius Meinl A.G., Prag, und die Heinrich Franck & Söhne G.m.b.H. in Berlin – sowie fünf natürliche Personen: Franz Anton Graf

Nostitz aus Prag, Dr. Friedrich Bach, der Direktor der Firma Julius Meinl in Prag, Ernst Schay, ein Schöneberger Textilunternehmer, Ing. Dr. Aug. Gössner, Professor am deutschen Technikum in Prag und Josef Krebs, der leitende Direktor der BUB.[786] (Paradoxerweise waren die Firmen Julius Meinl und Heinrich Franck selbst „arisierte" Firmen, deren neue Besitzer sich auf diese Weise weiter am „Arisierungs"-Prozess beteiligten.)

Nach Entstehung des Vermögensamtes beim ARP im Herbst 1941 sollten die deutschen Protektoratsbanken, vor allem die BEB und die BUB, mit diesem zusammenarbeiten, um eine bessere Verwendung der im Zuge der „Arisierung" erworbenen Wertpapiere jüdischer Herkunft zu sichern. So sollte eine Kumulation von Aktien der Firmen, an deren Majorität bei deutschen amtlichen Stellen und Unternehmerkreisen Interesse bestand, sichergestellt werden. Parallel dazu zielte die Zusammenarbeit auch auf den finanziell attraktiven Verkauf von Wertpapieren, an denen keine Sonderinteressen vorlagen, wobei als Käufer deutsche Interessenten zu bevorzugen waren.[787] Das Vermögensamt befand auch über die zugunsten des Reichs eingezogenen Wertpapiere, die von der Treuhand und Revisions-Gesellschaft m.b.H. in Prag verwaltet wurden. So trug es beispielsweise im April 1944 deren Brünner Filiale auf, die beschlagnahmten Aktien in Sonderdepots des Vermögensamtes bei der BEB und der BUB zu hinterlegen. Die beiden Anstalten wurden dabei alphabetisch „bedacht", und zwar so, dass die BEB Aktien der Gesellschaften mit den Anfangsbuchstaben A bis L sowie Wertpapiere in ausländischen Währungen erhielt, und der BUB Aktien der Gesellschaften mit den Anfangsbuchstaben M bis Z zugeteilt wurden.[788]

Deutsche Banken arbeiteten mit dem Vermögensamt auch beim Erwerb von Aktien tschechischer Firmen zusammen. Ein Beispiel hierfür ist die Commerzbank, die im Protektorat Böhmen und Mähren ein außerordentliches Interesse an Aktien der Česká průmyslová banka (Böhmische Industriebank) zeigte. Ihr war es bis 1941 gelungen, auf einem Eigenkonto 25.307 Aktien der genannten tschechischen Bank an sich zu bringen, zum größten Teil offensichtlich aus zuvor jüdischem Besitz. Das Vermögensamt hatte der Commerzbank ein Verzeichnis der Aktionäre jüdischer Herkunft überstellt, damit sie diese direkt kontaktieren konnte. Zudem wurden die Treuhänder jüdischer Unternehmen, in deren Besitz sich Aktien der Česká průmyslová banka befanden, aufgefordert, diese der Commerzbank zum aktuellen Kurswert anzubieten. Die gesamte Aktion war derart gründlich organisiert, dass der Prager Repräsentant der Commerzbank, Lutz Hafenbraedl, im März 1942 an die Berliner Zentrale melden konnte, es sei „[...]

786 Ebd.

787 NA Praha, 109-4-1346, Bericht über die Tätigkeit der Staatspolizeistelle Prag bis zum 1. Juli 1942. Laut Verwaltungsbericht des ARP wurde der Zwangsverkauf von Aktien aus jüdischem Besitz im Februar 1941 aufgenommen, wobei das Interesse betont wurde, Aktien bedeutender Unternehmen in deutsche Hände übergehen zu lassen. NA Praha, Anm. 43, Verwaltungsbericht für Monat Februar 1941, Bl. 365.

788 MZA Brno, Bestand G 247 (Německá správa zabaveného majetku) [Deutsche Verwaltung von beschlagnahmten Vermögen], Kart. 4, Allgemeine Korrespondenz 1944.

also vorgesorgt, dass uns kein Stück entgeht [...]“.[789] Die erste, bis Ende 1941 dauernde Phase in der Beschaffung von Aktien der Česká průmyslová banka erwies sich für die Commerzbank als recht lukrativ. Die Bank kaufte die Aktien zu einem Durchschnittspreis von circa 400 Kronen pro Stück, wobei der Börsenkurs zu Beginn des Folgejahres bei circa 660 Kronen pro Aktie lag. Die Einsparungen der Commerzbank erreichten somit 6,6 Millionen Kronen, d. h. 660.000 Reichsmark. In den folgenden Jahren war sie weniger erfolgreich: Nach der Ausschöpfung des „Arisierungs“- und Germanisierungspotentials musste sie weitere Aktienpakete auf dem Finanzmarkt kaufen, wobei es ihr aufgrund der beträchtlichen Streuung des Aktienbesitzes nicht gelang, ihr strategisches Ziel – d. h. den Erwerb eines Anteil von 26 Prozent am Aktienkapital der Böhmische Industrialbank – zu erreichen.[790]

Das Streben nach dem Erwerb eines bedeutenden Anteils am Aktienkapital der Böhmische Industrialbank rührte zweifellos auch von dem Interesse der Commerzbank an den 3.250 jüdischen und später weiteren 1.000 sonstigen Aktien eines wichtigen Konzernunternehmens dieser Bank – der Munitionsfabrik, früher Sellier & Bellot, in Wlaschim, die unter der Verwaltung des Vermögensamtes standen. Die Operation endete jedoch in einem Fiasko und führte zu einem Verlust von 6.668 Reichsmark. Das ist um so bewerkenswerter, da anfangs die Gewinnspanne von 23 Prozent zwischen dem Prager Wertpapier-Börsenkurs und dem so genannten „Judenkurs“ der Commerzbankleitung nicht sehr hoch erschien und die Berliner Zentrale beim ARP Versuche unternahm, den Übernahmekurs zu drücken.[791]

Im Herbst 1941, mit dem Beginn der Massendeportation der jüdischen Bevölkerung aus dem Protektoratsgebiet, kam es hinsichtlich der „Verwertung“ von beschlagnahmten Wertapieren zu einer Klärung der Standpunkte zwischen dem Reichsprotektor in Prag, dem Reichsfinanzminister und der Deutschen Reichsbank in Berlin. Der Reichsprotektor brachte seine Vorstellungen zur Nutzung der beschlagnahmten und an das Reich gefallenen Wertpapiere in seinem Brief vom 14. Oktober 1941 zum Ausdruck. Zu jener Zeit amtierte bereits Reinhard Heydrich, dessen eindeutige Absicht es war, aus den so gewonnenen jüdischen Wertpapieren maximalen Profit zu schlagen und zugleich mit ihrer Hilfe den deutschen Einfluss auf die Protektoratswirtschaft zu stärken. Die deutsche Reichsbank stimmte – vermittels ihres Direktors Waldhecker – Heydrichs Vorstellungen zu. Infolgedessen unterteilte der Reichsfinanzminister Wertpapiere im Protektorat Böhmen und Mähren aus dem Besitz von Protektorats – bzw. Reichsangehörigen jüdischer Herkunft, die von den Organen der Staatsgewalt aufgrund strafrechtlicher Vorschriften beschlagnahmt worden bzw. dem Reich (Vermögensamt) durch eine Bevollmächtigung des Besitzers oder ex lege verfallen waren, in zwei Kategorien – Dividenden bringende

789 Kreutzmühler / Kučera: Anm. 591, S. 211.

790 Ebd., S. 211–212.

791 Ebd., S. 216–217. Das ARP weigerte sich jedoch, den Wünschen der Commerzbank zu entsprechen.

(Aktien, Kuxe usw.) und festverzinsliche Wertpapiere (d. h. Pfandbriefe, Staats- und Landesobligationen).[792]

Aktien, Kuxe und Beteiligungen fielen in den Zuständigkeitsbereich des Reichsprotektors, die Entscheidungen hierüber wurden von der Gruppe Wirtschaft II 1/4 F seines Amtes getroffen. Hauptziel war die Nutzung der Dividendenwerte aus dem Besitz von Juden und verfolgten Tschechen zur Stärkung des Deutschtums, d. h. des deutschen Eigentums im Protektorat Böhmen und Mähren. Nur die Aktien solcher Firmen, in denen bereits eine deutsche Majorität vorhanden war, die nicht als kriegswichtig galten oder die nicht hinlänglich lukrativ und aussichtsreich waren, konnten auch an Tschechen verkauft werden. Der aus dem Verkauf derartiger Wertpapiere fließende Erlös gehörte dem Reich.

Festverzinsliche Wertpapiere auf dem Protektoratsgebiet sollten gleichfalls vom Reichsprotektor verwertet, d. h. in der Praxis nach Zustimmung seines Amtes verkauft werden. Der Erlös war an die Reichshauptkasse in Berlin abzuführen. Über solche Transaktionen sollte das ARP das Berliner Finanzministerium informieren. Der Minister teilte dem Reichsprotektor zugleich mit, er habe die Wertpapierabteilung der Deutschen Reichsbank angewiesen, festverzinsliche Wertpapiere aus dem Protektoratsgebiet zur Verwertung nach Prag zu senden. Dabei setze er voraus, dass die mit den entsprechenden Operationen betrauten Banken – dem Vorbild der Deutschen Reichsbank entsprechend – dem Reich weder Kosten noch Gebühren berechnen würden.[793] Auch in diesen Fällen sollte der Erlös aus dem Verkauf an die Reichshauptkasse in Berlin fließen.

Allgemein waren die Banken – vor allem die BEB und die BUB – durch die Regeln über die Verwertung von „nichtarischem“ Aktienvermögen als solchem gebunden, welches der Stärkung des Deutschtums im Protektorat dienen sollte – sowohl in wirtschaftlicher als auch sozialer und gesellschaftlicher Sicht. Es war offensichtlich kein Problem, Käufer für die Aktien florierender Unternehmen zu finden. Bei weniger lukrativen und verschuldeten Firmen gestaltete sich dies schwieriger.[794]

---

792 StA Nürnberg, Bestand KV Ankl. Dok. Fotokop., Nr. NG 5058, Schreiben des Reichsministers der Finanzen (Patzer) vom 16.3.1942 an den Reichsprotektor für Böhmen und Mähren.

793 Ebd., KV Ankl. Umdv. Dt., Nr. NG 5060, Schreiben des Reichsministers der Finanzen vom 16.3.1942 an den Reichsprotektor für Böhmen und Mähren.. Zum Verfall jüdischer Vermögen an das Reich – BA Berlin, Anm. 222. Im Juli 1942 ordnete der Reichsfinanzminister für das Reichsgebiet eine Fahndung nach Aktien, Kuxen usw. von Protektoratsunternehmen aus jüdischen Vermögen an, die dem Deutschen Reich zugefallen waren und versprach, den Reichsprotektor in Prag über die Ergebnisse der Aktion zu informieren. Eine Art „Führer“ durch die Depositenwerte auf dem Gebiet der Tschechoslowakei und später dem Protektorat Böhmen und Mähren bietet folgende umfassend informative Publikation: Schwaag, Otto (Hg.): Der Rentenführer. Handbuch der festverzinslichen Werte 1942/1943, Das Spezialarchiv der deutschen Wirtschaft, Berlin: Verlag Hoppenstedt et Co. 1942, S. 389–403.

794 Utermöhle, Walter / Schmerling, Herbert / Bing, Martin: Zajištění židovského majetku. II. Dodatek, III. díl, C. Vysvětlivky k nakládání cennými papíry Židů a k třetímu a pátému prováděcímu výnosu říšského protektora o židovském majetku z 21. června 1939 [Die Sicherstellung von jüdischem Vermögen II. Ergänzung, III. Teil, C. Erläuterungen zum Umgang mit Wertpapieren von Juden und zur dritten und fünften Durchführungsverordnung des Reichsprotektors über jüdisches

Die Mehrheit der Wertpapiere, die nach der Konfiszierung von der Zentralstelle für jüdische Auswanderung übernommen wurden (die Verwaltung besorgte der Auswanderungsfonds), wurden gleichfalls bei der BEB und der BUB hinterlegt. Bei der BEB waren auf dem Wertpapier-Depotkonto des Auswanderungsfonds 1.349 Wertpapiere für circa eine Million Kronen hinterlegt und im Depot mit der Kennzeichnung 43 322 Wertpapiere für 9,8 Millionen Kronen. Bei der BUB waren Wertpapiere auf dem Depotkonto Nr. 1117 hinterlegt. Beide Anstalten führten die Erträge aus den deponierten Werten an das Umsiedlungskonto Nr. 1118 des Auswanderungsfonds bei der BEB ab.[795]

Neben dem bisher aufgezeigten „Arisierungs“-Mechanismus für jüdische Wertpapiere gab es noch eine weitere, von der Gestapo beschlagnahmte Partie, die anfangs (z. B. gemeinsam mit Sparbüchern) bei BUB und BEB deponiert wurde. Da aber Wertpapiere notwendigerweise unablässig beobachtet werden mussten, etwa in Zusammenhang mit den Zahlungsterminen von Dividenden und weiteren Operationen, wurden sie als ganzes der Gesellschaft Allgemeine Treuhand A.G. in Prag, Na Příkopě 38, übergeben, die mit der Aufsicht über diese Art von Vermögenswerten betraut war.[796] Die Allgemeine Treuhand hatte so anfänglich das faktische Monopol in der Verwaltung der polizeilich beschlagnahmten Wertpapiere. Die Depositen der Dividenden- und Depotwerte blieben bei der BEB und der BUB. Diese hauptsächlich für die BEB vorteilhafte Praxis änderte sich nach der Entstehung des Vermögensamtes im Herbst 1941. Jetzt wurde ein besonderer Schlüssel ausgearbeitet, nach dem die beschlagnahmten Wertpapiere auf mehrere Geldinstitute im Protektorat verteilt wurden. Die Geldinstitute, insbesondere Banken, sollten mit dem Vermögensamt im Interesse einer vorteilhafteren Verwertung der zusammengebrachten Dividenden- und Depositenwerte zugunsten des Reiches zusammenarbeiten. Ein erstes Ziel war die Konzentration der Aktien derjenigen Firmen, in denen die Majorität angestrebt wurde. Ferner sollte ein möglichst effektiver Verkauf von solchen Wertpapieren garantiert werden, an denen geringeres Interesse bestand. Die führende

Vermögen vom 21. Juni 1939], Praha: Ústavy lidového peněžnictví a Ústřední svaz bankovních živností v Praze 1940, S. 23.

795 Siehe Milotová, Jaroslava: Banky ve službách gestapa a Ústředny pro židovské vystěhovalectví [Banken im Dienst von Gestapo und Zentralstelle für jüdische Auswanderung], in: Jančík, Drahomír / Kubů, Eduard (Hg.): Arizační profitenti. Německé obchodní banky v procesu arizace a konfiskace židovského majetku v Protektorátu Čechy a Morava (1939–1945) [Arisierungsprofiteure. Deutsche Handelsbanken im Prozess von Arisierung und Konfiszierung jüdischen Vermögens im Protektorat Böhmen und Mähren (1939–1945)]. Ergebnis des wissenschaftlichen Gemeinschaftsprojekts des Außenministeriums der Tschechischen Republik (RB 35 / 19 / 00), Praha 2002, S. 279–320. Der Verfasserin des genannten Kapitels lagen Dokumente aus dem Privatbesitz von Frau S. Z. in Tel Aviv / Israel vor. Aus diesen Schriftstücken geht hervor, dass die Angabe über die Herkunft der Gelder zusätzlich um Berichte mit Informationen über Wertpapierart, – anzahl, – herkunft usw. ergänzt waren. Nach Kriegsende litten, wie in so vielen Fällen, die in den „Westzonen“ lebenden ehemaligen BEB-Beamten an Gedächtnisschwund und konnten sich an keine bei dieser Bank geführten Konten des Auswanderungsfonds erinnern. Vgl. Wixforth: Anm. 71, S. 373. In den Quellen werden sie jedoch mehrfach erwähnt.

796 NA Praha, Anm. 67, Detaillierter zu dieser Gruppe beschlagnahmter Vermögenswerten – Milotová: Anm. 795. Vgl. NA Praha, Bestand ÚŘP (AMV 114), Sign. 114-2-56, Rundschreiben von Reinhard Heydrich vom 12.10.1941.

Instanz bei der Realisierung der Wertpapiere war das ARP, vertreten durch den leitenden Referenten Walther Utermöhle. Dieser gewährte nach Gesprächen mit BEB- und BUB-Vertretern beiden Banken freie Hand bei der Veräußerung von polizeilich eingezogenen Aktien, allerdings unter der ausdrücklichen Auflage, diese nicht an Tschechen zu verkaufen. Die Hauptaufsicht über dieses Vermögen sowie die Verantwortung für dessen optimale Verwertung zugunsten des Reiches lag bei der Wirtschaftsabteilung der Gestapo-Leitstelle Prag und ab Herbst 1941 auch beim Vermögensamt.[797]

In der Praxis kam es des Öfteren vor, dass sich die beiden für Wertpapiere bestehenden „Arisierungs“-Mechanismen gewissermaßen überlagerten. Dies war der Fall, wenn ein jüdischer Besitzer persönlich oder über seinen Rechtsvertreter um die Genehmigung zum Verkauf von Wertpapieren ersuchte, diese erhielt und sie der Bank zur Realisierung übergab. Sofern die Bank feststellte, dass das Vermögen bereits von der Gestapo beschlagnahmt war, hatte der Eingriff der Gestapo größeres Gewicht, und die Verkaufsgenehmigung wurde widerrufen.[798]

Ähnlich konnte es vorkommen, dass jüdisches Vermögen (einschließlich Wertpapieren) blockiert und anschließend als feindliches Vermögen konfisziert wurde, wenn sich der ursprüngliche Besitzer im Ausland aufhielt. In einem solchen Fall musste eine Übereinkunft zwischen dem ARP und dem Reichskommissar für die Behandlung von feindlichem Vermögen erzielt werden. Vermittelnd und gewissermaßen auch intervenierend schalteten sich die Banken in diesen Prozess ein. Ein Beispiel hierfür bietet das Engagement der BEB-Filiale in Brünn und deren damaliger Muttergesellschaft, der Dresdner Bank in Berlin, im Herbst 1940 bei der „Arisierung“ von Aktien des Kaufhauses Textilia, a.s., in Mährisch Ostrau. Textilia war ein Familienunternehmen, dessen alleiniger Aktionär und damit Alleineigentümer sich im Ausland aufhielt. Daher wurde das Unternehmen von den Reichsorganen als feindliches Vermögen angesehen. Um dessen „Arisierung“ bemühte sich der Reichsdeutsche Alois Mainka aus Potsdam, Besitzer des gleichnamigen Kaufhauses in dieser Stadt. Mainka war NSDAP-Mitglied (Parteibuchnummer 131 864) und Kreiswirtschaftsberater der NSDAP für den Kreis Potsdam, er hatte bereits im Oktober 1938 das jüdische Kaufhaus M. Hirsch in Potsdam „arisiert“. Mainkas Berater, Baron Pilar aus Berlin, schaltete sich ebenfalls in den „Arisierungs“-Prozess ein und nutzte seine Kontakte zu den Zentralstellen im Reich. Auch die Brünner BEB-Filiale zeigte ein außerordentliches Interesse an der Angelegenheit und versuchte, zugunsten von Mainka bei Karl Rasche und dem Vertreter des Reichskommissars für die Behandlung

797 NA Praha, Anm. 67. Einen bedeutenden Posten des von der Gestapo beschlagnahmten Vermögens bildeten Einzelunternehmen. Die Gestapo-Leitstelle und deren untergeordnete Dienststellen auf dem Land hatten allein bis zur Mitte des Jahres 1942 über 400 Firmen sichergestellt, deren Buchwert 1,5 Mrd. K überstieg. Der Verkauf dieser Betriebe erfolgte in Zusammenarbeit der Gestapo mit den zuständigen Gruppen der Abteilung Wirtschaft in ARP, und zwar mit der Gruppe Industrie und der Gruppe Ernährung und Landwirtschaft, mit deren Hilfe Lebensmittelfirmen verkauft wurden.

798 Registratur MF ČR Praha, Registratur BUB, Korrespondenz mit dem Reichsprotektor in Böhmen und Mähren, 22.4.–14.8.1941.

feindlichen Vermögens beim ARP, Kellermann, zu intervenieren.[799] So öffnete sie sich den Weg zu einer „Arisierungs“-Provision.

Anders war die Situation im Fall von Wertpapieren, deren jüdische Eigentümer sich im Exil befanden. Diese Papiere waren zwar der Verwaltung durch die BEB und die BUB anvertraut, physisch jedoch bei ausländischen Geldinstituten hinterlegt.[800] Die jüdischen Emigranten suchten im Ausland auf dem Rechtsweg die Herausgabe ihres Vermögens zu erzwingen, und die ausländischen Gerichte gaben ihren Klagen im Regelfall statt. Die deutsche Besatzungsverwaltung hatte damit keine wirksame Eingriffsmöglichkeit und wollte nach den gemachten negativen Erfahrungen die Zahlung von Gerichtskosten vermeiden. Deshalb gab sie den Protektoratsbanken die Anweisung, diese Wertpapiere freizugeben und so ihre Herausgabe an die rechtmäßigen Besitzer zu ermöglichen.[801]

Die größten deutschen Geldinstitute in Prag – d. h. die BEB, die BUB und die KdD – waren auch an der „Arisierung“ jüdischer Dividendenwerte beteiligt. Sie standen dabei jedoch in Konkurrenz zu Finanzinstituten aus Deutschland und konnten von diesen bei konkreten Transaktionen auch „ausmanövriert“ werden. In solchen Fällen suchten sie wenigstens eine minimale Vermittlerprovision herauszuschlagen. Ein Beispiel hierfür bietet die Transaktion mit Aktien der Tschechischen Keramikwerke in Neu-Rohlau bei Karlsbad mit einem Nominalwert von 190.000 Reichsmark, bei der die Wertpapierabteilung der Deutschen Reichsbank und das Finanzministerium in Berlin beteiligt waren. Die BEB hatte den konkreten Antrag auf Verkauf dieser Aktien aus dem Depot des Vermögensamtes dem Reichsfinanzministerium in Berlin vorgelegt, war jedoch aus dem Spiel, nachdem die Firma Deutsche Wirtschaftsbetriebe aus Berlin-Lichterfelde diese dort gekauft hatte. Daraufhin ersuchte sie Karl Goetz, den Verwaltungsratsvorsitzenden der Dresdner Bank, um Intervention, um für ihre Mühe wenigstens eine Provision von einem halben Prozent des Nominalwertes der veräußerten Aktien zu erhalten.[802]

Neben den bisher dargelegten Verfahren wurden im betrachteten Zeitraum auch Aktienüberführungen auf „kürzestem Weg“ vorgenommen – d. h. durch direkte Ausübung von Druck der am Erwerb der Aktienmehrheit interessierten deutschen Akteure auf die tschechischen Eigentümer. Ein konkretes Beispiel liefert die Prager Aktiengesellschaft Prastav, Vereinigte Prager Baustoff-Fabriken. Bis zum November 1938 hielten die Juden Rudolf Weinmann und Karl Ullmann eine Aktienmehrheit von 24.000 der insgesamt 40.000 Anteile. Im Bestreben zur Rettung ihres Kapitals boten sie dieses Aktienpaket im November 1938 der Česká banka (Böhmische Bank) und der Živnostenská banka (Gewerbebank) an. Diese akzeptierten die Offerte, und so ging der Mehrheitsanteil von Prastav auf die genannten tschechischen Banken über. Im Frühjahr 1943 jedoch kam es zu einer massiven Intervention der KdD: Deren leitender Direktor Anton Kiesewetter fand sich gemeinsam mit Vertretern der Firmen Klinker Zement aus Posen und Zementwerke Holeschau in der Zentrale der Živnostenská banka ein und erklärte sein Interesse am

799 AIfZ München, Anm. 555.

800 Näher hierzu in Kapitel 4 zur Treuhandverwaltung.

801 NA Praha, Anm. 67.

802 StA Nürnberg, Bestand KV Ankl. Umdv. dt., Nr. NI 14105.

Erwerb der Aktienmehrheit in der Firma Prastav und dem Kauf der von der Živnostenská banka gehaltenen Aktien auf Grundlage des Bilanzwerts. Die Leitung der Živnostenská banka ging auf diese Forderung ein und verkaufte ihr Aktienpaket an die deutschen Interessenten. So gelangte die KdD an die Aktienmehrheit bei Prastav. Auf den ersten Blick handelte es sich um eine Standardtransaktion – problematisch jedoch erscheint die souveräne, mit Arroganz vorgebrachte Kaufforderung, die höchstens eine Verhandlung über den Preis erlaubte. Zudem verlangte die KdD die Wahrung von Stillschweigen über die Transaktion, von der nichts an die Öffentlichkeit dringen sollte.[803]

Zeigten prominente reichsdeutsche Firmen Interesse am Erwerb der in jüdischem Besitz befindlichen Aktien von Protektoratsgesellschaften, so wurde der Verkaufsprozess auch durch die Eingriffe der Berliner Zentralbehörden vereinfacht. Beispielsweise erteilte der Reichswirtschaftsminister am 19. April 1940 der Deutschen Bank seine Zustimmung zum Ankauf von Aktien aus jüdischem Vermögen auf Reichsgebiet vermittels der BUB, ohne dass der bisherige jüdische Besitzer den Reichsprotektor in Böhmen und Mähren bzw. die von diesem betraute Institution um eine Verkaufsgenehmigung ersuchen musste.[804] Analog dazu erhielt die Dresdner Bank am 18. Mai 1940 eine Genehmigung des Reichwirtschaftsministers zum Ankauf von in jüdischem Besitz befindlichen Aktien bedeutender Maschinenbau- und Rüstungsbetriebe – der Škoda-Werke, der Poldi-Hütte und der Waffenwerke Brünn.[805] Einerseits belegen die angeführten Beispiele anschaulich die individuelle Vorgehensweise beim Aufkauf von Aktien aus jüdischer Hand im Fall von Unternehmen, an denen die deutsche Seite großes Interesse hatte.[806] Andererseits zeigen sich aber auch die Möglichkeiten der Großbanken (Deutsche Bank, Dresdner Bank), ihre Ziele unter Umgehung der für die „Arisierung" von Aktien im Protektorat Böhmen und Mähren aufgestellten Regeln zu erreichen.[807]

---

803 AČNB Praha, Bestand ŽB, Sign. S VIII / d-270 / 1, Bericht des Stellvertreters des leitenden Direktors Vojtěch Mixa an die Direktion der Živnostenská banka vom 16.11.1938; Bericht des Direktors Antonín Malý an die Direktion der Živnostenská banka vom 19.4.1943. Symptomatisch ist, dass die leitenden Manager der Živnostenská banka den deutschen Vertrauensmann ihres Hauses, Karl Hartmann, zu den Verhandlungen hinzuzogen und von ihm offenbar Unterstützung gegen die überzogenen Forderungen der KdD erhofften. Zweifellos wurde Hartmann für seine Bemühungen mit einer gehörigen Vergütung „entschädigt". Logischerweise konnte er nicht gegen die Germanisierung der Firma, sondern nur gegen den zu niedrig angesetzten Aktienpreis opponieren.

804 HADB Frankfurt am Main, Bestand BO 162, Reichwirtschaftsminister an Deutsche Bank vom 18.4.1940.

805 StA Nürnberg, Bestand KV Ankl. Umdv. dt., Nr. NI 14 757, Schreiben des Reichswirtschaftsministers an die Dresdner Bank vom 18.5.1940.

806 Vgl. auch den Fall des Vereins für chemische und metallurgische Produktion Prag. HADB Frankfurt am Main, Bd. BO 0176, Schreiben der BUB an H. J. Abs von der Deutschen Bank vom 30.11.1940.

807 Es ist bemerkenswert, dass schon das Rundschreiben der 39. Wirtschaftsgruppe „Privates Bankgewerbe" an den Zentralverband der Deutschen Bank- und Bankiergewerbes vom 2. März 1939 ein Verzeichnis von 18 tschechoslowakischen Großbetrieben enthält, von denen möglichst viele Aktien in deutsche Hände gebracht werden sollten. Die ersten Anfänge dieses Interesses zeigen sich schon Anfang Februar 1939, und das Betriebsverzeichnis wurde bis Dezember 1939 um weitere Firmen ergänzt. Archiv der Dresdner Bank Frankfurt am Main, Rundschreiben der

Im Prozess der „Arisierung“ von Aktien ließ sich die Eigentümerschaft jüdischer Personen oder Organisationen einfach feststellen, wenn es sich um Namenspapiere handelte, d. h. die Aktien auf den Namen des Inhabers ausgestellt waren. Ein Beispiel liefert die Brauerei Budvar in Budweis, in deren Aktionärsbuch im September 1940 über 200 Personen vermerkt waren. Unter diesen befanden sich 18 Aktionäre jüdischer Herkunft, die zusammen über 1.871 von insgesamt 24.000 ausgegebenen Aktien verfügten. Somit befanden sich nur 7,8 Prozent der Aktien in jüdischer Hand, unter den Beschäftigten fand sich zudem nur ein einziger jüdischer Arbeiter. Die Firma konnte also nicht als „jüdisch“ bezeichnet werden und die „Arisierung“ der Aktien war mehr oder weniger nur eine Verwaltungssache.[808]

Wesentlich schwerer war die Identifizierung jüdischer Anteilseigner bei denjenigen Gesellschaften, deren Aktien als Inhaberpapiere ausgestellt Waren- und diese stellten unter den Bedingungen der böhmischen Länder die Mehrzahl. Im Reichsgau Sudetenland ließ sich deren tatsächlicher Bestand ohne größere Probleme beim Austausch von Aktien im Rahmen von Firmenfusionen und vor allem bei deren Transformation nach deutschem Handelsrecht ermitteln. Im Protektorat Böhmen und Mähren erging die Anordnung, diese Aktien in Zusammenhang mit der veränderten „staatsrechtlichen“ Situation und der Einführung der tschechisch-deutschen Zweisprachigkeit vorzulegen.[809]

Eine spezifische Wertpapierkategorie stellten die Staats- und Landes-Pfandbriefe dar, die auf dem Finanzmarkt gehandelt bzw. – vermittels der Re-Eskont- und Lombardanstalt in Prag, die den Schuldendienst im Protektorat regulierte – realisiert werden konnten. Das ARP widmete den Schuldverschreibungen in der ersten Novemberhälfte 1940 größere Aufmerksamkeit und bemühte sich, eine Gesamtübersicht des in jüdischen Händen befindlichen Anteils aufzustellen.[810] In jüdischem Besitz befanden sich auch ausländische Obligationen, die beispielsweise in Paris oder Belgrad hinterlegt waren und sich nach der Einziehung unter der Verwaltung des Vermögensamtes befanden. In einem konkreten Fall vom Februar 1943 handelte es sich um jugoslawische Obligationen und weitere staatliche Wertpapiere, die in Belgrad, Wien, Paris, Zürich und auch Prag deponiert

---

Wirtschaftsgruppe Privates Bankgewerbe, Nr. 27 vom 9.2.1939, Nr. 102 vom 9.6.1939, Nr. 113 vom 29.6.1939, Nr. 216 vom 2.11.1939, Nr. 259 vom 21.12.1939.

808 Státní oblastní archiv Třeboň [Staatliches Regionalarchiv Třeboň], Bestand Obchodní a živnostenská komora České Budějovice [Handels- und Gewerbekammer, České Budějovice], Kart. 277, 3/E/12. Inv. Nr. 719, Az. 140. Zu einer interessanten Situation kam es bei der Dividendenausschüttung für das Geschäftsjahr 1938/1939: Zum 12.9.1940 wurden 23.010 Coupons von „arischen“ und 205 Coupons von jüdischen Anteilseignern vorgelegt, 785 Coupons blieben unausgezahlt. Daraus folgerte die Firmenleitung, dass der in jüdischem Besitz befindliche Aktienanteil gegenüber dem Stand im Aktionärsbuch von 1938 gesunken war.

809 Compass. Finanzielles Jahrbuch 1944, Prag: Compassverlag 1944, S. 101.

810 NA Praha, Bestand ÚŘP, Kart. 277, Sign. I-1a-1802, Vermerk vom 1. bis 15.11.1940. Auffallend ist der chronologische Zusammenhang der Erfassung des Standes der Pfandbriefe in jüdischem Besitz im Protektorat mit dem Angebot an deutsche Staatsangehörige, die in ihrem Besitz befindlichen tschechoslowakischen Pfandbriefe gegen Reichsobligationen aus dem Jahr 1939 mit einer Verzinsung von 4,5 % einzutauschen. Rundschreiben der Wirtschaftsgruppe Privates Bankgewerbe, Centralverband der deutschen Banken und Bankiersgewerbe 1941, NR-2–18.

waren. Diese wurden auf die Deutsche Reichsbank überführt und im Rahmen des Vermögensausgleiches mit den Ländern des ehemaligen Jugoslawiens zugunsten des Reiches verwertet.[811]

Der Mechanismus von Blockierung, Erfassung sowie anschließender Entziehung und Verwertung von jüdischen Konten und Sparbüchern zugunsten des Reiches war im Großen und Ganzen einfach. Der komplizierteste Teil der Operation war die Identifikation und Kennzeichnung von den in jüdischem Eigentum befindlichen Konten und Sparbüchern.[812] Die entsprechenden Vermerke mussten nämlich auch in die Bücher und weitere interne Verwaltungsbelege der zuständigen Geldanstalt eingetragen werden. Bei Erlangung einer Generalvollmacht für den Umgang mit jüdischem Vermögen oder bei Verlust der Protektorats – bzw. Reichszugehörigkeit des Eigentümers konnte das Konto bzw. Sparbuch ohne weiteres realisiert werden. In den Belegen der Devisenbanken und der diesen gleichgestellten Anstalten findet man normalerweise den Vermerk, das jeweilige Konto bzw. Sparbuch sei zum betreffenden Datum von deutschen Organen beschlagnahmt und der eingezahlte Betrag auf das Konto des Auswanderungsfonds bei der BEB und der BUB umgelegt worden.[813]

Ein gewisses Problem bereitete lediglich die Führung von Konten, deren Besitzer sich im Ausland aufhielten und die als jüdisches Vermögen nicht oder nur geringfügig verzinst wurden. Schwierigkeiten bereiteten dabei diejenigen Konten, die beschlagnahmt waren und unter der Verwaltung der zuständigen deutschen Einrichtungen standen. Im Sommer 1940 informierte die BUB ihre Muttergesellschaft Deutsche Bank über ihre Befürchtungen, ob sich der Verwalter der beschlagnahmten Konten, die Allgemeine Treuhand A.G., mit der fehlenden Verzinsung zufrieden geben werde, oder ob eine Anpassung der Zinssätze dieser Konten auf den üblichen Standard notwendig sei.[814] Die von der Gestapo beschlagnahmten jüdischen Konten unterlagen einem Sonderregime und wurden aufgrund von Sonderabsprachen mit den im Protektorat tätigen Banken zugunsten der Gestapo mit 1,5 Prozent verzinst. Den Geldinstituten fiel bei Abschluss eines solchen laufenden Kontos eine Provision von einer Promille zu, auch die Halbjahresgebühr betrug eine Promille.[815]

---

811 BA Berlin, Bestand R 2, Kart. 4000, Bl. 36024, Schreiben des Reichswirtschaftsministers an den Reichsprotektor für Böhmen und Mähren vom 24.2.1943.

812 Ein gesondertes Verfahren galt für die Einziehung der Depots von Juden, die ins Ausland emigriert waren. Ab dem 24.5.1939 waren die Banken im Protektoratsgebiet aufgefordert, das Vermögen ausgewanderter Juden zu melden und deren Konten mit einem Beschlagnahmevermerk „zugunsten der Gestapo“ zu versehen. Aufmerksamkeit galt in erster Linie Vermögenswerten von über 100.000 K. Im Dezember 1939 wurden deshalb alle größeren und mittleren Banken im Protektorat verständigt, das Vermögen aller Juden, die in der Zeit vom 1.1.1939 bis zum 10.7.1939 ausgewandert seien, sei mit Wirkung vom 16.3.1939 staatspolizeilich beschlagnahmt.

813 Registratur MF ČR Praha, Anm. 785..

814 Ebd., Korrespondenz mit der Deutschen Bank, Schreiben der Česká banka Union an die Deutsche Bank vom 18.12.1940.

815 AČNB Praha, Bestand SB, Sign. S II-5, Kredit- und Debetabkommen. Kredit- und Debet-Abkommen des Bankenverbands vom 1.10.1940. Die Konten jüdischer Auswanderer wurden mit 1 % verzinst, sich selbst stellten die Banken 1 ‰ Umsatzprovision in Rechnung. „Nichtarische“

## 7.2 Aktienkauf als Mittel des wirtschaftlichen Vordringens deutscher Großbanken in den vom Deutschen Reich besetzten Gebieten

Die Aneignung der Aktien aus dem Besitz jüdischer und so genannter reichsfeindlicher Personen nach der Besetzung großer Teile Kontinentaleuropas ermöglichte den deutschen Unternehmerkreisen, in Firmen Fuß zu fassen, die im Rahmen der europäischen Wirtschaft von ausschlaggebender Bedeutung waren. In diesem Sinne erhielten im September und Oktober 1940 25 große deutsche Banken und Bankhäuser die Gelegenheit, Aktien von strategisch bedeutenden Firmen in Holland, Belgien und dem besetzten Teil Frankreichs aufzukaufen. In der ersten Phase wurde jedem der Institute erlaubt, zur Begleichung des Kaufpreises – gemäß den Bestimmungen des Reichsdevisengesetzes – 500.000 Reichsmark aufzuwenden. Im Anschluss an diese Operation wurde der Dresdner Bank die Akquisition der in französischen Händen befindlichen Tranche von Sechs-Prozent-Obligationen der Škoda-Werke in Prag aus den dreißiger Jahren im Wert von 5,52 Millionen Reichsmark bewilligt; die Deutsche Bank erhielt die Genehmigung zum Ankauf von 115.000 Aktien der Bergbau-und Hüttengesellschaft in Prag für 17,3 Millionen Reichsmark.[816]

Die genannten Beispiele stellen nur einen Ausschnitt der breit angelegten Absichten deutscher Unternehmerkreise dar. Diese zielten in Übereinstimmung mit dem Verwaltungsapparat des NS-Staates auf eine deutsche Kapitalinfiltration und anschließende Beherrschung der Wirtschaft in den unterworfenen oder in Abhängigkeit gebrachten Ländern Europas. Ein weiteres Beispiel für dieses Bestreben vonseiten der Deutschen Bank zeigt zweifellos deren Bemühen vom Sommer 1941 bis zum Beginn des Jahres 1943, unter französischer und belgischer Beteiligung Anteile an der Sosnowitzer Bergwerk- und Hüttengesellschaft in Polen zu erwerben. An dieser Transaktion beteiligte die Berliner Großbank auch ihre Tochterfirma Böhmische Union-Bank (BUB).[817]

Einen europäischen Kontext hatte auch das Bestreben der deutschen Banken, die Aktienmehrheit in der Bergbau-und Hüttengesellschaft, Prag–Trzinietz zu übernehmen.[818] Deren Hauptaktionär war die an den Konzern Schneider et Co. in Creusot angeschlossene französische Finanzgruppe L'Union Européenne Industrielle et Financière. Dieses nach Kriegsausbruch und der Besetzung Frankreichs übernommene Aktienpaket

---

Sperrkonten für Mieten und Pacht wurden überhaupt nicht verzinst. Die Banken berechneten für sich zudem 1 ‰ Umsatzprovision, Bearbeitungsgebühr und 1 ‰ der Erfassungsgebühr. Auch für alle übrigen Konten von Juden und jüdischen Organisationen wurde pro Halbjahr 1 ‰ des auf dem Konto gesperrten Betrags als standardmäßige Erfassungsgebühr in Rechnung gestellt.

816 BA Berlin, Bestand R 2, Anm. 222.

817 BA Berlin, Bestand R 8119 F, Mikrofiche Nr. P 6842, Schreiben der Deutschen Bank an die BUB vom 11.7.1941; Schreiben der Deutschen Bank an die Haupttreuhandstelle vom 7.1.1942 und Schreiben des Beauftragten für den Vierjahresplan an die Deutsche Bank vom 21.1.1943.

818 Die Germanisierung der Bergbau-und Hüttengesellschaft wurde von Drahomír Jančík im gleichnamigen Kapitel des Schlussberichts zum Forschungsauftrag des tschechischen Außenministeriums in Prag (Projekt RB 35 / 19 / 02) gut herausgearbeitet – vgl. Jančík, Drahomír / Kubů, Eduard / Novotný, Jiří / Šouša, Jiří: Arizace a germanizace cenných papírů jako instrument k potlačení židovského a českého elementu ve velkopodnikatelském hospodářství Protektorátu Čechy a Morava.

mehrte die Anteile, die das an deren Finanzierung beteiligte Bankenkonsortium aus Böhmischer Escompte-Bank (BEB), BUB und Živnostenská banka (Gewerbebank) bereits hielt, genügte jedoch nicht zur Erlangung der Majorität. Daher konzentrierte sich die BUB-Leitung unter Walter Pohle, welche die Bergbau-und Hüttengesellschaft unter ihre Kontrolle bringen wollte, auf eine dritte Quelle zum Erwerb weiterer Aktien- und zwar jüdische Personen aus dem Protektorat Böhmen und Mähren bzw. aus dem Deutschen Reich. In deren Händen vermutete man etwa acht Prozent des Aktienkapitals der Bergbau-und Hüttengesellschaft, d. h. rund 20.000 Aktien, die das Bankenkonsortium an sich bringen wollte.[819]

Nach Absprache mit dem Reichswirtschaftsministerium in Berlin ersuchte die BUB als Protagonist bei der Germanisierung der Bergbau-und Hüttengesellschaft den Reichsprotektor in Prag um die Mitwirkung der in dessen Amt befindlichen „Arisierungsabteilung" beim „Aufkauf" von jüdischen Aktien der genannten Firma. Der Reichsprotektor war geneigt dem zuzustimmen – unter der Voraussetzung, dass das Berliner Wirtschaftsministerium den Organen der Gestapo und des Devisenschutzkommandos im Protektorat mitteile, dass dieser Aufkauf auch die von ihnen beschlagnahmten Aktien betreffe. Der Ankaufswert für das Bankenkonsortium sollte 1.350 Kronen pro Aktie betragen. Sollte sich ein jüdischer Besitzer gegen den Verkauf sträuben, war deren Zwangsverkauf vorgesehen. Diese Bedingungen stießen jedoch auf den Widerstand des Reichsfinanzministeriums, das die Ansicht vertrat, die von Gestapo und Devisenschutzkommando beschlagnahmten und folglich schon dem Reich gehörenden Aktien sollten zu einem höheren Preis verkauft werden.[820] Pohle ließ daraufhin eine Stellungnahme ausarbeiten, worin der so genannte Internpreis für Aktien der Bergbau-und Hüttengesellschaft auf 2.000 Kronen (200 Reichsmark) festgelegt wurde. Dieser sollte als Grundlage zum „Aufkauf" der von jüdischen Besitzern gehaltenen Aktien gelten.

Die BUB plante, den Aufkauf von in jüdischem Besitz befindlichen Aktien der Bergbau-und Hüttengesellschaft in einem Konsortium mit der BEB durchzuführen, wobei die BUB zu 55 Prozent und die BEB zu 45 Prozent an der Finanzierung beteiligt sein sollte. Die so erworbenen Aktien sollten auf einem gemeinsamen Konto – dem „Treuhandkonto Bergshütte-Aktien" – deponiert werden.[821]

Das größte Interesse an den Aktien zeigte die BUB-Muttergesellschaft Deutsche Bank. Dieser gelang es letzten Endes, den Reichswirtschaftsminister Walther Funk zu der Anweisung zu veranlassen, dass alle erworbenen Aktien – einschließlich derer aus jüdischem Besitz – ausschließliches Eigentum der BUB werden sollten. In der Praxis ging der Aufkauf der Aktien jedoch nur schleppend vor sich, und so musste ein höherer Preis gezahlt werden. Anfang September 1942 rekapitulierte daher die Deutsche Bank den Stand

819 HADB Frankfurt am Main, Bd. P 06942, Bl. 19, Darstellung der BUB-Rechtsabteilung vom 19.9.1940.

820 Edb., Bl. 93, Schreiben von W. Pohle an K. Klamisch, Vorstandsmitglied der Deutschen Bank, vom 6.12.1940.

821 StA Nürnberg, Bestand KV Ankl. Dok. Fotokop. Nr. 9007 NI, Schreiben der BUB an die BEB vom 20.11.1940.

der jüdischen Aktien der Bergbau-und Hüttengesellschaft, die sich auf Protektoratsgebiet befanden: Sie hatte festgestellt, dass sich im Depot des Vermögensamtes 7.713 durch deutsche Repressionsorgane beschlagnahmte Aktien der Bergbau-und Hüttengesellschaft befanden und weiter 548 Stück im Depot des Auswanderungsfonds lagen.[822] Nach Schätzungen der Deutschen Bank betrug die Gesamtzahl der in jüdischem Besitz befindlichen Aktien dieser Firma, um deren Erwerb die BUB bemüht war, 12.560 Stück.

Vom gesamten Aktienkapital der Bergbau-und Hüttengesellschaft in Höhe von 125 Millionen Reichsmark hatten sich im Depot der Deutschen Bank über 80 Millionen Reichsmark angesammelt, wobei der Wert der aus jüdischem Besitz übernommenen Aktien circa acht Millionen betrug. Diese stammten nicht nur aus dem Vermögen von Protektoratsjuden, sondern auch von Juden aus dem ehemaligen Österreich. Die Germanisierung des Aktienbestandes der Bergbau-und Hüttengesellschaft ging also Hand in Hand mit deren „Arisierung" – diese spielte dabei zwar nur eine Nebenrolle, war jedoch für den Gewinn der Aktienmehrheit faktisch unerlässlich.

Auch die Wertpapiere weiterer Bergbau-und Hüttenunternehmen im Protektoratsgebiet weckten an höchsten Stellen des Dritten Reiches Interesse. Das waren vor allem die Kuxe im Besitz der Wiener Rothschild-Familie, deren Erwerb zur Kontrolle über die Witkowitzer Zechen und die Hütten in Mährisch Ostrau geführt hätte. Die Wiener Rothschilds hatten jedoch – aus Furcht vor Hitler und einer nahenden deutschen Expansion – gegen Ende der dreißiger Jahre die Witkowitzer Kuxe auf die Alliance Assecurance Company in London überführt, welche in die Interessensphäre der Londoner Rothschilds fiel.[823] Nach der Besatzung der „Rest-Tschechei" durch Hitlerdeutschland ermächtigte Hermann Göring schon am 20. März 1939 den Referenten im Reichswirtschaftsministerium Hans Kehrl, die Betriebe zu übernehmen und sich die Mehrheit des Aktienkapitals zu sichern. Die nach Schaffung des Protektorats Böhmen und Mähren mit der britischen Seite aufgenommenen Verhandlungen über den Kauf von Witkowitz führten zu einem Kaufvertrag, der Ende Oktober 1939 in Kraft treten sollte. Nach Ausbruch des Krieges traten die Engländer jedoch von dem Vertrag zurück, und die Zechengesellschaft wurde vom Reichskommissar für feindliches Vermögen in Berlin verwaltet. So verblieben den vorausschauend agierenden Rothschilds ihre Kuxe, und es kam zu keiner „Arisierung" in Witkowitz.

Im Zusammenhang mit den Witkowitzer Zechen steht auch die „Arisierung" der Konten und der Wertpapiere des dortigen Generaldirektors Oskar Federer und seiner Familie, die im Protektoratsgebiet geblieben war. Konkret betroffen waren das Konto von Elsa Federer mit 216.788 Kronen und das von Heinrich Federer mit 18.743 Kronen. Beide Konten wurden von der Gestapo-Leitstelle Brünn am 7. Februar 1941 beschlagnahmt, die bereits zuvor am 14. Mai 1940 die Konten von Oskar Federer konfisziert hatte. Alle Konten wurden bei der Ostrauer Filiale der Živnostenská Banka geführt und nach der Beschlagnahme der Verwaltung durch die Treuhand- und Revisionsgesellschaft m.b.H. in Brünn übergeben. Auf deren Aufforderung ersuchte die Ostrauer Filiale der

822 HADB Frankfurt am Main, Anm. 819, Bl. 307, Schreiben des DB-Prokuristen J. Christian an H. Peyh von der BUB vom 7.9.1942.

823 Teichova, Alice: An Economic Background to Munich. International Business and Czechoslovakia 1918–1938, London: Cambridge University Press, S. 91.

Živnostenská banka die Revisionsabteilung des Finanzministeriums und anschließend auch die Nationalbank für Böhmen und Mähren um die Genehmigung, diese Konten auf die Mährische Eskompte-Bank in Brünn, also auf ein Tochterunternehmen der BEB in Prag überführen zu dürfen. Nach Erteilung der entsprechenden Genehmigungen und Aufrechnung der Zinsen wurden die Konten aufgelöst und zugunsten der Treuhand- und Revisions-Gesellschaft in Brünn auf die genannte Brünner Bank überführt.[824]

Außer den Familienkonten besaß Oskar Federer noch 50,6 Obligationen der Škoda-Werke aus der französischen Tranche, die in einem geschlossenen Depot bei der Mährischen Eskompte-Bank lagerten. Auf diese erhoben im Mai 1939 die Bezirksfinanzdirektion in Olmütz und das Bezirksgericht in Mährisch Ostrau Anspruch; zweifellos handelte es sich um Steuerschulden. Am 23. August wurde das Depot von der Gestapoleitstelle Prag beschlagnahmt. Die Obligationen wurden gegen Jahresende 1941 zugunsten des Reiches über die BEB „realisiert“, und die Protektorats-Finanzbehörden gingen leer aus.[825]

## 7.3 „Arisierung“ und Germanisierung der Aktien prominenter Eigentümer

Ein relativ interessanter Fall war die „Arisierung“ der Wertpapiere und Guthaben aus dem Besitz von Ferdinand Bloch-Bauer, einem bedeutenden Unternehmer. Bloch-Bauer hatte eine bedeutende Rolle bei der Nostrifizierung der mährischen Zuckerfabriken im so genannten Stoupal-Konzern gespielt, eine Zeit lang war er im Verwaltungsrat der Agrární banka tätig gewesen und saß anschließend bis zur Besatzung im Verwaltungsrat der BEB.[826] Im Zuge der „Arisierung“ verlor er unter anderem sein beträchtliches Aktienpaket mit 2.731 Anteilsscheinen der Elbkosteletzer Zuckersiederei und -raffinierie A.G., Prag. Am 15.11.1939 übernahm sein Rechtsanwalt Dr. J. Janda 200 dieser Aktien als Honorarabschlag, die übrigen 2.531 Stück wurden am 4. Juni 1942 verkauft und auf ein Eigenkonto der BEB übertragen. Der Gesamterlös von 3.787.856 Kronen wurde auf das Sperrkonto von Bloch-Bauer bei der BEB eingezahlt und noch am selben Tag auf das Konto der Amtskasse des Vermögensamtes Nr. 98 578 bei der Postsparkasse in Prag überwiesen.[827] In einem weiteren Depot Bloch-Bauers befanden sich 100 BEB-Aktien, 25 Aktien der Firma Schöller & Co. A.G. sowie 50 Aktien der Aussiger Gesellschaft für Chemie- und Hüttenproduktion. Die überwiegende Mehrzahl dieser Wertpapiere verblieb während der ganzen Besatzungszeit in Zwangsverwahrung bei der BEB.[828]

Die Beschlagnahmung von Vermögen, einschließlich Wertpapieren und Konten, betraf nicht nur die jüdische Protektoratsbevölkerung, sondern auch Tschechen, die

824 MZA Brno, Bestand G 427, Kart. 29, Korrespondenz der Živnostenská banka mit der Treuhand- und Revisions-Gesellschaft in Brünn von März bis Mai 1941.

825 Ebd., Korrespondenz Juni – Dezember 1941.

826 NA Praha, Bestand ČEB, ATAG, Bd. 54. Das Bloch-Bauers Schloss Panenské Březany einschließlich Ländereien und Kunstgegenständen diente anschließend als Sitz des Reichsprotektors und wurde nach Heydrichs Tod dessen Familie überlassen, die dort bis zum Kriegsende wohnte.

827 Ebd.

828 Ebd.

am Widerstand beteiligt oder ins Exil gegangen waren. Dabei konzentrierte sich die Gestapo in erster Linie auf Personen, die im Umkreis der Londoner Exilregierung aktiv waren, insbesondere deren Vorsitzenden Jan Šrámek. Dessen gesamtes Vermögen war von der Gestapo-Leitstelle Brünn im Januar 1941 konfisziert und unter die Verwaltung der Treuhand- und Revisions-Gesellschaft m.b.H. in Brünn gestellt worden. Das Vorgehen entsprach dabei den Verfahren im Umgang mit jüdischem Vermögens. Bei Šrámeks einzelnen Vermögenswerten handelte es sich um Immobilien (Grundstücke in Brünn, Olmütz, Lukoveček und Vlčkov bei Holeschau, ein Haus mit Garten in Lišnice bei Zbraslav usw.), ferner um mobiles Eigentum (z. B. Mobiliar), Konten im Gesamtwert von mehreren hunderttausend Kronen sowie Wertpapiere. Die Situation war jedoch nicht ganz eindeutig, da ein Teil dieses Vermögens nicht Šrámeks Privateigentum war, sondern in Wirklichkeit der Volkspartei gehörte. Zudem dienten einige Immobilien als Pfand für Kredite, beispielsweise für die Pressebetriebe des tschechischen politischen Katholizismus.[829]

## 7.4 Quantitative Angaben zur „Arisierung“ von Wertpapieren, Konten und Sparbüchern

Die Ermittlung von quantitativen Angaben zur „Arisierung“ von Wertpapieren, Konten und Sparbüchern auf dem Protektoratsgebiet ist vor allem aufgrund der Quellengrundlage problematisch. Bis auf Ausnahmen liegen die diesbezüglichen Angaben nicht in kontinuierlichen Reihen, sondern nur vereinzelt vor. Grundlegendes Bestreben der Forschungsarbeiten war die Darstellung der Situation bei den Geldinstituten, die sich an „Arisierung“ und Germanisierung dieser Vermögenswerte aktiv beteiligten. Nebenabsicht war eine zumindest grobe Rekonstruktion des Gesamtwerts von Wertpapieren, Konten und Sparbüchern, die ins Visier der deutschen Organe gerieten und der „Arisierung“ unterlagen. Das dritte Ziel war es, Angaben über die Beteiligung jüdischer Eigentümer am Aktienbestand konkreter Firmen zu liefern, nicht nur für das Protektorat, sondern

---

829 MZA Brno, G 427, Kart. 64, Korrespondenz der Treuhand-Revisions-Gesellschaft m.b.H. mit Banken und Geldinstituten von Januar 1941 bis Juli 1942. Das Verfahren war immer das gleiche: Die Gestapo beschlagnahmte Konten, Wertpapiere und Sparbücher, übergab diese der Treuhand-Revisions-Gesellschaft zur Verwaltung, und diese übertrug sie auf eines der deutschen Geldinstitute – BEB, BUB oder KdD. Diese liquidierten die Vermögenswerte und überwiesen die Erträge auf das Konto des Vermögensamtes. So wurde auch gegen den Sportverband „Sokol“ und die Legionärsorganisationen vorgegangen. Auf diese Weise liquidierte die KdD im Dezember 1942 eine ganze Reihe von Sparbüchern, die ländlichen „Sokol“-Verbänden gehörten, einschließlich deren Fonds für den Bau von Sportanlagen oder die Begräbnisse von Mitgliedern. Dabei handelte es sich nicht um bedeutende Beträge, das große Vermögen dieser Organisationen hatten zweifellos bereits BEB und BUB, die Tochtergesellschaften von Dresdner und Deutscher Bank umgesetzt, die über „längere Finger“ und mehr Kontakte verfügten. Registratur MF ČR Praha, Registratur KdD, Paket 2743, Korrespondenz mit dem Reichsprotektor vom 1.6.–15.7.1941; Paket 2752, Korrespondenz mit dem Reichsprotektor vom 1.11.–13.12.1942.

auch das Reichsgau Sudetenland und Österreich, das so genannte Altreich und einzelne Staaten in Europa und der ganzen Welt.

Die aufschlussreichsten Aussagen über den Prozess der „Arisierung“ von Wertpapieren aus jüdischem Besitz auf dem Protektoratsgebiet liefern die Bilanzen der Böhmischen Escompte-Bank (BEB). Es handelt sich dabei konkret um jüdische Wertpapiere, die von dieser Bank auf ein eigenes Konto übernommen wurden. Sichtbar sind diese Wertpapiere jüdischer Provenienz sowohl in den Bilanzen der Jahre 1941–1944 als auch in der so genannten Liquidationsbilanz, die nach Kriegsende von der tschechischen nationalen Verwaltung und dem Liquidator der Bank aufgestellt wurde. Die diesen Bilanzen entnommenen Angaben wurden in die folgenden Übersichten eingearbeitet. Aufgeführt werden neben Firmenbezeichnung und – sitz die Anzahl der übernommenen Aktien, ihr jeweils aktueller Kurs in Kronen und der Gesamtwert der Aktien einer Firma, der entsprechend der Kapitalmarktsituation im Protektorat schwankte. Im Jahre 1941 wurden die aus jüdischem Besitz auf das BEB-Eigenkonto übernommenen Wertpapiere in drei Gruppen eingeteilt: Wertpapiere, die an der Prager Waren- und Wertpapierbörse gehandelt wurden, sonstige inländische Aktien und ausländische Wertpapiere. Im Folgejahr beschränkte sich die Unterteilung bereits auf die an der Prager Börse notierten Wertpapiere und sonstige (z. B. syndizierte Wertpapiere, also Aktien, die Gemeinschaftseigentum bestimmter Interessengruppen waren und folglich nur in Übereinstimmung der Eigentümer verkäuflich waren). Die sich jeweils zum 31. Dezember des Jahres darbietende Situation zeigen die folgenden Tabellen. (Lediglich im Jahre 1945 datieren die Angaben – entsprechend der Liquidationsbilanz – vom 30.11.1945).

Tabelle 25: Aus jüdischem Besitz übernommene, auf einem Eigenkonto der BEB geführte Wertpapiere, Stand 31.12.1941

| **An der Prager Waren- und Wertpapierbörse gezeichnete Wertpapiere** | | | |
|---|---|---|---|
| **Firmenbezeichnung** | **Anzahl der Aktien** | **Aktueller Kurswert je Aktie in Kronen** | **Gesamtwert in Kronen** |
| **Böhmische Zuckerindustrie-Gesellschaft, Prag** | 807 | 2.497 | 2.015.079 |
| **Franz Xav. Brosche Sohn, Spiritusraffinerie A.G., Prag** | 1.011 | 2.098 | 2.121.078 |
| **Vereinigte Zuckerfabrik und Raffinerie Dobrowitz-Raffinerie A.G., Prag** | 35 | 2.220 | 77.700 |
| **Elbekosteletzer Zuckerraffinerie A.G., Prag** | 32 | 1.500 | 48.000 |
| **Koliner Kaffee-Surrogate-Fabrik, Kaufmännische Aktienunternehmung, Prag** | 50 | 590 | 29.500 |
| **Koliner Spiritus-Pottasche-Fabriks- und Raffinerie-A.G., Prag** | 1.001 | 2.098 | 2.100.098 |
| **Königinhofer Cement-Fabrik A.G., Prag** | 9.823 | 2.339 | 22.966.174 |
| **Vereinigte Fabriken landwirtschaftlicher Maschinen Fr. Melichar-Umrath & Comp. A.G., Brandeis a. d. Elbe** | 6<br>10 | 360<br>90 | 2.160<br>900 |
| **Papier-Industrie-Aktiengesellschaft Olšany, früher Olleschau, Prag** | 301 | 613 | 184.513 |
| **Prager Eisenindustrie-Gesellschaft, Prag** | 1.835 | 2.577 | 4.728.795 |
| **Zuckerfabriken Schöller et Co. A.G., Prag** | 537 | 3.596 | 1.931.052 |
| **„Sphinx“, Vereinigte Emaillierwerke und Metallwarenfabriken, A.G., Prag** | 7.233 | 415 | 3.001.695 |
| **Aktiengesellschaft für Spiritusindustrie, Prag** | 67 | 2.098 | 140.566 |
| | | Σ | 39.347.310 |
| **Sonstige inländische Wertpapiere** | | | |
| **„Moldavia-Generali“, Versicherungs-Aktiengesellschaft, Prag** | 27 | 1.150 | 31.050 |
| **„Ferra“ A.G., vormals L.G. Bondy, Prag** | 14 | 300 | 4.200 |
| | | Σ | 35.250 |
| **Ausländische Wertpapiere** | | | |
| **„Apollo“, Mineralölraffinerie A.G., Bratislava** | 300 | 670 | 201.000 |
| **Mannesmann-Coburg Berg- und Hüttenwerke A.G., Praha-Trnava** | 150 | 500 | 75.000 |
| **Färberei und Druckerei, Trust A.G., Zürich** | 605 | 120 | 72.600 |
| **„Kablo“, Aktien Kabel- und Drahtseilfabrik, Bratislava** | 231 | 1.600 | 369.600 |
| **Magnesit-Industrie-A.G., Bratislava** | 400 | 1.750 | 700.000 |
| **Tarbouches Trust A.G., Zürich** | 1.763 | 174 | 305.762 |
| | | Σ | 1.724.962 |
| **Insgesamt** | | | 41.107.522 |

Quelle: NA Praha, Bestand ČEB, Bd. 69, Bilanz 1941.

Tabelle 26: Aus jüdischem Besitz übernommene, auf einem Eigenkonto der BEB geführte Wertpapiere, Stand 31.12.1942

| **An der Prager Waren- und Wertpapierbörse gezeichnete Wertpapiere** | | | |
|---|---|---|---|
| **Firmenbezeichnung** | **Anzahl der Aktien** | **Aktueller Kurswert je Aktie in Kronen** | **Gesamtwert in Kronen** |
| **„Moldavia-Generali“, Versicherungs-Aktiengesellschaft, Prag** | 27 | 1.150 | 31.050 |
| **Franz Xav. Brosche Sohn, Spiritusraffinerie A.G., Prag** | 1.473 | 2.100 | 3.093.300 |
| **Erste Böhmisch-Budweiser Emailgeschirrfabrik A.G., Böhmisch Budweis** | 355 | 470 | 166.850 |
| **Elbekosteletzer Zucker-Raffinerie A.G., Prag** | 4.323 | 1.500 | 6.484.500 |
| **Vereinigte Carborundum- und Elektrit-Werke A.G., Neu Benatek (Böhmen)** | 1.805 | 2.800 | 5.054.700 |
| **Koliner Spiritus-Pottasche-Fabriks- und Rafinerie-Actien-Gesellschaft, Prag** | 1.866 | 2.100 | 3.918.600 |
| **Vereinigte Fabriken für landwirtschaftliche Maschinen Fr. Melichar-Umrath & Comp. A.G., Brandeis a. d. Elbe** | 38 | 360 | 13.680 |
| **Papier-Industrie-Aktiengesellschaft Olšany, früher Olleschau, Prag** | 1.865 | 613 | 1.143.245 |
| **Prager Eisenindustrie-Gesellschaft, Prag** | 1.835 | 2.580 | 4.734.300 |
| **„Sphinx“, Vereinigte Emaillierwerke und Metallwarenfabriken A.G., Prag** | 2.231 | 1.660 | 3.703.460 |
| **„Apollo“, Mineralölraffinerie A.G., Prag** | 526 | 670 | 352.420 |
| **Mannesmann-Coburg Berg- und Hüttenwerke A.G., Prag** | 502 | 500 | 251.000 |
| **„Kablo“, Aktien Kabel- und Drahtseilfabrik, Bratislava** | 421 | 1.600 | 673.600 |
| **Magnesit-Industrie-A.G., Bratislava** | 638 | 1.750 | 1.116.500 |
| **Žilinaer Celulosefabrik A.G., Žilina** | 440 | 500 | 220.000 |
| | | Σ | 30.957.205 |
| **Sonstige Wertpapiere** | | | |
| **„Ferra“ A.G., vormals L.G. Bondy, Prag** | 14 | 300 | 4.200 |
| **Färberei und Druckerei, Trust A.G., Zürich** | 605 | 120 | 72.600 |
| | | Σ | 76.800 |
| **Insgesamt** | | | 31.034.005 |

Quelle: NA Praha, Bestand ČEB, Bd. 71, Bilanz 1942.

Tabelle 27: Aus jüdischem Besitz übernommene, auf einem Eigenkonto der BEB geführte Wertpapiere, Stand 31.12.1943

| **An der Prager Waren- und Wertpapierbörse gezeichnete Wertpapiere** | | | |
|---|---|---|---|
| **Firmenbezeichnung** | **Anzahl der Aktien** | **Aktueller Kurswert je Aktie in Kronen** | **Gesamtwert in Kronen** |
| **„Moldavia-Generali“, Versicherungs-Aktiengesellschaft, Prag** | 27 | 1.150 | 31.050 |
| **Franz Xav. Brosche Sohn, Spiritusraffinerie A.G., Prag** | 2.192 | 2.100 | 4.603.200 |
| **Erste Brünner Aktienbrauerei und Malzfabrik, Brünn** | 405 | 1.000 | 405.000 |
| **Erste Brünner Maschinen-Fabrik A.G., Brünn** | 5.556 | 355 | 1.972.380 |
| **Vereinigte Carborundum- und Elektrit-Werke A.G, Neu Benatek (Böhmen)** | 2.075 | 2.800 | 5.810.700 |
| **Elbekosteletzer Zucker-Raffinerie A.G., Prag** | 2.544 | 1.500 | 3.816.000 |
| **Glas-Fabriken und Raffinerien Josef Inwald A.G., Prag** | 1 | 300 | 300 |
| **Ostböhmische Elektrizitätwerke A.G., Königgrätz** | 7.211 | 2.340 | 16.873.740 |
| **Vereinigte Fabriken für landwirtschaftliche Maschinen Fr. Melichar-Umrath & Comp. A.G., Brandeis a. d. Elbe** | 504 | 360 | 181.440 |
| **Papier-Industrie-Aktiengesellschaft Olšany, früher Olleschau, Prag** | 4.880 | 613 | 2.991.440 |
| **„Sphinx“, Vereinigte Emaillierwerke und Metallwarenfabriken, A.G., Prag** | 2.690 | 1.660 | 4.465.400 |
| **Spiritus Industrie A.G., Mährisch Ostrau** | 163 | 2.100 | 342.300 |
| | | Σ | 41.492.950 |

Quelle: NA Praha, Bestand ČEB, Bd. 71, Bilanz 1943.

Tabelle 28: Aus jüdischem Besitz übernommene, auf einem Eigenkonto der BEB geführte Wertpapiere, Stand 31.12.1944

| An der Prager Waren- und Wertpapierbörse gezeichnete Wertpapiere | | | |
|---|---|---|---|
| **Firmenbezeichnung** | **Anzahl der Aktien** | **Aktueller Kurswert je Aktie in Kronen** | **Gesamtwert in Kronen** |
| **Franz Xav. Brosche Sohn, Spiritusraffinerie A.G., Prag** | 2.367 | 2.100 | 4.970.700 |
| **Erste Brünner Maschinen-Fabrik A.G., Brünn*** | 6.532<br>203<br>2 | 355<br>539<br>533,40 | 2.318.860<br>109.417<br>1.066,80 |
| **Vereinigte Carborundum- und Elektrit-Werke A.G., Neu Benatek (Böhmen) *** | 2.617<br>25 | 2.800<br>3.881,50 | 7.328.300<br>97.037,50 |
| **Elbekosteletzer Zucker-Raffinerie A.G., Prag*** | 3.297<br>1.149 | 1.500<br>4.574,86 | 4.945.500<br>5.256.517,60 |
| **Glas-Fabriken und Raffinerien Josef Inwald A.G., Prag** | 36 | 300 | 10.800 |
| **Koliner Spiritus-Pottasche-Fabriks- und Raffinerie-Actien-Gesellschaft, Prag** | 163 | 2.100 | 342.300 |
| **Königinhofer Cement-Fabrik A.G., Prag*** | 8.523<br>209 | 2.340<br>3.430 | 19.943.820<br>716.870 |
| **Böhmisch-Mährische elektrotechnische Werke Fr. Křižík A.G., Prag*** | 3.844<br>349<br>9<br>2 | 1.347<br>3.064,60<br>651,10<br>– | 5.177.868<br>1.069.545,40<br>5.859,90<br>– |
| **Böhmisch-Mährische elektrotechnische Werke Fr. Křižík A.G., Prag – Aktie gratis*** | 174 | – | – |
| **Vereinigte Fabriken für landwirtschaftliche Maschinen Fr. Melichar-Umrath & Comp. A.G., Brandeis a. d. Elbe*** | 681<br>8 | 360<br>913,30 | 245.160<br>7.306,50 |
| **Aktienbrauerei in Nusle, Prag** | 21 | 3.710 | 77.910 |
| **Papier-Industrie-Aktiengesellschaft Olšany, früher Olleschau, Prag*** | 5.334<br>1.700 | 613<br>1.265 | 3.269.742<br>2.151.520 |
| **„Sphinx“, Vereinigte Emaillierwerke und Metallwarenfabriken A.G., Prag*** | 2.794<br>6 | 1.660<br>3.553 | 4.638.040<br>21.318 |
| **Spiritus Industrie A.G., Mährisch Ostrau*** | 163<br>12 | 2.100<br>2.835 | 342.300<br>34.020 |
| | | Σ | 63.081.778,70 |

* Für die Aktien mancher Firmen sind in der Tabelle zwei oder sogar drei Positionen angeführt. Es handelt sich dabei um verschiedene Arten von Aktien mit entsprechend verschiedenem Wert.

Quelle: NA Praha, Bestand ČEB, Bd. 71, Bilanz 1944.

Tabelle 29: Aus jüdischem Besitz übernommene, auf einem Eigenkonto der BEB geführte Wertpapiere, Stand 31.12.1945

| **An der Prager Waren- und Wertpapierbörse gezeichnete Wertpapiere** | | | |
|---|---|---|---|
| **Firmenbezeichnung** | Anzahl der Aktien | Aktueller Kurswert je Aktie in Kronen | Gesamtwert in Kronen |
| **Franz Xav. Brosche Sohn, Spiritusraffinerie A.G., Prag** | 2.367 | 2.100 | 4.971.000 |
| **Erste Brünner Maschinen-Fabrik A.G., Brünn** | 6.740 | 361 | 2.431.000 |
| **Vereinigte Carborundum- und Elektrit-Werke A.G., Neu Benatek (Böhmen)** | 2.716 | 2.840 | 7.713.000 |
| **Elbekosteletzer Zucker-Raffinerie A.G., Prag** | 5.286 | 2.462 | 13.016.000 |
| **Glas-Fabriken und Raffinerien Josef Inwald A.G., Prag** | 36 | 300 | 11.000 |
| **Koliner Spiritus-Pottasche-Fabriks- und Raffinerie-Actien-Gesellschaft, Prag** | 163 | 2.100 | 342.000 |
| **Königinhofer Cement-Fabrik A.G., Prag** | 9.076 | 2.403 | 21.811.000 |
| **Böhmisch-Mährische elektrotechnische Werke Fr. Křižík A.G., Prag*** | 4.198 | 1.490 | 6.256.000 |
| **Böhmisch-Mährische elektrotechnische Werke Fr. Křižík A.G., Prag – gratis*** | 175 | – | – |
| **Vereinigte Fabriken für landwirtschaftliche Maschinen Fr. Melichar-Umrath & Comp. A.G., Brandeis a. d. Elbe** | 689 | 366 | 252.000 |
| **Aktienbrauerei in Nusle, Prag** | 21 | 3.710 | 78.000 |
| **Papier-Industrie-Aktiengesellschaft Olšany, früher Olleschau, Prag** | 7.934 | 819 | 6.498.000 |
| **„Sphinx", Vereinigte Emaillierwerke und Metallwarenfabriken, A.G., Prag** | 2.913 | 1.737 | 5.059.000 |
| **Spiritus Industrie A.G., Mährisch Ostrau** | 175 | 2.149 | 376.000 |
| | | Σ | 68.814.000 |

* Für die Aktien mancher Firmen sind in der Tabelle zwei oder sogar drei Positionen angeführt. Es handelt sich dabei um verschiedene Arten von Aktien mit entsprechend verschiedenem Wert.

Quelle: NA Praha, Bestand ČEB, Bd. 71, Liquidationsbilanz zum 31.8. und 30.11.1945.

Der Gesamtwert der von der BEB auf dieses Eigenkonto übernommenen jüdischen Wertpapiere zeigt außer in den Jahren 1941–1942 eine steigende, in den letzten Kriegsjahren den Höchstwert erreichende Entwicklung. Im Jahre 1941 zeigt die Tabelle die Übernahme einer umfangreichen Partie Dividenden bringender Papiere, deren Bedeutung im Vergleich zu den übrigen an der Prager Börse auf das Eigenkonto der Bank quotierten Industrieaktien hervorsticht. Während die im Eigenbesitz der Anstalt befindlichen Aktien einen Wert von 24,5 Millionen Kronen darstellten, erreichten die übernommenen jüdischen Wertpapiere dieser Art insgesamt 39,3 Millionen Kronen. Den größten Posten im Wert von circa 23 Millionen Kronen bildeten die fast 10.000 Aktien der Königinhofer Cement-Fabrik. An zweiter Stelle hinsichtlich der Aktienzahl stand die Gesellschaft „Sphinx", Vereinigte Emaillierwerke und Metallwarenfabrik, wobei die

Höhe der übernommenen jüdischen Vermögenswerte drei Millionen Kronen erreichte. Bedeutend war auch die Akquisition von Aktien der Prager Eisenindustrie-Gesellschaft, deren Wert auf 4,7 Millionen Kronen beziffert wurde.

Im folgenden Jahr erfuhr das Portefeuille der auf das BEB-Eigenkonto übernommenen jüdischen Wertpapiere leichte Veränderungen: Das größte Aktienpaket bildeten die Anteile der Elbkosteletzer Zucker-Raffinerie, deren Wert circa 6,5 Millionen Kronen betrug. Das zweitgrößte Paket bildeten die Aktien der Firma „Sphinx“, Vereinigte Emaillierwerke und Metallwarenfabrik, und das drittgrößte Aktienpaket stellten die Wertpapiere der Koliner Spiritus-Pottasche-Fabriks- und Raffinerie A.G. Ein etwas anderes Bild ergibt sich bei der Verfolgung des aktuellen Kurswerts dieser Dividendenpapiere: An zweiter Stelle mit einem Gesamtwert von circa fünf Millionen Kronen stehen die Aktien der Vereinigte Carborundum- und Elektrit-Werke in Neu-Benatek und an dritter Stelle die der Prager Eisenindustrie-Gesellschaft in Prag mit einem Wert von circa 4,7 Millionen Kronen.

Zum Jahresabschluss 1943 umfasste das größte aus jüdischem Besitz übernommene Aktienpaket 7.211 Anteile der Ostböhmische Elektrizitätswerke in Königgrätz, die einen Gesamtwert von 16,9 Millionen Kronen erreichten. Die zweit- und drittgrößten Aktienpakete enthielten Papiere der Ersten Brünner Maschinen-Fabrik und der Papierindustrie-A.G. in Olleschau. Hinsichtlich des Gesamtwerts der Papiere einer konkreten Gesellschaft folgten dem Ostböhmischen Elektrizitätswerk auf Platz zwei die Vereinigten Karborundum- und Elektrit-Werke in Neu-Benatek mit 5,8 Millionen Kronen und auf Platz drei die Firma F. X. B. Sohn, Spiritusraffinerie, mit 4,6 Millionen Kronen.

Zum 31. Dezember 1944 lag die Königinhofer Cement-Fabrik in Bezug auf die Anzahl der Aktien vorn, gefolgt von der Ersten Brünner Maschinenbau-Gesellschaft und der Papierindustrie-A.G. in Olleschau. Die Aktien der Königinhofer Cement-Fabrik erreichten auch den höchsten Gesamtwert von fast 20 Millionen Kronen. Einen Wert von über zehn Millionen Kronen erreichten die im Portefeuille der BEB befindlichen Aktien der Elbkosteletzer Zucker-Raffinerie, an dritter Stelle folgten die Wertpapiere der Vereinigten Carborundum- und Elektrit-Werke in Neu-Benatek mit einem Wert von 7,3 Millionen Kronen.

Was die Branchenstruktur anbelangt, so finden sich im Portefeuille der BEB aus jüdischem Besitz stammende Aktien von Unternehmen der Lebensmittelindustrie, von Maschinenbaubetrieben, Eisenhütten und Chemiewerken, von Baustoffherstellern und auch von einem Energieunternehmen, einer Glashütte und einem Elektrizitätswerk. Aus den Tabellen ist auch ersichtlich, dass bis zum Ende der deutschen Besatzungszeit manche Aktien vom Eigenkonto abgestoßen und an deren Stelle neue Dividendenwerte aus jüdischem Besitz übernommen wurden. Ebenso wird deutlich, dass die Bank vor allem an den Aktien ihrer Konzernunternehmen Interesse zeigte, mit denen sie schon eine Reihe von Jahren oder sogar Jahrzehnten Zusammenarbeit verband. Deren Aktien behielt sie die ganze Zeit über auf ihrem Eigenkonto, und ihre Zahl stieg ungeachtet gewisser Schwankungen. Als Beispiele der so übernommenen jüdischen Dividendenwerte zu nennen wären die Firma F. X. Brosche Sohn, Spiritusraffinerie, die Elbkosteletzer

Zucker-Raffinerie und die Vereinigten Carborundum- und Elektrit-Werke, wobei die BEB das letztgenannte Unternehmen vom Konzern der Länderbank übernommen hatte.

Die Übernahme von jüdischen Dividendenwerten auf das Eigenkonto der Bank erbrachte einen Gewinn aus den Wirtschaftsergebnissen der jeweiligen Firmen, der im Jahre 1942 nahezu 700.000 Kronen erreichte, im Folgejahr 880.000 Kronen und 1944 bereits über 1,4 Millionen Kronen. Der Gewinn aus den aus jüdischem Besitz stammenden Aktien auf dem BEB-Eigenkonto betrug 1942 3,9 Prozent des Reingewinns der Bank und im Jahre 1943 sogar 5,5 Prozent. Dieser Dividendenertrag kann ganz reell als Teil des „Arisierungs“-Profits der Bank bezeichnet werden. Der Aktienerwerb ermöglichte der BEB zudem die Teilnahme an den Vollversammlungen der entsprechenden Gesellschaften, Eingriffe in deren Geschäftsstrategie sowie in organisatorische Angelegenheiten. So war die Bank auch an der Entscheidung über die Besetzung der satzungsmäßigen Organe beteiligt, in die sie ihre Funktionäre und Manager entsandte.

In den Jahren 1943–1945 dienten die übernommenen jüdischen Wertpapiere der BEB auch zur Sicherung ihrer Beteiligung an den jeweiligen Industrieunternehmen. Der Gesamtbetrag dieser Beteiligungen betrug 33,6 Millionen Kronen. Den größte Anteil in Höhe von 27 Millionen Kronen hielt die BEB an der Königinhofer Cement-Fabrik A.G. in Prag, mit 5,5 Millionen Kronen war sie am Aktienkapital der Koliner Spiritus-Pottasche-Fabrik und Raffinerie beteiligt und besaß einen Anteil von über einer Million Kronen an der Spiritus-Industrie A.G. in Mährisch Ostrau.[830]

In den BEB-Bilanzen wurden in den Jahren 1943–1944 auch aus jüdischem Besitz stammende Wertpapiere aufgeführt, die die Bank in Treuhandverwaltung übernommen hatte. Im Jahre 1943 bestand der größte Posten aus 24.423 Aktien des Vereins für Chemie und Hüttenproduktion in Aussig im Wert von über 44 Millionen Kronen, im Jahre 1944 aus nahezu 30.000 Aktien mit einem Wert von mehr als 54 Millionen Kronen. Im Jahre 1943 wären noch das Aktienpaket von über 2.500 Anteilen der Firma Sellier & Bellot mit einem Gesamtwert von circa sechs Millionen Kronen zu erwähnen sowie die mehr als 1.800 Aktien der Prager Eisenindustrie-Gesellschaft A.G. in Prag im Wert von insgesamt 4,7 Millionen Kronen.[831] In der Bilanz des Jahres 1942 wird zudem in der Rubrik „Arisierungs“-Provision der Betrag von 257.502 Kronen angeführt, und zwar für die Firmen H.S. Goldschmidt Sohn, Gebrüder Stiassny, Brünn und Hynek Fuchs.[832]

Im Rahmen der Liquidationsbilanz wurde für die aus jüdischem Besitz stammenden Aktien, die sich zu Kriegsende auf dem Eigenkonto der BEB befanden, eine Übersicht der Kurswertdifferenzen erstellt. Während dieses Portefeuille von Dividendenwerten ehemaliger jüdischer Besitzer zum 31.12.1938 einen Wert von 44,2 Millionen Kronen darstellte, lag der Kurswert dieses Aktienpakets zum 3.5.1945 bei 159 Millionen Kronen – es kam also zu einer nahezu vierfachen Wertsteigerung.[833]

---

830 NA Praha, Bestand ČEB, Bd. 71, Bilanzen 1943–1944; ebd., Liquidationsbilanz zum 31.8. und 30.11.1945.

831 Ebd., Bilanz zum Jahr 1943–1944.

832 Ebd., Bilanz zum Jahr 1942.

833 Ebd., Liquidationsbilanz zum 31.8. und 30.11.1945. Die BEB-Bilanzen aus den Jahren 1941–1945 weisen die von jüdischen Besitzern auf das BEB-Eigenkonto übernommenen Aktien (insbesondere

Die in den BEB-Bilanzen verzeichneten Angaben über die an der Prager Waren- und Wertpapierbörse zum 31.12.1941 und 31.12.1942 notierten Aktien wurden hinsichtlich der in Kronen angegebenen Kurswerte mit den offiziellen, über die Aktienwerte der Börsen auf deutschem Reichsgebiet einschließlich des Protektorats für den Zeitraum 1941–1942 zusammengestellten Berichten verglichen. Diese Berichte erschienen im Wirtschafts-Handbuch 1943, das in Frankfurt am Main als Beilage der renommierten Frankfurter Zeitung herausgeben wurde. Die konkreten Zahlen sind so interessant, dass es angebracht erschien, sie für die auf das BEB-Eigenkonto übernommenen jüdischen Wertpapiere zum 31.12.1941 und 31.12.1942 in einer gesonderten Tabelle aufzuführen.

Papiere der Elbkosteletzer Zucker-Raffinerie A.G. in Prag, der Vereinigten Carborundum- und Elektrit-Werke in Neu-Benatek und des Königinhofer Cement-Fabrik A.G. in Prag) explizit aus – also Papiere, deren Überführung in deutsche Hand nach dem Zweiten Weltkrieg in Nürnberg untersucht wurde. Angesichts dessen erscheint die Aussage von Walter Teichmann, dem Direktor der Dresdner Bank, beim Verhör am 26.6.1947 vollständig unglaubwürdig: Er behauptete, die BEB habe kein einziges jüdisches Unternehmen an sich gebracht und suchte gleichzeitig zu belegen, dass er keine Angaben über Vermittlerprovisionen für Transaktionen mit jüdischen Vermögen machen könne, da es sich ausschließlich um eine Angelegenheit der BEB gehandelt habe, mit der die Dresdner Bank nichts zu tun gehabt hätte. Außerdem sei der Profit aus diesen Aktivitäten nie groß gewesen. Zu seiner eigenen Person sagte Teichmann im Folgenden aus, er sei während seiner ganzen 27-jährigen Karriere im Bankfach nie in dem für den Handel mit Aktien und Anteilen zuständigen Bereich tätig gewesen. AIfZ München, Sammlung Nürnberger Prozesse, Film. Nr. MA 1555/58, NID 7316.

Tabelle 30: Zum 31.12.1941 aus jüdischem Besitz auf das BEB-Eigenkonto übernommene Wertpapiere mit Kurswerten der Prager Börse

| **An der Prager Waren- und Wertpapierbörse notierte Wertpapiere** | | | |
|---|---|---|---|
| **Firmenbezeichnung** | Anzahl der Aktien | Kurswert je Aktie in Kronen | Gesamtwert in Kronen |
| **Böhmische Zuckerindustrie-Gesellschaft, Prag** | 807 | 6.200 | 5.003.400 |
| **Franz Xav. Brosche Sohn, Spiritusraffinerie A.G., Prag** | 1.011 | 3.900 | 3.942.900 |
| **Vereinigte Zuckerfabrik und Raffinerie Dobrowitz-Raffinerie A.G., Prag** | 35 | 4.330 | 151.550 |
| **Elbekosteletzer Zuckerraffinerie A.G., Prag** | 32 | 5.750 | 184.000 |
| **Koliner Kaffee-Surrogate-Fabrik, Kaufmännische Aktienunternehmung, Prag** | 50 | 1.440 | 72.000 |
| **Koliner Spiritus-Pottasche-Fabriks- und Raffinerie-A.G., Prag** | 1.001 | 3.950 | 3.953.950 |
| **Königinhofer Cement-Fabrik A.G., Prag** | 9.823 | 4.550 | 44.694.650 |
| **Vereinigte Fabriken landwirtschaftlicher Maschinen Fr. Melichar-Umrath & Comp. A.G., Brandeis a. d. Elbe** | 6<br>10 | 800<br>* | 4.800<br>* |
| **Papier-Industrie-Aktiengesellschaft Olšany, früher Olleschau, Prag** | 301 | 1.370 | 412.370 |
| **Prager Eisenindustrie-Gesellschaft, Prag** | 1.835 | 3970 | 7.284.950 |
| **Zuckerfabriken Schöller et Co. A.G., Prag** | 537 | 9.400 | 5.047.800 |
| **„Sphinx", Vereinigte Emaillierwerke und Metallwarenfabriken, A.G., Prag** | 7.233 | 685 | 4.954.605 |
| **Aktiengesellschaft für Spiritusindustrie, Prag** | 67 | * | * |
| | Σ | | 71.753.025 |

* Angabe fehlt

Quelle: NA Praha, Bestand ČEB, Bd. 69, Bilanz 1941; Wirtschafts-Handbuch 1943, 80. Jahrgang, Frankfurt am Main: Deutsche Industriebank (erschienen im Handelsteil der Frankfurter Zeitung) 1943, S. 113f.

Tabelle 31: Zum 31.12.1942 aus jüdischem Besitz auf das BEB-Eigenkonto übernommene Wertpapiere mit Kurswerten der Prager Börse

| An der Prager Waren- und Wertpapierbörse notierte Wertpapiere | | | |
|---|---|---|---|
| **Firmenbezeichnung** | **Anzahl der Aktien** | **Kurswert je Aktie in Kronen** | **Gesamtwert in Kronen** |
| **„Moldavia-Generali“, Versicherungs-Aktiengesellschaft, Prag** | 27 | * | * |
| **Franz Xav. Brosche Sohn, Spiritusraffinerie A.G., Prag** | 1.473 | 3.915 | 5.766.795 |
| **Erste Böhmisch-Budweiser Emailgeschirrfabrik A.G., Böhmisch Budweis** | 355 | 1.150 | 408.250 |
| **Elbekosteletzer Zuckerraffinerie A.G., Prag** | 4.323 | 6.050 | 26.154.150 |
| **Vereinigte Carborundum- und Elektrit-Werke A.G., Neu Benatek (Böhmen)** | 1.805 | 5.700 | 10.288.500 |
| **Koliner Spiritus-Pottasche-Fabriks- und Raffinerie-A.G., Prag** | 1.866 | 3.950 | 7.370.700 |
| **Vereinigte Fabriken landwirtschaftlicher Maschinen Fr. Melichar-Umrath & Comp. A.G., Brandeis a. d. Elbe** | 38 | 1.235 | 46.930 |
| **Papier-Industrie-Aktiengesellschaft Olšany, früher Olleschau, Prag** | 1.865 | 1.700 | 3.170.500 |
| **Prager Eisenindustrie-Gesellschaft, Prag** | 1.835 | 3.335 | 6.119.785 |
| **„Sphinx“, Vereinigte Emaillierwerke und Metallwarenfabriken, A.G., Prag** | 2.231 | 4.735 | 10.563.785 |
| **„Apollo“, Mineralölraffinerie A.G., Bratislava** | 526 | * | * |
| **Mannesmann-Coburg Berg- und Hüttenwerke A.G., Prag** | 502 | * | * |
| | | Σ | 69.889.335 |

* Angabe fehlt

Quelle: NA Praha, Bd. 71, Bestand ČEB, Bilanz 1942; Wirtschafts-Handbuch 1943, 80. Jahrgang, Frankfurt am Main: Deutsche Industriebank (erschienen im Handelsteil der Frankfurter Zeitung) 1943, S. 113f.

Auf den ersten Blick ist ersichtlich, dass die Kurswerte je Aktie in den auf Grundlage der BEB-Bilanzen erstellten Tabellen und den Angaben im Wirtschafts-Handbuch 1943 beträchtlich auseinander gehen. In der BEB-Bilanz zum 31. Dezember 1941 wurden die Aktien aus jüdischem Besitz um circa 45 Prozent unterbewertet, in der Bilanz zum 31. Dezember 1942 um mehr als 55 Prozent. So legte die BEB innere verdeckte Reserven an und drückte nach außen hin – gegenüber den Finanzbehörden – die Grundlage für die Steuerberechung. Interessanterweise haben ihr dazu „arisierte“ Aktien gedient, die sie wie ihr Eigentum behandelte, obwohl diese Papiere intern, d. h. in den Detailbilanzen der BEB separat ausgewiesen wurden.

Bedauerlicherweise stehen die internen Bilanzen – in denen die Einzelposten der Rechnungsbilanz detailliert aufgeführt sein müssten – insbesondere für die Böhmische Union-Bank (BUB) und den deutschen Privatbanksektor nicht zur Verfügung. Für die

Kreditanstalt der Deutschen (KdD) werden in der Bilanz für 1943 auf dem Eigenkonto des Instituts 563 aus jüdischem Besitz stammende Aktien von „Sfinx“, Vereinigte Emaille- und Metallwarenfabriken in Prag im aktuellen Wert von 934.580 Kronen angeführt.[834] Vom Ankauf jüdischen Aktienbesitzes auf ein BUB-Eigenkonto zeugt auch der Bericht von Walter Pohle auf der Exekutivausschuss-Sitzung vom 11. Juni 1941, der explizit den Ankauf von Dividendenwerten der Báňská a hutní společnost, a.s. (Bergbau-und Hüttengesellschaft) in Prag aus dem Besitz jüdischer Aktionäre erwähnt.[835] Es ist gewiss kein Zufall, dass im August 1941 gerade Direktor Pohle stellvertretender Verwaltungsratvorsitzender dieser Gesellschaft war.[836]

Ein gewisses, jedoch sicherlich unvollständiges Gesamtbild von der Anzahl aus jüdischem Besitz stammender Aktien in den einzelnen Volkswirtschaftsbereichen – aufgeteilt in die Bereiche Bankwesen, Versicherungswesen, Verkehr und die verschiedenen Industriebranchen – liefert der Archivbestand ‚Arisierungsakten‘ im Nationalarchiv Prag. Dieser enthält auch eine Kopie mit einer Übersicht des in jüdischem Besitz befindlichen Anteils am Aktienkapital von Unternehmen im Protektorat, dem so genannte Altreich, dem Reichsgau Sudetenland und der „Ostmark“, d. h. Österreich, zum 1. Februar 1940 und 1. Februar 1942. Zum ersten Datum wurden die Angaben noch um eine Rubrik erweitert, die die in jüdischer Hand befindlichen Aktien von Firmen im Ausland, also in weiteren europäischen Staaten und anderswo, angibt. Zwar ist nicht völlig klar, von wem und auf wessen Veranlassung diese Übersicht erstellt wurde und wie es um ihre Glaubwürdigkeit bestellt ist, doch darf man annehmen, dass sie auf Unterlagen beruht, die von den Kreisämtern, der Nationalbank und der Gruppe II 1/3 F im ARP bei der Erfassung von Aktien und ähnlichen Vermögenswerten aus jüdischem Besitz gesammelt und zusammengestellt worden sind. Angesichts des Fehlens anderer zusammenfassender Angaben verdient sie daher volle Aufmerksamkeit.

834 Registratur MF ČR Praha, Registratur KdD, Beilagen zur Jahresbilanz 31.12.1943, diverse Bilanzen 1939–1944. Ebd., Registratur BUB, Paket 1848, Sitzungsprotokoll des BUB-Exekutivausschuss vom 11.6.1941.

835 Ebd., Paket 1848, Sitzungsprotokoll des BUB-Exekutivausschuss vom 11.6.1941. NA Praha, Bestand Česká banka Union [Böhmische Union-Bank] (im Weiteren ČBU), Direktions-Sekretariat, Diverses. Korrespondenz W. Pohle 1939–1945.

836 NA Praha, Bestand ČBU, Direktions-Sekretariat, Diverses. Korrespondenz W. Pohle 1939–1945; NA Praha, Bestand ÚŘP, Kart. 227, Sign. I-Ia-1802, Tätigkeitsbericht der Gruppe Wirtschaft für den Monat August, Prag 24.8.1940.

Tabelle 32: Aktien im Besitz jüdischer Rechtssubjekte mit Protektoratsangehörigkeit, Stand 1.2.1940 (Summen der Nominalwerte, für das Protektorat Böhmen und Mähren sowie den Reichsgau Sudetenland ergänzt um die Aktienanzahl)

| Wirtschaftszweig | Unternehmen im Protektorat Böhmen und Mähren sowie im Reichsgau Sudetenland | | | Unternehmen im „Altreich“ (Deutschland) | Unter-nehmen in der. „Ostmark“ (Österreich) | Unternehmen im Ausland* | Gesamter Nominalwert des jüdischen Vermögens (in 1.000 Kronen) |
|---|---|---|---|---|---|---|---|
| | Anzahl der ausgegebenen Aktien (Stück) | Anzahl der Aktien in jüdischem Besitz (Stück) | Summe der Nominalwer-te jüdischer Vermögen (in 1.000 Kronen) | Summe der Nominalwerte von jüdischem Aktienbesitz (in 1.000 Kronen) | Summe der Nominalwerte von jüdischem Aktienbesitz (in 1.000 Kronen) | Summe der Nominalwerte von jüdischem Aktienbesitz (in 1.000 Kronen) | |
| **Banken** | 4.514.750 | 183.726 | 55.557 | 2.178 | 746 | 3.933 | 62.414 |
| **Versicherungen** | 141.250 | 2.654 | 940 | – | 28 | – | 968 |
| **Verkehr** | 264.700 | 19.259 | 2.011 | 1.955 | 1.972 | 766 | 6.704 |
| **Kur- und Hotelwesen** | 70.450 | 4.561 | 847 | 45 | 36 | 6 | 934 |
| **Bau- und Baustoffindustrie** | 440.330 | 56.381 | 12.973 | 826 | 1.080 | 1.617 | 16.496 |
| **Glas, Porzellan, Keramik** | 700.247 | 87.214 | 37.787 | 200 | 98 | 757 | 38.842 |
| **Bergbau und Hüttenwesen** | 2.106.700 | 282.920 | 171.339 | 16.978 | 8.095 | 5.666 | 202.078 |
| **Maschinenbau** | 2.322.250 | 125.928 | 36.042 | 2.247 | 2.005 | 937 | 41.231 |
| **Brauerei- und Getränkeindustrie** | 626.465 | 84.357 | 44.251 | – | 147 | 1.050 | 45.448 |
| **Chemische Industrie** | 1.649.850 | 112.465 | 31.117 | 27.313 | 508 | 2.559 | 61.497 |
| **Mineralöle, Seife, Kerzen** | 506.000 | 7.552 | 2.572 | 2.048 | 75 | 696 | 5.391 |
| **Lebensmittel-industrie** | 236.000 | 24.590 | 7.329 | 12 | 89 | 60 | 7.491 |
| **Elektrotechnik** | 1.039.150 | 12.981 | 5.425 | 7.788 | 918 | 907 | 15.038 |
| **Filmindustrie** | 23.200 | 8.350 | 3.686 | – | – | 10 | 3.696 |
| **Holz verarbeitende Industrie** | 114.800 | 20.813 | 3.176 | 101 | 26 | 423 | 3.726 |
| **Lederwarenindustrie** | 170.540 | 25.650 | 6.288 | 166 | 19 | 297 | 6.770 |
| **Papier- und Druckindustrie** | 471.037 | 94.791 | 37.248 | 1.189 | 1.248 | 956 | 40.641 |

| Wirtschaftszweig | Unternehmen im Protektorat Böhmen und Mähren sowie im Reichsgau Sudetenland | | | Unternehmen im „Altreich" (Deutschland) | Unter-nehmen in der. „Ostmark" (Österreich) | Unternehmen im Ausland* | Gesamter Nominalwert des jüdischen Vermögens (in 1.000 Kronen) |
|---|---|---|---|---|---|---|---|
| | Anzahl der ausgegebenen Aktien (Stück) | Anzahl der Aktien in jüdischem Besitz (Stück) | Summe der Nominalwer-te jüdischer Vermögen (in 1.000 Kronen) | Summe der Nominalwerte von jüdischem Aktienbesitz (in 1.000 Kronen) | Summe der Nominalwerte von jüdischem Aktienbesitz (in 1.000 Kronen) | Summe der Nominalwerte von jüdischem Aktienbesitz (in 1.000 Kronen) | |
| **Textilindustrie** | 1.138.052 | 214.681 | 59.467 | 1.292 | 569 | 2.907 | 64.235 |
| **Zuckerindustrie** | 1.260.247 | 185.989 | 44.872 | 148 | 1.881 | 2.053 | 48.954 |
| **Diverse** | 28.250 | 2.995 | 1.302 | 1.254 | 220 | 10.079 | 12.856 |
| **Insgesamt** | 17.824.268 | 1.557.857 | 564.229 | 65.740 | 19.760 | 35.679 | 685.410 |

* Für das Ausland siehe die nach Branchen und Ländern gegliederte nähere Spezifizierung der Aktien ausländischer Unternehmen in der entsprechenden Tabelle.

Quelle: NA Praha, Bestand AS, Kart. 779, Übersicht der in jüdischem Besitz befindlichen Aktienanteile von Unternehmen im Protektorat Böhmen und Mähren, im Reichsgau Sudetenland, im so genannten Altreich (Deutschland), in der so genannten Ostmark (Österreich) und im Ausland zum 1.2.1940.

Tabelle 33: Anteil der im Besitz jüdischer Rechtsubjekte mit Protektoratsangehörigkeit befindlichen Aktien von Unternehmen im Protektorat Böhmen und Mähren sowie im Reichsgau Sudetenland, Stand 1.2.1940

| **Wirtschaftszweig** | **in jüdischem Besitz befindlicher Aktienanteil in Prozent** |
|---|---|
| **Banken** | 4,1 |
| **Versicherungen** | 1,9 |
| **Verkehr** | 7,3 |
| **Kur- und Hotelwesen** | 6,5 |
| **Bau- und Baustoffindustrie** | 12,8 |
| **Glas, Porzellan, Keramik** | 12,5 |
| **Bergbau und Hüttenwesen** | 13,4 |
| **Maschinenbau** | 5,4 |
| **Brauerei- und Getränkeindustrie** | 13,5 |
| **Chemische Industrie** | 6,8 |
| **Mineralöle** | 1,5 |
| **Lebensmittelindustrie** | 10,4 |
| **Elektrotechnik** | 1,2 |
| **Filmindustrie** | 36,0 |
| **Holz verarbeitende Industrie** | 18,1 |
| **Lederwarenindustrie** | 15,0 |
| **Papier- und Druckindustrie** | 20,1 |
| **Textilindustrie** | 18,9 |
| **Zuckerindustrie** | 14,8 |
| **Diverse** | 10,6 |
| **Insgesamt** | 8,7 |

Quelle: Eigene Berechnungen aufgrund von NA Praha, Bestand AS, Kart. 779, Übersicht der jüdischen Aktienanteile an Unternehmen im Protektorat Böhmen und Mähren, im Reichsgau Sudetenland, im „Altreich“ (Deutschland), in der „Ostmark“ (Österreich) sowie im Ausland zum 1.2.1940.

Tabelle 34: Aktien im Besitz jüdischer Rechtssubjekte mit Protektoratsangehörigkeit, Stand 1.2.1942 (Summen der Kurswerte, für das Protektorat Böhmen und Mähren sowie den Reichsgau Sudetenland ergänzt um die Aktienanzahl)

| Wirtschaftszweig | Unternehmen im Protektorat Böhmen und Mähren | | | Unternehmen im Reichsgau Sudetenland | Unternehmen im „Altreich“ (Deutschland) | Unternehmen in der „Ostmark“ (Österreich) | Gesamtkurswert der jüdischen Vermögen (in 1.000 Kronen) |
|---|---|---|---|---|---|---|---|
| | Anzahl der ausgegebenen Aktien | Anzahl der Aktien in jüdischem Besitz | Summe der Kurswerte von jüdischen Vermögen (in 1.000 Kronen) | Summe der Kurswerte von jüdischen Vermögen (in 1.000 Kronen) | Summe der Kurswerte von jüdischen Vermögen (in 1.000 Kronen) | Summe der Kurswerte von jüdischen Vermögen (in 1.000 Kronen) | |
| **Banken** | 4.514.750 | 197.273 | 67.360 | – | 1.526 | 3.322 | 72.208 |
| **Versicherungen** | 141.250 | 1.493 | 565 | – | – | – | 565 |
| **Verkehr** | 246.011 | 15.407 | 5.332 | 3.583 | 1.740 | 8.859 | 19.514 |
| **Kur- und Hotelwesen** | 66.000 | 361 | 144 | 55 | 45 | 140 | 384 |
| **Bau- und Baustoffindustrie** | 381.500 | 27.957 | 45.177 | 16.452 | 648 | 4.022 | 66.299 |
| **Glas, Porzellan, Keramik** | 247.000 | 13.575 | 21.472 | 52.312 | 194 | 487 | 74.465 |
| **Bergbau und Hüttenwesen** | 1.672.200 | 138.699 | 162.619 | 36.220 | 13.903 | 35.425 | 248.167 |
| **Maschinenbau** | 2.714.600 | 101.049 | 90.900 | 3.181 | 4.293 | 5.557 | 103.931 |
| **Brauerei- und Getränkeindustrie** | 566.124 | 59.973 | 61.789 | 8.088 | – | 648 | 70.525 |
| **Chemische Industrie** | 1.431.350 | 106.770 | 64.605 | 1.145 | 24.477 | 1.856 | 92.083 |
| **Mineralöle, Seife, Kerzen** | 196.000 | 5.790 | 1.840 | – | 1.910 | 364 | 4.114 |
| **Lebensmittelindustrie** | 247.000 | 21.124 | 6.560 | 12 | 9 | 403 | 6.984 |
| **Elektrotechnik** | 843.150 | 11.672 | 12.287 | – | 7.037 | 3.742 | 23.066 |
| **Filmindustrie** | 28.200 | 7.780 | 1.100 | – | – | – | 1.100 |
| **Holz verarbeitende Industrie** | 59.800 | 4.470 | 4.043 | – | 95 | 123 | 4.261 |
| **Lederwarenindustrie** | 98.180 | 1.525 | 640 | 5.414 | 166 | 98 | 6.318 |
| **Papier- und Druckindustrie** | 278.630 | 17.242 | 6.569 | 730 | 357 | 4.169 | 11.825 |

| Wirtschaftszweig | Unternehmen im Protektorat Böhmen und Mähren | | | Unternehmen im Reichsgau Sudetenland | Unternehmen im „Altreich“ (Deutschland) | Unternehmen in der „Ostmark“ (Österreich) | Gesamtkurswert der jüdischen Vermögen (in 1.000 Kronen) |
|---|---|---|---|---|---|---|---|
| | Anzahl der ausgegebenen Aktien | Anzahl der Aktien in jüdischem Besitz | Summe der Kurswerte von jüdischen Vermögen (in 1.000 Kronen) | Summe der Kurswerte von jüdischen Vermögen (in 1.000 Kronen) | Summe der Kurswerte von jüdischen Vermögen (in 1.000 Kronen) | Summe der Kurswerte von jüdischen Vermögen (in 1.000 Kronen) | |
| **Textilindustrie** | 737.702 | 125.718 | 44.624 | 29.709 | 1.070 | 15.492 | 90.895 |
| **Zuckerindustrie** | 926.793 | 160.164 | 89.771 | 6.351 | 146 | 9.392 | 105.660 |
| **Diverse** | – | – | 76.175 | 9.199 | 1.254 | 18.455 | 105.083 |
| **Insgesamt** | 15.391.240 | 1.018.242 | 763.572 | 172.451 | 58.870 | 112.554 | 1.107.447 |

Quelle: NA Praha, Bestand AS, Kart. 779.

Tabelle 35: Anteil der im Besitz jüdischer Rechtssubjekte mit Protektoratsangehörigkeit befindlichen Aktien von Unternehmen im Protektorat Böhmen und Mähren sowie im Reichsgau Sudetenland, Stand 1.2.1942

| Wirtschaftszweig | in jüdischem Besitz befindlicher Aktienanteil in Prozent |
|---|---|
| Banken | 4,4 |
| Versicherungen | 1,1 |
| Verkehr | 6,3 |
| Kur- und Hotelwesen | 0,5 |
| Bau- und Baustoffindustrie | 7,3 |
| Glas, Porzellan, Keramik | 0,6 |
| Bergbau und Hüttenwesen | 8,3 |
| Maschinenbau | 3,7 |
| Brauerei- und Getränkeindustrie | 10,6 |
| Chemische Industrie | 7,5 |
| Mineralöle | 3,0 |
| Lebensmittelindustrie | 8,6 |
| Elektrotechnik | 1,4 |
| Filmindustrie | 27,6 |
| Holz verarbeitende Industrie | 7,5 |
| Lederwarenindustrie | 1,6 |
| Papier- und Druckindustrie | 6,2 |
| Textilindustrie | 17,0 |
| Zuckerindustrie | 17,3 |
| Diverse | - |
| Durchschnitt | 6,6 |

Quelle: NA Praha, Bestand AS, Kart. 779.

Aus den obigen Angaben geht hervor, dass zum 1. Februar 1940 8,7 Prozent aller Aktien von Industrie- und Handelsgesellschaften im Protektorat Böhmen und Mähren sowie im Reichsgau Sudetenland in der Hand jüdischer Eigentümer waren. Zum 1. Februar 1942 war diese Zahl auf circa 6,6 Prozent gesunken, da ein Drittel der Dividendenwerte in jüdischem Besitz binnen zwei Jahren „arisiert“ worden war. Zu den angeführten Daten (d. h. zum 1.2.1940 und 1.2.1942) fanden sich die größten Anteile jüdischer Besitzer in der Filmindustrie, der Zuckerindustrie, im Bergbau-und Hüttenwesen sowie im Maschinenbausektor. Dabei bildete die Filmindustrie hinsichtlich der Anzahl der herausgegebenen Aktien nur einen sehr kleinen Posten im Vergleich zu traditionellen Branchen wie Textilindustrie, Bergbau, Maschinenbau, Chemie und Bankwesen, in denen jüdische Investoren zum Zuge gekommen waren.

Das größte Interesse der „Arisierer“ bestand – laut den in den obigen Tabellen errechneten quantitativen Angaben – im Zeitraum vom 1. Februar 1940 bis zum 1. Februar 1942 an Firmen aus der Lederwarenindustrie sowie Kur- und Hotelwesen, in denen über 90 Prozent aller in jüdischem Besitz befindlichen Aktien „arisiert“ wurden. Einen

Rückgang des jüdischen Aktienbesitzes von 84 Prozent verzeichnete die Glas-, Porzellan- und Keramikindustrie, in der Papier- und Druckindustrie betrug dieser Wert 82 Prozent und in der Holz verarbeitenden Industrie 78 Prozent. Um jeweils nur 51 Prozent ging der jüdische Aktienanteil in der Bau- und Baustoffindustrie sowie im Bergbau-und Hüttenwesen zurück, in der Textilindustrie waren es 41 Prozent. Demgegenüber wurde im Beobachtungszeitraum im Bereich der Elektrotechnik und Energieerzeugung nur ein geringer Anteil der Aktien „arisiert", auch im Bankwesen und in der Filmindustrie wurden nur sieben Prozent, in der chemischen Industrie nur fünf Prozent der Aktien aus jüdischem Besitz an „arische" Besitzer übertragen.

Die Bezifferung der Aktienwerte im Besitz von Juden aus dem Protektorat Böhmen und Mähren stößt auf das Problem der Inkompatibilität der Angaben, da sich die von den deutschen Organen angewandte Methodik über die Erhebungsjahre veränderte: Zum 1. Februar 1940 wurde bei der Bewertung des Aktienbesitzes von Protektoratsjuden der Nominalwert angegeben, zum 1. Februar 1942 dagegen der aktuelle Kurswert (im Handel an der Prager Börse), der durchweg niedriger lag als der Nominalwert. Trotz dieses Problems ist die ermittelte Summe jedoch realitätsnah: Zum 1. Februar 1940 erreichte der Nominalwert des jüdischen Aktienkapitals 685 Millionen Kronen und zum 1. Februar 1942 wurde dessen Kurswert mit 1,1 Milliarden Kronen beziffert. Eine weitere vorliegende Angabe stammt aus dem Bericht der Gruppe Wirtschaft beim ARP in Prag für den Monat August 1940: Der Aktienbesitz der Juden wird zu diesem Zeitpunkt auf 750 Millionen Kronen angesetzt, allerdings mit der Anmerkung, dass ein Großteil der von der Gestapo beschlagnahmten Aktien in diesem Betrag nicht enthalten sei.[837]

Die folgenden summarischen Informationen über die so genannten Bankvermögenswerte, zu denen Wertpapiere, Konten, Sparbücher, Versicherungen, Guthaben usw. zählen, stammen aus dem Bericht der Prager Gestapo-Leitstelle zum 1. Juli 1942. Für das von der Gestapo beschlagnahmte Vermögen ist bei den Aktien, Konten und Sparbüchern ein Wert von über zwei Milliarden Kronen angeführt.[838] Dabei handelte es sich aber nur teilweise um jüdisches Vermögen, einen Großteil dieser Summe bildete das Vermögen von tschechischen Organisationen (insbesondere des patriotischen Sportlerbundes „Sokol"), von NS-Verfolgten und Personen, die im Protektorat befindliche Wertpapiere besaßen, sich aber zur Zeit der deutschen Besatzung im Ausland aufhielten.

Eine weitere summarische Angabe über „arisierte" und auch germanisierte Wertpapiere stammt aus dem Jahre 1965, aus dem „Vorbericht über die durch NS-Verfolgung tschechoslowakischen Staatsbürgern zugefügten Schäden". Der Kurswert der „arisierten" und auch aus dem Besitz verfolgter Tschechen beschlagnahmten Wertpapiere wurde auf 9,6 Milliarden Kronen beziffert. Zu diesen kann noch der Erlös von über 51 Millionen Kronen aus dem Verkauf der auf den Konten des Vermögensamtes und Auswanderungsfonds deponierten Wertpapiere hinzugerechnet werden. Insgesamt handelte es sich also um

837 NA Praha, Anm. 836, Tätigkeitsbericht der Gruppe Wirtschaft für den Monat August, Prag 24.8.1940; NA Praha, 109-4-1346, Bericht der Gestapo-Leitstelle Prag vom 1.7.1942.

838 NA Praha, Anm. 67; NA Praha, Bestand MF, PT Jahr 1961, Registratur-Nr. 00613, Guthaben und Forderungen gegenüber Deutschland (BRD) aus der Zeit vor der Kapitulation, Wiedergutmachung für NS-Verfolgung. Beilage IV. zu Az. 203/00333/65.

eine Summe von 10,1 Milliarden Kronen, d. h. unter den damaligen Verhältnissen einer Milliarde Reichsmark.[839]

Die Aufstellungen des jüdischen Aktienbesitzes zum 1. Februar 1940 und 1. Februar 1942 weisen den höchsten Aktienwert von konkret 202 bzw. 248 Millionen Kronen für den Sektor Bergbau und Hüttenwesen aus. Nachfolgend stehen im Februar 1940 die Sektoren Textilindustrie (64 Millionen Kronen), Geldwesen (63 Millionen Kronen), chemische Industrie (61 Millionen Kronen) und Zuckerindustrie (41 Millionen Kronen). Zum 1. Februar 1942 steht die Zuckerindustrie mit einem Aktienvolumen von 106 Millionen Kronen an Platz zwei, gefolgt von den Bereichen Maschinenbau (104 Millionen Kronen), chemische Industrie (92 Millionen Kronen) und Geldwesen (72 Millionen Kronen). Ein relativ hoher Wert von 105 Millionen Kronen wurde 1942 auch für den Bereich „diverse Industrie" angesetzt, wobei es sich wohl um einen geschätzten Wert für Aktienbesitz handelte, mit dem die Schöpfer dieser Übersicht nicht viel anzufangen wussten.

Unterschiedlich war die Methodik auch hinsichtlich der geographischen Erfassung der böhmischen Länder – zum 1. Februar 1940 wurde der jüdische Aktienbesitz an Untenehmen im Protektorat Böhmen und Mähren und dem Reichsgau Sudetenland gemeinsam angeführt, zum 1. Februar 1942 dagegen wurden die Summen der Kurswerte für das Protektorat und das Sudetengau getrennt angeführt.

Der Vergleich von jüdischem Aktienbesitz im Protektoratsgebiet und im Sudetengau spiegelt die angewendete Methode von Nominal- und Kurswerten wider. Zum 1. Februar 1940 betrug die Summe der Aktien-Nominalwerte in jüdischen Händen 564 Millionen Kronen, zum 1. Februar 1942 lag deren Kurswert über 936 Millionen Kronen. Diese Differenz entspricht dem Kursagio sowie dem Umstand, dass die Juden gezwungen waren, auch ihre die bislang nicht erfassten Vermögensbestände anzumelden. Den konkreten Stand von jüdischen Anteilen an einzelnen Unternehmen zeigt die Übersicht über Aktiengesellschaften im Protektorat Böhmen und Mähren sowie im Reichsgau Sudetenland einschließlich der im Besitz von Protektoratsjuden befindlichen Anteile zum 1. Februar 1940 bzw. 1. Februar 1942 – siehe Anlage 1 zu Kapitel 7.

Die aufgestellte Übersicht führt insgesamt 327 Firmen an.[840] Über ein Drittel davon stellen Gesellschaften aus den Branchen Brauerei- und Getränkeindustrie, Maschinenbau und Textilindustrie, wobei es sich jedoch um quantitative Angaben handelt, die nichts über die Größe oder Bedeutung der Betriebe in der entsprechenden Branche aussagen. Zählt man zu den genannten Gesellschaften noch die Zucker- und die chemische Industrie sowie das Geldwesen hinzu, so machen diese sechs Industriezweige 60 Prozent der Gesamtzahl der aufgelisteten Firmen aus. Zum 1. Februar 1940 hatten 30 dieser Firmen, d. h. 9,5 Prozent eine jüdische Majorität, d. h. der in jüdischem Besitz befindliche Aktienanteil lag über 50 Prozent. Nach den Ende Januar 1942 durchgeführten „Arisierungen" sank diese Zahl auf 24 Betriebe, d. h. auf 8,5 Prozent (Dabei handelte es sich durchweg um

839 Ebd.

840 Die Angabe der 327 Firmen ist eine zusammenfassende Information aus dem gesamten Datenbestand. Ansonsten wurden zum 1.2.1940 314 Unternehmen und zum 1.2.1942 282 Firmen erfasst. Der Rückgang um ca. 10 % ergab sich aus den erfolgten „Arisierungen" bzw. Auflösungen oder Zwangsfusionen.

Firmen von zweitrangiger Bedeutung, die noch auf ihre „Arisierung“ warteten). In der Praxis genügte jedoch ein Aktienanteil von mindestens einem Viertel um auf ein Unternehmen Einfluss zu nehmen- und es laut Vorschriften des Reichsprotektors als jüdisches Unternehmen einzustufen. Dies war bei rund 20 Prozent der Firmen der Fall. Bei bestehendem Interesse der deutschen Besatzungsorgane konnte auch eine Gesellschaft, in der Juden über weniger als 20 Prozent des Aktienbestandes oder der Managerfunktionen verfügten, zu einem jüdischen bzw. einem Unternehmen unter maßgeblichem jüdischem Einfluss erklärt werden. Ein jüdischer Aktienanteil von einem Fünftel und mehr wurde in den Branchen der Textil-, Chemie-, Zucker, Bau- und Baustoffindustrie, in Energetik und Elektrotechnik sowie in der Papier- und Druckindustrie erreicht.

Die Textil- und Bekleidungsbranche waren traditionelle Investitionsdomänen jüdischer Unternehmer, die in manchen Firmen bis zu 100 Prozent der Anteile hielten. Beispiele hierfür waren die Betriebe Rüdinger A.G., Prag, F.M. Oberländer & Hronower Spinnerei A.G., Vereinigte Spinnereien und Webereien, Hronow, sowie die Firma Textilia A.G., Mährisch Ostrau. Der in jüdischen Händen befindliche Aktienanteil des Unternehmens Heisler & Kobias A.G., Prag, betrug über 98 Prozent, in der Kunstblumen-, Schmuckfedern- und Damenhutfabrik A. Lindt A.G., Prag, erreichte er 84 Prozent. Über 50 Prozent erreichte der in jüdischem Besitz befindliche Aktienanteil bei den Betrieben Janiška & Co. A.G., Hutherstellung, Wallachisch Meseritsch, im Modehaus „Schiller“ A.G., Prag, in der Handels-Aktiengesellshaft „Heco“ in Mährisch Ostrau, in der Jutespinnerei und -weberei Weiss und Söhne A.G., in der Teppichfabrik in Königinhof sowie in der Firma „Texa“, Buntwarenweberei A.G. in Proßnitz.

Weitere Branchen, in deren Unternehmen ein starker jüdischer Kapitalanteil zu verzeichnen war, fanden sich im Bereich der Lebensmittelindustrie, also beispielsweise Zuckerraffinerien, Brauereien u. ä. In der Zuckerindustrie erreichte der in jüdischen Händen befindliche Aktienanteil der Austerlitzer Zuckerfabrik A.G. in Austerlitz über 80 Prozent, bei der Zucker- und Spiritusfabrik Hatschein, früher Gebrüder May A.G. in Olmütz sowie bei den Zuckerfabriken Zborovice-Kojetin A.G. in Kojetin erreichte er 66 Prozent. In der Brauerei- und Getränkeindustrie lag der jüdische Aktienbesitz bei der Brauerei Jarošov A.G., Prag, und der Pardubitzer Spiritusbrennerei und Essigfabrik A.G., Pardubitz, bei über 90 Prozent, bei der Internationalen Aktiengesellschaft, Weinhandel, Prag bei 80 Prozent. Die Papier- und Druckindustrie war gleichfalls ein beliebter Investitionsbereich für jüdisches Kapital: In der Firma Gellert & Co. A.G. für Papierindustrie in Prag betrug dessen Anteil 100 Prozent, über 80 Prozent lag er in der Prager Neusiedeler, Vereinigte Papier-, Zellulose und Holzfaserfabrik A.G. in Prag.

Bedeutenden Umfang hatte auch die Beteiligung jüdischer Aktionäre an Unternehmen moderner, sich dynamisch entwickelnder Branchen, wie etwa der Energetik und Elektrotechnik, dem Bauwesen und der chemischen Industrie. So waren über 90 Prozent der Aktien der Firma Ideal Radio A.G., Prag, im Besitz von Juden. Etwa 99 Prozent des Kapitals hielten jüdische Aktionäre in der Firma Pragolit, Bau-A.G., Prag, sowie jeweils 66 Prozent in der Gesellschaft „Hydraulika“ A.G., Baustoffhandel in Mährisch Ostrau und bei der „Trindit“ A.G. für modernen Fahrbahnbau, Prag. In der chemischen Industrie waren jüdische Eigentümer mit 88,5 Prozent an der Klattauer Fabrik für Chemieerzeugnisse A.G., Prag, beteiligt, mit 68,5 Prozent (bzw. 92,8 Prozent zum 1.2.1942) an der Firma „Optimit“, Gummi- und Textilwerke A.G., Prag, und mit 86,1 Prozent (zum 1.2.1942) an der Handelsgesellschaft „Rustica“ A.G., Prag.

Aus der Aufstellung der Unternehmen mit höherem jüdischem Kapitalanteil geht hervor, dass es sich dabei größtenteils um Mittel- und Kleinbetriebe handelte. Große Unternehmen finden sich dagegen selten, was auch mit den relativ komplizierten besitzrechtlichen Verhältnissen auf dem Gebiet der ehemaligen Tschechoslowakischen Republik zusammenhing. Zum 1. Februar 1942 liegt zudem eine detaillierte Übersicht der im Reichsgau Sudetenland ansässigen Firmen vor, die auch den jeweiligen Anteil des Aktienkapital jüdischer Eigentümer mit Protektoratsangehörigkeit aufführt. In Übereinstimmung mit der Struktur der Industriezweige im Reichsgau Sudetenland, stellte die Glas-, Porzellan- und Keramikindustrie, gefolgt von Braunkohlenbergbau und Textilindustrie ein knappes Drittel der jüdischen Anteile. Nähere Informationen über die Anzahl der Aktien in jüdischem Besitz an den einzelnen Unternehmen, teilweise auch deren Wert in Reichsmark oder Protektorats-Kronen, bietet Anlage 2.

Die Analyse auf Ebene der Unternehmen zeigt eine jüdische Majorität, also einen Anteil von über 50 Prozent der Aktien jüdischer Besitzer, in der Firma Westböhmische Glas- und Holzindustrie A.G. in Mies, bei der Dux-Bodenbacher Eisenbahn (Braunkohlewerke) in Karlsbad, der Duxer Kohlengesellschaft A.G., Dux, den Mariahilf und Matthias Kohlenwerken A.G., Zwodau, bei der Karlitzer Stahlgusshütte A.G., Wiklitz bei Aussig, den Teplitzer Eisenwerken, der Schaufel- und Zeugwarenfabrik in Jägerndorf, bei der Teltsch & Löwy, Plüsch-, Krimmer- und Wollwarenfabrik A.G., Rochlitz bei Reichenberg, und bei der Lokalbahn Postelberg-Laun, Prag.

Neben dem in jüdischen Händen befindlichen Aktienbesitz im Protektorat Böhmen und Mähren und im Reichsgau Sudetenland findet sich in den Auflistungen auch die Summe der Nominalwerte von jüdischem Aktienkapital in der so genannten Ostmark (Österreich), im so genannten Altreich (Deutschland) und ferner im Ausland, d. h. in anderen Staaten Europas und auf anderen Kontinenten zum 1. Februar 1940.

Bei Unternehmen österreichischer Provenienz beträgt diese Summe zum 1. Februar 1940 knapp 20 Millionen Kronen, was nur drei Prozent vom Gesamtwert des Aktienkapitals der Protektoratsjuden ausmacht. Schlüsselt man die Zusammensetzung dieses Vermögens nach Branchen auf, stellt sich heraus, dass der Anteil jüdischer Beteiligungen beispielsweise in der Lederwaren-, Brauerei-, Glas-, Chemie- und Holz verarbeitenden Industrie sehr gering war und weniger als ein Prozent betrug. Auf der anderen Seite zeigt sich die Bedeutung jüdischer Anteilseigner in einigen modernen Industriezweigen wie Elektrotechnik oder Bauindustrie, auch die Branchen Maschinenbau, Bergbau und Hüttenwesen behielten ihre Bedeutung. Einen bemerkenswerten Posten bildet der Verkehrssektor, der fast 30 Prozent an der Gesamtsumme der Nominalwerte jüdischen Aktienkapitals einnimmt. Dieser Posten spiegelt die historische Verflechtung der Wirtschaftsentwicklung in den böhmischen und österreichischen Ländern zur Zeit der Industrialisierung wider, seinen Löwenanteil bilden Eisenbahngesellschaften, sowohl staatliche als auch private.

Das zweite Verzeichnis, das unter Verwendung einer anderen Methodik die Kurswerte der Aktien von Firmen auf österreichischem Gebiet inklusive der in den Händen von

Juden aus dem Protektorat Böhmen und Mähren befindlichen Anteile erfasst, ist auf den 1. Februar 1942 datiert. Als Resultat ergibt sich ein Aktienkapitalvolumen von 112 Millionen Kronen, also dem nahezu sechsfachen Betrag im Vergleich zu der Auflistung von Anfang 1940. Dieser Unterschied ist freilich nicht nur das Ergebnis der Einbeziehung einer größeren Anzahl von Wertpapieren, sondern auch durch die Differenz zwischen Nominal- und Kurswert der Aktien begründet. Letztere beträgt nach Berechnung der Autoren im Fall der österreichischen Wertpapiere zum 31. Dezember 1941 bei den an der Wiener Börse notierten Papieren im Schnitt 155 Prozent.[841] Am Aktienkapital der Juden aus dem Protektorat Böhmen und Mähren von über einer Milliarde Kronen hatten die Aktien von österreichischen Untenehmen einen Anteil von über zehn Prozent. Es ist offensichtlich, dass im Zeitraum der genannten zwei Jahre eine Reihe von jüdischen Aktien – gleich, ob von böhmischen oder österreichischen Unternehmen – eingezogen worden war und daher nicht mehr in der von den Autoren erarbeiteten statistischen Aufstellung erscheint. Das österreichische Aktienkapital von Protektoratsjuden überstieg ganz sicher den hier angeführten Wert von 112 Millionen Kronen. Die Struktur der „erfolgreichen“, d. h. prozentual stärker vertretenen Branchen ist in dieser Aufstellung eine andere: Das Verkehrswesen ist auch hier ein außerordentlich starker Zweig, an zweiter Stelle stand das Kur- und Hotelwesen, gefolgt von der Papierindustrie und in einem gewissen Abstand von der Textilindustrie sowie Bergbau und Hüttenwesen. Diese Proportionen müssen als annähernd und veränderlich angesehen werden, da sie durch die Einziehung lukrativer Aktien auf gewisse Weise eine Deformation erfahren haben. In vielerlei Hinsicht waren sehr starke Aktien zugleich auch schwerer verkäuflich, während einige vermeintlich schwache Aktien bereits über Makler aufgekauft und neuen Besitzern zugespielt worden waren. Der Anstieg des Anteils von Beteiligungen an österreichischen Unternehmen an der Gesamtsumme des Aktienkapitals der Protektoratsjuden konnte so auch damit zusammenhängen, dass sie im Vergleich zu Aktien böhmischer kriegswichtiger Firmen schlechter verkäuflich waren. Eines zeigen die beiden Verzeichnisse jedoch ganz deutlich – die tief greifende wirtschaftliche und soziale Verzahnung der böhmischen und österreichischen Länder, die auch die zwei Jahrzehnte seit dem Auseinanderbrechen der Habsburgermonarchie überdauert hatte.

Die angedeutete These einer fortdauernden wirtschaftlichen Verflechtung beider Länder wird auch vom Blick auf einzelne Firmen innerhalb der einzelnen Branchen bestätigt. Dabei stellt sich heraus, dass die Besitzanteile der Protektoratsjuden an ausgewählten und sogar bedeutenden österreichischen Unternehmen relativ ansehnlich waren: Juden aus dem Protektorat besaßen beispielsweise 11,6 Prozent des Aktienkapitals der Österreichischen Alpinen Montangesellschaft A.G., in der Simmeringer Maschinen- und Waggonbau-Aktien-Gesellschaft betrug dieser Anteil 17,7 Prozent, in der Privilegierten österreichisch-ungarischen Staats-Eisenbahn-Gesellschaft (STEG) 25,5 Prozent und in der Papierfabrik Pötschmühle A.G. 37 Prozent. Ein spezieller Fall war die Aktiengesellschaft für Kohlenhandel, die sich damals in Auflösung befand, da sie zu 100 Prozent im Besitz

841 Wirtschafts-Handbuch 1943, Hrsg. Handelsteil der Frankfurter Zeitung, Frankfurt am Main 1943, S. 91–107.

von Angehörigen der Aussiger Linie der Familie Petschek befand. Eine Detailübersicht bietet Anlage 3.

Das Problem des österreichischen Aktienvermögens von Protektoratsjuden und jüdischen juristischen Personen dokumentiert auch die in der Zwischenkriegszeit absichtlich übersehene, ja sogar gezielt unterdrückte Kontinuität und Verflechtung im Wirtschaftsleben des mitteleuropäischen Raums, die den von der Entstehung der Nachfolgestaaten herrührenden Schock überstanden hatte. Ein unbestreitbares Bindemittel dieser Einheit des mitteleuropäischen Wirtschaftsraumes war zweifellos die Bevölkerung jüdischer Herkunft. Der hier beschriebene Umstand erschwerte die Germanisierungsversuche der NS-Verwaltung und erforderte auch eine koordinierte Funktion der „Arisierungs"-Mechanismen auf den vom Deutschen Reich besetzten Gebieten. Als Illustration anführen lässt sich hier der Fall des Österreichischen Credit-Instituts für öffentliche Unternehmungen und Arbeit, welches zum Wiener kommissarischen Leiters des Bankhauses Luis Rothschild bestellt worden war. Dem Credit-Institut gelang es nur unter großen Mühen, die Besitzrechte an 177 Aktien der Ferdinand-Nordbahn und an einem 10.000 Stück umfassenden Aktienpaket der Živnostenská banka festzustellen. Im Ergebnis der komplizierten Analysen stellte sich heraus, dass sämtliche Aktien Eigentum von Eugen und Alfons Rothschild waren, die sich zu diesem Zeitpunkt in London aufhielten.[842]

Ein anderes Bild zeigt die Übersicht über den Aktienbesitz von Protektoratsjuden an Unternehmen auf deutschem Gebiet, d. h. laut NS-Terminologie im „Altreich". Laut Stand zum 1. Februar 1940 erreichte die Summe der Nominalwerte fast zehn Prozent des gesamten Aktienvermögens der Protektoratsjuden. Über 40 Prozent dieses Betrags entfielen auf Unternehmen in der chemischen Industrie, ein Viertel auf Firmen aus Bergbau und Hüttenwesen. Die sich in Deutschland ähnlich wie die chemische Industrie stürmisch entwickelnde Elektrotechnik machte fast einen Anteil von zwölf Prozent am gesamten jüdischen Aktienbesitz aus. In den übrigen Branchen war der Aktienbesitz von Protektoratsjuden minimal. Die Darstellung zum 1. Februar 1942 beruht auf der Beurteilung der Kurswerte und bietet somit ein realistischeres Bild. Sie dokumentiert einen Rückgang des jüdischen Aktienbesitzes um circa zehn Prozent, was zweifellos auch mit der rasanten Verdrängung der Juden aus dem deutschen Wirtschaftsleben zusammenhing. Die Verteilung der im Besitz von Protektoratsjuden befindlichen Aktien auf die einzelnen Branchen war die gleiche wie zum 1. Februar 1940, d. h. über drei Viertel des jüdischen Aktienbesitzes entfielen auf Unternehmen aus chemischer Industrie, Bergbau- und Hüttenwesen sowie Elektrotechnik. Hierzu liegt auch eine ausschnitthafte Übersicht der Firmen auf deutschem Reichsgebiet mit Aktien im Besitz jüdischer Rechtssubjekte mit Protektoratsangehörigkeit zum 1. Februar 1942 vor (siehe Tabelle 4 der Anlage).

Den bei weitem höchsten Nominalwert von fast einer Million Reichsmark stellte der Anteil jüdischer Aktienbesitzer aus dem Protektorat Böhmen und Mähren an der Firma I.G. Farben in Frankfurt am Main, die zu den Spitzenkonzernen des Deutschen Reiches gehörte. Der Bergbau gehörte zu den traditionellen Unternehmenszweigen, in die jüdisches Kapital investiert wurde. So betrug beispielsweise der Anteil jüdischer Aktionäre an

842 AČNB Praha, Bestand ŽB, Sign. S VIII/g-74, Paket Rothschild, Wien.

der Bergbaugesellschaft Eintracht Braunkohlen mehr als 500.000 Reichsmark. Dies galt analog für das Hüttenwesen, wo jüdische Aktionäre Aktien im Wert von fast 300.000 Reichsmark des Unternehmens Vereinigte Stahlwerke A.G., Düsseldorf, besaßen. Die Höhe von 100.000 Reichsmark überstieg der Nominalwert jüdischer Aktienanteile auch bei den folgenden Unternehmen: der Gesellschaft für elektrische Unternehmungen A.G. in Berlin, der Rheinischen Radeberger Exportbierbrauerei A.G. in Köln am Rhein, der Schultheiss-Brauerei A.G. in Berlin, der Firma Siemens Halske in Stuttgart, der Deutschen Reichsbahn, Berlin und den Niederlausitzer Kohlenwerken in Cottbus. Neben den traditionellen jüdischen Investitionsfeldern, beispielsweise in der Lebensmittelindustrie, finden sich in dieser Liste auch häufiger Beteiligungen an der sich entfaltenden deutschen Elektrotechnik.

Der letzte Teil der Übersicht über den Aktienbesitz jüdischer Personen und Organisationen aus dem Protektortat Böhmen und Mähren betrifft Unternehmen im „Ausland“, d. h. außerhalb der böhmischen Länder, Österreichs und Deutschlands. Diese Auflistung liegt leider nur zum 1. Februar 1940 vor, angeführt ist jeweils die Summe der Nominalwerte, deren Gesamtwert über 35 Millionen Kronen betrug. Fast ein Drittel dieses Wertes entfällt auf nicht näher spezifizierte Firmen, die in die Rubrik „Verschiedene“ zusammengefasst sind. Den zweitgrößten Anteil bilden Beteiligungen im Bergbau und Hüttenwesen, den drittgrößten der Banksektor. Interessant ist auch die Auflistung dieser Angaben nach den einzelnen ausländischen Staaten sowie die gleichfalls nach Ländern erfasste Aufstellung konkreter Firmen, deren Aktien im Besitz von Protektoratsjuden waren.

Tabelle 36: Nominalwert der Aktien ausländischer Firmen im Besitz von jüdischen Rechtssubjekten mit Protektoratsangehörigkeit, Stand 1.2.1940 (in 1.000 Kronen)

| Branche / Land | Belgien | Brasilien | Bulgarien | Groß-britannien | Frankreich | Holland | Italien | Jugoslawien | Kanada | Polen | Rumänien | UdSSR | Schweden | Schweiz | Slowakei | Ungarn | USA | Σ |
|---|---|---|---|---|---|---|---|---|---|---|---|---|---|---|---|---|---|---|
| **Banken** | – | – | 2 | 634 | 147 | – | – | 1.622 | – | 139 | 23 | 39 | – | 11 | 155 | 1.160 | – | 3.993 |
| **Versicherungen** | – | – | – | – | – | – | * | – | – | – | – | – | – | – | – | – | – | – |
| **Verkehr** | 11 | – | – | 35 | 50 | – | 11 | 17 | 57 | 20 | – | – | – | – | 42 | 228 | 294 | 766 |
| **Kur- und Hotelwesen** | – | – | – | – | – | – | – | – | – | – | – | – | – | – | 6 | – | – | 6 |
| **Bau- und Baustoff industrie** | – | – | – | 50 | – | – | – | 830 | – | 717 | – | – | – | – | 20 | – | – | 1.617 |
| **Glas, Porzellan, Keramik** | – | – | – | – | – | – | – | – | – | 757 | – | – | – | – | – | – | – | 757 |
| **Bergbau und Hütten-wesen** | – | – | – | – | – | – | – | 1.390 | 3 | 875 | – | 1 | – | 38 | 93 | 3.258 | 36 | 5.696 |
| **Maschinenbau** | – | – | – | – | 1.814 | – | – | 432 | 0 | 24 | – | 12 | 60 | – | 192 | 11 | 25 | 2.570 |
| **Brauerei- und Getränkeindustrie** | – | – | – | – | – | – | – | 351 | – | 46 | – | – | – | – | 598 | 54 | – | 1.050 |
| **Chemische Industrie** | – | – | 1 | – | – | – | – | 1.128 | – | – | – | – | – | 72 | 1.058 | 299 | – | 2.559 |
| **Mineralöle** | – | – | – | 30 | 36 | 7 | – | – | – | 369 | 2 | 110 | – | – | 55 | 43 | 43 | 695 |
| **Lebensmittelindustrie** | – | – | – | – | – | – | – | 49 | – | – | – | – | – | – | – | 11 | – | 61 |
| **Elektrotechnik** | – | 30 | – | 4 | 42 | 119 | 151 | – | – | – | – | – | – | – | 382 | 13 | 165 | 907 |
| **Filmindustrie** | – | – | – | – | – | – | – | – | – | – | – | – | – | – | – | – | – | 10 |
| **Holz verarbeitende Industrie** | – | – | – | – | – | – | – | 35 | – | 185 | – | – | – | 29 | 177 | 36 | – | 463 |
| **Lederwarenindustrie** | – | – | – | 297 | – | – | – | – | – | – | – | – | – | – | – | – | – | 297 |
| **Papier- und Druck-industrie** | – | – | – | – | – | – | **3** | 2 | – | – | 0 | – | – | – | 365 | 586 | – | 956 |

| Branche / Land | Belgien | Brasilien | Bulgarien | Groß-britannien | Frankreich | Holland | Italien | Jugoslawien | Kanada | Polen | Rumänien | UdSSR | Schweden | Schweiz | Slowakei | Ungarn | USA | Σ |
|---|---|---|---|---|---|---|---|---|---|---|---|---|---|---|---|---|---|---|
| **Textilindustrie** | – | – | – | 35 | – | – | – | 2.562 | – | 1 | – | – | – | – | 203 | 1106 | – | 3.907 |
| **Zuckerindustrie** | – | – | – | – | – | – | – | 1.539 | – | 171 | – | – | – | – | 2 | 341 | – | 2.053 |
| **Diverse** | – | – | 64 | – | – | – | ? | 353 | – | ? | 260 | – | – | – | – | ? | – | 10.079 |
| Σ | 11 | 30 | 67 | 1.085 | 2.099 | 126 | | 10.310 | 60 | | 285 | 162 | 60 | 150 | 3.348 | | 563 | 38.382 |

* In das Dokument wurde nachträglich ein Wert von 542.700 Kronen eingetragen.

Quelle: NA Praha, Bestand AS, Kart. 779, Übersicht der jüdischen Aktienanteile an Unternehmen im Protektorat Böhmen und Mähren, im Reichsgau Sudetenland, im so genannten Altreich (Deutschland), in der so genannten Ostmark (Österreich) sowie im Ausland.

Es ist offensichtlich, dass es sich hier nur um ausschnitthafte Informationen handelt, da die Summe der Nominalwerte von Aktien ausländischer Firmen in der Gesamttabelle im Text und in der Anlage 5 eine Abweichung von circa 2,7 Millionen Kronen aufweist. Dies ist zwar nicht ganz unerheblich, bei der Quantifizierung jedoch auch nicht ganz disproportional. Mehr als ein Viertel der Nominalwerte wurde für Jugoslawien ausgewiesen, es folgten Ungarn, Polen und die Slowakei, also verbündete und benachbarte Staaten. Interessant ist die Feststellung eines summarischen Aktienwertes von zwei Millionen Kronen in Frankreich, einer Million Kronen in Großbritannien und 0,6 Millionen Kronen in den USA.

In Jugoslawien überwogen unter den Firmen mit in jüdischem Besitz befindlichen Aktienanteilen die Bereiche Textilindustrie, Bankwesen und Zuckerindustrie, in Ungarn Bergbau und Hüttenwesen, Bankwesen und Textilindustrie, in Polen Bergbau und Hüttenwesen, Glas, Porzellan und Keramik sowie Bau- und Baustoffindustrie. In der Slowakei dominierten die Sektoren chemische Industrie und Brauereiwesen, in Frankreich Maschinenbau, in Großbritannien Bankwesen und Lederwarenindustrie, in den USA Verkehrsgesellschaften und Elektrotechnik. Näher dazu siehe die tabellarische Übersicht in Anlage 5.

Neben den Angaben über Wert und Anzahl der in jüdischem Besitz befindlichen Aktien liegen auch Angaben über das Volumen der Geldmittel auf gesperrten laufenden Konten und Sparbüchern vor, und zwar zum 1. Mai 1941. Die höchste Summe von fast 462 Millionen Kronen, wies dabei die Živnostenská banka aus, gefolgt von der BUB mit 408 Millionen Kronen und ferner der BEB, bei der auf Sperrkonten und Sparbüchern über 380 Millionen Kronen lagen. In den genannten drei Banken war fast die Hälfte aller Sperrguthaben und Sparbücher von Juden und deren Ehepartnern konzentriert.[843]

Eine eingehende Rekapitulation der Beträge auf Sperrkonten bzw. Sparbüchern bietet die folgende Tabelle mit Stand zum 1. Mai 1941, die im Archiv der Tschechischen Nationalbank in Prag erhalten geblieben ist.

---

843 AČNB Praha, Bestand NBČ, Sign. P XXV-254/122-I. Auf Sperrkonten und Sparbüchern der Volkssparkassen lagen folgende Werte: über 79 Mio. K bei der Městská spořitelna Pražská, über 56 Mio. K bei der Česká spořitelna in Prag und fast 43 Mio. K bei der První moravská spořitelna in Brünn. Knapp 13,5 Mio. K erreichte der Wert der Sperrkonten und Sparbücher bei der Cyrilo-Methodějská záložna in Brünn.

Tabelle 37: Summe der Geldmittel auf Sperrkonten und Sparbüchern von jüdischen Besitzern bzw. deren Ehepartnern – jüdische Vermögenswerte allgemein, Stand 1.5.1941

| | **Juden** | **„Arische“ Ehemänner von Jüdinnen bzw. Ehefrauen von Juden** | **Summe** |
|---|---|---|---|
| Laufende Konten | | | |
| – über 10.000 Kronen | 2.108.796.300 | 1.998.600 | 2.110.794.900 |
| – unter 10.000 Kronen | 105.354.200 | 211.700 | 105.565.900 |
| Sparbücher | | | |
| – über 10.000 Kronen | 100.471.900 | – | 100.471.900 |
| – unter 10.000 Kronen | 4.735.400 | – | 4.735.400 |
| Summe | 2.319.357.800 | 2.210.300 | 2.321.568.100 |

Quelle: AČNB Praha, Bestand NBČ, Sign. P XXV-254/122-I.

Tabelle 38: Summe der Geldmittel auf Sperrkonten und Sparbüchern von jüdischen Besitzern bzw. deren Ehepartnern – von Gestapo und Zollfahndung beschlagnahmte jüdische Vermögenswerte und feindliches Vermögen, Stand 1.5.1941

| | **Juden** | **„Arische“ Ehemänner von Jüdinnen bzw. Ehefrauen von Juden** | **Summe** |
|---|---|---|---|
| **Laufende Konten** | | | |
| **– über 10.000 Kronen** | 151.021.800 | – | 151.021.800 |
| **– unter 10.000 Kronen** | 2.491.000 | – | 2.491.000 |
| **Sparbücher** | | | |
| **– über 10.000 Kronen** | 43.623.800 | – | 43.623.800 |
| **– unter 10.000 Kronen** | 2.033.000 | – | 2.033.000 |
| **Feindliches Vermögen** | | | |
| **Laufende Konten** | 83.212.300 | – | 83.212.300 |
| **Sparbücher** | 11.398.100 | – | 11.398.100 |
| **Summe** | 293.780.000 | | 293.780.000 |

Quelle: AČNB Praha, Bestand NBČ, Sign. P XXV-254/122-I.

Zum 1. Mai 1941 waren die in jüdischem Besitz befindlichen Konten und Sparbücher im Protektorat Böhmen und Mähren bereits restlos von den deutschen Besatzungsorganen blockiert; die obige Übersicht ist somit relativ vollständig. Den größten Posten stellten die laufenden Konten jüdischer Besitzer, auf denen sich zu diesem Datum 2,2 Milliarden Kronen befanden. Dazu hinzuzurechnen sind auch die von Gestapo und Zollfahndungsstelle beschlagnahmten Konten in Höhe von circa 153,5 Millionen Kronen. Die als so genanntes „feindliches Vermögen“ eingefrorenen laufenden Konten wurden mit 83,2 Millionen Kronen beziffert (Auch hierbei handelte es sich teilweise um jüdisches Vermögen, d. h. die Konten ehemaliger tschechoslowakischer Staatsangehöriger jüdischer Herkunft, die sich im Ausland aufhielten.).

Die Höhe der Einlagen auf den Sparbüchern jüdischer Besitzer überstieg 105 Millionen Kronen, die von Gestapo und Zollfahndung beschlagnahmten Einlagen überstiegen den Wert von 45,6 Millionen Kronen. In der Kategorie des so genannten feindlichen Vermögens wurden auf Sparbüchern über elf Millionen Kronen konfisziert. Die Gesamtsumme der auf gesperrten laufenden Konten und Sparbüchern liegenden Gelder betrug somit mehr als 2,6 Milliarden Kronen. In der überwiegenden Mehrheit handelte es sich direkt um jüdisches Vermögen – der nachweislich auf die Ehepartner von Juden bzw. Jüdinnen entfallende Betrag umfasste nur 2,2 Millionen Kronen.

Die in der Tabelle aufgeführte Zusammenfassung der Geldmittel auf gesperrten laufenden Konten und Sparbüchern von jüdischen Besitzern bzw. deren Ehepartnern zum 1. Mai 1941 aus dem Archiv der Tschechischen Nationalbank entsprechen den Angaben des Verwaltungsberichts des ARP an den Innenminister in Berlin für Juli 1941, der den Stand der so genannten jüdischen Konten zum 1. Mai 1941 anführt. Die jüdischen Vermögenswerte einschließlich der Sparbücher werden hier mit einem Wert von 2.321.500.000 Kronen beziffert. Die von Gestapo und Zollfahndungsstelle beschlagnahmten jüdischen Vermögenswerte sind mit 199.100.000 Kronen ausgewiesen, das so genannte „feindliche Vermögen“ mit 94.600.000 Kronen. Insgesamt beläuft sich die so erfasste Summe auf 2.615.200.000 Kronen.[844] Die beiden vorliegenden Angaben unterscheiden sich zum konkreten Datum lediglich um circa. 150.000 Kronen und dürfen folglich als glaubwürdig angesehen werden.

Weitere Angaben finden sich im „Vorbericht über die durch NS-Verfolgung tschechoslowakischen Staatsbürgern zugefügten Schäden“[845], der in der Mitte der sechziger Jahre im Zusammenhang mit den in Vorbereitung befindlichen Verhandlungen der tschechoslowakischen Regierung mit der Bundesrepublik Deutschland erstellt wurde. Dieser Bericht enthält eine Quantifizierung der Konten bei Geldinstituten, auf denen die „arisierten“ und germanisierten Geldmittel sowie die Erträge aus weiteren „arisierten“ und germanisierten Vermögen zusammengezogen worden waren. Das Verfügungsrecht über diese Konten lag – nach der Verordnung des Reichsinnenministers vom 4. Oktober 1939 bzw. des Reichsprotektors vom 5. März 1940 – ausschließlich bei den deutschen Besatzungsorganen im Protektorat Böhmen und Mähren. Konkret anzuführen ist hierbei das Konto 5000/158 Vermögensamt beim Reichsprotektor in Böhmen und Mähren bei der Nationalbank für Böhmen und Mähren, über das bis zum 9. Mai 1945 1,4 Milliarden Kronen geflossen waren. Ein weiteres solches Konto war bei der Zentralbank des Protektorats eröffnet worden, und zwar das Konto Nr. 5000/162 Oberkasse des Reichsprotektorats für Böhmen und Mähren, dessen Umsatz in den Jahren 1939 bis 1945 7,7 Milliarden Kronen erreichte. Auf dieses Konto gingen regelmäßig Überweisungen vom Konto 5000/158 sowie von weiteren Konten ein, die für den Auswanderungsfonds bei der Postsparkasse, der BEB, BUB und KdD geführt wurden. Bei der Postsparkasse wurde das Konto Nr. 98 578 Vermögensamt beim Reichsprotektor für Böhmen und Mähren geführt, das später zur Amtskasse des Vermögensamtes beim Reichsprotektor

---

844 NA Praha, Anm. 43, Verwaltungsbericht für Juli 1941 / Dr. Fuchs), 6.8.1941, Bl. 473.
845 NA Praha, Anm. 838.

für Böhmen und Mähren umgewandelt wurde und dessen Stand zum 9. Mai 1945 2,6 Milliarden Kronen erreichte. Ein weiteres Konto bei der Postsparkasse war das Konto Nr. 98 500 Oberkasse des Vermögensamtes, welches durch Überweisungen vom Konto 98 578 aufgefüllt wurde und bei Kriegsende einen Stand von 2,5 Milliarden Kronen aufwies. Bei der BUB wurden Konten mit den Bezeichnungen Auswanderungsfonds für Böhmen und Mähren, Verwaltungsstelle des Auswanderungsfonds für Böhmen und Mähren und Vermögensamt beim Reichsprotektor in Böhmen und Mähren unter verschiedenen Nummern geführt, über die 5,3 Milliarden Kronen flossen und für den Reichsbedarf konfisziert wurden. Auch die BUB führte – unter verschiedenen Nummern – Konten mit der Bezeichnung Auswanderungsfonds für Böhmen und Mähren, von denen 876 Millionen Kronen an das Deutsche Reich überwiesen wurden. Bei der KdD lag auf den Konten Vermögensamt und Auswanderungsfonds ein Betrag von 280 Millionen Kronen.[846]

Die Konten mit den Bezeichnungen Vermögensamt, Auswanderungsfonds, Amtskasse des Vermögensamtes, Oberkasse des Vermögensamtes und Verwaltungs- und Verwertungsstelle des Auswanderungsfonds können als Konten angesehen werden, auf die unzweifelhaft „Arisierungs“-Gewinne geflossen sind. Summiert man die Beträge, die darauf eingezahlt und anschließend zugunsten des Deutschen Reiches und dessen Organen verwendet wurden, ergibt sich eine Summe von 13 Milliarden Kronen oder – nach damaligem Umrechnungsverhältnis – 1,3 Milliarden Reichsmark.

Die „Arisierung“ von Wertpapieren, Konten und Sparbüchern stellt einen präzedenzlosen Eingriff der deutschen Besatzungsorgane in das freie Verfügungsrecht über diese Vermögenswerte in den böhmischen Ländern dar. Der Ablauf der einzelnen „Arisierungs“-Schritte wurde durch die vom Reichsprotektor erlassenen Normen bestimmt. Diese Vorschriften zwangen die Geldinstitute des Protektorats zur Verletzung des Bankgeheimnisses und degradierten sie zu Informationsquellen sowie Erfassungs- und Sammelstellen der genannten Vermögenswerte. Das erste Ziel der Aktivitäten der deutschen Besatzungsorgane bestand darin, ein möglichst genaues Bild von Umfang und Wert der Wertpapiere sowie der Konten und Guthaben im Besitz von Juden, jüdischen Untenehmen und Vereinigungen zu gewinnen und die Ausübung der Eigentumsrechte zu unterbinden. Über diese Vermögenswerte konnte in der Folge nur noch mit Zustimmung der obersten Stellen der Besatzungsverwaltung verfügt werden. In der zweiten Etappe kam es zur Enteignung und „Realisierung“ der genannten Werte zugunsten des Deutschen Reiches. Bei den Wertpapieren wurden zwei Gruppen unterschieden: Im Fall von Depositenwerten, die sich augenblicklich veräußern ließen, wurde der Erlös auf jüdische Sperrkonten überwiesen. Handelte es sich um Dividendenwerte, vor allem Aktien, so war das Verfahren komplizierter – sie boten nämlich neben dem Erlös des Aktienwerts zugunsten des Deutschen Reichs auch die Möglichkeit zum Erwerb von Anteilen bzw. Majoritäten in konkreten Unternehmen der Protektoratswirtschaft, woran von deutscher Seite reges Interesse bestand. Ziel war es, die deutsche Position

846 Ebd.

gegenüber den Tschechen zu stärken. Von dem hier angedeuteten Prozess profitierten auch die deutschen Geldinstitute im Protektoratsgebiet, in erster Linie die Böhmische Escompte-Bank und die Böhmische Union-Bank, die im Zuge der „Arisierung“ von Wertpapieren ihre Portefeuilles aufstocken und „kultivieren“ konnten. Die Geldinstitute brachten Vorzugsaktien ihrer Konzernunternehmen auf Eigenkonten und offerierten ihren Kunden lukrative Dividendenwerte florierender Firmen, an denen ihrerseits kein unmittelbares Interesse vorlag, zum Kauf.

***

Eine bemerkenswerte Form der „Aktienüberführung“ war die Ausübung von Druck durch deutsche Interessenten, die Anteile und Einfluss in einer bestimmten Firma erwerben wollten. Sie ermittelten zunächst den tschechischen Besitzer einer bestimmten Aktienpartie, suchten ihn auf und erklärten, seine Aktien kaufen zu wollen- und zwar zum Bilanzwert, d. h. zum für sie möglichst vorteilhaften Preis. Die Atmosphäre im Protektorat hatte bereits das ihrige getan und sorgte dafür, dass die meisten Tschechen eine solche Forderung akzeptierten. Ein Beispiel hierfür bietet das Vorgehen der KdD gegenüber der Živnostenská banka bei der Übernahme der Aktien der Firma Prastav, Vereinigte Prager Baustoff-Fabriken A.G. in Prag.[847]

Für die Überführung von Wertpapieren und Depositen jüdischer Provenienz haben auch tschechische Banken gewisse Gewinne eingestrichen. Dabei handelte es sich um Gebühren entsprechend ihrer Standardsätze. Allgemein haben sich bei deutschen wie tschechischen Banken ungeheure Summen auf Sperrkonten angehäuft. Es ist jedoch objektiv zu vermerken, dass eine potentielle kurzfristige Nutzung dieser Aktiva zu Geschäftszwecken problematisch und faktisch unmöglich war. Es fehlt eine „handlungsfähige“ Klientel, die in der Lage gewesen wäre, diese Mittel schnell umzusetzen und aufzuwerten.

847 AČNB Praha, Bestand ŽB, Sign. S VIII/d-270/1, Bericht des Stellvertreters des leitenden Direktors Vojtěch Mixa an die Direktion der Živnostenská banka vom 16.11.1938; Bericht des Direktors Antonín Malý an die Direktion der Živnostenská banka vom 19.4.1943.

# 8 Die „Arisierung“ von Gold sowie Gegenständen aus Edelmetallen und Edelsteinen[848]

Gold, Gegenstände aus Edelmetallen und Edelsteine stellten eine besondere Vermögensart dar. Sie waren nicht nur ein Attribut von Reichtum, sondern hatten auch als Handelsartikel einen hohen Wert und ließen sich sehr leicht auf den internationalen Märkten zu Geld machen, wo überdies alle Metalle und Edelsteine mehr oder weniger anonym waren. Zudem handelte es sich um wichtige Industrierohstoffe. Somit ist es im Ganzen logisch, dass diese Vermögenswerte auch die Aufmerksamkeit der NS-Herrscher anzogen, sowohl im eigenen Staat, als auch in den unterworfenen Ländern.

## 8.1 Der normative Rahmen für Eingriffe in die Rechte jüdischer Eigentümer

Im Protektorat Böhmen und Mähren wurden die Verfügungsrechte über jüdisches Gold, Edelmetallgegenstände und Edelsteine durch die Verordnung des Reichsprotektors über jüdisches Vermögen vom 21. Juni 1939 geregelt.[849] Laut Paragraph fünf dieses untergeordnetes Recht setzenden Erlasses waren Juden, jüdische Unternehmen und jüdische Vereinigungen verpflichtet, bis zum 31. Juli 1939 bei der Nationalbank für Böhmen und Mähren oder bei den von dieser bestimmten Stellen alle Gegenstände aus Gold, Platin und Silber sowie Edelsteine und Perlen zu melden, die sich in ihrem Besitz oder Mitbesitz befanden. Ab Inkrafttreten dieser Verordnung war es ihnen untersagt, solche Gegenstände ohne die Genehmigung des Devisenreferats beim Protektorats-Finanzministerium zu erwerben, zu veräußern oder zu versetzen, was auch für sämtliche sonstigen Schmucksachen und Kunstgegenstände im Wert von über 10.000 Kronen galt.

Wichtig für die anschließende Konfiskation von jüdischem Vermögen einschließlich Edelmetallen und Wertgegenständen war auch die dehnbar formulierte Bestimmung in Paragraph zehn der zitierten Verordnung, die „Vermögensentzug“ als Nebenstrafe für Verstöße gegen diese Verordnung und deren Durchführungsverordnungen vorsah. Strafbar war bereits der Versuch einer solchen Handlung, möglich war nicht nur die Beschlagnahme der Vermögenswerte, die Gegenstand einer solchen strafbaren Handlung

848 Der Problematik der „Arisierung“ von Gold, Gegenständen aus Edelmetallen und Edelsteinen wurde in Tschechien bereits relativ große Aufmerksamkeit gewidmet, an wissenschaftlichen Arbeiten sind erschienen: Milotová: Anm. 3; Jančík / Kubů / Novotný / Šouša: Anm. 19, S. 58–76. An ausländischen Arbeiten zu dieser Problematik vgl. beispielsweise Steinberg, Jonathan: The Deutsche Bank and its Gold Transactions during the Second World War, München: Beck 1998, S. 67–75; Bähr, Johannes: Der Goldhandel der Dresdner Bank im Zweiten Weltkrieg, Leipzig: Kiepenheuer 1999.

849 VOBl RP 1939, S. 45–48.

waren, sondern auch die Sicherstellung von Vermögen für den Fall, dass keine konkrete Person strafrechtlich belangt werden konnte.[850]

Zur Umsetzung der Verordnung des Reichsprotektors über jüdisches Vermögen vom 21. Juni 1939 wurden Durchführungsverordnungen erlassen. Edelmetalle und Wertgegenstände waren von der Zweiten Durchführungsverordnung des Reichsprotektors zur Verordnung über jüdisches Vermögen vom 8. Dezember 1939,[851] betroffen. Diese legte in Paragraph fünf fest, dass Gold-, Platin- und Silbergegenstände sowie Edelsteine und Perlen ab dem Tag des Inkrafttretens dieser Verordnung nicht mehr als Auktionsgegenstände erscheinen durften. Paragraph sechs dieser Verordnung hingegen gab bestimmten Protektoratsbehörden der Finanzverwaltung die Möglichkeit, derartige Gegenstände zu beschlagnahmen (insbesondere im Rahmen von Steuer- und Gebührenvorschriften) und nach eigenem Ermessen damit zu verfahren.[852]

Am 26. Januar erschien die Dritte Durchführungsverordnung des Reichsprotektors zur Verordnung über jüdisches Vermögen,[853] die den Verkauf von Gold-, Platin- und Silbergegenständen sowie Edelsteinen und Perlen regelte. Diese mobilen Vermögensgegenstände konnten ab Erscheinen der Verordnung – mit Genehmigung des Reichsprotektors – nur einer besonderen juristischen Person verkauft werden. Diese juristische Person (Verwertungsstelle) war die Hadega (Handelsgesellschaft mit beschränkter Haftung, Prag).

Weiter ausgeführt wurden die Bestimmungen der Verordnung vom 26. Januar 1940 von den Richtlinien und Hinweisen „bei Anträgen auf Verkauf von Edelmetallen und Schmuck“.[854] Nach diesen war der Verkauf von in jüdischem Besitz befindlichen Wertgegenständen an die Hadega nur mit Genehmigung der Gruppe II 1/3 F (Gruppe Utermöhle) beim ARP im Finanzministerium in Prag zulässig. Die Erteilung dieser Genehmigung hatte jedoch eher den Charakter eines Registrierungsvorgangs, da die Anträge in der Regel bei der Hadega gestellt wurden, die auch die entsprechenden Vordrucke ausgeben sollte. Waren Gegenstände aus Edelmetallen und Edelsteinen von der Gestapo beschlagnahmt worden, so empfahlen die erwähnten Rechtsvorschriften dem Eigentümer, sich an die Gruppe II 1/3 F oder die zuständige Gestapo-Dienststelle

---

850 VOBl RP 1939, S. 48. Dieser Paragraph ergänzte und erweiterte die auf Polizeiverordnungen fußenden Befugnisse der deutschen Repressionsorgane. Anknüpfend an die Verordnung des Reichsprotektors vom 21.6.1939 wurde in den Richtlinien der Revisionsabteilung des Finanzministeriums vom 14.7.1939 für die Wertpapier-Ausfuhr festgelegt, dass Juden – mit Ausnahme fremder Staatsangehöriger – nur den eigenen Ehering bzw. auch den Ehering des verstorbenen Ehepartners, ein Silberarmband oder eine silberne Taschenuhr sowie Zahnersatz aus Edelmetall ausführen dürfen, sofern dieser für den persönlichen Gebrauch bestimmt ist. MZA Brno, Anm. 775, Richtlinien für die Ausfuhr von Wertgegenständen, Umzugsgut und sonstigen Gegenständen vom 14.7.1939.

851 VOBl RP 1939, S. 318–323.

852 Ebd., S. 319–320.

853 VOBl RP 1940, S. 44–45.

854 Utermöhle / Schmerling: Anm. 728, S. 31–33. Nähere Informationen über die „Verkaufsbedingungen“ von Gegenständen aus Edelmetallen und Edelsteinen an die Hadega bot Utermöhle sowohl in schriftlicher Form, eventuell auch telefonisch unter der Rufnummer 409-71.

zu wenden und sie zu ersuchen, den Verkaufsantrag zusammen mit den beschlagnahmten Wertgegenständen direkt der Firma Hadega vorzulegen. Gegenstände aus Gold, Platin oder Silber ohne Prägestempel mussten vor Einsendung an die Hadega noch dem Punzamt in Prag I, Haštalská 2 zur Schätzung vorgelegt werden.

In der Vierten Durchführungsverordnung des Reichsprotektors zur Verordnung über jüdisches Vermögen vom 7. Februar 1940[855] wurde jüdischen Unternehmen die Pflicht auferlegt, sämtliches in- und ausländisches Betriebsvermögen anzumelden – dies bezog sich auch auf jüdische Gold-, Silberschmiede sowie Juweliere.

Die eigentlichen Verfolgungsmaßnahmen wurden durch die Fünfte Durchführungsverordnung des Reichprotektors zur Verordnung über jüdisches Vermögen[856] vom 2. März 1940 ermöglicht. Laut dieser waren Juden, jüdische Unternehmen und Vereinigungen (mit Ausnahme fremder Staatsangehöriger) verpflichtet, Gold sowie andere Werte bei einer Devisenbank (d. h. einem im Erlass Nr. 160/1939 vom 8. Juli 1939 aufgeführten Geldinstitut) in Zwangsverwahrung zu geben. Die gleiche Pflicht hatte auch ein „nichtjüdischer Halter", der Wertgegenstände in Verwahrung hatte, die in der Fünften Durchführungsverordnung genannt wurden und Eigentum oder Teileigentum eines Juden, jüdischen Unternehmens oder jüdischen Vereinigung waren. Von dieser Regelung betroffen waren beispielsweise Vermögensverwalter, Pfandgläubiger, Verwahrer oder Bevollmächtigte.[857] Die Frist für die Hinterlegung wurde auf 14 Tage ab Inkrafttreten der Durchführungsverordnung festgelegt und endete – nach einer Verlängerung – am 30. April 1940. Innerhalb der gleichen Frist waren die jeweils dazu berechtigten Personen verpflichtet, vorhandene Depots, die unter die Bestimmungen der Fünften Durchführungsverordnung fielen, als jüdisch zu kennzeichnen. Das Depot musste ausdrücklich als „jüdisch" gekennzeichnet werden (konnte also nicht anonym sein), und jegliche Entnahme daraus musste vom ARP genehmigt werden. Die gleiche Auflage traf auch jeglichen künftigen Erwerb der genannten Gegenstände – d. h. insbesondere Erbschaften, da Juden vom anderweitigen Erwerb solcher Gegenstände bereits ausgeschlossen waren. Für die verwahrten Vermögenswerte wurde ein offenes Depot angelegt oder alternativ ein geschlossenes Sicherheitsfach, das an sichtbarer Stelle mit dem Buchstaben „N" als „nichtarisch" zu kennzeichnen war. Für die Führung des Depots wurde eine Gebühr erhoben. Bei Nichtentrichtung dieser Gebühr konnte sich die Devisenbank für ihre Kosten durch Veräußerung von Teilen der deponierten Werte schadlos halten. Der Verkauf dieser Gegenstände erforderte jedoch die Genehmigung des Reichsprotektors. Laut der von Walter Utermöhle und Herbert Schmerling erarbeiteten Auslegung der Fünften Durchführungsverordnung „wurden beabsichtigte Entnahmen dann genehmigt, wenn der Depotbesitzer gewillt war, die Werte zu verkaufen".[858] Wenn es sich um „ganz geringfügige Werte" handelte, konnte das ARP Ausnahmen von der Zwangsverwahrung erteilen.

855 VOBl RP 1940, S. 45–47.

856 Ebd., S. 81–82.

857 NA Praha, Bestand MF, Kart. 310, Sicherstellung von jüdischen Vermögen. Erläuterungen und Hinweise zur Fünften Durchführungsverordnung zur Verordnung des Reichsprotektors über jüdisches Vermögen vom 21. Juni 1939, Praha 1940.

858 Ebd. Zur Interpretation dieser Vorschrift vgl. MZA Brno, Anm. 775, Abschrift der Richtlinie der Revisionsabteilung beim Finanzministerium vom 14.7.1939.

Der Erlass des Reichsprotektors vom 2. März 1940[859] zur Umsetzung der Fünften Durchführungsverordnung des Reichsprotektors zur Verordnung über jüdisches Vermögen legte fest, dass von der Zwangsverwahrung nur eigene Eheringe oder die verstorbener Ehepartner, silberne Armband- und Taschenuhren und benutztes Besteck (zwei vierteilige Bestecke), des weiteren Silbergegenstände bis zu 40 Gramm pro Stück in einer Gesamtmenge von 200 Gramm pro Person sowie eigener, in Gebrauch befindlicher Zahnersatz aus Edelmetall ausgenommen waren.

Den deutschen Besatzungsorganen erschienen die Ergebnisse dieser Anmeldeaktionen von jüdischem Vermögen noch im Sommer 1940 jedoch nicht umfassend genug. Daher gab die Revisionsabteilung beim Protektorats-Finanzministerium am 13. September 1940 einen Erlass heraus, der die Anmeldepflicht für Gold-, Platin- und Silbersachen sowie Edelsteine und Perlen in Besitz oder Gemeinschaftsbesitz von Juden widerrief. Der Erlass präzisierte und erweiterte die Verordnung des Reichsprotektors über jüdische Vermögen vom 21. Juni 1939. Die Anmeldepflicht bezog sich ausnahmslos auf das Protektorats- und Auslandsvermögen von Juden mit deutscher Staatsangehörigkeit, Protektoratsangehörigkeit und ohne Staatsangehörigkeit. Bis spätestens zum 15. Oktober 1940 waren Juden, jüdische Unternehmen und Vereinigungen verpflichtet, auf besonderen Vordrucken bei der Revisionsabteilung des Finanzministeriums Gegenstände aus Gold, Platin, Silber, Edelsteinen und Perlen anzumelden. Als Unterstützungsmaßnahme betraf die Anmeldepflicht auch Banken, bei denen jüdische Kunden Depots angelegt hatten. Die Banken hatten zu überprüfen, ob diese Vermögenswerte angemeldet waren und gegebenenfalls selbst die ausstehende Anmeldung vornehmen.[860]

Ehemalige tschechoslowakische Staatsangehörige jüdischer Herkunft, die Heimatrecht in einer der Gemeinden der „ehemaligen Länder Böhmen und Mähren“ hatten und sich auf „sonstigem Reichsgebiet“ aufhielten, waren von den Bestimmungen der reichsdeutschen Durchführungsverordnung zur dritten Verordnung aufgrund der Verordnung über die Anmeldung von jüdischem Vermögen vom 23. Dezember 1940 betroffen.[861] Nach dieser waren sie verpflichtet, binnen zwei Wochen ab Inkrafttreten Gegenstände aus Gold, Platin, Silber sowie Edelsteine und Perlen in ihrem Besitz bei einer öffentlichen Ankaufstelle abzuliefern.

859 VOBl RP 1940, S. 82.
860 Stier / Schmidt: Anm. 174, S. 40–42.
861 RGBl 1941, S. 2.

## 8.2 Der Enteignungsmechanismus bei Gold sowie Gegenständen aus Edelmetallen und Edelsteinen aus jüdischem Besitz

Aufgrund der erlassenen Normen lag also die Entscheidungskompetenz bei der Enteignung von Gold, anderen Edelmetallen und Edelsteinen beim ARP als oberster Instanz der deutschen Besatzungsverwaltung im Protektorat Böhmen und Mähren. Ungeachtet dessen, ob der eigentliche individuelle Expropriationsakt unmittelbar vom ARP oder anderen Stellen der Besatzungsverwaltung ausgeführt wurde, galten die konfiszierten Edelmetalle und anderen Wertgegenstände als Reichseigentum. Der Enteignungsprozess vollzog sich auf drei Ebenen:

Auf der ersten Ebene war für die Enteignung und den anschließenden Umgang mit dem gewonnenen Gold die 2. Abteilung beim ARP verantwortlich, konkret die Gruppe I (Wirtschaftssachen) und in deren Rahmen das Referat II 1/3 F (Devisenreferat). An dessen Spitze stand während der gesamten Besatzungszeit der Reichsbankrat Walter Utermöhle.

Das Devisenreferat wirkte ab August 1939 direkt im Protektorats-Finanzministerium. Es steuerte und kontrollierte unmittelbar die Tätigkeit der Revisionsabteilung des Ministeriums, die für die Genehmigung des Transfers von Edelmetallen und Wertgegenständen zuständig war. Über diese Abteilung gab das Devisenreferat des ARP Hinweise für die Anwendung der entsprechenden Vorschriften für die Protektoratsbehörden und Geldinstitute heraus, die formal als Erlass des Protektorats-Finanzministers erschienen.

Bei der genannten Dienststelle liefen auch die Meldungen über Gegenstände aus Gold, Edelmetallen, Edelsteinen usw. zusammen, die laut Paragraph fünf der oben erwähnten Verordnung vom 21. Juni 1939 über jüdisches Vermögen von den betroffenen Subjekten an die Nationalbank für Böhmen und Mähren abgegeben werden mussten. Das Devisenreferat regulierte zudem den Zwangsaufkauf von Edelmetallen und weiteren Wertsachen je nach den wirtschaftlichen Bedürfnissen des Reiches. Dabei kam es auch zur Anwendung verschiedener Zwangsmethoden, angefangen von ungenehmigten Abhebungen von Sperrkonten bis hin zur Einschränkung von Lebensmittelkarten-Zuteilungen. Das Devisenreferat konsultierte sein Vorgehen regelmäßig mit der Gruppe 6 (Bankwesen) der Wirtschaftabteilung beim ARP unter der Leitung von Dr. Friedrich Müller, der gleichzeitig Sonderbeauftragter der Deutschen Bank für Böhmen und Mähren bei der Nationalbank für Böhmen und Mähren war. Das ARP (ab 1943 das Staatsministerium für Böhmen und Mähren) und seine subalternen Organisationsformen waren somit im Prozess der „Arisierung" des jüdischen Vermögens die ausschlaggebenden Stellen und griffen in dieser Richtung auch inhaltlich in die Tätigkeit der anderen Organe im Protektorat Böhmen und Mähren ein.

Die zweite Ebene der Eingriffe in jüdisches Vermögen war dessen flächendeckende Konfiszierung durch die Gestapo.[862] Die Gestapo-Dienststellen schalteten sich als erstes der NS-Organe in den Konfiskationsprozess von Gold und anderen Wertsachen ein.

862 NA Praha, Anm. 67. Zur Mitwirkung der Gestapo bei der Konfiszierung von jüdischem Vermögen vgl. Bericht über die Tätigkeit der Staatspolizeileitstelle Prag bezüglich der Beschlagnahme und Einziehung reichsfeindlichen Vermögens und Zusammenstellung der bis zum 1. Juli 1942 beschlagnahmten und eingezogenen Vermögenswerte, Prag, 1.12.1942.

Vom 29. März 1939 bis zur Entstehung der Zentralstelle für jüdische Auswanderung führten sie die Aufsicht darüber, dass jeder Auswanderer sein Vermögen in Verwaltung einer Bank übergab.[863] Erst danach händigte ihm die Gestapo die Ausreisegenehmigung aus. Parallel dazu begannen die Gestapo-Dienststellen mit der Einziehung des gesamten Vermögens von „illegalen Emigranten“ einschließlich Juden. Die Beschlagnahmung und anschließende Einziehung von Vermögen durch die Gestapo erlaubte auch der oben erwähnte Paragraph zehn der Verordnung des Reichsprotektors über jüdisches Vermögen vom 21. Juni 1939. Ferner eingezogen wurde auch das Vermögen von Personen, die sich im Sinne des Reichsstrafrechts gegen das Deutsche Reich vergangen hatten – Angehörige des Protektorats Böhmen und Mähren waren bei den „schwerwiegendsten Straftaten“ den Reichsangehörigen strafrechtlich gleichgestellt und wurden von reichsdeutschen Gerichten verurteilt.[864]

Die Verwaltung der eingezogenen Vermögen erfolgte über die Wirtschaftsabteilungen der Gestapo-Leitstellen. Diese leiteten die Informationen über Personen, deren Vermögen auf dem Polizeiweg eingezogen war, an das Protektorats-Finanzministerium zu Händen von Utermöhle, dem die zentrale Erfassung oblag.

Von der Gestapo wurde auch das Gesamtvermögen von natürlichen und juristischen Personen eingezogen, deren Tätigkeit aus politischen, ideologischen oder wirtschaftlichen Gründen als „reichsfeindlich“ galt. Gold und Wertsachen, die bei Festnahmen oder Haussuchungen beschlagnahmt worden waren, wurden in den Tresoren der Kreditanstalt der Deutschen deponiert. Nach Absprache mit dem Finanzministerium in Berlin erteilte der Reichsprotektor am 13. Mai 1941 die Anweisung, dass diese von den Gestapo-Leitstellen an die Reichshauptkasse-Beutestelle in Berlin zu übergeben seien.

Ab dem Herbst 1941 wurden konfisziertes Gold bzw. Juwelen und weitere Wertsachen dem Vermögensamt beim Reichsprotektor in Böhmen und Mähren übergeben. Dieses war durch den Erlass des Reichsprotektors vom 2. September 1941 gegründet und mit der Verwaltung von „reichsfeindlichem Vermögen“ betraut worden, welches nach und nach in der Böhmischen Escompte-Bank (BEB) in Prag zusammengetragen wurde.

Im Gesamtumfang des von der Gestapo beschlagnahmten und anschließend dem Vermögensamt überstellten Vermögens stellten Gold und Wertsachen aus anderen Edelmetallen einen vergleichsweise kleineren Posten dar. Daher wurden weder Menge noch Wert in die Bilanzberichte der Gestapo-Leitstelle Prag vom Dezember 1942 aufgenommen. Zudem ist anzumerken, dass die Gestapo nicht nur Wertgegenstände von Juden sondern auch anderen Protektoratsangehörigen beschlagnahmte. Aus diesen Gründen ist es ziemlich schwierig, die jeweiligen Anteile auszumachen, da auch das Gold und die Wertsachen verfolgter Tschechen in der Gesamtmenge enthalten waren.

Die dritte Eingriffsebene in jüdisches Vermögen stand zunächst im Zusammenhang mit der Emigration der Juden sowie den Deportationen ins Ghetto Theresienstadt und anschließend in die Vernichtungslager. Beide Prozesse waren mit weiteren Eingriffen in die Eigentumsrechte der jüdischen Bevölkerung verbunden:

863 Näheres siehe Kapitel 4. Treuhandverwaltung.
864 VOBl RP 1939, Verordnung des Reichsprotektors Nr. 39.

Am 15. Juli 1939 wurde durch die Verordnung des Reichsprotektors die Zentralstelle für jüdische Auswanderung (Zentralstelle)[865] gegründet, deren Zuständigkeit ursprünglich nur Prag und ab Februar 1940 dann das gesamte Protektoratsgebiet umfasste. Im August 1941 wurde die Zentralstelle umbenannt und fungierte nun als Zentralamt für die Regelung der Judenfrage. Ihre Mitwirkung an den widerrechtlichen Eingriffen in die Eigentumsrechte jüdischer Personen und Vereinigungen ist in zwei Zeitabschnitte einzuteilen: Vom Zeitpunkt ihrer Entstehung bis zum 1. Oktober 1941 übernahm die Zentralstelle das Vermögen von Personen, die offiziell aus dem Protektorat emigrierten, in Verwaltung. Durch die Verordnung des Reichsprotektors über die Behandlung von Juden und jüdischen Organisationen vom 5. März 1940[866] war die Zentralstelle auch mit der Verwaltung der Vermögen aufgelöster jüdischer juristischer Personen betraut, d. h. von Vereinen, Stiftungen, Gemeinden usw. Der Reichsprotektor schuf mit Paragraph fünf der genannten Verordnung den Auswanderungsfonds für Böhmen und Mähren (Auswanderungsfonds) als besondere juristische Person – als öffentlich-rechtlichen Vermögensfonds mit Sitz in Prag, in dem das Vermögen der Zentralstelle zusammengezogen wurde. Der Auswanderungsfonds war dem Befehlshaber der Sicherheitspolizei beim Reichsprotektor unterstellt. Ab dem 28. Juli 1939 war die Emigration von Juden aus dem Protektorat nur über die Zentralstelle möglich. Für die Ausfuhr von Edelmetallen und Wertgegenständen galten folgende, die Eigentumsrechte dieser Personengruppe gravierend einschränkenden Vorschriften:

Einen Teil des Goldes und der übrigen Wertgegenstände der Emigranten übergab die Zentralstelle nach Absprache mit dem Devisenreferat der Abteilung Wirtschaft beim ARP zwecks Schätzung und Verkauf an die Hadega. Der Gewinnanteil, der ihr aus dem Verkauf dieser Gegenstände zufiel, wurde auf das Konto des Auswanderungsfonds (Sonderkonto H 1116) bei der Böhmischen Union-Bank (BUB) überwiesen.

Die Aufsicht über die Einhaltung der Devisen- und Zollbestimmungen sowie die Fahndung nach „hinterzogenem Vermögen" oblag im Zusammenwirken mit den Gestapo-Dienststellen den Devisenschutzkommandos und der Zollfahndungsstelle. Diese waren berechtigt, derartige Vermögen sicherzustellen und anschließend zu konfiszieren. Die vermittels dieser Organe der Besatzungsverwaltung eingezogenen Goldgegenstände aus jüdischem Eigentum wurden der Hadega übergeben, die dafür einen Gewinnanteil auf deren Konten überwies.

Die zweite Etappe in der Tätigkeit der Zentralstelle fällt in den Zeitraum zwischen dem 1. Oktober 1941 und Kriegsende. Im Oktober 1941 begannen die Massendeportationen der jüdischen Bevölkerung ins Ghetto Theresienstadt und von dort in die Vernichtungslager. Die Zentralstelle war in Zusammenhang mit den Deportationen zur Liquidierung der Vermögen der deportierten Juden ermächtigt. Jede in einen Transport eingereihte erwachsene Person wurde gezwungen, den Angestellten der Zentralstelle alle in ihrem Besitz befindlichen Gegenstände aus Edelmetall abzuliefern und ihr eine Generalvollmacht

865 NA Praha, Bestand Gestapo – řídící úřadovna Praha [Gestapo – leitende Dienststelle Prag], Sign. 101-662-4, Abschrift des Erlasses des Reichsprotektors zur Gründung der Zentralstelle für jüdische Auswanderung Prag.

866 VOBl RP 1940, S. 77.

für die Übernahme ihres gesamten sonstigen Vermögens einschließlich der oben genannten Wertsachen-Depots auszustellen. Dieses Verfahren wurde durch die zweite Verordnung des Reichsprotektors über die Behandlung von Juden und jüdischen Organisationen vom 12. Oktober 1941 geregelt.[867] Nachdem aufgrund der Sonderverordnung über den Verlust der Protektoratsangehörigkeit vom 2. November 1942[868] für das Protektorat Böhmen und Mähren die modifizierte elfte Verordnung über die Reichsangehörigkeit vom 25. November 1941 Gültigkeit erhielt, welche den deportierten Juden die Protektoratszugehörigkeit entzog, war die Erteilung von Vollmachten gegenstandslos geworden. Das gesamte Vermögen der Deportierten verfiel nun ex lege zugunsten des Reichs.[869]

In der Praxis sandte die Zentralstelle nach Abgang jedes einzelnen Transports Zahlungsanweisungen an die Devisenbanken, die Wertsachen jüdischer Eigentümer in Zwangsverwahrung hatten. Nachdem aus diesem Wertsachenpaket die Depotgebühren der Banken beglichen wurden, wurden es an die BUB auf das Umsiedlungskonto Nr. 1118 des Auswanderungsfonds für Böhmen und Mähren oder an die BEB auf das Umsiedlungskonto Nr. 1003 Auswanderungsfonds für Böhmen und Mähren umdisponiert. Dieser Vorgang wurde ab 1942 zusätzlich überwacht, das Rundschreiben Nr. 1/1942 verpflichtete das zuständige Geldinstitut, die Überführung des Wertsachenpakets dem ARP anzuzeigen.[870] Von den Konten des Auswanderungsfonds wurden unter anderem die Kosten für die „Endlösung der Judenfrage“ in Böhmen und Mähren gedeckt. Die von der Zentralstelle in anderer als Geldform verwalteten Werte wurden bei der BUB und der BEB in Koffern eingelagert, die 1945 von sowjetischen Organen beschlagnahmt wurden.

An der Konfiszierung jüdischer Vermögen beteiligte sich nach Deportationsbeginn aufgrund einer Absprache mit der Zentralstelle auch die Gestapo. Sie ermittelte über die Judenverfolgungsabteilungen ihrer Dienststellen in Einzelfällen bei so genannter Verschiebung oder Hinterziehung jüdischen Vermögens, welches sie nach Abschluss des Falles an die Zentralstelle bzw. deren Auswanderungsfonds überstellte.

---

867 VOBl RP 1941, S. 555.

868 VOBl RP 1942, S. 301.

869 RGBl 1941, Teil I., S. 722. Die Beachtung der Vorschriften und die „deutsche Gründlichkeit“ bzw. die gründliche Arbeit eines Rechtsanwalts zeigen sich am Beispiel der auf dem Rechtswege erzwungenen Herausgabe beschlagnahmter Wertgegenstände aus dem Nachlass eines verstorbenen Juden an einen „arischen“ Erben: Die deutschen Besatzungsorgane beschlagnahmten 1942 Wertgegenstände aus dem Nachlass des Universitätsprofessors Hugo Müller, der jüdischer Abstammung war. Auf diese Güter erhob jedoch Dora Müller, mutmaßlich seine Schwiegertochter, als rechtsgültige Erbin Anspruch. Sie konnte ihre „arische“ Abstammung nachweisen, und daher befand das Kreisgericht für Zivilsachen Prag-Süd ihre Ansprüche als berechtigt. Im Mai 1944 wurden die Wertgegenstände aufgrund der Genehmigung des Wirtschafts- und Arbeitsministeriums an sie ausgehändigt. NA Praha, Bestand ČEB, Bd. 35, Schmuckschätzungen, Briefe vom 1.7. und 4.7.1942, 7.9. und 19.9.1943, 16.5. und 19.5.1944.

870 NA Praha, Bestand ČEB, Bd. 35, 36, Schätzung von Schmucksachen; ebd., Bestand AS, Kart. 777, VII, „P“, Verwertung von jüdischen Edelmetallen. Hinsichtlich der so genannten Individualreserven jüdischer Besitzer nennt die Bankbilanz der BEB für das deponierte eingezogene Gold zum 31. Dezember 1943 einen Wert von 12.048.795,30 K.

## 8.3 Die Rolle der Hadega bei der Verfügung über Gold aus jüdischem Besitz[871]

Mit dem Verkauf von Goldgegenständen aus jüdischem Eigentum war nur eine beschränkte Zahl privilegierter Unternehmen und spezialisierter Organe der Reichs- und Protektoratsverwaltung befasst. Die reichsdeutschen Besatzungsorgane waren bemüht zu verhindern, dass Informationen über die Transaktionen mit diesen Gegenständen in „tschechische Kreise" drangen. Daher suchten sie im Protektorat eine zuverlässige deutsche Firma, die sich nach dem Vorbild der Zentralpfandleihstelle bei der Stadt Berlin auf Erwerb und Veräußerung von jüdischem Schmuck und ähnlichen Wertsachen spezialisieren konnte. Ihre Wahl fiel auf die Hadega, die sich im Lauf des Jahres 1943 in die Firma Hakoma umwandelte. Obgleich sich die Hadega auch mit der Veräußerung von ehemals in jüdischem Besitz befindlichen Wertgegenständen auf Auslandsmärkten (direkt oder über Vermittler) befasste, tätigte sie doch das Gros ihrer Geschäfte innerhalb von Protektorat und Deutschem Reich. Im Protektorat fungierte vor allem die Nationalbank für Böhmen und Mähren als ihr Abnehmer für Gold.

Die Hadega wurde 1938 zunächst in den Konzern der Kreditanstalt der Deutschen (KdD) in Prag eingegliedert.[872] Ihre Aufgabe sollte im Handel mit Edelmetallen und aus diesen gefertigten Gegenständen bestehen. Die Gesellschaft war jedoch in finanzielle Schwierigkeiten geraten, und so machte sich die KdD an ihre Liquidation. Um die Jahreswende 1939/40 suchte die deutsche Besatzungsverwaltung nach einem geeigneten Distributor für Schmuck und andere Wertgegenstände aus Gold, zu deren Verkauf die Juden genötigt werden sollten, und entschloss sich mehr oder weniger zufällig, hierzu die Hadega einzusetzen. Auf Veranlassung des Devisenschutz-Sonderkommandos wandte sich der Sonderbeauftragte der Reichsbank bei der Nationalbank für Böhmen und Mähren, Friedrich Müller, an die Direktion der KdD mit dem Ersuchen, aus der Hadega eine Stelle für die Konzentration und anschließende Veräußerung von Wertgegenständen zu machen, die sich bislang noch in den Händen jüdischer Besitzer befanden. Die enge Verquickung der Hadega mit der KdD beruhte darauf, dass sowohl in ihrem Vorstand als auch im Aufsichtsrat leitende Funktionäre dieses traditionell deutschnationalen Geldinstituts saßen. Mit der technischen Leitung der Hadega, d.h. der Wertermittlung bzw. Verarbeitung jüdischer Wertgegenstände, wurde Friedrich Grünfeld beauftragt, Miteigentümer der Goldschmiedefirma Heinrich Grünfeld aus der Karlsgasse in Prag. Aufgrund einer Abmachung mit dem Sonderbeauftragten der Reichsbank in der Nationalbank für Böhmen und Mähren erhielt die Hadega die Berechtigung, fünf

871 Für eine eingehende Schilderung der Rolle der Hadega bei der „Arisierung" von jüdischen Vermögen vgl. Jančík / Kubů / Novotný / Šouša: Anm. 20, S. 305–373.

872 Die KdD wurde schon 1911 gegründet und entwickelte sich zum größten deutschnationalen Geldinstitut in den böhmischen Ländern. Ihre Geschichte war eng mit dem Geschick und der Entwicklung der dortigen deutschen Minderheit verknüpft.

Prozent des Verkaufspreises einzubehalten, wobei anfänglich mit einem Jahresumsatz von 20 Millionen Protektoratskronen (2 Millionen Reichsmark) gerechnet wurde.[873]

Die Hadega nahm ihre Tätigkeit Ende Januar 1940 auf. Zum Missfallen der Gruppe Wirtschaft im ARP erbrachte der erste Monat jedoch nicht die erwarteten Ergebnisse: Nur etwa 30 Personen jüdischer Herkunft wandten sich an die Hadega, um kleinere Schmucksachen im Wert von 320 bis 850 Protektoratskronen vorzulegen.[874] Die Situation änderte sich, nachdem die Besatzungsverwaltung den Druck auf die jüdische Bevölkerung verstärkt hatte, insbesondere nach dem Erlass der Fünften Durchführungsverordnung. Unter den Juden verbreitete sich die Überzeugung, dass sie so oder so um ihre Wertsachen gebracht werden würden, und daher versuchten sie, durch den Verkauf an die Hadega wenigstens einen Teil von deren Wert zu retten. Für Schmuck aus Gold, Silber und Platin sowie Diamanten und Perlen zahlte die Hadega Preise auf dem Stand von 1938, der jedoch deutlich unter dem aktuellen, während des Krieg von der steigenden Inflation beeinflussten Wert lag. Bis Mitte Oktober 1940 beantragten rund 5.000 Juden die Genehmigung, ihre Schmucksachen der Hadega zum Verkauf anbieten zu dürfen. Die Hadega zahlte ihnen insgesamt 1,7 Millionen Protektoratskronen aus, doch lag der Ist-Wert der angekauften Gegenstände weit darüber.

Im Zeitraum vom 15. Februar bis zum 15. Oktober 1940 kaufte die Hadega Goldgegenstände auf, deren Grobgewicht nach Einschmelzen 47,112 Kilogramm ergab, wobei weitere zehn Kilogramm Goldgegenstände zur Bearbeitung bereitstanden. Dieses Gold wurde an die Nationalbank abgeführt, die auf dem Protektoratsgebiet durch ihre Rolle als Notenbank als einziges Institut berechtigt war, über Goldreserven sowie weitere währungsrelevante Wertgegenstände zu verfügen.[875]

Mit der Abrechnung vom 12. Dezember 1940, also zwei Monate vor Beginn der Massendeportationen von Juden in die Konzentrationslager, belegte die Hadega, die Überführung von 56,815 Kilogramm Gold und 0,160 Kilogramm Goldmünzen an die Nationalbank. Weitere 0,3826 Kilogramm Goldgegenstände hatte die Hadega „frei Hand“ verkauft.[876]

Bis zum Oktober 1941 wandten sich auch die Gestapo-Dienststellen an die Hadega mit dem Ansinnen, Wertsachen aus Edelmetallen und Edelsteinen von geflüchteten oder emigrierten Juden zu Geld zu machen. Mitte Dezember verkaufte die Verwertungsgesellschaft eine große Kollektion aus edelsteinbesetzten Edelmetallgegenständen für den Preis von insgesamt 2.019.304 Kronen. Den Reinerlös nach Abzug von fünf Prozent Eigenkosten, also 1.918.339 Kronen, überwies sie auf Anweisung der Prager Zentralstelle

873 AČNB Praha, Bestand NBČ, Kart. 797, Sign. P XXV-295 (163), Briefentwurf der KdD an den Reichsprotektor, ohne Datum.

874 Ebd., Schreiben der Gruppe Wirtschaft beim ARP vom 1.3.1940 an das Devisenschutzkommando in Prag.

875 Ebd., Bericht von W. Utermöhle und H. Schmerling über die am 16. 10. 1940 durchgeführte Kontrolle in der Hadega.

876 Ebd., Schreiben der Hadega an die Gruppe Wirtschaft beim ARP vom 12.12.1940.

für jüdische Auswanderung auf ein Konto der jüdischen Glaubensgemeinde in Prag – den Auswanderungsfonds für Böhmen und Mähren.[877]

Die ehemals jüdischen Eigentümern gehörenden Schmucksachen gelangten häufig auf ungewöhnlichen Wegen in die Hände ihrer neuen Besitzer. So erwarb beispielsweise Walter Utermöhle bei der Hadega einige dutzend Wertgegenstände für einen Schleuderpreis von nur 11.437 Reichsmark. Nach einer in der Hadega durchgeführten Kontrolle behauptete er, diese Geschäfte keineswegs für sich, sondern für zwei seiner ausländischen Bekannten getätigt zu haben, die sich Ende 1941 in Prag aufhielten – eine US-Staatsbürgerin namens Marschhausen und den „Devisenausländer" Hans Zieger, der die Überführung von aus jüdischem Besitz stammenden Schmucksachen nach Portugal vermittelte. Da die ausgewählte Ware während deren Pragaufenthalt noch nicht zur Verfügung stand und die Maßnahmen der USA nach Kriegseintritt einen Devisentransfer unterbanden, musste die Zahlung in Reichsmark erfolgen, und zwar für ein Zehntel des Ist-Werts. Beide hätten somit den Betrag von 13.000 Reichsmark auf seinem persönliches Konto bei der Böhmischen Escompte-Bank hinterlegt und vereinbart, er werde die Rechnung persönlich mit der Hadega begleichen.[878]

Im Bestreben, eine größtmögliche Menge von Wertgegenständen aus Edelmetallen und Edelsteinen an sich zu bringen, erstellte die Gruppe Wirtschaft beim ARP eine Liste der Juden mit den wertvollsten Bankdepots und forderte „bestimmte jüdische Personen zum Verkauf ihrer Schmucksachen an die Hadega" auf.[879] In den übrigen Fällen sollten die Banken selbst die jüdischen Kommittenten zur Abgabe der bei ihnen deponierten Schmucksachen aufrufen.[880]

Die logische Folge der Fünften Durchführungsverordnung war die Anordnung des Reichsprotektors vom 30. September 1942. Angeordnet wurde damit die „Generalablieferung" aller jüdischer Wertsachen aus Gold, Silber, Platin und Edelsteinen, die sich in Sicherheitsfächern bei Banken befanden bzw. dort in versiegelten Paketen hinterlegt waren, auf das neu eingerichtete Depotkonto der Hadega „Sammeldepot jüdischer Schmuckgegenstände".[881] Das ARP bestimmte, dass in Fällen, in denen der jüdische Eigentümer persönlich der Öffnung des Schließfaches beiwohnte und vor seiner Einreihung in einen Transport dessen Schlüssel der Bank aushändigte, seine Schmucksachen der Hadega zu übergeben seien. Unterließ er dies, so übernahm nach seiner Deportation in

877 Ebd.

878 Ebd., Stellungnahme von W. Utermöhle vom 14.1.1942 zum Sachstandsbericht über die Hadega.

879 AČNB Praha, Bestand ŽB, Kart. 1150, Sign. S VII/g-1, Rundschreiben der Živnostenská banka vom Frühjahr 1941 (ohne Nummer und Datum). Bei Verdacht auf die Verheimlichung von Schmucksachen in höherem Wert wurde jeweils individuell ermittelt. Eine solche Ermittlung gab es beispielsweise im Fall des Ing. Petrovský, der als einer der reichsten Juden im Protektorat Böhmen und Mähren galt. Seine Frau besaß angeblich ein Schmuckstück im Wert von 4 Mio. K, nach dem die deutschen Organe im Protektorat gezielt fahndeten. BA Berlin, Anm. 610.

880 AČNB Praha, Bestand ŽB, Kart. 1150, Sign. S VII/g-1, Rundschreiben der Živnostenská banka (Verwaltung von N-Vermögen) Nr. 528 vom 20.12.1941.

881 Ebd., Kart. 1153, Rundschreiben der Živnostenská banka (Verwaltung von N-Vermögen) Nr. 420 vom 20.11.1942.

ein KZ das Zentralamt für die Regelung der Judenfrage in Böhmen und Mähren seine Wertsachen.[882]

Die Ertragsvolumen aus dem Verkauf von aus jüdischem Besitz stammenden Goldes in den Jahren 1941 und 1942 in Protektoratkronen verdeutlichen die folgenden Angaben:

Tabelle 39: Erträge aus dem Verkauf von aus jüdischem Besitz stammendem Gold 1941–1942 in Kronen

| | **1941** | **1942** |
|---|---|---|
| **Gold** | 267.531,20 | 3.012.421,10 |
| **Goldmünzen** | 20.217,50 | 46.906,20 |

Quelle: ČNB Praha, Bestand NBČ, Kart. 797, Sign. P XXV-295 (163), Bilanzen der Firma Hadega für die Jahre 1941–1942

Die Erträge eines großen Teils dieser Verkäufe überführte die Hadega auf das Sonderkonto des Auswanderungsfonds H 1116 bei der BEB.

Eine interessante Quelle sind hierbei die von der Hadega geführten Annahmebücher für Wertsendungen, die vom 16. Juni 1940 bis zum 17. Januar 1944 eingingen. Die Anzahl dieser Sendungen zeigt folgende Übersicht:

Tabelle 40: Erfasste Aufträge der Firma Hadega aus den Jahren 1940–1944

| **Zeitraum (bis Jahresende)** | **Eingangsnummern der erfassten Sendungen** |
|---|---|
| **1940** | 5.220 |
| **1941** | 6.671 |
| **1942** | 16.400 |
| **1943** | 19.316 |
| **bis zum 17.1.1944** | 19.472 |

Quelle: NA Praha, Bestand AS, Hadega, Wertsendungen-Eingangsbuch 1940–1944, Kart. 771–773; ebd. Kart. 774, Hilfsbücher.

Es zeigt sich, dass die meisten Sendungen – etwa die Hälfte der insgesamt erfassten – im Jahre 1942 bei der Hadega eintrafen. Laut den erhaltenen Angaben vom 25. November 1940 hat sie bis Ende November 1940 rund 5.000 Sendungen entgegengenommen und umgesetzt, für die sie den früheren jüdischen Eigentümern 1.506.461 Kronen,[883] d. h.

882 Ebd., Rundschreiben der Živnostenská banka (Verwaltung N-Vermögen) Nr. 356/1942 vom 9.10.1942.

883 NA Praha, Bestand AS, Kart. 777, VII, „P“, Verwertung von jüdischen Edelmetallen, Schreiben der Hadega an den Reichsprotektor vom 25.11.1940. War der Empfänger zwischenzeitlich verstorben, mit einem Transport in ein Konzentrationslager verbracht worden o. ä., wurde die Zahlung auf ein besonderes Sammel-Sperrkonto überwiesen, über das das Referat II/1 3 beim ARP verfügte. Ebd., Schreiben des ARP an die Firma Hadega vom 10.12.1940.

circa 300 Kronen pro Sendung auszahlte. Laut den Erläuterungen zur Verrechnung mit dem Herrn Reichsprotektor vom 7. Mai 1943 überwies die Hadega (bis zum genannten Datum) auf die Sperrkonten der ursprünglichen jüdischen Eigentümer den Betrag von 10,4 Millionen Kronen. Durch den Verkauf der Wertsachen hatte sie freilich allein im Jahre 1940 15 Millionen Kronen und zwei Jahre später, als die Transporte auf ihrem Höhepunkt waren, bereits 44,8 Millionen Kronen eingenommen.[884]

Mit dem Einsetzen der Deportationen von Juden in Konzentrationslager ab dem Oktober 1941 erwuchs der Hadega Konkurrenz durch den Auswanderungsfonds, in dessen Kompetenz die Liquidierung des Vermögens deportierter Juden fiel. Dies betraf auch die Liquidierung von in den Wohnungen zurückgelassenen und in versiegelten Paketen oder Schließfächern bei Geldinstituten hinterlegten Wertsachen aus Edelmetallen und Edelsteinen bzw. deren Aufspürung bei Drittpersonen, die diese heimlich in Verwahrung genommen hatten. Auf diese Weise brachte der Auswanderungsfonds eine beträchtliche Menge von Gold-, Platin-, Silber- und Edelsteingegenständen an sich, um sie in der Folge zu Geld zu machen. Eine Änderung erfuhr auch der Umgang mit dem vom Auswanderungsfonds aufgekauften Gold, das nun den Goldreserven der Staatsbank für Böhmen und Mähren zugeführt werden konnte. Über dieses Gold durfte aber nur mit Einverständnis der Reichsbankdirektion bzw. der Genehmigung Hermann Görings als dem Vierjahresplan-Beauftragten verfügt werden.[885]

Ein gewisser Teil von Schmucksachen, deren nähere Quantifizierung heute anhand des bekannten Aktenmaterials in tschechischen Archiven nicht mehr möglich ist, wurde über die Hadega auch ins Ausland verkauft, insbesondere in die Schweiz und nach Portugal.

## 8.4 Ein Versuch der Quantifizierung von „arisiertem" Gold sowie Gegenständen aus Edelmetallen und Edelsteinen

Die abschließende Berechnung der bei jüdischen Personen, Unternehmen und Vereinigungen konfiszierten Goldmenge stützt sich auf mehrere Quellen sowohl deutscher als auch tschechischer Herkunft. Eines der wichtigsten Dokumente ist das über das Sonderkonto beim Zentralinstitut der Nationalbank für Böhmen und Mähren geführte Hauptbuch, das die An- und Verkäufe des von der Hadega/Hakoma stammenden jüdischen Goldes verzeichnet. Der erhaltene Teil dieses Hauptbuches datiert ab dem 29. Januar 1941 und enthält komplette Angaben aller Transaktionen bis in die Nachkriegszeit. In diesem Kassenbuch wurden bis zum 30. April 1945 255,85365 Kilogramm Gold erfasst. Laut den auf Auszügen aus diesem Kassenbuch fußenden Berechnungen kamen die Autoren zu der Feststellung, dass die Nationalbank im Zeitraum vom 29. Januar 1941 bis zum

884 Jančík/Kubů/Novotný/Šouša: Anm. 20, S. 305–372.

885 AČNB Praha, Bestand NBČ, Kart. 787, Sign. P XXV-258 (123a), Schreiben des Reichsbank-Sonderbevollmächtigten in der Nationalbank, Müller, an das Zentralamt für die Regelung der Judenfrage vom 29.12.1942. Bei der „Umsetzung" von aus jüdischem Besitz stammendem Gold trug im Oktober auch die KdD der Zentralstelle für jüdische Auswanderung ihre Hilfe an. NA Praha, Anm. 883, Schreiben der Hadega an den Reichsprotektor in Prag vom 29.10.1941.

30. April 1945 von der Hadega/Hakoma Gold im Gewicht von 482,35365 Kilogramm erworben hat. Im selben Zeitraum verkaufte die Nationalbank 226,5 Kilogramm dieses Goldes an inländische Scheideanstalten.[886]

Die Autoren waren bemüht, aufgrund des eingesehenen Aktenmaterials die ursprünglich aus jüdischem Vermögen stammende Goldmenge zu rekonstruieren. Kurz nach der Befreiung 1945 erarbeitete die Zentralbuchhaltung der Nationalbank Übersichten über den Stand der Goldvorräte, und zwar zum 1. Januar 1938, zum 15. März 1939 und zum 30. April (bzw. 7. Mai) 1945. In den Übersichten zum 1. Oktober 1938 und zum 15. März 1939 werden übereinstimmend nur drei Konten genannt: das „Währungsgoldkonto in Prag“, das Konto „Währungsgold im Ausland“ und das „Konto Gold im Ausland auf sonstigen Konten“. Demgegenüber weisen sie Übersichten zum 30. April (bzw. 7. Mai) 1945 noch ein viertes Konto auf – das „Konto Gold in Prag auf anderweitigen Konten“, auf dem 281,5 Kilogramm Feingold lagen.[887] Dieser Posten zeigt den aktuellen Stand des aus jüdischem Vermögen von der Hadega/Hakoma an die Nationalbank verkauften Goldes. Den Nachweis liefert das zum 9. Mai 1945 ausgefertigte Dokument mit dem Titel „Eingehende Übersicht zur Entwicklung der Goldvorräte in der Tschechoslowakischen Nationalbank in Prag während der deutschen Besatzung, d. h. vom 15. März 1939 bis zum 9. Mai 1945“, in dem das Gewicht des „Guthabengoldes“ gleichfalls im Umfang von 281,45474 Kilogramm beziffert wird.[888] Dieses Dokument entspricht bis zum 30. April 1945 den Zahlenangaben des Kassenbuchs, das zum Sonderkonto der Nationalbank geführt wurde – daher halten die Autoren das „Guthabengold“ für Gold jüdischer Provenienz, welches von der Hadega/Hakoma erworben wurde.

Als die Regierung der Tschechoslowakischen Republik das Memorandum über Reparationsforderungen an Deutschland vorbereitete, stellte sie anhand der damals noch erhaltenen, heute offenbar jedoch verschollenen Rechnungsbücher der Gesellschaft Hadega fest,[889] dass über diese 416,847 Kilogramm Gold aus dem Vermögen jüdischer Eigentümer angekauft worden waren.[890] Vergleicht man diese Angabe mit dem oben zitierten Auszug aus dem Hauptbuch des Hadega-Sonderkontos in der Nationalbank, erscheint eine Differenz von über 65 Kilogramm Gold. Da die Bücher der Hadega nicht vorliegen, bleibt allerdings ungeklärt, welches Datum das Regierungsmemorandum als endgültig für die Bestimmung der von Juden erworbenen Goldmenge zugrun-

886 AČNB Praha, Bestand NBČ, Kart. 430a, Sign. P XVII-332/8, Kassenbuch der Nationalbank zum Goldankauf von der Gesellschaft Hadega, später Hakoma und den Goldverkauf an einzelne Scheideanstalten aus den Jahren 1941–1945.

887 Ebd., Kart. 337, Sign. P XVII-103/23, Zentralbuchhaltung, Goldbestand in der Nationalbank zum 1.10.1938, 15.3.1939 und 30.4.1945.

888 AČNB Praha, Státní banka československá [Tschechoslowakische Staatsbank] (im Weiteren SBČS), Verwaltung Geldumlauf – Handakten, Beilage 10 zum Bericht von JUDr. Račák für den SBČS-Vorsitzenden Ing. J. Tošovský vom 15.9.1990, Az. i 19/10–90.

889 In den Archiven finden sich keinerlei Vermerke über eine Vernichtung bzw. Neueinlagerung der Hadega-Bücher.

890 AČNB Praha, Bestand NBČ, Kart. 424, Sign. P XVII-330, undatiertes Memorandum zu Restitutionsfragen.

de legte. Beweiskräftiger scheinen den Autoren dieser Arbeit die Angaben aus dem Sonderkontobuch der Nationalbank.

Ab dem April 1943 veräußerte auch der Auswanderungsfonds aus jüdischem Besitz stammendes Gold an die Nationalbank. Dieses Gold wurde dem Währungsgoldvorrat zugeführt. Seinen Ankauf bestätigen die vom Zentralinstitut der Nationalbank für den Auswanderungsfonds ausgestellten Rechnungsbelege über den Ankauf einer Goldmenge, die zum 1. September 1944 eine Höhe von 134,84 Kilogramm erreichte.[891] Bei der Rekonstruktion des durch die Nationalbank vom Auswanderungsfonds zum 9. Mai 1945 gekauften Goldbestands stützen sich die Autoren auf das zitierte Dokument „Eingehende Übersicht zur Entwicklung der Goldvorräte" im Archiv der Tschechischen Nationalbank, konkret auf die Angabe über den Gesamtbestand des Währungsgoldes, das zu diesem Datum im Tresor der Nationalbank verblieben war – Gold im Gewicht von 775,64587 Kilogramm. Nach Herausrechnung von 643,47944 Kilogramm „Restgold" der Tschechoslowakischen Nationalbank erhält man eine Goldmenge von 132,172 Kilogramm, die die Autoren als die tatsächliche Menge des zum Stichtag durch die Nationalbank vom Auswanderungsfonds gekauften Goldes ansehen.

Eine weitere für die Mengenbestimmung des konfiszierten jüdischen Goldes wichtige Angabe findet sich im Zusammenhang mit dem Vorstoß der tschechoslowakischen Regierung hinsichtlich einer Rückgabe des Goldes, das die Rote Armee 1945 beschlagnahmt und anschließend in die damalige Sowjetunion abtransportiert hatte. In der Handregistratur zum Geldumlauf der tschechischen Nationalbank befindet sich das Dokument „Detaillierte Übersicht zur Entwicklung der Goldvorräte während der deutschen Besatzung, d. h. vom 15. März 1939 bis zum 9. Mai 1945", das offensichtlich unter Mitwirkung sowjetischer Organe für deren Bedarf erstellt worden war. Darin wurden als „Guthabengold" 281,45474 Kilogramm Feingold ausgewiesen, was ungefähr der Goldmenge entspricht, die die Nationalbank am Ende der Besatzung als aus der Konfiskation von jüdischen Wertsachen stammendes und in der Gesellschaft Hadega/Hakoma gesammeltes Gold bewirtschaftete.[892]

Bei der Summierung des von der Hadega aufgekauften „Guthabengoldes" und des durch die Nationalbank vom Auswanderungsfonds angekauften mit dem „Währungsgoldes" ergibt sich eine Gesamtmenge von 413,63017 Kilogramm, also ungefähr die Goldmenge, die nach dem Zweiten Weltkrieg von der Sowjetunion als Beutegold requiriert wurde.

Beim Umgang mit dem jüdischen Eigentümern entzogenen Platin nutzte die deutsche Besatzungsverwaltung das gleiche Verfahren wie bei jüdischem Silber, allerdings mit dem Unterschied, dass das Verfügungsrecht über das aus jüdischen Wertsachen stammende, in der Nationalbank befindliche Platin bei der Überwachungsstelle beim Wirtschaftsministerium in Prag liegen sollte. Die entscheidende Sammel- und Weitergabestelle war auch hier die Hadega/Hakoma. Das Quellenmaterial zu Bewegung

891 AČNB Praha, Anm 886., Rechnungsbeleg vom 1.9.1944 über den Verkauf von 55,53 kg Gold für 1.545.941,30 K. Damit erreichte der Stand dieser Ankäufe 134,84 kg Gold im Wert von 3.281.989,60 K, wobei die Kaufsumme von der Nationalbank an den Auswanderungsfonds in Prag gezahlt wurde.

892 AČNB Praha, Anm. 888.

und Verteilung dieses Edelmetalls ist jedoch nur in Bruchstücken erhalten. Dennoch entspricht es den Angaben aus dem Regierungsmemorandum zur Restitution, das mutmaßlich in den ersten Monaten nach der Befreiung als Grundlage für Reparationsverhandlungen vorbereitet worden war. Dieses Memorandum führt in Anlage I-9-a+b an, das aus jüdischen Schmucksachen gewonnene Platin habe bis Kriegsende eine Menge von 5,251 Kilogramm ausgemacht.[893]

Die aus dem Memorandum zitierte Angabe über die beschlagnahmte Platinmenge stimmt mit den erhaltenen Aufzeichnungen über das Platinkonto bei der Hadega aus den Jahren 1941–1942 überein. Zum 31. Dezember 1941 befanden sich auf diesem 1,3528 Kilogramm Platin, im Jahre 1942 kamen weitere 3,0688 Kilogramm hinzu. Diese Zahlen weisen jedoch nur „buchhalterisch aufgearbeitetes“ Platin aus, faktisch lag es in Bruchstücken vor, die Ende 1942 ein Gewicht von insgesamt 5,4939 Kilogramm erreichten. Im Jahre 1942 kauften Scheideanstalten in Prag 0,0458 Kilogramm „buchhalterisch aufgearbeitetes“ Platin, die Nationalbank selbst erwarb 0,7741 Kilogramm.[894] Die Nationalbank kaufte auch später noch von der Hadega Platin an – dies zeigt beispielsweise eine erhaltene Einzelrechnung vom August 1944 über den Erwerb von 0,397 Kilogramm für einen Betrag von 12.704 Protektoratskronen, die auf das Girokonto Nr. 5000/61 der Hadega bei der KdD überwiesen wurden.[895]

Vergleicht man nun die Angabe aus dem Regierungsmemorandum zur Restituton mit dem Platin-Bestand bei der Hadega zum Jahresende 1942, also nach der Haupt-Deportationswelle der Juden in die Konzentrationslager, wobei ihnen bei weitem die meisten Platingegenstände entzogen wurden, erscheint die Nachkriegsschätzung von 5,251 Kilogramm realistisch.

Über die Gesamtentwicklung der von Juden, jüdischen Unternehmen und Vereinigungen über die Hadega/Hakoma erworbenen Silberbestände, die von der Nationalbank für Böhmen und Mähren angekauft wurden, finden sich in deren Archivmaterial nur einige summarische Abrechnungen. Zwar hortete die Nationalbank Silber, doch konnte darüber – genau wie bei Platin – nur die Reichsstelle für Edelmetalle in Berlin verfügen.

Die erste von der Zentralbuchführung der Nationalbank erstellte Aufrechnung vermerkt die von der Hadega erworbene Feinsilbermenge vom Eintreffen der ersten Sendung von Silber ohne Prägestempel im Gewicht von 190,131 Kilogramm am 13. April 1940 bis zum 11. November 1941. Die erwähnte erste Sendung stand in unmittelbarem Zusammenhang mit der Fünften Durchführungsverordnung vom 2. März 1940 zur Verordnung des Reichsprotektors für Böhmen und Mähren über jüdisches Vermögen vom 21. Juni 1939, die die Hinterlegung jüdischer Wertgegenstände in Depots von Devisenbanken zur Pflicht machte. Die jüdischen Eigentümer versuchten dabei, ihre Wertgegenstände einschließlich der Silbergegenstände durch schnellen Verkauf zu Geld

893 AČNB Praha, Anm. 890, Memorandum zu Restitutionsfragen (undatiert). Dieses Memorandum beruft sich auf eine Anlage I-5, die sich ausschließlich mit jüdischen Schmucksachen befasst, bisher aber allen Anstrengungen zum Trotz noch nicht gefunden werden konnte.

894 AČNB, Anm. 874, Bilanz des Platinkontos für 1942.

895 AMP Praha, Bestand Fond Národní Obnovy [Fond Nationale Erneuerung], Kart. 14, Schreiben der Nationalbank für Böhmen und Mähren an die Hakoma vom 14.8.1944.

zu machen, um so wenigstens einen Teil ihres Wertes zu retten. Das Silber wurde bei der Hadega gesammelt, von der es die Nationalbank je nach Bedarf in vierzehntägigen bzw. wöchentlichen Abständen aufkaufte. Bis zum 28. Dezember 1940 erwarb sie 1.452,70 Kilogramm Feinsilber und 7,367 Kilogramm geprägtes Silber.[896] Für das Jahr 1941 liegen nur Angaben über den Zeitraum vom 10. Januar bis zum 10. Oktober vor. In den Tresoren der Nationalbank war dabei ein Zuwachs von 596,679 Kilogramm ungeprägtem (so genanntes Barrensilber) und 4,453 Kilogramm geprägtem Silber zu verzeichnen. Vom Zeitpunkt des Inkrafttretens der Fünften Durchführungsverordnung am 13. April 1940 bis zum 10. Oktober 1941, d. h. noch vor Abgang der ersten Transporte, verkaufte die Hadega der Nationalbank also 2.049,387 Kilogramm ungeprägtes und 11,82 Kilogramm geprägtes Silber.[897]

Die zweite brauchbare Aufrechnung wurde von der Firma Hadega selbst erstellt. Aus dieser geht hervor, dass die Gesellschaft bis zum 31. Dezember 1941 geprägtes und ungeprägtes Silber von 1.877,374 Kilogramm Grobgewicht (d. h. ein Feingewicht von 1.486,80 Kilogramm) in ihren Beständen hatte. Im Verlauf des Jahres 1942 erlangte die Hadega aus jüdischem Besitz stammendes, geprägtes und ungeprägtes Silber im Grobgewicht von 12.794,2668 Kilogramm, was einem Feingewicht von 8.646,179 Kilogramm entspricht. In den Jahren 1941–1942 gingen somit 13.562,00 Kilogramm ungeprägtes und geprägtes, von jüdischen Eigentümern stammendes Silber durch die Hände der Hadega, welche diese Menge nahezu restlos an die Nationalbank für Böhmen und Mähren veräußerte. Eine Ausnahme bildeten lediglich Silbermünzen im Grobgewicht von 24,456 Kilogramm, die an die Reichsbank nach Berlin abgeführt wurden. Zudem wurden 1942 auch geringe Mengen an zwei Firmen verkauft – 4,96 Kilogramm an Alexander Brero in Biel und 0,12 Kilogramm an Otto Sauter in Berlin.[898]

Weitere zusammenfassende Buchführungsdokumente über die Bewegung von aus jüdischem Besitz stammendem Silber liegen für die Jahre der deutschen Besatzung nicht vor. Es besteht kein Zweifel daran, dass der Prozess von Konfiszierung und Aufkauf dieses Silbers weiterging, auch wenn der Ertrag proportional zum zahlenmäßigen Rückgang der in die Konzentrationslager deportierten jüdischen Bevölkerung sank. Davon zeugt ein erhaltener Beleg aus dem September 1944, auf dem die Reichsbank in Berlin der Hakoma den Eingang einer Silbermünzensendung von 3,4 Kilogramm Grobgewicht quittiert.[899]

Die Hadega nahm bis Ende 1942 von Juden, jüdischen Unternehmen und Vereinigungen Silber von insgesamt 13,5 Tonnen Grobgewicht entgegen. Das Memorandum der tschechoslowakischen Regierung zur Restitution bezifferte diese Silbermenge mit einem Gewicht von 16,7 Tonnen. Die Differenz von 3,2 Tonnen zwischen den beiden Angaben

896 AČNB Praha, Anm. 874, Aufrechnung der Zentralbuchführung der Nationalbank über das von der Hadega angekaufte Silber vom 11.11.1941.

897 Ebd.

898 Ebd., Silberabrechnung für das Jahr 1942 durch die Hadega.

899 NA Praha, Anm. 883, Mitteilung der Reichsbank an die Hakoma vom 8.9.1944.

könnte in den letzten beiden Kriegsjahren zustande gekommen sein. Auch im Fall des jüdischen Silbers kann man die Angabe des Memorandums als realistisch akzeptieren.[900]

Im Unterschied zu Gold, Silber und Platin wurden die beschlagnahmten jüdischen Brillanten und Diamanten nicht der Nationalbank übergeben. Mit deren Hortung und Verkauf befasste sich die Hadega selbst und unterhielt diesbezügliche Geschäftsbeziehungen mit der reichsdeutschen Firma Diamant-Kontor G.m.b.H in Berlin, die Edelsteine gegen Devisen ins Ausland verkaufte. Ab Anfang 1941 bot sich zudem die Möglichkeit, aus jüdischem Besitz stammende Schmucksachen über den Juwelier Bernhard Meersmann in Vevey bei Genf umzusetzen, für den in Berlin Hans-Gerhard Knitter als Rechtsvertreter fungierte. Meersmann stellte die Begleichung der Verbindlichkeiten in Schweizer Franken oder US-Dollars in Aussicht. Das ARP versprach sich von den direkten Handelsbeziehungen mit Schweizer Interessenten einen um circa 50 Prozent höheren Profit in Devisen.[901] Zu jener Zeit wurden Brillanten aus jüdischem Besitz noch an den Schweizer Staatsangehörigen Alexander Brero und über Vermittelungsinstanzen auch an Hans Vögeli, Mitbesitzer der Diamantschleiferei Vögeli & Wirtz A.G in Biel verkauft.[902] Der Verkauf von aus jüdischem Eigentum stammenden Schmucksachen, Diamanten und anderen Edelsteinen lief mindestens noch bis Anfang 1943 unter Beteiligung des Reichwirtschaftsministeriums sowie halbprivat (und eher auch halblegal) über Knitter. (Beleg hierfür ist ein Schriftstück über die Verwertung von Schmucksachen und Platin aus jüdischen Vermögen, welches bei Knitters Rückkehr aus der Schweiz am 11. Februar 1943 aus dessen Besitz beschlagnahmt wurde.)[903] Das sich auf Diamanten beziehende Quellenmaterial ist recht bruchstückhaft und erlaubt keine genauere Aufsummierung, die die Gesamtmenge der Juden, jüdischen Unternehmen und Vereinigungen im Protektorat Böhmen und Mähren abgepressten Brillanten oder Diamanten beziffern könnte.

Analog zum Fall der Silbergegenstände ist anzunehmen, dass im Laufe der Jahre 1941–1942 die überwiegende Mehrheit der in jüdischem Besitz befindlichen Brillanten und Diamanten in die Hände der NS-Verwaltung geriet. Zum 31. Dezember 1941 wies die Hadega 416,11 Karat Brillanten und Diamanten und 23,21 Karat Rohdiamanten in ihren Beständen aus. Ein Dokument der Gruppe Wirtschaft beim ARP vom 12. Juni 1942 belegt, dass aus dem Protektorat – ohne nähere Angaben der Zielländer – zum 1. April 1941

900 AČNB Praha, Anm. 890, Undatiertes Memorandum der Regierung der Tschechoslowakischen Republik.

901 NA Praha, Anm. 43, Verwaltungsbericht für den Monat Februar 1941, Fol. 365.

902 NA Praha, Anm. 883, Schreiben des Reichswirtschaftsministers an den Reichsprotektor in Prag vom 11.11.1941; ebd., Reichsbankrat W. Utermöhle an den Vertreter des Auslandsamts beim Reichsprotektor in Prag vom 6.1.1941; ebd., Vermerk von Bankrat W. Utermöhle vom 18.1.1941; ebd., Schreiben der Firma Diamant-Kontor an den Reichsprotektor in Prag vom 23.7.1941. Zu den Geschäften von B. Meersmann, A. Brero und H. Vögeli vgl. Schmid: Anm. 15, S. 224–231. Vgl. auch BA Berlin, Bestand NS 19, Mikrofiche Nr. 2950.

903 Schmid: Anm. 15, S. 230.

6.393 Brillanten von insgesamt 533,63 Karat und zum 12. August 1941 weitere 3.610 Brillanten von 339,60 Karat veräußert wurden.[904]

Im Lauf des Jahres 1942 brachte die Hadega 3.839,464 Karat Brillanten und Diamanten sowie 239,745 Karat Rohdiamanten an sich. Ein winziger Teil davon – nicht mehr als 38,29 Karat Brillanten – wurde in die Slowakei verkauft. Die überwiegende Mehrzahl der Edelsteine – 2.872,30 Karat der Brillanten und Diamanten sowie 381,846 Karat Rohdiamanten – wurde auf dem Binnenmarkt veräußert. Die Menge der verkauften Rohdiamanten übersteigt den in den Büchern genannten Rechnungswert, deshalb musste auch auf einen Teil der bisher buchhalterisch noch nicht geführten Diamantenreserven zurückgegriffen werden. Deren Höhe erreichte gegen Jahresende 1942 den Wert von 2.348,66 Karat Brillanten und Diamanten und 513,15 Karat Rohdiamanten.[905] Laut den erhaltenen Dokumenten sind in den Jahren 1941–1942 Brillanten von 5.128,80 Karat und 582,041 Karat Rohdiamanten durch die Bücher der Hadega gegangen, von denen ein Teil als Depot der Firma Hadega bei der BEB in Prag hinterlegt wurde.[906]

Der Prozess der Beschneidung der Eigentumsrechte jüdischer Personen, Unternehmen und Vereinigungen und die anschließende Einziehung von Gold, Silber, Platin, Edelsteinen, Perlen sowie daraus gefertigten Gegenständen vollzog sich auf verschiedenen Wegen. Zu nennen sind dabei die Beschränkung des Verfügungsrechts über die genannten Vermögenswerte durch die Pflicht zur Einlagerung auf gesperrten Bankdepots, den Erlass eines Ausfuhrverbots für diese Gegenstände, ihren Zwangsverkauf zu augenfällig ungünstigen Bedingungen und vor allem die direkte Konfiskation aufgrund einer ganzen Reihe strafrechtlicher Normen und Vorschriften aus weiteren Rechtsbereichen. Die genannten Eingriffe in die Eigentumsrechte bei Gold sowie Gegenständen aus Edelmetall und Edelsteinen erreichten zum Zeitpunkt der einsetzenden Massendeportationen ihren Höhepunkt. Die Absicht aller dieser Maßnahmen war es, dem Endziel der deutschen Besatzungsverwaltung in diesem Bereich näher zu kommen: der restlosen Enteignung sämtlicher Gold-, Edelmetall-, Edelstein- und Schmucksachenbestände im Besitz jüdischer Subjekte.

904 AČNB Praha, Anm. 874, Schreiben der Gruppe Wirtschaft beim ARP, Az. 2/29–42 II/1–3 F vom 12.6.1942 an die Vorprüfstelle Edelstein- und Diamantindustrie, Idar-Oberstein 2.

905 Ebd., Diamantenkonto-Bilanz für 1942.

906 Ebd., Konto der Brillanten und Rohdiamanten für die Jahre 1941–42 aus dem in der Nationalbank hinterlegten Hadega-Material.

# 9 Fazit

Die erste, in zeitlicher Abfolge, Durchführungsweise und -geschwindigkeit uneinheitliche Welle der „Arisierungs"-Maßnahmen im Protektorat Böhmen und Mähren war die so genannte innere „Arisierung" der Banken. Dabei handelte es sich um die Entlassung der jüdischen Mitglieder aus allen satzungsmäßigen Organen sowie der jüdischen Angestellten aus allen Hierarchieebenen der Bank. Dieser Prozess wurde grundsätzlich in Eigenregie der einzelnen Anstalten durchgeführt, nicht selten jedoch auch unter Mithilfe von Gestapo und verschiedensten Freiwilligen aus den Reihen der deutschen Bevölkerung. Es besteht kein Zweifel daran, dass alle Banken – gleich ob volksdeutsch oder tschechisch – diese innere „Arisierung" durchmachten. Die innere „Arisierung" der Banken war ein logisch zwingender Schritt im allgemein einsetzenden Prozess der Verdrängung der jüdischen Bevölkerung aus dem politischen, wirtschaftlichen und öffentlichen Leben, der allerdings im volksdeutschen Milieu einen radikaleren Verlauf nahm. Die von der Besatzungsverwaltung angeordneten Maßnahmen führten im Zuge der inneren „Arisierung" zu einer Reduzierung der Personalkosten und somit beträchtlichen Einsparungen für den Bankbetrieb.

Der gesamte Banksektor – sowohl der volksdeutsche als auch tschechische – unterlag zudem der durch entsprechende Normen erzwungenen Zusammenarbeit von Geldinstituten mit der politischen und wirtschaftlichen NS-Verwaltung. Diese hatte jedoch nicht den Charakter einer von den Banken aktiv angestrebten oder freiwilligen Zusammenarbeit, sondern basierte auf dem NS-Führerprinzip und vollzog sich im Rahmen der korporativen Wirtschaftsleitung. Die Anweisungen der deutschen Staatsverwaltung wurden den einzelnen Geldinstituten durch den Bankenverband und später durch die Wirtschaftsgruppe „Privatbankwesen" übermittelt, wobei die Mitgliedschaft in diesen Gremien für die Geldinstitute verpflichtend war. Im Rahmen dieser Zusammenarbeit erfüllten die Banken zunächst Aufgaben im Bereich von Information und Erfassung: Sie ermittelten den Umfang jüdischer Vermögen und meldeten diesen an die Besatzungsverwaltung. Die Vermögen wurden von den Geldinstituten dann als „nichtarisch" gekennzeichnet, separiert und als Sperrkonten behandelt. Die so genannten Devisenbanken wurden vorübergehend zu Depotstellen für aus jüdischem Besitz stammende Goldgegenstände und andere Wertsachen. In der Endphase übergaben die Banken die jüdischen Vermögen als konfiszierte Bestände in die Hände der deutschen Besatzungsverwaltung. Hierbei handelte es sich um einen Bereich der „Arisierungs"-Tätigkeiten, denen sich die Geldinstitute im Grunde nicht verweigern konnten: Den Banken wurde von der NS-Verwaltung die Rolle eines *gezwungenen Vollstreckers* ihrer Entscheidungen auferlegt. Der Profit aus dieser Rolle entsprach den üblichen Gebühren, die – wie für alle anderen – auch für diese Bankoperationen und -dienstleistungen erhoben wurden.

Ein gewisser Unterschied zwischen tschechischen und deutschen Banken bestand freilich darin, dass die tschechischen Anstalten durch die Konfiskation jüdischer Vermögen die davon betroffenen Kunden einbüßten, während deutsche Institute dank staatlicher Begünstigung die konfiszierten Vermögen – wenigstens noch für einige Zeit – weiterverwalten durften. Genau hier setzt ein neuer Tätigkeitsbereich der Banken an, von dem die tschechischen Geldinstitute gezielt ausgeschlossen wurden, nämlich die Zusammenarbeit mit der NS-Verwaltung, die schon als *aktive Kollaboration* bezeichnet werden muss. Diese bot den deutschen Geldinstituten einen bedeutenden Vorteil im Vergleich zu den tschechischen Anstalten, die künftig in ihrem wirtschaftlichen Einfluss geschwächt und letztendlich liquidiert werden sollten. Das Konzept der Unterdrückung des tschechischen wirtschaftlichen Einflusses realisierte die NS-Verwaltung im Bankwesen mit großem Erfolg: Bis zum Kriegsende „überlebte" nur eine einzige tschechische Bank – die Živnostenská banka (Gewerbebank). Ihr Fortbestand begründete sich durch den spezifischen Umstand eines außerordentlich breit gestreuten Aktienbesitzes, dem die NS-Behörden nicht beizukommen wussten.[907]

Der durch die Einziehung jüdischer Vermögen verursachte Kundenverlust wurde den deutschen Instituten durch einen deutlichen, sich aus zwei Quellen speisenden Zuwachs von Neukunden kompensiert: Die erste Quelle war dabei die NS-Besatzungsverwaltung, deren einzelne Einrichtungen ihre Finanzgeschäfte fast ausschließlich bei volksdeutschen Anstalten führte. Die zweite Gruppe von Neukunden bestand aus den „Arisierern", die jüdische Vermögen an sich gebracht hatten und denen die Banken neben der Führung von laufenden Konten sowie der Gewähr von Betriebskrediten auch besondere „Arisierungs"-Kredite bewilligten. Die jüdische Klientel wurde somit von einer deutschen abgelöst, die ihre Geldgeschäfte von tschechischen Instituten auf volksdeutsche überführte. Bislang lässt sich nicht beziffern, ob es sich dabei um eine Teil – oder Vollkompensation gehandelt hat – zu dieser Frage sind noch weitere Forschungen erforderlich. Es ist jedoch gut möglich, dass der Kundenkreis der deutschen Banken im Zuge der „Arisierung" sogar noch gewachsen ist.

Die informelle Zusammenarbeit volksdeutscher Banken mit der NS-Besatzungsverwaltung wurde noch im April 1939 durch eine formale aktive Kooperation ergänzt. Die Protagonisten in diesem Zweckbündnis waren auf Seiten der Banken die drei bedeutendsten volksdeutschen Geldinstitute in Protektorat. Deren außerordentliche und konkurrenzlose Stellung im „Arisierungs"-Prozess und in der Zusammenarbeit mit der Besatzungsverwaltung beruhte weniger auf ihrer traditionellen Position in der Wirtschaft der böhmischen Länder, als vielmehr auf ihren festen Bindungen an reichsdeutsche Institute und die NS-Führungseliten. An erster Stelle handelte es sich um die Kreditanstalt der Deutschen (KdD), „verdient im Kampf um Erhalt und Festigung des Deutschtums", eine Bank mit scharf antisemitischem Gebaren, die schon seit den zwanziger Jahren mit Finanzhilfen aus dem Reich gestützt wurde und deren Dienste traditionell politisch rechtsextreme Gruppierungen von Deutschböhmen in Anspruch zu nehmen

907 Zur Einschränkung und Liquidierung des tschechischen Bankwesens im Zweiten Weltkrieg vgl. Vencovský: Anm. 49, S. 305–306.

pflegten. Zu den Ambitionen dieser Anstalt gesellten sich im Protektorats-Geldwesen und dem Prozess der „Arisierung" auch die Ambitionen zweier Berliner Großbanken mit Exklusivbindungen an die Berliner Machtstrukturen. Diese waren sowohl institutionell als auch personell profiliert. Die Dresdner Bank hatte sich schon längerfristig auf ihre Position in Böhmen vorbereitet und die Böhmische Escompte-Bank (BEB) übernommen. Ihre Konkurrentin, die Deutsche Bank, hatte dann die Böhmische Union-Bank (BUB) in ihren Konzern eingegliedert. Die drei genannten national deutschen Geldinstitute beherrschten in entscheidender Weise den Protektorats-Finanzmarkt und wurden zum Rückgrat der Zusammenarbeit zwischen Geldsektor und NS-Verwaltung. Die übrigen volksdeutschen Geldinstitute können mehr oder weniger als Randfiguren gelten.

Bereits in den ersten Wochen der Besatzungszeit übernahmen die Anstalten der genannten „Großen Drei" für die NS-Verwaltung die Rolle eines überaus wichtigen Sammelbeckens. In diesem wurden vorübergehend – noch bevor die NS-Verwaltung die entsprechenden Vorschriften über den Umgang mit jüdischem Vermögen vorbereiten und erlassen konnte – die Vermögen jüdischer Auswanderer zugunsten des „Dritten Reichs" eingefroren. Auswanderungswillige erhielten keine Ausreisegenehmigung von der NS-Verwaltung, ehe sie nicht ihr gesamtes Vermögen den volksdeutschen Protektorats-Großbanken zur Treuhandverwaltung übergeben hatten. Die Treuhand-Vermögensverwaltung nahm beträchtliche Dimensionen an und trug den Geldinstituten willkommene finanzielle Gewinne ein (Verwaltungsgebühren, Provisionen für Firmenauflösungen, Begleichungen von Verbindlichkeiten usw.). Ein Sonderphänomen stellt die Immobilienverwaltung durch die Banken dar: Da keine systematische „Arisierung" von Immobilienbesitz angelaufen war, bildete sie bis Kriegsende eine zuverlässige und stetige Einnahmequelle. Neben dem genannten direkten finanziellen Gewinn diente die Einrichtung der „Treuhandverwaltung" den Banken auch zur Anwerbung neuer Kunden. Die im von den Banken treuhändisch verwalteten Industrie- und Handelsunternehmen, die germanisiert und neuen Besitzern übergeben wurden, verblieben auch später unter deren finanziellem Einfluss und wurden in der Regel in die Bankkonzerne eingegliedert.

Die „Treuhandverwaltung" von Immobilien und Firmen erfolgte in Abweichung von der traditionellen mitteleuropäischen Auffassung des Bankwesens. Eine vergleichbare Abweichung war die auf die Geschäftsstellen der Berliner Großbanken konzentrierte Maklertätigkeit, die auf eine unlautere Konkurrenz mit den klassischen Immobilienhändlern hinauslief. Gegen Gebühr vermittelten die Banken Informationen über jüdische Firmen, die an „arische" Interessenten veräußert werden sollten. Eine Erweiterung dieser Tätigkeit liegt in den Forderungen der Berliner Zentralen, die ihren finanzkräftigen und an „günstigen" Investitionen im Protektorat interessierten Kunden entgegenkommen wollten: Nahm ein Interessent ein Angebot an, kümmerte sich die Bank um die administrativen Erfordernisse, angefangen vom Kaufvertrag und dem Einholen der Genehmigung der NS-Verwaltung bis hin zur Überweisung der Gelder. Dafür strich sie dann eine gehörige Vermittlerprovision ein. Im Regelfall wurde diese Maklertätigkeit – ähnlich wie die „Treuhandverwaltung" – zur Erweiterung des bisherigen Kundenstammes genutzt. Allerdings waren die Möglichkeiten bei diesem Typ von „Arisierungs"-Profit beschränkt, da sie von einer kapitalkräftigen und kaufwilligen Nachfrage abhingen, die jedoch schon bald ausbleiben sollte.

Mit dem Rückgang der Makleraktivitäten gewann eine andere Form der „Arisierungs"-Tätigkeit der Banken an Bedeutung. Diese ließ auf den ersten Blick keine Abweichung vom traditionellen Bankhandwerk erkennen – es handelte sich um die Vergabe von „Arisierungs"-Krediten. In der Anfangsphase wurden relativ häufig autonome Kredite gewährt, also Darlehen, die entsprechend den internen Regeln des betreffenden Geldinstituts an solche Kunden vergeben wurden, die mit ihrem Vermögen, ihrer Stellung und vermittels Bürgschaften im Privatsektor solide Voraussetzungen für eine erfolgreiche Tilgung boten. In einer zweiten Phase kamen dann Kredite hinzu, die in enger Zusammenarbeit mit der NS-Verwaltung eingeräumt wurden. Diese reichsverbürgten „Arisierungs"-Kredite für Klienten mit unzureichender Vermögensdeckung aus dem Privatsektor führten letztlich zu einer Wiederbelebung des einschlafenden „Arisierungs"-Prozesses wie auch des dahinwelkenden Projekts zur Stärkung des Deutschtums im national tschechischen Umfeld. Der wirtschaftlichen Germanisierung fehlten auf der unteren und mittleren Stufe bereits die Träger – das menschliche Kolonisierungspotential war erschöpft, und die Entwicklung des Kriegsgeschehens unterhöhlte den Glauben an den „Endsieg", der ja die Dauerhaftigkeit der „Arisierungs"-Gewinne garantieren sollte. In diesem Zusammenhang kam den auf mittelständische Kreise abzielenden „Arisierungs"-Krediten eine besondere Bedeutung zu. Die reichsverbürgten „Arisierungs"-Kredite waren zudem eine unermessliche „Wohltat" für die Geldinstitute, da sie ihnen eine gewinnbringende Nutzung von wenigstens einem Teil des eingebrachten Fremdkapitals ermöglichten, welches in Kriegszeiten keinen Platz auf dem überfüllten Kapitalmarkt fand. Das eingebrachte tote Kapital begann zu arbeiten, und zwar risikofrei, da die Reichsbürgschaften durchschnittlich 90 Prozent der Kreditsumme abdeckten. Die „Arisierungs"-Kredite wurden mit einer relativ branchenüblichen fünf – bis sechsprozentigen Verzinsung und zumeist mittel – bis langfristigen Laufzeiten ausgeschrieben. Die „Arisierungs"-Kredite ermöglichten den Banken auch in der langfristigen Perspektive eine Erweiterung ihres bisherigen Kundenkreises und die Sicherung einer günstigeren Position im zukünftigen Konkurrenzkampf mit anderen Banken sowie weiteren Geldinstituten.

Die auf jüdisches Vermögen abzielende Treuhand-, Makler- und Kredittätigkeit festigte die formelle wie informelle Bindung dieser Banken an die NS-Eliten und – Institutionen. Die gewonnenen Neukunden, die „Arisierer", hatten ja im Grunde einen Teil ihres neuen Vermögens dank ihrer persönlichen Kontakte und ihrer „Verdienste" um den Nationalsozialismus erlangt. Korruptionsfälle waren dabei im „Arisierungs"-Prozess keine Ausnahmeerscheinung. Diese angedeutete Festigung der Beziehungen, die man auch als Verfilzung von politischen und wirtschaftlichen Eliten beschreiben kann, vollzog sich sowohl auf der Ebene der politischen und wirtschaftlichen Führungseliten als auch auf regionalen und örtlichen Ebenen.[908]

908 Näher dazu: Jančík / Kubů: Anm. 36.

Auch in den im Grunde traditionellen Banktätigkeiten wie Kontoführung und Wertpapierhandel, also scheinbar unpolitischen Geschäften, finden sich spezifische Aspekte einer Zusammenarbeit mit der NS-Verwaltung, die jedoch weniger offensichtlich und auch weniger bedeutend waren als in anderen Bereichen. Sie warfen zudem unbestreitbar geringere Gewinne ab, die möglicherweise im Vergleich mit anderen Gewinnen als unerhebliche Randerscheinung gelten können, jedoch ebenso sittenwidrig waren. Es handelt sich hier um die „Abrundung" der bankeigenen Aktienportefeuilles durch den Aufkauf von Aktien aus jüdischen Vermögen. So sicherten sich die Banken ihren Einfluss in Firmen, denen ihr Unternehmerinteresse galt, und schufen zudem das für Mitteleuropa typische Phänomen der vom Bankmanagement geführten Industriekonzerne. Gerade hier lässt sich eindeutig nachweisen, dass für manche Teile jüdischer Vermögen die Banken nicht nur zu Verschiebe- sondern auch Endstationen wurden.

Das Problem der aus jüdischem Besitz stammenden Edelmetalle (vor allem Gold und Silber), Edelsteinen, Perlen und daraus gefertigten Schmucksachen ist in den vergangenen Jahren umfassend erforscht worden. Aus Sicht des „Arisierungs"-Profits stellt es jedoch nur eine Randerscheinung dar. In größerem Umfang betraf es nur die KdD, die eine regulierte Zusammenarbeit mit dem Amt des Reichsprotektors einging. Sie übernahm dabei die spezifische Aufgabe, die mit Unrecht und jüdischem Blut behafteten Schmucksachen auf dem binnendeutschen, aber auch ausländischen Markt abzusetzen und so die für den Ankauf strategischer Rohstoffe dringend benötigten Devisen zu beschaffen.

Eine Antwort auf die Frage, ob die deutschen Banken im Protektorat im Zuge des „Arisierungs"-Prozesses als Opfer der NS-Willkür zur Ausführung der „schmutzigen" Arbeit zugunsten des „Dritten Reichs" gezwungen waren, oder ob sie im tragischen Phänomen des Holocausts zu skrupellosen Profitjägern wurden, erfordert somit eine differenziertere Sichtweise. Die tschechischen Banken waren in ihrer überwiegenden Mehrzahl vom „Arisierungs"-Wohlstand ausgeschlossen und konnten prinzipiell nicht in den Genuss direkter sowie indirekter „Arisierungs"-Profite gelangen. Ihnen brachte der „Arisierungs"-Prozess unter dem Strich keinen Anstieg, sondern letztlich einen Rückgang des Profits durch den Verlust der jüdischen Kundschaft. Dagegen gilt für die volksdeutschen Banken unbestreitbar ein umgekehrtes Verlaufsmuster: Die genannten drei Geldinstitute, die den größten Raum auf dem Feld der „Arisierungs"-Tätigkeiten abdeckten, bezogen zu diesen Aktivitäten einen mehr als positiven Standpunkt. Sie passten ihre Organisationsstrukturen den „Arisierungs"-Tätigkeiten an und arbeiteten systematisch an einer Erweiterung ihres „Arisierungs"-Profits, gleich, ob sie ihn als einmalige aktuelle Gelegenheit oder auf lange Sicht als Mittel für eine dauerhafte Erweiterung ihrer Geschäftstätigkeit ansahen.

Die Analysen der einzelnen Kapitel erbringen Teilergebnisse, die auch im Vergleich der „Großen Drei" inkompatibel bleiben. Die außerordentlichen und verdeckten „Arisierungs"-Profite sind nicht miteinander vergleichbar, doch bestehen keine Zweifel über ihre Bedeutung und ihren Wert. *Die erhaltenen Zahlenangaben spiegeln den gewichtigen Anteil der mit der „Arisierung" verbundenen Geschäfte am Gesamtgewinn der Geldinstitute in den Kriegsjahren. Die einmaligen bzw. kurzfristigen Gewinne zeigen, dass in den Jahren 1939–1941 die Erträge der einzelnen „Arisierungs"-Aktivitäten rund*

*20 Prozent des Reingewinns erreichen konnten.*[909] Die in dem vorliegenden Werk dokumentierte gierige Profitjagd der deutschen Geldinstitute bedarf eigentlich keines näheren Kommentars.

Dieses Werk liefert jedoch nicht nur Aussagen zu den Banken und ihren Profiten, sondern beleuchtet auch den breiten gesellschaftlichen Kontext ihrer Tätigkeit und das breite Spektrum der Holocaust-Profiteure. Sie zeugt von dem Vordringen des „Arisierungs"-Profits bis in einzelne Orte, Städte und Dorfgemeinden und zeigt, dass dieser nicht nur einer eng begrenzten Elite von Parteifunktionären und Staatsführung zufiel, sondern Eingang ins alltägliche Wirtschaftsleben fand. *Dabei übernahmen die Banken bereitwillig und tatkräftig die Rolle von Verteilern des „Arisierungs"-Wohlstand" an die einzelnen sozialen Gruppen der deutschen Bevölkerung.* Im Bereich der mittelständischen Unternehmen profitierte dabei nach den statistischen Analysen der „Arisierungs"-Kredite bei der KdD vor allem die sich aus dem Territorium der böhmischen Länder rekrutierende einheimische deutsche Bevölkerungsgruppe.[910] Die vorgenommene Analyse wird, wie bereits im Text erwähnt, auch durch Stellungnahmen von Vertretern der Besatzungsverwaltung bestätigt, welche die Sudetendeutschen in Anbetracht ihrer für die Geschäftsführung und die Kommunikation mit Kundschaft bzw. Belegschaft notwendigen Orts- und Sprachkenntnisse bevorzugten. Wie die Werbeaktionen zur Rekrutierung von Treuhändern und „Arisierern" belegen, zeigten die Deutschen aus anderen Teilen des Reiches kein sonderliches Interesse an der „Arisierung" von mittleren und kleinen Vermögen im Protektorat. Eine schnelle „Arisierung" erfuhren nur die größten, wirtschaftsstrategisch bedeutenden Betriebe, die in die größten reichsdeutschen Konzerne eingegliedert wurden, sowie kleinere, von der Kriegskonjunktur abhängige und höchst lukrative Unternehmen.

Eine scharfe Trennung zwischen den Tochtergesellschaften der Deutschen Bank und der Dresdner Bank aus Berlin als reichsdeutschem Kapital und den einheimischen volksdeutschen Geldinstituten als Repräsentanten der deutschböhmischen Unternehmersphäre erscheint wenig sinnvoll. Die Klassifizierung der Tochtergesellschaften BEB (Konzern Dresdner Bank) und BUB (Konzern Deutsche Bank) als reichsdeutsches Kapital hinkt an sich: Zwar flossen deren Gewinne nach Berlin, und auch ein Teil des Spitzenmanagements wurde von der Berliner Zentrale eingesetzt, doch bestand das Personal der mittleren und unteren Ebene ausschließlich aus einheimischen Deutschen und mit Fortschreiten des Krieges – in Anbetracht des Mangels an qualifizierter volksdeutscher Beamtenschaft – zunehmend auch aus Protektoratsangehörigen, also Tschechen. Eine organische Mischung

909 Allein die Summe der „Arisierungs"-Provisionen bei der BUB stellte ganz zu Beginn des „Arisierungs"-Prozesses im Jahre 1939 unglaubliche 14,7 % des Reingewinns. Bei der BEB liegt die Sache ähnlich, 1940 machten die identifizierbaren Treuhandprovisionen 4,9 % und die Maklerprovisionen 14,9 %, zusammen also 19,8 % des Reingewinns aus. Zu diesen Zahlen sind noch die Posten aus weiteren Bereichen der „Arisierung" addiert werden. Die Schätzung von 20 % ist also noch ziemlich zurückhaltend.

910 Sudetendeutsche beteiligten sich an der Gesamtzahl der identifizierten „Arisierungs"-Kredite der KdD mit 81,5 %, Deutsche aus dem „Altreich" mit knapp 7,8 % und Deutsche aus der „Ostmark" mit 3,9 %. Vgl. Jančík / Kubů: Anm. 36, S. 140.

aus reichsdeutschen und einheimischen „sudetendeutschen" Einflüssen zeigte auch die Klientel von BEB und BUB: Diese bestand zum einen aus den Institutionen der NS-Besatzungsverwaltung und zum anderen aus dem traditionellen einheimischen deutschen Unternehmertum bzw. den von inländischen Deutschen „arisierten" Unternehmen vom Großkapital bis hin zu kleinen Gewerbebetrieben. Die Tochtergesellschaften der Dresdner und der Deutschen Bank orientierten sich in ihrer Tätigkeit im Wesentlichen auf den gleichen Kundenkreis wie die aus der volksdeutschen Unternehmersphäre hervorgegangene KdD. Ein gewisser Unterschied zeigt sich lediglich in der Größe der finanzierten Unternehmen: Die Filialen der Berliner Banken konzentrierten sich in ihren Bankkonzernen auf Mittel- und Großbetriebe, die KdD auf Mittel- und Kleinbetriebe.

Zum Abschluss erfolgt hier der Versuch zur Ermittlung der Gesamtsumme aller jüdischen Vermögenswerte, die durch die drei hier betrachteten volksdeutschen Geldinstitute – BUB, BEB und KdD – gingen. Summiert werden sollen auch die Vermögenswerte, die unter aktiver Mitwirkung dieser Geldinstitute im Rahmen der freiwilligen Kollaboration mit dem NS-Regime „arisiert" worden sind.

Die aus der Kriegs- und Nachkriegszeit stammenden Schätzungen der jüdischen Vermögenswerte in den böhmischen Ländern bewegen sich zwischen 16 und 20 Milliarden Kronen. Der letzte bekannte amtliche Versuch einer Bezifferung der Schäden, die tschechoslowakischen Staatsbürgern – in der überwiegenden Mehrheit Personen jüdischer Herkunft – durch politische, nationale und rassische Verfolgung im Laufe des Zweiten Weltkriegs zugefügt worden sind, unternahm das Finanzministerium der ČSSR im Jahre 1965. Es handelte sich um eine Aufsummierung exakter Zahlen, die in den archivierten Dokumenten der Nationalbank für Böhmen und Mähren, der Postsparkasse und der deutschen Geldinstitute erhalten waren. Dabei wurden die Konten folgender Institutionen berücksichtigt: des Vermögensamtes beim Reichsprotektor für Böhmen und Mähren, des Auswanderungsfonds für Böhmen und Mähren und der Oberkasse des Reichsprotektors für Böhmen und Mähren. Den jeweiligen Kontostand zeigt die nachstehende Tabelle:

Tabelle 41: Summe der durch die NS-Verfolgung am Vermögen tschechoslowakischer Staatsbürger in den Jahren 1938–1945 verursachten direkten Schäden, in Protektoratskronen

| | |
|---|---|
| **I. Geldinstitute (Konten)*** | |
| **a) Nationalbank für Böhmen und Mähren** | 9.163.465.000 |
| **b) Postsparkasse**** | 5.069.949.000 |
| **c) Böhmische Escompte-Bank** | 5.324.701.000 |
| **d) Böhmische Union-Bank** | 875.708.000 |
| **e) Kreditanstalt der Deutschen***** | 280.000.000 |
| **Zwischensumme** | 20.713.823.000 |
| **II. Wertpapiere** | 49.425.000 |
| **III. Wertpakete (Bankdepots, Gold, Schmuck und sonstige Wertsachen)** | 638.415.000 |
| **IV. Mobiles Vermögen** | 650.000.000 |
| **Insgesamt** | 22.051.663.000 |

* Die Konten bei Geldinstituten umfassen nicht nur die beschlagnahmte und eingezogene Barschaft von Verfolgten, sondern auch die Einlagen auf Sperrkonten für entwendete („arisierte") mobile und immobile Vermögen.

** Ermittelt und in die Rechnung einbezogen wurden nur die Umsätze vom 1.5.1942 bis 9.5.1945.

*** Aus dem erhaltenen Materialtorso der Kreditanstalt der Deutschen konnte die Staatsverwaltung lediglich den in der Tabelle angeführten, offensichtlich ziemlich unvollständigen Betrag belegen.

Quelle: NA Praha, Finanzministerium – unbearbeitet, 203/00333/65 (zuvor unter Az. 001633/61), Vorläufiger Bericht über die tschechoslowakischen Staatsbürgern durch die NS-Verfolgung zugefügten Schäden.

Allein die Summe der über die Konten bei den genannten drei Geldinstituten (BUB, BEB, KdD) geflossenen Vermögenswerte beträgt 6.480.409.000 Protektoratskronen (Summe der Posten I c), d), e) in der Tabelle 41). Dieser Betrag stellt 29,4 Prozent des gesamten „arisierten" jüdischen Vermögens, das auf über 22 Milliarden Kronen beziffert wird. Diese 29,4 Prozent umfassen sowohl das unter *passiver wie auch das unter aktiver Mitwirkung* der Banken „arisierte" Vermögen. Den Umfang der Aktivität aufseiten der Banken demonstriert die Rekapitulation der vorgenommenen Analysen des Vermögensumfangs, aufgegliedert nach den einzelnen Typen von „Arisierungs"-Profiten. Die bilanzierende Gesamtschätzung stellt also nur einen Näherungs – oder besser Orientierungswert dar. Die Autoren waren jedoch bemüht, mit Zahlen an der unteren Schätzwertgrenze zu arbeiten, die tatsächlichen Werte lagen höchstwahrscheinlich nicht nur leicht, sondern ganz erheblich darüber. Neben den aus unveröffentlichten Bankbilanzen hervorgehenden Zahlen haben die Autoren auch Schätzungen aufgrund von Berechnungen kompatibler Faktoren vorgenommen.

Es stellt sich heraus, dass die Maklertätigkeit dieser Banken nicht allzu umfangreich war und die Institute nur am Verkauf einer relativ kleinen Zahl jüdischer Unternehmen im Protektoratsgebiet beteiligt waren. Rekonstruktion der Marktpreise von Unternehmen, an deren Verkauf BEB mitwirkte, in den Jahren 1939–1944 eine Höhe von 460.060.000 Kronen erreichte. Der Marktwert der im gleichen Zeitraum von der BUB verkauften Unternehmen kann nur geschätzt werden. Die Autoren setzten hierfür nach Kalkulationen und teilweise auch einer nüchternen Schätzung den Betrag von 402.765.000 Kronen an. Der Anteil der KdD an diesem Typ von „Arisierungs"-Geschäften ist belegt nur in wenigen Fällen (13.333.750 K). *Zusammenfassend lässt sich somit sagen, dass die beiden volksdeutschen Banken aktiv am Verkauf von knapp zweihundert jüdischen Unternehmen im Wert von rund 876 Millionen Kronen mitwirkten.*

Bei der „Arisierung" jüdischer Unternehmen und Gewerbebetriebe mit Hilfe von „Arisierungs"-Krediten (autonomen wie reichsverbürgten) dominiert mengenmäßig die KdD. In den Jahren 1939–1944 konnten mit den von ihr gewährten Krediten jüdische Unternehmen und Gewerbebetriebe für über 428 Millionen Kronen „arisiert" werden.[911]

Ein technisches Problem, welches sich beim derzeitigen Stand der Quellengrundlage nur schwer lösen lässt, stellen die autonomen „Arisierungs"-Kredite der BUB und BEB dar. Die Autoren sind überzeugt, dass es sie gegeben hat, doch sind sie nicht in der Lage, diese in den einzelnen Fällen zu identifizieren oder relevante Stichproben aus dem Quellenmaterial zu ziehen. Eine gewiss unvollständige Zusammenstellung von Krediten, die als „Arisierungs"-Kredite identifiziert werden konnten, zeigt, dass die BUB vom Mai 1940 bis zum September 1941 autonome Kredite über mehr als 15 Millionen Kronen gewährte.

An der „Arisierung" von Wertpapieren waren die BEB und BUB gleichermaßen beteiligt. Während der Wert der von der BEB aus jüdischem Eigentum übernommenen Wertpapiere bekannt ist (68.814.000 Kronen), fehlt für die BUB eine ähnlich glaubwürdige Angabe.

Ein bislang unlösbares Problem ist der Ausweis der Anteile von BUB, BEB und KdD an der Gesamtsumme der auf den laufenden Konten und Sparbüchern jüdischer Inhaber lagernden Gelder, die 2,3 Milliarden Kronen betrug. Diese Anteile waren ganz beträchtlich, doch können die Autoren sie nicht spezifizieren. Es ist davon auszugehen, dass sie sich im Bereich von einigen zehn Prozentzehner bewegten und kumulativ den größeren Teil der angeführten Summe darstellten.

*Der aus der Aneignung von Gold, sonstigen Edelmetallen, Edelsteinen und daraus gefertigten Wertsachen aus jüdischem Eigentum resultierende Gewinn überragt die Summe von 60 Millionen Kronen (zur Verfügung stehen nur die Angaben für die Jahre 1940 und 1942).* Diese brachte fast ausschließlich die KdD an sich.

Sieht man von der Verwaltung laufender Konten und Sparbücher jüdischer Inhaber ab, die die Banken in der Rolle eines willenlosen Vollstreckers von Entscheidungen der NS-Verwaltung übernahmen, zeigt sich, dass der Wert der von BEB, BUB und KdD in den Jahren 1939–1945 „arisierten" jüdischen Vermögen auf jeden Fall den Betrag von einer Milliarde Protektoratskronen ganz erheblich übersteigt. Die Zusammensetzung dieses Betrags ergibt sich aus der folgenden Tabelle, die die Angaben zu den einzelnen Profittypen aus den jeweiligen Kapiteln summiert. Symptomatisch ist, dass einige Angaben nur fragmentarischen Charakter haben und die tatsächlichen Beträge höchst wahrscheinlich um ein Vielfaches größer sein konnten und es sicher auch waren. Dies gilt insbesondere für das im Rahmen der Treuhand verwaltete Vermögen.

911 Jančík/Kubů: Anm. 36, S. 80..

Tabelle 42: Unter aktiver Mitwirkung von KdD, BEB und BUB im „Arisierungs"-Prozess verwertete jüdische Vermögen (in Protektoratkronen).

| „Arisierungs"-Tätigkeit | KdD | BEB | BUB | Insgesamt |
|---|---|---|---|---|
| **Verkauf von Edelmetallen und Edelsteinen (1940 und 1942)** | 60.000.000[a)] | 0 | 0 | 60.000.000 |
| **Aus jüdischem Besitz stammende Aktien, auf Eigenkonten gehortet** | 934.580[b)] | 68.814.000[c)] | ? | 69.748.580 |
| **Jüdische Unternehmen, über die Banken enteignet** | 13.333.750[d)] | 460.060.000[e)] | 402.765.000[e)] | 876.158.750 |
| **Jüdische Unternehmen, mittels „Arisierungs"-Kredit enteignet** | 428.000.000[e)f)] | ? | ? | 428.000.000 |
| **Von Juden der Treuhand anvertrautes Vermögen** | 0 | 31.414.000[g)] | 17.488.000[g)] | 48.902.000 |
| **Insgesamt** | 502.268.330 | 560.288.000 | 420.253.000 | 1.482.809.330 |

a) Jančík / Kubů / Novotný / Šouša: Anm. 20, S. 337.
b) Stand zum Jahr 1943.
c) Stand zum Jahr 1945.
d) Stand zum Jahr 1941.
e) Näherungsrechnung (Verkaufspreise mit Ausgleichabgaben zusammen, siehe Kapitel 5).
f) Jančík / Kubů: Anm. 36, S. 80.
g) Summe der Vermögenswerte einer zufällig untersuchten Teilauswahl (siehe Kapitel 4).

Setzt man die aufgeführten Beträge ins Verhältnis zu der mit 22 Milliarden bezifferten Gesamtsumme der Schäden, die tschechoslowakischen Staatsbürgern in den böhmischen Ländern zugefügt wurden und die in der überwältigenden Mehrheit jüdische Vermögen umfasst, so waren die deutschen Protektoratsbanken an der Entwendung jüdischer Vermögen durch ihr aktives, auf die Erhöhung ihres Profits gerichtetes Engagement als frei- und bereitwillige Akteure im „Arisierungs"-Prozess zu mindestens 6,48 Prozent beteiligt.

Diese prozentuale Angabe stellt allerdings nur einen Näherungswert dar – auf der einen Seite steht die unvollständige Auflistung der zugefügten Schäden, auf der anderen die unvollständige Auflistung der von den Banken verantworteten Beträge. Der Anteil der Banken an der „Arisierung" jüdischer Vermögen erscheint auf den ersten Blick relativ klein. Dabei ist jedoch zu beachten, dass es neben den mit oder ohne Mithilfe der Banken „arisierten" Vermögen noch eine ungeheure Menge enteigneter jüdischer Vermögenswerte gab, die überhaupt nicht auf den „Markt" kamen, d. h. nicht an neue „arische" Besitzer verkauft wurden. Dies betraf die überwiegende Mehrzahl aller Immobilien, zudem hatte Adolf Hitler persönlich den Ausverkauf des jüdischen Häuserfonds im Protektorat auf die Nachkriegszeit verschoben. Dafür gab es mehrere Gründe – zum einen sei hier an den chronischen Mangel geeigneter „Ariserer" erinnert, zum anderen bestand Bedarf, die Frontheimkehrer nach dem siegreichen Krieg zu belohnen. Allerdings schaffte der Verlauf der Kriegsereignisse nach der Wende bei Stalingrad weder materiell noch psychologisch günstige Bedingungen für die Erfüllung der ursprünglichen Visionen von der Transformation der Vermögensverhältnisse im Protektorat.

Hier stellt sich nun die Frage, ob die erwähnten 6,48 Prozent der jüdischen Vermögen, an deren „Arisierung" sich die Banken durch ihre aktive Zusammenarbeit mit dem NS-Regime beteiligten, viel oder wenig sind. Die Statistik ist bekanntermaßen eine trügerische Wissenschaft. Der Trug beruht nicht in der Arbeitsmethode, die begreiflicherweise exakt ist, sondern in den aufgestellten Kriterien und vor allem dann in der Genauigkeit der statistisch verarbeiteten Zahlen. Gerade hier liegt die Schwäche der vorliegenden Berechungen und Vergleiche. Ungenau sind sowohl die Summen der „Arisierungs"-Gewinne als auch die Summen der „arisierten" Vermögenswerte. Die resultierenden Zahlen können sich in einer relativ hohen Größenordnung voneinander unterscheiden, möglicherweise um einige zehn Prozent – hinsichtlich der von Banken „arisierten" Vermögen weichen die tatsächlichen Werte in jedem Fall nach oben ab.

*Aus der vorgelegten Arbeit und dem angedeuteten Versuch einer zusammenfassenden Statistik geht hervor, dass die Banken bei der „Arisierung" eine wesentliche Rolle gespielt haben. Sie wurden zu einem unentbehrlichen Bestandteil des „Arisierungs"-Mechanismus und haben im Folgenden aktiv an dessen Schaffung mitgewirkt.* Tatsache ist, dass es in der Zeit der nationalsozialistischen Machtergreifung auch scharf gegen das Großkapital und speziell gegen die Banken gerichtete Aversionen gab und die Tätigkeit der Geldinstitute eingeschränkt wurde. An erster Stelle zu nennen sind hier die korporative Lenkung des Sektors Geldwesen und der diktierte Geldwert, d. h. die Höhe der Debet- und Kredit-Zinssätze. Der Reichsbankpräsident und Reichswirtschaftsminister Hjalmar Schacht warnte zwar 1934 vor „willkürlichen und erzwungenen Schritten" und erklärte „der Kapitalmarkt lässt sich nicht kommandieren",[912] doch war der staatliche Druck auf die Zinssätze groß, und die Rechtsordnung erlaubte geradezu unwiderrufliche Eingriffe des Staates. Das reichsweit gültige und unter staatlicher Assistenz geschlossene Zinsabkommen begrenzte den geschäftlichen Spielraum der Banken, welche ihre traditionelle Gewinnquelle, also die Differenz zwischen Kredit- und Debetzins, für zu gering hielten und von einer Bedrohung ihrer Leistungsfähigkeit sprachen.[913] Die Lebensfähigkeit der Banken war dennoch nicht ernsthaft bedroht. Das Bankkapital passte sich notgedrungen den neuen Bedingungen an: Die unternehmerische Haltung wandelte sich, teilweise musste auch dem Druck von Seiten des Staats und der Öffentlichkeit nachgegeben werden – beispielsweise im Fall der „Arisierungs"-Kredite, die der Banksektor nicht immer bereitwillig gewährte.[914] Zudem änderte sich die Haltung des NS-Regimes gegenüber den Banken und ging in eine kollaborationsbereite Koexistenz über. Die Banken übernahmen nicht nur die ihnen zugewiesene Rolle, sondern suchten aus eigener Initiative neue Gewinnmöglichkeiten, auch im Bereich der „Arisierung". Jüdische und tschechische Vermögen im Wert von 6,48 Milliarden Kronen, d. h. 29,46 Prozent aller infolge von Rassenverfolgung und verfolgungsbedingtem Vermögensentzug enteigneten Werte, flossen unmittelbar durch

912 BA Berlin, 2501 – Deutsche Reichsbank, Bd. 1173, Bl. 162, Nationalsozialistische Bankpolitik, Vortrag des Reichsbankpräsidenten im Institut für Weltwirtschaft an der Universität Kiel am 26. Januar 1934.

913 Allgemeiner deutscher Bankiertag 1938. Ansprachen, Vorträge und Teilnehmer. Berlin: Walter de Gruyter & Co. 1938, S. 95–97.

914 Näher dazu: Jančík / Kubů: Anm. 36, S. 31–32.

die Banken. *Darunter befanden sich Vermögenswerte von etwa 1,48 Milliarden Kronen, d. h. 6,73 Prozent des gesamten, infolge „rassischer" und „völkischer" Verfolgung enteigneten Vermögens, die unter initiativer, aktiver und profitmotivierter Beteiligung der drei genannten Banken „arisiert" wurden. Dabei trugen die Institute nicht selten noch untereinander Konkurrenzkämpfe aus.* Die Enteignung der restlichen Vermögen in Höhe von 5,00 Milliarden Kronen, d. h. 22,73 Prozent des gesamten enteigneten Eigentums, vollzog sich unter „passiver" Beteiligung der Banken am „Arisierungs"-Prozess, die ihnen faktisch aufgezwungen wurde.

Die Bedeutung der aktiven „Arisierungs"-Beteiligung der Banken, von der jüdische Vermögen im Gesamtwert von 1,48 Milliarden Kronen betroffen waren, wird von dem Umstand potenziert, dass durch die eilfertige Assistenz der Geldinstitute das hinsichtlich seines gesellschaftlichen Wertes und Nutzens kostbarste Vermögen „arisiert" wurde. *Dabei handelte es sich um den produktiven, wirtschaftlich und strategisch wertvollsten Teil des jüdischen Vermögens,* also um Kapital und Unternehmen. Auch hier gilt, genau wie im Fall von Menschenleben, dass auch ein einziges flagrantes Unrecht zuviel ist. Bei der aktiven Beteiligung der Banken am „Arisierungs"-Prozess handelte es sich um die Ausübung einer Tätigkeit, die massenhaft Unrecht zufügte und vertiefte; sie vollzog sich als Begleiterscheinung des angestrebten monströsen Völkermords am jüdischen Element und wies einen tragisch hohen Grad von „Effektivität" auf. So ragt denn in der dreifachen „Arisierungs"-Rolle der Banken, die als Opfer, Vermittler und Täter auftraten, gerade die letztgenannte Täterrolle unrühmlich hervor.

Netz der Zweiganstalten
im Sudetengau

# 10 Anlagen zu Kapitel 7

Anlage 1: Übersicht der Unternehmen im Protektorat Böhmen und Mähren mit Aktien im Besitz von Juden mit Protektoratsangehörigkeit, Stand zum 1. 2. 1940 und 1. 2. 1942 (Anzahl und prozentueller Aktienanteil in jüdischem Besitz)

| Wirtschaftszweig<br><br>tschechische und deutsche Firmenbezeichnung | Gesamtzahl der Aktien der aufgeführten Firma zum 1.2.1940 | Anzahl der Aktien in jüdischem Besitz zum 1.2.1940 | Anteil in Prozent | Anzahl der Aktien in jüdischem Besitz zum 1.2.1942 | Anteil in Prozent |
|---|---|---|---|---|---|
| **Bankwesen** | | | | | |
| **Agrární banka, Praha**<br>**Agrarbank, Prag** | 150.000 | 439 | 0,3 | 435 | 0,3 |
| **Anglo-československá a Pražská úvěrní banka, Praha**<br>**Anglo-tschechoslowakische und Prager Kreditbank, Prag** | 300.000 | 3.057 | 1,0 | 2.648 | 0,9 |
| **Banka pro průmysl a obchod, dříve Länderbanka, Praha**<br>**Bank für Handel- und Industrie, ehemals Länderbank, Prag** | 225.000 | 6.921 | 3,1 | 6.616 | 2,9 |
| **Česká banka, Praha**<br>**Böhmische Bank, Prag** | 125.000 | 391 | 0,3 | 167 | 0,1 |
| **Česká banka Union, Praha**<br>**Böhmische Union-Bank, Prag** | 250.000 | 20.420<br>alte Aktien<br>3.270<br>neue Aktien | alte Aktien<br>8,2 | 20.408<br>alte Aktien<br>2.010<br>neue Aktien | alte Aktien<br>8,2 |
| **Česká diskontní banka, Praha**<br>**Böhmische Discontbank, Prag** | 400.000 | 300 | 0,1 | 300 | 0,1 |
| **Česká escomptní banka a úvěrní ústav, Praha**<br>**Böhmische Escompte-Bank und Credit-Anstalt, Prag** | 250.000 | 14.974<br>alte Aktien<br>747<br>neue Aktien | alte Aktien<br>6,0 | 22.058<br>alte Aktien<br>769<br>neue Aktien | alte Aktien<br>8,8 |
| **Česká průmyslová banka, Praha**<br>**Böhmische Industrial Bank, Prag** | 357.500 | 15.699 | 4,4 | 14.306 | 4,0 |

| Wirtschaftszweig<br><br>tschechische und deutsche Firmenbezeichnung | Gesamtzahl der Aktien der aufgeführten Firma zum 1.2.1940 | Anzahl der Aktien in jüdischem Besitz zum 1.2.1940 | Anteil in Prozent | Anzahl der Aktien in jüdischem Besitz zum 1.2.1942 | Anteil in Prozent |
|---|---|---|---|---|---|
| **Československá obchodní banka, Praha<br>Tschechoslowakische Handelsbank, Prag** | 10.000 | 102 | 1,0 | 413 | 4,1 |
| **Legiobanka, Praha<br>Legiobank, Prag** | 350.000 | 5.929 | 1,7 | 2.408 | 0,7 |
| **Moravská banka, Brno<br>Mährische Bank, Brünn** | 218.750 | 1.620 | 0,7 | 1.620 | 0,7 |
| **Moravská lidová banka, Brno<br>Mährische Volksbank, Brünn** | 7.500 | 34 | 0,5 | 32 | 0,4 |
| **Národní banka, Praha<br>Nationalbank, Prag** | 120.000 | 4.564 | 3,8 | 3.913 | 3,3 |
| **Německá agrární a průmyslová banka, Praha<br>Deutsche Agrar- und Industriebank, Prag** | 150.000 | 618 | 0,4 | 619 | 0,4 |
| **Plzeňská banka, Plzeň<br>Pilsner Bank, Pilsen** | 16.000 | 986 | 6,2 | 966 | 6,0 |
| **Řeznicko-uzenářská banka, Praha<br>Fleischer- und Selcher-Bank, Prag** | 20.000 | 468 | 2,3 | 351 | 1,8 |
| **Středočeská banka, Příbram<br>Mittelböhmische Bank, Pribram** | 5.000 | 168 | 3,4 | 166 | 3,3 |
| **Ústřední banka českých spořitelen, Praha<br>Zentral-Bank der böhmischen Sparcassen, Prag** | 125.000 | 915 | 0,7 | 915,5 | 0,7 |
| **Ústřední banka německých spořitelen, Praha<br>Zentral-Bank der deutschen Sparkassen, Prag** | 60.000 | 109 | 0,2 | 109 | 0,2 |
| **Všeobecná družstevní banka, Praha<br>Allgemeine Genossenschaftsbank, Prag** | 50.000 | 815 | 1,6 | 735 | 1,5 |
| **Živnostenská banka, Praha<br>Živnobank (Gewerbebank), Prag** | 1.325.000 | 94.078 | 7,1 | 82.417.75 | 6,2 |

| Wirtschaftszweig<br>tschechische und deutsche Firmenbezeichnung | Gesamtzahl der Aktien der aufgeführten Firma zum 1.2.1940 | Anzahl der Aktien in jüdischem Besitz zum 1.2.1940 | Anteil in Prozent | Anzahl der Aktien in jüdischem Besitz zum 1.2.1942 | Anteil in Prozent |
|---|---|---|---|---|---|
| **Versicherungswesen** | | | | | |
| **„Koruna“, akciová pojišťovna, Praha<br>„Corona“, Versicherungs-Actien-Gesellschaft, Prag** | 10.000 | 1 | 0,1 | – | – |
| **Moldavia Generali, akciová pojišťovna, Praha<br>Moldavia Generali, Versicherungs-Aktiengesellschaft, Prag** | 50.000 | 539 | 1,1 | 337 | 0,7 |
| **Lidová pojišťovna „Čechoslavia“, a.s., Praha<br>Volksversicherungsanstalt „Čechoslavia“ A.G., Prag** | 10.000<br>neue Aktien<br>15.000<br>alte Aktien | 261 | 1,1 | 111<br>38 | 0,6 |
| **„Lloyd“, akciová pojišťovna, Praha<br>„Lloyd“, Versicherungs-Aktiengesellschaft, Prag** | 12.500 | 348 | 2,8 | 348 | 2,8 |
| **„Patria“, akciová pojišťovna, Praha<br>„Patria“, Versicherungs-Aktiengesellschaft, Prag** | 8.750 | 16 | – | 16 | 0,2 |
| **První česká zajišťovací banka, Praha<br>Erste böhmische Rückversicherungsbank, Prag** | 15.000 | 230 | 1,5 | 230 | 1,5 |
| **Republikánská lidová pojišťovna, a.s., Praha<br>Republikanische Volksversicherungs-A.G., Prag** | 10.000 | 13 | 0,1 | 13 | 0,1 |
| **„Sekuritas“, akciová pojišťovna, Praha<br>„Sekuritas“, Versicherungs-A.G., Prag** | 20.000 | 400 | 2,0 | 400 | 2,0 |
| **Verkehr** | | | | | |
| **Autodopravní akciová společnost, Praha<br>Auto-Verkehrs-Aktien-Gesellschaft, Prag** | 10.000 | 86 | 0,9 | 86 | 0,9 |
| **„Bohemia“, mezinárodní dopravní a.s., Praha<br>„Bohemia“, Internationale Transport-A.G., Prag** | 1.000 | 60 | 6 | 25 | 2,5 |

| Wirtschaftszweig<br><br>tschechische und deutsche Firmenbezeichnung | Gesamtzahl der Aktien der aufgeführten Firma zum 1.2.1940 | Anzahl der Aktien in jüdischem Besitz zum 1.2.1940 | Anteil in Prozent | Anzahl der Aktien in jüdischem Besitz zum 1.2.1942 | Anteil in Prozent |
|---|---|---|---|---|---|
| **Českomoravská plavební akciová společnost Labská, Praha**<br>**Böhmischmährische Elbe-Schiffahrts-Aktiengesellschaft, Prag** | Vorzugsaktien 63.000<br>Stammaktien 37.000 | 174 | 0,2 | Pr.174 | 0,2 |
| **Drobná dráha Králův Dvůr - Beroun - Koněprusy, a.s., Praha**<br>**Kleinbahn Králův Dvůr - Beroun - Koněprusy A.G., Prag** | 3.250 | 203 | 23,6 | 78 | 2,4 |
| **Místní dráha Otrokovice-Zlín-Vizovice, Zlín**<br>**Lokalbahn Otrokowitz-Zlin-Wisowitz, Zlin** | Stammaktien 2.200<br>Vorzugsaktien 10.000 | 708 | 5,8 | 11 | 0,1 |
| **Místní dráha Skalice-Boskovice-Velké Opatovice, Brno**<br>**Skalitz-Boskowitz-Großopatowitzer Lokalbahn, Brünn** | Stammaktien 5.000<br>Vorzugsaktien 19<br>Vorzugsaktien 900<br>Vorzugsaktien 4.721 | 8 | 0,1 | 8 | 0,1 |
| **Místní dráha Újezd-Luhačovice, Brno**<br>**Lokalbahn Aujezd-Luhatschowitz, Brünn** | Vorzugsaktien 610<br>Stammaktien 2.230 | 8 | 0,3 | – | – |
| **Moravská západní dráha, Zlín**<br>**Mährische Westbahn, Zlin** | 18.111 | 637 | 3,5 | 667 | 3,7 |
| **Pražská paroplavební společnost, Praha**<br>**Prager Dampfschiffahrts-Gesellschaft, Prag** | 3.500 | 38 | 1,1 | 38 | 1,1 |

| Wirtschaftszweig<br><br>tschechische und deutsche Firmenbezeichnung | Gesamtzahl der Aktien der aufgeführten Firma zum 1.2.1940 | Anzahl der Aktien in jüdischem Besitz zum 1.2.1940 | Anteil in Prozent | Anzahl der Aktien in jüdischem Besitz zum 1.2.1942 | Anteil in Prozent |
|---|---|---|---|---|---|
| **Pražsko-Duchcovská dráha, Praha**<br>**Prag-Duxer Eisenbahn, Prag** | Stammaktien 54.000<br>Vorzugsaktien 33.310 | 15.748 | 19,4 | Stammaktien 13.016<br>Vorzugsaktien 1.304 | 16,4 |
| **Kur- und Hotelwesen** | | | | | |
| **Akciová společnost lázní, Luhačovice**<br>**Actien-Gesellschaft Bad Luhačovice, Luhatschowitz** | 6.000 | 64 | 1,1 | 64 | 1,1 |
| **Dubrovnická lázeňská a hotelová akciová společnost, Dubrovník (Praha)**<br>**Ragusaer Bäder und Hotel A.G., Ragusa (Prag)** | 15.000 | 2 | 0,1 | 2 | 0,1 |
| **Pražské Sanatorium, akciová společnost, Praha**<br>**Prager Sanatorium A.G., Prag** | 15.000 | 209 | 1,4 | 211 | 1,4 |
| **Pražský soukromý léčebný ústav, a.s., Praha**<br>**Prager Privat-Heilanstalt A.G., Prag** | 13.000 | 3.409 | 2,6 | – | – |
| **Uhličité lázně a zřídla, akciová společnost, Poděbrady**<br>**Kohlensäure-Bäder und- Quellen A.G., Podiebrad** | 17.000 | 99 | 0,6 | 84 | 0,5 |
| **Bauwesen und Baustoffindustrie** | | | | | |
| **Akciová společnost továrny na cihly, Moravská Ostrava**<br>**Ziegelwerke-Aktiengesellschaft, Mährisch Ostrau** | 8.500 | 150 | 1,8 | 150 | 1,8 |
| **„Hydraulika“, akciová společnost pro obchod stavebninami, Moravská Ostrava**<br>**„Hydraulika“, Baumaterialien-Handels A.G., Mährisch Ostrau** | 2.500 | 1.650 | 66,0 | 1.658 | 66,3 |
| **Králodvorská cementárna, a.s., Praha**<br>**Königshofer Cement-Fabrik A.G., Prag** | 240.000 | 26.411 | 11,0 | 20.628 | 8,6 |
| **Kress, a.s., podnikatelství staveb, Praha**<br>**Kress A.G., Bauunternehmung, Prag** | 1.500 | 150 | 1,0 | 150 | 1,0 |

| Wirtschaftszweig<br><br>tschechische und deutsche Firmenbezeichnung | Gesamtzahl der Aktien der aufgeführten Firma zum 1.2.1940 | Anzahl der Aktien in jüdischem Besitz zum 1.2.1940 | Anteil in Prozent | Anzahl der Aktien in jüdischem Besitz zum 1.2.1942 | Anteil in Prozent |
|---|---|---|---|---|---|
| Litická akciová společnost, lomové a stavební podniky, Praha<br>Lititzer Aktiengesellschaft, Steinbruch- und Bauwerke, Prag | 5.000 | 15 | 0,3 | 15 | 0,3 |
| Mrákotínské kamenolomy a stavební podniky, akciová společnost, Mrákotín (Morava)<br>Mrakotiner Steinbrüche und Bauunternehmungen A.G., Mrakotin (Mähren) | 500 | 12 | 2,4 | 12 | 2,4 |
| V. Nekvasil, stavební akciová společnost, Praha<br>V. Nekvasil, Baugewerbe-A.G., Prag | 8.000 | 1.852 | 23,1 | – | – |
| Obecně prospěšná stavební společnost pro dělnické a malé byty, a.s., Brno<br>Gemeinnützige Baugesellschaft für Arbeiter- und Kleinwohnungen A.G., Brünn | 5.000 | 45 | 0,9 | 10 | 0,2 |
| Podolská cementárna, Praha<br>Podoler Cementfabrik, Prag | 17.500 | 159 | 0,9 | 147.5 | 0,8 |
| „Pragolit", stavební potřeby, a.s., Praha<br>„Pragolit", Baumaterialien A.G., Prag | 15.000 | 14.851 | 99,0 | 75 | 0,5 |
| Pražské akciové cihelny, Praha<br>Prager Aktien-Ziegelwerke, Prag | 17.500 | 2.024 | 11,6 | 1.987 | 11,4 |
| Slovenske akciové cihelny a chemické podniky, Hodonín<br>Slovakische Ziegelfabriken und chemische Werke A.G., Göding | 24.000 | 325 | 1,4 | 100 | 0,4 |
| E. Škoda, cihlářské závody, a.s., Plzeň-Doudlevec<br>E. Škoda, Ziegelwerke A.G., Pilsen | 11.000 | 100 | 0,9 | – | – |
| „Trinolit", a.s. pro stavbu moderních vozovek, Praha<br>„Trinolit" A.G. für modernen Straßenbau, Prag | 4.500 | 3.000 | 66,7 | 3.000 | 66,7 |
| Bergbau und Hüttenwesen | | | | | |
| Báňská a hutní společnost, Praha<br>Berg- und Hüttenwerksgesellschaft, Prag | 250.000 | 24.998 | 10,0 | 18.441 | 7,4 |

| Wirtschaftszweig<br><br>tschechische und deutsche Firmenbezeichnung | Gesamtzahl der Aktien der aufgeführten Firma zum 1.2.1940 | Anzahl der Aktien in jüdischem Besitz zum 1.2.1940 | Anteil in Prozent | Anzahl der Aktien in jüdischem Besitz zum 1.2.1942 | Anteil in Prozent |
|---|---|---|---|---|---|
| **Česká obchodní společnost, Praha<br>Böhmische Handelsgesellschaft, Prag** | 112.500 | 9.425 | 8,4 | 6.379 | 5,7 |
| **České montánní podniky, a.s., Praha<br>Böhmische Montanwerke A.G., Prag** | 33.750 | 194 | 0,6 | 194 | 0,6 |
| **Měďárna Čechy, Praha<br>Kupferwerke Böhmen, Prag** | 218.750 | 48.303 | 22,1 | 42.917 | 19,6 |
| **Poldina huť, Praha<br>Poldihütte, Prag** | 312.500 | 25.900 | 8,3 | 21.350 | 6,8 |
| **Pražská železářská společnost, Praha<br>Prager Eisenindustrie-Gesellschaft, Prag** | 144.000 | 5.383 | 3,7 | 5.068 | 3,5 |
| **Rosická báňská společnost Láska Boží, Brno<br>Rossitzer Bergbau-Gesellschaft Liebe Gottes, Brünn** | Stammaktien 30.000<br>Vorzugsaktien 30.000 | 858 | 1,4 | 758 | 1,3 |
| **Svatoňovická báňská společnost, Malé Svatoňovice (Čechy)<br>Schwadowitzer Bergbaugesellschaft, Klein-Schwadowitz (Böhmen)** | 9.200 | 85 | 0,9 | 45 | 0,5 |
| **Válcovny kovů, a. s., Moravská Ostrava<br>Metallwalzwerke A.G., Mährisch Ostrau** | 36.000 | 1.090 | 3,0 | 980 | 2,7 |
| **Západočeský báňský akciový spolek, Praha<br>Westböhmischer Bergbau-Actien-Verein, Prag** | 250.000 | 67.067 | 26,8 | 28.930 | 11,6 |
| **Zbirožské železárny Max Hopfengärtner, a.s., Holoubkov (Čechy)<br>Zbiroher Eisenwerke Max Hopfengärtner A.G., Holoubkau (Böhmen)** | 30.000 | 193 | 0,6 | 175 | 0,6 |
| **Železárny Rotava-Nýdek, a.s., Praha<br>Eisenwerke-Aktiengesellschaft Rothau-Neudek, Prag** | 180.000 | 9.037 | 5,0 | 7.496 | 4,2 |

| Wirtschaftszweig<br><br>tschechische und deutsche Firmenbezeichnung | Gesamtzahl der Aktien der aufgeführten Firma zum 1.2.1940 | Anzahl der Aktien in jüdischem Besitz zum 1.2.1940 | Anteil in Prozent | Anzahl der Aktien in jüdischem Besitz zum 1.2.1942 | Anteil in Prozent |
|---|---|---|---|---|---|
| Glas, Porzellan, Keramik | | | | | |
| Akciová společnost pro obchod sklem Orlický, Praha<br>Aktiengesellschaft für Glashandel Orlický, Prag | 5.000 | 250 | 5,0 | 250 | 5,0 |
| První česká sklárna, a.s., Kyjov (Morava)<br>Erste Böhmische Glasfabrik A.G., Gaya (Mähren) | 35.000 | 217 | 0,6 | 204 | 0,6 |
| Českomoravské sklárny a.s., dříve S. Reich a spol., Praha<br>Böhmischmährische Glasfabriken A.G., vormals S. Reich & Comp., Prag | 12.500 | 3.391 | 27,1 | – | – |
| Ditmar-Urbach, a.s., Praha<br>Ditmar-Urbach A.G., Prag | 30.000 | 75 | 0,2 | – | – |
| Keramická akciová společnost, Bechyně (Čechy)<br>Keramische A.G., Bechin (Böhmen) | 2.000 | 11 | 0,5 | 11 | 0,5 |
| Rakovnické a Poštorenské keramické závody akciové, Praha<br>Rakonitzer und Unter-Themenauer keramische Werke A.G., Prag | 40.000 | 1.350 | 3,4 | 925 | 2,3 |
| Sklárny a rafinerie Josef Inwald, a.s., Praha<br>Glasfabriken und Raffinerien Josef Inwald A.G., Prag | 100.000 | 7.936 | 7,9 | 5.921 | 5,9 |
| C. Stölzleho synové akciová společnost pro výrobu skla, Praha<br>C. Stölzles Söhne Actiengesellschaft für Glasfabrikation, Prag | 30.000 | 3.809 | 12,7 | 3.191 | 10,6 |
| Západočeské továrny kaolinové-šamotové a slovenské závody magnesitové, a.s., Praha<br>Westböhmische Kaolin-Schamotte- und slowakische Magnesitwerke A.G., Prag | 35.000 | 4.050 | 11,6 | 3.098 | 8,9 |
| Maschinenbau und Metallwarenindustrie | | | | | |
| „Agroferra", a.s., Kunčice nad Ostravicí (Morava)<br>„Agroferra" A.G., Kuntschitz (Mähren) | 5.000 | 39 | 0,8 | 39 | 0,8 |
| Akciová společnost, dříve Škodovy závody v Plzni, Praha<br>Aktiengesellschaft, vormals Skodawerke in Pilsen, Prag | 687.500 | 27.909 | 4,1 | 22.500 | 3,3 |

| Wirtschaftszweig<br><br>tschechische und deutsche Firmenbezeichnung | Gesamtzahl der Aktien der aufgeführten Firma zum 1.2.1940 | Anzahl der Aktien in jüdischem Besitz zum 1.2.1940 | Anteil in Prozent | Anzahl der Aktien in jüdischem Besitz zum 1.2.1942 | Anteil in Prozent |
|---|---|---|---|---|---|
| Walter továrny na automobily a letecké motory, a.s., Praha<br>Walter Automobil- und Flugmotorenfabriken A.G., Prag | 42.000 | 2.255 | 5,4 | 1.580 | 3,8 |
| Akciová továrna na šicí stroje v Soběslavi, Soběslav (Čechy)<br>Nähmaschinen-Aktienfabrik in Sobieslau, Sobieslau (Böhmen) | 15.000 | 242 | 1,6 | 242 | 1,6 |
| Brno-Královopolská továrna na stroje a vagóny, a.s., Brno<br>Brünn-Königsfelder Maschinen- und Waggon-Fabrik A.G., Brünn | 37.500 | 167 | 0,4 | 191 | 0,5 |
| Česká zbrojovka, a.s., Praha<br>Böhmische Waffenfabrik A.G., Prag | 25.000 | 576 | 2,3 | 602 | 2,4 |
| Českomoravská-Kolben-Daněk, a.s., Praha<br>Českomoravská-Kolben-Daněk A.G., Prag | 93.750 | 5.983 | 6,4 | 4.144 | 4,4 |
| „Ferra“, a.s., Praha<br>„Ferra“ A.G., Prag | 50.000 | 1.292 | 2,6 | 1.174 | 2,3 |
| „Ferrovia“, Roessemann & Kühnemann, akciové závody pro železniční potřeby, Praha<br>„Ferrovia“, Roessemann & Kühnemann, Bahnbedarfs-A.G., Prag | 2.500 | 46 | 1,8 | 8 | 0,3 |
| Hofherr-Schrantz-Clayton-Shuttleworth, továrna hospodářských strojů, a.s., Praha<br>Hofherr-Schrantz-Clayton-Shuttleworth, Landwirtschaftliche Maschinen-Fabrik A.G., Prag | 20.000 | 462 | 2,3 | – | – |
| „Installa“, a.s., Praha<br>„Installa“ A.G., Prag | 2.500 | 2.983? | 100 | – | – |
| Janka a spol., a.s., Praha<br>Janka & Co. A.G., Prag | 1.000 | 2 | 0,2 | 2 | 0,2 |
| Ing. M. Kocian a G. Neděla, a.s., přesné obráběcí stroje a nástroje, Praha<br>Ing. M. Kocian & G. Neděla A.G. Präzisions-Werkzeugmaschinen und Werkzeuge, Prag | 1.000 | 200 | 20,0 | 200 | 20,0 |

| Wirtschaftszweig<br><br>tschechische und deutsche Firmenbezeichnung | Gesamtzahl der Aktien der aufgeführten Firma zum 1.2.1940 | Anzahl der Aktien in jüdischem Besitz zum 1.2.1940 | Anteil in Prozent | Anzahl der Aktien in jüdischem Besitz zum 1.2.1942 | Anteil in Prozent |
|---|---|---|---|---|---|
| „Kosmos“, výroba kamen a železárny, a.s., Olomouc<br>„Kosmos“, Ofen- und Eisenwerke A.G., Olmütz | 25.000 | 3.074 | 12,3 | 3.258 | 13,0 |
| Kovodělné akciové závody Stabenow, Praha<br>Metallwerke Stabenow A.G., Prag | 27.000 | 210 | 0,8 | 210 | 0,8 |
| „Meva“, Akciová společnost pro průmysl kovového zboží, Praha<br>„Meva“, Aktiengesellschaft für Metallwarenindustrie, Prag | 25.000 | 202 | 0,8 | 443 | 1,8 |
| Moravské ocelárny a železárny, a.s., Olomouc<br>Mährische Stahl- und Eisenindustrie A.G., Olmütz | 6.250 | 123 | 2,0 | 123 | 2,0 |
| Novák & Jahn, akciová společnost pro stavbu strojů a mostů, Praha<br>Novák & Jahn, Aktiengesellschaft für Maschinen- und Brückenbau, Prag | 70.000 | 63 | 0,1 | 63 | 0,1 |
| Prostějovské továrny na stroje Wichterle & Kovařík, a.s., Prostějov<br>Proßnitzer Maschinenfabriken Wichterle u. Kovařík A.G., Proßnitz (Mähren) | 60.000 | 1.136 | 1,9 | 971 | 1,6 |
| První brněnská strojírenská společnost, Brno<br>Erste Brünner Maschinen-Fabriks-Gesellschaft, Brünn | 325.000 | 9.475 | 2,9 | 8.644 | 2,7 |
| První česko-budějovická továrna na smaltované nádobí, a.s., České Budějovice<br>Erste Böhmisch-Budweiser Emailgeschirrfabrik A.G., Böhmisch Budweis | 24.000 | 673 | 2,8 | 521 | 2,2 |
| Rolnická strojírna a slévárna dříve Ant. Dobrý, Mladá Boleslav<br>Landwirtschaftliche Maschinenfabrik und Eisengießerei, vormals Ant. Dobrý, Jungbunzlau | 25.000 | 25 | 0,1 | 25 | 0,1 |
| „Runa“, akciová společnost pro kovy, Praha<br>„Runa“, Metall A.G., Prag | 18.750 | 224 | 1,2 | 204 | 1,1 |

| Wirtschaftszweig<br><br>tschechische und deutsche Firmenbezeichnung | Gesamtzahl der Aktien der aufgeführten Firma zum 1.2.1940 | Anzahl der Aktien in jüdischem Besitz zum 1.2.1940 | Anteil in Prozent | Anzahl der Aktien in jüdischem Besitz zum 1.2.1942 | Anteil in Prozent |
|---|---|---|---|---|---|
| „Sfinx“, Spojené smaltovny a továrny na kovové zboží, a.s., Praha<br>„Sphinx“, Vereinigte Emaillierwerke und Metallwarenfabriken A.G., Prag | 185.000 | 15.916 | 8,6 | 12.364 | 6,7 |
| Spojené továrny hospodářských strojů Fr. Melichar-Umrath a spol., a.s., Brandýs nad Labem<br>Vereinigte Fabriken landwirtschaftlicher Maschinen Fr. Melichar-Umrath & Comp. A.G. Brandeis a. d. Elbe | 28.750 | 1.491 | 5,2 | 1.298 | 4,5 |
| „Stadion“, továrna na velocipédy, a.s., Praha<br>„Stadion, Fahrradfabrik A.G., Prag | 5.000 | 375 | 7,5 | 375 | 7,5 |
| Továrna na filtry a pivovarské stroje, a.s., dříve B. H. Hellmann, Praha<br>Filter- und Brautechnische Maschinen-Fabrik A.G., vormals B. H. Hellmann, Prag | 50.000 | 4.933 | 9,9 | 4.405 | 8,8 |
| Továrna na nábojky a kovové zboží, a.s., Praha<br>Patronen-, Hülsen- und Metallwarenfabrik A.G., Prag | 25.000 | 24.022 | 96,1 | 24.022 | 96,1 |
| Továrny na střelivo, dříve Sellier & Bellot, Praha<br>Munitionsfabriken, vormals Sellier & Bellot, Prag | 90.000 | 4.355 | 4,8 | 3.873 | 4,3 |
| Továrna na vozy, a. s., Kolín<br>Wagenfabrik A.G., Kolin | 20.000 | 593 | 3,0 | 576 | 2,9 |
| Továrna na železné a kovové zboží, a.s., České Budějovice<br>Eisen- und Metallwarenfabrik A.G., Böhmisch Budweis | 6.000 | 87 | 1,5 | 83 | 1,4 |
| „Tresoria“, továrna pokladen, a.s,, Praha<br>„Tresoria“, Kassenfabrik A.G., Prag | 7.500 | 12 | 0,2 | 12 | 0,2 |
| „Union“, akciová strojírna a slévárna, České Budějovice<br>„Union“, Maschinenbau- und Gießerei-Aktiengesellschaft, Böhmisch Budweis | 10.000<br>(1942: 5.000) | 25 | 0,3 | 25 | 0,5 |

| Wirtschaftszweig<br><br>tschechische und deutsche Firmenbezeichnung | Gesamtzahl der Aktien der aufgeführten Firma zum 1.2.1940 | Anzahl der Aktien in jüdischem Besitz zum 1.2.1940 | Anteil in Prozent | Anzahl der Aktien in jüdischem Besitz zum 1.2.1942 | Anteil in Prozent |
|---|---|---|---|---|---|
| **Závody Ringhoffer-Tatra, a. s., Praha**<br>**Ringhoffer-Tatra Werke A.G., Prag** | 120.000 | 10.282 | 8,6 | 8.511,5 | 7,1 |
| **Zbrojovka Brno, a. s., Brno**<br>**Waffenwerke Brünn A.G., Brünn** | 300.000 | 398 | 0,1 | 323 | 0,1 |
| **Zeměvrtná akciová společnost Julius Thiele, Praha**<br>**Tiefbohr-Aktiengesellschaft Julius Thiele, Prag** | 1.000 | 11 | 1,1 | 11 | 1,1 |
| **Železárna Borek a továrna hospodářských strojů, a.s., Praha**<br>**Eisenwerk Borek und Landwirtschafts-Maschinen-Fabrik A.G., Prag** | 2.400 | 23 | 1,0 | 20 | 0,8 |
| **Železárny a smaltovny Bartelmus, a.s., Plzeň**<br>**Eisen- und Emailwerke Bartelmus A.G., Pilsen** | 1.700 | 3 | 0,2 | 3 | 0,2 |
| **Brauereiwesen und Getränkeindustrie** | | | | | |
| **Akciová drožďárna a lihovar, Olomouc-Pavlovice**<br>**Spiritus- und Preßhefe-Fabrik A.G., Olmütz** | 15.000<br>(1942: 20.000) | 1.668 | 1,1 | 1.501 | 0,8 |
| **Akciová společnost Mladoboleslavského lihovaru a lučební továrny, Mladá Boleslav**<br>**Aktiengesellschaft Jung-Bunzlauer Spiritus- und chemische Fabrik, Jungbunzlau** | 10.000 | 55 | 0,1 | – | – |
| **Akciová společnost „Moravia" pivovar a sladovna, Brno**<br>**„Moravia", Brauerei- und Malzfabriks-Aktiengesellschaft, Brünn** | 10.000 | 1.474 | 1,5 | 464 | 0,5 |
| **Akciová společnost pro lihový průmysl, Moravská Ostrava**<br>**Aktiengesellschaft für Spiritusindustrie, Mährisch Ostrau** | 20.000 | 467 | 0,3 | 442 | 0,2 |
| **Akciová společnost Společenský pivovar a velkostatek hostinských, Malý Rohozec u Turnova (Čechy)**<br>**A.G. Gesellschaftliche Brauerei und Großgrundbesitz der Gastwirte, Klein-Rohosetz (Böhmen)** | 5.040 | 50 | 0,0 | 50 | 0,0 |

| Wirtschaftszweig<br><br>tschechische und deutsche Firmenbezeichnung | Gesamtzahl der Aktien der aufgeführten Firma zum 1.2.1940 | Anzahl der Aktien in jüdischem Besitz zum 1.2.1940 | Anteil in Prozent | Anzahl der Aktien in jüdischem Besitz zum 1.2.1942 | Anteil in Prozent |
|---|---|---|---|---|---|
| **Akciová společnost, zámecký pivovar, výroba sodové vody, šumivých limonád a obchod vínem ve velkém v Kolíně<br>Schloßbrauerei-Aktien-Gesellschaft, Erzeugung von Sodawasser, Kracherln und Weingroßhandlung, Kolin** | 4.000 | 117 | 0,3 | 117 | 0,3 |
| **Akcionářský pivovar na Smíchově, Praha<br>Aktienbrauerei in Smichov („Staropramen"), Prag** | 96.000 | 2.972 | 0,3 | 2.430 | 0,3 |
| **Akciový pivovar se sladovnou v Kyjově<br>Aktienbrauerei und Mälzerei, Gaya** | 3.000 | 1 | 0,0 | 1 | 0,0 |
| **Akciový pivovar se sladovnou v Nové Pace (Čechy)<br>Actien-Brauerei und Mälzerei, Neu-Paka (Böhmen)** | 2.000 | 50 | 2,5 | 46 | 2,3 |
| **Akciový pivovar a sladovna v Poděbradech<br>Aktienbrauerei und Mälzerei, Podiebrad** | 1.000 | 29 | 2,9 | 29 | 2,9 |
| **Akciový pivovar a sladovna v Praze<br>Aktienbrauerei und Mälzerei in Prag** | 15.000 | 174 | 1,2 | 144 | 1,0 |
| **Akciový pivovar a sladovna v Sokolnících v likvidaci<br>Aktienbrauerei und Malzfabrik in Sokolnitz in Liquidation** | 2.500 | 20 | 0,8 | 40 | 1,6 |
| **Akciový pivovar v Pardubicích<br>Aktien-Brauerei in Pardubitz** | 8.200 | 488 | 6,0 | 665 | 8,2 |
| **Akciový pivovar Praha-Nusle<br>Aktienbrauerei, Prag-Nusle** | 8.000 | 294 | 3,7 | 250 | 3,1 |
| **Český akciový pivovar v Českých Budějovicích<br>Böhmisches Aktienbräuhaus in Böhmisch Budweis** | 16.000 | 628 | 3,9 | 553 | 3,5 |
| **Český akciový pivovar v Moravské Ostravě<br>Böhmisches Aktien-Brauhaus in Mährisch Ostrau** | 3.000 | 8 | 0,3 | – | – |
| **Exportní sladovna Schindler & Stein, a. s., Brno<br>Export-Malzfabriken Schindler & Stein A.G., Brünn** | 34.000 | 3.094 | 9,1 | 1.335 | 3,9 |

| Wirtschaftszweig<br><br>tschechische und deutsche Firmenbezeichnung | Gesamtzahl der Aktien der aufgeführten Firma zum 1.2.1940 | Anzahl der Aktien in jüdischem Besitz zum 1.2.1940 | Anteil in Prozent | Anzahl der Aktien in jüdischem Besitz zum 1.2.1942 | Anteil in Prozent |
|---|---|---|---|---|---|
| František Xaver Brosche syn, a.s., Praha<br>Franz Xaver Brosche Sohn A.G., Prag | 30.000 | 5.897 | 20,0 | 1.647 | 5,5 |
| Hostinský pivovar, a.s. pražských sládků a hostinských, Praha-Braník<br>Gastwirte-Brauerei A.G. der Prager Bräuer und Gastwirte, Prag-Branik | 12.000 | 772 | 6,4 | 534 | 4,4 |
| Hostinský pivovar, akciová společnost v Kostelci nad Černými Lesy (Čechy)<br>Gastwirte Brauerei A.G. in Schwarz-Kosteletz (Böhmen) | 3.000 | 21 | 0,7 | 21 | 0,7 |
| Jarošovský pivovar, a.s., Uherské Hradiště<br>Jaroschauer Bierbrauerei-Aktiengesellschaft, Ungarisch Hradisch | 11.250 | 10.217 | 90,1 | 1.387 | 12,3 |
| Klášter, akciová společnost spojených pivovarů a vývozní sladovny, Klášter Hradiště nad Jizerou (Čechy)<br>Kloster A.G. vereinigter Brauereien und Export-Malzfabrik, Kloster a. d. Iser (Böhmen) | 20.000 | 130 | 0,1 | 622 | 3,1 |
| Kolínské akciové továrny na vyrábění a čistění lihu a drasla, Praha<br>Koliner Spiritus-Pottasche-Fabriks- und Raffinerie-Actien-Gesellschaft, Prag | 21.000 | 2.930 | 14,0 | 2.317 | 11,0 |
| Mezinárodní akciová společnost pro obchod vínem, Praha<br>Internationale Weinhandels A.G., Prag | 2.000 | 1.622 | 81,1 | 100 | 5,0 |
| Moravsko-Ostravský pivovar a sladovna, a.s., dříve M. Strassmann, Moravská Ostrava<br>Mährisch-Ostrauer Bierbrauerei- und Malzfabriks-Aktiengesellschaft, vormals M. Strassmann, Mährisch Ostrau | 5.000 | 134 | 2,7 | 141 | 2,8 |

| Wirtschaftszweig<br><br>tschechische und deutsche Firmenbezeichnung | Gesamtzahl der Aktien der aufgeführten Firma zum 1.2.1940 | Anzahl der Aktien in jüdischem Besitz zum 1.2.1940 | Anteil in Prozent | Anzahl der Aktien in jüdischem Besitz zum 1.2.1942 | Anteil in Prozent |
|---|---|---|---|---|---|
| **Občanský akciový pivovar na Smíchově, Praha**<br>**Bürgerliche Aktienbrauerei in Smichov, Prag** | Stammaktien 2.500<br>Vorzugsaktien 2.500 | 134 | 2,7 | 58 | 1,2 |
| **Pardubický lihovar, rafinerie lihu a octárna, a.s., Pardubice**<br>**Pardubitzer Spiritus-Fabrik, Raffinerie und Essigfabrik A.G., Pardubitz** | 45.000 | 42.012 | 98,4 | 30.012 | 66,7 |
| **Parostrojní pivovar a oekonomie, a.s. v Horních Beřkovicích (Čechy)**<br>**Dampfbierbrauerei und Oekonomie A.G. in Ober-Beřkowitz (Böhmen)** | 4.000 | 175 | 4,4 | 175 | 4,4 |
| **Plzeňské akciové pivovary, Plzeň**<br>**Pilsner Actien-Brauereien, Pilsen** | 32.500 | 588 | 1,8 | 452 | 1,4 |
| **První brněnský akciový pivovar a sladovna, Brno**<br>**Erste Brünner Actien-Brauerei und Malzfabrik, Brünn** | 27.500 | 1.179 | 4,3 | 1.148 | 4,2 |
| **První Pražský Měšťanský pivovar, Praha**<br>**Erstes Prager Bürgerliches Bräuhaus, Prag** | 10.000 | 175 | 1,8 | 175 | 1,8 |
| **První rolnická sladovna a pivovar v Lošticích (Morava)**<br>**Erste landwirtschaftliche Malzfabrik und Brauhaus in Loschitz (Mähren)** | 800 | 10 | 1,3 | 10 | 1,3 |
| **První rolnická sladovna v Prostějově**<br>**Erste landwirtschaftliche Malzfabrik in Proßnitz** | 1.600 | 3 | 0,2 | 1 | 0,1 |
| **První severočeský akcijní pivovar v Bohušovicích, Čechy**<br>**Erste Nordböhmische Actien-Brauerei in Bauschowitz, Böhmen** | 3.000 | 2 | 0,1 | 2 | 0,1 |
| **Rakovnický pivovar a sladovna, a.s., Rakovník**<br>**Rakonitzer Brauerei und Malzfabrik A.G., Rakonitz** | 15.000 | 824 | 5,5 | 804 | 5,4 |

| Wirtschaftszweig<br><br>tschechische und deutsche Firmenbezeichnung | Gesamtzahl der Aktien der aufgeführten Firma zum 1.2.1940 | Anzahl der Aktien in jüdischem Besitz zum 1.2.1940 | Anteil in Prozent | Anzahl der Aktien in jüdischem Besitz zum 1.2.1942 | Anteil in Prozent |
|---|---|---|---|---|---|
| **Rolnická akciová společnost pivovarní a sladovní v Uherském Ostrohu**<br>**Landwirtschaftliche Aktienbrauerei und Mälzerei in Ungarisch Ostra** | 2.000 | 22 | 1,1 | – | – |
| **Rolnický akciový pivovar se sladovnou v Litovli, Morava**<br>**Landwirtschaftliche Actienbrauerei und Malzfabrik in Littau, Mähren** | 6.400 | 94 | 1,5 | 90 | 1,4 |
| **Společenský pivovar v Brandýse n. L., a.s., Brandýs nad Labem**<br>**Gesellschaftliche Brauerei in Brandeis a. d. Elbe A.G.** | 6.084 | 169 | 2,8 | 190 | 3,1 |
| **Společenský pivovar v Hlinsku, a.s., Hlinsko (Čechy)**<br>**Gesellschaftliche Brauerei in Hlinsko A.G., Hlinsko (Böhmen)** | 2.400 | 20 | 0,8 | 22 | 0,9 |
| **Společný pivovar a sladovna v Podkováni, Čechy**<br>**Gesellschaftliche Brauerei und Mälzerei in Podkovan, Böhmen** | 800 | 3 | 0,4 | 4 | 0,5 |
| Textilindustrie | | | | | |
| **Akciová společnost Červeno-Kostelecké přádelny a tkalcovny, Praha**<br>**Actiengesellschaft der Roth-Kosteletzer Spinnerei und Weberei, Prag** | 50.000 | 21.298 | 42,6 | 15.460 | 30,9 |
| **Akciová společnost pro textilní průmysl v Jihlavě, Jihlava**<br>**Aktiengesellschaft für Textilindustrie, Iglau** | 6.000 | 100 | 1,7 | 100 | 1,7 |
| **Akciové textilní závody Jan Hernych a syn, Ústí nad Orlicí**<br>**Textilwerke Johann Hernych & Sohn, Wildenschwert** | 60.000 | 424 | 0,7 | 424 | 0,7 |
| **A. Klazar, akciová společnost pro jutový a lněný průmysl, Praha**<br>**A. Klazar, Aktiengesellschaft für Jute- und Flachsindustrie, Prag** | 11.250 | 225 | 2,0 | 225 | 2,0 |
| **„Cosmanos“, spojené továrny textilní a tiskárny látek, Praha**<br>**„Cosmanos“, Vereinigte Textil- und Druckfabriken, Prag** | 120.000 | 6.800 | 5,7 | 576 | 0,5 |

| Wirtschaftszweig<br><br>tschechische und deutsche Firmenbezeichnung | Gesamtzahl der Aktien der aufgeführten Firma zum 1.2.1940 | Anzahl der Aktien in jüdischem Besitz zum 1.2.1940 | Anteil in Prozent | Anzahl der Aktien in jüdischem Besitz zum 1.2.1942 | Anteil in Prozent |
|---|---|---|---|---|---|
| Česká přádelna a tkalcovna lnu, akciová společnost v Jilemnici<br>Böhmische Flachsspinnerei & Weberei A.G., Starkenbach | 6.000 | 100 | 1,7 | 10 | 0,2 |
| Česká továrna na umělé hedvábí systém Elberfeld, Praha<br>Böhmische Glanzstoffabrik System Elberfeld, Prag | 100.000 | 472 | 0,5 | – | – |
| Eduard Rudinger, a.s., Praha<br>Edward Rudinger A.G., Prag | 2.000 | 1.999 | 100 | 1.999 | 100 |
| F. M. Oberländer & Hronovská přádelna bavlny, a.s. spojené přádelny a tkalcovny, Hronov (Čechy)<br>F. M. Oberländer & Hronover Baumwollspinnerei A.G. vereinigte Spinnereien und Webereien, Hronov (Böhmen) | 35.000 | 35.000 | 100 | 35.000 | 100 |
| Heisler & Kobias, a.s., Praha<br>Heisler & Kobias A.G., Prag | 5.000 | 4.915 | 98,3 | 4.915 | 98,3 |
| Chlumecká mechanická továrna na pletené zboží Josef Stutz, a.s., Chlumec nad Cidlinou<br>Chlumetzer mechanische Strick- und Wirkwarenfabrik Josef Stutz A.G., Chlumetz a. d. Zidlina | 1.900 | 300 | 15,8 | 300 | 15,8 |
| Janyška a spol., akciová společnost pro výrobu klobouků, Valašské Meziříčí<br>Janyška & Co., Hutfabrik A.G., Wallachisch-Meseritsch | 5.000 | 2.562 | 51,2 | 2.562 | 51,2 |
| Kralovédvorská mech. tkalcovna a barvírna, a.s., Dvůr Králové<br>Königinhofer mech. Weberei und Färberei A.G., Königshof | 25.000 | 5.420 | 21,7 | 500 | 2,0 |
| „Šoršová", konfekční akciová společnost, Praha<br>„Šoršová", Konfektionshaus A.G., Prag | 5.000 | 250 | 5,0 | 250 | 5,0 |
| M. B. Neumanna synové - Union, akciová společnost pro průmysl textilní a tiskárny látek, Praha<br>M. B. Neumann's Söhne - Union, Textilindustrie- und Druckfabriks-Aktiengesellschaft, Prag | 62.500 | 171 | 0,3 | 77 | 0,1 |

| **Wirtschaftszweig**<br><br>**tschechische und deutsche Firmenbezeichnung** | **Gesamtzahl der Aktien der aufgeführten Firma zum 1.2.1940** | **Anzahl der Aktien in jüdischem Besitz zum 1.2.1940** | **Anteil in Prozent** | **Anzahl der Aktien in jüdischem Besitz zum 1.2.1942** | **Anteil in Prozent** |
|---|---|---|---|---|---|
| **Modní dům Schiller, a.s., Praha**<br>**Modenhaus Schiller A.G., Prag** | 10.000 | 5.250 | 52,5 | 5.250 | 52,5 |
| **„Morava“, oděvní průmysl, a.s., Prostějov**<br>**„Moravia“, Kleiderindustrie A.G., Proßnitz** | 7.500 | 1.976 | 26,3 | 1.796 | 23,9 |
| **Noë Stroß, akciová společnost spojených závodů textilních Libavské Údolí a Bělá pod Bezdězem, Libavské Údolí (Čechy)**<br>**A.G. Textilfabriken Noë Stroß, Lilienthal (Böhmen)** | 50.000 | 11.556 | 23,1 | – | – |
| **Obchodní a.s. „Heco“, Moravská Ostrava**<br>**Handels-A.G. „Heco“, Mährisch Ostrau** | 5.000 | 2.550 | 51,0 | 2.510 | 50,2 |
| **Philipp Haas a synové, a.s., Praha**<br>**Philipp Haas & Söhne A.G., Prag** | ? | 318 | – | – | – |
| **První česká továrna na umělé hedvábí, a.s., Praha**<br>**Erste Böhmische Kunstseidefabrik A.G., Prag** | 42.500 | 444 | 1,0 | 336 | 0,8 |
| **Přádelna juty a tkalcovna juty Weiss a synové, a.s., továrny na koberce, Dvůr Králové**<br>**Jutespinnerei und Juteweberei Weiss und Söhne A.G. Teppichfabriken, Königshof** | 20.000 | 10.200 | 51,0 | 10.200 | 51,0 |
| **Rico-Závody, a.s., Praha**<br>**Rico-Werke A.G., Prag** | 30.000 | 278 | 0,9 | 135 | 0,5 |
| **Sdružené továrny vlněného zboží, a.s., Brno**<br>**Vereinigte Schafwollwarenfabriken-A.G., Brünn** | 150.000 | 61.889 | 41,3 | 59.827 | 39,9 |
| **„Silvet“, spojené továrny na výrobu hedvábného zboží a sametu, a.s., Praha**<br>**„Silvet“, vereinigte Fabriken zur Erzeugung von Seidenwaren und Samt A.G., Prag** | 3.000 | 300 | 10,0 | – | – |
| **Spojené továrny na oděvy, akciová společnost v Prostějově, Prostějov**<br>**Vereinigte Kleiderfabriken-Aktiengesellschaft in Proßnitz, Proßnitz** | 10.000 | 3.949 | 39,5 | 3.949,5 | 39,5 |

| Wirtschaftszweig<br><br>tschechische und deutsche Firmenbezeichnung | Gesamtzahl der Aktien der aufgeführten Firma zum 1.2.1940 | Anzahl der Aktien in jüdischem Besitz zum 1.2.1940 | Anteil in Prozent | Anzahl der Aktien in jüdischem Besitz zum 1.2.1942 | Anteil in Prozent |
|---|---|---|---|---|---|
| **„Texa", tkalcovna pestrobarevného zboží, a.s., Ústí nad Orlicí<br>„Texa", Buntweberei A.G., Wildenschwert** | 10.000 | 5.000 | 50,0 | | |
| **„Textilfriš", a.s., Praha<br>„Textilfriš" A.G., Prag** | 2.500 | 250 | 10,0 | 250 | 10,0 |
| **„Textilia", a.s., Moravská Ostrava<br>„Textilia" A.G., Mährisch Ostrau** | 2.500 | 2.500 | 100 | 25 | 1 |
| **Textilní závody P. A. Šlechta a syn, a.s., Lomnice nad Popelkou (Čechy)<br>Textilwerke P. A. Schlechta & Sohn A.G., Lomnitz a. d. Popelka (Böhmen)** | Stammaktien 10.000<br>Vorzugsaktien 15.000 | 560 | 2,2 | 560 | 2,2 |
| **Textilní závody, továrna na hedvábné a vlněné zboží, a.s., Praha<br>Textilwerke, Seiden- und Schafwollwaren-Fabriken A.G., Prag** | 17.500 | 825 | 2,2 | 825 | 2,2 |
| **Továrna na sukna Jan Brdlík a syn, a.s. v Počátkách, Počátky (Čechy)<br>Tuchwarenfabrik Jan Brdlík und Sohn A.G. in Potschatek, Potschatek (Böhmen)** | 1.552 | 113 | 7,3 | 113 | 7,3 |
| **Továrna na žíněné látky, vatu, vatelin a pokrývky J. J. Bruml & spol., akciová společnost v Klatovech, Klatovy<br>Roßhaarstoff-, Watte-, Wattelin und Deckenfabrik J. J. Bruml & Co. A.G. in Klattau, Klattau** | 10.000 | 4.123 | 41,2 | 5.206 | 52,1 |
| **Továrna umělých květin, ozdobných per a dámských klobouků A. Lindt, a.s., Praha<br>Fabrik von Kunstblumen, Phantasiefedern und Damenhüten A. Lind A.G., Prag** | 2.500 | 2.100 | 84,0 | 2.100 | 84,0 |
| **„Triola", akciová továrna na prádlo, Praha<br>„Triola", Aktien-Wäschefabrik, Prag** | 3.000 | 10 | 0,3 | – | – |

| Wirtschaftszweig<br><br>tschechische und deutsche Firmenbezeichnung | Gesamtzahl der Aktien der aufgeführten Firma zum 1.2.1940 | Anzahl der Aktien in jüdischem Besitz zum 1.2.1940 | Anteil in Prozent | Anzahl der Aktien in jüdischem Besitz zum 1.2.1942 | Anteil in Prozent |
|---|---|---|---|---|---|
| **Chemische Industrie** | | | | | |
| **Akciová společnost lučební továrna v Táboře<br>Aktiengesellschaft für chemische Industrie in Tabor** | 5.000 | 164 | 3,3 | 164 | 3,3 |
| **Akciová společnost pro výrobu kyseliny uhličité a kyslíku v Praze<br>Böhmische Industrie aus Erzeugung von Kohlensäure und Sauerstoff in Prag** | 2.500 | 20 | 0,8 | – | – |
| **Akciové továrny na vyrábění lučebnin, Kolín<br>Aktienfabriken zur Erzeugung von Chemikalien, Kolin** | 100.000 | 5.695 | 5,7 | 5.628 | 5,6 |
| **„Bitumuls“, a.s. v likvidaci, Praha<br>„Bitumuls“ A.G. in Liquidation, Prag** | 2.000 | 675 | 33,8 | 135 | 6,8 |
| **Brodecké impregnační a chemické závody, a.s., Praha<br>Brodeker Imprägnier- und chemische Werke A.G., Prag** | 7.500 | – | – | 100 | 1,3 |
| **„Clotilda“, akciová společnost pro chemický průmysl, Praha<br>„Clotilda“, Aktiengesellschaft für chemische Industrie, Prag** | 25.000 | 356 | 1,4 | – | – |
| **Československé továrny na dusíkaté látky, a.s., Praha<br>Čechoslovakische Stickstoffwerke A.G. Prag** | 162.500 | 100 | 0,1 | – | – |
| **„Explosia“, československá akciová továrna na látky výbušné, Praha<br>„Explosia“, Čechoslovakische Explosiv-Stoff-Aktien-Gesellschaft, Prag** | 300.000 | 1 | 0,0 | 1 | 0,0 |
| **Chemické závody, a.s. v Praze<br>Chemische Werke A.G., Prag** | 30.000 | – | – | 50 | 0,2 |
| **Kali a.s, Praha<br>Kali A.G., Prag** | 750 | 200 | 26,7 | 200 | 26,7 |
| **Klatovská továrna lučebních výrobků, a.s., Praha<br>Klattauer Fabrik chemischer Produkte A.G., Prag** | 5.000 | 4.427 | 88,5 | 4.427 | 88,5 |

| Wirtschaftszweig<br><br>tschechische und deutsche Firmenbezeichnung | Gesamtzahl der Aktien der aufgeführten Firma zum 1.2.1940 | Anzahl der Aktien in jüdischem Besitz zum 1.2.1940 | Anteil in Prozent | Anzahl der Aktien in jüdischem Besitz zum 1.2.1942 | Anteil in Prozent |
|---|---|---|---|---|---|
| „Medica“, akciová továrna lučebnina léčiv, Praha<br>„Medica“, Aktienfabrik chemischer und therapeutischer Produkte, Prag | 20.000 | 935 | 4,7 | 984 | 4,9 |
| „Optimit“, gumové a textilní závody, a.s., Praha<br>„Optimit“, Gummi- und Textilwerke-Aktiengesellschaft, Prag | 27.500 | 18.794 | 68,3 | 25.528 | 92,8 |
| Plynárna, akciová společnost v Kolíně<br>Gasanstalt-Actiengesellschaft, Kolin | 600 | 230 | 38,3 | 223 | 37,2 |
| Pošumavské závody pro impregnaci dřeva, a.s. v Strakonicích<br>Böhmerwalder Holzimprägnierwerke A.G. in Strakonitz | 20.000 | 17 | 0,1 | 17 | 0,1 |
| „Rustica“, obchodní a.s., Praha<br>„Rustica“, Handels-A.G., Prag | 17.500 | 3.126 | 17,9 | 15.075 | 86,1 |
| „Solo“, spojené akciové československé sirkárny a lučební továrny, Praha<br>„Solo“, Vereinigte Čechoslovakische Zündholz- und chemische Fabriken A.G., Prag | 300.000 | 1.117 | 0,4 | 917 | 0,3 |
| Spojené závody pro výrobu karborunda a elektritu, a.s., Nové Benátky (Čechy)<br>Vereinigte Carborundum- und Elektrit-Werke A.G., Neu Benatek (Böhmen) | 175.000 | 36.943 | 21,1 | 26.777 | 15,3 |
| Spolek pro chemickou a hutní výrobu, Praha<br>Verein für chemische und metallurgische Produktion, Prag | 395.000 | 35.492 | 9,0 | 26.619 | 6,7 |
| „Sublima“, akciová společnost pro impregnaci dřeva, Březnice (Čechy)<br>„Sublima“, Aktiengesellschaft für Holzimprägnierung, Bresnitz (Böhmen) | 25.500 | 75 | 0,3 | 125 | 0,5 |

| Wirtschaftszweig<br><br>tschechische und deutsche Firmenbezeichnung | Gesamtzahl der Aktien der aufgeführten Firma zum 1.2.1940 | Anzahl der Aktien in jüdischem Besitz zum 1.2.1940 | Anteil in Prozent | Anzahl der Aktien in jüdischem Besitz zum 1.2.1942 | Anteil in Prozent |
|---|---|---|---|---|---|
| Mineralöle, Seifen, Kerzen | | | | | |
| Apollo-Nafta obchodní a.s., Praha<br>Apollo-Naphtha-Handels-A.G., Prag | 100.000 | 2.450 | 2,5 | 1.555 | 1,6 |
| Parfumerie a továrna jemných mýdel F. Procháska, a.s., Praha<br>Parfümerie und Feinseifenfabrik F. Prochaska A.G., Prag | 30.000 | 620 | 2,1 | 620 | 2,1 |
| „Petrolea", a.s., Praha<br>„Petrolea" A.G., Prag | 6.000 | 163 | 2,7 | 170 | 2,8 |
| Pražská akciová společnost pro průmysl olejářsky, Praha<br>Prager Ölindustrie A.G., Prag | 12.500 | 3.123 | 25,0 | 3.123 | 25,0 |
| „Teerag", akciová společnost pro zužitkování dehtu, Praha<br>„Teerag", Aktiengesellschaft für Teerverwertung, Prag | 47.500 | 496 | 1,0 | 322 | 0,7 |
| Závody Fantovy, a.s., Praha<br>Fanto-Werke A.G., Prag | 240.000 | 100 | 0,0 | – | – |
| Lebensmittelindustrie | | | | | |
| Akciová Jihočeská továrna na uzené zboží v Táboře<br>Südböhmische Selchwaren-Aktienfabrik in Tabor | 2.500 | 978 | 39,1 | – | – |
| Akciová společnost mlýnů v Praze<br>Mühlen-Aktiengesellschaft in Prag | 25.000 | 1.067 | 4,3 | 954 | 3,8 |
| Centrální mlékárna, a.s., Moravská Ostrava<br>Zentral-Molkerei A.G., Mährisch Ostrau | 6.000 | 1 | 0,0 | 1 | 0,0 |
| Česká akciová mlékárna v Praze<br>Böhmische Aktien-Molkerei in Prag | 1.000 | 643 | 64,3 | 490 | 49,0 |
| Fr. Odkolek, a.s., Praha<br>Fr. Odkolek A.G., Prag | 40.000 | 1.590 | 4,0 | 1.589 | 4,0 |
| „Fruta", akciová společnost pro zužitkování ovoce, Sulejovice (Čechy)<br>„Fruta", Aktiengesellschaft für Obstverwertung, Sulejowitz (Böhmen) | 1.500 | 150 | 10,0 | – | – |

| Wirtschaftszweig<br><br>tschechische und deutsche Firmenbezeichnung | Gesamtzahl der Aktien der aufgeführten Firma zum 1.2.1940 | Anzahl der Aktien in jüdischem Besitz zum 1.2.1940 | Anteil in Prozent | Anzahl der Aktien in jüdischem Besitz zum 1.2.1942 | Anteil in Prozent |
|---|---|---|---|---|---|
| „Graf“, a.s., Praha<br>„Graf“ A.G., Prag | 37.500 | 14.492 | 38,6 | 14.467 | 38,6 |
| Jindřicha Francka synové, a.s., Praha<br>Heinrich Franck Söhne A.G., Prag | 10.000 | 25 | 0,3 | 25 | 0,3 |
| Julius Meinl, a.s., Praha<br>Julius Meinl A.G., Prag | 37.500 | 92 | 0,2 | 94 | 0,3 |
| Kolínská továrna na kávové náhražky, kupecký podnik akciový, Praha<br>Koliner Kaffee-Surrogat-Fabrik, kaufmännisches Aktienunternehmen, Prag | 45.000 | 1.777 | 3,9 | 1.871,5 | 4,2 |
| První česká akciová továrna na šunky a uzenářské zboží Antonín Chmel, Praha<br>Erste Böhmische Schinken- und Selchwarenfabrik A.G., Prag | 10.000 | 275 | 2,8 | 250 | 2,5 |
| Továrna na konzervy a poživatiny a.s, Tábor<br>Konserven- und Nahrungsmittel-Fabrik-Aktiengesellschaft, Tabor | 4.000 | ? | ? | 978 | 24,5 |
| Zemědělské akciové továrny „Amylon“, Ronov nad Sázavou (Čechy)<br>Landwirtschaftliche Fabriken Aktien-Gesellschaft „Amylon“, Ronow a. d. Sasau (Böhmen) | 31.000 | 355 | 1,1 | 405 | 1,3 |
| Energetik und Elektrotechnik | | | | | |
| Československé (Českomoravské) závody Brown Boveri, a.s., Praha<br>Čechoslovakische (Böhmischmährische) Brown Boveri-Werke A.G., Prag | 15.000 | 138 | 0,9 | 133 | 0,9 |
| Ideal Radio, a.s., Praha<br>Ideal Radio A.G., Prag | 1.650 | 1.630 | 98,8 | 1.630 | 98,8 |

| Wirtschaftszweig<br><br>tschechische und deutsche Firmenbezeichnung | Gesamtzahl der Aktien der aufgeführten Firma zum 1.2.1940 | Anzahl der Aktien in jüdischem Besitz zum 1.2.1940 | Anteil in Prozent | Anzahl der Aktien in jüdischem Besitz zum 1.2.1942 | Anteil in Prozent |
|---|---|---|---|---|---|
| **„Lux“, továrna elektrických žárovek, a.s. v likvidaci, Moravská Ostrava<br>„Lux“, Fabrik elektrische Glühlampen A.G. in Liquidation, Mährisch Ostrau** | 22.500 | 242 | 1,1 | 147 | 0,7 |
| **Moravsko-Ostravská elektrářská akciová společnost, Moravská Ostrava<br>Mährisch-Ostrauer Elektrizitäts-Aktiengesellschaft, Mährisch Ostrau** | 55.000 | 825 | 1,5 | 904 | 1,6 |
| **Moravsko-slezské elektrárny, a.s., Moravská Ostrava<br>Mährisch-Schlesische Elektrizitätswerke A.G., Mährisch Ostrau** | 100.000 | 85 | 0,1 | 59 | 0,1 |
| **Philips, a.s., Praha<br>Philips A.G., Prag** | 3.000 | 750 | 25,0 | 750 | 25,0 |
| **Pražská elektroisolační, a.s., Praha<br>Prager Elektroisolier A.G., Prag** | 6.000 | 1.450 | 24,2 | 1.450 | 24,2 |
| **Křižík-Chaudoir, měďárna, kabelovna a elektrotechnické závody, a.s., Praha<br>Křižík-Chaudoir, Metall, Kabel- und elektrotechnische Werke A.G., Prag** | 10.000 | 5.302 | 5,3 | 4.962 | 5,0 |
| **Siemens, akciová společnost pro výrobu elektrických zařízení v Mohelnici, a.s., Praha<br>Siemens Elektrizitäts-Aktien-Gesellschaft in Müglitz, Prag** | 75.000 | 52 | 0,1 | 14 | 0,1 |
| **Středomoravské elektrárny, akciová společnost v Přerově, Přerov<br>Mittelmährische Elektrizitätswerke A.G., Prerau** | 90.000 | 3 | 0,0 | 3 | 0,0 |
| **„Telegrafia“, československá továrna na telegrafy a telefony, a.s., Praha<br>„Telegrafia“, Čechoslovakische Fabrik für Telegraphen- und Telephonen A.G., Prag** | 60.000 | 1.017 | 1,7 | 993 | 1,7 |

| Wirtschaftszweig<br><br>tschechische und deutsche Firmenbezeichnung | Gesamtzahl der Aktien der aufgeführten Firma zum 1.2.1940 | Anzahl der Aktien in jüdischem Besitz zum 1.2.1940 | Anteil in Prozent | Anzahl der Aktien in jüdischem Besitz zum 1.2.1942 | Anteil in Prozent |
|---|---|---|---|---|---|
| **Východočeská elektrárna, a.s., Hradec Králové**<br>**Elektrizitätswerke Ostböhmen A.G., Königsgrätz** | Stammaktien 66.000<br>Vorzugsaktien 24.000 | 87 | 0,1 | 124 | 0,1 |
| **Západomoravské elektrárny, a.s., Brno**<br>**Westmährische Elektrizitätswerke A.G., Brünn** | 225.000 | 513 | 0,2 | 503 | 0,2 |
| Filmindustrie | | | | | |
| **„A-B", akciové filmové továrny, Praha**<br>**„A-B",Film-Fabrik A. G., Prag** | 7.500 | 878 | 11,7 | 378 | 5,0 |
| **Elektafilm, a.s., Praha**<br>**Elektafilm A.G., Prag** | 2.500 | 2.400 | 96,0 | 2.425 | 97,0 |
| **„Host", akciová společnost pro filmový průmysl v Praze**<br>**„Host", Filmindustrie A.G. in Prag** | 12.000 | 5.059 | 42,2 | 4.944 (wertlos) | 41,2 |
| **Lloydfilm, a.s. v Brně**<br>**Lloydfilm A.G. in Brünn** | 700 | 3 | 0,4 | 3 | 0,4 |
| **„United Artists", filmová půjčovna, a.s., Praha**<br>**„United Artists", Film-Leihanstalt A.G., Prag** | 500 | 10 | 2,0 | 10 | 2,0 |
| Holzindustrie | | | | | |
| **Akciová společnost pro zužitkování lesů a dříví, Praha**<br>**Aktiengesellschaft für Wald- und Holzverwertung, Prag** | 3.000 | 4 | 0,1 | 4 | 0,1 |
| **Česká dřevoprůmyslová a.s., Praha**<br>**Čechische Holzindustrie A.G., Prag** | 1.200 | 769 | 64,1 | 781 | 65,1 |
| **„Dyas", dřevoprůmyslová a.s., Uherský Ostroh**<br>**„Dyas", Holzindustrie A.G., Ungarisch Ostra** | 4.000 | 4.254 ? | 100 | 3.630 | 90,8 |
| **J. Körner, a.s. pro průmysl dřevařský, Praha**<br>**J. Körner-Holzindustrie A.G., Prag** | 30.000 | 15.000 | 50,0 | – | – |

| Wirtschaftszweig<br><br>tschechische und deutsche Firmenbezeichnung | Gesamtzahl der Aktien der aufgeführten Firma zum 1.2.1940 | Anzahl der Aktien in jüdischem Besitz zum 1.2.1940 | Anteil in Prozent | Anzahl der Aktien in jüdischem Besitz zum 1.2.1942 | Anteil in Prozent |
|---|---|---|---|---|---|
| „Lesna“, dřevařská akciová společnost, Praha<br>„Lesna“, Holzaktiengesellschaft, Prag | 1.600 | 5 | 0,3 | 5 | 0,3 |
| Spojené U. P. Závody, a.s., Brno<br>Vereinigte U. P. Werke A.G., Brünn | 20.000 | 25 | 0,1 | – | – |
| Thonet-Mundus, českomoravské továrny na nábytek z ohýbaného dřeva, a.s., Praha<br>Thonet-Mundus, Böhmisch-mährische Bugholzmöbelfabriken A.G., Prag | 50.000 | 50 | 0,1 | 50 | 0,1 |
| Lederindustrie | | | | | |
| Akciová společnost pro výrobu usní a koženého zboží, dříve H. Bergmann syn a spol., Nový Bydžov<br>Actiengesellschaft für Leder- und Lederwaren-Industrie, vormals H. Bergmann Sohn & Co., Neu Bitschaw | 20.000 | 602 | 3,0 | 527 | 2,6 |
| „Boskin“, Česká akciová společnost průmyslu kožního, Praha<br>„Boskin“, Böhmische Aktiengesellschaft für Lederindustrie, Prag | 60.000 | 900 | 1,5 | 900 | 1,5 |
| Brněnská továrna na kůže, a.s., dříve Vojtěch Laseker, Brno<br>Brünner Lederfabrik, vormals Adalbert Laseker, Brünn | 2.040 | 239 | 11,7 | 43 | 2,1 |
| Brněnská továrna na obuv „Allright“, a.s., Brno<br>Brünner Schuhfabrik „Allright“ A.G., Brünn | 1.250 | 10 | 0,8 | – | – |
| „Emzet“, Akciová továrna na kůže v Klatovech, Klatovy<br>„Emzet“, Lederfabriks-A.G. in Klattau, Klattau | 6.250 | 25 | 0,4 | – | – |
| Jihlavská továrna na obuv, a.s. v likvidaci, dříve „Humanic“, továrna na kůže a obuv, Jihlava<br>Iglauer Schuhfabrik A.G., vormals „Humanic“ in Liquidation, Iglau | 4.000 | 30 | 0,8 | 3 | 0,1 |
| „Praga“, továrna na činění a barvení kožešin, a.s., Praha<br>„Praga“, Rauchwaren-Zurichterei und -Färberei A.G., Prag | 3.500 | 3.250 | 92,9 | – | – |

| Wirtschaftszweig<br><br>tschechische und deutsche Firmenbezeichnung | Gesamtzahl der Aktien der aufgeführten Firma zum 1.2.1940 | Anzahl der Aktien in jüdischem Besitz zum 1.2.1940 | Anteil in Prozent | Anzahl der Aktien in jüdischem Besitz zum 1.2.1942 | Anteil in Prozent |
|---|---|---|---|---|---|
| **Spojené koželužské závody A. & J. Nejedlý v Kuklenách, a.s., Kukleny (Čechy)**<br>**Vereinigte Lederwerke A. & J. Nejedlý A.G. in Kuklena, Kuklena (Böhmen)** | 5.000 | 2 | 0,0 | 2 | 0,0 |
| **Závody Granitolu, a.s., Praha**<br>**Granitolwerke A.G., Prag** | 15.000 | 16.260 ? | 100 | – | – |
| **Papier- und Druckindustrie** | | | | | |
| **Akciová moravská knihtiskárna Polygrafie, Brno**<br>**Mährische Aktien-Buchdruckerei Polygrafie, Brünn** | 2.000 | 772 | 38,6 | 772 | 38,6 |
| **Akciová společnost pro průmysl papírenský Olšany, Praha**<br>**Papier-Industrie-Aktiengesellschaft Ollesschau, Prag** | 70.000 | 10.710 | 15,3 | 89.102 | 13,0 |
| **„Čechie", Živnostenské tiskařské a vydavatelské závody, a.s., Praha**<br>**„Čechie", Gewerbliche Druck- und Verlagsunternehmungen A.G., Prag** | 5.000 | 3 | 0,1 | 3 | 0,1 |
| **Česká grafická Unie, a.s., Praha**<br>**Böhmische graphische Unie A.G., Prag** | 25.000 | 100 | 0,0 | 100 | 0,0 |
| **Gellert & Co, a.s. pro průmysl papírní, Praha**<br>**Gellert & Co, Papierindustrie A.G., Prag** | 6.407 | 6.408? | 100 | – | – |
| **J. L. Bayer, a.s. pro průmysl tiskařský a papírnický v Praze, Kolín**<br>**J. L. Bayer A.G. für Druck- und Papierindustrie in Prag, Kolin** | 10.000 | 1.060 | 10,6 | 1.040 | 10,4 |
| **J. Riemer, a.s., velkoobchod papírem a tovární sklad, Praha**<br>**J. Riemer A.G., Papiergrosshandlung und Fabriklager, Prag** | 10.000 | 525 | 5,9 | 585 | 5,9 |
| **„Melantrich", akciová společnost pro grafický průmysl a nakladatelství, Praha**<br>**„Melantrich", Aktien-Gesellschaft für graphische Industrie und Verlag, Prag** | 30.000 | 451 | 1,5 | 50 | 0,2 |

| Wirtschaftszweig<br><br>tschechische und deutsche Firmenbezeichnung | Gesamtzahl der Aktien der aufgeführten Firma zum 1.2.1940 | Anzahl der Aktien in jüdischem Besitz zum 1.2.1940 | Anteil in Prozent | Anzahl der Aktien in jüdischem Besitz zum 1.2.1942 | Anteil in Prozent |
|---|---|---|---|---|---|
| **Obchodní tiskárna „Merkur“, a.s., Praha<br>Handelsdruckerei „Merkur“ A.G., Prag** | 800 | 110 | 13,8 | 110,5 | 13,8 |
| **„Papirografie“, Spojené továrny průmyslu papírového a grafického, a.s., Praha<br>„Papirografie“, Vereinigte Fabriken der Papier- und graphischen Industrie A.G., Prag** | 16.000 | 275 | 1,8 | 206 | 1,3 |
| **„Piras“, Propagační, insertní, reklamní a nakladatelská a. s., Praha<br>„Piras“, Propaganda-, Annoncen-, Reklame- und Verlags-A.G., Prag** | 3.500 | 500 | 14,3 | 500 | 14,3 |
| **Pražská akciová tiskárna, Praha<br>Prager Aktien-Druckerei, Prag** | 25.000 | 265 | 1,1 | 188 | 3,8 |
| **„Pražská Neusiedelská“, spojené továrny na papír, cellulósu a dřevovinu, a.s., Praha<br>„Prager Neusiedler“, Vereinigte Papier-, Cellulose- und Holzstoff-Fabriken A.G., Prag** | 30.000 | 24.789 | 82,6 | 752 | 2,5 |
| **První západočeská společnost akciová pro průmysl tiskařský v Plzni, Plzeň<br>Erste Westböhmische Druckindustrie-Aktiengesellschaft in Pilsen, Pilsen** | 3.000 | 62 | 2,1 | 62 | 2,1 |
| **„Rota“, akciová společnost pro tisk novin a knih, Praha<br>„Rota“, Aktien-Gesellschaft für Zeitungs- und Buchdruck, Prag** | 8.330 | 1.014 | 12,2 | 270 | 3,2 |
| **Spojené továrny na papír a ultramarin Jakub Kraus, Jan Setzer, N. Schneider ml., a.s., Praha-Karlín<br>Vereinigte Papier- und Ultramarin Fabriken Jakob Kraus, Johann Setzer, N. Schneider jun. A.G., Prag-Karolinenthal** | 30.000 | 9.030 | 30,1 | 2.502 | 8,3 |
| **Vlčická papírna a.s., Praha<br>Papierfabrik Vlčice A.G., Prag** | 10.000 | 1.000 | 10,0 | 1.000 | 10,0 |

| Wirtschaftszweig<br><br>tschechische und deutsche Firmenbezeichnung | Gesamtzahl der Aktien der aufgeführten Firma zum 1.2.1940 | Anzahl der Aktien in jüdischem Besitz zum 1.2.1940 | Anteil in Prozent | Anzahl der Aktien in jüdischem Besitz zum 1.2.1942 | Anteil in Prozent |
|---|---|---|---|---|---|
| Vltavský mlýn Bratří Poráků, a.s., továrna papíru a lepenky, Praha<br>Moldaumühle Brüder Porak. Papier- und Pappenfabrik A.G., Prag | 15.000 | 114 | 0,8 | – | – |
| Zucker- und Süßwarenindustrie | | | | | |
| Akciová společnost „Opp", továrna na čokoládu a cukrovinky, Brno<br>Schokoladen- und Zuckerwarenfabrik A.G. „Opp", Brünn | 15.000 | 1.000 | 6,7 | – | – |
| Akciová společnost pro průmysl cukrovarnický, Hodonín<br>Aktiengesellschaft für Zuckerindustrie, Göding | 75.000 | 24 | 0,0 | 24 | 0,0 |
| Akciový cukrovar Pardubicko-Moravanský, Pardubice<br>Pardubitz-Moravaner Actien-Zuckerfabrik, Pardubitz | 10.000 | 140 | 1,4 | 72,5 | 0,7 |
| Břeclavská rafinerie cukru, a.s., Všetuly Břeclav (Morava)<br>Lundenburger Zuckerraffinerie A.G., Všetuly Lundenburg (Mähren) | 17.000 | 449 | 2,6 | 564 | 3,3 |
| Cukrovar a rafinerie rolnické a.s. v Cerekvici, Praha<br>Landwirtschaftliche Zuckerfabrik und Raffinerie A.G. in Cerekvice, Prag | 20.000 | 2 | 0,0 | 2 | 0,0 |
| Cukrovary Schoeller a spol., a.s., Praha<br>Zuckerfabriken Schoeller & Co. A.G., Prag | 90.000 | 6.865 | 7,6 | 4.623,33 | 5,1 |
| Česká akciová továrna na čokoládu, dříve Jos. Küfferle a spol., Rohatec (Morava)<br>Böhmische Schokoladefabrik, vormals Jos. Küfferle & Co. A.G., Rohatetz (Mähren) | 17.500 | 100 | 0,6 | 100 | 0,6 |
| Česká společnost pro průmysl cukerní, Praha<br>Böhmische Zuckerindustrie-Gesellschaft, Prag | 110.000 | 17.981 | 16,3 | 12.560,25 | 11,4 |
| Čokoládové závody „Deli", a.s. v likvidaci, Praha<br>Schokolade-Werke „Deli" A.G. in Liquidation, Prag | 30.000 | 2.797 | 9,3 | 55 | 0,2 |

| Wirtschaftszweig<br><br>tschechische und deutsche Firmenbezeichnung | Gesamtzahl der Aktien der aufgeführten Firma zum 1.2.1940 | Anzahl der Aktien in jüdischem Besitz zum 1.2.1940 | Anteil in Prozent | Anzahl der Aktien in jüdischem Besitz zum 1.2.1942 | Anteil in Prozent |
|---|---|---|---|---|---|
| **Hejčínský cukrovar, lihovar a droždárna, dříve Bratří A. & H. Mayů, a.s., Olomouc<br>Hejčíner Zucker-, Spiritus- und Presshefefabrik, vormals Brüder A. & H. May A.G., Olmütz** | 42.500 | 28.334 | 66,7 | 28.334 | 66,7 |
| **Chropyňský cukrovar, a.s., Chropyně<br>Chropyner Zuckerfabriks-A.G., Chropin** | 9.000 | 571 | 6,3 | 7.888 | 87,6 |
| **Labsko-kostelecká rafinerie cukru, a.s., Praha<br>Elbekosteletzer Zucker-Raffinerie A.G., Prag** | 75.000 | 17.146 | 22,9 | 5.346 | 7,1 |
| **„Merkur", továrna na cukrovinky, čokoládu a pečivo, a. s., České Budějovice<br>„Merkur", Zuckerwaren-, Schokolade- und Gebäckfabrik A.G., Böhmisch Budweis** | 10.500 | 283 | 2,7 | 240 | 2,3 |
| **„Orion", továrny na čokoládu, a.s., Praha<br>„Orion", Schokoladewerke A.G., Prag** | 30.000 | 2.653 | 8,8 | 1.548 | 5,2 |
| **Porolničený cukrovar akciové společnosti v Přelouči, Přelouč<br>Zuckerfabrik der Aktiengesellschaft in Prelauc, Prelauc** | 3.000 | 230 | 7,7 | 177,75 | 5,9 |
| **Rafinerie cukru Krásné Březno, a.s., Praha<br>Actiengesellschaft der Schönpriesener Zuckerraffinerie, Prag** | 149.927 | 10.327 | 6,9 | 13.776 | 9,2 |
| **Rolnické akciové podniky, cukrovar a mlýn v Rožďalovicích, Rožďalovice (Čechy)<br>Landwirtschaftliche Aktienunternehmungen Rohzuckerfabrik und Mühle in Roždialowitz, Roždialowitz (Böhmen)** | 5.000 | 214 | 4,3 | 215 | 4,3 |
| **Rolnický akciový cukrovar v Dašicích, Dašice (Čechy)<br>Landwirtschaftliche Aktienzuckerfabrik in Daschitz, Daschitz (Böhmen)** | 5.000 | 2 | 0,0 | – | – |
| **Rolnický akciový cukrovar v Sokolnicích, Sokolnice (Morava)<br>Landwirtschaftliche Aktien-Zuckerfabrik, Sokolnitz (Mähren)** | 4.000 | 2 | 0,1 | 2 | 0,1 |

| Wirtschaftszweig<br><br>tschechische und deutsche Firmenbezeichnung | Gesamtzahl der Aktien der aufgeführten Firma zum 1.2.1940 | Anzahl der Aktien in jüdischem Besitz zum 1.2.1940 | Anteil in Prozent | Anzahl der Aktien in jüdischem Besitz zum 1.2.1942 | Anteil in Prozent |
|---|---|---|---|---|---|
| **Rolnický cukrovar akciový v Dřevohosticích, Dřevohostice (Morava)<br>Landwirtschaftliche Aktienzuckerfabrik in Dřewohostitz, Dřewohostitz (Mähren)** | 2.400 | 1 | 0,0 | 1 | 0,0 |
| **Slavkovský cukrovar, a.s., Slavkov (Morava)<br>Slavkover Zuckerfabrik A.G., Austerlitz (Mähren)** | 80.000 | 67.000 | 83,8 | 67.000 | 83,8 |
| **Společná továrna na cukr v Kolíně, Kolín<br>Gemeinschaftliche Zuckerfabriks-Gesellschaft in Kolin, Kolin** | 1.900 | 139 | 7,3 | 92 | 4,8 |
| **Společná továrna na cukr v Plaňanech, Plaňany (Čechy)<br>Zuckerfabriks-Gesellschaft in Planian, Planian (Böhmen)** | 1.275 | 10 | 0,8 | 8 | 0,6 |
| **Společný cukrovar podřipský v Roudnici, Roudnice nad Labem<br>Zuckerfabriks-Gesellschaft in Raudnitz, Raudnitz a. d. Elbe** | 750 | 6 | 0,8 | 4,75 | 0,6 |
| **Společný cukrovar v Klobukách, Klobuky v Čechách<br>Zuckerfabriks-Gesellschaft in Klobuk, Klobuky (Böhmen)** | 2.000 | 78 | 3,9 | 66 | 3,3 |
| **Spolek moravských cukrovarů v Olomouci, Olomouc<br>Verein mährischer Zuckerfabriken in Olmütz, Olmütz** | 30.000 | 320 | 1,1 | 320 | 1,1 |
| **Spolková rolnická továrna na cukr v Uhřiněvsi, Uhřiněves (Čechy)<br>Vereinigte landwirtschaftliche Zuckerfabriks-Gesellschaft, Aurzinowes (Böhmen)** | 796 | 41 | 5,2 | 21,33 | 2,7 |
| **Spolkový rolnický cukrovar Horka, Horky nad Jizerou (Čechy)<br>Landwirtschaftliche Zuckerfabriks-Gesellschaft, Horka a. d. Iser (Böhmen)** | 1.200 | 106 | 8,8 | 96 | 8,0 |
| **Spolkový rolnický cukrovar v Čejetičkách, Čejetičky (Čechy)<br>Ges. landwirtschaftliche Zuckerfabrik in Klein Čejtitz, Klein Čejtitz (Böhmen)** | 2.545 | 36 | 1,4 | 36 | 1,4 |
| **Spolkový rolnický cukrovar v Novém Bydžově, Nový Bydžov<br>Landwirtschaftliche Zuckerfabriks-Gesellschaft in Neue Bydschow, Neu Bydschow** | 9.000 | 12 | 0,1 | 17 | 0,2 |

| Wirtschaftszweig<br><br>tschechische und deutsche Firmenbezeichnung | Gesamtzahl der Aktien der aufgeführten Firma zum 1.2.1940 | Anzahl der Aktien in jüdischem Besitz zum 1.2.1940 | Anteil in Prozent | Anzahl der Aktien in jüdischem Besitz zum 1.2.1942 | Anteil in Prozent |
|---|---|---|---|---|---|
| **Středomoravská akciová společnost cukrovarská a zemědělská, Uherské Hradiště**<br>**Zentralmährische Zuckerfabriken und Oekonomien A.G., Ungarisch Hradisch** | 120.000 | 200 | 0,2 | – | – |
| **Ústecká rafinerie cukru, a.s., Praha**<br>**Aussiger Zuckerraffinerie A.G., Prag** | 100.000 | 735 | 0,7 | 698 | 0,7 |
| **Zborovicko-Kojetínské cukrovary, a.s., Kojetín (Morava)**<br>**Zborovice-Kojetíner Zuckerfabriken A.G., Kojetin (Mähren)** | 25.000 | 16.500 | 66,0 | 16.500 | 66,0 |
| **„Zora", akciová továrna na cukrovinky a čokoládu v Olomouci, Olomouc**<br>**„Zora", Kanditen- und Schokolade-Aktienfabrik in Olmütz, Olmütz** | 12.000 | 76 | 0,6 | 70 | 0,6 |
| **Sonstige** | | | | | |
| **„Centrokomise", Česká akciová obchodní společnost, Praha**<br>**„Centrokomise", Čechische Handels-A.G., Prag** | 20.000 | 10 | 0,1 | | |
| **„Cornolith", a.s. pro průmysl knoflíkářský, Prostějov**<br>**„Cornolith" A.G. für Knopfindstrie, Proßnitz** | 3.750 | 2.813 | 75,0 | | |
| **„Iva", akciová společnost pro mezinárodní obchod, Praha**<br>**„Iva", Aktiengesellschaft für internationalen Handel, Prag** | 500 | 167 | 33,4 | | |

Quelle: NA Praha, Bestand AS, Kart. 779, Übersicht der jüdischen Aktienanteile an Unternehmen im Protektorat Böhmen und Mähren, im Reichsgau Sudetenland, dem „Altreich" (Deutschland), der „Ostmark" (Österreich) und im Ausland zum 1.2.1940. Dito zum 1.2.1942. Die Identifizierung der einzelnen Firmen aufgrund von Hinweisen aus den Archivdokumenten erfolgte laut: Compass, Finanzielles Jahrbuch 1927, 1938, 1939, 1942 – Prag 1927, 1938 – Wien 1939, 1942.

Anlage 2: Aktien von Unternehmen im Reichsgau Sudetenland im Besitz von jüdischen Subjekten mit Protektoratsangehörigkeit. Stand zum 1.2.1942 (Übersicht der Unternehmen nach Branchen.)

| Wirtschaftszweig und Firmenbezeichnung | Aktien der Firma, Stückzahl bzw. mit dem jeweiligen Währungssymbol markierter Nominalwert | |
|---|---|---|
| | insgesamt | in jüdischem Besitz |
| **Kurwesen** | | |
| **Aktiengesellschaft Johannisbad, Johannisbad (Janské Lázně)** | 500 | 30 |
| **Sanatorium Dr. Schweinburg in Zuckmantel Actiengesellschaft Zuckmantel (Cukmantl v Čechách)** | 1.450 | 743 |
| **Bauwesen, Baustoffe** | | |
| **Leitmeritzer Aktiengesellschaft für Kalk-Ziegelbrennerei, Leitmeritz (Litoměřice)** | 1.600 | 134 |
| **Glas, Porzellan, Keramik** | | |
| **Erste böhmische Glasindustrie A.G., Bleistadt (Oloví)** | 50.000 | 37 |
| **Vereinigte Böhmische Glasindustrie A.G. (früher Josef Rindskopfs Söhne), Teplitz-Schönau (Teplice Šanov)** | 40.000 | 1.500 |
| **Zettlitzer Kaolinwerke-Aktiengesellschaft, Zettlitz bei Karlsbad (Karlovy Vary)** | 42.000 | 976 |
| **Altrohlauer Porzellanfabriken A.G., Altrohlau (Stará Role)** | 30.000 | 129 |
| **Ostdeutsche Glaswerke A.G., Elbogen-Chodau (Loket-Chodov)** | 20.000 | 5.632 |
| **Myrrolyt A.G., Kutterschitz (Chudeřice)** | ? | 4 |
| **Vereinigte Wildstein-Neudorfer Tonwerke A.G., Eger (Cheb)** | RM 1.200.000 | RM 9.150 |
| **„Epiag", Erste böhmische Porzellanindustrie A.G., Karlsbad (Karlovy Vary)** | K 10.000.000 | K 5.000 |
| **„Bohemia", Keramische Werke A.G., Neurohlau (Nová Role)** | 5.000 | 366 |
| **„Porzellan-Union", Vereinigte Porzellanfabriken A.G. in Abwicklung, Karlsbad (Karlovy Vary)** | 19.167 | 547 |
| **Staatliche Glasmanufaktur Karlsbad A.G. (früher: Karlsbader Kristallglasfabriken A.G. Ludwig Moser u. Söhne Karlsbad), Karlsbad (Karlovy Vary)** | 7.500 | 699.5 |
| **Westböhmische Glas- und Holzindustrie A.G., Mies (Stříbro)** | 9.000 | 7.088 |
| **Nordböhmische Kaolin- und Keramische Werke A.G., Pomeisl (Nepomyšl)** | 6.000 | 500 |
| **Terra-keramische Fabrik A.G., Turn (Trnovany nad Teplicemi)** | 5.000 | 500 |
| **„Kaolina", Karlsbader Kaolin-Industrie A.G., Zettlitz (Sedlec)** | 13.000 | 75 |
| **Johann Uman A.G., Fabrik böhmischer Kristallglaswaren und optische Werke, Tiefenbach (Desná)** | 2.000 | 550 |

| Wirtschaftszweig und Firmenbezeichnung | Aktien der Firma, Stückzahl bzw. mit dem jeweiligen Währungssymbol markierter Nominalwert | |
|---|---|---|
| Bergbau- und Hüttenwesen | | |
| Dux-Bodenbacher Eisenbahn (Braunkohlenwerke), Karlsbad (Karlovy Vary) | 50.000 | 35.591 |
| Mannesmannröhren-Werke Komotau A.G., Komotau (Chomutov) | 1.000 | 5 |
| Sudetenländische Bergbau-Aktiengesellschaft, Brüx (Most) | 20.000 | Stück 155<br>RM 1.791.935 |
| Nordböhmische Kohlenwerks-Gesellschaft, Brüx (Most) | 100.000 | 2.198.5 |
| Brüxer Kohlen-Bergbau-Gesellschaft, Brüx (Most) | 200.000 | 7.781 |
| Duxer Kohlengesellschaft A.G., Dux (Duchcov) | 5.000 | 34.197 |
| Böhmischer Kohlenindustrie-Verein A.G., Teplitz-Schönau (Teplice-Šanov) | 35.000 | 30 |
| Mariahilf und Mathias Kohlewerke A.G. Zwodau (Svatava) | 10.000 | 10.000 |
| Karbitzer Stahlgußhütte-Aktien-Gesellschaft, Wiklitz bei Aussig (Viklice u Ústí) | 15.000 | 14.676 |
| Bergwerk Theresia, Brüx (Most) | ? | ? |
| „Minerva", Nähmaschinen-Fabriks-Aktiengesellschaft Rezler & Komarek, Troppau (Opava) | 12.500 | 100 |
| Eisenindustrie-Aktiengesellschaft Böhmischdorf bei Freiwaldau, Böhmischdorf bei Freiwaldau (Česká Ves u Frývaldova) | 10.000 | 50 |
| Brunkauer Eisenwerke A.G., Troppau (Opava) | 12.400 | 85 |
| Maschinenbau | | |
| Homboker und Marienthaler Eisenwaren-Industrie- und Handels-Aktien-Gesellschaft, „Moravia", Marienthal (Mariánské údolí) | 32.500 | 2.396 |
| Teplitzer Eisenwerke, Schaufel- und Zeugwaren-Fabrik A.G., Jägerndorf (Krnov) | 4.000 | 2.600 |
| Webstuhl- und Weberei-Maschinenfabriks-Aktiengesellschaft, Troppau (Opava) | 15.000 | 35 |
| Teplitzer Maschinenfabrik „Temag", Teplitz Schönau (Teplice-Šanov) | Stammaktien 750<br>Vorzugsaktien 750 | 186 |
| Maschinenfabriks-A.G., Nieder Haida | 8 | 133 |
| Freistädter Stahl und Eisenwerke (in Liquidation), Freistadt (Fryštát) | 100.000 | 1.125 |
| Neutitscheiner Fabrik Landwirtschaftlicher Maschinen, Eisen und Metallgiesserei A.G. in Liquidation, Neutitschein (Nový Jičín) | 7.500 | 367 |
| Emil Spiegel & Comp. Spezialfabrik für Transportgeräte, A.G., Warnsdorf (Varnsdorf) | 5.000 | 5.000 |
| Brauereiwesen und Getränkeindustrie | | |
| Aktiengesellschaft Bürgerliches Brauhaus, seit dem 1.6.1939 Sudetenbräu A.G. Aussig (Ústí nad Labem) | 7.500 | 40 |

| Wirtschaftszweig und Firmenbezeichnung | Aktien der Firma, Stückzahl bzw. mit dem jeweiligen Währungssymbol markierter Nominalwert | |
|---|---|---|
| Erste Aktienbrauerei in Eger, Eger (Cheb) | 2.466 | 2 |
| Bürgerliches Bräuhaus A.G. Böhmisch Leipa (Česká Lípa) | 2.400 | 28 |
| „Ilka“, Vereinigte Likörfabriken A.G., Eger (Cheb) | 3.000 | 74 |
| Aktiengesellschaft Aktienbrauerei Hohenelbe (Vrchlabí) | 4.200 | 4 |
| Reichenberg-Maffersdorfer und Gablonzer Brauerein A.G., Maffersdorf bei Reichenberg (Vratislavice nad Nisou) | 20.000 | 50 |
| Leitmeritzer Bierbrau-Gesellschaft „Zum Elbschloss“, Leitmeritz (Litoměřice) | 4.000 | 281 |
| Aktien-Brauerei in Staab, Staab (Stod) | 3.025 | 47 |
| Spiritusfabrik A.G., Trautenau (Trutnov) | ? | 5 |
| Brauerei Trautenau (Trutnov) | ? | 1 |
| Gesellschaft Pharmachema | ? | 35 |
| Lederindustrie | | |
| Lederwerke Plunder & Pollak A.G., Leitmeritz (Litoměřice) | 30.000 | 7.532 |
| Papier- und Druckindustrie | | |
| Heinrichsthaler Papierfabrik-Aktiengesellschaft, vormals Martin King und Co., Heinrichsthal (Jindřichov) | 45.000 | 812 |
| Böhmisch-Kamnitzer Papierfabriken A.G., Böhmisch Kamnitz (Česká Kamenice) | 40.000 | 10.418 |
| Textilindustrie | | |
| Noë Stroß, Aktiengesellschaft der vereinigten Textilfabriken Liebauthal und Weisswasser, Liebauthal bei Königberg a. d. Eger (Libavské Údolí u Kynšperka nad Ohří) | 50.000 | 12.071 |
| Vereinigte Ascher Färbereien A.G., Asch (Aš) | 5.000 | Stück 726<br>RM 18.000 |
| Tüll- und Spitzenfabrik A.G. früher Ascher Tüll- und Spitzenfabrik A.G., vormals A. Wagner & Co., Asch (Aš) | 30.000 | 224 |
| Teltscher et Löwy, Plüsch-, Krimmes- und Wollwarenfabrik, A.G., Röchlitz bei Reichenberg (Rochlice u Liberce) | 22.500? | 30.711 |
| Kleinmünchere Weberei und Spinnerei | ? | ? |
| Zuckerindustrie | | |
| Landwirtschaftliche Zuckerfabriks-Aktiengesellschaft, früher: Freiheitsauer Zuckerfabriks A.G., Freiheitsau bei Troppau (Háj ve Slezsku) | 10.000 | 50 |
| Troppauer Zucker-Raffinerie-Actien-Gesellschaft, Troppau (Opava) | 30.000 | 946 |
| Hotzenplotzer Zuckerfabrik-Aktiengesellschaft, Hotzenplotz (Osoblaha) | 12.000 | 41 |

| **Wirtschaftszweig und Firmenbezeichnung** | **Aktien der Firma, Stückzahl bzw. mit dem jeweiligen Währungssymbol markierter Nominalwert** | |
|---|---|---|
| **Verkehr** | | |
| **Lokalbahn Troppau-Gratz, Troppau (Opava)** | Vorzugsaktien 1.500<br>Stammaktien 1.425 | 19 |
| **Lokalbahn Postelberg-Laun, Prag (Praha)** | Stammaktien 1.316<br>Vorzugsaktien 1.020 | 1.430 |

Quelle: NA Praha, Bestand AS, Kart. 779, Übersicht der jüdischen Aktienanteile an Unternehmen im Protektorat Böhmen und Mähren, im Reichsgau Sudetenland, dem so genannten Altreich (Deutschland), der Ostmark (Österreich) und im Ausland zum 1.2.1942. Die Identifizierung der einzelnen Firmen erfolgte aufgrund von Hinweisen aus den Archivdokumenten nach: Compass, Finanzielles Jahrbuch 1927, 1938, 1939, 1942, Prag 1927, 1938; Wien 1939, 1942.

Anlage 3: Aktien von Unternehmen in Österreich („Ostmark“) im Besitz jüdischer Subjekte mit Protektoratsangehörigkeit. Stand zum 1.2.1942 (Übersicht der Unternehmen nach Branchen,)

| **Branche und Firmenbezeichnung** | **Anzahl der Aktien in jüdischem Besitz** |
|---|---|
| **Banken** | |
| **Landes-Hypothekenanstalt für Niederösterreich, Wien** | 204 |
| **Creditanstalt-Bankverein, Wien** | 1.783 |
| **Länderbank Wien A.G, Wien** | 225 |
| **Österreichische Central-Boden-Credit-Bank in Liquidation, Wien** | 778 |
| **Steiermärkische Escompte-Bank, Graz** | 41 |
| **Versicherungen** | |
| **Allgemeine Elementar Versicherungs-Aktien-Gesellschaft, Wien** | 1,5 |
| **„Der Anker“, Allgemeine Versicherungs-Aktiengesellschaft, Wien** | 57 |
| **„Donau“, Allgemeine Versicherungs-Aktien-Gesellschaft, Wien** | 59 |
| **„Kosmos“, Allgemeine Versicherungs-Aktien-Gesellschaft, Wien** | 1 |
| **„Union“, Allgemeine Versicherungs-Aktiengesellschaft, Wien** | 62 |
| **Wiener Allianz Versicherungs-Aktiengesellschaft, Wien** | 4 |
| **Wiener Rückversicherungs-Gesellschaft, Wien** | 40 |
| **Verkehr** | |
| **Lemberg-Czernowitz-Jassy Eisenbahn-Gesellschaft** | 628 |
| **Donau-Save-Adria Eisenbahn-Gesellschaft, Wien** | 5.200,22 |
| **Graz-Köflacher Eisenbahn- und Bergbau Gesellschaft, Wien** | 253 4/5 |
| **Steyrthalbahn-Gesellschaft, Steyr** | 125 |
| **Grazer Tramway-Gesellschaft, Graz** | 72 |
| **Erste Donau-Dampfschiffahrts-Gesellschaft, Wien** | 136 |
| **Österreichische Eisenbahn-Verkehrs-Anstalt, Wien** | 686 |
| **„Wat“, Wiener Automobil-, Taxameter- und Verkehrs-Aktiengesellschaft, Wien** | 91 |
| **„Adriatica“, Società Anonima di Navigazione in Venedig, Niederlassung in Österreich, Wien** | 26 |
| **Hamburg-Amerika-Linie, Hamburg** | 514 |
| **Salzburger Eisenbahn- und Tramway-Gesellschaft, Salzburg** | 147 |
| **Kur- und Hotelwesen** | |
| **Erste Wiener Hotel-Aktiengesellschaft, Wien** | 38 |
| **Hotel Kranz, A.G., Wien** | 90 |
| **Hotel Continental A.G., Wien** | 264 |
| **Bauwesen und Baustoffindustrie** | |
| **Allgemeine Baugesellschaft A. Porr, A.G., Wien** | 84 |
| **Perlmooser Zement Werke, A.G., Wien** | 375 |
| **Universale-Redlich & Berger Bauaktiengesellschaft, Wien** | 100 |
| **Wienerberger Ziegelfabriks- und Baugesellschaft, Wien** | 135 |
| **Aktiengesellschaft der Wiener Ziegelwerke, Wien** | 70 |

| Branche und Firmenbezeichnung | Anzahl der Aktien in jüdischem Besitz |
|---|---|
| Union-Baugesellschaft, Wien | 100 |
| Wiener Baugesellschaft in Liquidation, Wien | 868 |
| Kalk- und Ziegelgewerkschaft in Nikolsburg, Nikolsburg? | 182 |
| Glas, Porzellan, Keramik | |
| Stölze Glasindustrie A.G., Wien | 134 |
| Bergbau und Hüttenwesen | |
| Alpine Montan Aktiengesellschaft „Hermann Göring", Linz, bis 1939 Österreichische-Alpine Montangesellschaft, Linz | 46.226,5 |
| Gebrüder Böhler & Co. A.G., Wien | 4 |
| St. Egydyer Eisen- und Stahl-Industrie-Gesellschaft, Wien | 120 |
| Mittelberger Kupfwerke | 147 |
| Schöller Bleckmann Stahlwerke, A.G., Wien | 4.787,3 |
| Statzendorfer Kohlenwerk „Zieglerschächte" A.G., Wien | 486 |
| Steirische Kohlenbergwerks-Aktiengewellschaft, Wien | 19 |
| Steirische Magnesit-Industrie-Aktiengesellschaft, Wien | 198,5 |
| Veitscher Magnesitwerke A.G., Wien | 53 |
| Wolfsegg-Traunthaler Kohlenwerks-Aktiengesellschaft, Wien | 6 |
| Aktiengesellschaft für Kohlenhandel in Liquidation, Wien | 21.165 |
| Felixdorfer Chemische Industrie A.G. in Liquidation, Wien | 11 |
| Magnesit-Industrie und Bergbau-Aktiengesellschaft, Wien | 185 |
| Österreichische Metallhüttenwerke-Aktiengesellschaft, Wien | 278 |
| Eisenwerke-Aktiengesellschaft Krieglach, Krieglach | alte Aktien 315<br>neue Aktien 66 |
| Maschinenbau | |
| Hutter & Schrantz A.G. Siebwaren und Filztuch-Fabriken, Wien | 7.095 |
| Privilegierte österreichisch-ungarische Staats-Eisenbahn-Gesellschaft, Wien STEG | 6.923 |
| Aktien-Gesellschaft der Emaillierwerke und Metallwarenfabriken Austria, Wien | 309 |
| Ditmar-Brünn A.G., Wien | 302 |
| Berndorfer Metallwarenfabrik Arthur Krupp A.G., Berndorf | 51 |
| Enzesfelder Metallwerke A.G., Wien | 56 |
| Galizische Montanwerke A.G., Siersza (Polen?) | 209 |
| Simmeringer Maschinen- und Waggonbau-Aktien-Gesellschaft, Wien | 1.165,08 |
| Österreichische Automobil-Aktiengesellschaft, Wien | 345 |
| Schrauben- und Schmiedewarenfabriks-Actiengesellschaft Brevillier et Co. und Urban et Söhne, Wien | 434 |
| Steyr-Daimler-Puch A.G., Steyr | 982 |
| Waagner-Biró A.G., Wien | 221,5 |
| Wiener Brückenbau- und Eisenkonstruktions-Aktiengesellschaft, Wien | 18 |
| Wiener Locomotivfabrik A.G., Wien | 555 |

| Branche und Firmenbezeichnung | Anzahl der Aktien in jüdischem Besitz |
|---|---|
| Erzgießerei, Bronze- und Metallwarenfabriks-Aktiengesellschaft, Wien | 91 |
| Schiffswerf Linz A.G., Linz, früher Climax-Motoren-Werke, Linz | 10 |
| Floridsdorfer Ostmark | 544 |
| Krainische Industrie-Gesellschaft, Niederlassung in Österreich, Laibach (Jugoslawien) | 109 |
| Hofherr-Schantz-Clayton-Shuttleworth, Landwirtschaftliche Maschinen-Fabrik A.G., Wien | 43 |
| Brauereiwesen und Getränkeindustrie | |
| Gösser Brauerei A.G., Göß | 564 |
| Erste Grazer Aktienbrauerei, vormals Franz Schreiner et Söhne, Graz | 215 |
| Aktiengesellschaft Jungbunzlauer Spiritus- und chemische Fabrik, Wien | 113 |
| Ostmärkische Brau-Aktiengesellschaft, Linz | 511 |
| Brüder Reininghaus Aktien-Gesellschaft für Brauerei und Spiritus-Industrie, Graz | 445 |
| Mautner Markhof Brauerei Schwechat A.G., Wien | 37 |
| Spiritusindustrie A.G., Wien | 261 |
| Stadlauer Malzfabrik A.G., Wien | 213 |
| Brauerei Zipf A.G., vormals Wm. Schaup, Zipf | 288 |
| Chemische Industrie | |
| „Semperit", Oesterreichisch-Amerikanische Gummiwerke A.G., Wien | 711 |
| „Solo", Zündwaren- und Chemische Fabriken A.G., Wien | 406 |
| Chemosan-Union A.G., Wien | 88 |
| „Esseff", Chemische Industrie- und Handels-Aktiengesellschaft in Liquidation, Wien | 1 |
| Österreichische Gasglühlicht- und Elektrizitäts-Gesellschaft (Auergesellschaft), Wien | 10 |
| Alpine chemische Aktiengesellschaft, Kufstein-Schaftenau | 4 |
| Stickstoffwerke Ostmark A.G., Wien | 275 |
| Oberösterreichische Glutinwerke A.G., Leonding | 254 |
| Schneidemandel-Motard-Werke A.G., Berlin | 24 |
| Mineralöle | |
| Aktiengesellschaft der Schell-Floridsdorfer Mineralöl Fabrik, Wien | 284 |
| „Nova", Oel- und Brennstoffgesellschaft, A.G., Wien | 827 |
| Lebensmittelindustrie | |
| Milchindustrie A.G., Wien | 211 |
| Elektrotechnik und Energie | |
| Linzer Elektrizitäts- und Straßenbahn-Aktiengesellschaft, Linz | 974 |
| Österreichische Kraftwerke A.G., Linz | 177 |
| Steierische Wasserkraft- und Elektrizitäts-Aktiengesellschaft, Graz | 1.520 |
| Tiroler Wasserkraftwerke-Aktiengesellschaft, Innsbruck | 40 |

| Branche und Firmenbezeichnung | Anzahl der Aktien in jüdischem Besitz |
|---|---|
| AEG-Union Elektrizität-Gesellschaft, Wien | 204 |
| „ELIN", Aktiengesellschaft für elektrische Industrie, Wien | 823 |
| Kabelfabrik- und Drahtindustrie-Aktiengesellschaft, Wien | 234 |
| Oesterreichische Brown Boveri-Werke A.G., Wien | 117,5 |
| Vereinigte Telefon- und Telegrafen-Werke A.G., Wien | 231 |
| „Ariadne" Draht- und Kabelwerke A.G., Wien | 10 |
| Österreichische Siemens Schuckert-Werke, Wien | 633 |
| Schrack-Ericsson Elektrizitäts A.G., Wien | 349 |
| Wiener Kabel- und Metallwerke A.G., Wien | 25 |
| Dynamowerke A.G. | 1.400 |
| Holzindustrie | |
| Niederösterreichische Holzindustrie A.G. in Liquidation, Wien | 49 |
| Lederindustrie | |
| Vereinigte Lederfabriken Flesch, Gerlach, Moritz A.G., Wien | 1.995 |
| Papier- und Druckindustrie | |
| Leykam-Josefsthal Actiengesellschaft für Papier- und Druck-Industrie, Wien | 735 |
| Steyrermühl Papierfabriks- und Verlagsgesellschaft, Wien | 1.097 |
| Z.P.A. Zigaretten-Papier-Aktiengesellschaft, Wien | 11 |
| Papierfabrik Pötschmühle, A.G., vormals Böhmisch Krumauer Maschinenpapier-Fabriken Ignaz Spiro et Söhne A.G., Krumau an der Moldau? | 22.207 |
| Lenzinger Zellstoff- und Papier-Fabrik A.G., Lenzing | 75 |
| Textilindustrie | |
| Actien-Gesellschaft der Teppich- und Möbelstoff-Fabriken, vormals Philipp Haas et Söhne, Wien | 27 |
| Hanf-, Jute- und Textil-Industrie A.G., Wien | 1.831,6 |
| Allgemeine Wollhandels A.G. in Liquidation, Wien | 15 |
| Kaufhaus der Wiener Aktiengesellschaft, vormals A. Gerngross, Wien | 201 |
| Erste österreichische Glanzstoff-Fabrik A.G., Wien | 32 |
| Paul Hartmann A.G., Heidenheim an Brenz | 10 |
| „Tarbouches", Trust-Aktiengesellschaft, Zug | 2.021 |
| Tabakerzeugnisse | |
| Tabak-Regie-Gesellschaft, Istanbul? | 876,66 |

Quelle: NA Praha, Bestand AS, Kart. 779, Übersicht der jüdischen Aktienanteile an Unternehmen im Protektorat Böhmen und Mähren, im Reichsgau Sudetenland, dem so genannten Altreich (Deutschland), der Ostmark (Österreich) und im Ausland zum 1.2.1940. Die Identifizierung der einzelnen Firmen erfolgte aufgrund von Hinweisen aus den Archivdokumenten nach: Compass, Finanzielles Jahrbuch 1940, Deutsches Reich: Land Österreich, Wien 1940. S. 390–396, 410–448, 450, 462–495, 500–553, 592, 625–648, 692–724, 757–763, 776–846, 809–846, 947–1040, 1098, 1114–1117; Handbuch der Deutschen Aktiengesellschaft 1943, Bd. 5, Berlin 1943, S. 4991.

Anlage 4: Aktien von Unternehmen auf dem Gebiet des „Altreichs" (d.h. Deutschland) im Besitz von jüdischen Rechtssubjekten mit Protektorats-Zugehörigkeit, Stand zum 1.2.1942. (Nominalwert, teilweise auch Anzahl der Aktien)

| Firmenname | Aktienzahl | Nominalwert | |
|---|---|---|---|
| | | in RM | in anderen Währungen |
| AEG Allgemeine-Elektrizitäts-Gesellschaft, Berlin | 36 | 46.200 | |
| Amperwerke Elektrizität A.G., München | | 6.600 | |
| Anhaltische Kohlenwerke, Berlin | | 97.250 | |
| Bayerische Aktien-Bierbrauerei, Aschaffenburg | | 400 | |
| Aschaffenburger Zellstoffwerke Aschaffenburg, Berlin | | 6.900 | |
| Bayerische Motorenwerke A.G., München | | 16.000 | |
| J-P. Bemberg A.G., Wuppertal-Barmen | | 24.510,80 | |
| Julius Berger Tiefbau A.G., Berlin | 4 | 12.200 | |
| Bergmann Elektrizitäts-Werke A.G., Berlin | | 3.600 | |
| Berliner Kraft und Licht „Bewag" A.G., Berlin | | 36.000 | |
| Berliner Maschinenbau A.G., vormals L. Schwartzkopff, Berlin | | 4.600 | |
| Brandenburgische Elektrizitäts-, Gas- und Wasserwerke A.G., Berlin-Charlottenburg | | 3.200 | |
| Brauerei zum Felsenkeller bei Dresden, Dresden | | 22.885 | |
| Brauhaus, Nürnberg | 1 | 3.200 | |
| Charlottenburger Wasser- und Industriewerke A.G., Berlin | | 16.200 | |
| Chemische Fabrik von Heyden A.G. | | 97.400 | |
| Compañía Hispano-Americana de Elektricidad „Chade", Madrid | 166 | 9.500 | Pesetos 10.300 |
| Concordia Spinnerei und Weberei | | 200 | |
| Continental Gummi-Werke A.G., Hannover | | 12.200 | |
| Deutsche Continental-Gas-Gesellschaft, Dessau | | 75.900 | |
| Deutsche Erdöl A.G., Berlin-Schöneberg | 100 | 71.600 | |
| Deutsche Telefon und Kabel | | 24.200 | |
| Deutsche Linoleum-Werke A.G., Bietigheim | | 6.300 | |
| Deutsche Tafelglas A.G. Fürth i. Breisgau | | 7.300 | |
| Deutsche Ton- und Steinzeug-Werke A.G., Krauschwitz | | 8.000 | |
| Deutsche Waffen- und Munitionsfabriken A.G., Berlin-Charlottenburg | | 13.000 | |
| Elektricitäts-Lieferungs Gesellschaft „ELG", Berlin | | 21.600 | |
| Elektrische Licht- und Kraftanlagen A.G., Berlin | | 65.400 | |
| Engelhardt Brauerei A.G., Berlin | | 16.500 | |
| I.G. Farben, Frankfurt | 713 | 947.044 | |
| Feldmühle, Papier- und Zellstoffwerke A.G., Stettin | | 11.200 | |
| Felten & Guilleaume Carlswerk A.G., Köln-Mülheim | 417 | 15.300 | Schilling 2.700 |
| Fraustädter Zuckerfabrik, Fraustadt | | 7.000 | |

| Firmenname | Aktienzahl | Nominalwert | |
|---|---|---|---|
| Froebeln Zuckerfabrik, Löwen (Schlesien) | | 1.200 | |
| Gohe & Co., A.G., Dresden | 100 | 39.200 | |
| Gesellschaft für elektrische Unternehmungen A.G., Berlin | | 100.600 | |
| Th. Goldschmidt A.G., Essen | 30 | | |
| Hamburgische Elektricitäts-Werke A.G., Hamburg | | 60.700 | |
| Harpener Bergbau A.G., Dortmund | | 23.000 | |
| Heidenauer Papierfabrik A.G., Heidenau | | 87.300 | |
| Hoesch A.G., Dortmund | | 74.900 | |
| Hotelbetriebs A.G., Berlin | | 4.200 | |
| Ilse Bergbau A.G., Grube Ilse | | 44.000 | |
| Gebr. Junghans A.G., Schramberg i. Württemberg | | 1.000 | |
| Kabelwerk Rheydt A.G., Rheydt | | 2.800 | |
| Porzellanfabrik Kahla, Kahla i. Thüringen | | 2.600 | |
| A.G. für Gas und Elektrizität, Breslau | | 3.300 | |
| Elektrizitäts-A.G., vormals W. Lahmeyer & Co., Frankfurt a. Main | | 3.500 | |
| Vereinigte Königs- und Laura Hütte A.G. für Bergbau- und Hüttenbetrieb in Liquidation Berlin | 60 | 55.590 | |
| Grube Leopold A.G., Bitterfeld | | 105,40 | |
| C. Lorenz A.G., Berlin-Tempelhof | | 3.100 | |
| Ornstein & Koppel Berlin | | 16.100 | |
| MIAG Mühlenbau und Industrie A.G., Braunschweig | | 300 | |
| Mimosa A.G., Dresden | 1 | 24.400 | |
| „Montecatini“, Allgemeine Bergwerks- und chemische Gesellschaft, Mailand | 576 | | |
| Mülheimer Bergwerks-Verein Mülheim-Buhr. | | 18.200 | |
| Natronzellstoff- und Papierfabriken A.G., Berlin | 56 | 3.900 | |
| Neckarwerke A.G., Esslingen | | 3.200 | |
| A.G. Nord deutsche Steingutfabrik, Grohm-Vegesack b. Bremen | | 6.500 | |
| Norddeutsche Woll- und Kammgarn-Industrie A.G., Bremen | | 17.500 | |
| Radeberger Exportbier-Brauerei A.G. | | 2.200 | |
| Reichelbräu, Kulmbach | 1 | 42.000 | |
| Rheinische Radeberger Exportbierbrauerei A.G. für Braunkohlenbergbau und Brikettfabrikation, Köln a. Rhein | 20 | 133.700 | |
| Rheinische Stahlwerke, Essen | | 37.900 | |
| Rheinisch-Westfälisches Elektrizitäts-Werk A.G. „RWE“, Essen | | 14.400 | |
| Rheinmetall-Borsig A.G., Berlin-Tegel | | 300 | |
| Sächsische Textilmaschinenfabrik, vormals Rich. Hartmann A.G., Chemnitz | 3 | 400 | |

| Firmenname | Aktienzahl | Nominalwert | |
|---|---|---|---|
| Salzdethfurt A.G., Berlin-Wilmersdorf | | 42.500 | |
| Schering A.G., Berlin | | 140.300 | niederländ. Gulden 5.000 |
| Schlesische Elektricitäts- und Gas A.G. O.E.W., Gleiwitz | 1,5 | 33.500 | |
| Portland Zement-Industrie A.G., Oppe | | 20.600 | |
| Schöfferhof-Biding Brauerei A.G., Frankfurt | | 4.600 | |
| Schultheiss-Brauerei A.G., Berlin-Charlottenburg | 7 | 111.100 | |
| A.G. Schwabenbrau, Düsseldorf | 1,25 | | |
| Siemens Halske, Stuttgart | | 159.750 | |
| Steatit Magnesia A.G., Berlin-Pankow | | 5.200 | |
| Kammgarnspinnerei Stöhr & Co. A.G., Leipzig | | 20.800 | |
| Stolberger Zink A.G. für Bergbau und Hüttenbetrieb, Aachen | | 4.500 | |
| Thüringer Gasgesellschaft „THÜGA“, Leipzig | | 5.900 | |
| Vereinigt. Chem. in Charlottenburg | | 1.200 | |
| Vereinigte Glanzstoff Fabriken A.G. | | 2.100 | |
| Vereinigte Stahlwerke A.G., Düsseldorf | 25,25 | 297.500 | |
| Vereinigte Ultramarinfabriken A.G., vormals Leverkus, Zeltner & Consorten, Köln | | 28.200 | |
| C.J. Vogel Draht- und Kabelwerke A.G., Berlin | | 13.300 | |
| Wanderer Werke A.G., Siegmar-Schönau | | 1.200 | |
| Werschen-Weissenfelser Braunkohlen A.G. | 12,66 | 2.700 | |
| Winterschall A.G., Berlin | 8.800 | | |
| Zeiss Ikon A.G., Dresden | 5 | 700 | |
| Zellstoffabrik Waldhof, Mannheim | | 9.400 | |
| ADCA Allgemeine Deutsche Credit-Anstalt, Leipzig | 1 | 2.500 | |
| Commerzbank A.G., Hamburg-Berlin | | 9.000 | |
| Deutsche Bank, Berlin | 1 | 29.510 | |
| Deutsche Centralbodenkredit A.G., Berlin | | 5.300 | |
| Dresdner Bank, Dresden-Berlin | 1.302 | 3.600 | |
| Allg. Lokalbahn und Kraftwerke A.G., Berlin | | 5.100 | |
| Deutsche Reichsbahn Gesellschaft, Berlin | 1 | 103.700 | |
| Hamburger Hochbahn A.G., Hamburg | | 29.500 | |
| Hamburg-Südamerikanische Dampfschiffahrts-Gesellschaft, Hamburg | 3 | 9.000 | |
| Deutsche Dampfschiffahrts-Gesellschaft „Hansa“, Bremen | | 16.800 | |
| Norddeutscher Lloyd, Bremen | | 8.704 | |
| Kamerun-Eisenbahn Gesellschaft, Berlin | | 800 | |
| Otawi Minen und Eisenbahn Gesellschaft, Berlin | 608,63 | | |
| Schantung Handels A.G., Berlin | | 1.500 | |

| Firmenname | Aktienzahl | Nominalwert | |
|---|---|---|---|
| Oberschlesische Eisenbahn-Bedarfs A.G., Gleiwitz | | 11.466 | |
| Deutsche Wollenwaren Manufaktur A.G., Grünberg in Schlesien | | 5.200 | |
| Dyckerhoff Portland Zementwerke A.G., Mainz-Amöneburg | | 400 | |
| Porzellanfabrik C.M. Hutschenreuther A.G., Dresden | | 400 | |
| Klöckner-Humboldt-Deutz A.G., Köln-Deutz | | 40.600 | |
| Varziner Papierfabrik, Hammermühle bei Varzin | | 3.300 | |
| Deutsch-Südamerikanische Bank | | 62.496 | |
| Sächsische Guss-Stahl-Werke Döhlen | | 900 | |
| Siegen Solingen Guss-Stahl | | 647,50 | |
| A.G. für Waggonbau | | 200 | |
| Maschinenfabrik, Passau | | 16.600 | |
| Niederlausitzer Kohlenwerke | | 101.100 | |
| Eintracht Braunkohlen | | 546.600 | |
| Interessengemeinschaft für Bergbau und Hütten, Berlin | 12 | | Złoty 3.500 |
| Oehringen Bergbau | 1 | 14.200 | |
| Leonhard Braunkohlen | | 14.100 | |
| Sächsische Malzfabrik | | 200 | |
| Ulmer Brauerei | 75 | 600 | |
| Deutsche Überseeische Petroleum A.G., Hamburg | 9 | 80.000 | |
| Ostdeutsche Textilindustrie | | 500 | |
| F. Reichelt Drogen | | 6.200 | |
| Sächsische Elektrizitätswerke | | 10.200 | |
| Loschowitzer Cartonagenfabrik | | 400 | |
| Grünfeld Holzverwertung, Breslau | | 1.640 | |
| Neue Norddeutsche Elbschiffahrts A.G. | | 900 | |
| Sudetendeutsche Immobiliengesellschaft | | 12.600 | |

Quelle: NA Praha, Bestand AS, Kart. 779, Übersicht der jüdischen Aktienanteile an Unternehmen im Protektorat Böhmen und Mähren, im Reichsgau Sudetenland, dem sog. „Altreich" (Deutschland), der „Ostmark" (Österreich) und im Ausland zum 1.2.1942.
In Anbetracht der unzulänglichen Hilfsmittel für die Identifikation in der ČR wurde bei Umschrift der Firmennamen zur Transliteration gegriffen, wobei die Autoren sich darüber im Klaren sind, dass es sich nur um eine grobe Form des Namens handelt, den die damaligen Beamten der Okkupationsverwaltung in Böhmen und Mähren nicht unbedingt richtig erfasst haben.

Anlage 5: Übersicht der Firmen mit Aktien im Besitz von Juden aus dem Protektorat Böhmen und Mähren nach Staaten und Branchen geordnet, Stand 1.2.1940

| Land, Branche und Firmenbezeichnung | Anzahl bzw. Wert der Aktien im Besitz von Juden aus dem Protektorat Böhmen und Mähren |
|---|---|
| **Belgien** | |
| **Verkehr und Eisenbahnen** | |
| **Societé de Transport, Brüssel** | 25 |
| **Belgische Staatsbahn** | 85 |
| **Brasilien** | |
| **Elektrotechnik** | |
| **Brasil Traction** | 10 |
| **Brazilian Traktion Light & Power** | 294 |
| **Großbritannien + Mandatsgebiete** | |
| **Banken** | |
| **Workers' Bank Tel Aviv** | 9 |
| **Jüdische Kolonialbank London** | 61 |
| **Anglo-International Bank** | 5.947 |
| **Seffabank Ltd. Jerusalem** | 46 |
| **Anglo-Palestina Bank** | 8 |
| **Anglo-österreichische Bank London** | 265 |
| **Verkehr** | |
| **Southern Railway Corp.** | 10 |
| **L'Union Europen** | 75 |
| **Transcontinental Western Air** | 12 |
| **South West Africa** | 100 |
| **United Aircraft Corp.** | 80 |
| **United Air Lines Transport Corp.** | 40 |
| **Canadian Colonial Airways** | 10 |
| **Boeing Airplane Corp.** | 20 |
| **Bau- und Baustoffindustrie** | |
| **Anglo-Cuban Asphalt** | 500 |
| **Mineralöle** | |
| **Emba Caspian Oil** | 300 |
| **Elektrotechnik** | |
| **Associated Gas and Electric Co.** | 29 |
| **Electrical Power and Light** | 10 |
| **Lederindustrie** | |
| **Bostoner Leathers** | 3.000 |
| **Textilindustrie** | |
| **Perutz Ltd. London** | 350 |
| **Niederlande** | |

| | |
|---|---|
| **Elektrotechnik** | |
| **Philips Glühlampen** | 9.000 |
| **Mineralöle** | |
| **Royal Dutch** | 75 |
| **Kanada** | |
| **Verkehr und Eisenbahnen** | |
| **Canadian Pacific** | 571 |
| **Canadian Colonial Airways** | 2 |
| **Bergbau und Hüttenwesen** | |
| **Nickel Company of Canada** | 30 |
| **Maschinenbau** | |
| **Nike of Canada** | 1 |
| **Frankreich** | |
| **Banken** | |
| **Franz. del Europe Zentral Paris** | 6 |
| **Länderbank, Paris** | 348 |
| **Union Europe Finanz et Industrie** | 125 |
| **Bank de Pays de l'Europe** | 923 |
| **verschiedene französische Banken** | 71 |
| **Verkehr und Eisenbahnen** | |
| **Orient Bahn Aktien** | 496 |
| **Franko-Héllinique Chemin de Fer** | 4 |
| **Maschinenbau** | |
| **Waldes & Paris** | Französ. Franken 324.000 |
| **Mineralöle** | |
| **Fanto Petroleum** | 320 |
| **Petrols Soc. franc. ind. et Comp.** | 4 |
| **Societé Française Petrol** | 40 |
| **Elektrotechnik** | |
| **Pathé Marconi** | 10 |
| **„Sidro", Société Internationale d'énergie Hydroélectrique** | 100 |
| **Union d'Électricité** | 12 |
| **Compagnie Centrale d'Énergie Élektrique** | 130 |
| **Société Central pour l'Industrie électrique** | 16 |
| **Énergie Électrique du Nord de la France** | 30 |
| **Énergie Électrique du Littorale de la Méditeranée** | 25 |
| **CIL parisienne de Distribution d'Électricité** | 67 |
| **Brevillier** | 2 |
| **Nantes d'eclairage** | 38 |
| **Filmindustrie** | |
| **Film Metropole** | 100 |
| **Italien** | |

| | |
|---|---|
| **Verkehr** | |
| **Società Oriente Navigazione** | 111 |
| **Elektrotechnik** | |
| **Triester Gas akt.** | 222 |
| **Società Triestina it Gas** | 60 |
| **Gas Torino** | 355 |
| **Italgas** | 457 |
| **Società Idroellettrica Piemonte** | 220 |
| **Papierindustrie** | |
| **Società Nazionale Industria Applicazione Viscosa Turin** | 26 |
| **Diverse** | |
| **Italienisches Rotes Kreuz-Los** | 5 |
| **Polen** | |
| **Banken** | |
| **Hypotheken-Bank Lemberg** | 118 |
| **Galizische Aktien-Hypotheken-Bank** | 376 |
| **Bank Handlowy Warschau** | 20 |
| **Bank Polski** | 824 |
| **Warschauer Diskont-Bank** | 26 |
| **Polski Bank Przemysłowy** | 8 |
| **Bank Komercjalny (Kraków)** | 12 |
| **Galizische Gewerbe-Bank** | 7 |
| **Ziemski Bank Kredytowy Lemberg** | 4 |
| **Verkehr und Eisenbahnen** | |
| **Lemberg-Czernowitz-Jassy Eisenbahn** | 198 |
| **Kurwesen** | |
| **Bad Zuzana in Mráznica** | 1/16 % |
| **Bad Pax in Boryslaw** | ½ % |
| **Baustoffindustrie** | |
| **Firley Cement** | 60 |
| **Portland Zement „Szczakowa", Warschau** | 1 757 |
| **Everitas Asbest** | 16,25 % |
| **Glas- und Keramikindustrie** | |
| **Polnische Glashütte** | 67 |
| **Glasfabrik** | 7.500 |
| **Bergbau und Hüttenwesen** | |
| **Bergbau und Hüttenbetrieb** | 6.500 |
| **Hohenlohe** | 69.000 |
| **Jawornickie Kopalnie** | 6 |
| **Galizische Montan-Gesellschaft** | 10 |
| **Jaworzner Kohle** | 2 |
| **Silesia / Základy / górnicze spole akrijow Bielsko** | 1.035 |

| | |
|---|---|
| **Kattowitzer Bergwerk** | Reichsmark 7.750<br>Złoty 2.000 |
| **Steinkohlen Lodenitz** | Kronen 15.000 |
| **Huty Skła** | 2.535 |
| **Warschau Kohle** | 25 |
| **Zielczaer Montanwerke Lemberg** | 54 |
| **Maschinenbau** | |
| **Polnische Eisenwerke** | 1.500 |
| **Zielezniewski Maschinen A.G.** | 116 |
| **Freistädter Waggonbau** | 50 |
| **Brauereiwesen** | |
| **Lemberger Bierbrauerei** | 464 |
| **Chemische Industrie** | |
| **Standard Nobel** | 1 3/32 % |
| **Mineralöl** | |
| **Petroleum** | 72 |
| **Nafta Grube Polen** | 34 |
| **Karpathen Polnische Petroleumgesellschaft** | 42 |
| **Naphta und Erdgas Lemberg** | 90 |
| **Galicische Karpathen Naphta** | 3.450 |
| **Holzindustrie** | |
| **Hohenlohe Werke A.G.** | Złoty 34.500<br>Fl. 5.000 |
| **Textilindustrie** | |
| **Polnische Viskose A.G., Lwów** | 11 |
| **Zuckerindustrie** | |
| **Warschauer Zuckerfabrik** | 533 |
| **Chodorower Zucker** | 468 |
| **Chybie Zucker** | 298 |
| **Częnstochowskie Towarzystwo fabryk cukru** | 372 |
| **Przeworsker Zucker** | 5 |
| **Cukrownia Kruszwica** | 12 |
| **Diverse** | 4 |
| **Jugoslawien** | |
| **Banken** | |
| **Jugoslavische Umdisbank (?)** | 18 |
| **Zentralbank Zagreb** | 50 |
| **Prva Hrvatska Štedionica** | 13 |
| **Jugoslavische Bank A.G., vormals Kroatische Landesbank** | 100 |
| **Ljubljanska banka** | 91 |
| **Kreditbank Ljubljana** | 82 |
| **Jugosl. sdruž. banka** | 129 |
| **Bosnische Boden-Bank** | 1.051 |
| **Jugoslavische Bank** | 14.033 |

| | |
|---|---|
| **Jugoslavische Union** | 653 |
| **Verkehr** | |
| **Granzer Trifail (Trbovolje)(?)** | 72 |
| **Eisenbahn Zenica Jugoslavien** | 35 |
| **Bosnische Landesbahn** | 55 |
| **Adriaschiff** | 9 |
| **Baustoffindustrie** | |
| **Marmor-Granit-Syenit-Beckerek-Jugoslavien** | 980 |
| **Croatia Portland Zement** | 600 |
| **Ziegella A.G. Baschka** | 6.725 |
| **Bergbau- und Hüttenwesen** | |
| **Trifailer Kohlenwerks-Gesellschaft, Trbovolje** | 13.588 |
| **Zenica** | 270 |
| **Maschinenbau** | |
| **I. mech. Fensterglas** | 3.324 |
| **Kovina Maribor** | 991 |
| **Veresener Eisenindustrie** | 1 |
| **Brauereiwesen und Getränkeindustrie** | |
| **Jagodina** | 3.367 |
| **Sarajever Brauerei** | 126 |
| **Zagreb - Prva Horvatska Sladovnica** | 20 |
| **Chemische Industrie** | |
| **Drava** | 11.285 |
| **Lebensmittelindustrie** | |
| **Union Dampfmühlen Ossijek** | 494 |
| **Holzindustrie** | |
| **Slavonia Holzakt.** | 178 |
| **Guttmann Holz** | 173 |
| **Papierindustrie** | |
| **Firmenbezeichnung** | Anzahl der Aktien |
| **Papierfabrik Ocučo** | 16 |
| **Textilindustrie** | |
| **Firmenbezeichnung** | Anzahl der Aktien |
| **Erste Jugoslavische Hut-Stumpenfabrik A. S. Guldow** | 21.420 |
| **Jugoslavisch-čechische Textilindustrie Kranja** | 4.200 |
| **Zuckerindustrie** | |
| **Firmenbezeichnung** | Anzahl der Aktien |
| **Kroat. Zucker** | 5.993 |
| **Crvenka Zuckerfabrik** | 4.312 |
| **Čuprija** | 1.333 |
| **Ljubljani Zuckerfabrik** | 3.750 |
| **Diverse** | 99 |
| **Schweden** | |

| | |
|---|---|
| **Maschinenbau** | |
| **Kreuger** | Schwedische Kronen 4.800 |
| **Selywed Kugellager** | Schwedische Kronen 1.250 |
| **Schweiz** | |
| **Banken** | |
| **Schweizer Bankverein** | 100 |
| **Schweizer Boden-Creditbank** | 10 |
| **Bergbau- und Hüttenwesen** | |
| **Böhlerstahl** | Schweizer Franken 7.700 |
| **Chemische Industrie** | |
| **I. G. Chemie Basel** | Schweizer Franken 8.175 |
| **Schweizer Verein Färbereien** | 316 |
| **Holzindustrie** | |
| **Union des Usines et des Exploitation Forestières de Nusic** | 110 |
| **Mundus Zürich** | 158 |
| **Foresta Romana Holding S. A., Zürich** | 21 |
| **UdSSR** | |
| **Banken** | |
| **Russenbank** | 9 |
| **Petersburger Internationale Handelsbank** | 380 |
| **Bergbau und Hüttenwesen** | |
| **Statzendorfer Kohlenwerke** | 12 |
| **Maschinenbau** | |
| **Russisch-Baltische Waggonfabrik** | 120 |
| **Mineralöl** | |
| **Ural Caspian Oil Corporation** | 1.100 |
| **Nafta-Grube N XXX, Borislau** | 1/32 |
| **Ungarn** | |
| **Banken** | |
| **Ungarische Allgemeine Kreditbank** | 2.362 |
| **Ungarische Escompte- und Wechselbank** | 135 |
| **Ungarisch-Italienische Bank** | 166 |
| **Ungarische Hypotheken-Bank** | 264 |
| **Ungarische Nationalbank** | 30 |
| **Pester Commercial-Bank** | 816 |
| **Iparbank** | 6.867 |
| **verschiedene ungarische Banken** | 757 |
| **Britisch-Ungarische Bank** | 206 |
| **Verkehr und Eisenbahnen** | |
| **Lokalbahn Agram-Samobor** | 43 |
| **Raab-Oldenburger-Eisenbahn** | Pengö 2.320 |
| **Ungarische Eisenbahn-Verkehrsgesellschaft** | 959 |

| | |
|---|---|
| Ungarische Levante Seeschiffahrt | 450 |
| Trust | 157 |
| Nova Verkehrs-Gesellschaft | 411 |
| Budapester Stadtbahn | 2 |
| Fünfkirchner-Barcser-Eisenbahn | 50 |
| Ungarische Dampfschiffahrtsgesellschaft | 33 |
| Danubins | 7 |
| Bergbau und Hüttenwesen | |
| Urikany-Zsilthaler Ungarische Kohlenwerks A.G., Budapest | 25 |
| Soproner Eisenwarenfabrik | 24 |
| Rima Murani | 14.946 |
| Ungarische Allgemeine Kohlenwerks-Gesellschaft | 913 |
| Ungarische Stahlwaren | 540 |
| Oberungarischen Berg- und Hüttenwerks-A.G. | 1.660 |
| Solgo Tarjano | 14.462 |
| Ungarisch-Belgische Stahlwerke | 3.700 |
| Maschinenbau | |
| Denés & Friedmann | 77 |
| Ungarische Hofherr&Schrantz | 202 |
| Ungarisches Eisenbahn Werk | 210 |
| Alte Ungarische Hofherr & Schrantz Maschinenfabrik | 377 |
| Ungarische Waggon- und Maschinenfabrik Raab/Györ | 4 |
| Ungarische Stahlakt. | 210 |
| Ganz Danubius | 4 |
| Sopron Eisenwarenfabrik A.G. | 24 |
| Brauereiwesen | |
| Temesvarer Spiritusbrennerei | 81 |
| Temesvarer Bierbrauerei | 240 |
| Kiralyi Sörfőzde Részény Társaság | 222 |
| Chemische Industrie | |
| „Clothilde", Ungarische chemische Fabrik | 2.419 |
| Ungarische Kunstdüngerfabrik | 213 |
| Ungarische Gummiwarenfabrik | 18 |
| Chinoin | Pengő 60 |
| „Hungaria" Dampfmühlenbau | 338 |
| Mineralöle | |
| Karpatho Rus Petrol A.G. | 76 |
| Südkarpathische Mineral-Oelraffinerie Munkacs | 250 |
| Raaber Oel, Raab | 100 |
| Békéscsabaer-Mischkolzer Dampfmühlen | 100 |
| Hungaria Mühlen | 10 |
| Erste Budapester Dampfmühlen A.G. | 1 |
| Concordia Mühle | 1 |

| | |
|---|---|
| **Elektrotechnik** | |
| **Pesti Telephon** | 50 |
| **Glühlampen** | 20 |
| **A.G. für Elektrizität und Verkehrs-Trust** | 26 |
| **Ganz Elektrizitäts-A.G.** | Pengö 51 |
| **Holzindustrie** | |
| **Residentia Holzindustrie** | 90 |
| **Neuschloss Lichtig, Budapest** | 59 |
| **„Ofa“ Holzindustrie, Budapest** | 212 |
| **Papierindustrie** | |
| **Blasco Celluloseaktien, Budapest** | 5 |
| **Brassoi Cellulose-Gyar-Kronstädter Papierstoff-Fabriks-A.G.** | 1.847 |
| **Magyar Vegypapier** | 4.000 |
| **Ungarische Papierindustrie** | 13 |
| **Textilindustrie** | |
| **Erste Ungarische Schafwoll-, Wasch- und Kommissions-A.G.** | 250 |
| **Soproner Textil** | 20 |
| **Ungarische Baumwollindustrie A.G.** | 55 |
| **Wirkwarenwerke Budapest** | 4.772 |
| **Textilna Industrija d.d., Warasdin** | 2.000 |
| **„Textiliana“ Tücher, Wirk- und Modewaren** | 4.195 |
| **Zuckerindustrie** | |
| **Ungarische Zuckerfabrik A.G.** | 3.414 |
| **Diverse** | Stück 415<br>Pengő 1.247.970 |
| **USA** | |
| **Verkehr und Eisenbahnen** | |
| **North American Aviation Corp.** | 100 |
| **North American Rayon Corp.** | 15 |
| **American Aero Lines** | 51 |
| **Pennsylvania Railroad** | 11 |
| **New York Central Railway** | 20 |
| **Companía Hispano-Americana de Electricidad** | 99 |
| **Berliner Städtischen Elektrizitätwerke (Berlin City Electric)** | USD 4.000 |
| **Chicago** | USD 1.000 |
| **Berliner Elektrische Hoch- und Untergrundbahn** | USD 6.000 |
| **Bergbau und Hüttenwesen** | |
| **Mining Co.** | 360 |
| **Maschinenbau** | |
| **Kreuger & Toll Company** | 1.000 |
| **Mineralöle** | |
| **Ohio Oil Co.** | 22 |
| **Vacuum Oil Co., New Jersey** | 10 |

| | |
|---|---|
| **Socony-Vacuum Oil Co.** | 400 |
| **Elektrotechnik** | |
| **Electric Bond and Shares Co.** | 4 |
| **Radio corporation of America** | 147 |
| **National Electric Power Co.** | 25 |
| **Marconi Wireless Telegraph Co.** | 50 |
| **American Telephone & Telegraph Co.** | 84 |
| **Trust-Elektro** | 13. |
| **Westinghouse Elektric Corp.** | 100 |
| **United Gas Improvement Co.** | 120 |
| **Pref. Akt. Selected** | 30 |
| **Electro Rosario** | 75 |
| **Radio R. Orpheum Co.** | 75 |
| **Commonwealth Edison** | 400 |
| **Standard Gas & Electric Co.** | 150 |
| **Chade A-C/Comp. Hispano Americana Elektr.** | 120 |

Quelle: NA Praha, Bestand AS, Kart. 779, Übersicht der jüdischen Aktienanteile an Unternehmen im Protektorat Böhmen und Mähren, im Reichsgau Sudetenland, dem sog. „Altreich" (Deutschland), der „Ostmark" (Österreich) und im Ausland zum 1.2.1942.
In Anbetracht der unzulänglichen Hilfsmittel für die Identifikation in der ČR wurde bei Umschrift der Firmennamen zur Transliteration gegriffen, wobei die Autoren sich darüber im Klaren sind, dass es sich nur um eine grobe Form des Namens handelt, den die damaligen Beamten der Okkupationsverwaltung in Böhmen und Mähren nicht unbedingt richtig erfasst haben.

# Quellen- und Literaturverzeichnis

## a) Archivquellen:

Archiv České národní banky Praha [Archiv der Tschechischen Nationalbank, Prag]
*Bestand:*
Böhmische Escompte-Bank und Creditanstalt
Česká národní banka [Tschechische Nationalbank]
Národní banka Československá [Tschechoslowakische Nationalbank]
Národní banka pro Čechy a Moravu [Nationalbank für Böhmen und Mähren]
Poštovní spořitelna Praha [Postsparkasse Prag]
Státní banka Československá [Tschechoslowakische Staatsbank]
Svaz bank [Bankverband]
Svaz československých bank [Verband der tschechoslowakischen Banken]
Živnostenská banka [Gewerbebank]

Spisovna pobočky České národní banky v Českých Budějovicích
[Aktenablage Tschechische Nationalbank – Zweigstellen Budweis]
*Bestand:*
Kreditanstalt der Deutschen

Archiv der Dresdner Bank Frankfurt am Main
*Bestand:*
Rundschreiben der Wirtschaftsgruppe Privates Bankwerbe

Archiv hlavního města Prahy [Archiv der Hauptstadt Prag]
*Bestand:*
Fond národní obnovy [Fond Nationale Erneuerung]
Trestní komise nalézací ÚNV hl. m. Prahy [Straf-Spruchkammer beim Zentral Volksausschuss der Hauptstadt Prag]

Archiv des Instituts für Zeitgeschichte München
Sammlung Nürnberger Prozesse

Archiv Kanceláře prezidenta republiky Praha [Archiv der Kanzlei des Präsidenten der Republik, Prag]
*Sign.:*
1277 B, D 2719/45/B, L 772/1939, D 4798/40

Bundesarchiv Berlin
*Bestand:*
R 2 (Reichsfinanzministerium)
R 30/Anh. (Böhmische Escompte-Bank)
R 87 (Reichskommissar für feindliches Vermögen)
R 901 (Auswärtiges Amt)
R 2301 (Rechnungshof des Deutschen Reiches)
R 2501 (Deutsche Reichsbank)
R 8119 (Deutsche Bank)
NS 3 (SS Wirtschafts-Verwaltungshauptamt)
NS 19 (Persönlicher Stab Reichsführer SS)

Historisches Archiv der Deutschen Bank Frankfurt am Main
*Band:*
B0153, B0162, B0167, B0176, B0195, B0203, B0204, F 50/999, P06942

Landesarchiv Berlin
*Sign:*
B Rep. 039–01

Moravský zemský archiv Brno [Mährisches Landesarchiv Brünn]
*Bestand:*
B 251 (Říšský protektor v Čechách a na Moravě, služebna pro zemi Moravu v Brně) [Reichsprotektor für Böhmen und Mähren, Dienststelle für das Land Mähren in Brünn]
B 254 (Oberlandrát Brno) [Oberlandrat Brünn]
B 255 (Oberlandrát Jihlava) [Oberlandrat Iglau]
B 257 (Oberlandrát Prostějov) [Oberlandrat Proßnitz]
B 276 (Šéf civilní správy Brno 1939) [Chef der Zivilverwaltung Brünn]
D 25 (Celní pátrací služebna, pobočka Brno) [Zollfahndungsstelle, Zweigstelle Brünn]
G 375 (NSDAP Vyškov) [NSDAP – Ortsgruppe Vyškov]
G 376 (NSDAP – místní skupina Prostějov) [NSDAP – Ortsgruppe Proßnitz]
G 427 (Německá správa zabaveného majetku Brno) [Deutsche Verwaltung von beschlagnahmten Vermögen Brünn]

Národní archiv Praha [Nationalarchiv Prag]
*Bestand:*
Arizační spisy [Arisationsakten]

Česká banka Union [Böhmische Union-Bank]
Česká eskomptní banka [Böhmische Escompte-Bank]
Gestapo – řídící úřadovna Praha [Gestapo – leitende Dienststelle Prag]
Ministerstvo financí [Finanzministerium]
Prezidium ministerské rady [Presidium des Ministerrats]
Státní úřad statistický (SÚS) [Staatliches Statistikamt]
Státní tajemník při říšském protektoru (AMV 109) [Staatssekretär beim Reichsprotektor]
Úřad říšského protektora (ÚŘP) [Amt des Reichsprotektors]
Úřad říšského protektora (fond AMV 114) [Amt des Reichsprotektors]

Österreichisches Staatsarchiv – Archiv der Republik Wien
*Bestand:*
Bundesministerium für Handel – allgemein 1918–41

Politisches Archiv des Auswärtigen Amtes Berlin
*Band:*
R 103852, R 103853, R 101358

Správní archiv Ministerstva financí České Republiky Praha [Verwaltungsarchiv des Finanzministeriums Prag]
*Registratur:*
Böhmische Escompte-Bank
Böhmische Union-Bank
Kreditanstalt der Deutschen

Staatsarchiv Nürnberg
*Bestand:*
Kriegsverbrecher Anklage Dokumente (Fotokopien)

Státní oblastní archiv Litoměřice [Staatliches Regionalarchiv Leitmeritz]
*Bestand:*
Úřad vládního prezidenta Ústí nad Labem [Regierungspräsident Aussig an der Elbe]

Státní oblastní archiv Plzeň [Staatliches Regionalarchiv Pilsen]
*Bestand:*
Oberlandrat Klatovy [Oberlandrat Klattau]

Státní oblastní archiv Praha [Staatliches Regionalarchiv Prag]
*Bestand:*
Oberlandrat Praha [Oberlandrat Prag]

Státní oblastní archiv Třeboň [Staatliches Regionalarchiv Třeboň]
*Bestand:*
Obchodní a živnostenská komora České Budějovice [Handels- und Gewerbekammer Budweiss]

Židovské muzeum Praha [Das jüdische Museum in Prag]
archiv oddělení holocaustu [Abteilung Holocaust]

## b) Veröffentlichte Quellen (zeitgenössische Publikationen)

*Allgemeiner deutscher Bankiertag 18(9)38*. Ansprachen, Vorträge und Teilnehmer. Berlin: Walter de Gruyter & Co. 1938, S. 95–97

*Compass*, Kommerzielles Jahrbuch, Böhmen und Mähren, 71. Jg., Prag: Compassverlag G.m.b.H. 1938

*Compass*, Finanzielles Jahrbuch, Böhmen und Mähren, 77. Jg., Prag: Compassverlag G.m.b.H. 1944

*Friedmann, Franz*: Rechtsstellung der Juden im Protektorat Böhmen und Mähren. Stand am 31.7.1942, Teil – Ausschaltung der Juden aus der Wirtschaft

*Kašpar, Josef* (ed.): Československé burzovní papíry. Příručka pro kapitalisty a burzovní interesenty 1938–1939, roč. XIV, Praha: Nakladatel Josef Kašpar 1938

*Kašpar, Josef (ed.)*: Pražské burzovní papíry 1940–1941, roč. XVI, Praha: Nakladatel Josef Kašpar 1940

*Ministerial-Blatt Reichswirtschaftsministeriums,* 40. Jg., 6. März 1940, Nr. 7, S. 94. Verfahren bei der Entjudung feindlichen Vermögens. Runderlaß des RWiM vom 27. Februar 1940

*Reichsgesetzblatt 1939–1945*

*Der Rentenführer*. Handbuch der festverzinslichen Werte 1942/1943. *Schwaag, Otto* (Bearbeiter): Das Spezialarchiv der deutschen Wirtschaft. Berlin: Verlag Hoppenstedt et Co. 1942

*Sbírka zákonů a nařízení Protektorátu Čechy a Morava 1939–1945*

*Sbírka zákonů a nařízení státu Československého 1938–1939*, Praha 1938–1939

*Schwaag, Otto (Hg.)*: Der Rentenführer. Handbuch der festverzinslichen Werte 1942/1943, Berlin: Verlag Hoppenstedt et Co. 1942

*Stier, Rudolf/Schmidt, Helmut*: Sicherstellung des jüdischen Vermögens. 7 Teil. Die Ausschaltung der Juden aus der Wirtschaft, Prag: 1941

*Stier, Rudolf/Schmidt, Helmut*: Die Ausschaltung der Juden aus der Wirtschaft des Protektorats Böhmen und Mähren, Kommentar zu den Verordnungen des Reichsprotektors über das jüdische Vermögen und zur Ausschaltung der Juden aus der Wirtschaft des Protektorats. Zusammenstellung der übrigen ergangenen Verordnungen nach dem Stande vom 15. März 1941, Prag: 1941

*Utermöhle, Walter/Schmerling, Herbert*: Zajištění židovského majetku. Vysvětlivky k vyhlášce ministerstva financí ze dne 23. ledna 1940, čj. 25761/39-VI, Praha: Ústavy lidového peněžnictví a Ústřední svaz bankovních činností 1940

*Utermöhle, Walter/Schmerling, Herbert*: Zajištění židovského majetku, peněžní styk se Židy, Praha: Ministerstvo financí 1940

*Utermöhle, Walter/Schmerling, Herbert*: Die Rechtsstellung der Juden im Protektorat Böhmen und Mähren, Stand: 15. August 1940, Prag: Reichsprotektor in Bohmen und Mähren 1940

*Utermöhle, Walter / Schmerling, Herbert / Bing, Martin*: Zajištění židovského majetku. II. Dodatek, III. díl, C. Vysvětlivky k nakládání cennými papíry Židů a k třetímu a pátému prováděcímu výnosu říšského protektora o židovském majetku z 21. června 1939, Praha: Ústavy lidového peněžnictví a Ústřední svaz bankovních živností v Praze 1940

*Verodnungsblatt des Reichsprotektors in Böhmen und Mähren 1939–1942.*

*Veselý, Vilém*: Říšské právo v Čechách a na Moravě. Soubor říšských právních norem platných v protektorátu Čechy a Morava a souvisících a příbuzných předpisů protektorátních, Praha: Právnické knihkupectví a nakladatelství Linhart 1940

*Věstník říšského protektora ročník1939*

*Wirtschafts-Handbuch 1943* (Handelsteil der Frankfurter Zeitung, 80 (1943)

*Zajištění židovského majetku*, II. dodatek, III. díl, Praha: Ústavy lidového peněžnictví a Ústřední svaz bankovních živností v Praze 1940

## c) Veröffentlichte Quellen (wissenschaftliche Editionen)

*Ermittlungen gegen die Deutsche Bank 1946/47.* (OMGUS, Militärregierung der Vereinigten Staten für Deutschland, Finanzabteilung, Sektion für Finanzielle Nachvorschungen). Übersetzt und bearbeitet von der Dokumentationsstelle zur NS-Politik Hamburg, Nördlingen: Franz Greno 1985

*Ermittlungen gegen die Dresdner Bank 1946.* (OMGUS, Militärregierung der Vereinigten Staten für Deutschland, Finanzabteilung, Sektion für Finanzielle Nachvorschungen). Übersetzt und bearbeitet von der Hamburger Stiftung für Sozialgeschichte des 20. Jahrhunderts, Nördlingen: Franz Greno 1986

*Kárný, Miroslav/Milotová, Jaroslava (ed.):* Anatomie okupační politiky hitlerovského Německa v „Protektorátu Čechy a Morava". Dokumenty z období říšského protektora Konstantina von Neuratha. Sborník k problematice dějin imperialismu, sv. 21, Praha: Ústav československých a světových dějin Československé akademie věd 1987

*Kárný, Miroslav/Milotová, Jaroslava/Kárná, Margita (Hg.)*: Deutsche Politik in Protektorat Böhmen und Mähren unter Reinhard Heydrich 1941–42: eine Dokumentation, Berlin: Metropol 1997

*Kárný, Miroslav/Frankl, Michal/Schindler, Zdeněk/Meyhöfer, Rita/Kárný, Ondřej (Hg.):* Theresienstädter Gedänkbuch. Die Opfer der Judentransporte aus Deutschland nach Theresienstadt 1942–45, Prag: Institut Theresienstädter Initiative/Academia 2000

*Krejčová, Helena / Svobodová, Jana / Hyndráková, Anna (ed.):* Židé v protektorátu. Hlášení Židovské náboženské obce v roce 1942. Dokumenty, Praha: Academia 1997

*Mendelsohn, John / Detwiler, Donald S. (ed.)*: The Holocaust. Selected Documents in Eighteen Volumes, Vol. 3, The Crystal Night Pogrom, New York – London: Garland 1982

*Milotová, Jaroslava / Kárný, Miroslav* (ed.): Od Neuratha k Heydrichovi. Dokumenty, in: Sborník archivních prací, roč. XXXIX (1989), svazek 2, s. 281–394

*Schindler, Zdeněk / Kárná, Margita / Linhartová, Lenka / Brod, Toman* (ed.): Terezínská pamětní kniha. Židovské oběti nacistických deportací z Čech a Moravy 1941–1945, díl II.., Praha: Terezínská iniciativa / Melantrich 1995

## d) Darstellungen

*Aalders, Gerard*: Geraubt! Die Enteignung jüdischen Besitzes im Zweiten Weltkrieg, Köln: Diettrich Verlag 2000

*Bähr, Johannes*: Der Goldhandel der Dresdner Bank im Zweiten Weltkrieg, Leipzig: Kiepenheuer 1999

*Bajohr, Frank*: „Arisierung" als gesellschaftlicher Prozeß. Verhalten, Strategien, und Handlungsspielräume jüdischer Eigentümer und „arischer" Erwerber, in: *Wojak, Irmtrud (Hg.)*: „Arisierung" im Nationalsozialismus. Volksgemeinschaft, Raub und Gedächtnis, Frankfurt am Main – New York: Campus-Verlag 2000, S. 15–30

*Bajohr, Frank*: Die wirtschaftliche Existenzvernichtung und Enteignung der Juden. Forschungsbilanzen und offene Fragen, in: Milotová, Jaroslava / Wögerbauer, Michael / Hájková, Hana (Hg.): Theresienstädten Studien und Dokumente 2006, Praha: Institut Theresienstädter Iniziative, S. 348–363.

*Brandes, Detlef*: Die Tschechen unter deutschem Protektorat, Teil I, Besatzungspolitik, Kollaboration und Widerstand im Protektorat Böhmen und Mähren bis Heydrichs Tod 1939–1942, München / Wien: Oldenbourg Verlag 1969

*Bräutigam, Petra*: Mittelständische Unternehmer im Nationalsozialismus. Wirtschaftliche Entwicklungen und soziale Verhaltenweisen in der Schuh- und Lederindustrie Badens und Württembergs, München: Oldenbourg Verlag 1997

*Braumandl, Wolfgang*: Die Wirtschafts- und Sozialpolitik des Deutschen Reiches im Sudetenland 1938–45, Nürnberg: Preußler 1985

*Dean, Martin*: Robbing the Jews: The confiscation of Jewish property in the Holocaust, 1933–1945, Cambridge: Cambridge University Press 2008

*Dejmek, Jindřich*: Československá diplomacie v době Druhé republiky (říjen 1938-březen 1939), in: Acta Universitatis Carolinae – Philosophica et Historica 1 – 1998. Studia Historica XLVIII, Praha: Karolinum 2000, S. 9–26

*Franěk, Otakar*: Dějiny koncernu brněnské Zbrojovky, Díl. 3: Koncern brněnské Zbrojovky v letech 1939/1945, Brno: Blok 1973

*Gall, Lothar / Feldman, Gerald D. / James, Herold / Holtfrerich, Carl-Ludwig / Büschgen, Hans E.*: Die Deutsche Bank 1870–1995, München: Verlag C. H. Beck 1995

*Gebel, Ralf*: „Heim ins Reich!". Konrad Henlein und der Reichsgau Sudetenland 1938–1945, München: Oldenbourg Verlag 1999

*Gebhart, Jan/Kuklík, Jan*: Druhá republika 1938–1939. Svár demokracie a totality v politickém, společenském a kulturním životě, Litomyšl: Paseka 2004

*Goschler, Constatin/Ther, Philipp*: Eine entgrenzte Geschichte. Raub und Rückerstattung jüdischen Eigentums in Europa, in: *Goschler, Constatin/Ther, Philipp (Hg.)*: Raub und Restitution. „Arisierung" und Rückerstattung jüdischen Eigentums in Europa, Frankfurt am Main: Fischer Taschenbuch Verlag 2003, S. 9–25

*Herbst, Ludolf/Weihe, Thomas (Hg.)*: Die Commerzbank und die Juden 1933–1945, München: C. H. Beck 2004

*Hilberg, Raul*: Die Vernichtung der europäischen Juden, Bd. 1, Frankfurt am Main: Fischer Taschenbuch Verlag 1991

*Chmela, Leopold*: Hospodářská okupace Československa, její metody a důsledky, Praha: Orbis 1946

*James, Harold*: The Deutsche Bank and the Nazi Economic War against the Jews, Cambridge: Cambridge University Press 2001

*James, Harold*: Die Deutsche Bank im Dritten Reich, München: Verlag C. H. Beck 2003

*James, Harold*: Die Deutsche Bank und die „Arisierung", München: Verlag C. H. Beck 2001

*James, Harold*: Die Rolle der Banken im Nationalsozialismus, in: *Gall, Lothar/Pohl, Manafred (Hg.)*: Unternehmen im Nationalsozialismus, München: Verlag C. H. Beck 1998, S. 25–36

*Jančík, Drahomír*: Die „Arisierungsaktivitäten" der Böhmischen Escompte-Bank im Protektorat Böhmen und Mähren 1939–1945, in *Ziegler, Dieter (Hg.)*: Geld und Kapital 2001. Banken und „Arisierungen" in Mitteleuropa während des Nationalsozialismus, Stuttgart: Franz Steiner Verlag 2002, S. 143–173

*Jančík, Drahomír*: Metody germanizace českého hospodářského prostoru v období německé okupace na příkladu Báňské a hutní společnosti Praha, in: Acta oeconomica Pragensia. Vědecký časopis Vysoké školy ekonomické v Praze 16 (2008), Nr. 1, S. 53–64

*Jančík, Drahomír/Kubů, Eduard*: "Arizace" a arizátoři. Drobný a střední židovský majetek v úvěrech Kreditanstalt der Deustchen (1939–45), Praha: Karolinum 2005

*Jančík, Drahomír/Kubů, Eduard*: „Arizace na úvěr". Příspěvek Kreditanstalt der Deutschen ke germanizaci hospodářského života v „Protektorátu Čechy a Morava", Studie Národohospodářského ústavu Josefa Hlávky, Praha: Národohospodářský ústav Josefa Hlávky 2003

*Jančík, Drahomír/Kubů, Eduard (ed.)*: Arizační profitenti. Německé obchodní banky v procesu „arizace" a konfiskace židovského majetku v Protektorátu Čechy a Morava (1939–1945). Výstup kolektivního vědeckého projektu Ministerstva zahraničních věcí ČR (RB 35/19/00), Praha 2002

*Jančík, Drahomír/Kubů, Eduard/Kuklík, Jan jun.*: „Arizace" a restituce židovského majetku v českých zemích (1939–2000), Praha: Univerzita Karlova – Filozofická fakulta 2003

*Jančík, Drahomír/Kubů, Eduard/Kuklík, Jan jun./Novotný, Jiří/Šouša, Jiří*: „Spící konta" ve švýcarských bankách za znárodněný majetek v Československu? Československo-švýcarská jednání o tzv. náhradových otázkách (1945–1967), in: *Harna, Josef/Prokš,*

*Petr*: Studie k moderním dějinám. Sborník prací k 70. narozeninám Vlastislava Laciny, Praha: Historický ústav AV ČR 2001, S. 445–462

*Jančík, Drahomír/Kubů, Eduard/Novotný, Jiří/Šouša, Jiří:* Ein abartiges Monopol „Hadega" Handelsgesellschaft m.b.H. und ihr Geschäft mit Edelmetallen und Edelsteinen während des Zweiten Weltkrieges, in: *Kárný, Miroslav/Milotová, Jaroslava/Kemper, Raimund/Wögerbauer, Michael (Hg.)*: Theresienstädter Studien und Dokumente 2001, Praha: Academia/Institut Terezínské iniciativy 2001, S. 305–372

*Jančík, Drahomír/Kubů, Eduard/Novotný, Jiří/Šouša, Jiří*: „Arizace" a germanizace cenných papírů jako instrument k potlačení židovského a českého elementu ve velkopodnikatelském hospodářství Protektorátu Čechy a Morava a Sudetoněmecké župy. Výstup kolektivního vědeckého projektu Ministerstva zahraničních věcí ČR (RB 35/19/02), Praha 2004

*Jančík, Drahomír/Kubů, Eduard/Novotný, Jiří/Šouša, Jiří:* Der Mechanismus der Enteignung jüdischen Goldes im „Protektorat Böhmen und Mähren" und seine Funktionsweise (1939–1945), in: Zeitschrift für Unternehmensgeschichte 46 (2001), S. 58–76

*Jančík, Drahomír/Kubů, Eduard/Novotný, Jiří/Šouša, Jiří:* Zusammenhänge und Analogie der NS „Arisierungs-" und Germanisierungspolitik in Österreich und Protektorat Böhmen und Mähren, in: Prager wirtschafts- und sozialhistorische Mitteilungen – Prague Economic and Social History Papers Bd./Vol. 9 (2009), s. 93–110

*Jančík, Drahomír/Kubů, Eduard/Šouša, Jiří*: „Aryanization" and Social Change in the Bohemian Lands, 1938-1945. Acquisition of Jewish Properte – an Instrument of Social Rise for the New Owners, in: Matis, Herbert/Resch, Andreas/Stiefel, Dieter (Hg.): Unternehmertum im Spannungsfeld von Politik und Gesellschaft. Unternehmerische Aktivitäten in historischer Perspektive. Beiträge gesammelt zu Ehren von Alice Teichova. Wien / Berlin: LIT Verlag GmbH & Co. KG / LIT Verlag Dr. W. Hopf 2010, S. 215–250

*Kárný, Miroslav*: „Konečné řešení". Genocida českých židů v německé protektorátní politice, Praha: Academia 1991

*Kárný, Miroslav*: Síla a slabost hospodářského koncernu SS: Případ Bučovice, in: Slezský sborník roč. 84 (1986), s. 32–50

*Kárný, Miroslav*: Strategie hospodářského koncernu SS, in: Sborník historický 33, Praha: Academia 1986, s. 135–191

*Koch, Peter-Ferdinand (Hg.)*: Das Dritte Reich in Dokumenten 1: Die Dresden Bank und der Reichsführer SS, Hamburg: Facta Oblita 1987

*Koch, Peter-Ferdinand (Hg.)*: Das Dritte Reich in Dokumenten 2: Himmlers graue Eminenz, Oswald Pohl: und das Wirtschaftsverwaltungshauptamt der SS. Hamburg: Facta Oblita 1988

*Kopper, Christopher*: „Die Arizierung" der deutsch-böhmischen Aktienbanken, in: *Barth, Boris/Faltus, Jozef/Křen, Jan/Kubů, Eduard (Hg.)*: Konkurenzpartnerschaft. Die deutsche und die Tsechoslowakische Wirtschaft in die Zwischenkriegszeit, Essen: Klartext 1999, S. 236–245

*Kopper, Christopher*: Zwischen Marktwirtschaft und Dirigismus. Bankenpolitik im „Dritten Reich" 1933–1939, Bonn: Bouvier 1995

*Král, Václav*: Otázky hospodářského a sociálního vývoje v českých zemích v letech 1938–1945, I–III, Praha: Nakladatelství Československé akademie věd 1957–59

*Kreutzmühler, Christoph / Kučera, Jaroslav*: Die Commerzbank und die Vernichtung der jüdischen Gewerbetätigkeit in den böhmischen Ländern und den Niederlanden, in: *Herbst, Ludolf / Weihe, Thomas (Hg.)*: Die Commerzbank und Juden 1933–1945, München: Verlag C. H. Beck 2004, S. 173–222

*Krüger, Karl*: Reichskommissar für die Behandlung feindlichen Vermögens, in: Bank-Archiv. Zeitschrift für Bank- und Börsemwesen 1949, Nr. 6 (15. 3. 1940)

*Kubů, Eduard*: The Association of Czechoslovak Banks. Professional Interest Group or Kartel? In: Prager Wirtschafts- und Sozialhistorische Mitteilungen / Prague Economic- and Social Hisstory Papers, Bd. 1, 1994, S. 99–104

*Kubů, Eduard*: Czechoslovak Gold reserves and their surrender to Nazi Germany, in: Nazi Gold. The London Conference 2.–4. Dezember 1997 [Foreign and Comonwealth Office], London: Stationery Office 1998, S. 245–248

*Kubů, Eduard*: Die Kreditanstalt der Deutschen 1911–1945. Ein Beitrag zum Wirtschaftsnationalismus der Deutschen in den böhmischen Ländern und ihrem Verhältnis zum Deutschland, in: Zeitschrift für Unternehmensgeschichte 45 (2000), Nr. 1., S. 3–29

*Kubů, Eduard*: Příspěvek k expanzi Dresdner Bank do střední Evropy. Nucená likvidace filiálky Živnostenské banky ve Vídni po „rakouském anšlusu", in: Pocta profesoru Zdeňkovi Jindrovi. Acta Universitatis Carolinae, Philosophica et historica 3/1998, Studia historica L, Praha: Karolinum 2003, s. 261–282

*Kubů, Eduard*: Die Verwaltung von konfisziertem und sequestriertem Vermögen – eine spezifische Kategorie des „Arisierungs-Profits": Die Kreditanstalt der Deutschen und ihre Abteilung „F", in: *Ziegler, Dieter (Hg.)*: Geld und Kapital 2001. Banken und „Arisierungen" in Mitteleuropa während des Nationalsozialismus, Stuttgart: Steinerverlag 2002, S. 175–210

*Kubů, Eduard*: Zur Rolle der Dresdner Bank im Prozess der „Arisierung" und Germanisierung des Westböhmischen Bergbau-Aktien-Vereins (Západočeský báňský akciový spolek). In: Dagmara Jajeśniak-Quast / Torsten Lorenz / Uwe Müller / Katarzyna Stokłosa (Hg.): Soziale Konflikte und nationale Grenzen in Ostmitteleuropa. Festschrift für Helga Schultz zu 65. Geburtstag, Berlin: Berliner Wissenschafts-Verlag 2006, S. 189–200.

*Kubů, Eduard / Novotný, Jiří / Šouša, Jiří*: Proces „odžidovštění" Böhmische Escompte-Bank und Credit-Anstalt v Praze (1939–1940), in: *Dvořák, Tomáš / Vlček, Radomír / Vykoupil, Libor (ed.)*: Milý Bore... Profesoru Ctiboru Nečasovi k jeho sedmdesátým narozeninám, Brno: Matice Moravská 2003, S. 83–97

*Kubů, Eduard / Novotný, Jiří / Šouša, Jiří*: The Process of „Dejewification" of the Böhmische Escompte-Bank und Credit-Anstalt in Prague (1939–1940), The Dismissal of Jewish Employees and Expulsion of Jews from Statuary Bodies following the creation of the Protectorate of Bohemia and Moravia, in: Prager wirtschafts- und sozialhistorische Mitteilungen / Prague Economic and Social History Papers Bd. / Vol. 7 (2004 / 2005), Prag 2005, S. 134–153

*Kubů, Eduard/Novotný, Jiří/Šouša, Jiří*: Under Threat of nazi Occupation: The Fate of Multinationals in the Czech Lands, 1938–1945, in: *Kobrak, Christopher/Hansen, Per H. (ed)*: European Business, Dictatorship, and Political Risk, 1920–1945, New York/Oxford: Berghahn Books 2004, pp. 206–222

*Kunert, Jakub/Novotný, Jiří*: Central Banking in the Czech Lands, Prague: Czech National Bank 2008.

*Laak, Dirk van*: Die Mitwirkenden bei der „Arisierung", in: *Büttner, Ursula (Hg.)*: Die Deutschen und die Judenverfolgung im Dritten Reich, Hamburg: Christians 1992, S. 231–257

*Lacina, Vlastislav*: Nostrifikace podniků a bank v prvním desetiletí Československé republiky, in: Český časopis historický 1992 (1994), S. 77–93.

*Lindner, Stephan H.*: Das Reichskommissariat für die Behandlung feindlichen Vermögens im Zweiten Weltkrieg. Eine Studie zur Verwaltungs-, Rechts- und Wirtschaftsgeschichte des natinalsozialistischen Deutschlands, in: Zeitschrift für Unternehmensgeschichte, Beiheft 67, Stuttgart: 1997

*Melichar, Peter*: Neuordnung im Bankwesen. Die NS-Maßnahmen und die Problematik der Restitution, Wien – München: Oldenbourg Verlag 2004

*Milotová, Jaroslava*: Banky ve službách gestapa a Ústředny pro židovské vystěhovalectví, in: Jančík, Drahomír / Kubů, Eduard (Hg.): Arizační profitenti. Německé obchodní banky v procesu arizace a konfiskace židovského majetku v Protektorátu Čechy a Morava (1939–1945) (RB 35 / 19 / 00), Praha 2002, S. 279–320

*Milotová, Jaroslava:* Die Zentralstelle für jüdische Auswanderung in Prag. Genesis und Tätigkeit bis zum Anfang des Jahres 1940, in: *Kárný, Miroslav/Kárná, Margita/Kemper, Raimund (Hg.)*: Theresienstädter Studien und Dokumente 1997, Praha: Academia/Institut Theresienstädte Initiative 1997, S. 7–30

*Milotová, Jaroslava*: Zur Geschichte der Verordnung Konstantin von Neuraths über das jüdische Vermögen, in: *Milotová, Jaroslava/Rathgeber, Ulf/Kalinová, Gabriela (Hg)*: Theresienstädter Studien und Dokumente 2002, Praha: Academia/Institut Theresienstädte Initiative 2002, S. 75–115

*Milotová, Jaroslava und Kollektiv:* Jewish Gold and other Precious Metals, Precious Stones and Objects made of such Materials – Situation in the Czech Lands in the Years 1939 to 1945. Unlawful Infringement of Property Rights and its Scope; Subsequent Fate of the Jewish Assets Affected by this Infringement. Report by a Team of Experts Created by the Joint Task Force based on Decision No. 773 of the Czech Government of November 25, 1998, Prague: Publishing House Sefer/Terezin Initiative Institute 2001

*Naasner, Walter*: SS-Wirtschaft und SS-Verwaltung. „Das SS-Wirtschafts-Verwaltungshauptamt und die unter seiner Dienstaufsicht stehenden wirtschaftlichen Unternehmungen", Düsseldorf: Droste Verlag 1998

*Novotný, Jiří*: Národní banka Československá 1919–1950, in: Československé bankovky, státovky a mince 1919–1992, Praha: Lunarion 1993, S. 19–28

*Novotný, Jiří/Šouša, Jiří*: Banka ve znamení zeleného čtyřlístku. Agrární banka 1911–1938 (1948), Praha: Karolinum 1996

*Novotný, Jiří / Šouša, Jiří*: Instrument germanizace velkého podnikání v Protektorátu Čechy a Morava? K vývoji Pražské burzy pro zboží a cenné papíry a jejímu fungování při obchodování akciemi v letech 1938–1945. In: Acta oeconomica pragensia. Vědecký časopis Vysoké školy ekonomické v Praze 16 (2008), Nr. 1, S. 74–87

*Novotný, Jiří/Šouša, Jiří*: Die Nationalbank in den Jahren 1939–1945 und die „Arisierung" im Protektorat Böhmen und Mähren, in: *Dieter, Ziegler (Hg.)*: Geld und Kapital 2001, Jahrbuch der Geselschaft für mitteleuropische Banken- und Sporkassengeschichte. Banken und „Arisierungen" in Mitteleuropa während des Nationalsozialismus, Stuttgart: Franz Steiner Verlag 2002, S. 119–142

*Oprach, Marc*: Nationalsozialistische Judenpolitik im Protektorat Böhmen und Mähren. Entscheidungsabläufe und Radikalisierung, Hamburg: Verlag Dr. Kovač 2006

*Pasák, Tomáš*: Pod ochranou říše, Praha: Práh 1998

*Petrův, Helena*: Právní postavení židů v Protektorátu Čechy a Morava (1939–1941), Praha: Nakladatelství Sefer / Institut Terezínské iniciativy 2000

*Plecháček, Ivo*: Vývoj českého lidového peněžnictví, kandidátská disertační práce Filozofické fakulty Univerzity Karlovy, Praha 1978

*Rappl, Marian*: „Arisierungen" in München. Die Verdrängung der jüdischen Gewerbetreibenden aus dem Wirtschaftsleben der Stadt 1933–1939, in: Zeitschrift für bayerische Landesgeschichte, Bd. 63 (2000), Heft 1

*Rataj, Jan*: O autoritativní národní stát. Ideologické proměny české politiky v druhé republice 1938–1939, Praha: Karolinum 1997

*Ryba, Jan*: Antisemitské delikty ve spisech trestních komisí nalézajících Ústředního národního výboru hlavního města Prahy (typologie, metodické problémy, otevřené otázky), in: Retribuce v ČSR a národní podoby antisemitismu. Židovská problematika a antisemitismus ve spisech mimořádných lidových soudů a trestních komisí ONV v letech 1945–1948, Praha: Ústav pro soudobé dějiny 2002, S. 111–120.

*Sádlová-Burgerová, Lenka*: Využívání předpisu o vyřazování židů z hospodářského života v Protektorátu Čechy a Morava proti národnostně českým hospodářským subjektům, diplomová práce Filozofické fakulty Univerzity Karlovy, Praha 2005

*Schmid, Daniel C.*: Dreiecksgeschichten. Die Schweizer Diplomatie, das „Dritte Reich" und die böhmischen Länder 1938–45, Zürich: Chronos-Verlag 2004

*Schmid, Daniel*: Hopfen und Malz verloren? Zur Arisierung der Jüdischen Malzfabriken im Protektorat Böhmen und Mähren, in: *Milotová, Jaroslava/Rathgeber, Ulf/Kalinová, Gabriela (Hg)*: Theresienstädter Studien und Dokumente 2002, Praha: Academia / Institut Theresienstädte Initiative 2002, S. 116–134

*Schlussbericht der Historikerkommission der Republik Österreich.* Vermögenentsetzung während der NS-Zeit sowie Rückstellungen und Entschädigungen seit 1945 in Österreich. Zusammenfassungen und Einschätzungen, in: *Jabloner, Clemens/Bailer-Galanda, Brigite/Blimlinger, Eva/Graf, Georg/Knight, Robert/Mikoletzky, Lorenz/Perz, Bernard/Sandgruber, Roman/Stuhlpfarrer, Karl/Teichova, Alice (Hg.)*: Veröffentlichungen der Österreichischen Historikerkommission. Vermögenentsetzung während der NS-Zeit sowie Rückstellungen und Entschädigungen seit 1945 in Österreich. Bd. 1, Wien – München: Oldenbourg Verlag 2003

*Die Schweiz, der Nationalsozialismus und der Zweite Weltkrieg.* Schlussbericht, Zürich: Chronos-Verlag 2001

*Sobota, Emil*: Co to byl protektorát, Praha: Kvasnička a Hampl 1946

*Steinberg, Jonathan*: The Deutsche Bank and its Gold Transactions during the Second World War, München: C. H. Beck Verlag 1998

*Teichova, Alice*: An economic background to Munich. International business and Czechoslovakia 1918–1938, London: Cambridge University Press 1974

*Tüchler, Michael*: Rechtliche Regelungen in Zusammenhang mit der Entziehung von Wertpapieren, in: *Gruber, Michael/Tüchler, Michael (Hg.)*: Rechtsfragen der Entziehung, Bereinigung und Rückstellung von Wertpapieren, Veröffentlichungen der Österreichischen Historikerkommission. Vermögenentsetzung während der NS-Zeit sowie Rückstellungen und Entschädigungen seit 1945 in Österreich, Bd. 31, Wien – München: Oldenbourg Verlag 2004

*Vencovský, František (Hg.)*: Dějiny bankovnictví v českých zemích, Praha: Bankovní institut 1999

*Weihe, Thomas*: Die Verdrängung jüdischer Mitarbeiter und er Wettbewerb um Kunden im Nationalsozialismus, in: *Herbst, Ludolf/Weihe, Thomas (Hg.)*: Die Commerzbank und die Juden 1933–1945, München: Verlag C. H. Beck 2004, S. 43–73

*Wirtz, Stephan/Kolbe, Christian*: Enteignung der jüdischen Bevölkerung in Deutschland und nationalsozialistische Wirtschaftspolitik 1933–1945. Annotierte Bibliographie, Frankfurt am Main: Fritz-Bauer-Institut 2000

*Wixforth, Harald*: Auftakt zur Ostexpansion. Die Dresdner Bank und die Umgestaltung des Bankwesens im Sudetenland 1938/39, Dresden: Hannah Arendt – Institut für Totalitarismusvorschung e. V. an der Technischer Universität Dresden 2001

*Wixforth, Harald* (unter Mitarbeit von Johannes Bähr, Jörg Osterloh, Friederike Sattler und Dieter Ziegler): Die Expansion der Dresdner Bank in Europa, in *Henke Klaus-Dietmar (Hg.)*: Die Dresdner Bank im Dritten Reich, Bd. 3, München: R. Oldenbourg Verlag 2006

*Ziegler, Dieter*: Die deutschen Großbanken im „Altreich“ 1933–1939, in: *Stiefel, Dieter (Hg)*: Die politische Őkonomie des Holocaust. Zur wirtschaftlichen Logik von Verfolgung und „Wiedergutmachung“. Wien – München: Verlag für Geschichte und Politik – Oldenbourg Verlag 2001

*Ziegler, Dieter/Wixforth, Harald/Osterloh, Jörg*: „Aryanisation“ in Central Europe, 1933–1939: a preliminary account for Germany (the „Altreich“), Austria and the „Sudeten“ area, in: *Gourvish, Terry (ed.)*: Business and Politics in Europe, 1900–1970. Essays in Honour of Alice Teichova, Cambridge: Cambridge University Press 2003, pp. 187–214

*Zimmermann, Volker*: Die Sudetendeutschen im NS-Staat. Politik und Stimmung der Bevölkerung im Reichsgau Sudetenland (1938–1945), Essen: Klartext-Verlag 1995

*Zimmermann, Volker*: Täter und Zuschauer. Die Judenverfolgung im „Sudetengau“ 1938–1945, in: *Kárný, Miroslav/Kemper, Raimund (Hg.):* Theresienstädter Studien und Dokumente 1999. Praha: Academia/Institut Theresienstädte Initiative 1999, S. 180–203

# Personenregister

# Ortsregister

# Abkürzungen

| | |
|---|---|
| A.G. | Aktiengesellschaft |
| AČNB | Archiv České národní banky Praha (Archiv der Tschechischen Nationalbank) |
| AIfZ | Archiv des Instituts für Zeitgeschichte |
| AKPR | Archiv Kanceláře prezidenta republiky (Archiv der Kanzlei des Präsidenten der Republik) |
| AMP | Archiv hlavního města Prahy (Archiv der Hauptstadt Prag) |
| ARP | Amt des Reichsprotektors |
| AS | Arizační spisy (Arisierungsakten) |
| AV ČR | Akademie věd České republiky (Akademie der Wissenschaften der Tschechischen Republik) |
| BA | Bundesarchiv |
| BEB | Böhmische Escompte-Bank |
| BUB | Böhmische Union-Bank |
| ČEB | Česká eskomptní banka (Böhmische Escompte-Bank) |
| ČSR | Československá republika (Tschechoslowakische Republik) |
| DB | Deutsche Bank |
| HADB | Historisches Archiv der Deutschen Bank |
| Inv. Nr. | Inventarnummer |
| K | Krone |
| Kart. | Karton |
| KdD | Kreditanstalt der Deutschen |
| KPR | Kanzlei des Presidents |
| KV Ankl. | Kriegsverbrecher Anklage |
| MF ČR | Ministerstvo financí České republiky (Finanzministeriums der Tschechischen Republik) |
| MZA | Moravský zemský archiv (Mährisches Landesarchiv) |
| NA | Národní archiv (Nationalarchiv Prag) |
| NBČ | Národní banka Československá (Tschechoslowakische Nationalbank) |
| NSDAP | Nationalsozialistische deutsche Arbeiterpartei |
| ONV | Okresní národní výbor (Bezirksnationalausschuss) |
| PAA | Politisches Archiv des Auswärtigen Amtes |
| RGBl | Reichsgesetzblatt |
| RLM | Reichsluftsministerium |
| RM | Reichsmark |
| RWH | Reichswirtschaftshilfe |
| RWiM | Reichswirtschaftsministerium |

| | |
|---|---|
| SA | Sturmabteilung |
| SBČS | Státní banka československá (Tschechoslowakische Staatsbank) |
| Sb. z. a n. | Sbírka zákonů a nařízení (Sammlung von Gesetzen und Anordnungen) |
| SČB | Svaz českých/československých bank v Praze (Der Verband der tschechischen/tschechoslowakischen Banken) |
| SD | Sicherheitsdienst |
| SdP | Sudetendeutsche Partei |
| Sign. | Signatur |
| SOA | Státní oblastní archiv (Statliches Regionalarchiv) |
| SS | Schutsstaffel |
| StA | Staatsarchiv |
| StEG | Staats-Eisenbahn-Gesellschaft |
| SÚS | Státní úřad statistický (Staatliches Statistikamt) |
| ÚŘP | Úřad říšského protektora (Amt des Reichsprotektors) |
| US | United States |
| VOBl RP | Verordnungsblatt des Reichsprotektors in Böhmen und Mähren |
| ŽB | Živnostenská banka (Gewerbebank) |
| ŽM | Židovské muzeum (Jüdisches Museum) |